鹿城年鉴

2016

鹿城区地方志编纂委员会
鹿 城 区 档 案 局 编
《鹿城年鉴》编辑部

《鹿城年鉴》获

第七届全国年鉴编校质量检查评比三等奖

第五届全国年鉴编纂出版质量评比综合三等奖

方志出版社
Publishing House of Local Records

图书在版编目（C I P）数据

鹿城年鉴. 2016 / 鹿城区地方志编纂委员会, 鹿城区档案局,《鹿城年鉴》编辑部编. --北京 : 方志出版社，2016.12
ISBN 978-7-5144-2295-5

Ⅰ.①鹿… Ⅱ. ①鹿… ②鹿… ③鹿… Ⅲ. ①区（城市）—温州市—2016—年鉴 Ⅳ. ①Z525.53

中国版本图书馆CIP数据核字（2016）第299086号

鹿城年鉴（2016）

编　　者：鹿城区地方志编纂委员会
鹿城区档案局
《鹿城年鉴》编辑部
责任编辑：刘方圆
出 版 人：冀祥德
出 版 者：方志出版社
地址　北京市朝阳区潘家园东里9号（国家方志馆4层）
邮编　100021
网址　http://www.fzph.org
发　　行：方志出版社发行中心
电话（010）67110500
经　　销：各地新华书店
印　　刷：温州市北大方印务有限公司
开　　本：889×1194　1/16
印　　张：30.75
字　　数：953千字
版　　次：2016年12月第1版　2016年12月第1次印刷
印　　数：0001～1000册
ISBN　978-7-5144-2295-5　定价：200.00元

2016年
鹿城区地方志编纂委员会

《鹿城年鉴》编辑部

地址：温州市鹿城区宽带路18号5楼　邮编：325000

电话：0577－88612633　（传真）88220111

邮箱：dfz@lucheng.gov.cn

编辑说明

一、《鹿城年鉴（2016）》是中共温州市鹿城区委员会、温州市鹿城区人民政府主办的，集资料、信息和知识于一体的资料性文献，坚持辩证唯物主义的世界观和方法论，以马克思列宁主义、毛泽东思想、邓小平理论、“三个代表”重要思想和科学发展观为指导，逐年编纂出版。由温州市鹿城区地方志编纂委员会等承编。

二、《鹿城年鉴（2016）》全面、系统地记载2015年鹿城区加快实现“赶超发展”“构建大都市核心区”目标，推进经济、政治、文化、社会、生态等方面建设的实际情况，为各级领导决策和区内外了解鹿城提供可靠的参考资料。

三、《鹿城年鉴（2016）》正文采用类目、分目、条目三级结构层次，设31个类目、240个分目，收条目1100余条。卷首设《特载》《专载》《大事纪要》《鹿城总述》，卷末设《统计公报与分析》《鹿城报道》《附录》。并安排特定版面，登载企事业单位（部门、街镇）的形象宣传资料。

四、《鹿城年鉴（2016）》所采用的文字原稿和数据，均由各供稿单位提供，文后署名，各单位负责人审核。鹿城报道内容由区广播电视新闻中心提供。《鹿城年鉴》编辑部负责全书的编辑工作。凡涉及全局性的数据，以鹿城统计局提供数据为准。

五、《鹿城年鉴（2016）》收录范围，以鹿城区现有行政区划为界，以2015年1月1日—12月31日为限，采用年鉴通行纪年。

六、本年鉴正文中对鹿城各单位使用规范简称，文中其他简称、简述另有释读。书前列有总目、详细目录，书后有索引。

七、《鹿城年鉴（2016）》的编纂工作得到各部门、各街、镇等领导的支持，并在各有关单位撰稿人的配合下，得以顺利完成，借此深表谢忱！尽管经过多次审校，书中难免有疏漏和失误之处，恳请广大读者批评指正。

《鹿城年鉴》编辑部

2016年11月

鹿城区行政区划图

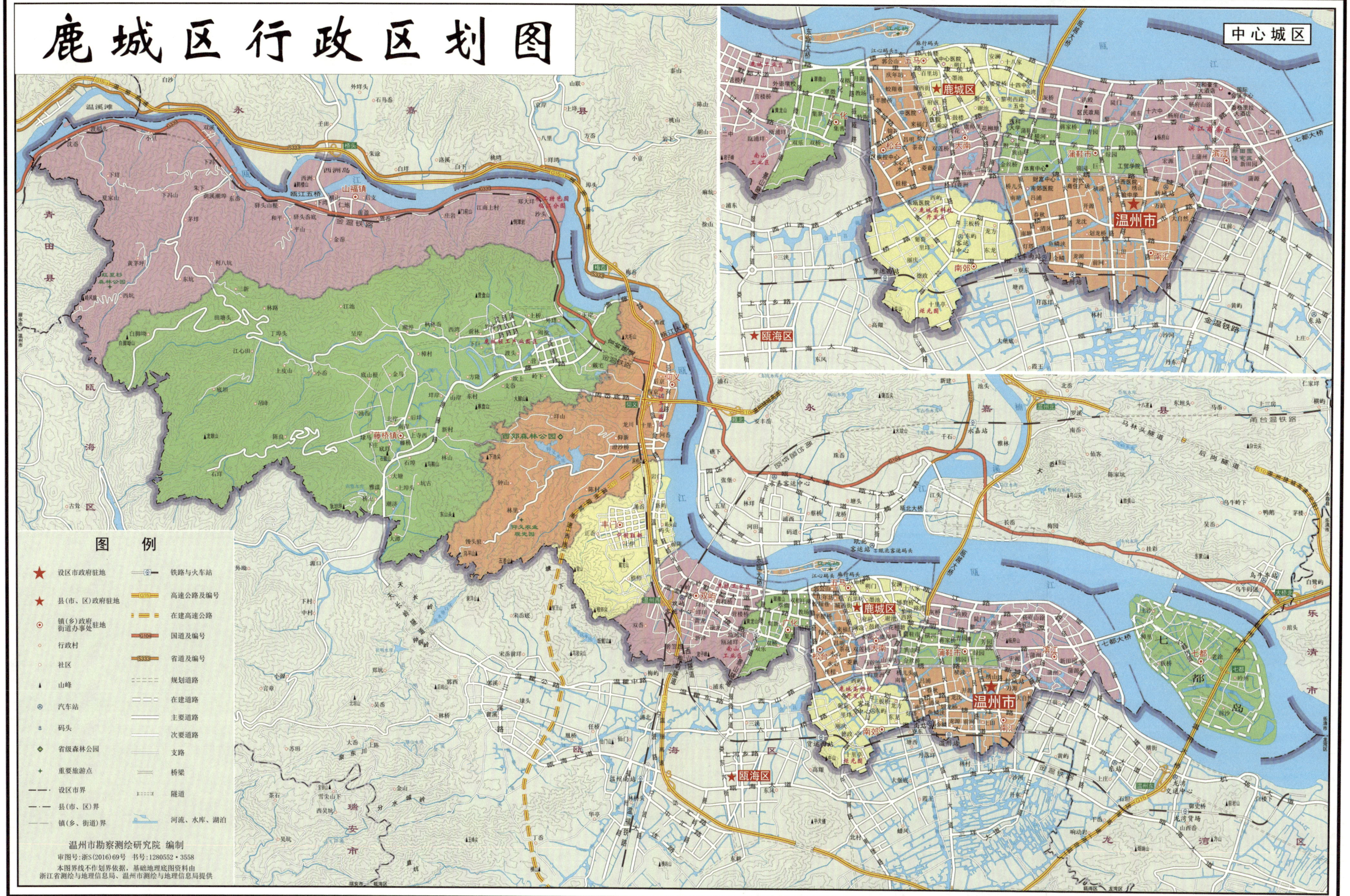

中心城区
鹿城区
温州市
瓯海区
永
嘉
县
青
田
县
瓯
海
区
瑞
安
市
乐
清
市
龙
湾
区
七
都
岛
藤桥镇
山福镇
丰门
南郊
图例
设区市政府驻地
县(市、区)政府驻地
镇(乡)政府 街道办事处 驻地
行政村
社区
山峰
汽车站
码头
省级森林公园
重要旅游点
设区市界
县(市、区)界
镇(乡、街道)界
铁路与火车站
高速公路及编号
在建高速公路
国道及编号
省道及编号
规划道路
在建道路
主要道路
次要道路
支路
桥梁
隧道
河流、水库、湖泊
温州市勘察测绘研究院 编制
审图号:浙S(2016)69号 书号:1280552・3558
本图界线不作划界依据，基础地理底图资料由
浙江省测绘与地理信息局、温州市测绘与地理信息局提供

2015年

鹿城概览

全区土地总面积290.47平方公里

全区户籍人口74.70万人，暂居人口63.23万人

全区实现生产总值（GDP）807.79亿元，人均生产总值108416元

全区实现财政总收入42.31亿元，其中公共财政预算收入27.58亿元

全区公共财政预算支出33.19亿元

全区实现工业企业总产值533.81亿元，其中规模以上工业总产值309.13亿元

全区完成固定资产投资328.17亿元

全区实现消费品零售总额787.52亿元

全区金融机构各项有款余额3167.33亿元，贷款余额2346.85亿元

全区外贸进出口额36.71亿美元，其中出口33.68亿美元

全区实际利用外资14633万美元，累计招商引资到位资金178.22亿元

全区城镇常住居民人均可支配收入49592元

全区农村常住居民人均可支配收入25632元

全区参加职工基本养老保险33.16万人

全区优抚对象2687万元，低保对象3878户6127人

全区慈善总会共募集资金1072.19万元

今日山福　　叶玉峰　摄

双塔朝霞　　胡明金　摄

2015年4月3日，鹿城区开展“我们的节日——清明”暨“纪念先烈·报效祖国·圆梦中华”主题活动　　吴　莹　摄

2015年12月9日，鹿城区慈善总会“秦亮助学金”感恩十周年纪念大会在温州大学城市学院召开　　区慈善总会　提供

7月1日，温州市暨鹿城区预防职务犯罪教育基地正式开馆启用　　鹿城区检察院　提供

2015年12月24日，鹿城区第二届“十佳道德模范”暨“社区好人”颁奖典礼在温州市广电传媒集团1号演播大厅举办　吴　莹　摄

鹿城夜景 李国洪 摄

塘河风貌 李国洪 摄

瓯江夜景　　李国洪　摄

江滨绿意　　李国洪　摄

BRT快速公交车　　周　密　摄

会昌河上　　李国洪　摄

1

温州市公安局鹿城区分局

2015年，鹿城区公安分局围绕“创首善之区、建幸福鹿城”总目标和党委政府中心工作，按照“抓班子、带队伍、促工作、创一流”的工作思路，紧抓改革创新主线，以法治建设为引领，以基础信息化、勤务实战化、执法规范化、队伍正规化“四项建设”为载体，狠抓大维稳、大防控、大打击、大管理、大情报、大保障“六大格局”建设，积极构筑中心城区治安管理“首善模式”，有效维护全区政治大局和社会治安稳定。

该局处置系列网络涉众型非法集资工作获国务院副总理马凯批示肯定，被确定为全国唯一一个区级试点项目；大情报建设获省委常委、刘力伟厅长批示肯定，被公安部授予“全国情报信息应用开发基地、情报人员培训基地”，全国唯一一个区级公

2

3

安情报综合研判改革试点单位。公安信访、廉政建设等工作经验获公安部肯定，并转发全国借鉴；取保候审专项督察、百城禁毒会战、出入境管理等工作经验全省推广。

公安综合考核位居全市一类地区第一；执法工作获省先进单位称号；平安创建公安“零”扣分，实现平安鹿城“七连创”。队伍风险管控水平处于全市公安领先水平；群众安全感、满意度增幅为全市第一；被区委、区政府评为年度综合考评优胜单位、区效能行风满意单位，系全市唯一被评为2015年度优秀公安局县级公安机关。

6

4

7

5

8

1. 11月11日，市委常委、公安局长黄宝坤一行来市体育馆西大门等处检查指导“警灯工程”岗亭执勤工作
2. 8月27日，鹿城区委副书记、政法委书记洪文滨，市局党委委员、区委常委、分局局长金国平等领导一行到市电力大楼等地督导反恐怖工作
3. 7月2日，市委副书记、政法委书记钱三雄一行来分局南郊所看望慰问奋战在一线的基层民警
4. 12月2日，《平安时报》记者来分局采访警务网格化改革和“联千家、进万户”爱民实践活动
5. 11月12日，分局在温州市第三中学室内篮球馆举行“鹿城卫士杯”篮球比赛决赛暨闭幕式
6. 12月4日，市局党委委员、区委常委、分局局长金国平到2015温州马拉松比赛路段检查赛前安保工作
7. 7月13日，分局联合区委宣传部、区委政法委、团区委等部门在鹿城区松台广场举办打防通讯（网络）诈骗犯罪集中宣传周活动
8. 6月25日，为纪念中国共产党成立94周年，分局开展了重温入党誓词活动

此版照片由温州市公安局鹿城区分局　提供

1

2

3

鹿城区人民法院

2015年，区法院坚持司法为民、公正司法主线，忠实履行宪法和法律赋予的职责，各项工作取得新的进展，为建设法治鹿城、平安鹿城提供了有力的司法保障。全年共受理各类案件30300件，办结30147件，同比分别上升0.39%和7.82%，收、结案数均居全市法院第1位，分别居全省法院第4位和第3位。一线法官人均结案446.94件，同比增加14.14件，是全省法院平均数的2.05倍。审判执行工作保持良性运转，金融审判、行政审判、破产审判、司法网拍等多项工作走在全省全国法院前列。

4

5

1. 1月23日，中国银行温州分行向鹿城法院赠送锦旗
2. 4月8日，市中院徐建新院长、区委政法委书记洪文滨一行到鹿城法院调研
3. 2月25日，鹿城法院全体干警向宪法宣誓
4. 4月24日，鹿城区法律援助中心驻鹿城法院法律援助工作站正式挂牌成立
5. 4月29日，鹿城法院发布劳动白皮书

此版照片由鹿城区人民法院　提供

1

2

鹿城区人民检察院

2015年，鹿城区人民检察院准确把握全面推进依法治国的重大战略部署要求，以法治思维和法治方式为引领，出台《服务保障鹿城区重大项目建设等实施意见》，推行“一科室一品牌”创建等工作措施，不断提升法律监督能力和监督工作成效，全力维护社会公平正义，共批准逮捕刑事犯罪案件1389件1834人，提起公诉2013件2943人；立案查处贪污贿赂案件12件13人、渎职犯罪案件1件2人；监督公安机关立案22件62人，纠正漏捕5人，追诉漏犯19人，不批捕453人，不起诉221人，刑事抗诉15件，对侦查活动中的违法情况提出监督意见24件，对刑罚执行和监管活动中的违法情况提出监督意见25件，监督民事行政案件115件，获得市级以上集体荣誉15项、个人荣誉13项。

3

4

6

1. 1月23日，区检察院向党外人士通报检察工作情况
2. 11月23日，鹿城区人民检察院党组书记、检察长张纯亮做客温州网，在线对话网友
3. 11月15日，区检察院举行专家咨询委员会颁证仪式，全市首推检委会专家咨询委员会机制
4. 7月1日，温州市暨鹿城区预防职务犯罪教育基地正式开馆启用
5. 11月13日，区检察院在南郊街道设立全市首个驻街镇预防工作室

此版照片由鹿城区人民检察院　提供

鹿城区文明办

2015年，鹿城区精神文明建设工作把握培育和践行社会主义核心价值观主线，提升全国文明城市创建成果，强化目标管理导向，抓好公民思想道德建设和群众性精神文明创建工作。开展“六城联创”攻坚行动，年内打赢了文明城市创建主体攻坚战，助力温州市获得全国文明城市称号发挥了主城区作用，鹿城区获突出贡献奖，区文明办获得温州市创建全国文明城市工作先进集体。

此版照片由鹿城区文明办　提供

鹿城区民政局

1983年9月5日，在建立城区人民政府的同时，组建了城区民政局。1984年12月6日，温州市城区改名为温州市鹿城区，原城区民政局改名为鹿城区民政局。区民政局是区政府主管社会行政事务的职能部门，履行着“上为政府分忧，下为政府解愁”的重要职能，主管救灾救济、双拥优抚安置、民族间组织管理、基层政权建设、社工人才队伍建设、城市农村居民最低生活保障、社会福利和社会事务、区划地名等工作。

2015年，鹿城区民政局以国家民政部与浙江省政府共建温州民政综合改革试验区为契机，牢固树立“以民为本、为民解困、为民服务”的民政工作核心理念，结合中心城区实际和特点，探索保障民生和参与社会管理创新，积极推进民政综合改革工作，为促进全区经济社会持续平稳较快发展做出了应有贡献。

1. 1月23日，区民政局局长陈黎华参加鹿鸣议事厅访谈
2. 3月31日，鹿城区率全国之先成立生态回国促进会
3. 11月18日，温州市民政局局长白楠生一行人到鹿城区考察居家养老工作建设
4. 8月29日，区民政局局长陈黎华等一行慰问滨江街道6名抗战老兵

此版照片由鹿城区民政局　提供

鹿城区住房公积金管理中心

温州市住房公积金管理中心鹿城管理部位于鹿城区南浦路399号，内设综合科、业务管理科2个科室，承担着全市住房公积金将近一半的业务量。主要负责温州市本级、鹿城区、经济技术开发区和瓯江口新区等3800多家国家机关、企事业单位的住房公积金业务管理工作。

2015年，鹿城管理部本着“方便为群众，满意在鹿城”的服务理念，凝心聚力，优化服务，开展住房公积金法规政策宣传，落实首问负责制、一次性告知、挂牌上岗、限时办结、政务公开等文明服务制度，坚持推行午间连续办、周六正常办、上门服务、延时办理、网上“你问我答”、设置业务大厅引导员等为民、便民措施，并取得了显著成效。2015年，期末正常缴存职工人数达162029人，当年归集住房公积金金额33.92亿元；办理住房公积金提取199934人次，提取金额23.08亿元，

期末归集余额达109.50亿元；办理住房公积金贷款4585件，贷款总额25.82亿元，期末住房公积金贷款余额103.43亿元。

2015年，获得了温州市“最美巾帼文明岗”、温州市总工会“工人先锋号”、温州市住房公积金管理中心工作目标责任制考核全面先进单位等荣誉。

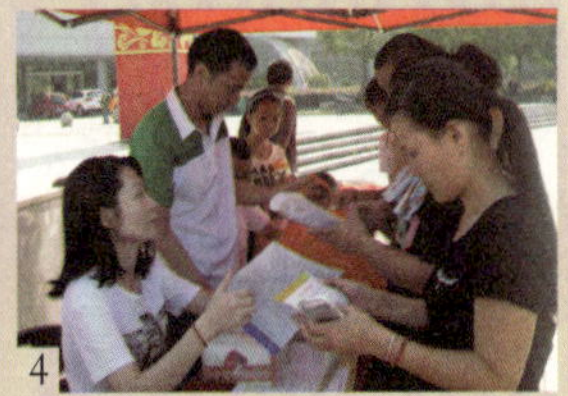

1. 副市长王祖焕慰问干部职工
2. 繁忙的业务大厅
3. 鹿城管理部青年文明号创建交流活动
4. 鞋都文化广场现场咨询活动

此版照片由鹿城区住房公积金管理中心　提供

1

2

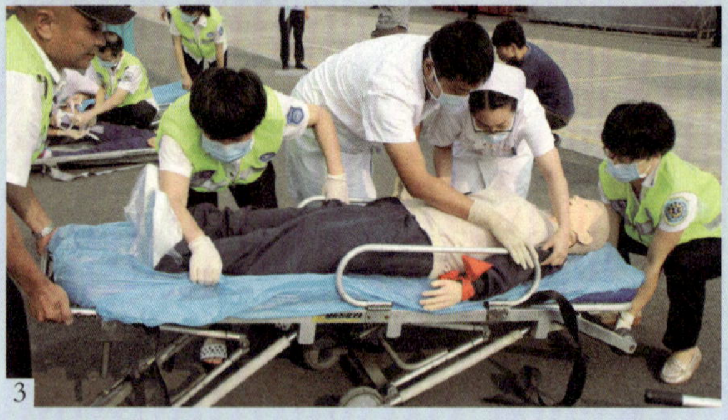

3

4

鹿城区卫生和计划生育局

鹿城区卫生和计划生育局于2015年3月26日挂牌成立（由原鹿城区卫生局和鹿城区计划生育局合并组建），内设11个科室，下设参公单位1个、直属事业单位7个、区属公立医院2家、社区卫计服务中心22家，管辖民营医院11家、门诊部68家、诊所292家、村卫生室75家。

2015年，以建设“健康鹿城”为目标，抓改革、抓发展，卫计事业全面协调发展，获得鹿城区年度目标考核优秀单位。全力推进分级诊疗，深化“医联体”建设。鹿城康复中心开诊。推进社会资本办医，引入4家医院。强化卫生监督执法，取缔无证诊所122家次，创成100家公共场所卫生示范店。有效防控H7N9禽流感、登革热等传染病。创成省级卫生应急工作示范区。全科医师签约服务12.87万人。巩固提升创卫成果，不断改善城乡环境，通过省级综合评估。大力推进计划生育优质服务，稳步实施单独二孩，严厉打击“两非”案件；加强婚检、孕前优生检查、新生儿疾病筛查等，严防出生缺陷，全年孕产妇零死亡。全面提升基层卫生计生服务水平，群众满意度大幅提高，经评议为“鹿城区2015年度满意单位”；获评全国首批“群众满意的乡镇卫生院”1家；获评“全国卫计监督执法优秀案例”1个、“浙江省卫计监督执法十大案件”1个；被评为2015年度温州市卫生监督执法办案先进单位；局团委获“2015年度温州市五四红旗团委”荣誉称号；获得年度鹿城区模范集体1个、劳动模范1个。

5

6

1. 3月26日，鹿城区卫生和计划生育局揭牌仪式
2. 开展公共卫生监督检查
3. 卫生应急救援演练
4. 鹿城区卫计系统生命健康杯青年辩论赛
5. 无偿献血爱心加油站
6. 鹿城区卫计系统党员志愿服务

此版照片由鹿城区卫生和计划生育局　提供

1

2

鹿城区疾病预防控制中心

温州市鹿城区疾病预防控制中心位于将军桥路17号，内设办公室、质量管理科、免疫规划管理科、传染病预防控制科、性病艾滋病防治科、结核病防治科、卫生科、健康教育促进科、检验科、健康监测科10个科室，共有事业编制人员65人。中心承担全区疾病预防与控制，突发公共卫生事件应急处置，疫情及健康相关因素信息管理，健康危害因素监测与控制，实验室检测分析与评价，健康教育与健康促进，疾病预防控制技术管理与应用研究指导等职能。

2014年，区疾控中心紧紧围绕重点传染病防控，推进创卫创强工作，完善慢性非传染性疾病综合防治体系，提高整体防病工作水平，抓重点、攻难点、创亮点，并取得了显著成效。2014年创成省级慢性病综合防治示范区，推动第三轮全国艾滋病防治示范区创建，实现全区预防接种规范化门诊覆盖100%，深化食品安全风险监测工作，全年采集1323份样品，比上年提升49%。

3

4

1. 5月23日，2014年度鹿城区卫生系统洪涝灾害卫生防疫应急演练活动在区疾控中心举行，图为应急演练总结表彰大会
2. 8月25日，鹿城区副区长伍挺到鹿城区疾控中心调研指导疾病防控工作
3. 11月14日，区疾控中心联合多部门在市区翠微新村开展以“健康饮食与糖尿病”为主题的糖尿病日宣传活动
4. 12月1日，全国艾滋病防治宣传日，区疾控中心在温州市第二职业中等专业学校开展大型防艾文艺宣传活动
5. 2014年鹿城区食品安全风险监测如期开展，全年采集监测1323份样本，涵盖16个大类40多个品种

5

此版照片由鹿城区疾病预防控制中心 提供

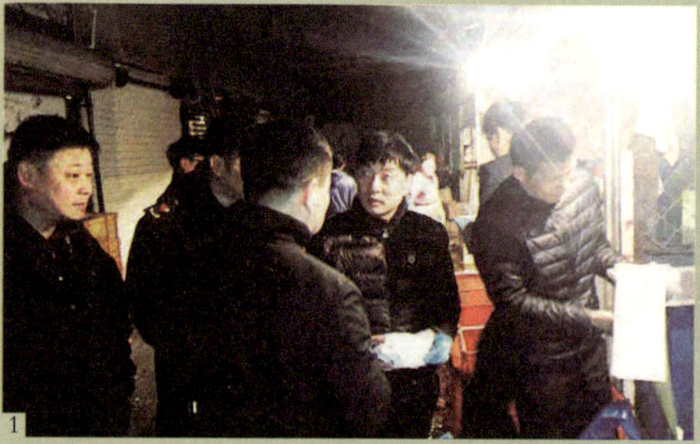

鹿城区市场监督管理局

温州市鹿城区市场监督管理局由工商鹿城分局、区食品药品监管局、区食品安全委员会办公室整合而成，下设13个内设机构，14个市场监管所，现有在编干部职工 381人，主要承担食品药品监管和市场监督职责。截至2015年底，辖区有内资企业总计20034家，个体工商户总计69666户。全年立案查处各类经济违法案件570件，罚没款1018万元，大要案 217件。

2015年对区市场监督管理局来说，是丰收的一年，区局在市局对县（市、区）考核的28项考绩项目中，进入全市前三的有18项，占64%；全市第一的有12项，占42%；在承接市对区考核项目中中，食品安全、“小微企业”等多项指标位居全市首位；特别是连续四年被区委区政府评为区直单位考绩优秀单位。双屿所、藤桥所被评为满意基层站所。同时，区局系统全体干部职工以主动服务中心工作的大局意识，在创文、创卫建设中，发挥了主力军作用，被评为全市创建全国文明城市工作先进集体。

1. 3月12日凌晨，副局长叶洪康率食品流通科、水心市场监督管理所及质量检测部门到菜篮子锦绣农贸市场对食品安全情况进行突击检查
2. 6月1日，区市场监督管理局召开“心系双创——鹿城区市场监管干部结对服务小微企业”动员会
3. 6月2日，副区长章月影带队，区市场监管、教育等部门分管领导和科室负责人陪同，实地督查鹿城区学校食堂食品安全情况
4. 6月13日，区局在十七中运动场举行以“迎七一，健体魄，促融合”为主题的首届鹿城区市场监督管理局职工趣味运动会
5. 7月31日，温州嘉仕贸易有限公司委托代办的工作人员从区局行政审批窗口接过了鹿城首张“五证合一”新版营业执照

此版照片由鹿城区市场监督管理局　提供

1

浙江鹿城轻工产业园区

浙江温州鹿城轻工产业园区总规划面积18.3平方公里，其中一期规划面积6.65平方公里，2003年正式启动建设，2006年经国家发改委审批确定为省级经济开发区。先后获得省生态工业示范园区、省劳动关系和谐先进园区、装备制造省级特色产业科技园基地和“温州市低碳工业园区”等称号。2015年，园区紧紧围绕重点工程建设和经济建设两条主线，把产业发展、基础配套设施建设、政策处理作为三大任务，坚持以固定资产投资为支撑，以重大项目建设为抓手，努力推进工业化、城市化和城乡统筹发展步伐，不断优化投资环境，使园区各项工作有序推进，取得了积极的成效。

2

3

4

1. 戍浦江公园
2. 建筑工业化生产基地
3. 浙江电器自动焊接机械手
4. 纵五路道路及桥梁工程（一标段）

此版照片由浙江鹿城轻工产业园区　提供

七都街道

七都街道位于温州市区东北部，是瓯江四大岛屿之一，与主城区仅一江之隔。辖区面积23平方公里，其中陆域面积12.7平方公里，四周江岸线17.8公里。户籍人口12551人，常住村民5614人，至今共有超过26500名海外华侨、华人、港澳同胞，分布在世界28个国家和地区，归侨侨眷5000多人，是著名的侨乡。下辖3个网格（吟川、老涂、汇侨），6个行政村（上沙村、樟里村、板桥村、老涂村、吟州村、前沙村）。

2015年，七都街道在区委、区政府的正确领导下，以打造“三高之区”为定位，凝心聚力、开拓创新，扎实推进各项工作，七都经济社会发展迈出了新步伐。2015年，完成有效投资28.7亿元；完成招商引资16.32亿元；完成税收1610万元，为近年来新高。多项工作走在全区前列，“两无三化”、项目前期工作、生态建设、党风廉政、平安建设、土地开发与清理、服务业增加值增速、地区生产总值增速、公共财政预算收入增速均位于全区第一。

近年来，街道先后获得省级文明街道、省级卫生街道、市级无违建街道、市级卫生强街道、鹿城区平安街道等荣誉。

此版照片由七都街道　提供

滨江街道

滨江街道位于鹿城区东部，具有拥江临山近水望岛之佳境。成立于2011年，2015年9月划分出蒲鞋市街道组成新滨江街道。辖区总面积约12.17平方公里，总人口146654人，其中常住人口101431人，暂住人口45223人，户籍人口53526，下辖9个网格（社区）及“五村一社”。

全市三大亮点区块之首——滨江商务区位于滨江街道辖区内，西起环城东路，南以江滨路、灰桥浦、洪殿河、府东路、学院东路、汤家桥路、蒲州河以及机场大道为界，北至瓯江，与七都岛相望,规划总用地面积11.5平方公里，规划总建筑面积1651万平方米，预计总投资2000亿元。该区块涉及滨江街道“五村一社”（黎一村、黎二村、杨府山涂村、蒲州村、上蒲州村和同心社）拆征，需征用集体土地6520亩，拆迁面积达107.56万平方米，拆迁总户数约6007户。滨江商务区依托瓯江及杨府山区域特有的环境优势，打造以商务功能为主、居住功能为辅的集商务会展、商业金融、旅游休闲、生活居住等综合功能为一体的现代城市滨江新区。经过三年时间的建设，拆征工作取得积极进展，滨江商务区“宜商、宜居”功能逐步显现。一个集总部基地、商业购物、商务金融、星级酒店、会展文化、居住娱乐等六大功能于一体的“温州陆家嘴”正逐步崛起。

1. 滨江商务区效果图
2. 6月2日，第二期书记论坛现场
3. 11月9日，蒲州村城中村改造动迁大会
4. 11月17日，全民终身学习周开幕式
5. 11月28日，举办浙江省生态运动会温州鹿城站（滨江街道分会场）健步走活动

此版照片由滨江街道　提供

蒲鞋市街道

2015年9月，鹿城区行政区划调整，增设蒲鞋市街道。街道地处鹿城新旧城区交接处，区域面积约3.9平方公里。街道下辖芳园、绿园、青园、锦园、蒋家桥、横河、蒲鞋市、金丝桥8个网格（社区）和巽山1个行政村及1个同心股份经济合作社。辖区户籍人口64200人，户籍21539户，暂住人口72718人。工业企业57家，完成规模以上工业总产值9.47亿元，社会固定资产投资累计完成9.32亿元，实现销售额91.43亿元，全社会消费品零售总额35.36亿元，服务业增加值20.52亿元。街道创成鹿城区首个省级文化强镇。

1

2

3

4

5

6

1. 11月26日，通过近半年的消防安全“双月”攻坚专项行动，蒲鞋市街道以考核验收合格率93.6%的成绩，获得温州市消防安全“双月”攻坚专项行动先进单位荣誉称号
2. 12月17日，蒲鞋市街道道德风尚基金会正式成立，初始资金5万元，均由民间爱心人士和单位筹集
3. 12月29日，温州市区社区运动会在市体育中心举行，工贸学院队在社区运动会上获得冠军
4. 1月，蒲鞋市街道在创建省级“文化强镇”的57家申报单位中脱颖而出，获得由浙江省人民政府命名的“省级文化强镇”荣誉称号，成为鹿城区唯一一家获此殊荣的单位，奏响“文化蒲鞋市”新乐章
5. 3月29日，蒲鞋市街道举办主题为“让温暖和爱不断延续”的殡改宣传活动，提倡移风易俗，倡导厚养薄葬，为辖区居民树立了绿色生态殡葬新风
6. 4月23日，温州首个“红创文化传播中心”在蒲鞋市街道成立

此版照片由广发银行温州鹿城支行　提供

南汇街道

2015年9月鹿城区行政区划调整后，南汇街道下辖11个大网格和9个社区及9个行政村。区域面积8.9平方公里。户籍数34754户，户籍人口92211人，常住人口138084人，暂住人口43278人。

近年来各级领导十分关心南汇街道工作。9月25日上午，由66位温州市政协港澳台侨委员共同捐资建设的鹿城区五水共治水乡文化提升工程项目“吕浦人家——龙舟戏台”工程举行竣工仪式，委员们用实际行动来助推鹿城区五水共治建设。市政协主席余梅生、市政协副主席徐育斐和区政协主席郑锦春、鹿城区副区长杨德听等领导参加了竣工仪式。副区长杨德听代表区委、区政府发表致词，并向广大治水工作者和关心、支持、帮助鹿城治水事业的社会各界爱心人士表示感谢。

“吕浦人家——怀乡水台”节点提升工程项目位于吕浦河（花环路——南浦路段），项目范围面积为4395.7平方米，总投资约348万元。“吕浦人家”建成后，与南塘风貌街相通连成一片，方便市民进出游玩，不但丰富了吕浦河陆地和水上游览线、保护了该片区的龙舟文化和传统河居文化，而且也提升了鹿城水乡滨河绿道的景观品质，同时也为周边居民提供了一个休闲、健身、散步的好去处。

1

2

3

4

1、2. 9月25日，市政协主席余梅生、副主席徐育斐和区政协主席郑锦春、鹿城区副区长杨德听等领导参加“吕浦人家”工程竣工仪式

3. 4月14日，街道党工委书记周基斌陪同温州市委常委、区委书记陈浩视察绿轴建设现场

4. 5月14日，街道党工委书记周基斌在全区深化后进村集中整治暨助推现场进行讲解汇报

此版照片由南汇街道　提供

五马街道

五马街道位于温州市核心区域，是鹿城区政府驻地，定位为“中心商贸区、历史文化街区、都市品质生活区”。辖区东至灰桥浦、蒲鞋市河，西至信河街，南至小南门河、大南路、人民东路、飞霞南路、学院西路一线，北至瓯江，区域面积4.65平方公里，户籍户数5.8万，户籍人口17.3万,下辖14个大网格(社区)。街道2015年实现社会消费品零售总额137.1亿元，有效投资13.96亿元，公共财政预算收入2.23亿元。

2015年，五马街道以“创先争优、赶超发展”为总要求，紧紧围绕“兴实体、优环境、惠民生、促稳定、提效能”工作重点，全面深化“商贸五马、文化五马、美丽五马、幸福五马、活力五马”五大建设，各项工作得到推进。近年来，街道获得全国暖侨敬老示范点、全国社区戒毒社区康复示范点、省级文明街道、省级生态街道、省级卫生街道、省春泥计划先进街道、省民族团结进步模范集体、省级残疾人社区康复示范站、省级示范基层侨联、省级社区服务中心示范点等荣誉。

1. 4月15日，“2015五马春季时尚周”在新国光广场热力开幕，同步推出“五马时尚指数”
2. 4月27日，温州市市委副书记、代市长徐立毅和市委常委、区委书记陈浩调研五马商圈建设，街道主要领导陪同
3. 6月17日，名城广场地块完成最后一户腾空拆除
4. 6月25日，省委书记夏宝龙考察温州城西堂宗教场所

此版照片由五马街道 提供

大南街道

2015年9月12日，鹿城区行政区划调整，原五马街道拆分，成立大南街道。大南街道东邻蒲鞋市街道与南汇街道，南临南郊街道，西接松台街道，北界五马街道。辖区面积2.59平方公里。下辖白鹿洲、山前街、花柳塘、虞师里、马鞍池、荷花、双莲桥7个网格（社区）和丰收、荷花2个经济股份合作社。户籍数23779户，户籍人口6.7万人，暂住人口17233人；常住人口8.98万人，人口密度超过3.4万人/平方公里，是全区平均人口密度的7.9倍。年内出生450人，死亡397人，人口自然增长率0.79‰。办事处驻荷花路292号。辖区企业1674家，其中商贸业761家；全社会商品零售额完成60.43亿元，全社会商品销售（营业）额完成120.66亿元；完成服务业增加值19.21亿元，同比增长5%；地区生产总值30.67亿元，同比增长12.1%；进出口12319万美元，同比增长14.99%；有效投资13.28亿元；建筑业43家，行政事业单位91家。花柳塘网格被评为2015年“温州市五星级幸福社区”“创建国家卫生城市市级先进集体”，顺利通过区级二星居家养老验收；双莲桥网格被评为2015年“温州市四星级幸福社区”“温州市五好关工委”；虞师里网格和荷花网格被评为“温州市三八红旗集体”“鹿城区精神文明建设工作先进集体”“鹿城区先进治保会”。街道获创建全国卫生城市先进集体、创建全国园林城市先进集体、创建全国生态模范城市先进集体、第三次全国经济普通先进集体等9个市级荣誉，有力推进新常态下“时尚大南、品质大南”建设和经济社会赶超发展。

1. 揭牌仪式后，副区长章月影与大南街道班子合影留念
2. 11月3日，大南街道“我们的舞台·我们的风采”金秋群文展演在联合广场上演
3. 率先以PPP模式探索城市公共空间利用，通过“政府牵头、市场运作、社会参与”，实现闲置10年之久的闸宅步行街成功转型，并于9月成功开街运营

此版照片由大南街道　提供

1

南郊街道

南郊街道位于鹿城区南部，总面积10平方公里。下辖5个大网格，包括龙方网格、东屿网格、里垟网格、葡萄网格、德政网格。2015年南郊街道辖区共有户籍人口数19769人，暂住人口41443人。工业总产值44.12亿元，其中规模以上企业45家，产值36.05亿元。全社会销售额210.4亿元，服务业增加值28.94亿元。2015年，辖区完成退二进三企业9家。

全年总计划投资额完成115794万元，完成率153.8%。“三改一拆”城中村改造一类目标要求完成44户，街道完成74户；二类目标要求完成23万，街道完成23.69万。完成拆违面积44308平方米，完成率为105.5%；完成旧住宅区改造9.96万平方米，完成旧厂区改造10.43平方米。房屋征收项目启动、协议签订、疑难户化解等各项指标均圆满完成。全年新增绿地建设任务23200平方米、附属绿地23240平方米、立体绿化1100平方米。经济指标实现“全年红”，全年社会固定资产投资33.6亿元，超额完成任务数的140.32%，完成温商回归资金12.8412亿元，完成率为214.01%。

2

3

4

5

1. 美丽的汇昌河为南郊增添风采
2. 9月，东屿C-2-5地块安置房项目提前完成主体结顶，进入砌体、装饰装修工程施工阶段，建筑面积36992.12平米，共218户
3. 11月，牛桥底一期附属工程完工，正式进入项目收尾阶段，总建筑面积约38055.5平方米，项目的完工将为牛桥底旧村改造提供211户现房
4. 10月20日，市委常委、区委书记陈浩赴我辖区调研申瓯通信、泰力实业、东风通用机电厂三家科技创新性企业
5. 12月11日上午，南郊街道召开反邪教分会成立大会，区政法委副书记、610办主任余国仁到场指导

此版照片由南郊街道　提供

松台街道

松台街道位于鹿城区中西部，辖区东至信河街，南临会昌河，西接勤奋河，北濒瓯江北水道（含江心屿），由原莲池街道和水心街道组成。辖区区域面积6.01平方公里，户籍人口2.1万户、9.6万人，总人口4.8万户、12.2万人，下辖11个大网格（社区）、2个行政村（水心村、松台村）和九山股份经济合作社。

2015年，松台街道在区委区政府的正确领导下，以中共十八大和十八届四中、五中全会精神和省市区会议精神为指导，以建设“文化山水、精致松台”为目标，立足实际，锐意进取，突破难点，创新发展，全力推进各项工作有条不紊开展。近年来，街道先后获得全国社区教育先进街道、省级文明街道、省级生态街道、省级卫生街道、省级体育街道、省级侨联示范街道，市级药品安全示范街道、市级爱心街道等荣誉。

1. 松台街道年终工作表彰大会
2. 市长张耕莅临松台街道庆年坊社区与市民共庆元宵
3. 街道党工委书记视陈月玲察九山一号工地，向工地负责人了解施工情况

此版照片由松台街道　提供

广化街道

2015年9月，鹿城区行政区划调整，增设广化街道。10月，广化街道正式成立。街道东临勤奋河，南至瓯海区景山街道、景山、翠微大道、过境路，西接翠微山、黄龙山、过境路、翠微大道，北抵瓯江，总面积4.1平方公里；辖区水域5条，共计7.78公里。下辖月湖、教场、翠微、双榕、集善、特陶、双乐、集新8个大网格（社区）、1个行政村及广化股份经济合作社。街道办事处驻新桥头美组团16幢。辖区有户籍11589户，户籍人口32421人，暂住人口6465人。年内出生277人，死亡数224人，人口自然增长率0.01%。2015年，辖区工业企业46家，完成固定资产投资13.72亿元，完成率89.69%，其中工业性投资6239万元，完成率124.8%；实现规上工业总产值6437万元，同比增长6.7%；商业、贸易企业687家，限上社会消费品零售总额2.41亿元，同比上升2.2%；服务业增加值18.57亿元，同比上升1.3%。

1. 10月22日，鹿城区政协主席郑锦春到广化街道教场社区调研网格运行情况
2. 广化街道西城路马路市场退出“历史舞台”（拆前）
3. 广化街道西城路马路市场退出“历史舞台”（拆后）
4. 10月22日，区委常委、组织部长罗招政到广化街道教场网格、双桥村调研网格运行情况
5. 12月23日，广化街道开展街道理论中心组扩大学习会——大网格机制研究专场
6. 11月19日广化街道大网格专题会议

此版照片由广化街道　提供

1

2

3

双屿街道

双屿街道位于温州市区西大门，自2015年原双屿街道拆分后，辖区面积为13.13平方公里，区域范围东至翠微山、黄龙山、翠微大道，南至景山、瓯海区郭溪街道，西至下岭山、嵇师新街、卧旗大河，北至瓯江。街道办事处驻温金路138号。

2015年，双屿街道以双屿综合整治为主线，以城市、经济、社会三大转型为基本途径，分阶段推动双屿转型升级，立志于将双屿打造为温州城市西部发展的新亮点。经过近三年的努力，综合整治工作取得了阶段性成效，外来人口持续减少，从高峰时的39.4万人减少到27.5万人（拆分后双屿10.5万），累计减少了11.9万人，关停低小散、无证照经营单位3400余家，规上企业万元产值能耗下降3.2%，规上企业劳动生产率增长18.8 %，规上工业总产值增长8.31%，基本实现减员增效目标，并且双屿先后被列入全省减员增效综合试点、省级“腾笼换鸟”试点区、全省低端落后块状行业整治试点。

4

1. 11月24日，省政法委调研平安综治
2. 4月9日，省委常委、市委书记陈一新视察双屿街道
3、4. 10月26日，省消防综合体系验收汇报会

此版照片由双屿街道　提供

1

2

丰门街道

丰门街道成立于2015年9月，区域面积12.37平方公里，以鞋都一二三期三大工业区为主体，包括鞋都二期、三期的全部以及一期绝大部分区块，下辖7个行政村1个移民社区，是一个典型的工业型街道，2015年工业总量占据全区的近40%。街道旨在进一步发挥鞋都产业集聚优势，做大做强区域特色经济，并以经济发展带动辖区全面建设，实现实力丰门、品质丰门、活力丰门、平安丰门、美丽丰门等五大目标。

3

4

1. 街道干部合影（部分）
2. 12月18日，丰门街道正式挂牌
3. 在辖区戴宅山山体公园举行生态健步走活动
4. 街道党工委书记张维凯带队开展走访慰问
5. 在临时办公点内办公

5

此版照片由丰门街道　提供

仰义街道

仰义街道位于鹿城区中部，辖区总面积28.09平方公里。2015年，街道以104国道为界将辖区12个行政村、1个居民社区联合组建成渔京、里河、澄龙、仰新、西山5大网格，其中渔京网格下辖渔渡、后京、前京3个行政村；里河网格下辖河岙、十里2个行政村；澄龙网格下辖澄沙桥、龙川、陈村3个行政村；仰新网格下辖仰新社区；西山网格下辖垟山、林里、钟山、馒头驻4个行政村。户籍人口19869人，暂住人口51907人。

2015年，街道农业总产值2901万元，实现工业总产值99.85亿元，固定资产投资32.05亿元，完成消费品零售总额31.01亿元，完成消费品销售总额62.4亿元，完成服务业增加值6.99万元，市外房地产项目累计到位资金16.21亿元，省外回归到位资金累计6.16亿元，总到位资金22.36亿。街道曾获浙江省群众体育先进单位、浙江省“全民健身与奥运同行”片区“种文化”活动暨全省职工迎奥运健身活动二等奖、省级社会治安综合治理先进集体、浙江省体育强镇（乡）、省第二次全国R&D（科技研发投入）资源清查先进集体、全省“811”环境污染整治工作先进集体、第二次全国农业普查先进集体、第三届全国食品安全知识竞赛“集体组织奖”、第六次全国人口普查先进集体、档案工作目标管理省一级认定单位等省级荣誉称号。

1

2

3

4

1. 11月18日，团中央权益部副部长王锋调研沿江社区青少年综合服务平台
2. 5月15日，省规划发展院处长付文刚、区发改局局长腾美华调研仰义特色小镇。仰义时尚体育特色小镇以西郊森林公园、东方仰义乡村俱乐部、仰义水库等为载体，结合鹿城西部旅游提升规划以及仰双片区林里单元的建设，计划利用三年时间，打造多功能为一体的高品质综合性时尚体育小镇。目前，该小镇已完成初步规划设计和实施方案，力促招商引资项目落地
3. 2015年，温州市“三送安全进企业”活动启动仪式
4. 5月8日，省委常委、市委书记陈一新调研林里片区低丘缓坡利用项目。林宋组团林里片区位于温州都市区西部，林里低丘缓坡利用项目是全省山坡地利用的试点项目，总规划面积约775.75公顷，定位为山水田园城镇，宜居生态大城，意味着温州西部山地生态新城的建设正式启动

此版照片由仰义街道 提供

藤桥镇

悠悠藤桥，绵绵戍浦。藤桥镇群山环抱，环境优美，紧临瓯江。戍浦江穿境而过，哺育世代勤劳、纯朴的藤桥人。

藤桥镇在上级党委、政府的指导下，紧紧依靠全镇人民，经济、社会持续发展，陆续荣获全国重点镇、全国标准化气象服务镇、省级文明镇、生态镇等称号。

近年来，藤桥镇坚持发展第一要务，不断引导农业转型，投资1.1亿元的温州市种子种苗科技园落户我镇，浙农生态农庄游客云集。轻工园区、服饰园区、食品基地等园区集聚、辐射、引领效应，逐步推进企业产业转型升级。

近年来，藤桥镇城镇建设力度加大，城镇面貌焕发出勃勃生机。农房集聚项目拔地而起，农村D级危房拆建审批重新启动，小微园建设加快，500千伏温西变、天然气管道、农村污水等重点工程呈现空间、地面、地下立体式发展。“五水共治”瓯江治理、戍浦江整治等环境整治工程建设步伐加快，石鼓山水厂、城镇污水处理设施和农村生活污水处理设施建设有序推进。建设滨水公园，戍浦江公园等，进一步丰富全镇人民群众生产、生活。

藤桥立足生态定位，努力打造鹿城西部后花园和幸福家园。结合旖旎山水、丰富古迹，突出岩雅山、岙底片等旅游资源，编制藤桥旅游总体规划，促进休闲观光旅游。

1

2

3

4

5

6

1. 市委常委、区委书记陈浩带队慰问藤桥镇的困难户
2. 镇领导督察重点项目
3. 藤桥镇远眺
4. 拔地而起的农聚房
5. 岩雅山风光
6. 暮色中的藤桥

此版照片由藤桥镇　提供

山福镇人民政府

山福镇地处鹿城区西北部，瓯江南岸，东与藤桥镇接壤，北面与永嘉县桥下、桥头隔江相望，西邻丽水市青田县，金温铁路与330国道贯穿整个镇区。山福镇是温州市著名的侨乡，在外华侨1.46万人。现下辖32个行政村、5大网格，区域面积60.42平方公里，户籍人口34464人，常住人口约33960人，耕地面积8439亩，林地面积58124亩。自2015年12月成立以来，山福镇坚持“农业稳镇、生态立镇、文化塑镇、旅游兴镇、党建固镇”五大战略，围绕“平安山福、生态山福、美丽山福、文化山福、活力山福”的发展目标，不断优化产业结构、加快招商引资和重点项目等建设。现有产业园（沙头产业园）1个，规上企业13家，完成有效投资2.33亿元。结合山福生态优势，大力推进浙江省“坡地村镇”建设试点工程——金岙谷旅游休闲创意园项目工程；厚植雅西农业观光园培育开发优势；有序推进东坑白鹿奢乡生态文化村建设，蜜苑正式对外营业；投资3.4亿元的瓯江防洪堤一期工程已近完工；双潮西都·景秀居、驿头农房集聚点、横山农房集聚点年底完成所有建设；做强侨文化事业，努力打造中加友谊馆为国家级侨文化交流基地。大力推进以“两路两侧”和镇域环境综合治理为核心的美丽乡村建设，在经济、政治、文化、社会、生态文明等方面都取得了稳步的发展。

1

2

3

4

5

6

1. 山福镇依山傍水、历史悠久、人文荟萃，千年古镇的文化积淀于今更具内涵，令人神往
2. 1月4日，山福镇挂牌成立
3. 6月22日，中共鹿城区山福镇第一次代表大会召开
4. 7月6日，鹿城区山福镇第一届人民代表大会第一次会议召开
5. 立足山村丰富资源，推进东坑白鹿奢乡生态文化村
6. 金岙谷旅游休闲创意园

此版照片由山福镇人民政府　提供

总　目

目 录

特 载

专 辑

大事纪要

鹿城总述

机构及其负责人名录

中国共产党温州市鹿城区委员会

温州市鹿城区人民代表大会及其常委会

温州市鹿城区人民政府

政协温州市鹿城区委员会

纪检·监察

鹿城区民主党派·工商联

鹿城区人民团体

法 治

人民武装

城乡建设与管理

国土资源管理·环境保护

农业·水利

工　业

交通运输

信息产业

房地产

建筑业

商　业

服务业

旅游业

金融·保险

经济管理与监督

教　育

科　技

文　化

体　育

卫生事业

公共服务和社会管理

街道 · 镇

先进集体·个人

统计公报与分析

鹿城报道

附 录

索引

特　载

中共温州市鹿城区委工作报告

贯彻实施"五化战略"深化落实"十大举措"努力构建新常态下鹿城赶超发展新优势（摘要）

——在区委八届八次全体（扩大）会议上的报告

（2015年1月16日）

王立彤

一、去年以来的工作回顾（略）

二、深刻认识和全面把握新常态下的形势和要求（略）

三、2015年工作的目标任务

基于这样的形势和要求，今年全区工作的指导思想是：认真贯彻党的十八届四中全会和中央经济工作等有关会议、省委十三届六次全会、市委十一届八次全会精神，按照市委实施"五化战略"、深化"十大举措"的总体部署，坚持"稳中求进、克难奋进"主基调，深入实施"创首善之区、建幸福鹿城"总目标和"三四五"总战略，全面强化改革、法治、党建统领，全面强化时尚、民生、问题导向，全面强化美丽、平安、项目建设，努力构建新常态下鹿城赶超发展新优势。

建议2015年全区经济社会发展的主要预期目标为：地区生产总值增长5.5%左右，公共财政预算收入增长6%左右，固定资产投资增长12%以上，社会消费品零售总额增长9%左右，外贸出口总额增长3%左右，城镇常住居民人均可支配收入和农村常住居民人均可支配收入分别增长8.5%和9.5%，完成上级下达的节能减排指标。

按照上述指导思想和目标要求，今年工作必须抓住关键领域和主要矛盾，找准着力点和突破口，努力在新常态下构建鹿城赶超发展新优势上下功夫。重点抓好以下六个方面的工作。

（一）加快经济转型升级，全力打牢赶超发展坚实基础。坚持强基保稳、抓点促调、合力育新三措并举，扎实推进产业转型、企业转型和市场转型，加快构建现代经济体系。

深化实体振兴举措。制定实施产业平台提升计划，加快工业园、小微园、文创园、电商园、都市农业园提质增效升级，推进产业生态圈建设。深入实施赶超发展三年超千亿投资计划，组织开展重点工程建设攻坚，在城市经济、创新经济、生态经济等重点领域谋划实施一批大项目。支持建筑业做大做强，促进房地产业稳定健康发展。深化实施温商回归三年超三百亿计划，切实做好世贸中心、置信广场等楼宇招商服务，推进温州中心大厦等重点项目建设，加快温商总部家园、极地海洋公园等一批项目落地，推出一批重大项目招商，推动温商贸易、总部、项目和税源回归。千方百计招央企、引外资、重民资，推动本地和在外企业双向互动繁荣发展。

突出发展时尚产业。实施时尚城区建设三年行动规划。加快环五马时尚商圈建设，推进核心商圈的串珠成链和街区时尚化改造，实施环九山湖等一批月光经济项目，加快城市商业主中心的功能升级。推进轻工产业时尚化改造，加快A378时尚产业园等一批重点项目建设。大力发展时尚旅游业，加快瓯江沿岸休闲旅游开发、塘河两岸时尚化改造，引进通用航空等一批产业项目，加快都市旅游目的地建设。延伸时尚产业链条，加快发展文化创意、现代金融、信息技术、智慧物流、会展经济等生产性服务业，积极申报"特色小镇"建设，加快建设生产性服务业集聚辐射核心区。培育壮大医疗健康、体育健身、养老养生、社区服务等生活性服务业，加快特色健康产业园建设。实施时尚环境氛围整合提升三年行动，承办2015温州时尚文化创意产业博览会等活动。

改造提升传统产业。深入实施“四换三名”和“三转一市”，组织开展工业技改攻坚，积极推进“空间换地”，加大低效用地再开发、工业用地二次开发和工业区闲置地利用力度。推进经济工业化和信息化融合发展，努力争创省级“两化”融合示范区。加快城市有机更新，推进扩容拓面连片升级，完成旧厂区改造50万平方米以上。坚定不移推进双屿减员增效综合整治，带动全区经济、人口双优化双提升。积极发展战略性新兴产业。扎实推进农业“两区”建设，实施“美丽田园”创建行动，加快都市高效生态农业、现代都市休闲观光农业发展。

大力推进市场转型。推动市场模式从以实体市场为主向实体市场和虚拟市场并重发展转变，大力发展网络经济，推进电子商务产业园（楼宇）和平台建设，加强网络营销体系建设和电子商务人才培养，建设网络经济强区。推进传统专业市场的迁改并转，协助推进滨江广场、牛山国际、黄龙商贸城建设，做好鞋都鞋革城、国际鞋城、国际轻工淘宝城等温商回归和民间投资项目的服务工作。推动外贸市场从以商品贸易为主向商品贸易和服务贸易并重发展转变，全力拓展外贸综合服务平台，促进外贸转型升级。

化解企业金融风险。完善定期会商、信息交换机制，加大对企业风险化解的领导、管理、协调力度，编制案例法，推行清单销号制，切实帮扶好企业。严厉打击“逃废债”、恶意欠薪和金融类苗头性犯罪行为，确保实现不良贷款余额和不良贷款率持续较大“双降”，使金融发展成为拉动经济增长的动力。强化诚信制度体系建设。

（二）全面深化改革创新，全力增强赶超发展新的动力。主动承接中央和省市改革各项举措，着力在重点领域和关键环节的改革创新上先行先试，再创鹿城体制机制新的优势。

狠抓改革攻坚。推进金融综合改革，创新无形资产等新型融资渠道，争取全市信用体系建设示范试点区。探索公私合作建设模式（PPP），创新开辟投融资渠道。加快资源要素市场化配置改革。推进农村综合改革，推动农民专业性合作组织、行业性联合组织、区域性合作组织开展内部信用合作，深化农村集体资产产权制度改革和农村土地确权工作。深化民办教育、社会资本办医综合改革试点。推进新型社会救助制度、绿色生态殡葬等改革。深化行政审批制度改革，加快“四单一网”建设，对接落实市区同权扁平化审批。推进基层综合行政执法体制改革。深化食品安全监管体制改革。深化中介机构改革，健全中介机构管控机制。大力推进基层社会治理领域改革创新。积极争取上级政策支持和改革试验试点，主动为国家和省市层面的制度创新提供试验基地。强化改革项目化管理，完善绩效评估和督查考核机制，确保改革取得明显成效。

强化创新驱动。大力推进科技创新，鼓励发展以互联网为核心的信息经济，推进软件、无线移动、云平台、大数据服务平台、物联网等信息基础设施建设，加快创成智慧城区。深化品牌创新、质量创新和标准创新工程，推进科技创新大厦和科技文化融合基地建设，争取创成市级科技园，列入省级创新型城区创建单位。加强中津先进科技研究院建设，带动“国千”、“省千”等各类人才和团队到鹿城扎根创业，加快推进技术成果转化。以质量强市示范城区建设为抓手，加快建立涵盖产品、工程、服务、环境等领域的质量清单制度，全面提升发展质量。

（三）建设大都市核心区，全力增强赶超发展功能支撑。把握都市化发展主趋势，统筹推进新型城市化和新农村建设，切实增强中心城区的辐射力和带动力。

强化亮点区块攻坚。加快滨江商务区拆征攻坚步伐，集中精力推进杨府山垄村重点区块的征地、拆迁、安置工作，基本化解历史遗留问题。全面完成城市中央绿轴范围内房屋征收、安置和有关政策处理工作。加快双屿综合整治步伐，强化鞋都改造启动区、中央涂片区改造、丰门河综合治理等重点区块攻坚，推进市政、交通、水利等重大基础建设，切实增强城区都市功能承载力。

统筹城乡区域发展。加快七都全岛开发，以突破重点区块征地、拆迁为关键，加快重大产业项目落地和基础配套建设，开建七都大桥北汊桥。全面形成仰义林里山坡地开发建设热潮。以省级高新区为平台，做精做优轻工产业园提质增效文章，加快建设藤桥生态新区。立足主城区的功能升级和东西两翼两大新区开发建设，加快城市功能配套设施向周边拓展，深化落实一批城市功能西进项目，发展壮大城区西部生态产业链，加快实现城乡互动、产城融合发展。

完善基础设施建设。承接甬台温铁路配套、金温铁路扩能改造、乐清湾港区铁路支线、绕城高速西南线、市域铁路S1线等鹿城段工程建设，加快104国道温州西过境公路、双屿至藤桥公路、瓯江路西延等干线公路建设，实现仰义至双屿段公路改建工程全线通车。加快水利、产业、电力、信息、通讯等重大基础设施建设。深化开展保障房建设安置、转而未用土地清理、疑难问题化解、拔钉清障等提速服务行动。全力协助做好市级在鹿项目的服务落地。加大跑办力度，向上争取更多项目列入省市重点和资金补助。

（四）全面深化环境整治，全力强化赶超发展生态依托。持续打好生态文明建设组合拳，建设美丽鹿城，创造美好生活。

推进五水共治。加强和完善“河长制”，统筹兼顾、标本兼治，科学推进“水岸同治”，全面消除黑臭河，实现城市截污纳管、农村污水处理、生活垃圾集中处理全覆盖。以温瑞塘河治理、独流入海、绕城高速至卧旗山段海塘工程等为重点，扎实推进工程建设。以新《环境保护法》实施为契机，实行最严格的环境监管制度，依法打击涉水违法犯罪行为，做到涉水污染“零容忍”。

强化三改一拆。打好“三改一拆”“四边三化”“两无三化”持久战，推行“阳光征收”工作机制，深入开展塘河沿岸和重点区块的城中村改造，实施旧片区、旧住宅区、传统街区和历史街区综合整治和改造，完成三大进城口整治工作，加快推进“无违建城区”建设。持续推进滨水公园、城区绿道和平原绿化工作，扩大实施绿地彩化提升项目。

打好联创攻坚。深化以文明城市创建为龙头的“六城联创”攻坚，确保全部顺利收官。深入实施省“4+1”行动，全面推进治水治气治土治城治乡，加快创建全国低碳示范城区。切实提升城市管理精细化水平，开展交通治堵、道路平整、排水设施改造、环卫中转设施建设、城市家具维护保洁等城市管理综合整治，全面巩固联创成果。

建设美丽乡村。深入实施“百村示范、千村整治”工程，深化农村人居环境综合整治，推进历史文化村落保护利用，加快村民中心、农房集聚、生态农庄、乡村绿道建设，新增一批精品村、精品线，加快建成村点出彩、沿线美丽、面上洁净的美丽乡村。

（五）统筹推进社会事业，全力强化赶超发展民生保障。巩固和扩大各类强区创建成效，提升基本公共服务均等化水平。

加快文化强区建设。挖掘提升“红日亭”崇善向上文化，形成崇尚“最美”、争做“最美”的浓厚社会氛围，推动社会主义核心价值观在鹿城的生动实践。推进文化礼堂拓面提质，完善基层群众文体团队管理机制，丰富市民群众精神文化生活。加强公共文化服务体系建设，整合提升“农村30分钟文化圈”和“社区15分钟文化圈”。加强鹿城地方文化研究。不断提升江心屿金秋文化节区域品牌效应。加快历史文化名城创建。

促进社会事业发展。继续实施“十大民生工程”。巩固全国义务教育发展基本均衡区创建成果，推进义务教育标准化学校建设，加快创建省级教育基本现代化区。推进卫生计生机构改革，加快省级卫生应急工作示范区创建，深化基层医疗卫生和公立医院综合改革。推进社会保障体系扩面提质，强化社区服务、养老服务、残疾人社会保障服务三大体系建设。加快发展体育产业，举办区第八届全民运动会。进一步加强“双拥”、救助、福利、优抚、红十字、慈善等事业，加强人防（民防）、科协、社科联、档案、地方志等工作。

（六）加快推进法治建设，全力维护赶超发展和谐稳定。扎实推进法治平安建设，加快基层治理体系和治理能力现代化。

推进法治鹿城建设。实施全面深化法治鹿城建设的意见，着力提升经济、政治、文化、社会、生态文明以及党的建设法治化水平。推进法治政府建设，健全行政决策程序和机制，强化对行政权力的制约和监督。改革和完善行政执法体制，严格规范公正文明执法。积极落实司法体制改革任务，推进司法规范化建设，加强对司法活动的监督。领导干部要带头学法守法，健全普法宣传教育机制，切实提高公民法治素养。

强化社会治理创新。培育和规范服务型、公益性社会组织，推进社工和志愿者队伍建设，加大政府购买服务力度。深化社区扁平化管理，推行村、社区事务准入制度，巩固社区（村）“三多”整治成果。深化基层网格化管理，推进智慧民情处置中心、社会应急联动指挥中心和信访综合处置中心建设。完善大调解体系。

深化平安鹿城建设。加强社会治安综合防控体系建设，健全应急联动处置体系，深化除恶治乱、黄赌毒黑、治安乱点等专项整治。加强反邪教警示教育活动。着力化解信访积案、初信初访和历史疑难问题，依法打击信访非访。深化“同心同行·共建和谐”活动，依法加强宗教事务和宗教场所管理。贯彻新《安全生产法》，加强消防安全、安全生产、交通运输安全和食品药品安全监管工作，确保平安大区建设实现“六连创”，努力“七连创”。

四、贯彻管党治党要求，以改革创新精神全面加强党的建设

适应新常态，实现新目标，关键在党，关键在人。要贯彻从严管党治党新要求，深化“创首善、争一流”，提高党的执政能力，保持党的先进性和纯洁性，为全面赶超发展提供坚强保证。

（一）进一步发挥党委领导核心作用。坚持科学执政、民主执政、依法执政，切实加强各级党委（党组）自身建设。加强党对经济工作的领导，着力推进党领导经济工作的制度化、法治化、专业化建设。发挥党委统揽全局、协调各方的作用，支持人大、政府、政协、审判机关、检察机关依法依章程履行职能，积极为“两代表一委员”行使职权和参政议政创造条件。巩固和发展最广泛的爱国统一战线，加强民主党派、工商联、无党派人士和新社会阶层、网络界人士统战工作，贯彻落实党的民族、宗教、对台、侨务和外事政策。加强群团组织、党管武装、老干部、老龄、关心下一代等工作，进一步凝聚赶超发展各方面智慧和力量。

（二）进一步加强思想政治建设。把深入学习贯彻习近平总书记系列重要讲话精神作为党委（党组）理论学习中心组的首要任务，读原著、学原文、悟原理，建立理论学习大宣讲格局，完善理论学习考评、学用结合和学用转化机制。开展“三严三实”专题教育，加强赶超发展形势教育和鹿城人创业创新艰苦奋斗精神传承教育，切实增强党员干部的担当意识、政治意识、政权意识和阵地意识，做到心中有党、心中有民、心中有责、心中有戒。着力提高意识形态和网络舆情的引导应对能力，落实“7431”网络管理新模式，提升“三微”舆情引导系统功能，放大群众贴心人、道德模范、慈善人物等先进典型示范效应，切实凝聚赶超发展正能量。

（三）进一步加强领导班子和干部队伍建设。严格执行《干部选拔任用条例》，完善绩效考核评价体系，健全班子运行分析制度，着力建设好班长、好班子、好梯队。加强干部监督管理，深化干部超职数配备专项检查。完善“退二线”干部作用发挥机制。完善重点项目领衔制、一线工作指挥长制和遗难化解责任制，加大对干部的关爱力度，加大对基层的倾斜力度，加大对一线克难攻坚实绩突出干部的使用力度，加大对不适宜担任现职领导干部的调整力度，切实在干部“下”的方面动真格。完善党管人才工作机制，积极推进人才培养使用和招才引智工作。

（四）进一步加强基层基础建设。严格落实基层党建工作责任制，完善基层党建季度例会、“三级两次”述职评议等工作机制，推行机关党建年度述职评议，实行党建工作清单制。以“红色细胞工程”统领基层党组织规范化建设，加强“三会一课”“五议两公开”制度建设，推进政治生日制度规范化，深化“五星争创”“五型”机关创建，提炼推广党建示范点。以基层党建工作信息化建设，带动民情处置平台建设，升级民情微信处置系统。加强街镇干部、基层组织带头人和党员三支队伍建设，严格教育、管理和监督，完善不合格党员评价标准和处理办法。

（五）进一步加强党风廉政建设和反腐败斗争。加强党的纪律建设，严肃查处违反政治纪律和组织纪律的行为。以党风廉政建设责任制为龙头推动党委主体责任和纪委监督责任落实。深化机关作风效能建设，加大正风肃纪力度，深入开展“反庸治懒”专项行动，着力解决不担责、不作为、“只微笑不服务”等突出问题。深化同级监督廉政抄告制，全面推行巡察工作。推行党风廉政建设“工作日记”制和惩防体系建设清单制。加强对领导干部监督，健全权力运行监督机制，开展防止利益冲突等专项治理。加强民情问责体系建设，推行分级问责机制。加强对村级权力运行监督，推进村级治理体系建设。坚持有贪必反、有腐必惩、有案必查，切实加大案件查办力度，以反腐倡廉成效取信于民。

同志们，经历建区30年的改革发展，鹿城实力增强、优势凸显、机遇难逢，前景无限美好。我们要发扬“蛮拼”精神，奋勇争先敢担当，同舟共济齐攻坚，扎下马步强落实，一锤一锤钉钉子，一步一个脚印创辉煌。让我们高举中国特色社会主义伟大旗帜，紧密团结在以习近平同志为总书记的党中央周围，在省、市委的正确领导下，团结奋进，真抓实干，努力构建新常态下鹿城赶超发展新优势，为“创首善之区、建幸福鹿城”作出新的更大的贡献！

坚定发展信心　狠抓工作落实 奋力开创鹿城赶超发展新局面

——在区委八届九次全体（扩大）会议上的报告

（2015年7月31日）

陈　浩

这次区委全会的主要任务是：深入学习贯彻习近平总书记在浙江考察重要讲话、省委书记夏宝龙在温州调研重要讲话和省市委全会精神，全面总结今年以来工作，研究部署下半年任务，审议通过《中共温州市鹿城区委关于全面加强基层党组织和基层政权建设的实施意见》。

下面，我代表区委常委会向全会作报告。

一、认真总结今年以来的工作，进一步坚定赶超发展的信心

今年以来，我们积极直面发展困难和挑战，认真贯彻落实中央和省市委的决策部署，一手抓机制创新、激发干部动力，一手抓破难攻坚、扫除发展障碍，打好赶超发展"组合拳"，经济社会发展态势良好，各项工作取得明显进步。上半年，实现地区生产总值372亿元，增长7.0%，增速近五年来首次摆脱全市垫底；规上工业总产值137.1亿元，增长6.4%；公共财政预算收入14.6亿元，增长9.5%；固定资产投资131.2亿元，增长16.3%；社会消费品零售总额357.3亿元，增长9.1%；进口总额1.4亿美元，增长40.8%；城镇常住居民人均可支配收入26543元，农村常住居民人均可支配收入13805元，分别增长8.1%、9.3%。29项主要经济增长指标中，17项超出全市平均水平，9项位列"三区"第一。

（一）经济增长态势明显向好。深入实施"赶超发展三年超千亿投资计划"，滨江商务区金融广场等百亿重大项目集体开工，温州中心大厦等52个亿元以上项目加快建设，滨江广场一期、牛山国际一期等主体结顶，固定资产投资增速"三区"第一。制定《时尚化战略2015年行动方案》，启动了11个重大时尚产业项目，闻宅巷等时尚街区改造稳步推进，温州世贸中心等商贸综合体加速招商，环五马时尚商圈建设步伐加快。大力发展网络经济，聚商盟电商园等电商平台建设扎实推进，实现网络零售额76亿元、增长14.1%。加快城市有机更新步伐，完成旧厂房改造项目107个，改造面积61.2万平方米，居"三区"第一。加快传统产业改造升级，完成"个转企"335家、"小升规"入库306家、"企改股"11家，完成工业技改投资19.5亿元，居"三区两市"第一。加大"扶工兴贸"和企业金融风险防控化解力度，全区新增内资企业数、注册资本金分别增长15.8%、111%，金融借款和民间借贷诉讼受理案件总金额分别下降20.1%、48.1%，工业用电量增长6.5%，实体经济发展企稳回升。都市型农业稳步发展，农业"两区"建设加快推进。

（二）重大项目建设取得突破。创新破难攻坚体制机制，成立重点项目建设破难攻坚工作组，依法处置了261个阻碍项目建设的"疑难户"，掀起了破难攻坚、拔钉清障的热潮。加大滨江商务区拆征和遗留问题化解力度，鲍州、塗田工业区18家企业厂房拆除，2个地块协议签订和"两路两河"土地报征完成。行政中心区5个历史遗留问题成功化解，一批净地顺利出让；城市中央绿轴200米范围内违建全部拆除，绿轴公园一期试开园。双屿"一都两园三城"产业平台加快建设，规上工业企业电子商务应用率达到95%，创成国家级出口鞋类质量安全示范区。加快推进重大交通项目建设，金温铁路扩能改造工程鹿城段、温州绕城高速西南线工程鹿城段、104国道温州西过境公路改建工程鹿城段稳步推进，交通治堵工程深入实施，四大进城口整治提升基本完成。电力、信息、能源等基础设施加快建设。

（三）城乡发展面貌持续改善。加大"五水共治"推进力度，绕城高速至卧旗山段海塘工程入选全省首批PPP项目库，5个项目列入省"411"重大投资项目，21个片区完成截污纳管，平原河网水质考核"三区两市"第一，全市"水岸同治"现场会在我区召开。大力推进"三改一拆""四边三化"，温瑞塘河"一环三线"沿岸14个城中村（地块）改造加快推进，七都创成"无违建"街道，"两无三化"考核"三区"第一。深化"六城联创"，城市文明指数首次测评"三区两市"第一，荣获温州创建全国文明城市工作突出贡献奖、创建国家卫生城市工作功勋集体、创建国家森林城市先进单位，省级生态区创建通过考核验收，助力国家环保模范城市创建通过省级预评估，国家园林城市创建通过初审，国家历史文化名城创建通过住建部考察评估。

（四）改革发展动力得到激发。创新实施目标管理机制，建立一级抓一级、层层抓落实的工作格局，形成凭实绩用干部的鲜明导向。创新"大统战大招商"机制，完成到位内资54.3亿元、增长89%，实际利用外资占全市52%。深化行政机构改革，启动74家事业单位机构优化调整，完成行政机构大部制改革任务。深化“五张清单一张网”建设，推行市场准入类招商引资项目联合审批。深化金融综合改革，浙江首家民营银行落户鹿城，2家企业在新三板上市，处置不良贷款11.7亿元，非法集资处置做法得到马凯副总理批示肯定。深入实施“白鹿引才”计划，引进全市首个外籍院士团队，申报“国千”人才12位、“省千”人才18位，均创历史新高。深化农村、民政等综合改革，试行社区居家养老医养融合模式，农村产权流转交易量全市第一。

（五）社会建设水平不断提升。深入践行社会主义核心价值观，开展“传家风、立家训”活动，涌现出一批“温州好人”“浙江好人”。推进义务教育标准化学校建设，创成全国义务教育基本均衡区。积极探索社会资本混合制办医，全面实施分级诊疗制度。成功承办中华龙舟大赛（温州站）暨温州龙舟文化节，举办区第八届运动会。扩大养老服务覆盖面，新增农村居家养老服务中心26个。综合治理信访非访，信访积案和历史遗留问题化解加快推进，部分行政村历史遗留问题实现“清零”，信访总量下降47.4%，进京非正常访人次下降64.1%。依法加强宗教事务管理，“同心同行·共建和谐”活动的典型做法在全省现场会上交流推广。认真落实全面深化法治鹿城建设的意见，荣获全省创建法治县（市、区）工作先进单位。深化社会治安、安全生产、城中村安全等领域综合整治，安全生产事故起数下降30.5%，劳资纠纷妥善化解，社会治安呈现“三降三升”良好态势，平安大区建设实现“二次夺鼎”。

（六）党的建设得到切实加强。深入开展“三严三实”专题教育活动，实施省委巡视组反馈意见“十二项整改行动”，党的群众路线教育实践活动成果不断巩固。加强思想宣传工作，助推赶超发展系列宣传深入开展，“三微”舆情引导系统服务功能得到拓展。深化“红色细胞工程”和“五星争创”活动，实施村居干部履职绩效考核办法，村级组织建设四项保障经费全面落实，基层党组织建设得到加强。深入开展农村基层作风巡查，5名村干部被立案调查。深入开展“破两难、纠四不”专项整治活动，实施作风效能追责225起。积极推动党委主体责任和纪委监督责任落实，纪检监察机关“三转”持续深化。民主党派基层组织换届率先完成，爱国统一战线进一步壮大。同时，支持人大、政府、政协和审判机关、检察机关依法依规履行职能，加强党管武装工作和国防后备力量建设，做好老干部工作，发挥群团组织作用，凝聚起赶超发展的强大合力。

在肯定成绩的同时，也要清醒地看到存在的问题和不足：一是经济回升基础仍需巩固。服务业、规上工业增速纵向比回升势头良好，但横向比仍然靠后，特别是限上贸易业销售额还在下滑，规上工业利润增长缓慢。二是重点工作进展不够平衡。一些工作时间过半、任务没有过半，部分重点项目和小微企业园建设进展不快，拆违、黑臭河治理、低效用地再开发等工作进度滞后。三是民生保障问题依然不少。一些与群众切身利益相关的问题没有及时解决，上好学难、停车难、食品安全隐患多等问题群众反映强烈，城中村和背街小巷环境脏乱差现象仍然存在。四是信访维稳压力仍然较大。消防安全和安全生产基础薄弱，基层责任体系有待完善。信访非访总量仍然较大，信访积案和历史遗留问题化解还需加大力度。半年度平安建设模拟评分全市靠后。五是机关效能建设还需加强。项目审批慢、群众办事难仍有存在，干部队伍的执行力还需提升。省委巡视组反馈的“四个方面十二条意见”，为我们敲响了警钟。我们必须认真研究，采取有效措施予以解决。

二、狠抓下半年各项工作落实，奋力开创赶超发展新局面

今年5月，习近平总书记专程到浙江考察指导工作并作了重要讲话，赋予了我们“干在实处永无止境，走在前列要谋新篇”的新使命，为做好新时期工作提供了基本遵循和行动指南。6月底，夏宝龙书记来到温州、来到鹿城调研工作，对我们提出了“在抓落实促成效上更进一步”的新要求。省委十三届七次全会和市委十一届九次全会就学习贯彻习总书记重要讲话精神作出了全面部署，提出了明确要求。鹿城作为温州大都市区的核心区，上级党委政府寄予厚望，要求我们做赶超发展的标兵、转型发展的典范，陈一新书记在年初时还对鹿城提出“六个新”的更高目标要求。我们一定要认真学习、深刻领会，坚决按照中央、省市委的部署要求，把握当前难得的发展机遇、有利的发展条件和良好的发展态势，进一步提升发展标杆、提升工作标准、提升精神境界，着力开创赶超发展新局面，真正发挥鹿城作为温州赶超发展的顶梁柱作用。

做好下半年工作的总体要求是：深入贯彻落实习近平总书记在浙江考察重要讲话、省委书记夏宝龙在温州调研重要讲话和省市委全会精神，坚持以“四个全面”战略布局为统领，以“八八战略”为总纲，以“转型发展、赶超发展”为工作主线，以全面改善民生为出发点和落脚点，按照省委“干好一三五、实现四翻番”要求和市委深入实施“五化战略”、深化落实“十大举措”部署，全面推行目标管理，扎实推进破难攻坚，狠抓各项工作落实，确保完成全年各项目标任务。重点要抓好六个方面的工作：

*（一）以发展时尚产业为引领，加快打造时尚之都示范区。*按照市委实施时尚化战略的部署要求，坚持正向引导与反向倒逼共同发力，加快推进经济转型升级。

突出时尚产业引领。要加快建设时尚集聚平台，以环五马时尚商圈建设为龙头，重点实施33个时尚产业项目，加快核心商圈串珠成链，促进核心商圈互动融合发展。全力促进时尚消费，推动温州中心大厦、滨江广场等综合体加快建设，加快特色商业街区改造提升，争取五马街创成国家级特色商业街，努力把鹿城打造成为浙南闽北的时尚消费目的地。积极发展时尚智造，推进工业设计基地等时尚智造平台建设。加快A378时尚产业园、吴桥生命健康产业集聚区等连片有机更新。延伸时尚产业链条，抓好瓯江沿岸和塘河两岸文化休闲旅游项目建设，培育壮大总部金融、文化创意、商务会展等生产性服务业，发展壮大教育文化、医疗健康、社区服务等生活性服务业。

加快传统产业升级。要推动各类产业园区整合提升，积极申报创建国家级鞋业产业集聚区，加快鹿城轻工产业园区基础配套项目建设。大力推进小微企业园建设，推动土地高效利用、特色园区打造，开工建设4个，竣工投用3个，新增企业入驻面积37万平方米以上。利用信息化改造传统产业，培育发展电商街区和微商经济，大力发展“互联网+”新经济形态，争创省级电子商务示范区。加大科技创新力度，支持中津先进科技研究院等平台建设，制定出台支持众创空间发展的政策措施，发展“创客”经济。深入实施“四换三名”“三转一市”，积极发展都市型工业、高科技工业和技术性产业，重视破解“规上变规下”新问题，培育发展年产值超10亿元工业企业5家以上。支持建筑业做大做强，促进房地产业稳定健康发展。继续加大企业金融风险防控和处置力度，确保不良贷款余额和不良贷款率持续较大“双降”。扎实推进农业“两区”建设，推广“三位一体”新型合作体系，大力发展都市高效生态农业、现代都市休闲观光农业。

全面扩大有效投资。要抓紧谋划一批产业链长、带动性强的重大产业项目，谋划实施一批重大基础设施项目，争取更多重点项目列入省级重点，切实提高已有项目的落地率、进场率、开工率、竣工率、投产率。开展“温商回归”落地攻坚行动，开工建设城市中央绿轴地块、海洋文化产业园等重大项目，争取5个10亿元以上的重大项目招商落地。加大低效用地再开发、土地综合整治力度，加强山坡地和地下空间开发利用，确保全年实施低效用地再开发2700亩、完成1200亩，开发利用地下空间65.8万平方米以上，完成“批而未供、供而未用、用而未尽”土地清理4300亩以上。深入开展重点项目征地拆迁“清零”百日攻坚专项行动，确保25个市区两级重点工程“清零”。

*（二）以建设亮点区块为平台，加快打造大都市区核心区。*按照市委实施都市化战略的部署，统筹推进亮点区块、特色区块和基础设施建设，加快城乡一体化发展步伐。

狠抓亮点区块建设。要把亮点区块作为提升中心城区辐射带动能力的主抓手，加快滨江商务区建设，集中力量推进沿江带片区、杨府山涂村和城中村重点区块的征地、拆迁、安置工作，基本化解历史遗留问题。加快城市中央绿轴拆征步伐，确保完成中央绿轴200米范围外地块土地报征和房屋拆征工作，保障中央绿轴公园二期如期开工。深入推进双屿综合整治，加快中央涂等重点区块改造步伐，加快基础配套项目建设，努力在减员增效、转型升级上取得更大突破。

狠抓特色区块建设。要坚持以培育和增强特色产业竞争力为核心，统筹推进都市型功能区块建设。加大七都全岛开发力度，推进重大产业项目和基础设施建设，争取入选全省第二批特色小镇。加快仰义林里片区开发建设，基本完成片区旧房拆征工作。推动城市公共服务向藤桥生态新区延伸，沿戍浦江流域协调推进特色产业项目招商和基础配套建设，提升城乡统筹水平。

狠抓基础设施建设。要把重大基础设施建设作为提升城市功能的重要支撑，协助推进乐清湾港区铁路支线、绕城高速西南线、市域铁路S1线等鹿城段工程建设，完成甬台温铁路配套工程扫尾攻坚，建成金温铁路扩能改造工程鹿城段。加快104国道温州西过境等公路建设，实现仰义至双屿段公路改建工程主车道通车。加快电力、能源、信息、通讯等重大基础设施建设，全面提升基础设施能级。

（三）以实施水岸同治为突破，加快打造美丽水乡精品区。抢抓温瑞塘河“一环三线”建设的机遇，大力推进“水岸同治”，加快打造富有都市特色的美丽水乡。

着力推进“三改一拆”。要把城中村改造作为城市转型的突破口和改善城市形象的主阵地，突出抓好重点区块、重点工程涉及的城中村改造，统一规划布局，整村连片实施，切实加快改造步伐，确保拆除旧房1200户以上。切实加大拆违力度，联动推进旧厂区、旧住宅区和旧市场改造，完成拆违面积90万平方米以上。持续抓好“两路两侧”“四边三化”“两无三化”工作，加快打造一批城市景观工程。

着力推进“五水共治”。要实施系统治水“六大工程”，开工建设绕城高速至卧旗山段海塘工程，加快戍浦江整治、瓯江治理等重点项目建设。启动“清三河”示范区创建，全面消除黑臭河，联动推进治气治土，实现城市截污纳管、农村生活污水治理、生活垃圾集中处理全覆盖。推进塘河两岸“五化工程”，加快建设“一河十景”美丽水乡景观，争夺全省“五水共治”大禹鼎。

着力推进“联创攻坚”。要完善常态化创建工作机制，对照创建标准查漏补缺，开展难点攻坚，确保完成国家历史文化名城、环保模范城市和园林城市创建任务。切实提升城市管理精细化水平，推进“美丽乡村”建设，巩固联创成果。

（四）以深化机制创新为龙头，加快打造改革开放先行区。坚持深化改革与扩大开放并举，努力增创赶超发展新优势。

全面深化改革。坚持以目标管理等“1+3”重点特色改革为龙头，扎实推进承接上级改革和专项领域改革，努力让“重点”“特色”改革成为“示范”改革。深化行政体制、“五张清单一张网”和行政审批制度改革，推行“多证合一”等改革试点。深化金融综合改革，筹建温州民间财富管理中心，支持和鼓励鹿城农商行做大做强地方金融总部，力争企业上市“零突破”。深化农村、民政和绿色生态殡葬改革。要及时总结条块上的改革试点经验，积极争取上级有政策资源倾斜的改革新试点。

扩大对外开放。要积极对接“一带一路”等国家战略，以温州建设海峡两岸民营经济创新发展示范区为契机，建立鹿城与台湾行业协会民间对口合作交流机制，进一步涵养港澳台海外资源。加快市级跨境电商产业园及海外仓建设，完成七都总部型进口商品展示交易市场前期工作，争取建成鹿城进口商品交易中心，着力打造区域时尚消费品进口贸易基地。

（五）以构建治理体系为抓手，加快打造基层治理样板区。创新社会治理方式，推进平安法治建设，努力让人民群众有更多的获得感和安全感。

深化法治鹿城建设。全面落实依法治区各项工作，完成“六五”普法总结验收，启动省级法治工作示范区创建。全面深化“同心同行·共建和谐”活动，依法加强宗教事务管理。深入开展信访秩序综合整治，切实加大信访积案和历史遗留问题化解力度，依法严厉打击非法信访行为。全面开展《村规民约》《社区公约》制定修订活动，推进基层民主自治。

加强平安大区创建。推进社会治安综合防控体系建设，深化开展除恶治乱、黄赌毒黑、治安乱点等专项整治，严厉打击各类违法犯罪活动，严防暴力恐怖事件发生。加大安全生产、消防安全、交通安全、食品药品安全隐患整治力度，坚决遏制各类重大安全事故发生。深入开展基层创安活动，切实提升“平安四率”，加强基层应急维稳体系建设，确保平安大区“七连创”。

提升公共服务水平。推动文化体育基础设施建设，加快构建现代公共文化服务体系。加快推进义务教育和学前教育优质拓面，突出抓好校园育人工作。加强卫生和计划生育工作，加快省级卫生应急示范区建设，巩固国家级计生优质服务先进区成果。推进居家养老服务照料中心建设，积极构建城乡统筹的养老服务新模式。深化交通治堵，协助推进城市公共交通和慢行系统建设，努力办好一批惠民实事。同时，还要进一步加强残疾人、红十字、慈善等事业，加强科协、社科联、档案、地方志等工作。

（六）以全面从严治党为要求，提升党建工作科学化水平。坚持党要管党、从严治党，全面加强党的思想、组织、作风、制度和反腐倡廉建设。

加强民主政治建设。要充分发挥党委统揽全局、协调各方的作用，支持人大、政府、政协、司法机关等积极履职，积极为“两代表一委员”行使职权和参政议政创造条件。深入贯彻中央统战工作会议精神，认真做好新时期统战工作，努力使统战工作成为赶超发展的重要法宝。学习贯彻习总书记在中央党的群团工作会议上的重要讲话精神，切实加强和改进群团工作。提高党管武装工作的质量和水平，深化“双拥”工作，巩固军政军民团结的大好局面。认真做好老干部工作，切实发挥好老干部的积极作用。

加强思想政治建设。要深化“三严三实”专题教育，扎实抓好专题学习研讨、专题民主生活和组织生活会、整改落实和立规执纪等工作，完善理论学习宣讲机制，着力解决“不严不实”问题。加强社会主义核心价值体系建设，健全“最美人物”的选树关爱机制，弘扬和提升红日亭等崇善向上文化，建设具有鹿城特色的志愿服务体系。依法加强网络舆情管理，实施互联网“531”工程，完善网络治理绿色疏导模式，切实营造良好的舆论环境。

加强领导班子和干部队伍建设。要健全全员目标管理考核体系，创新干部考核、评价、使用机制，完善干部选拔任用初始提名办法，加大对不适宜担任现职领导干部的调整力度，推行单位中层及一般干部跨单位交流，健全干部能上能下、能进能出的机制。注重干部梯队建设，在破难攻坚的主战场培养锻炼和发现使用干部，打造一支“狮子型”干部队伍。坚持党管人才原则，创新人才评价、激励机制，培养和吸引各类优秀人才助推发展。

加强基层基础建设。要完善街镇管理体制，优化基层党组织设置。全面加强基层组织规范化建设，深入开展后进村综合整治，切实抓好基层带头人队伍建设，努力打造一批党组织示范群。全面落实区委关于全面加强基层党组织和基层政权建设的实施意见，更好地扛起固本强基的政治责任，形成大抓基层的鲜明导向。

加强党风廉政建设和反腐败斗争。要深入开展“破两难、纠四不”活动，深化“双评议”工作，着力解决不担责、不作为、不认真、不用心等问题。推进农村基层作风巡查，实现街镇全覆盖。严格落实“两个责任”，完善党风廉政建设主体责任履行情况报告制度，全面实施党委（党组）主体责任末位问责和廉政抄告制度。完善惩治和预防腐败体系，严肃查处各类腐败。严格实施省委巡视组反馈意见“十二项整改行动”，确保整改到位。

同时，要谋划和启动“四个全面”战略布局在鹿城的深入实践，认真研究制定“十三五”规划，进一步明确鹿城未来发展方向，更好引领赶超发展新实践。

三、全面加强基层党组织和基层政权建设，为赶超发展提供坚强保障

加强基层党组织和基层政权建设，是全面落实中央“四个全面”战略布局的内在要求，是夯实党执政根基的长远之计，也是积极应对我区基层新情况新问题的迫切需要。前段时间，省委十三届七次全会作出了《关于全面加强基层党组织和基层政权建设的决定》，市委十一届九次全会作出了《关于全面加强基层党组织和基层政权建设的实施意见》。我们要认真贯彻落实中央和省市委的部署要求，切实增强政治自觉、思想自觉和行动自觉，全面加强基层基础建设，守好党的基层阵地，不断巩固党的执政基础。

当前和今后一个时期，我区全面加强基层党组织和基层政权建设的总体要求是：坚持以“四个全面”战略布局为统领，以“八八”战略为总纲，按照省委建设“六个体系”和市委构建基层“四大治理体系”、提升基层“六大治理能力”的总体部署，推进基层治理体系和治理能力现代化，着力强化领导核心，着力巩固红色阵地，着力构建治理体系，着力提升治理能力，不断巩固党的基层政权和执政基础，为实现赶超发展提供坚强的政治保障。

主要目标任务是：一要着力强化领导核心。全面加强街镇、村（社区）和“两新”组织的党组织建设，强化基层党组织在基层的政治核心和领导地位，团结带领广大群众坚定不移跟党走，推动党的路线方针政策在基层落地生根。二要着力巩固红色阵地。深入实施“红色细胞工程”，深化“五星争创”活动，加快村民中心、文化礼堂建设，推进“同心同行 · 共建和谐”活动，打好基层意识形态斗争主动仗，让党的旗帜在每一个基层阵地高高飘扬。三要着力构建治理体系。完善基层组织制度，健全依法治理工作机制，切实改进基层社会管理，构建基层政治、法治、德治、自治体系。四要着力提升治理能力。以全员目标管理考核为抓手，以加强基层执政骨干队伍建设为重点，以深化基层作风巡查为保障，研究采取加强基层领导班子和党员干部队伍建设的创新举措，进一步提升基层党组织和基层党员干部的综合能力，努力建设一支担当有为、群众拥护、充满活力的基层党员干部队伍。

要落实加强基层党组织和基

层政权建设的工作保障。要建立健全基层党建责任机制，牢固树立“抓好党建是最大的政绩”的理念，全面推行基层党建报表、党委书记抓基层党建责任清单等制度，形成“书记抓书记、一级抓一级”的责任传导机制。要建立完善基层基础保障机制，推动要素资源向基层倾斜，认真落实机关公务员职务与职级并行、街镇干部待遇“两个20%”等政策；开展“优秀街镇干部”“优秀村居干部”评选活动，树好基层先进典型；因地制宜扶持发展村级集体经济，增强村级组织造血功能。要强化基层基础工作督查考评，完善考核排名约谈和基层党建工作专项考察制度，大力褒奖、优先使用守土尽责的干部，严肃问责守土失责的干部，努力形成创先争优的浓厚氛围。

同志们，白鹿昂首志当远，赶超发展靠打拼。让我们更加紧密地团结在以习近平同志为总书记的党中央周围，在省市委的正确领导下，进一步振奋精神，克难攻坚，狠抓落实，确保圆满完成全年各项目标任务，奋力开创鹿城赶超发展新局面！

温州市鹿城区人民代表大会常务委员会工作报告

在温州市鹿城区第八届人民代表大会第四次会议上（摘要）
（2015年2月4日）
鹿城区人大常委会主任　吴海燕

过去一年的主要工作（略）

2015年主要工作任务

2015年是全面深化改革的关键之年，是全面深化法治鹿城建设的开局之年，也是全面完成“十二五”规划的收官之年。区人大常委会工作的总体要求是：深入贯彻党的十八大、十八届三中、四中全会和习近平总书记系列重要讲话精神，认真学习贯彻省委十三届六次全会、市委十一届八次全会、区委八届八次全会和区委人大工作会议精神，以“八八战略”为总纲，围绕市、区委关于实施“五化战略”、深化“十大举措”的重大决策部署，主动适应新常态新要求，依法履行各项法定职权，切实加强和改进人大工作，为构建新常态下鹿城赶超发展新优势、加快“创首善之区、建幸福鹿城”做出新的更大贡献！

一、注重探索创新，进一步推动人大工作与时俱进。

十八届四中全会作出了全面推进依法治国的战略决策，为新时期的人大工作指明了方向。省、市、区委人大工作会议对今后一段时期改进和加强人大工作提出了具体要求。常委会将牢牢把握历史机遇和民主政治发展的新常态，积极探索，勇于创新，努力推进我区人大工作与时俱进。探索建立人大讨论决定重大事项清单，规范讨论决定重大事项的规则和程序，推动政府建立健全重大事项提请机制，提高科学民主决策水平。依法行使选举任免权，建立宪法宣誓制度，进一步增强被任命干部的宪法意识和法治观念。加强对人大任命的地方国家工作人员履职情况的监督，开展法官履职评议工作。推进专题询问和代表约见常态化，注重运用质询、特定问题调查等手段深化监督。将人大监督和舆论、社会监督等有机结合起来，强化跟踪监督，多开展“回头看”，增强监督的权威和效果。以新预算法实施为契机，深化全口径预决算审查工作，逐步扩大代表与公众对预算审查的参与面，建立和完善部门预决算审查的听证、表决机制。加强对功能区的工作监督和法律监督。鼓励和指导街镇人大在法律框架内大胆创新，推进人大制度在基层的生动实践。

二、增强监督实效，进一步促进经济社会健康发展。

一是深化工作监督。结合时尚城区建设，加强对经济运行、旅游业发展情况的监督，调研实体经济、网络经济发展情况，推动经济发展提质增效升级。督促区政府提前谋划编制“十三五”规划，调查和审议“十三五”规划编制情况。全面落实全口径预算审查监督要求，深化区级部门预算、政府性债务和国有资产监管情况的审查监督，加强对政府专项财政资金、政府投资项目资金预算与执行的审查监督。围绕“治气”，与上级人大联动开展大气污染防治工作专项监督。监督教育均衡和宗教事务管理工作，调研卫生计生机构整合情况，促进基本公共服务均等化发展与宗教和谐。二是深化法律与司法监督。适应全面深化法治鹿城建设的需要，进一步加强法律监督和司法监督工作，确保法律法规得到正确实施，确保行政权、审判权、检察权得到正确行使，切实推进依法治区进程。监督“六五”普法工作，营造良好的法治环境。完善规范性文件备案审查机制，提高备案审查能力。对司法机关开展巡视监督，推动文明、规范、廉洁司（执）法。对法院执行工作开展专项监督，提升司法公信力。顺应立法体制改革，围绕城市管理和社会管理中的热点难点，加强立法课题收集和调研，为我市、我区加快实现治理体系和治理能力现代化作出努力。三是深化跟踪监督。以跟踪监督“五水共治”和“三改一拆”为抓手，促进“两美”鹿城建设；跟踪监督食品安全、征收安置、出入境管理法执法检查等审议意见落实情况，不断提升群众满意度。

三、优化服务保障，进一步增强人大代表履职活力。

一是加强代表履职服务。坚持邀请人大代表列席常委会会议，参加执法检查、专项视察和重点工作督查，促进代表参与常态化。督促“一府两院”建立健全闭会期间听取代表意见、保障代表知情知政的制度。拓宽代表学习渠道，提升代表素质和能力。规范代表联络站运行机制，促进代表联系选民，服务选民，履职为民。落实好代表“双联”制度，重视发挥职务代表的表率作用。二是丰富代表活动载体。组织代表视察调研重点工作、重大项目和民生热点，凝聚各级代表之力，助推鹿城赶超发展。分批组织代表视察“两院”工作、旁听法庭庭审。深入开展“查找不适应全面深化改革要求的法律法规条文”主题活动，组织代表参与上级人大立法征求活动。深化代表进驻审批中心工作。三是提高代表建议实际解决率。组织对本届人大以来的重点建议办理和不满意建议办理情况进行“回头看”，综合运用重点督办、全程督查和集中评议等方式，加大对建议办理工作的监督力度，促进建议所涉问题得到切实解决。

四、加强自身建设，进一步提升新常态下履职能力。一是加强思想政治学习。完善政治学习制度，深入学习贯彻习近平总书记系列重要讲话精神，学习省、市、区委重要会议精神，增强大局意识，当好党委决策部署的贯彻者、推动者，及时将党委的决策部署通过法定程序转化为全区人民的自觉行动。牢固树立人大“处在社会主义民主法治建设第一线”的意识，切实增强政治责任感和历史使命感。二是加强组织队伍和作风建设。根据新时期人大工作的需要，进一步加强常委会工作机构、派出机构建设，提高专业化、规范化水平。加强人大干部队伍建设，改进学习培训方式，提升人大队伍整体素质。加强对街道人大的领导和镇人大工作的指导，促进街道人大更有效开展工作，促进镇人大更规范运作，支持镇人大完善预决算审查、代表活动等制度。深化教育实践活动整改落实，大力弘扬求真务实之风，进一步提高人大调研工作能力和水平。深化机关作风建设，严格落实中央八项规定、省、市、区委有关规定和人大各项规章制度。三是加强宣传和理论研究。善于运用一切可用资源，增强人大宣传报道工作的频率和深度，提高全社会的人大意识，增强人大工作的社会基础。重视与上级人大、外地人大的交流，加强人大制度研究和实践探索，不断提升理论研究水平和工作创新能力。

各位代表，新常态孕育新机遇，新使命激发新作为。让我们紧密团结在以习近平同志为总书记的党中央周围，高举中国特色社会主义伟大旗帜，在中共温州市鹿城区委的领导下，依法履职，锐意进取，扎实工作，为构建新常态下鹿城赶超发展新优势、加快“创首善之区、建幸福鹿城”而努力奋斗！

温州市鹿城区人民政府工作报告

在温州市鹿城区第八届人民代表大会第四次会议上（摘要）

（2015年2月3日）

鹿城区人民政府区长　朱崇敏

一、2014年工作回顾（略）

二、2015年政府工作重点

2015年是全面推进依法治国的开局之年，也是完成“十二五”规划、制定“十三五”规划的关键之年，更是新常态的主动适应之年。今年政府工作的总体要求是：认真学习贯彻党的十八届三中四中全会、中央经济工作会议、省委十三届六次全会和市委十一届八次全会精神，按照区委八届八次全会总体部署，围绕“创首善之区、建幸福鹿城”总目标和“三四五”总战略，坚持“稳中求进、克难奋进”主基调，深入实施“五化战略”“十大举措”，坚定不移地推进改革攻坚，坚定不移地突出创新驱动，坚定不移地打好转型升级组合拳，坚定不移地保障和改善民生，努力完成“十二五”规划目标任务，为加快时尚之都示范区建设、开创鹿城赶超发展新局面奠定坚实基础。

综合分析发展趋势，建议2015年全区经济社会发展的主要预期指标为：地区生产总值增长5.5%左右；公共财政预算收入增长6%左右；外贸出口总额增长3%左右；社会消费品零售总额增长9%左右；城镇常住居民人均可支配收入和农村常住居民人均可支配收入分别增长8.5%、9.5%；城镇登记失业率控制在2.5%以内；人口自然增长率控制在4.5‰以内。全面完成上级下达的“十二五”节能减排目标任务。

做好今年工作，必须深刻认识和全面把握新常态下速度变化、结构优化、动力转换的本质特征，清醒认识赶超发展的平衡点和着力点。

一要理性看待新常态下赶超发展和换挡升级的关系。从宏观形势看，我国经济正处于“三期叠加”的特殊阶段，主要特点就是从高速增长转为中高速增长。鹿城作为改革开放的先行区，经过30多年的高速发展，比其他地区更早进入换挡期，预计三到五年后，主城区传统服务业和工业经济转型升级的效益才能充分显现并初具规模。在此期间，我区发展速度将落后于其他地区，这是经济规律作用下转型发展必经的阵痛。我们既要认识规律、尊重规律，不纠结于一时的增速高低；更要适应规律、运用规律，保持进取心，增强紧迫感，切实肩负起赶超发展的责任担当。

二要科学统筹新常态下赶超发展和稳中求进的关系。从鹿城自身来看，总体上机遇大于挑战，一方面我们既面临深层次问题先发早发、两链风险持续影响、有效投资增速下滑、要素资源逼近上限等挑战。另一方面，鹿城相对较早进入新常态，面对资源要素瓶颈，率先进行了探索破题，更早积蓄了赶超发展的力量；新常态的到来，将对行政管理方式带来很大的挑战，从根本上改变过去依靠土地、资源、要素投入支撑增长的局面，更加有利于我们参与区域竞争；新常态的到来，使得个性化、多样化消费渐成主流，为我们发展时尚产业和月光经济提供了广阔的市场空间；鹿城作为温州的中心城区，人才、信息、文化、教育等资源集聚优势仍会长期保持，为赶超发展提供了坚实支撑。我们既要稳中求进，注重速度和效益的平衡；更要克难奋进，把握新机遇，提升新优势，确保全区经济行稳以致远。

三要准确把握新常态下赶超发展和动力转换的关系。随着资源环境约束的不断加剧，加快从要素驱动、投资驱动转向创新驱动成为新常态下经济发展的根本出路。赶超发展将更多地依靠人力资本和技术进步，更多地依靠转型效益。我们既要舍得以时间换空间，加大经济结构调整力度，克服“五个过多依赖”问题，为今后更加长远的发展夯实基础；更要深入贯彻落实市委、市政府和区委的重大决策部署，坚定不移地深入实施“五化战略”，加快重构核心崛起新动力，在推动赶超发展中开辟新天地。

认识新常态，适应新常态，引领新常态，是当前和今后一个时期我们把握鹿城赶超发展大势和大局的大逻辑。站在新的起跑点，我们必须紧抓四个重点：一要保持定力。树立以时间换效益的理念，更多地把精力放在优化服务环境和保护生态环境上，以“功成不必在我”的胸襟和气度，努力探索转型发展新路子，加快完成鹿城“赶”与“转”的双重任务。二要改革破局。树立向体制变革要效益的理念，以审批制度改革为突破口，纵向撬动政府自身改革，横向撬动经济社会各领域改革，破解当前发展中的深层次问题，再创鹿城体制机制新优势。三要创新驱动。树立向产业转型要效益的理念，以“四换三名”“三转一市”等为支撑，优化提升传统轻工产业，做大做强“四新”经济，推动经济换挡转型。四要优势发展。树立向空间布局要效益的理念，把城市作为经济发展的综合平台，全域谋划时尚产业，全力打造时尚城区，全面提升集聚辐射功能，努力把鹿城打造成服务全市群众生产生活的商贸休闲之城、服务温州产业升级的辐射示范之城。

具体要抓好以下七个方面工作：

（一）突出时尚产业和月光经济，再造区域发展新优势。围绕有形时尚、无形时尚双轮驱动的理念，发挥城区特色街区和特色项目的布点支撑，以点带面、串珠成线，全力打造温州时尚之都示范区。

推进全域化发展。全面实施时尚城区建设三年行动规划，扎实推进时尚智造、消费、品牌、文化等重点领域项目建设，推动各街镇加快打造时尚产业和时尚消费区块，三年内建成一批产业特色鲜明、竞争优势突出、集聚效应明显的产业集群，初步形成“一江一带两中心七板块多极点”繁荣发展的新格局。整合提升望江路、纱帽河等现有特色商业街，培育南塘风貌街、白鹿洲古玩艺术街等新兴特色商业街，形成“一街一品一特色”时尚街区布局。坚持品质、品牌、品位“三品”齐抓，加快传统产业时尚化改造，依托服装、鞋革、眼镜等行业的工艺基础和制造优势，完善拓展产业链，将中国鞋都打造成为区域性的时尚设计、时尚智造、时尚展示基地，推动轻工产业向时尚产业转型。

推进项目化建设。按照“三圈四带”布局，重点推进30个三年内需重点实施的项目。加快环五马商圈建设，启动闻宅步行街改造提升等项目，突出五马街、大南门区块时尚化改造，推进资源整合、业态升级，推动城市商业主中心扩容提质升级，争创省级服务业集聚示范区，打造区域性时尚消费中心。结合城市有机更新、片区综合开发等工作，推进A378时尚产业园等一批重点项目；整合七都岛、江心屿、西洲岛、温瑞塘河和瓯江南岸资源，启动九山路自行车道、九山河沿岸建筑景观商业化改造和瓯江异域风情带建设等项目；实施30个城市公园、游园“三化改造”工程，进一步完善配套设施，提升休闲、夜游功能和文化特色，实现月光经济“五夜”功能业态逸动整合。

推进制度化保障。发挥市、区两级定期研究和联动推进机制，实施时尚环境氛围整合提升三年行动计划，加强政策激励支持体系建设，搭建重点行业创新服务平台，深化街区空置店铺和闲置楼宇“清零”行动，承办2015温州时尚文化创意产业博览会等活动。积极争取市直单位支持，强化属地服务保障，推进市属在鹿项目建设；加快交通规划、污水管网建设等基础配套改造提升工程，科学规划五马街、信河街等重点街区行车路线，助推人民广场、大南路与马鞍池公园、名城广场等地下空间开发。

（二）突出提质提效和联动发展，开创产业转型新局面。始终以兴实体、促转型为主攻方向，打好“四换三名”“三转一市”经济转型升级组合拳，加快三次产业协调发展，“四新”经济不断壮大。

着力化解金融风险。把金融风险作为赶超发展的最大障碍来攻克，组织开展风险防控和“两链”化解攻坚行动，确保不良贷款余额、不良贷款率持续双下降，实现从“风险先发地区”到“率先突围地区”转变。统筹运用融资支持、应急转贷、整合重组等处置手段，探索建立小微企业信用保证基金，加大向上争取不良贷款核销力度，推动处置方式多元化、有效化。严厉打击“逃废债”和恶意欠薪行为，完善“诚信红黑榜”制度，进一步加快社会信用体系建设，确保金融秩序平稳。

做精做强现代服务业。坚持以生产性服务业为主导，着力发展总部经济、研发设计、文化创意、医疗健康等经济业态，谋划建设七都“特色小镇”和滨江商务区金融集聚区、吴桥健康产业集聚区等平台，确保新增3家以上重点文化产业园区、5家以上重点文化企业，争创全省文化产业十强县。深入实施“电商换市”，大力发展网络经济，打造五大电商平台，推动市场模式向实体市场和虚拟市场并重发展转变。培育壮大旅游经济，深度整合生态、运动、商贸、休闲等旅游资源，推动旅游主业化、全域景区化，打造都市旅游目的地。推进传统专业市场“迁改并转”，实行“一场一策”综合整治，协助推进滨江广场、牛山国际、黄龙商贸城建设，加快形成现代服务贸易支撑体系。

着力培育高效经济。注重传统产业提升与新兴产业培育并举，深入实施“五一〇产业培育提升工程”，大力发展信息技术、高端装备、智能制造等产业，发挥国家级出口鞋类质量安全示范区、省级高新技术特色产业基地等品牌效应，争创省级“两化”融合示范区。全力推进“四换三名”，加大技改投入，实施30项“机器换人”项目，实现劳动生产率和增加值双提升。大力实施“腾笼换鸟”，重点推进塘河两岸整体有机更新，稳步推进黎明·92文创园等已经实施项目的扩容升级和现有工业厂区的连片更新，力争完成城市有机更新项目50个、旧厂房改造面积50万平方米。以小微园建设为载体，实施小微企业三年成长计划，鼓励支持科技型、成长型、精专型中小微企业集聚集约发展，重点推进仰义渔渡轻工产业小微园等3个市级示范小微园建设。积极推进“空间换地”，加快工业用地二次开发和工业区闲置地利用。以时尚城区建设为统领，深入实施“三名”工程，培育具有较高知名度和影响力的龙头企业，打响时尚鹿城品牌。梯次推进“三转一市”，新增个转企500家、小升规30家、企转股15家，拟上市企业报会1家。支持建筑业做大做强，推动建筑业“工厂化”。大力推进农业“两区”建设，健全“三位一体”新型农村合作体系，实施“美丽田园”创建行动，构建“一村一品一特色”新格局；大力发展时尚农业，推进藤桥种子种苗基地建设，推动西部传统农业与旅游休闲、体育文化有机融合，打造一批农事景观与自然山水相融相辅、农耕特色与乡村风貌交相映衬的农业项目；加快农业科技创新和现代种业发展，新增市级以上农业龙头企业1家，实现农业龙头企业产值15亿元。

（三）突出有效投资和招商引资，掀起项目建设新高潮。坚持抓发展必须抓项目理念，以结构优化提升效益，以克难攻坚提升速度，以有效投资推动发展，确保固定资产投资增长12%以上。

全力抓好“温商回归”。深化“资本鹿城、回家发展”，坚持内外温商互动共进，招商引智两手并重，促进贸易回归、资金回流、人才回迁。强化精准招商理念，深化温商信息库建设，实施温商回归“领头雁”工程，引领在外龙头企业回乡发展。充分发挥招商专员作用，落实保姆式协调服务机制，在项目审批、前期推进、要素争取等方面，当好“店小二”、做好“服务员”，重大项目实行一对一跟踪到底，确保全年引进内资100亿元，实际利用外资1.2亿美元。全面启动对韩招商引资，深入实施“东引台资”战略，建立行业协会对口交流合作机制和重大对台项目五大机制，实际利用台资1200万美元。加快温州中心大厦、横渎河西城市综合体等重点项目建设，引进发展通用航空等一批产业项目，推进全球温商总部家园、极地海洋公园等项目落地，实现世贸中心大厦、置信广场等重点楼宇运营。

全力推进有效投资。政府投资突出保重点、保续建，民间投资坚持重引导、重结构，深入谋划和推进交通、能源、水利等重大基础设施项目、重大产业项目以及技术改造、生态环保等领域的投资，安排重点项目106个、计划投资60.8亿元。强化重大项目攻坚，承接市域铁路S1线、金温铁路扩能改造、绕城高速西南线等鹿城段工程建设，加快104国道温州西过境公路、双屿至藤桥公路、瓯江路西延等干线公路建设，推进林里片区低丘缓坡利用开发，实现仰义至双屿段公路改建工程全线通车。加大破难攻坚力度，基本完成杨府山涂村、蒲州村、巨一村等历史遗留问题化解，全面完成城市中央绿轴范围内房屋征收、安置和有关政策处理工作，全力保障重点项目推进。

全力强化要素保障。抢抓城镇低效用地再开发试点契机，启动和再开发低效用地区块44个，完成地下空间开发利用23万平方米，土地转而未供清理率和供而未用开工处置率均达到90%以上。深入抓好前期谋划，争取更多项目列入省市重点和资金补助范围。总结完善BT项目的融资、建设、监管模式，有效衔接BT融资和公私合作模式（PPP），创新开辟基础建设投融资渠道，切实破解瓶颈制约。

（四）突出深化改革和创新驱动，增强赶超发展新活力。以政府自身改革为引领，深入实施50项改革项目，构筑赶超发展新动力。

强化政府自身改革。承接市区财政体制和城市建设管养体制，加强重点领域、重点项目绩效管理，扩大部门预决算公开范围，提升政府资金使用效益。深化“四张清单一张网”改革，建立健全动态调整机制，规范部门权力清单，拓展提升政府服务网功能。大力推进行政审批制度改革，对接落实市区同权扁平化审批，探索政府投资项目竣工验收“三测合一”制度和企业“零地”项目、“负面清单”之外政府不再审批制度。抓好资源要素市场化配置改革，建立与用地、用能、用水等资源要素配置相挂钩的综合评价机制。加快综合行政执法体制改革，探索组建综合行政执法局。深入推进中介机构改革，建立健全管控机制，促进中介服务提质提效。

推进重点领域改革。加快金融综合改革，探索互联网金融发展，创新无形资产、商业保理等新型融资渠道，承接温州民营银行试点工作。加快农村综合改革，推动农民专业性合作组织、行业性联合组织、区域性合作组织开展内部信用合作，积极落实“三权到人（户）、权跟人（户）走”制度，进一步抓好城中村改制和农村土地确权。加快社会领域体制改革，加大民办教育扶持力度，推动教育后勤制度改革；深化基层医疗卫生和公立医院综合改革，实行分级诊疗和市区两级医院联体合作模式，畅通公共资源均衡流动。

提升科技创新能力。围绕“八倍增、两提高”，深入实施创新驱动发展战略，鼓励发展以互联网为核心的信息经济，积极培育电子信息制造、软件和信息技术服务、物联网等产业，加快创建智慧城区。深化品牌创新、质量创新和标准创新工程，推进科技创新大厦和科技文化融合基地建设，争创市级科技园、省级创新型城区。深入实施“白鹿引才”计划，强化人力资源服务业发展，推广中津先进科技研究院模式，加大创新团队引进力度，完善各类人才特别是大学生创业创新的政策措施，推动大众创业、万众创新。

（五）突出功能完善和品质提升，展现“两美”鹿城新面貌。始终把群众对美好生活的向往作为政府的追求，统筹打好“五水共治”等组合拳，着力把鹿城打造成为生态文明先行区。

大力推进美丽浙南水乡建设。深入实施“六大工程”和“消灭黑臭河和劣V类水三年行动计划”，以“河长制”为抓手，科学推进“水岸同治”，加快瓯江治理一期、戍浦江流域综合整治、绕城高速至卧旗山段海塘工程、温瑞塘河治理等一批重点项目建设，创新第三方参与治水模式，巩固垃圾河整治成果，全面消除黑臭河。执行新《环境保护法》，实施最严格的环境监管制度，依法铁腕治理涉水违法犯罪行为，做到涉水污染“零容忍”。加强污水管网建设和管养，完成藤桥镇中心片区和7个街道截污纳管工程，实现农村污水处理、生活垃圾集中处理全覆盖。强化涉水景观打造，突出抓好塘河生态景观带和水乡文化建设，新建提升滨水公园10个，建成美丽浙南水乡特色示范社区（村）8个、示范项目3个。

大力推进城乡环境综合整治。强化“六城联创”攻坚，深化“共建共享、互动互助”公众参与机制和社会行动体系建设，提升城市管理精细化水平，巩固全国卫生城市创建成果，创成省级生态城区，助推我市创成全国文明城市、国家园林城市、国家环保模范城市、国家历史文化名城。打好“两无三化”“三改一拆”“四边三化”持久战，坚持“拆、改、用”结合，推进城中村综合整治，完成旧住宅区改造10万平方米，城中村改造新开工面积60万平方米；依法推进违建拆除工作，创成无违建河道10条。加大交通治堵力度，重点推进七都经四路等10条续建道路和马坑路等6条新建道路，加快城区停车设施建设和老旧住宅区交通微循环改造，新增1000辆公共自行车，进一步缓解出行难、停车难问题。全面推进大气污染防治，统筹抓好重大污染源、建筑工地、道路扬尘等治理，进一步改善空气质量。深入实施“千村示范、万村整治”工程，加大农村人居环境综合整治，续建美丽乡村精品线1条、精品村1个，完成历史文化村落保护利用点15个。

大力推进双屿综合整治。加快配套基础设施建设，高标准实施以中央涂片区改造为重点的瓯江沿线连片开发，推进鞋都转型升级启动区等平台建设，完成鞋都文化广场提升，力争在城市有机更新上取得新突破。深化丰门河、瓯浦垟河等重点河道治理，完成万米清水绿道建设，开工宁波路二期拆迁安置房等项目，力争在环境综合治理上取得新突破。推进“一都两园三城”建设，联动推进低端块状行业整治提升，实现工业总产值增长3%，规上企业电商应用全覆盖，力争在产业转型升级上取得新突破。加快社会管理信息化平台建设，进一步完善火灾等安全事故防控综合治理体系，深化新居民积分制管理，力争在社会管理创新上取得新突破。

（六）突出安民惠民和社会治理，切实回应人民群众新期盼。坚持把保障和改善民生作为所有工作的出发点和落脚点，全力抓好各项社会事业发展，使发展成果更多更公平惠及全区人民。

加快社会事业发展。对接省市部署和民生诉求，统筹城乡公共服务需求，切实办好民生实事。深入推进省级教育基本现代化区创建，加大义务教育标准化学校建设力度，完善校长教师交流制度，区内符合交流条件的校长、骨干教师交流率分别不低于30%和15%，有效推进教育均衡发展。稳妥推进卫生、计生服务资源整合，大力推动区人民医院、区精神卫生中心等一批医疗机构建设，加快优质卫生计生服务向农村地区延伸，创成省级卫生应急工作示范区。加快文化强区建设，推进文化礼堂提质扩面，整合提升农村30分钟文化圈、社区15分钟文化圈和80个市级社区文化中心服务水平。加大体育健身基础设施建设，实施全民健身计划，举办区第八届全民运动会。加快历史遗留问题处置，推进安置提速，确保安置房项目开工2个、竣工4个。贯彻落实《浙江省社会养老服务促进条例》，推行“医养结合”居家养老模式，逐步完善养老服务体系。实施全民参保登记，建立社会保险基础数据库，积极推进社会保障从制度全覆盖提升到人的全覆盖。落实各项优惠政策，促进社会就业。大力推进军地互动发展，切实抓好国防建设和双拥工作。支持科协、工商联、文联、社科联、工青妇、老龄（老干部）、红十字会、慈善、关心下一代、残疾人事业发展，进一步做好民族、宗教、外事、侨务、档案、人防、地方志等工作。

提升社会治理水平。继续推进平安鹿城创建，完善立体化社会治安防控体系，依法严厉打击暴力恐怖活动、涉黑涉拐涉枪和“黄赌毒”等违法犯罪活动，保障人民生命财产安全。丰富和发展“枫桥经验”，健全大调解工作体系，构建多元化的纠纷解决机制。推进村级治理体系建设，落实农村基层作风巡察制度，完善社会治理信息化、网格化机制，发挥智慧民情处置中心、社会应急联动中心、信访处置中心和社会治理专业化平台作用，加强舆情收集和运用，畅通民情诉求渠道，有效预防和化解各类社会矛盾。完善广场噪音扰民、“地宫”、停车非法收费处置工作机制，妥善解决群众关切的热点问题。依法加强宗教事务和宗教场所管理，保持宗教领域和谐稳定。加强食品药品安全监管，推进电子追溯系统建设，有序开展阳光厨房、平安药房系列创建，全力保障群众饮食用药安全。紧抓消防安全和安全生产责任体系、预防体系建设，强化重大活动、节假日、人员密集场所等公共安全管理，坚决防止重特大安全事故发生，确保平安大区“二次夺鼎”。

（七）突出权力监督和责任担当，塑造法治政府新形象。全面贯彻落实依法治国决策部署，不断提升运用法治思维分析问题、化解矛盾、推动发展的能力，为赶超发展提供坚强的法治保障和良好的法治环境。

强化依法行政。政府带头学法懂法用法，依法履行政府职能，做到法定职责必须为、法无授权不可为，推动社会各界学法尊法守法。健全政府依法决策机制，完善公众参与、专家论证、风险评估、合法性审查、集体讨论决定等重大行政决策程序，政府决策更多地定规则、定制度，减少一事一议事项。深化政府法律顾问制度，严格行政规范性文件审查，进一步规范行政执法自由裁量权。

强化权力监督。坚决执行人大及其常委会决议，自觉接受人大依法监督、政协民主监督，认真办理人大代表建议和政协委员提案，定期向人大报告、向政协通报政府工作。加强政府内部层级监督、专门监督和审计监督，发挥“三微”舆情引导系统和政务服务网平台作用，主动接受社会监督、舆论监督。

强化作风效能。深入开展“三严三实”专题教育，巩固和发展群众路线教育实践活动成果。严明政治纪律和政治规矩，坚决做到令行禁止、政令畅通；深化机关作风效能建设，加大正风肃纪力度，深入开展“反庸治懒”专项行动，着力解决“四不”问题。强化执行力建设，前瞻谋划“十三五”发展，研究制定“五化战略”具体实施方案，组织开展重点工程建设、金融风险化解等“八大攻坚”行动，确保各项重大决策部署落到实处。加强惩治和预防腐败体系建设，坚决严厉查处违法违纪案件，着力营造政治清明、政府清廉、干部清正的良好风尚。

同志们，人勤春来早，实干事业兴。让我们在市委、市政府和区委的正确领导下，在区人大、区政协的监督支持下，凝聚全区人民的智慧和力量，同心同德，克难奋进，开创新常态下鹿城赶超发展新局面，为“创首善之区、建幸福鹿城”做出新的更大贡献！

中国人民政治协商会议第八届温州市鹿城区委员会常务委员会工作报告

在政协第八届温州市鹿城区委员会第四次会议上（摘要）

（2015年2月2日）

鹿城区政协主席　郑锦春

2014年工作回顾（略）

2015年工作意见

2015年是全面深化改革的关键之年，是全面推进依法治国的开局之年，也是全面完成“十二五”规划的收官之年。面对新阶段新常态新要求，我们要高举中国特色社会主义伟大旗帜，深入贯彻中共十八大和十八届三中、四中全会精神，坚持以习近平总书记系列重要讲话精神为指导，坚持以“八八战略”为总纲，按照省委“干好一三五、实现四翻番”的要求，全面落实市委十一届八次全会和区委八届八次全会关于实施“五化战略”、深化“十大举措”的重大决策部署，团结动员广大政协委员和社会各界人士，以高度的政治责任感和良好的精神状态，履行职能，善谋实干，共促发展，为努力构建新常态下鹿城赶超发展新优势贡献智慧和力量。

（一）强化理论学习，着力巩固共同思想政治基础

继续多形式、多层次组织学习中共十八大、十八届三中、四中全会和习近平总书记系列重要讲话精神，深刻领会把握全面深化改革、全面推进依法治国的重大意义、总体目标和根本任务，进一步把思想和行动统一到中央的决策部署上来；要深刻领会把握习近平总书记系列重要讲话的深刻内涵和精神实质，领会把握讲话贯穿的坚定信仰追求、历史担当意识、真挚为民情怀、务实工作作风和科学思想方法，更好地用讲话精神武装头脑、指导实践，更加坚定不移走中国特色社会主义发展道路，积极投身全面深化改革和推进依法治国伟大实践。

认真学习贯彻中央经济工作会议、省委十三届六次全会、市委十一届八次全会和区委八届八次全会精神，深刻认识新常态，准确把握新常态，主动适应新常态，积极服务新常态，进一步增强围绕中心、服务大局、亲民协政、为民履职的责任感、使命感，引导广大委员投身我区经济社会发展建设的具体实践，努力做到党委政府工作推进到哪里，政协履职就跟进到哪里，委员的智慧力量就汇聚到哪里，“正能量”就传递到哪里，积极助推鹿城全面深化改革开放、全面推进法治建设、全面加快转型升级、全面保障改善民生。

（二）认真协商议政，全力助推经济社会科学发展

牢固树立大局观念和责任意识，

自觉把政协工作纳入党委工作总体格局之中，使政协工作服从和服务于党政中心工作，服从和服务于全区发展大局。充分发挥好人民政协作为专门协商机构的重要作用，进一步提高加强协商民主工作的自觉性和主动性，精心组织开展好各种层次、各种形式的民主协商，广泛听取各界别群众的意见和诉求，促进决策的民主化和科学化。

围绕新常态下我区实施“五化战略”、深化“十大举措”的重大部署，选择“五水共治”、“两美”建设、“时尚城区”建设、创新驱动发展、服务经济强区建设等事关鹿城发展全局、党委政府重视、人民群众关心、政协有条件做好的课题，深入调研，周密论证，建言献策。发挥政协人才荟萃、智力密集的优势，组织委员就“六城九市”“两海两区”“三改一拆”“四边三化”等党委政府重点工作和民生工程，开展专题视察和专题协商等活动，提出高质量、有价值的意见和建议，为党委政府破解发展难题、发展民生事业提供决策参考。

（三）广泛团结联谊，合力构建社会主义和谐社会

始终坚持团结和民主两大主题，充分发挥人民政协团结面广、联系面宽、包容性强的特点，把增进共识、凝聚人心、汇聚力量摆到政协工作更加重要的位置，多做协调关系、化解矛盾、理顺情绪的工作，多做减少阻力、增添助力、形成合力的工作，努力在凝聚社会各界智慧力量、促进社会和谐稳定方面有更大作为。

把服务全面深化法治鹿城建设作为履职重要着力点，严格按照宪法法律和政协章程，准确把握政协性质定位，善于运用法治思维和法治方式开展工作，切实做到尽职不越位、工作不错位；积极引导委员做学法懂法、信法守法、用法护法的模范。充分发挥各民主党派、人民团体、无党派人士在政协组织中的作用，积极为他们知情问政搭建平台、创造机会。进一步加强与港澳同胞、台湾同胞、海外侨胞的联谊，促进交流，增进团结，扩大合作。继续加强与在外鹿城人的沟通联系，引导和鼓励他们回乡投资创业、发展慈善事业，促进在外温商资本回归、人才回归、项目回归，积极为家乡的发展建设尽心尽力。切实加强与少数民族、宗教界和新社会组织代表人士的走访联系，努力把各族各界人士的思想和行动统一到党委政府的决策部署上来。

（四）深化教育实践，倾力维护广大群众根本利益

作风建设永远在路上。党的群众路线教育实践活动是一项长期的战略任务，我们将严格按照整改方案，落实整改责任，完成整改任务，进一步巩固和扩大教育实践活动成果。要进一步完善联系群众、服务群众的工作机制，做群众的贴心人、知心人和代言人。

要进一步健全和完善委员联系群众、服务群众工作机制，引导和组织委员密切联系群众、真情服务群众。要紧紧围绕老百姓最关心、最直接、最现实的住房、就业、教育、医疗等民生问题，开展协商议政、调研视察、撰写提案、反映社情民意，及时将群众的愿望和要求传达给党委、政府，推动群众关注的问题得到有效解决，积极维护群众根本利益。继续组织“送文化、送卫生、送体育、送科技、送法律、送温暖”活动，多做暖民心、惠民生的工作。

（五）加强自身建设，努力提升政协工作科学化水平

进一步加强履职能力建设和党风廉政建设，不断强化政治意识、政权意识、阵地意识，切实增强围绕中心、服务大局、亲民协政、为民履职的责任感、使命感，始终确保政协工作的正确政治方向，在思想、政治和行动上始终与党中央保持高度一致，在履职方向上与区委决策保持高度一致；严格贯彻落实中央八项规定、省委“28条办法”和“六项禁令”，认真执行《廉政准则》和廉洁从政各项规定，把廉洁意识深植于心，从思想上筑起拒腐防变的坚固防线。

切实改进委员服务工作，积极为委员知情知政、履行职能搭建平台，充分发挥委员的主体作用。密切委员走访联系，每位主席每年走访委员不少于20名。加强委员履职管理，健全委员履职评估和正常退出机制。高度重视专委会建设，强化专委会基础作用，健全专委会与对口部门联系制度，加强对所联系界别小组的指导。不断深化“五型”机关建设，健全和完善各项工作制度，不断提高机关办文、办会、办事水平和协调服务能力，不断提升政协工作科学化水平。

各位委员，同志们！群策为之则无不成，群力举之则无不胜。让我们紧密团结在以习近平同志为总书记的中共中央周围，高举中国特色社会主义伟大旗帜，在中共鹿城区委的坚强领导下，同心同德，群策群力，积极开创鹿城政协工作新局面，为努力构建新常态下鹿城赶超发展新优势、加快“创首善之区、建幸福鹿城”做出新的更大贡献！

责任编辑　王剑峰

专 辑

温州市鹿城区人民代表大会常务委员会关于温州市鹿城区部分行政区划调整的决议

（2015年7月28日温州市鹿城区第八届人民代表大会常务委员会第二十三次会议通过）

2015年7月28日，温州市鹿城区第八届人民代表大会常务委员会第二十三次会议听取和审议了区人民政府提交的《温州市鹿城区部分行政区划调整方案的报告》。会议决定，同意这个报告，并由区人民政府按照法定程序报批并组织实施。

会议认为，根据我区行政区划现状和社会经济发展要求，适时对鹿城区域的部分行政区划进行调整是必要的。区政府在方案编制过程中，深入调查研究，广泛听取意见，提出的调整方案符合我区实际。会议同意相应的调整方案：

一、调整滨江、南汇、五马、松台、双屿等5街道和藤桥镇行政区域范围

滨江街道办事处的区域范围：东至瓯江，南至新城大道、龙湾区蒲州街道，西至灰桥浦、洪殿河、黎明东路、府东路，北至瓯江。街道办事处驻地：聚源路1号。

南汇街道办事处的区域范围：东至汤家桥路，南至瓯海区梧田街道，西至南塘河，北至锦绣路、新城大道。街道办事处驻地：府东路200号。

五马街道办事处的区域范围：东至灰桥浦，南至小南门河、大南路、人民东路、飞霞南路、学院西路，西至信河街，北至瓯江。街道办事处驻地：解放北路后垟巷89号。

松台街道办事处的区域范围：东至信河街、温瑞塘河，南至会昌湖，西至勤奋河，北至瓯江北水道（含江心屿）。街道办事处驻地：雪山路75弄33号。

双屿街道办事处的区域范围：东至翠微山、黄龙山、翠微大道，南到景山、瓯海区郭溪街道，西至下岭山、嵇师新街（山后路）、卧旗大河（西排河道），北至瓯江。办事处驻地：温金路138号。

藤桥镇人民政府的区域范围：东至瓯江、仰义街道，南至瓯海区郭溪街道、泽雅镇，西至瓯海区泽雅镇，北至山福镇。镇政府驻地：藤桥镇南街183号。

二、设立蒲鞋市、南郊、大南、广化、丰门等5个街道和山福镇

蒲鞋市街道办事处的区域范围：东至府东路，南至锦绣路，西至灰桥河、龟湖，北至洪殿河、黎明东路。街道办事处驻地：学院中路191号。

南郊街道办事处的区域范围：东至南塘河，南至瓯海区梧田街道，西至瓯海区新桥街道，北至会昌湖、温瑞塘河。街道办事处驻地：洛河路10号。

大南街道办事处的区域范围：东至飞霞南路、学院西路、龟湖、南塘河，南至温瑞塘河（三板桥、吴桥），西至温瑞塘河，北至小南门河、大南路、人民东路。街道办事处驻地：荷花路292号。

广化街道办事处的区域范围：东至勤奋河，南至瓯海区景山街道、景山、翠微大道、过境路，西至翠微山、黄龙山、过境路、翠微大道，北至瓯江。街道办事处驻地：新桥头住宅区美组团16幢。

丰门街道办事处的区域范围：东至瓯江，南至卧旗大河（西排河道）、嵇师新街（山后路）、下岭山，西至瓯海区郭溪街道，北至仰义街道。街道办事处驻地：丁桥路169号。

山福镇人民政府的区域范围：东至瓯江，南至藤桥镇，西至青田县温溪镇，北至瓯江。镇政府驻地：临江东街208号。

三、仰义街道办事处驻地由澄沙桥路27号迁移到沿兴路142号

会议强调，此次行政区划调整，是实现鹿城区域一体化发展的一项重大战略决策。区人民政府和有关部门、街镇要切实做好宣传引导、政策处理和维护稳定等工作，精心组织实施，确保鹿城区部分行政区划调整工作依法有序顺利进行。

温州市鹿城区人大常委会
2015年7月28日

区委书记陈浩在全区党建工作会议上的讲话

（2015年3月4日）

同志们：

党的建设十分重要，是我们各项事业取得成功的根本保证。我们经常说，围绕发展抓党建，抓好党建促发展。今年是新常态下推进鹿城赶超发展的关键一年，今天我们召开党建工作会议，就是要牢牢把握从严管党治党的要求，通过抓好党建，团结凝聚全区上下的力量，众志成城开创赶超发展新局面。春节之前，区委常委会专题研究了党建工作，明确了今年工作重点。下面，我强调三点意见：

一、创新机制、建好队伍，为赶超发展提供组织保证

事业发展，关键在人，关键在干部作风，关键在人心向背。今年组织工作要以实施目标管理为龙头，切实激发干部队伍内在动力，努力掀起奋勇争先的热潮。

第一，体制机制要管用有效。组织部门要把创新体制机制作为重要着力点，用创新的机制解决工作推进的难题，使党的建设始终保持生机和活力。当前，最重要的就是要把目标管理作为主抓手，全力把目标管理机制实施好，实施出成效来，真正以积极的目标引导人、以科学的考核评价人、以鲜明的奖惩激励人。各街镇、各部门也要用好目标管理这个“指挥棒”，把年度目标进行层层分解，要求每位干部都要有明确工作目标，并把目标管理作为干部考核奖惩、提拔任用的主要依据，真正形成人人想干事、人人干成事的生动局面。在这过程中，组织部门要研究把目标考核与干部考核紧密结合起来，建立能上能下、凭实绩用人的导向，用实绩选人激励干部，用末位淘汰倒逼干部，激励大家在目标管理中这主赛场上，开展“工作大比武，实绩大竞赛”。

第二，干部队伍要创先争优。要围绕目标管理导向，系统推进各级领导班子和干部队伍建设。一要用改革的办法推进领导班子建设。我区超职数问题比较突出，省委巡视和选人用人专项检查后，要求我们所有超职数单位领导干部只出不进，势必造成干部流转周期拉长。在职数问题短期难以解决的情况下，我们要结合推行目标管理，适当调整机构设置和人员编制，科学制定干部人事制度改革计划。各单位“一把手”要负起第一责任人的职责，切实提高抓班子、带队伍的能力。二要用创新的机制推进干部队伍建设。要结合我区重点工作、难点工作实际，在区管干部中引入岗位目标竞岗制，通过公开自荐提名方式担当重担；探索在中层干部中实施跨部门交流轮岗制度，努力形成能上能下、能进能出、人尽其才、充满活力的科学用人机制。同时，要有针对性地选派优秀后备干部到情况复杂、工作压力大的地方锻炼，在重点工作、难点工作一线，培养锻炼干部，发现使用干部。三要以有力的举措推进人才队伍建设。要坚持党管人才原则，创新人才评价机制、流动机制、选用机制和激励机制，广泛吸引和招揽各类优秀人才。尤其要以“白鹿引才”计划为抓手，吸引各类高端人才助推鹿城发展。

第三，基层组织要扎实巩固。基层组织是赶超发展的基础。当前，我区基层基础建设存在不少问题，特别是47个城中村和城郊村，虽然数量只占全区的23%，但是进京赴省信访分别占了全区的62%和84%，牵扯了大量精力。今年，要借开展农村基层作风巡查之机，一手抓后进整顿，一手抓“五星争创”，力求基层组织建设取得突破。一方面，要加强软弱涣散党组织的整顿，把新一轮整顿重点放到城中村、城郊村上来，抓住几个后进典型予以整顿，抓好不合格党员和后进党员的教育转化。另一方面，要深化“红色细胞工程”，优化“红色细胞”联系服务网络，并在“五星”、“四星”党组织中实施示范工程，通过巩固提高、争创品牌，形成一批先进党组织示范群。

二、内鼓干劲、外树形象，为赶超发展营造良好氛围

宣传思想工作要紧贴中心、服务大局，对内鼓足发展干劲，对外树立良好形象，唱响主旋律，提振精气神。

第一，要营造发展氛围。宣传部门要围绕发展大局，把赶超发展的声音传递下去，激发全区上下干事创业的热情。当前，鹿城赶超发展的脚步越来越紧，大家要顺势造势，配合打好产业转型升级、扩大有效投资、亮点区块建设“三场硬仗”，奏响重点工作破难攻坚的最强音。特别是要结合重点工作、重点工程建设，对那些阻碍发展的村霸地霸、无理缠访，选出一批典型予以曝光，配合公检法司等打黑除霸，用舆论的声音和法治的手段把他们打压下去。通过弘扬正气、打压邪气，使全区上下的精力集中到赶超发展上来。

第二，要加强宣传引领。宣传是生产力，也是竞争力。今年是实行目标管理的第一年，我们要围绕“规定动作”和“自选动作”，开动宣传机器，把镜头对准基层，全面激发赶超发展的正能量。要及时总结宣传中心工作落实情况，尤其是加强对重大决策的贯彻落实、重大工程的建设进展、机关效能的改进提升、发展环境的整治优化等进行跟踪报道，更好地鼓舞人心、凝聚士气。要及时总结推广各街镇、各部门创新举措，好好总结提炼和宣传一批创新典型，激发鹿城人创业创新的动力活力。同时，要弘扬鹿城的崇善向上文化，锲而不舍抓好精神文明建设，引导和推动全体市民树立文明观念、争当文明公民、展示文明形象。

第三，要把握舆论导向。要牢牢掌握意识形态工作领导权主动权，严格落实“一把手”责任，管好用好“两大舆论场”，做到守土有责、守土负责、守土尽责。要把不造成负面影响作为最基本的要求，争取各媒体各单位对鹿城的支持帮助，形成于我有利的舆论环境，为我区发展争取更大的外部支持。要推动网络宣传管理上台阶，巩固网上主流舆论，强化舆情监控和处置，形成网上正面舆论氛围。今年工作任务很重，我们要尽量避免媒体的过度关注，让大家沉下心来有更大的精力搞好发展。

三、紧贴中心、发挥作用，为赶超发展凝聚强大合力

我们要充分发挥统一战线的独特作用和优势，把各方面的积极因素调动起来，形成凝心聚力谋发展的生动局面。

第一，要在助推发展上有新作为。鹿城的统战资源非常丰富，统战工作要围绕做好温商回归这篇文章，千方百计牵头把项目、总部、资金、人才引过来，服务鹿城发展。要充分发挥企业家联谊会、各地商会等资源优势，建立联谊交流机制，牵好线、搭好桥，积极吸引更多的温商回归发展。要把帮助解决困难和增强企业信心有机结合起来，积极主动帮助企业解难题、办实事，使在鹿城的企业能够扎根鹿城、安心发展。还要从培训引导、平台搭建、政策帮扶入手，加强非公有制经济代表人士队伍建设，服务非公有制经济代表人士健康成长。

第二，要在参政议政上有新贡献。要进一步丰富政治协商的内容和形式，拓宽参政议政的范围与渠道，创新民主监督的途径和机制，不断巩固和扩大我区的爱国统一战线。特别是要发挥统一战绩智力密集、联系广泛的资源优势，围绕中心工作、发展大局，完善“党委出题、党派调研、政府采纳、部门落实”的机制，引导党外代表人士多建睿智之言，多献务实之策，为实现赶超发展贡献智慧和力量。今年刚好是党派基层组织换届之年，要选好人、用好人，指导抓好党派基层组织换届工作，切实加强后备干部队伍建设，为多党合作事业发展提供保障。

第三，要在促进和谐上有新突破。今年宗教工作任务仍然很重，大家要以开展“同心同行·共建和谐”活动为主抓手，在所有宗教场所开展“五进场所”，全面推行联系交心进场所、政策法规进场所、优质服务进场所、依法管理进场所、和谐创建进场所，促进宗教与社会主义社会相适应。还要建立完善依法管理宗教事务的长效机制，坚持不懈抓好“三改一拆”涉及宗教违法建筑处置，坚决防止反弹回潮；依法有序推进基督教私设聚会点治理，坚决制止非法宗教活动，切实提高宗教事务法治化水平。

同志们，抓好党建工作关键要落实主体责任，强化主业意识，真正实现党建工作与其他中心工作同步谋划、同步部署、同步实施。各级党组织书记是党建工作的主体，必须真正负起“第一责任人”的责任，把基层党建责任制落到实处。组织、宣传、统战、机关工委要完善例会交流、情况通报、专题协商等制度，主动对接配合，形成工作合力。各街镇、各部门要责无旁贷抓好本单位的党建工作，形成齐抓共管的大党建工作格局，为开创鹿城赶超发展新局面作出新的更大的贡献！

（讲话选辑略有删节）

鹿城加强政府职能体系建设

职责更明确、内容更充实、管理更精细、责任更到位……日前，鹿城试行《鹿城区政府职责体系管理暂行办法》，提升政府职责管理。

职责管理开启"新模式"

打造政府职责体系"综合清单"是政府自我革命的重大举措，也是政府治理现代化的一大基础工程。面对新形势和新任务的新需求，现有政府的职责管理方式和模式显然"跟不上脚步"。就鹿城区而言，原先的相关规定存在表述笼统等情况，同时随着"四单一网"（政府权力等四张清单及鹿城政务网）工作的推进，政府职能的系统化、动态化、精细化管理改革已迫在眉睫。

自去年3月起，该区启动权力清单"瘦身"工作，对列入清理范围的43家区级部门上报的7040项行政权力、1774项内部和宏观管理事项进行梳理审核。经多方沟通和听取意见，形成了初步的权力清单，比原来精简3633项，精简率达52%。

为了进一步探索加强政府职责体系建设，巩固"四单一网"工作成果，切实把部门职责的取得、行使、转移、废止等置于常态监控之下，《鹿城区政府职责体系管理暂行办法》（以下简称《办法》）"应运而生"。新出台的《办法》共十八条，明确了政府职责体系管理内容、部门职责分工和相关工作具体要求。同时，明确了权责清单调整适用范围、适用情况、调整内容、调整流程等。

《办法》对各部门在政府职能体系管理中的职责、因法律法规及政策依据调整、行政权力清单内容调整、行政责任清单内容调整等做出了明确规定。同时，该《办法》还引进了"挂起"这一特别管理措施，对出现法律法规规章规定，但本地区不具备管理对象或行使条件的；有法律法规规章依据，但不符合经济社会发展需求或者全面社会改革要求，经上级确认的；连续两年以上没有行使的，将实行"挂起"管理。

《办法》对各部门在政府职能体系管理中的职责、因法律法规及政策依据调整、行政权力清单内容调整、行政责任清单内容调整等做出了明确规定。同时，该《办法》还引进了"挂起"这一特别管理措施，对出现法律法规规章规定，但本地区不具备管理对象或行使条件的；有法律法规规章依据，但不符合经济社会发展需求或者全面社会改革要求，经上级确认的；连续两年以上没有行使的，将实行"挂起"管理。

此外，针对职能部门存在在行政权力清单之外违法设定或实施行政权力；变相实施已取消、转移、下放的行政权力；未按规定程序和时限提出权力清单、责任清单调整申请的且经督促仍不提出调整申请等情况，将由鹿城区政府或鹿城区监察局给予通报批评、责令整改；情节严重的，对直接负责的主管人员、其他直接责任人员依法予以问责。

"三定"格式出现重大调整

以往，鹿城区职能部门的主要职责、内设机构和人员编制规定（简称"三定"）常出现过于笼统、一成不变等尴尬局面。新的《办法》将彻底打破这一僵局，使得职能部门的"三定"规定能够"与时俱进"。

《办法》对"三定"规定的格式做了明确规定，要求将职责调整，主要职责、内设机构、下属事业单位、人员编制等细化表述。在主要职责方面，要求明确行政权力、宏观和内部管理事项、公共服务事项等内容。

"'三定'格式的重新调整，体现了职责管理的动态化、精细化和系统化。"鹿城区编委办主任林巧荣介绍说，将下属事业单位一并列入"三定"，打破了行政、事业管理壁垒，实现了机构编制管理的全面到位。同时，构建了职能编码后，部门职能与科室及事业单位职能编制和职数的对应关系，形成一动联动的职责体系和运行状态反映机制，有利于把行政权力和责任的运行实况置于监控中，为机构改革职能调整和机构编制管理提供实时有效的依据。

此外，《办法》的出台和实施，将助力鹿城区部门履职更加到位。《办法》既是对"四单一网"的整合，又是对"三定"规定格式的创新，通过将政府职能作为动态体系来管理，对于理清政府与企业、政府与社会的关系，督促各部门专心致志履行好自身职责、自觉接受社会监督、服务经济社会和民生，将起到基础保障和规范管理的作用。

【据 《浙江日报》 2015年5月28日 佳慧 谢异】

守望相助 居家无忧

伴随着社会的快速发展和生活条件的变化，邻里关系不再像过去那样亲密。俗话说，远亲不如近邻，如何重拾中国传统文化中乡里乡亲互帮互助的美德？温州市鹿城区的做法可以借鉴。

现代社会，邻居之间的来往少了，大家之间的感情开始淡漠。

如何让变淡的邻里关系重新热络起来？温州市鹿城区去年开始探索“互联网+社区”的模式，建立起了“隔壁邻舍”网，将时下最热门的微信群作为新平台重构新时期的邻里情。

邻里就是亲人

微信群首先在鹿城区松台街道桂柑社区试行。社区主任柯建华告诉记者，他们社区包括单位用房和居民住宅总共136幢楼，分成13个网格，每个网格建一个微信群。与此同时，居民们还可以根据各自的需求分门别类建立兴趣、服务等多种微信群。为保证网络安全，同时也避免一些垃圾广告的入侵，每个网格都有一个网格员，对辖区内的居民实行实名制准入。

桂柑社区老人很多，社区就办起了食堂，每位老人每个月只要交纳400元伙食费就可到食堂用餐，高龄和残疾老人还有人给送饭上门。老人们不会用微信，没关系，社区专门建了一个“居家养老家属群”，老人的子女们每天在群里就能看到义工们发布的信息，知道老人在干什么，吃得好不好，玩得开心不开心等。每个月，社区还要为80岁以上的老人举行一次热热闹闹的慈善生日会，至今，已有300多位老人踊跃报名参加。

另外，据介绍，桂柑社区每周都举办不同的培训班，每月都有至少一次大型活动，社区里的退休老人都说自己“忙得不得了”！

如今，鹿城区的82个城乡社区已经被划分为1062个网格，每个网格包括约3至5幢居民楼。目前，已有48个社区共建立了“居家养老家属群”“百好居邻里互助群”等多达433个微信互助群，一批热心公益的志愿者也一对一入驻微信群，参与日常维护和管理服务工作，全区邻里互助的良好环境已经逐步形成。

管理就是服务

鹿城区建立邻里互助网的另一个初衷，是要努力把邻里之间的纠纷与矛盾化解在基层。现在，“隔壁邻舍”网及其微信群形成的鲶鱼效应激活了虚拟管理的“辐射效应”，覆盖到社区的一切活动。

为了确保微信群的科学规范管理，鹿城区在鹿城新闻网站上线了“隔壁邻舍”网上互助家园，近期还开发了“隔壁邻舍”微信互助平台，在“温州鹿城发布”公共微信“微服务”栏目中，直接可以跟踪微信群内互助信息办理情况，通过PC端和手机端多种形式开启社区居民网上虚拟生活。在区级层面，他们设立了微信工作群服务中心，鹿城官方微信“温州鹿城发布”入驻各政务微信群。通过公众号串联微群，打造“多群链接、一网指挥”的微工作格局，拓宽信息收集渠道，实现“一张网”对接。另外，鹿城区还制定了《“隔壁邻舍”微信群互助公约》，引导邻里互助微信群有序运行，预防、制止不良信息的传播；出台《“隔壁邻舍”微互助中心管理办法（试行）》《“隔壁邻居”志愿者管理办法》，做好资料存档登记备案，明确微信群主、管理员、群员、志愿者的相关责任和义务。如群主负责微信群的日常维护和管理监督工作，包括群成员的加入、移出等工作。志愿者要定时浏览群内容，对居民要求及时回复、处理，并进行成长指数考核激励。此外，他们还通过评树先进典型，提高社区微信互助群的覆盖面及活跃率，形成示范辐射效应。据不完全统计，目前鹿城区对社区微信群内反馈的6164个民生问题，已经解决了5415个。

和谐就是幸福

建立“隔壁邻舍”网上社区，是为了社区居民能够有效沟通，从而拓宽社区服务的叠加效应，更好地推进幸福社区建设。

为此，鹿城区出台了《加强民情处置建设意见》，通过实名登记备案、规范发布内容，确保24小时内反应，并对运用微信工作法、加强民情处置进行提升规范。另外，微信群志愿服务工作以政府购买形式交由鹿城区和“乐社会”工作服务中心入驻管理，注入志愿服务活力，迈出了社会组织参与互联网民生服务的探索一步。

据了解，志愿服务团体每周一期入驻社区开展“隔壁邻舍”手机培训活动，对网络管理人员、社区居民进行线下微信使用手把手培训，提高社区居民微信互助知晓度和熟练度。截至目前，已累计入社区开展知识培训23场约3000余人。

如今，鹿城区的“隔壁邻舍”模式已在全区普及，因其既方便快捷，又能解决实际问题而深受百姓赞许。“政府履职主动了，群众满意度也明显提高了。”大家都这么说。

【据 《经济日报》 2015年8月12日 张玫 略有删改】

新中轴 开启品质生活新时代

温州城市中轴线的开建，实现了温州从“旧城时代”向“新城时代”跨越，开启了市民品质生活的新时代。根据城市设计方案，这条中轴线将串连起城市的行政、商业、文化等重点片区，与特色自然景观、人文景观形成对景。其沿线将规划建设一批地标性建筑、集聚一批高端服务业项目，这批项目的陆续建成将成为温州城市转型发展的发力点和转型升级的平台，成为充分体现温州大都市精气神、引领温州转型发展和赶超发展的增长极。

从“旧城”到“新城”

开启时尚都市慢生活

华灯初上，位于新城的世纪广场上人声鼎沸，音乐喷泉和彩灯更是把广场点缀得美轮美奂，这里已成为市民休闲娱乐健身的主要场所。

家住上田村的蔡老伯每天都会到世纪广场、绣山公园走上几圈，今年他又多一个好去处——中央绿轴公园。蔡老伯认为自己生活在这个片区真是太幸运了，每天走在绿树丛中，看着周边发生的变化，心里别提有多高兴。“当年大球山的一声巨响，拉开了温州行政中心区建设的序幕，市行政大楼、科技馆、博物馆、图书馆、大剧院等高大上的建筑拔地而起，自己家破旧的老房拆了，住上了新房。看着儿子结婚生子，小孙女也于去年顺利地进了名校实验小学。没想到不到20年时间，我家从偏僻的农村变成了市中心，如今又成了城市中轴线的中央绿轴区块。”指着身边崛起的现代化城市群，蔡老伯如数家珍。

历史上，温州一直以北起江心屿、南至巽山的古城轴线为脉络，形成了以五马街一带为核心的城市中心功能集聚区，也就是人们常说的“老城区”。

随着大都市框架拉开，城市格局发生变化，这条支撑城市未来发展的“新生代”城市中轴线正在发生变迁。城市新中轴线的确立将开启一幅怎样的现代时尚生活，在新中轴线的规划里可以得到最充分的诠释。

据介绍，未来我市将围绕中轴空间，组织区域功能，融工作、生活、交往、休憩为一体，营造“24小时活力城区”，构建温州新型城市中心。

一条条商业休闲街、生活休闲公园、商业商务楼和五星级酒店沿中轴线一字开建，其间点缀着茶吧、精品店、书吧、美食餐厅、林荫步道、滨水平台，市民可以在这里享受健康、时尚的都市慢生活。

从旧城到新城时代，从老城区向现代都市区转型，中轴线是温州城市转型不可或缺的平台，它所带来的不仅仅是经济增长节奏在变，居住、工作在此的市民生活方式也在变。想象一下，若干年以后，中轴线成了城市的大公园，早晨锻炼晚上散步，无比惬意；商圈成了休闲的好去处，可以购物也可闲逛，好不自在；楼宇成了工作的好场所，优雅环境高端气质，很是舒心……

生态资源串线

山水城彰显文化韵

如今对于不少新城的市民来说，每天晚饭之后又多了一个新去处，那便是近日新开园的中央绿轴

新建成的绿轴公园一期成了市民夜晚休闲的好去处　　杨冰杰／摄

世纪广场每天都会迎来欢歌笑语的人群，如今成了市民文化娱乐的中心场所　　刘　伟／摄

公园一期。置身绿意间，市民不仅能徜徉瓯越文化特色区、滨水娱乐观赏区、城市印象展示区、商务文化休闲区等区块，还可品味千年步道、人工湖、阳光草坪、梯地花田、湖畔春晓、镜水楼台等景点。

作为温州国旅的资深导游，小何感叹温州主城区太需要一条特色的生态精品线路。今年7月，中轴核心段中央绿轴公园一期试开园，高标准景观和规划让她心动不已，对前来温州旅游的游客，她都会主动介绍起中央绿轴公园和三垟湿地公园，带他们看看新崛起的城市生态绿轴。

中轴线是一条极具山水城自然景观兼具温州文化韵味的生态景观轴线，涵盖了胜美尖公园、上陡门浦公园、杨府山公园、绣山公园、世纪广场、三垟湿地、高教园学子广场、自然山体公园，从北到南主要绿色休闲场所都串联起来，中轴线就像一条线，把沿途散布的丰富的生态及自然人文景观串成了更加紧凑迷人的一条“珍珠项链”。

除了把主城区的主要景点串联起来，未来中轴线将在“做景、连景、造景、出景”中，整合生态资源中做足文章。

根据温州独特的生态景观要素——水脉，对中轴线中段区域的水网进行重新梳理，设计出一条由北至南的水体景观带，形成独特的风景。再如，在中轴线上点缀以富有本土特色的景观小品、雕塑等，使中轴线彰显温州传统文化韵味。使之成了一条“景观大道”，一条“最美轴线”。

公共服务集聚

打造城市核心地标

贯通温州南北的中央绿轴、滨江商务区、三垟湿地公园，这备受关注的“三大亮点区块”，在温州版图上构成了一个独特的“T”字形，而在未来，这个“T”字将成为温州城市新地标。

以最高端的城市功能集聚形成都市服务中枢将成为中轴线上的最大亮点。

中轴线北段的滨江商务区，是中轴线上的一个亮丽音符，以其大手笔和高端的定位，成为中轴线上最引人注目的功能区。

锦绣路、瓯海大道之间为城市中轴线中心段，是鹿城区乃至温州城市的中轴核心位置，也是今年的热点区域——中央绿轴片区，那里不仅有温州市政府部门之所在，周边还汇聚了温州市图书馆、科技馆、博物馆、大剧院等公共配套设施。未来，温州中央绿轴片区将提升为“公共服务核”融入市民公共生活功能。

未来，中轴线将搭建多个“一刻钟”城市特色街区。以步行15分钟为刻度（约1公里），通过慢行系统连接各公共设施和开放空间，建立16个“一刻钟”街区。各街区依据特色分为公共型、居住型和生态型三类。

遥望五年之后，市行政管理中心、中央绿轴公园与三垟湿地将连片绵延，宽达200米的中央绿轴公园自北向南串联绣山公园、行政中心、世纪广场、三垟湿地等市区重要的景观节点，形成一条山、水、湿地、城相融的纵向“城市轴线”。

“一座城市和人一样也需要气质。如果一座城市都是钢筋水泥，就无法做到城市与自然的和谐共生。”市委政策研究室副主任王晓春对中轴线充满期盼，这也是众多温州市民的共同期待。从某种意义上来说，中轴线不仅只是一个景观轴，更是一条民生之轴，发展之轴。

【据 《温州日报》 2015年10月29日 李中】

鹿城创新编制大网格

鹿城正在创新编制一张覆盖全区的大网格，构建与中心城区社会治理需求相适应的大网格现代治理模式，真正转变政府职能，零距离接触基层，为民服务，办实事。而诸如审批事项网格员上门收件、送件上门的代办服务、邻里纠纷、卫生脏乱、出租房安全等等问题，都能在大网格中得以第一时间解决。

鹿城“网”事：网罗民生实事解决民生难题

自鹿城区大网格机制运行以来，社区迎来了全新的工作模式。这张覆盖全区的“大网”，补齐了过去基层社会治理的“缺位”，为民众解决了大大小小的不少问题，也涌现了一些脍炙人口的故事。

公式：部门进驻网格 第一时间解决百姓困难

鹿城区自2015年9月推行大网格建设以来，已初见成效。原先街镇内设机构及下属事业单位平均有26个左右，大量干部浮在街镇层面，实施大网格后，街镇内设机构精简到6至7个，每个机构人员不超过5人。目前，鹿城全区街镇干部下沉了365人到大网格，占街镇总数47%；部门所队人员下沉382人，占部门所队总数34%，有效充实了基层力量。

据介绍，在大网格内推行网格实体办公和层级下移。也就是说，在全区111个大网格中，街镇干部、基层站所、社区村居等体制内外人员全部整合到大网格实体办公，平均每个大网格人员配备24名。而街镇、部门干部入网格后，以网格工作为主，实行编制在原单位、使用在网格、考核在网格，原办公场所不再保留。同时，今后网格将享有最好的资源、最优的待遇和最高的配置，如街镇、部门干部到网格工作的，平均待遇将比同级别人员高30%。

目前，151名公安民警、111名市场监管、132名城管执法人员全部到位，且三家执法力量纳入网格后，部门之间不用再推来推去，“看得见、管不着”的问题明显减少。

虞师里社区主任王炳玉举例说，居民投诉食品安全问题，反应到社区后，社区没有执法权，可能还得转几转才能解决的问题：“现在工商有专门的人员进驻，有专业的解释，也能在第一时间解决问题，群众都很满意”。

公式：上街入户零距离服务

街镇125项职责、部门89项审批事项下放

据了解，鹿城区大网格建设，正在不断理清网格职责边界，推动职能下沉。大网格作为社会治理的最基本单元，公共服务的最直接平台的效果日益凸显。目前，鹿城已将原在街镇的11个大类125项工作职责和首批89项部门审批事项下放到大网格，并在大网格推行上街入户工作机制，审批事项试行网格员上门收件、送件上门的代办服务。

据介绍，大网格实施以来，已有三个方面开始明显变化。大网格责任分工和落实更加明晰和到位，扭转了少数在干、多数在看的局面；通过综合执法，基层管理更加高效，解决了“看得见、管不着”的问题；构建起了排查全覆盖、管理无缝隙、服务零距离的工作格局，全区治安安全隐患发现率、整治率明显好转。

公式：探索高效社会治理模式

变“百姓上门”为“干部上门”

“基础不牢，地动山摇。”市委常委、鹿城区委书记陈浩在全区大网格运行工作推进会上说，推行大网格建设，是要探索高效社会治理模式。近年来，在镇街运行过程中，出现镇街、社区职能定位不清、管理幅度过宽、机构规模过大、干部职数严重超配等现象，致使基层机关化现象凸显，工作重心上浮问题突出，严重制约了鹿城的经济社会发展，要想夯实基层，必须将工作重心下移。

陈浩表示，基层既是产生利益冲突和社会矛盾的“源头”，也是协调利益关系和疏导社会矛盾的“第一道关口”。以往街镇和社区村居难以整合基层站所资源，基层治理存在“看得见的管不着，管得着的看不见”等现象，只有把相关部门职能下沉到网格，提升治理水平，才能第一时间发现问题、第一时间处置问题，有效疏导各种矛盾和冲突。

“前几年街镇和社区设立那么多办事大厅，每天就办几件事，资源浪费很严重，无法达到高效政府的要求。”陈浩表示，推行大网格，就是要把各种审批服务下放到网格，把街镇、社区村居、基层站所等力量整合到网格，变“百姓上门”为“干部上门”，用干部的“辛苦指数”换取百姓的“幸福指数”。

“要强化网格，使其成为社会治理最基层的单位，把社区并入大网格，成为群众服务的平台，让鹿城的政府服务最贴心、最到位。”陈浩说。

【七都吟川网格】 挨家挨户做工作 拖了5年的道路即将进场

七都纬二路（沙洲路延伸）的建设项目，五年前就已经完成征地工作，但一直无法推进建设。最近，网格化工作机制的实施，让该项目得以加速推进，目前已做好方案，即将进场。

“原先老百姓有顾虑，不是很同意这个项目的建设。”七都吟川网格长陈玉芬说，纬二路项目对七都非常重要，地下管网通过该路直达东面的污水处理厂，不能完成建设对整体七都的污水处理都会带来影响，“划分网格后，网格员和村干部一起，挨家挨户上门做工作，同时村民们提的一些困难，也都帮忙一起解决，最后‘啃’下了这块硬骨头。”

比如前沙村李先生的父母出国问题，20年前一名永嘉人购买了居民户口，却登记到了不知情的李先生父母的户口下，前几年，两老要出国，却办不了出国手续。去年，李先生父亲去世，想把母亲接到国外，还是因此受阻。

“我们的网格员，多次和派出所对接，经过层层报批，全程介入帮忙把那个永嘉人的户口迁了出去，现在老人已经在办理出国手续了。”吟川网格长陈玉芬说，历史遗留问题是政府欠的债，只有解决好了才能竖立政府的公信力。

【广化双榕网格】取缔马路市场 每天巡逻不反弹

“真正走进群众，才知道他们的需求是什么。”拿着一摞民意调查表的林温娜这样说道。作为广化双榕网格的网格长，从街道派驻大网格后的1个多月时间里，她就实实在在地为群众干成了一件实事——取缔西城路马路市场。

“我们9月开始入户排查摸底，发现大家对这个马路市场怨声载道，希望我们好好管一管。”林温娜说，随即他们在辖区范围内进行抽样调查，结果显示，取缔马路市场是民众期望，“经过调查以后，我们就把情况反映到街道，街道十分重视，很快就开始了取缔行动。”

在经过与经营户沟通协调后，马路市场在今年10月18日被正式取缔，退出“历史舞台”。

“原来的整治反反复复，时好时坏，现在取缔后，没有反复现象，路面干净，走着也清爽。”家住西城路的市民潘郭荣经过花园巷时伸出了大拇指。因为网格员每天都会分批到现场查看，确保取缔成效“不反弹”。

“网格长、网格员派驻到我们社区后，解决了许多执法和管理的工作难题。”双榕社区工作人员应微微告诉记者，原来经常要跑街道，现在可以安心在社区走家入户，为群众办事。

名词解释：大网格

鹿城区在推进基层治理体系和治理能力现代化过程中创新举措，结合新一轮街镇区划调整，对街镇运行机制进行改革，在各街镇设立网格管理协调中心，下设网格，称大网格，并在全区范围内划分了111个大网格。为使大网格发挥实效，各街道工作人员派驻至各个大网格，区公安分局、区城管与执法局、区市场监管局也都派驻人员进入大网格，形成工作合力，确保大网格惠及民生，真正打通联系群众的“最后一公里”。

【五马双莲桥网格】筹建社区巡逻队　治安安全有保障

双莲桥网格地处城市中心，住宅、商铺众多，人流量大，出租房多，让这里成为盗窃等案件的高发地。而双莲桥网格的治安巡逻队成立，终于让困扰辖区居民多年的治安问题得到有效控制。

“过去我们是心有余而力不足，现在网格长来了、警长来了，巡逻队也终于建起来了。”社区主任陈蓓说，今后居民的安全又多了一道保障。

“因为双莲桥辖区小区都是半封闭的，又没有专门的管理人员进行治安管理，我们入户调查的时候，居民们对治安问题反映比较突出。”双莲桥网格长王楚楚说，治安问题关乎群众生产生活，大网格机制运行步入正轨后，建立治安巡逻队，成为双莲桥网格的“首要课题”。

自大网格机制运行以来，双莲桥网格警长吴立成带着2个民警、5个协警正式“入驻”网格，网格干部根据辖区警情方案进行研判，建立网格治安巡逻队便提上了日程。据介绍，这支新建的巡逻队将在派出所巡逻队的指导下根据辖区实际情况，对重点部位、重点地段进行巡逻，网格共聘请四个年富力强的人员，分为两班，每天晚上9点到次日5点在辖区内巡逻，并且帮助社区居民化解矛盾，调解邻里纠纷，为辖区点起治安“明灯”。

“为了让网格真正达到平安的要求，我们不仅要求网格民警抓好案件的防范，更要主动出击，严厉打击各类违法犯罪行为。”鹿城公安治安二大队负责人介绍，在民警下沉网格后，通过每天走访群众，跟他们推心置腹交流，警民之间的信任感增强，群众也更愿意主动向民警提供违法犯罪线索。

【双屿黄龙网格】协调历史遗留问题　水库移民社保终落实

“终于能享受到社保了！”日前，65岁的朱荣真老伯来到黄龙社区办理社保，为了这一刻的到来，他整整等了17年。而问题能最终得以化解，还是基层大网格机制发挥的作用。

朱荣真老伯是珊溪水库的移民，上世纪90年代移民到双屿街道箬笠岙村，由于历史遗留问题和村级职能限制，包括朱老伯在内的200多名水库移民长年以来的社保、申请经济适用房等一系列社会公共服务在村里都无法正常受理。

黄龙网格长和驻格员入驻网格了解该事情后，立即协调街道、相关部门解决，最后确定将分布在箬笠岙村和垟田村的水库移民按照就近原则，在黄龙社区和垟田社区进行安排。至此，困扰朱老伯等水库移民17年的“无人管”问题，才最终得以化解。

而大网格运行所带来的变化，社区工作人员有着切身的体会。瓯浦垟社区的郑摩西说，街道、社区民警、市场监管、行政执法等部门的工作人员进驻社区以后，不仅居民在家门口就能办理业务，同时也让社区工作人员有了更多的时间和精力深入到居民中，开展社区本职工作，从而更好地服务社区居民。

【据　温州晚报　2015年12月21日　肖建永　略有删改】

责任编辑　王剑峰

大事纪要

1月

1月开始　鹿城区推行招商引资机制改革、全面构筑大统战大招商格局。搭建组织架构，实行内资、外资、台资招商“三资合一”；整合统战资源，实现本地、在外、海外温商“三网合一”；创新运行机制，推进招商、亲商、安商服务“三商共建”；走出去引进来，推动贸易、总部、高端项目“三大回归”。

1日起　鹿城区全面停止行政事业性收费许可证核发及收费年度审验工作，实施行政事业性收费公示报告制度。开展并完成对全区35家行政事业性收费单位的收费情况审核，并贯彻落实价费政策，继续做好清费减负工作。

1日—3日　区文化广电新闻中心分别在南塘“印象舞台”、华盖词场、鞋都文化广场等安排了11场文艺演出。

4日　“慈善一日捐”活动启动仪式在区行政会议中心举行。区领导王立彤、吴海燕、朱崇敏、郑锦春、洪文滨率区四套班子领导和机关各部门干部职工为扶贫济困捐赠善款，共收到善款97555.20元。

6日　在温州市慈善助医研讨会暨先进表彰大会上，鹿城区慈善总会获“慈善助医优秀组织奖”。

6日　省委第五巡视组到鹿城开展为期一个月的巡视工作。全区召开巡视工作动员大会，会上，省委第五巡视组组长曾浩明作动员讲话，省委巡视办副主任洪国良和市委副书记马晓辉就支持配合省委巡视组做好巡视作提出要求。

7日　市委常委、区委书记王立彤到区公安分局调研全区社会应急联动工作。区委常委、常务副区长项伟胜，区委常委、区公安分局局长金国平参加调研。

同日　温州邮政鹿城区一局和二局合并，成立鹿城区局。

同日　鹿城区温瑞塘河管委会承担建设的庄头滨水公园联合南塘风貌街、白鹿洲公园创成温州市唯一一个市中心以水文化为主题的国家AAAA级旅游景区（印象南塘）。

9日　区委老干部局组织原四套班子离退休干部走进鹿城区法院参观反腐基地，开展“走基层，看变化，促发展”活动。

同日　在滨江街道黎明工业区四楼会议室，区征收办与滨江街道对接，研究讨论黎明东路延伸工程、加州路市政工程拆迁提前安置工作问题。

10日　台湾知名儿童剧团——如果剧团带来的巧虎大型舞台剧《穿越时空的旅行》走进鹿城，为小朋友和家长们献上了“环境保护”的精彩表演。

11日　据《温州日报》报道，鹿城的中津先进科技研究院近日迎来了一大利好，该研究院将获得4000多平方米的科研场地、1000万元的专项扶持资金。这得益于鹿城区“白鹿引才”计划的“一事一议”重点扶持。

12日　省文明委发文表彰浙江省文明村镇、文明单位称号：七都街道、藤桥镇金岙村被评为省级文明村镇；五马街道八仙楼社区、松台街道菱藕社区获省级文明单位称号。

同日　区委副书记、区长朱崇敏率有关部门前往区疾控中心，对全区如何做好疾病防控工作开展调研。区委常委、宣传部长徐强参加调研。

同日　市委常委、区委书记王立彤调研区政协工作开展情况。区政协主席、副主席分别就“民间自发群体性活动政府如何积极作为”“‘五水共治’工作如何标本兼治并处理好数据表述和群众感官的关系”等诸多方面发表了自己的建议和意见。

同日　全省老干部双先表彰会于省人民大会堂举行，鹿城区“绚霞”老干部爱心服务队获省级先进集体称号。

13日　区召开政协专题协商会暨民主党派、党外人士征求意见会，征求对《中共温州市鹿城区委关于全面深化法治鹿城建设的意见》（征求意见稿）和《贯彻实施“五化战略”深化实施“十大举措”努力构建新常态下鹿城赶超发展新优势——在区委八届八次全体（扩大）会议上的报告（征求意见稿）》的意见建议。

14日　“长城减速机之梦”慈善晚会暨“鹿城十大社区慈善之星”颁奖典礼在温州广电传媒集团一楼演播大厅举行。市、区有关领导为林三翠、章国森、蒋进福、邵建荣、周祥薇、林建国、戴成权、周银福、黄恩德、邵宇等“鹿城十大社区慈善之星”颁奖。

同日　区行政中心第二会议室，副区长林世南召集区村房办、区财政局、区住建局、区征收办、房管鹿城分局和国土资源鹿城分局等相关单位部门，研究讨论部署2014年城镇保障工作考核目标工作。

15日　鹿城区范围内政务服务网向街镇延伸完成全部街镇节点建设，开设街道社区账号150余个。

16日　区委召开八届八次全体（扩大）会议，学习贯彻落实中央和省、市系列决策部署，总结2014年工作，分析当前形势，研究部署2015年任务，审议通过了《中共温州市鹿城区委关于全面深化法治鹿城建设的意见》。

同日　五马街道虞师里社区家长学校被省妇女联合会、省教育厅评为省示范社区（村）家长学校。

同日　农业部、国家发展改革委、财政部等九部委联合下发《关于公布国家农民合作社示范社名单的通知》，温州市藤穗粮食专业合作社被评为国家农民合作社示范社。

17日　省委常委、市委书记陈一新到鹿城检查党风廉政建设责任制落实情况。他强调，要认真学习贯彻习近平总书记在十八届中央纪委五次全会上的重要讲话精神，真正把全面从严治党要求落到实处。

同日　黄龙社区卫生服务中心整体搬入新大楼。于2011年开始按照二级乙等医院标准设计建造，占地面积约0.62公顷，建筑面积为5345平方米，设有内科、外科、妇科、口腔科等多个临床科室和公共卫生科、辅助科室等。

19日　仰义街道被浙江省环保厅命名为省级生态街道。

同日　以“扶贫济困 共享幸福”为主题的第五个“鹿城慈善日”活动在藤桥镇启动。

20日　国务院安委会综合督查组组长、国家安监总局总工程师王浩水一行在温州市副市长孔海龙、省安监局副局长董国庆等陪同下对温州化工市场安全生产工作进行督查指导。督查组一行听取了关于化工市场现状和新建化学品交易市场进度的汇报，随后到化工市场经营区、仓库区进行了现场安全工作督查指导，并查看了2014年12月1日三星乳胶公司火灾事故后的现场。督查组一行对“12·1”事故应急救援行动及科学得当的后期处置表示肯定。同时指出，目前市场内仍存在一定程度安全问题和隐患，要求市场管理方深刻汲取事故教训，增强责任意识和安全意识，切实加强应急救援培训演练，保障应急救援体系及时有效。

同日　据《温州日报》报道，鹿城提前两年创成网络经济产值百亿区，其中电商主体达上千家，网络经营达万人。

同日　省总工会副主席李锦平一行莅临鹿城轻工产业园区考察省级和谐劳动关系先进园区创建工作，听取园区负责人关于园区近三年和谐劳动关系创建的情况汇报，并到园区企业进行实地考察。

21日　鹿城区总工会召开六届十一次委员(扩大)会议。区总工会六届委员、各街道（镇、产业园区）专职工会主席参加会议。区总工会党组书记、副主席叶青作工作报告，区政协副主席、区总工会主席胡海峰传达省总工会十四届四次全委(扩大)会议精神。会议选举张乘燕为鹿城区总工会委员、常委、副主席。

同日　鹿城行政中心内的鹿城区史馆正式开馆。

22日　区住建局召开全区工程质量治理两年行动贯宣会，全区相关单位约300人参加会议。

23日—25日　由鹿城区文联和上海东方书画院主办的“和谐之春”沈志康山水作品展在车站大道智慧谷留香阁二楼展厅举办，展出了沈志康的70多幅山水画、花鸟画作品。

24日　著名经济学家孟宪忠做客“瓯江讲坛”，围绕“新常态下企业如何转型、创新与发展”这一主题，给鹿城领导干部、企业负责人作专题辅导报告。

27日　区政府召开八届三十一次常务会议，会议审议并原则通过《政府工作报告（送审稿）》、《关于温州市鹿城区2014年全区和区级预算执行情况及2015年全区和区级预算草案的报告（送审稿）》《关于温州市鹿城区2014年国民经济和社会发展计划执行情况及2015年国民经济和社会发展计划草案的报告》。会议研究了江心屿风景区门票价格调整相关事宜。

同日 省“三改一拆”办公室副主任朱永斌率省“无违建”创建先进单位第五考核验收组一行来鹿城区考核验收“无违建”创建工作。

28日—29日 十个“文明餐桌示范食堂”、十个“文明餐桌”示范食堂参评单位对鹿城区2014年度“文明餐桌”示范食堂进行互学互比。

30日 鹿城区价格认证中心正式被国家发改委价格认证中心评为“全国先进价格认证机构”。

同日 由区总工会等单位承办的“福彩牵手·温暖回家”困难外来务工人员专项资助活动在双屿鞋都文化广场举行。此次活动为辖区50多个企业工会的100名困难职工送去鸭绒被、拉杆箱等生活用品，送去工会的关怀和温暖。

30日—2月6日 区老干部局开展全区老干部慰问，组织走访了全区81位离休干部、享受副县级待遇退休干部及老干部遗孀。

2月

2日 政协第八届温州市鹿城区委员会第四次会议在鹿城区文化中心隆重开幕。来自全区各条战线的263名政协委员在为期三天的会期里，认真履行人民政治协商、民主监督、参政议政职能，为“创首善之区、建幸福鹿城”凝聚智慧、贡献力量。鹿城区政协主席郑锦春，副主席陈国琴、庄建中、胡小萍、王丽丽、胡海峰、邵豪哲在主席台就座。鹿城区委书记王立彤到会祝贺。鹿城区委副书记、区长朱崇敏，区人大常委会主任吴海燕，以及区四套班子领导应邀出席会议并在主席台就座。

同日 陈明德、赵章惠入选“最美温州人”——2014感动温州十大人物评选候选人。

3日 由省环保厅环境技术评估中心主任许强带队的省级生态区技术核查组，对鹿城区省级生态区相关创建工作进行检查考核。

同日 鹿城区开出全国首单网络借贷平台“违法放贷”行政处罚决定书，率全国之先推进P2P网络借贷行业监管工作。全区形成部门联动、齐抓共管的监管机制，加强对民间融资信息服务企业、农村资金互助会、民间资本管理公司等13个大类地方金融组织的监管，对涉嫌非法吸收公众资金或违法放贷行为的企业启动行政处罚程序，有效打击违法网贷平台。全年行政处罚2单，罚款15万元。

3日—5日 鹿城区第八届人民代表大会第四次会议在鹿城区文化中心举行，出席大会代表286名，列席会议人员219名。会议听取和审查温州市鹿城区人民政府工作报告；听取和审查温州市鹿城区2014年国民经济和社会发展计划执行情况及2015年国民经济和社会发展计划草案的报告；审查、批准温州市鹿城区2014年国民经济和社会发展计划执行情况的报告及2015年国民经济和社会发展计划等。会议期间，大会议案组收到代表议案13件，建议241件，其中11件代表议案转为代表建议处理。大会选举产生区人大常委会委员5名。

同日 鹿城区2015年春节烟花爆竹季节性零售点零售经营权拍卖会在鹿城区公共资源交易中心举行。此次拍卖会共有24位竞拍者参与竞标，经过1个多小时的激烈竞价，12个销售点的经营权成功拍出，成交总额达75.1万元。

5日 鹿城区公益广告《孝悌忠信 礼义廉耻》获浙江电视牡丹奖一等奖。《千面鹿城》外宣书籍获省对外传播“金鸽奖”，获全国法制宣传大赛优秀组织奖。电影《暖暖的红日亭》被列入省文艺精品立项项目。

同日 区文化馆承办的2015迎新春舞蹈专场晚会在温州大剧院举行。

6日 区委召开全区领导干部会议省委常委、市委书记陈一新到会讲话。会议宣读省委市委决定：陈浩同志任中共温州市鹿城区委书记，王立彤同志不再兼任中共温州市鹿城区委书记职务。

6日—16日 鹿城区开展2015年春节期间区四套班子领导走访慰问活动，区委书记陈浩、人大常委会主任吴海燕、区长朱崇敏、政协主席郑锦春等带队走访慰问全区37位离退休干部，代表党和区政府向老干部致以诚挚的问候。

11日 鹿城文化中心上演“2015迎新春越剧专场”。

12日 第三届世界温州人年度人物颁奖典礼举行。

15日 南塘天桥今日试通行，市民可登观景平台远眺南塘风貌。

16日 鹿城区召开区委政法工作会议，总结回顾2014年政法工作研究，并部署2015年工作。

同日 鹿城区企业浙江新邦建设股份有限公司在“新三板”挂牌。该公司成为鹿城区首家挂牌“新三板”企业。

同日 鹿城区举行新春团拜会。区委书记陈浩同志出席团拜会，他代表区委、人大、政府、政协，向全区离休老干部表示诚挚的问候和崇高的敬意，并致以节日的良好祝愿。

2月 编制完成《温州市鹿城区国民经济和社会发展第十三个五年规划纲要》，并顺利通过区人大审议并印发实施。

3月

1日 鹿城区菱藕社区获评全国最美志愿服务社区。

同日 全国精神文明建设工作表彰暨学雷锋志愿服务大会在北京召开，温州被中央文明委授予“第四届全国文明城市荣誉”称号。

同日 国际民防日期间，辖区各街镇、社区围绕“加强民防建设，共建两美鹿城”主题，举行丰富多样的民防宣传活动。通过悬挂宣传横幅、户外LED显示屏，摆放民防展板、现场解答民防知识、分发《市民应急防护手册》和《防灾减灾便民小知识》等形式宣传民防知识，共分发宣传资料2000余份。其中，仰义街道人防办创新活动形式，联合街道安监办等职能部门对电镀、危化、涉尘等重点领域的企业员工进行安全技能培训及防灾减灾知识宣传；组织对社区网格员进行人防（民防）知识培训，集中观看《防空防灾系列节目》以及安排网格员深入群众宣传防灾减灾知识。

2日 国家出口鞋示范区落户温州，这是全省首个出口鞋类产品质量安全示范区，也是温州市首个国家级出口产品质量安全示范区。

同日 三名红日亭老人获“杰出贡献人物”奖牌。

5日 区委老干部局领导班子前往庆年坊社区“吾老在线”乐为基地调研考察，并正式授牌成立“吾老在线”乐为基地。

6日 区政协主席郑锦春率部分区政协委员及住建、农林水利等相关部门负责人，深入藤桥镇多个村，就农村污水治理工作情况进行视察。

同日 由市总工会、区总工会、区人社局、区新居民服管局、双屿街道等多家单位联合开展的“搭建供需平台 促进转移就业”现场招聘会在双屿鞋都文化广场举行。此次招聘会为期一个月，120家单位提供普工、操作工、设计师、财务管理和销售等3000多个岗位。

7日 2015年以来，温州人感染H7N9禽流感市已确诊6例，治愈2例，死亡3例，在院治疗1例。目前，鹿城等地实施县域范围农贸市场活禽交易关闭措施。

8日 “2015幸福温州文化过大年”之民俗篇——“猜灯谜、看木偶戏”活动在“南塘印象”举行。

9日 鹿城区唐朋刚、黄金飞获评"2015感动温州十大人物"。

11日 鹿城5家企业的5个科技项目列入市重大专项支持项目，获专项经费支持260万元。

13日 温州市将新添一批文化景观，公布了两大美丽水乡文化建设项目——温州治水文化长廊和温州古城记忆工程的规划设计方案。预计年底前完工。

同日 “魅力广场 与梦同行”系列文艺演出活动启动仪式在鹿城鞋都文化广场举行。

17日 双屿街道开展两轮驱动助推减员增效活动，流动人口减员三分之一，劳动生产率提高近两成。

19日 鹿城区《关于对〈关于规范物业服务行业管理若干意见〉（送审稿）的合法性审查意见》被评为全省优秀合法性审查意见书，并在全省通报表彰。

同日 省妇联副主席张丽萍一行就贯彻《中共中央关于加强和改进党的群团工作的意见》、省委《关于进一步加强新形势下工会、共青团、妇联工作的意见》的情况，到鹿城调研。

20日 《关于全区行政事业单位范围内实行控编减编的通知》印发，全区行政编制（不含政法部门）统一按3%的比例精简，全区事业编制（不含学校、医院和镇、街道事业编制）以系统为单位统一按5%的比例精简。

23日 区政协召开专题会议，研究2015年区政协“五水共治”集体民主监督工作。会议传达了省、市政协关于“五水共治”会议精神，围绕“五水共治”开展专项集体民主监督工作进行动员部署。研究制定《政协温州市鹿城区委员会关于开展“五水共治”专项民主监督方案（2015年）》。

24日 山东省日照市文明创建考察团调研鹿城区精神文明创建工作。

25日 全国爱国卫生工作会议暨全国城乡环境卫生整洁行动现场会在安徽马鞍山市召开，温州被全国爱卫会授予2012—2014周期“国家卫生城市”荣誉称号。

26日 温州民商银行股份有限公司举行开业仪式并开门营业，成为全国第一家正式开业的民营银行。这意味着温州民营企业

3月26日，鹿城区"三农贷"贷款卡首发仪式

三十年的"民营银行梦"终于得以实现。

同日 鹿城区"三农贷"贷款卡首发仪式在藤桥镇举行。全年共发放"三农贷"85笔1924万元，累计涉农担保贷款157笔6190万元。

同日 鹿城区卫生和计划生育局正式挂牌成立。鹿城区委常委、副区长伍挺出席会议并讲话。区委组织部常务副部长林建华宣读相关领导任免决定，区机构编制委员会办公室主任林巧荣宣布区卫生和计划生育局成立等相关文件。区卫生和计划生育局党委书记、局长潘一凡作表态发言。

27日 大南街道率全市之先，首创党建标志设计、发布和使用，通过建立两新企业党组织和商圈企业自我服务、服务群众等载体，结合社区"和美家园"党建为共同品牌，实现"和凝为一、互促互进"目标，打造城市党建示范综合体。

30日 市政协主席余梅生率队到鹿城区视察"五水共治"工作。视察组一行对西洲村农村生活污水二级管网建设和仁地村农村生活污水处理池进行考察，实地查看农户排污、生活污水处理池的运作等方面状况，并详细解了藤桥镇近几年农村生活污水治理工作。

同日 公安部授予区分局党委委员、副局长曾仁海"猎狐2014"专项行动成绩突出个人称号。

3月 区外侨办首次在浙大西溪校区举办"鹿城青年华侨研修班"。

3月 大南路改造提升工程正式开工。经过不到60天的时间，大南路成功创成全市首条精品示范路。

4月

1日 全省建设平安浙江工作会议召开，鹿城区获"平安县（市、区）"称号，受到省委省政府表彰。

同日 区档案局（馆）举行全区档案表彰暨培训会，全区各单位档案员80人参加，重点为加强数字档案业务培训。随着共建共享平台升级的完成，区档案局（馆）开展数字档案移交进馆工作，全年共完成区委、区政府等20家立档单位的电子档案移交进馆。根据《国家级数字档案馆测试办法》标准，升级改造档案信息基础网络，全面升级、整合各大系统，迎接省级专家组测试验收。

3日 鹿城区成功召开律师党建暨律师管理工作大会，各律师所主任、党支部书记、联络组成员参加。会议肯定了2014年度律师党建以及律师管理工作取得的成绩，并就进一步做好2015年度工作提出了抓住机遇、积极履职、敢于担当的要求。

17日 鹿城区直机关工委联合区委宣传部举办全区"精品党课"授课比赛，共有26名选手参加。

18日 鹿城区第二十三届小学生体育节在温州市瓦市小学开幕，并启动第一项比赛项目小学生乒乓球赛。

21日 区长朱崇敏代表鹿城区政府与意大利米兰塞斯托·圣乔瓦尼市市长MONICA CHITTO女士正式签署两地建立友好交流关系的协议

24日 区外办、侨办正式合并为一家单位，挂牌成立鹿城区外事侨务办公室。新成立的外侨办以此为契机，坚持"外事为民""为侨服务"，整合优化外事、侨务工作职能和资源，全面提高工作水平。

25日 停滞了13年的拆迁硬骨头——鹿城区滨江街道黎二村63亩地块，终于正式开拆。鹿城在破难攻坚"作战图"上再次"拿下一城"。

26日 区文化系统在鞋都文化广场举办了以"创生态鹿城，建美丽家园"为主题的"庆五一"文艺演出。

27日 双屿街道"退二进三"再结硕果，继中国鞋都鞋革城、温州国际鞋城之后，"真好度假酒店"正式开业。

29日 鹿城区召开全区建设平安鹿城工作会议。市委常委、区委书记陈浩在会上作重要讲话。

同日 九三学社鹿城基层委召开换届大会，选举产生了新一届基层委领导班子，孙国勇当选为主任委员。

同日 庆祝"五一"国际劳动节暨劳模表彰大会在市人民大会堂举行。鹿城区马如君、胡美珠、郭文明、卓东健、陈彬、李艾黎、严章章、黄建云获温州市劳动模范荣誉称号，浙江长城减速机有限公司获温州市模范集体荣誉称号。

30日　鹿城区召开全国文明城市、国家卫生城市创建表彰暨成果巩固提升工作会议。

同日　鹿城区慈善总会在滨江街道举行“爱心鹿城·慈善门诊卡”发放仪式。此次活动共发放1480张慈善门诊卡，每张价值500元。

4月　鹿城区简化居民住宅小区已建绿地局部调整审批，进一步推进为民服务工作。

4月　“鹿城新闻”APP移动客户端成功上线，实现了重大时政、民生新闻第一时间掌上看，客户端开设“头条、在线直播”等11个栏目、16项便民服务，创新了信息产品的呈现形态和传播方式。至2015年年底，移动客户端共发布各类新闻专题14920篇。

4月　鹿城区举办第二十七届“民族魂·中国梦——阳光下成长”中小学生艺术节。

21日　区长朱崇敏与意大利米兰塞斯托·圣乔瓦尼市长MONICA CHITTO女士正式签署两地建立友好交流关系的协议。

4月—7月　区委老干部局针对全区本地离休干部开展一次生活待遇落实大检查活动。本次督查检查离休单位数22个，检查离休干部人数66人，检查配偶单位数4个，检查配偶及家属人数23人。存在政策未落实单位合计5家，政策未落实离休干部及配偶共计13人，存在问题19人次，合计金额57570元。查后均已落实整改。

5月

1日　8点03分，鹿城地税二手房交易中心开出第一张销售不动产发票，8点14分金河办税服务厅开出第一张代开增值税普通发票，标志着鹿城区“营改增”成功过渡。

同日　浙江省邮政公司温州市分公司更名为中国邮政集团公司温州市分公司，下辖8个县（市）局及鹿城、龙湾、瓯海3个区局。

3日　上午8时左右，位于鹿城区双屿街道原温化总厂厂址内的温州市鹿城东瓯染料中间体厂的废水收集池发生爆燃，引发火灾。区安监局工作人员于上午9时许接到报告立即组织人员到达现场参与指挥救援，不到9时明火扑灭，将事故危害控制在最小范围。下午1时许，企业续报事故造成4名工人不同程度烧伤。区安监局工作人员再次赶赴现场开展调查，并及时向市安监局、区委、区政府报告了事故的初步调查情况。次日成立事故调查组，开展相应事故调查工作。

4日　滨江街道召开商会年会暨成立黎明文化产业集聚区分会大会。

同日　鹿城区总工会联合区重点办在全区107个重点项目建设中开展以“六比六赛”为内容的立功竞赛活动，着力推进重点项目建设发展。

5日　鹿城区“隔壁邻舍”微信互助社区入选省宣传思想文化工作“三贴近”优秀案例。

6日　城市书房将作为24小时自助图书馆新名字，2015年市区将新增10家。

7日　鹿城区藤桥与岙底，上戍与双潮、临江社区卫生服务中心分别成立横向的医疗联合体。

7日　区府办发布第1期《政务信息（普刊）》。全年编发《鹿城政务信息》20期（普刊+内刊），上报省市信息1003篇，被省市录用266篇，获省市区领导批示19篇，其中处置涉宗违建信息获袁家军常务副省长批示、打造全民志愿服务平台信息获熊建平副省长批示。政务信息工作排名全市第三。

8日　温州市集邮协会召开成立三十周年庆祝大会，并举办30周年集邮成果展。19日，温州邮政分公司在“5·19”中国旅游日暨首届温州市民旅游日活动现场开展“把诗画温州寄出去”为主题的微秀邮拍活动。同月，《温州集邮三十周年》一书编印出版。

9日　区教育局、区少工委联合举办了2015年学校少先队辅导员技能技巧培训，全区30多位辅导员老师参加了此次培训。

12日　鹿城区康复中心（鹿城区人民医院康复分院）对外开放试运营，是鹿城区唯一一家公立二级康复机构，主楼建筑面积3270余平方米，开展床位90张。

14日　市委常委、区委书记陈浩带头上专题党课，拉开全区专题教育序幕。区委理论中心组分别于7月8日、8月21日、11月13日召开三个专题学习会，开展“边学边查边改”。区四套班子和成员个人共查摆出204条“不严不实”问题，除31条需长期坚持的措施，均及时整改到位。

15日　民革鹿城总支召开换届大会，选举产生了新一届班子成员，民革鹿城总支升格为基层委员会，庄建华当选为主任委员。

15日　区委老干部局组织“绚霞”老干部代表前往五马街道十八家社区，开展“助残日”主题活动，与社区残疾朋友们共度第25个助残日。

19日　全市首个鹿城青少年创客实践教育基地在双莲桥社区温州众创创客空间揭牌成立。区关工委办首次以通过非政府购买服务形式开展10场开放夜活动与6场work shop亲子创客实践体验活动，开创了全市乃至全省关工委系统工作的先河。

21日 “中国梦·劳动美”2015温州市职工文艺秀——鹿城专场总决赛在市工人文化宫一楼开演。

同日 泰隆银行温州分行开业。

22日 温州市召开市域铁路S1线一期工程装备国家战略新兴产业示范工程启动会，标志着市域铁路S1线作为“国家示范”工程正式进入全面实施阶段。市委副书记、代市长徐立毅在会上致辞。

同日 民盟鹿城总支召开换届大会，选举产生了新一届班子成员，民盟鹿城总支升格为基层委员会，应真当选为主任委员。

20日—22日 星际控股集团参加了由中国科学技术协会与北京市公安局主办的“中国(北京)国际警用装备及反恐技术装备展览会暨学术研讨会”。展会上，星际控股集团公司展示了警用无人机、反恐装备类、应急救援类、安全防护类等警用产品。首次推出的警用无人机引起了极大关注。

24日 民进鹿城总支召开换届大会，选举产生了新一届班子成员，民进鹿城总支升格为基层委员会，蒋樨当选为主任委员。

25日 位于双屿的中国鞋都鞋革城五楼开辟出了2.1万平方米的电商专区，初步形成了一条集成品鞋、鞋材、原料于一体的电商产业链。这种“线下一小层、线上一大层”的专业市场O2O运营模式，正成为当地制鞋产业“触网”升级的新探索。

同日 浙江省第四届青年歌唱家大赛暨“第十届中国音乐金钟奖声乐比赛浙江赛区选拔赛”在鹿城文化中心落下帷幕。

28日 鹿城区“五水共治”大型专场文艺演出在杨府山公园举行。

29日 “相约文化馆”系列讲座正式开讲。

同日 区环保局制定《鹿城区排污许可证制度改革试点方案》，鹿城区全市率先实行排污许可证“一证式”管理。

31日 据《温州日报》报道，鹿城打造“互联网+”医疗服务体系，社区医生携“移动随访包”上门体检。

5月开始 根据中央和省市委的部署，在全区县处级及以上领导干部中开展“三严三实”专题教育。

5月—10月 鹿城区第八届运动会举办。比赛项目设田径（趣味）、游泳、篮球、乒乓球、羽毛球、象棋、国际象棋、围棋、拔河、柔力球、三人飞盘、太极拳、太极剑、飞镖、定点投篮、门球击准等16个项目，参赛人数共计3000余人。7月16日，协办2015“腾讯棋牌”全国象棋甲级联赛浙江队对广西队比赛。

6月

2日 滨江街道举办2015年第二期书记论坛。来自辖区社区的书记、副书记和党务工作者等围绕“如何做好社区提升工作，党组织应发挥怎样作用”的主题，结合工作实际，展开了讨论。

同日 全国少代会上，习近平总书记对少先队员提出殷切期望。来自温州市的有三位少代会代表，其中来自鹿城区水心小学少先队员林彦希，与全国其他代表一起，受到了总书记的亲切会见。

同日 温州市总工会职工健康讲堂鹿城专场在市工人文化宫开讲。本次讲堂以“如何预防中风”为主题，邀请了温州医科大学附属第一医院主任医师、教授、省级劳动模范邵蓓授课，全区240余名机关企事业单位职工参加。

同日 鹿城区普法办牵头整合全区优秀法律人才资源，正式组建以案释法宣讲团。首批宣讲团由各区直部门法制工作者和职业律师共43人组成。

4日 区政协副主席胡小萍率学习文史委委员以及部分市政协文史委委员，到仰义视察黄杨木雕大师朱子常之墓的保护情况。

5日 农工党鹿城总支召开换届大会，选举产生了新一届总支班子成员，章月影当选为主任委员。

同日 区城管与执法局在七都街道试点生活垃圾分类定点投放。

7日—8日 全省推广“同心同行·共建和谐”活动现场会在温州召开，省政协副主席、省委统战部长孙文友、省民宗委主任冯志礼等200多位省市领导莅临太平寺、警世堂等宗教场所观摩。

9日 成功承接全省“同心同行·共建和谐”试点活动现场会观摩。

10日 民建鹿城基层委召开换届大会，选举产生了新一届基层委领导班子，蒋晖当选为主任委员。

11日 致公党鹿城总支召开换届大会，选举产生了新一届总支班子成员，王璋弟当选为主任委员。

同日 区司法局与浙江安防职业技术学院举行“实践实训基地”授牌仪式，张维忠局长与浙江安防职业技术学院代表签订了合作协议。今后该校将定期安排部分优秀学员到司法局参加社会实践活动。

13日 第十个文化遗产日，区文广新局为广大群众组织了一场“美丽非遗义诊南塘”活动。

同日 区市场监管局在十七中运动场举行以“迎七一，健体魄，促融合”为主题的首届鹿城区市场监督管理局职工趣味运动会。

15日 鹿城区以“红日暖温州 端午‘粽’文明”为主题，开展“我们的节日·端午”系列活动。

同日 《鹿城区政府职责体系管理暂行办法》印发，构建政府职责体系管理“综合清单”制度框架，推动职责管理精细化、动态化、系统化。

17日 永楠路小学地块最后一栋楼房被依法拆除，总拆除面积达3000余平方米，至此，耗时两年的滨江商务区A02—08地块拆迁工作圆满画上句号。

17日—26日 区文广新局在市展览馆参与并举行2015温州市第五届艺术节暨鹿城区视觉艺术作品精品展。

19日 鹿城农商银行自主研发的温州首个银行互联网金融平台——“富民融通”在线投融资平台正式上线。截至年底，“富民融通”注册用户4281户，募集资金2.45亿元，全部用于扶持融资需求60万元以下的小微客户，户均融资28.2万元。

同日 区教育局下发《2015年鹿城区小学招生工作实施办法》，招生工作启动。

同日 区总工会为全区170名在职劳模和78名社区工会干部免费参保职工综合医疗互助保障，保障范围包含住院津贴、重大疾病、意外伤害，参保人员如有因病因意外住院，每天可领取50元的住院津贴，最高保障金达5万元。

19日—20日 2015中华龙舟比赛暨温州龙舟文化节在汇昌河举行。全区共有7支竞技龙舟参加比赛，另有53支传统龙舟参加活动。该次比赛有全国多支龙舟名队参加，总计8700多名运动员参赛，观众逾万人。

24日 温州市机关党建工作会议在鹿城区召开，与会人员参观了鹿城区预防职务犯罪教育基地和松台街道桂柑社区等党建示范点。

25日 省委书记夏宝龙调研五马街道警世堂，对鹿城区引导警世堂开展宗教中国化的探索给予高度肯定。

26日 区总工会联合区治水办组织16名来自鹿城区各条战线的国家、省、市、区各级劳模代表到鹿城区藤桥镇戍浦江现场，实地考察了“五水共治”重点工程项目建设，并为治水工作建言献策。

30日 代市长徐立毅调研鹿城区城中村改造。

同日 “庆祝建党94周年”暨2015年鹿城区送戏下乡文艺会演在驿头文化礼堂拉开了帷幕。

同日 由区总工会、区安监局等单位承办的温州市“三送安全进企业”活动启动仪式在仰义街道电镀园区举行，近300名职工参加活动。

同日 鹿城区温瑞塘河管委会基本完成全区27个片区截污纳管工程建设，基本实现主城区污水管网全覆盖，整治面积34.36平方公里，截污排放口1609个，截留污水量3.93万吨/日。

6月 鹿城区市政公用管理处开展自行车道建设工程试验段施工，填补自行车道彩色沥青施工工艺空白。

7月

1日 鹿城区全面实现行政处罚结果信息网上公开，共公开行政处罚案件14138件，在浙江政务服务网上公开。

同日 鹿城区首单定向集合资金获市金融办批复，鹿城莱恩达发行定向集合资金1000万元。

“七一”期间 全区开展“我心向党”手绘党旗、手抄党章等活动。探索实施组织生活“6+1”模式，明确一个主题、过一次“政治生日”、重温一次入党誓词、通报一次近期工作、参与一次“开放空间”、进行一次总结点评等6个规定步骤，并结合各基层党组织实际组织党员参加1次公益服务。

2日 开通温州港—俄罗斯远东直达航线，填补浙南地区与俄罗斯地区通航的空白。

4日 中国游记名家联盟在温州成立，国内首个采风基地落户鹿城区AAAA景区南塘。

5日 鹿城区塘河管理委员会、鹿城区治水办联合温州市绿色水网环保公益中心，共同启动鹿城区“水立方”综合治水APP试点项目。

6日 省文史委、省文化厅、浙江省传媒学院联合主办的录制保存浙江省国家级传承人口述史活动中，鹿城区的温州鼓词（陈志雄）、温州莲花（戴春兰）、彩石镶嵌（缪成金）三个“国遗”项目接受采访、音像录制。

7日 温州市鹿城区招才局正式挂牌成立。

同日 温州军分区司令员任明龙率考评组到鹿城区开展国防动员工作综合考评检查，并对2012年—2015年鹿城区国防动员工作情况及下步工作思路给予好评。

同日 鹿城区召开2015年度全区普法依法治理暨“六五”普法验收工作会议。全区普法依法治理领导小组成员单位分管负责人和各街镇分管负责人参加。区委副书记洪文滨，区委宣传部部长徐强，区公安分局局长金国平，区政协副主席王丽丽等领导出席会议。区委副书记洪文滨就普法依法治理工作作了全面部署。

7日—9日 鹿城区承办“浙江台湾周”活动子项目“2015海峡青年创新创业季启动仪式、海峡青年时尚创想秀暨高峰论坛”活动。活动以海峡青年时尚创想秀为主题，以表演、走秀、互动等形式，演绎不同时代两岸青年的文化生活、创新创业精神和两岸共融共赢目标。

9日 “2015浙江·台湾合作周”在温开幕，海峡两岸（温州）民营经济创新发展示范区揭牌。

10日—12日 省体育局等主办的“体彩杯”2015年第十届浙江国际传统武术比赛在浙江黄龙中心举办。双屿街道瓯浦垟健身队（温州市五星级健身示范点）获铜牌10枚，银牌19枚，金牌28枚和发展武术运动三等贡献奖和最佳运动队奖，全队获得4座金杯和1座银杯等成绩。

16日 牛岭循环经济服务点作为全市唯一投入使用的示范性再生资源集散中心，年可加工处理废纸7000吨，辐射周边40个网点。其后嵇师服务点历经规划变更、概算调整，于11月完成项目建设，并开始着手后续运营招租工作。全年保持再生资源行业整治高压态势，在全市创卫攻坚战役中发挥重要作用，承接的废品站点专项整治工作实现零失分，获温州市创建国家卫生城市工作先进集体表彰。

17日 区工商联召开四届二次执委会，来自鹿城工商界人士代表共计200多人参加会议。市委常委、区委书陈浩到会并讲话。

20日 区总工会在全区工会系统组织开展《中华人民共和国劳动法》《中华人民共和国工会法》考试。“两法”考试实现区总工会、街（镇）总工会、社区工会、企业工会四个层级全覆盖。

21日 农工党鹿城总支升格为基层委员会。

22日 区住建局首次组织安置房工程质量回访活动，共检查双屿街道3个安置房工程，分别为中国鞋都牛岭段拆迁安置一期工程11—13号地块安置房工程、鹿城区双屿西沿线2号地块工程和鹿城区双屿西沿线3号地块工程。此次安置房质量回访活动是一项创新举措，在温州全市属于首创。

28日 鹿城区召开第八届人民代表大会常务委员会，通过了《温州市鹿城区部分行政区划调整方案的报告》。根据报告调整滨江、南汇、五马、松台、双屿五个街道和藤桥镇行政的区域范围，并设立蒲鞋市、南郊、大南、广化、丰门的五个街道和山福镇，以及重新对仰义街道办事处驻地地址进行调整。

29日 省委政法委副书记、综治办主任刘树枝到滨江街道青园社区、五马街道考察基层社会治理信息化建设和“两约”制定修订工作。

同日 区委老干部局红色微电影《位置》首映式于欧洲城香港未来影院3号厅举办。电影主演10位老干部亲临现场参加首映式。市委宣传部副部长戴嘉宝，鹿城区委常委、宣传部部长徐强，区委组织部副部长、老干部局局长陈丽蓉出席首映式。

30日 温州市委常委、鹿城区委书记陈浩主持召老干部意见征求会，就区委八届九次全体（扩大）会议报告听取各位老干部的意见和建议。

同日 鹿城区通过省级生态区现场考核验收。

31日 区委召开八届九次全体（扩大）会议，深入学习贯彻习近平总书记在浙江考察重要讲话、省委夏宝龙书记在温州调研重要讲话和省市委全会精神，全面总结上半年工作，研究部署下半年任务，审议通过《中共温州市鹿城区委关于全面加强基层党组织和基层政权建设的实施意见》。

同日 省十二届人大常委会第二十一次会议通过了《关于温州等五个设区的市人民代表大会及其常务委员会开始制定地方性法规时间的决定》，意味着温州可以行使地方立法权了。这是《中华人民共和国立法法》修改后省内首批行使立法权的设区的市之一。

同日 温州嘉仕贸易有限公司委托代办的工作人员从鹿城区市场监督管理局行政审批窗口接过了鹿城首张“五证合一”新版营业执照。该执照同时载有注册号、组织机构代码、税务登记证号、统计证号、社保登记号，标志着鹿城“五证合一”登记改革工作的全面展开。

7月 区城管与执法局获温州市创建卫生城市先进集体荣誉称号。

7月 《今日鹿城》成功推出副刊《文化月刊》，该月刊每期四版，紧扣鹿城人文历史、风土人情，体现浓郁的地方特色，全面深入展示了鹿城区深厚的历史文化底蕴。

7月 位于黎明工业区的红欣博物馆开馆。

7月 鹿城区第一批百亿重大工程在滨江商务区金融广场举行集中开工，总投资105.8亿元。8月，鹿城区第二批百亿重大工程在新希望城集中开工，总投资109亿元。紧接着，鹿城区百亿重大项目的投资额和开工，批次为全市最多。

7月　鹿城区机关事业单位工作人员养老保险制度改革正式启动。

7月　浙江长城减速机有限公司获批国家级科研博士后工作站，浙江星际实业股份有限公司获批省级科研博士后工作站。

8月

1日　新金丽温铁路温州段铺通。预计年底开通运营，坐火车去金华仅需1小时。

同日　鹿城区全面启动实施孕产妇和0—6岁儿童健康分级服务管理，建立起由基层社区卫生服务中心负责建册、各级医疗机构共同承担产前检查的新型工作模式，将分级诊疗与基本公共卫生服务实现有机结合。

同日　开始实施并开展行政审批转备案管理新型模式，首批13个部门56个事项纳入备案事项目录，重点针对投资审批和生产经营活动审批，占鹿城区216项许可事项的25.9%。截至年底，共办理审批转备案项目3465件。

4日　市政协主席余梅生率市委督查组到鹿城区开展加强人民政协民主监督情况专项督查。市委常委、区委书记陈浩，区政协主席郑锦春分别汇报有关工作情况。

4日　根据《国家质量监督检验检疫总局关于同意筹建“全国制鞋产业知名品牌创建示范区”的函》，鹿城区获批筹建“全国制鞋产业知名品牌创建示范区”。

5日　全市镇街应急体系建设阶段性总结现场会在仰义街道召开，推广鹿城区基层“一三五”应急处置规范化建设经验做法。

7日—10日　鹿城区非遗基地—温州市陈式太极拳养生会所负责人陈上党在温州世纪广场举办大型太极文化节活动。

15日　经温州市人民政府批复同意调整鹿城区部分行政区划。调整后，鹿城区辖五马、松台、滨江、南汇、双屿、仰义、七都、蒲鞋市、南郊、大南、广化、丰门12个街道和藤桥1个镇。

16日　在日本宣布无条件投降70周年的纪念日上，区慈善总会举行“关爱抗战老兵慈善基金”成立仪式，并开启“关爱抗战老兵”系列活动。

16日—30日　温州市首届木雕技能大赛举行。共评出特等奖1名、金奖2名、银奖3名、铜奖5名等。其中，鹿城区木雕艺人金成夫、潘胜洁参赛，获得优秀奖。

18日　快速公交BRT建设又有新进展。位于鹿城工业园区泰力路的BRT样板站台即将完工，这是温州市首个亮相的BRT站台。

21日　鹿城区迎来第二批新希望城等四个项目工程，资金达到百亿元，从而助力实施“温州赶超发展三年超万亿投资计划”。

22日　鹿城区获浙江省文化产业10强县（市、区）称号。

31日　鹿城区“我们的舞台　我们的风采”群众文化展演在藤南社区热闹开锣，拉开了2015江心屿金秋文化节暨鹿城区第三届市民艺术节的帷幕。

8月开始，推进事业机构改革，对职能相近、设置重复、职能弱化、职责交叉等设置不科学的事业单位进行整合，将首批列入整合的76家事业单位调整为58家。

8月　鹿城区1101工程投入使用，累计完成投资额约7959万元。

8月下旬至11月　利用100天左右时间，组织开展以“三比三看”为主要内容的基层组织建设百日攻坚行动。“三比三看”，即“比力度，看政策措施实不实；比进度，看重点任务落实快不快；比亮度，看工作特色和效果好不好”。

8月底　组织全区各旅游特色村、民宿开发单位、乡村旅游经营户等相关负责人和各街镇分管旅游工作负责人开展乡村旅游培训，提升全区乡村旅游业综合素质和整体管理服务水平。截至年底，全区农家乐累计接待游客369076人次，同比增长3.03%，营业收入3340.28万元，同比下降7.44%。

9月

9月2日—12月2日　由温州市委宣传部等主办，温州博物馆、鹿城区委党史研究室等承办的“温州抗战纪实——纪念抗日战争胜利70周年”大型展览，在温州博物馆展厅展出。

6日　区纪委深化廉政文化建设，通过新形式，把家庭作为廉政教育的阵地，把亲情作为维护廉洁的力量，让党员干部随时随地“照镜子、正衣冠”。

同日　“勿忘国耻　圆梦中华”———纪念中国人民抗日战争暨世界反法西斯战争胜利70周年主题活动在鹿城文化中心举行。

9日　宏源社区党总支在电影鑫工场举办《凝聚》微电影及宣传短片首映典礼。

11日　为贯彻落实国家食药监总局办公厅《关于开展无菌和植入性医疗器械监督检查工作的通知》精神，鹿城区市场监管局首次采取现场观摩和业务辅导培训相结合形式，专题部署我区无菌和植入类医疗器械专项检查工作。

同日 温州添禾景观股份有限公司在上海股权交易中心举行挂牌仪式，成为鹿城区首家上海E板挂牌企业。

15日 区政协主席郑锦春、副主席庄建中率工商联委员小组，赴温州大道聚商盟电商园视察调研网络经济发展情况。

同日 省人大常委会副主任姒健敏到南汇街道春秋社区检查验收“六五”普法工作，对该社区在法治社区建设方面取得的成效表示充分肯定。

9月中旬 按照“一街镇一司法所”的工作原则，将原有滨江、南汇、五马、松台、双屿、藤桥6个司法所拆分为滨江、蒲鞋市、南汇、南郊、五马、大南、松台、广化、双屿、丰门、藤桥、山福等12个司法所。9月16日，温州市委常委、鹿城区委书记陈浩就“鹿城区司法局积极开展基层司法所调整工作”做出批示：区司法局围绕区委、区政府战略部署，行动迅速，贯彻有力，应予以充分肯定。

16日 温州民间财富管理中心暨温州市社会公共信用信息查询服务平台启动仪式。

17日 市政府常务会议审议并原则通过有关实施方案，决定温州启动城区生活垃圾分类工作。

22日 为认真吸取“8·12”事故的教训、防范事故发生，鹿城区安监局举一反三，组织人员对危化、矿山、烟花爆竹批发企业开展国庆节前专项检查。此次专项检查采取聘请专家全面排查走访，覆盖全区危险化学品企业（包括11家生产，5家经营带储存，22家加油站）、非煤矿山（1家）、烟花爆竹批发企业（1家）。

同日 浙江日报报道全国“2015—2016年度农村商业银行标杆银行”名单出炉，鹿城农商银行榜上有名，成温州唯一获此殊荣单位。

23日 召开的2015未来影像——首届亚洲国际（温州）青年微电影展媒体通气会上，亚洲国际青年微电影展将永久落户温州，活动中设置的“金瓯奖”成为温州市首个设立的国际性影奖。

同日 第九届鹿城区名牌商标认定评审会议在区行政中心召开。

同日 省妇联主席劳红武一行对鹿城开展“进万家门 访万家情 结万家亲”基层妇联组织建设开展调研。市委常委、区委书记陈浩，市妇联主席林琼，区委副书记洪文滨等陪同。

24日 赵章惠获第四届浙江省道德模范称号。

25日 鹿城区五水共治水乡文化提升工程项目“吕浦人家—龙舟戏台”工程举行竣工仪式。

同日 温州红太阳设计创意园公司托马斯获“雁荡友谊奖”。

9月29日—10月3日 以“创意、创新”为主题，区台办举办了2015年鹿城台湾青年文化节活动。活动共邀请来自台湾文创界、围棋界、创客团队等台湾各界人士80余人。由文创市集、两岸围棋交流赛、两岸创客嘉年华三部分组成。

9月—10月 开展2015年鹿城区金秋购物节活动，在闻宅步行街举办启动仪式，并获得浙江省2015年金秋购物节优秀组织奖及最受欢迎特色活动奖。

10月

1日起 区国税局全面实施“五证合一、一照一码”登记制度，由工商（市场监管）、质监、税务、人力社保、统计五个部门分别核发的不同执照，改为由工商部门核发、加载法人和其他组织统一社会信用代码的营业执照。

同日始 在温州市区全面试行“5000元以下互碰自赔”和“商业险内授权直赔无责方”两个新办法。截至年底，鹿城区超交强险范围5000元以下互碰自赔案件28件，理赔金额8.36万元；授权直赔无责方案件1996件，直赔金额145.88万元。

1日—7日 举行第十三届国庆商品交易会，展会面积3万平方米，观展人流近1万人次，展品涵盖家居用品、进口商品、婴童用品、绿色食品、潮流服饰、健康养生等，是“吃喝玩乐”为一体的大型节庆活动。

1日—7日 “瓯风越韵”——庆祝中华人民共和国成立66周年越剧折子戏专场在鹿城文化中心隆重上演。

8日晚上 七都街道举办2015七都最美人物及家庭颁奖典礼暨家风家训分享会。

9日 全市首个家风家训教育基地落户鹿城。

同日 鹿城区总工会在温州市行政审批与公共资源交易服务管理中心鹿城分中心进行疗休养服务经营单位公开招投标，经评标委员会评定，温州市精诚国际旅行社有限公司和温州市中山国际旅游有限公司获得鹿城区职工疗休养服务经营权。

10日 鹿城区在世纪广场成功承办全市首个以“崇尚法治共创平安”为主题的平安宣传日活动。市委副书记、政法委书记钱三雄在活动上致辞讲话。

11日　据《温州日报》报道：作为鹿城仅剩的“最后一条”黑臭河——营楼桥河日前通过了整治验收，这也意味着鹿城区所有30条黑臭河，均已完成达标整治。

同日　经全区新一轮行政区划调整，由五马街道拆分，行政区域与原南门街道大体相同，成立为大南街道。

12日　鹿城区浙江午马减速机有限公司、温州市南云金属制品有限公司、浙江腾腾电气有限公司等3家企业受获“温州市第四届劳动关系和谐企业”荣誉称号，浙江温州鹿城轻工产业园区受获“温州市劳动关系和谐园区”荣誉称号。

同日　温州市第九届曲艺会演在鹿城文化中心隆重开演。

同日　鹿城区引入社会力量参与街（镇）综合文化中心管理入围第三批创建浙江省公共文化服务体系示范项目。

13日　由共青团鹿城区委、区教育局、区少工委联合主办的“高举队旗跟党走 核心价值观记心中”——鹿城区庆祝少先队建队66周年主题队会活动在温州市建设小学大南校区举行。

16日　鹿城区温瑞塘河管委会打造的会昌河（南塘河至三板桥段）生态河道荣获省河道生态建设优秀示范工程。省河道生态建设示范工程是生态文明建设单项评选最高荣誉。

18日　位于瓯江路的米房文创园顺利开园。

19日　位于鹿城沧河巷的郑振铎纪念馆隆重开馆，为温州再添新的人文景观。市委常委、宣传部长胡剑谨，副市长郑朝阳出席开馆仪式。

20日　由鹿城区图书馆组织的“我们的中国梦文化进万家”全民阅读专家巡讲——走进前京文化礼堂讲座在仰义街道前京文化礼堂举行。

23日　温州英磁新能源科技公司蒂姆·库姆斯入选第八批浙江省千人计划。

27日　区委老干部局领导班子开展“重阳节”主题慰问活动，慰问全区110位老干部。

10月　鹿城区直机关工委创新开展“党建引领审批服务提能效”活动，确定区市场监督管理局、区文化新闻出版局作为先行试点单位。

10月　鹿城区城管与执法局荣获浙江省市容环境卫生先进集体荣誉称号。

10月　为巩固国家卫生城市建设，滨江街道对辖区内的综合环境情况进行“地毯式”排查整治。灰桥社区创成温州市首个社区消防宣传教育馆。

10月　区质监局开展质监行风监督员聘任暨实验室开放日活动，现场聘任36名同志担任区质监行风监督员。

11月

4日　中华全国总工会经济技术部部长栗斌等一行到康奈集团，实地考察企业工会组织建设情况。

5日—6日　省工商联党组副书记黄正强来我区调研，分别视察开元集团、巨一集团，并为省政协委员李跃胜工作室授牌。

9日　由鹿城区文化广电新闻出版局与温州日报联合主办的《文化鹿城》首刊正式出版发行。

12日　公共资源交易鹿城分中心与杭州市江干区公共资源交易中心就“浙江温州鹿城轻工产业园区横二路（纵六路—纵七路）工程及轻工产业园区横二路上河桥建设工程”联合开展远程异地评标并顺利招标。在评标活动中，以鹿城区为主场，杭州市江十区为客场，温州市3位专家与杭州市江干区2位专家通过登录远程评标系统进行视频语音互动评标，中标金额1605万元。

13日　“我们的舞台 我们的风采”鹿城区群众文化活动调演在鹿城文化中心上演。

14日　第十一届浙江（温州）轻工产品暨2015国际时尚消费博览会在温州国际会展中心开幕。省委常委、市委书记陈一新宣布开幕。

16日　中央统战部办公厅值班室副主任孙博到鹿城区调研网联会工作。指出，鹿城区网联会在开展网络正能量宣传及舆论导向工作等方面取得了实效，有很多建设性的探索值得借鉴和学习。

20日　康宁医院在香港联交所上市，成为鹿城区首家上市企业，全国首家精神科专科医院上市企业；全国人大财经委尹中卿到温州民间借贷服务中心调研。

23日　仙居富民村镇银行试营业。至此，23家首批获得银监会批复同意鹿城农商银行发起设立的村镇银行指标中除上海松江富明村镇银行外，其余22家已对外营业。

24日　省委政法委副书记、省平安办主任马以莅临双屿街道社会管理应急综合指挥中心、营楼桥大网格工作情况开展实地调研，并给予充分肯定。

27日　鹿城区政府向社会组织转移职能试点签约仪式正式举行，区信访局等5个部门、区法学会等4家社会组织进行了“对部分重点信访事项介入调处化解”“社会工作者注册登记管理”“婚姻辅导室建设”等10项职能转移。

28日 温州市中医院“牵手”48家医疗单位成立医疗集团，打造中医医联体新模式，使患者在社区医院也能享受到名中医诊疗。

同日 鹿城·龙湾文化走亲活动举办。

29日 举办全国百城健身气功展示活动鹿城大会。

同日 温州市出台无线局域网建设和免费开放计划，3600个公共场所将提供免费WiFi。

12月

12月初 区残联打造“互联网+”宣传服务模式，全国率先创建的“智能助残云平台”正式运行。

2日 市委召开全市领导干部会议。省委宣布中央和省委关于陈一新同志职务任免的通知，省委书记、省人大常委会主任夏宝龙到会并讲话。中央和省委决定，陈一新同志任中央全面深化改革领导小组办公室专职副主任，免去其中共浙江省委常委、委员职务，免去其中共温州市委书记、常委、委员职务。

3日 鹿城区文学艺术界联合会第四次代表大会在区府会议中心召开。该会下属及街镇文联共159名代表与会。大会审议通过区文联章程，选举出主席、副主席。

4日 鹿城区举行“12·4”国家宪法日暨全国法制宣传日“普法社区行”活动。此次活动由温州市委宣传部、市司法局、市普法办主办，鹿城区委宣传部、区司法局、区普法办、南汇街道清风社区承办。活动以“弘扬宪法精神，推动创新、协调、绿色、开放、共享发展”为主题，掀起全民学法热潮。

5日 “12·5”国际志愿者日，市文明办、市志愿者协会、市爱心璀璨公益发展中心，在鹿城区白鹿洲公园启动“助力文明 青年建功”为主题的系列志愿服务活动，呼吁志愿者、市民一起践行文明，关爱环卫工人。

8日 鹿城人民东路大唐会香港茶餐厅及旗下雍唐香港融和茶餐厅马鞍池路、温迪路、南塘街三家店员工80余人到区司法局司法行政法律服务大厅反映老板欠薪失联，要求给予法律援助讨薪。据了解，该四家茶餐厅的法定代表人为福建人林健，9月以来，该企业拖欠旗下208名员工总计200余万元工资。法律援助中心为该80余名员工办理了法律援助审批手续，并指派律师代理劳动仲裁或提起诉讼。

10日 共青团中央权益部副部长王峰及其他一行十余人到温州市七都小学视察学校垃圾分类的教育工作，对七都小学就垃圾分类这一教育主题开展的一系列教育活动表示充分肯定。

15日 “城市书房鹿城区文化中心分馆”正式开馆，并正式启动位于鹿城文化中心二楼的“文化驿站”。

同日 温州军分区副参谋长林朝辉带队对鹿城区人武动员力量进行检验性拉动考核，区重点民兵应急连参加，并圆满完成各项检验考核内容，受到考核组的好评。

16日 “鹿城区新生代企业家联合会”一届一次会员大会召开，浙江新邦建设股份有限公司董事长陈锵当选会长，浙江晶合贸易有限公司总经理曾莞当选监事长。60多位由区民营企业第二代接班人、新创业青年企业家以及大学生创业者、留学归国创业者组成的优秀年轻一代非公有制经济人士共同见证了属于他们的组织的正式成立。

17日 省政协副主席陈加元一行赴鹿城区走访温州开元集团、温州市少年艺术学校，并参观了米房文创园。

18日 区红十字会在区行政会议中心召开三届二次理事会。递补选举了区红十字会第三届理事会会长、常务副会长、副会长、常务理事、理事。副区长黄定恩被选为区红十字会会长。

同日 鹿城区工会第七次代表大会在温州市工人文化宫召开，全区231名职工代表参加大会。市委常委、区委书记陈浩到会并讲话，市政协副主席、市总工会主席王益琪致辞。区人大常委会主任吴海燕，区政协主席郑锦春，区委副书记洪文滨，区委常委、常务副区长张本锋，区委常委、组织部长罗招政出席大会。该次大会选举产生区总工会第七届委员会，胡海峰为主席。

同日 由鹿城区教育局主办的“艺术：跨越海峡两岸的教育之美”——温州市海峡两岸学校艺术教育交流活动在城南小学艺体馆举行。

同日 鹿城区教育局与鹿城团区委联合邀请团中央少年部副部长刘剑波在水心小学一校区开展主题为《共青团与少先队工作创新》的培训讲座。

24日 鹿城区伴随街镇区划调整，创新推出了大网格现代治理模式，在全区范围内划分了111个大网格，并将各街道工作人员及区公安分局、区城管与执法局、区市场监管局等单位的站所（队）人员派驻至大网格，把大网格打造成为基层治理的最基础单元、公共服务的最直接平台。

同日 温州红日亭老人获“全国十大最美家乡人”称号。

同日 浙江省卫计委正式命名鹿城区为“浙江省卫生应急工作示范县（市、区）”；藤桥社区卫生服务中心（卫生院）创成省级满意乡镇卫生院，获得年度全国首批“群众满意的乡镇卫生院称号”；上戍社区卫生服务中心（卫生院）创成浙江省乙等卫生院；七都社区卫生服务中心创成省级无烟单位；王淑芬获得省级“群众满意的社区卫生工作者”称号；鹿城区人民医院陈天聪获浙江省医坛新秀。

26日 至年底，鹿城区完成2015年度污染物总量减排任务，化学需氧量、氨氮、二氧化硫、氮氧化物分别下降0.57%、0.35%、1.5%、2.41%，“十二五”期间分别下降15.2%、16.0%、17.1%、10.3%，全面超额完成“十二五”减排任务。

30日 鹿城农商银行再获银监会备案增设9家村镇银行，其中贵州7家，江西2家，设立之后贵州富民村镇银行达到20家，江西萍乡富民村镇银行达到4家。

31日 撤销龙湾区局、瓯海区局和鹿城区局，设立城区营业分局、龙湾分局、瓯海分局、鹿城分局。

2015年 鹿城区与米兰塞斯托·圣乔瓦尼市签署了建立友好交流关系的协议，与塞尔维亚贝尔格莱德苏尔钦签订两地建立友好交流关系意向书。

（贾海丹）

责任编辑　王剑峰

鹿城总述

自然地理

【地理位置】 鹿城区地处浙江省东南沿海，瓯江下游内陆南岸。全境介于地理坐标北纬27° 58′ —28° 09′ 、东经120° 42′ —120° 47′ 。总面积290.468平方公里，东西长约41.43公里，南北宽约20.65公里。东接龙湾区，西南与瓯海区毗邻，最西与青田县相连，北濒瓯江与永嘉县隔江相望。

【地形地貌】 境内地貌由于地质构造的影响，地势从西往东显梯形状倾斜。东部濒临瓯江，属冲积与海积平原，城区系瓯江下游平原，并分散着郭公、海坛、华盖、积谷、松台、巽吉、杨府等孤山与孤丘，它们多数在100米以下。海岸边是基石质和淤泥两种，有七都冲积沙洲，位于瓯江口。而西部系低山丘陵盆地区，占大部面积。

【自然资源】 2015年，鹿城区土地总面积为290.468平方公里。有耕地资源7.4807万亩（其中水田4.7823万亩、旱地2.6984万亩）、园地0.4251万亩、林地15.5142万亩、草地1.4380万亩、城镇村及工矿用地10.2982万亩、交通运输用地1.4504万亩、水域及水利设施用地6.1382万亩、其他土地0.8253万亩。年内，减少耕地251.7亩，其中城镇村及工矿用地192.6亩，交通运输用地44.55亩、水域及水利设施用地10.35亩、其他土地4.2亩。

区内矿产资源有铅锌矿、多金属矿、镜铁矿、金矿、伊利石矿、钾长石矿、高岭土、花岗石、泥炭、气点等。矿产地19处，以伊利石为优势矿种，主要在山福镇双潮渡船头村。曹平—丘山铅锌矿可供少量开采，主要在藤桥镇和仰义街道。

全区饮用水源来自赵山渡、泽雅水库。按III类标准评价，赵山渡、泽雅水库水源地水质达标率为100%。入海河流——瓯江（鹿城段）长53公里，小旦断面水质为Ⅱ类，杨府山断面水质为Ⅲ类，与上年度相比杨府山断面和小旦断面都下降了一个类别，但2个断面水质均能满足功能要求。

全区内河平原河网水环境质量为劣Ⅴ类，其中九山站位为Ⅲ类（已满足功能要求），外垟站位为Ⅴ类；光明、灰桥、东向水厂和勤奋站位为劣Ⅴ类。在3项主要污染指标中，高锰酸盐指数为3.07毫克/升，氨氮为2.62毫克/升，总磷为0.268毫克/升；与2014年同期相比，高锰酸盐指数下降了29.8%，但仍保持Ⅲ类水质，氨氮和总磷分别下降了27.4%和30.1%，其中总磷已达到Ⅳ类水质，氨氮仍为劣Ⅴ类。

2015年，全区地表水质量有所好转，平原河网主要污染物浓度下降较明显，但水质类别仍以劣Ⅴ类水质为主；集中式饮用水水源地水质达标率为100%；瓯江（鹿城段）水质有所下降。

2015年，全区森林面积1.15万公顷，活立木蓄积42.43万立方米，森林覆盖率39.2%。全年完成山地造林和无林地疏林地封育1490亩；完成平原绿化1617.7亩，其中城市绿化1578亩，村庄绿化24.7亩，公路绿化15亩；完成森林抚育21079亩。森林树种有乔灌木1016种，隶属112科；其中被子植物972种，隶属103科；裸子植物44种，隶属9科；主要经济作物有杨梅、瓯柑、茶树、乌桕、板栗、山鸡椒、柿、枇杷等13种。主要造林绿化树种有松木、柳树、樟树、鹅掌楸、枫树、木荷、枫杨、白花泡桐、红豆杉等16科、23种。珍稀树种有国家一级保护的世界濒危树种红豆杉、国家二级保护的濒危树种鹅掌楸、国家二级保护的濒危树种香果树和湿地树种红树林等。

境内水产资源有鱼类111种，隶属13目33科83属，主要有鲥鱼、中华鲟、香鱼、凤鲚、短尾鲚、鳜鱼、棘头梅头鱼、黄姑鱼、弹涂鱼、脊尾白虾、刀额新对虾（蚕虾）、中华鳖、大鲵（娃娃鱼）等。而淡水养殖有草鱼、鲢鱼、鳙鱼、鲫鱼、鲤鱼等，水产养殖面积1155亩、稻田养殖1200亩。2015年，全区渔业总产量705吨。另据河口段型水生生物洄游性特征，瓯江水域有鳗鱼汛（冬春）、蟹苗汛（春夏）、子鲚汛（夏）、香鱼汛（秋冬）、青蟹汛等。

【气候特征】 2015年，鹿城区平均气温在19℃左右，较历年平均值偏高。高温天气（气温≥35℃）为18天左右，较常年偏多8天，大于等于37℃高温天气有5天。极端最高气温为38.2℃，出现在6月30日。最低气温为2月10日的0.3℃。温州市区全年降水量为1733.7毫米，较历年平均值略偏少，偏少幅度为2%—5%。市区于8月14日出现最大日降水量132.1毫米。全年总日照时数为1240.9小时。第13号台风“苏迪罗”虽在闽中登陆，给鹿城带来狂风暴雨。全市沿海和内陆地区有282站（占总测站的85%）出现8级以上大风，有9个站出现13级大风，9级风持续45小时，11级风持续时间36小时。

建置沿革与人口

【建置沿革】 鹿城区境古属瓯地。春秋战国时属越地。秦属闽中郡。西汉系东瓯国。顺帝永和三年（公元138）以章安县东瓯乡为永宁县，隶会稽郡。三国时分会稽郡东郡，置临海郡，永宁县属之。东晋明帝太宁元年（323），析临海郡南部地永宁、安固、松阳、横阳四县，置永嘉郡，以永宁县城为郡治，同时于瓯江南岸建筑郡城，即今之鹿城。

隋文帝开皇九年（589）废永嘉郡和临海郡，置处州，寻改括州；并改永宁县为永嘉县，隶属括州。炀帝大业三年（607）改州为郡，恢复永嘉郡，仍属扬州。唐高宗上元二年（675），析括州之永嘉、安固二县置温州，并以永嘉为州治。武后载初元年（689）析永嘉县，复置乐成县。玄宗天宝元年（742）又改温州为永嘉郡；肃宗乾元元年（758）复为温州，先后隶浙江东、西道。宋咸淳元年（1265），以度宗潜邸升温州为瑞安府。今域皆以永嘉县属之。

元世祖至元十三年（1276），改瑞安府为温州路。明洪武元年（1368），温州路改为温州府。清世祖顺治三年（1646），入清版图，沿明制。清宣统三年（1911），辛亥革命爆发。温州光复，仍称永嘉县。

民国元年（1912），今域属浙江省瓯海道永嘉县。至民国37年（1948），温州称为浙江省第五行政督察区。今域皆以永嘉县属之。

1949年5月7日，温州解放。8月，成立浙江省人民政府第五区专员公署，并将永嘉城区及城郊、梧田、永强、三溪、藤桥、西岸区划出，设立温州市，今域属之。1980年4月，恢复温州市为省直辖市，同时将市区分设为东城、南城、西城三个县级区。1981年9月，温州地区和温州市合并，成立温州市人民政府，实行市管县体制，原温州市成为温州的中心区，称温州市区。1981年12月，析温州部分（除近郊外）置瓯海县。1983年，将市区三个区并为一个城区。

1984年12月，将市郊区6个乡划归城区，改称鹿城区，辖14个街道6个乡，隶属温州市。1992年10月，划出景山街道、新桥镇归瓯海县。2001年8月，将原瓯海区的双潮乡、岙底乡、上戍乡、临江镇、藤桥镇和梧田镇的前网、鱼鳞浃、划龙桥4个村，原永嘉县七都镇和桥下镇的中央涂居委会，原龙湾区的蒲州、上蒲州2个村划归鹿城区。调整后，全区辖17个街道7乡4镇，面积增加到294.38平方公里，人口从51.68万增加到60.03万人。同年9月，区划再调整，全区设12个街道4个镇5个乡，有151个居委会、146个行政村。

2011年4月，区划调整，鹿城区辖黎明、绣山、蒲鞋市、洪殿、南浦、江滨、南门、五马、莲池、水心、广化、黄龙、七都、南郊、双屿、仰义等16个街道办事处和藤桥镇1个镇。同年10月，区划再调整，鹿城区辖五马、松台、滨江、南汇、双屿、仰义、七都等7个街道办事处和藤桥镇1个镇。

2015年9月，区划调整后，鹿城区辖五马、大南、松台、广化、丰门、滨江、蒲鞋市、南汇、南郊、双屿、仰义、七都等12个街道办事处和山福、藤桥2个镇，83个社区、141个行政村。区域面积290.47平方公里。

2015年鹿城区行政区划情况

表1

街道、镇	下辖	个	社区、行政村
五马街道	社区	14	鼓楼、谢池、府前、城西街、墨池、八仙楼、朔门、百里坊、安澜、十八家、矮凳桥、黎明西路、乘凉、路湾

续表1

街道、镇	下辖	个	社区、行政村
大南街道	社区	7	马鞍池、花柳塘、虞师里、双莲桥、白鹿洲、山前街、荷花
滨江街道	社区	9	灰桥、洪殿、陡门、杨府山、丰汇、蒲源、浦东、宏源、新田园
	行政村	5	黎一、黎二、杨府山涂、蒲州、上蒲州
蒲鞋市街道	社区	8	蒲鞋市、横河、蒋家桥、芳园、绿园、青园、金丝桥、锦园
	行政村	1	巽山
南汇街道	社区	11	桥儿头、南塘、清风、吕浦、春秋、开源、绣山、大自然、万源、龙源、金鳞
	行政村	9	鱼鳞浃、南塘、灯塔、前网、上田、横渎、巨一、龙沈、划龙桥
南郊街道	社区	5	十里亭、三板桥、西屿、丽庆、东龙、
	行政村	5	东屿、龙方、德政、里垟、葡萄
松台街道	社区	11	庆年坊、郭公山、来福门、锦花、水心、桂柑、昌明、菱藕、蛟翔巷、半腰桥、茶花
	行政村	2	松台、水心
广化街道	社区	8	翠微、月湖、双榕、双乐、集新、教场、集善、特陶
	行政村	1	双桥
双屿街道	社区	7	营楼桥、牛岭、垟田、黄龙、新泽、瓯浦垟、康龙
	行政村	6	牛岭、营楼桥、瓯浦垟、垟田、双岙、箬笠岙
丰门街道	社区	1	新屿
	行政村	7	岩门、潘岙、屿头、正岙、上伊、前陈、嵇师
七都街道	行政村	6	老涂、吟州、前沙、板桥、樟里、上沙
仰义街道	社区	1	仰新
	行政村	12	澄沙桥、渔渡、后京、前京、龙川、垟山、十里、河岙、钟山、陈村、林里、馒头驻
山福镇	行政村	32	驿头岙底、驿头山根、和平、平山、下湾、西洲、横山、仁地、金岙、后支、前盈、庄岩、巽岙、江南上村、郑大垟、沙头、夏家山、下垟、沈岙、渡船头、小旦、双溪、下冯、下冯山、东岙、荫溪潮埠、朱下、茅垟、东坑、西坑、黄茅坪、利八坑
藤桥镇	社区	1	藤桥
	行政村	55	樟村、金马、油岙、石垟、陈良、林山、南岸、石埠、新村、北岸、垟岸、下庄、埭马、底垟、底山根、后垟、上寺西、大塘、坑古、雅漾、上埠头、桥上、潮济、大潭、坎上、上桥、下岸、外垟、潮埠、竹桥、西湾、周徐、下巨、前林、渡头、营上、戴宅、方隆、岭下、山岸、东村、支岙、枫林岙、小岙、三新、林路、江池、田塘头、白脚坳、丁埠头、呈岸、底坦、吊降、江心田、上皮山

说明：该表由区民政局提供

【人口】 2015年，鹿城区年末总户数247271户，户籍人口74.70万人，每户家庭平均人口3.02人。按户籍性质分，城镇人口65.08万人，乡村人口9.62万人；按性别分，女性稍多，为37.70万人；按年龄分，18岁以下为12.53万人，18—35岁为16.15万人，35—60岁为30.82万人，60岁及以上为15.19万人。全年出生人数7922人，出生率10.63‰；死亡人数4175人，死亡率5.60‰。自然增长率为5.03‰。据6月30日调查统计，全区暂住人口为63.23万人。

2015年鹿城区户籍人口情况

表2

指标名称	单位	2015年	2014年	2015年比2014年±
一、年末总户数	户	247271	243233	4038
二、年末总人口	人	746992	743168	3824
（一）按性别分				
1.男性	人	370042	368571	1471
2.女性	人	376950	374597	2353
（二）按户籍性质分				
1.城镇人口	人	650829		
2.乡村人口	人	96163		
（三）按年龄分				
1.18岁以下	人	125330	126447	—1117
2.18—35岁	人	161514	163637	—2123
3.35—60岁	人	308222	308170	52
4.60岁及以上	人	151926	144914	7012
三、人口变动				
（一）出生人数	人	7922	8535	—613
出生率	‰	10.63	11.55	—0.92
（二）死亡人数	人	4175	4055	120
死亡率	‰	5.60	5.49	0.11
（三）自然增长率	‰	5.03	6.07	—1.04
四、每户家庭平均人口	人/户	3.02	3.06	—0.03
五、暂住人口	人	632309	611623	20686

说明：暂住人口调查时间为当年6月30日。该表由区统计局提供

历史文化

【文物古迹】 鹿城历史悠久，早在四千多年前，先民已经在此生息繁衍，历代遗存文物较为丰富，有曹湾山遗址、西山青瓷窑址群、铁栏井、寺前桥、叶适墓等。截至2015年，全区共有各级文物保护单位76处，其中全国重点文保单位1处，省级16处、市、县（市、区）级59处，文保点21处。全区共收藏文物2.1万多件。

曹湾山遗址

曹湾山即老鼠山的别名。上成乡渡头村老鼠山，属青铜时代，面积约9000平方米。采集有泥质黄陶（包括夹砂陶和着黑陶）、印纹硬陶、原始瓷片等。印纹硬陶饰条纹、弦纹、席纹。原始瓷施褐色釉，饰弦纹。石器有矛、斧、镞等，均经磨制，器形较小。2002年11月至2003年4月，省、市文物部门对该遗址进行了抢救性考古发掘，发掘面积635平方米，发现距今4000年前后的好川文化聚落遗址，揭示连片成排石础建筑遗迹。清理墓葬35座，获得玉器、石器、陶器等文物1000多件及大量的陶片标本；另清理唐代土坑墓6座，出土瓷壶、瓷钵、瓷缸和铜镜等文物近百件。该遗址是一处以山顶岗地为聚落中心，山腰、山坡均有遗存分布，面积近万平方米的新石器时代末期山前沿江孤丘型聚落遗址。该遗址的发掘，是温州地区先秦遗址考古的一个突破，为认识研究浙南地区史前文化内涵特征，建立温州史前文化的编年开辟了一个新天地。2013年列为全国重点文物保护单位。

东瓯王墓

黄龙街道瓯浦村瓯浦山东侧。始建于西汉，驺摇为越王勾践后裔。秦末，率众佐汉灭秦、灭楚有功，汉惠帝三年（前192年）封东海王，都东瓯，俗称东瓯王。墓始建于西汉，清道光二十四年（1844）重修。20世纪60年代被毁，1996年按清时原样修复。墓域由墓丘、拜坛、神道组成，占地面积350平方米。墓丘呈扶椅式，椅圈正中嵌“汉东瓯王之墓”石碑。现尚存清道光二十四年《重修东瓯王墓记碑》一座。市文物保护单位。

墨　池

位于墨池坊1号。东晋永和年间，传王羲之寓居永嘉时，曾“临池作书，洗砚于此”，故称“墨池”，又称“洗砚池”。池呈方形，以块石叠砌，并围以砖砌栏杆。宋米芾曾题“墨池”二字，久已湮没。今存“墨池”二字刻石，为清乾隆五十年（1785）温州总兵黄大谋补书，藏温州博物馆。明周旋《墨池》诗云：“何以清池换墨池，昔年临池有羲之。”清郭钟岳《咏墨池》云：“风流太守忆王郎，经换笼鹅字字香。昨日见郎书法好，移家合住墨池坊。”2001年进行修复。市文物保护单位。

正和堂瓷窑址

广化街道双桥村东依下岭，唐、北宋年间，面积约2000平方米。地表采集有碗、盘、杯、盏、壶、罐、瓶等瓷片，以碗、盘为主。胎质坚硬细密，瓷色较白。釉色多为淡青色，亦有黑色。纹饰有荷花、蕉叶、乳钉、垂云、草花、牡丹等，线条粗犷。窑具有匣钵、喇叭形支座、垫饼和垫圈。1989年被列为省文物保护单位。

铁栏井

位于铁井栏7号前。井呈圆形，井栏以铁铸成，故名。栏下圈铸于北宋元祐辛未年（1091），上圈铸于南宋庆元戊午年（1198年）。清咸丰元年（1851年），于井栏外周以青石，口沿用扇形青石板平铺成环状井唇。井栏外形弧肩、鼓腹，别致雅观。井腹呈鼓形，壁用青石垒砌，深约5米，井水清冽，常年不枯。为温州二十八宿井之一。1997年被列为省文物保护单位。

寺前桥

藤桥镇寺前村，肇始于宋乾道八年（1172），建成于淳熙六年（1179）。三孔梁式石桥，南北走向，跨戍浦江，长33.3米，阔3.9米。石梁西侧直书阴刻“乾道八年壬辰岁季冬癸卯创始龙泉院乾僧师表”；东侧直书阴刻“淳熙六年已月丙子日记功广阳石匠游成”。因坐落龙泉寺前，故名寺前桥。2011年列为省文物保护单位。

叶适墓

位于海坛山支阜慈山南麓，墓式分台基甬道、供坛、墓室三部分，青石围栏，左右各有石碑，记述叶适生平事迹。叶适（1150—1223）字正则，号水心。著有《习学记言序目》《水心文集》《水心别集》等，是南宋著名思想家、文学家，也是永嘉学派的代表人物。该墓1963年列为省文物保护单位。

王沛墓

藤桥镇枫林岙村，明代，王沛（1485—1558），字子大，号仁山。不乐仕进，习医治病。明嘉靖三十一年（1552），倭寇掠黄岩，王沛与从侄王德聚义兵千人慎固自守。嘉靖三十七年（1558），倭寇大掠温州，王沛与王德前往抵御，在瑞安梅头被围，英勇杀敌，壮烈牺牲。朝廷追赠为太仆寺丞。墓域面积约500平方米，墓丘呈扶椅式，条石垒砌，墓前原有亭、池。现存墓仪刻石翁仲、石虎等，采集到陪葬陶马头部等残件。市文物保护单位。

【非物质文化遗产】 2015年，南塘豆腐、鞋类手工样板技术、县前头汤圆、温州戏服刺绣工艺、温州鱼丸（阿红鱼丸）被列入温州市第九批非物质文化遗产项目名录。年初，“彩石镶嵌”在中央电视台第七套《农广天地》栏目播出，介绍鹿城区国家级非遗“彩石镶嵌”的发展历史和国家级非遗传承人缪成金的制作技艺。2月，非遗《糖金杏》在杭州电视台生活频道《做给你看》栏目播出，并展示温州市级传承人赵兴龙制作以及售卖糖金杏的全过程。

7月，由省文史委、省文化厅、浙江省传媒学院联合组成的录制保存浙江省国家级传承人口述史活动到温州，温州鼓词（陈志雄）、温州莲花（戴春兰）、彩石镶嵌（缪成金）3个国遗项目接受采访和音像录制。10月，石雕传承人叶小微参加由新世界珍宝馆在上海举办的“中国（温州）石雕艺术家珍藏品荟展”。

【风景名胜】 鹿城区是颇具影响的历史名城和自然风光旅游城市，素有“东瓯名镇”之称、“江城如画”之誉，自然人文景观丰富。境内有AAAA景区江心屿和印象南塘，另有东瓯王庙、谯楼、城西基督教堂、太平寺、中山纪念堂、中共温州独立支部遗址、新四军兵站驻温采购办事处旧址和夏承焘旧居、夏鼐故居、谷超豪故居等。

江心屿旅游区位于鹿城区北面的瓯江之中，是中国四大名胜孤屿之一，素有“瓯江蓬莱”“诗之岛”“佛国”之称。该岛占地71.33公顷，遍布殿堂亭榭，甚富古迹。有古树21株11个品种，树龄有千多年的榕树，800多年的樟树，400多年的橄榄树，百年以上的香叶树和日本五针松，罕见的樟抱榕连理树（其中樟树有1300余年树龄）。古时，江心屿为两个小岛。唐季以还，屿上逐渐建成梵宇和浮屠。咸通七年（866），于西山东麓建净信禅院。宋开宝二年（969），又于东山西麓建普寂禅院，并先后建西塔、东塔。南宋建炎四年（1130），宋高宗赵构为避金兵南下，曾驻跸普寂禅院。绍兴七年（1137），僧清了率众填塞中川，两屿遂连接为一。填塞处，建中川寺，通称江心寺。未久，高宗赐名为龙翔兴庆禅寺，奉为“宗室道场”。岛上主要景点有：江心寺、东塔、西塔、文信国公祠、浩然楼、宋井、澄鲜阁、温州革命烈士纪念馆、谢公亭、来雪亭、临清亭、归鹤亭、花柳古亭、凌波亭、怀青亭、英国驻温州领事馆旧址、小飞虹、象岩和狮岩、温州盆景园、综合性游乐场、情人岛等。2002年，被评为国家AAAA景区。

“印象南塘”景区位于鹿城区中部，北起锦绣路，南抵温州大道，包括南塘风貌街、南塘河、白鹿洲公园、文化村和庄头滨水公园等，总占地面积33.32公顷。其地理条件优越，从开建时便已定位为集休闲、时尚、购物、餐饮、娱乐、文化为一体的综合性旅游文化商业区，有“温州城市客厅”之称。2014年末，被评为国家AAAA景区。

谯　楼

位于鼓楼街和公安路交叉处，是五代吴越王钱镠（七子钱传瓘（887—941年）时任温州刺史时）所建子城的正南大门，也称鼓楼，上设钟鼓，下通广衢。原建于天宝元年（907），历经七次修葺，最后一次在清康熙十二年（1673），拱门系大青砖卷砌，高4米，宽4.7米，进深14米。楼高13米，东西宽27.6米，南北宽14米，是境内仅存的一座古城楼。1925年，旧温属公立图书馆设分馆于谯楼。1928年，谯楼辟为民众教育馆。20世纪50年代，谯楼改为二层楼房，长期被有关部门及其家属居住。1981年，被列为温州市第一批文物保护单位。1993年重修，经过修缮的谯楼，总面积为356平方米，四周平台宽敞，外围的花岗岩雕花护栏与正中的仿清复原的楼阁遥相呼应，飞檐雕栏、青瓦红柱、梁柱粗壮、结构严实，底部用条石叠筑城门，用大青砖砌成拱顶，高4.20米，阔4.75米。谯楼正门新镌“东瓯名镇”匾额。2001年10月，谯楼再行修饰。2011年被列为省文物保护单位。2013年8月，谯楼周边环境整治工程展开。2015年6月，启动温州市子城城墙——谯楼遗址保护与展示工程，将建成谯楼遗址公园。除谯楼门洞遗址外，其余遗址采用回填式保护方式。

太平寺

始建于后晋天福七年（942）。明正德七年（1513），释超印法师重加扩建，住持僧众达800之众。其时香客盈门，名闻遐迩，与护国寺、嘉福寺、天宁寺齐名，并称东瓯“四大丛林”。清雍正初，高僧释宿厂、释智顺二和尚夙修天台正教，驻锡于此。智顺和尚是天台宗廿四世传人，雍正十二年（1734）圆寂于太平寺。抗战期间，国民军暂编第三十三师驻兵于此，众僧离寺，僧去寺空。中华人民共和国成立后，太平寺被移作他用。2003年3月，在翠微公园南侧旧址鹿城路812号重建太平寺。新寺于2006年12月落成，依歇山顶宋式中轴，建山门、钟鼓楼、天王殿、大雄宝殿、藏经楼、般若讲堂、五观堂、六和楼、住法楼、吉祥处、素食馆、配殿、僧舍等，构造精美，气势恢宏。全寺占地面积2.3万平方米，建筑面积8600平方米。

江心双塔

东塔位于孤屿东峰山，始建于唐咸通十年（869），一说建于北宋开宝二年（969），曾毁于兵火，南宋绍兴十年（1141年）重建。清乾隆多次重修。塔高28米，底径8米余，6面7层，青砖围砌。过去外围层有平座、栏杆和出檐，内有扶梯直上塔顶，可俯瞰瓯江和鹿城全貌。清光绪二十年（1894年）始在东塔山下建造英国驻温领事馆，次年落成。后因故拆除东塔内外的飞檐走廊，留下这座中空无顶的塔身。塔顶自然生长一株榕树，根垂塔中，全年常绿，可为奇观。

、西塔位于江心屿西山峰，始建于北宋开宝二年（969），一说建于唐咸通十年（869），明、清曾多次修缮。塔高32米，底径7米，6边形，7层，中空，系楼阁式青砖仿木构建筑。四十二个檐角悬挂铜风铃。塔每层每面均有小佛龛，内置石雕佛像，造型精致，塔周围置青石坐凳。因塔身倾斜，曾于1982年进行大修葺。今塔仍保持宋代风格。1981年东西双塔列为温州市第一批文物保护单位。

1997年，江心屿双塔入选世界历史文物灯塔百强，国际航标协会正式宣布其为世界航标遗产。2002年5月18日，《江心屿双塔》作为《世界历史文物灯塔》特种邮票中的第二枚，由国家邮政局公开发行。2011年列为省文物保护单位。

妙果寺

位于松台山南麓三角门外，创于唐，盛于宋，是一座历史悠久并有一定影响的古代名刹。“妙果”，语出梵典，启发人生，含“殊妙胜景”之意。寺正殿殿宇庄严，香火鼎盛，供如来佛祖。联曰；“护法尊严，怒目看贪嗔痴爱；入门无礼，诚心发阿摩多罗。”二进殿置济陀古钟，俗称“猪头钟”。传有温州民歌“叮叮当，叮叮当，三角门外孤老堂：松台山上仙人井，妙果寺里猪头钟”（押温州方言韵）。山门外原建千佛塔，因年久失修，塔身倾斜，于1952年拓建公路时拆除。

谢公亭

在西塔山下东南滨江处。南朝诗人谢灵运任永嘉郡守期间，政暇频游江心屿，常在此观景。唐朝时为纪念谢灵运而建“谢公亭”。明宣德年间释昙旭募款重修。亭高丈余，六角飞檐，亭内施丹粉、绘兰蕙。该亭在公元9世纪时闻名海内。唐、宋、元屡有兴废，明、清间又多次重建。今亭为1952年重建，1977年重修后装饰一新，六角攒尖顶，黄色琉璃瓦，朱红圆柱。1981年被列为温州市第一批文物保护单位。

澄鲜阁

位于江心屿西塔山南麓，初名“水陆阁”，又称“江上楼”，是一座两层三间木结构阁楼。北宋崇宁元年（1102）始建，明正统年间（1436—1449）寺僧日庵重建，明万历十九年（1591）邑人王叔杲捐资重修时，据谢灵运（385—433）《登江中孤屿》著名诗篇中“云日相辉映，空水共澄鲜”句，易名“澄鲜阁”。后因年久失修，破烂不堪，温州解放后，又全面修饰。登阁眺望，群山似屏，瓯江如练，烟霞聚散，樯帆出没。邢昉《登江心澄鲜阁》诗中有述：“潮争西日去，江逐断山流。莽莽碧玉合，娟娟绿筱幽。”

江心寺

江心寺始建于宋绍兴七年（1137）。时宋高宗赵构书诏蜀僧青了（字真歇）禅师由普陀来孤屿说法传经主持普寂、净信二院。时孤屿分东西两岛，东有普寂禅院，西有净信讲院，往来不便，青了乃率众填塞两岛间江流，于其上建筑寺院，名中川寺，后宋高宗赵构敕赐称江心寺。宋宁宗时品选天下禅宗丛林，将其列为十刹之一。明洪武、正统、万历年间，曾多次修葺。现江心寺系清乾隆五十四年（1789）所重建，建筑面积3100平方米，占地面积5100平方米，是江心屿最大的建筑群。寺院主要有前、中、后三殿及方丈室。前为天王殿（又称金刚殿，亦称山门），上悬挂匾额“开元气象”，系宋朱熹（字晦翁）所书。寺院大门边有宋王十朋撰的叠字联：“云朝朝朝朝朝朝朝散，潮长长长长长长长长消”。当中是“圆通殿”，俗称大殿，供奉观世音菩萨坐像。殿内楹联匾额，琳琅满目。大匾“圆通殿”，原为清乾隆皇帝亲赐御笔，已失存，现匾“圆通殿”三字是全国佛教协会会长赵朴初书。大殿东首的青石碑上镌刻的“清辉”二字，系宋高宗赵构御书，过去还有宋高宗赵构御笔“浴光”的青石碑，惜已失存。清同治年间，永嘉举人陈寿宸（字子万）撰有对联“四面烟波，几疑蓬岛移来，金山飞到；一龛香火，剩有蜀僧胜迹，宋跸遗踪。”该寺于1981年被列为温州市第一批文物保护单位，1983年被列为全国142个重点开放寺院之一。2011年列为省文物保护单位。

宋文信国公祠

也称“文天祥祠”。1275年，南宋朝廷已趋崩溃。当年担任丞相的文天祥从元营死里逃生，泛海南渡来到温州，留宿江心寺，并在温州招募义兵，抗元复国。他在江心月余，题《北归宿中川寺》诗于壁：“万里风霜鬓已衰，飘零回首壮心悲。罗浮山下雪来未，扬子江心月照谁?只为虎头非贵相，不图瓶乳有归期。乘潮一到中川寺，暗渡中兴第二碑。”明宪宗成化十八年（1482），为纪念文天祥而建此祠。祠内原有文天祥石质雕像和名人题诗碑刻，后被毁坏，仅存清人秦瀛《宋文信国公造像题记》碑。1981年整修，回廊镶嵌《正气歌》及20块后人凭吊诗词碑刻，为黄山谷、赵孟頫、张宗祥、商承祚、张伯驹、夏承焘等名家字迹。并有联云：孤屿自中川，逝水难消亡国恨；崇词足千古，英风犹挟怒涛鸣。1963年列为省文物保护单位。

东瓯王庙

在华盖山西麓。原名东岳庙，为纪念西汉初东瓯王驺摇而建，明成化十三年（1477）改为东瓯王庙。驺摇是越王勾践七世后裔，以参与反秦佐汉灭楚有功，于公元前192年被封予东海王，在东瓯即今鹿城建都，世称东瓯王。后存砖石结构门台。门台平面呈八字形，悬山造顶，三间式，通面阔9.8米。青石台基高0.4米，中间设垂带踏跺。明间门额中嵌楷体直书“东瓯王庙”青石匾，左右次间作成照壁式。

1985年，曾对照壁式进行维修。2013年重建，并作为“东瓯国历史陈列馆”。该庙占地2000余平方米，主殿为一层构造，配殿两层。庙内保留有老门台、照壁、放生池等。大殿正上方是东瓯王像，主殿、副殿均保留原有的部分台基，采用木头架构。除瓦椽采用杉木外，主、副殿其余木材均是产自非洲的菠萝格木。梁柱结合处完全是用古建筑的“榫卯结构”，没有用一根铁钉。屋顶则采用琉璃瓦。

浩然楼

位于江心屿文天祥祠东首，临江面城，建于明万历八年（1580）。楼原址在文天祥祠前，清乾隆三十八年（1773）重建移今址。据清光绪《永嘉县志》记载，取意文天祥《正气歌》中的“于人曰浩然，沛乎塞苍冥”而命名。一说从语本《孟子·公孙丑上》“我善养吾浩然之气”句而命名；一说因唐朝山水诗人孟浩然曾游江心屿，是为纪念他而建。清乾隆五十九年（1794）温处分巡道秦瀛以先贤之名不宜命楼，改“浩然楼”为“孟楼”。清光绪元年（1875）重修，复名“浩然楼”。楼系三间重檐歇山顶木构建筑，造型雅致。大堂宽敞舒适，栏杆围置，是静听潮韵、饮酒吟诗的绝妙地方。楼上中间悬有“江城为画”匾额，及清乾隆学使李芝令撰的名联一副：“青山横郭，白水绕城，孤屿大江双塔院；初日芙蓉，晓风扬柳，一楼千古两诗人。”清代诗人梁章钜《赋浩然楼》诗中说：“凭栏泼眼尽秋光，城树烟村俯莽苍。历览敢希谢康乐，标题漫借孟襄阳。江山如此清晖在，人物当年逝水忙。谁识浩然留正气，西偏丞相有祠堂。”中华人民共和国建立后，浩然楼一直作为餐馆使用。2003年6月，市文物部门投入近百万元按原貌进行维修，对由于历史原因被拆除的青砖地面及坐栏等给予恢复，同时拆除与浩然楼不相适应的添建建筑，并对内院进行绿化整治。2011年被列为省文物保护单位。

张璁碑亭

张璁（1475—1539），今龙湾人，字秉用，号罗峰，后更号罗山，47岁进士，曾任明南京刑部主事、翰林学士，兵部侍郎、礼部尚书兼文渊阁大学士；吏部尚书兼谨身殿大学士至柱国少师兼太子太师吏部尚书华盖殿大学士。为官“刚明果敢，不避嫌怨”“持身特廉、痛恶赃吏，一时苞苴路绝”，还敢于“清勋戚庄田，罢天下镇守内臣。”碑亭位于三角门外妙果寺西侧。原址在大士门张氏一品家庙中，系木构建筑，始建于明，上世纪50年代移此。面宽三间，西面回廊，重檐硬山屋顶。亭内存有三方高大的汉白玉石敕制碑。中为御制诗碑，上镌嘉靖七年（1528）朱世宗和张璁诗各二首，东、西为御书张璁名字碑。

来雪亭

位于孤屿东北角，遥对永嘉罗浮山。隔湖与“情人岛”相望，古人喜在此作画赋诗，特别是在冬天，来观雪景更属幸事，远眺罗浮，画面尤佳，此乃“江心屿十景”中第一佳景。清代诗人张澜题景诗曰，“却疑重粉绘层峦，昨夜罗浮雪未干。……遥认梅花踩冷处，山家茅屋自团栾。”今亭系1964年重建。当年郭沫若游览到此，引文天祥《北归宿中川寺》中“罗浮山下雪来未，扬子江心月照谁”之诗意而命名，并亲笔题写“来雪亭”匾额，撰写“飞雪迎春到，心潮逐浪高”，以纪念文天祥。

池上楼

系纪念南朝诗人谢灵运而建。谢灵运（385—433），永嘉太守，才思俊逸，开中国山水诗先河。池上楼原建市区东公廨清末温州中学旧址，后毁。后人在积谷山下凿池（谢池），临池建楼（池上楼）以作纪念。清道光十年（1830年）前后，湖南粮道张瑞溥辞官回归故里，在此购地，增筑“春草轩”“怀谢亭”“鹤舫”等，取名“如园”。清梁章钜有楹联：“楼阁俯城隅，一角永嘉好山水；风流思太守，千秋康乐旧池塘。”1981年被列为温州市第一批文物保护单位。由于池上楼年久失修，破损严重，市政府于2000年出资1000多万元重修，次年10月对外开放。新修缮的池上楼，楼轩飞檐翘角，错落有致，院内假石花草，布置的精巧美观，引人入胜。

英国驻温州领事旧馆

位于东塔山西南麓。清光绪二年（1876）《中英烟台条约》规定“增辟浙江温州等四处通商口岸，作为领事馆驻扎处所”。1877年4月开埠，英国首任领事阿尔巴斯特来温后，以江心屿浩然楼作临时馆舍。1894年始，在此东首建造领事馆，次年落成，先后兼管德国、西班牙、奥匈帝国、瑞典等在温州的侨民及通商事务。1896年，续在新馆东首建一座三间两层楼房作为警卫人员住所，俗称“巡捕房”。该馆舍为一座五间三层楼房，建筑面积409平方米，砖木结构，清水墙面，涂红瓦楞白铁四坡带歇山屋顶，为外廊连续性拱券带柱垛西式楼房。既有欧洲建筑遗风，又有文艺复兴时期民间建筑艺术的韵味，是研究近代中西建筑文化的实例。

楼前竖立二方青石碑，其碑文对英国驻温州领事馆旧址作详细说明。该馆旧址保存良好，1997年被列为省文物保护单位。

温州天主教总堂

周宅祠巷40号，清光绪二年（1876），温州天主教会购买周宅祠巷大屋作为定点经堂，1884年10月4日于“甲申教案”中被焚毁，光绪十四年（1888）重建。该堂包括大堂、圣心堂、主教楼、圣像间、神父楼及办公用房等，总建筑面积4731平方米。大堂系哥特式建筑，通面阔17.5米，通进深36.5米，高35.5米。坐北朝南，正面三门出入，堂内用大方石板铺地，弧形拱，梅花柱，粉壁长窗，伞状顶层。大堂上有四方体、六角攒尖顶钟楼一座。圣心堂十字平面布局具有罗马风格。主教楼、神父楼的柱式和雕饰富有欧式建筑韵味。神父楼为法式两层楼房，前有花坛、鱼池，环境清幽。2011年被列为省文物保护单位。

城西基督教堂

城西街73号，清光绪二十四年（1898）重建。坐西朝东，占地面积1578平方米。包括前后大堂（礼拜堂）、小堂（福音堂）及中式用房12间。堂内现存石碑2通：刻于1898年的《重建圣殿记》和1938年的《温州循道公会六十周年纪念碑》。大堂具哥特式建筑风格，肃穆宏丽。建造及装饰十分考究，富有宗教色彩。为温州历史最久、规模最大的基督教堂。1997年被列为省文物保护单位。

中共温州独立支部遗址

在信河街侯衙巷。1924年中共中央派谢文锦、胡公冕来温，传播马克思主义学说及俄国十月革命的伟大成就，发展郑侧尘、胡识因、陈仲雷、苏渊雷等为党员，同年十二月在侯衙巷新民小学（今市纺批仓库）成立中共温州独立支部，胡识因为支部书记，此后许多重要会议都在这里召开。1927年大革命失败，组织遭到破坏，主要成员被杀或被捕，革命斗争从城市转向农村。遗址现为市级文物保护单位。

中山纪念堂

在中山公园内。1927年，北伐胜利后，温州各界为纪念孙中山先生，在华盖山南面建中山公园。1936年，在公园内构筑中山纪念堂。原建筑为砖木结构，采用中西结合形式。平面成凸字形。台基白色规整块石迭砌，凸出部分即前厅，呈亭阁式，面宽三间，重檐飞椽，小八角歇山顶，梁枋、悬柱及挂落等雕饰精致，阁楼外围设平座、栏杆，正中为题额“中山纪念堂”五字，后部为西式楼房，面阔七间。因年久失修1987年按原样重建。

程让平祖居

位于鹿城区山福镇平山村，为程让平的曾祖父程增莲（1847—1909）生前所建。程让平祖籍温州，其父程志平为加蓬国第一代华侨。他曾任加蓬国财政部长、计划部长、外交部长以及石油输出国组织主席、非洲统一组织主席和77国集团副主席、第59届联合国大会主席，非洲加蓬国外交与合作部国务部长。1987年2月以来，曾多次回鹿城寻根探祖。2011年被列为省文物保护单位。

朱自清旧居

位于朔门四营堂巷34号，称“王宅”，建于晚清。朱自清（1898—1948），现代著名散文家、诗人和爱国学者，于1923年至1924年期间，任教省立第十中学（现温州中学），居住于此。2002年，四营堂巷一带改造拆迁。旧居往东北方向挪了200米，落户四营堂巷22号，于2006年11月修缮完毕。修缮后的旧居建筑面积达600平方米，呈五间三进合院式木构建筑。房屋整体结构和风貌全部按旧居修复，保留了晚清和民国时的风格，极具江南特色。系市文物保护单位。

夏承焘旧居

位于登选坊40号，是一座晚清院落，大院前后两进29米深，夏承焘当年居住的是前进的西首正间、边间和厢房。西首厢房里，有书柜；另一间木板门上贴着“萼绿神仙牡丹富贵，金屏吉庆玉镜团圆”对联。夏承焘（1900—1986），字瞿禅，历任浙江大学、杭州大学中文系教授，被誉为“一代词宗”。

夏鼐故居

位于仓桥街102号。夏鼐（1910—1985），著名考古学家，原中国考古研究所所长。1910年至1927年曾居住在这里。故居的主体建筑坐北朝南，由四处院落组成，正中院落为门屋、厢房、正屋。门屋面阔五间，为带西方风格的砖木建筑，砖砌抹灰立面，后带拱券外廊。门屋北为天井，天井东西各为三间二层砖木混合结构厢房，天井北为正屋，五间二层歇山顶建筑，前后带廊，廊柱均为砖砌抹灰方柱。正屋为夏鼐小时起居的地方，西南小院正屋二层为夏鼐小时读书的书房。2011年被列为省文物保护单位。

谷超豪故居

位于高盈里11号，2006年整体搬迁至飞霞南路白鹿洲公园内。迁移时，最大程度地利用原来拆迁时的材料结构，以修复原样。故居门对南塘桥，宅内用花墙分隔成八个大小不一的天井。现故居修建成了温州数学名人馆。谷超豪（1926—2013），著名数学家，中国科学院院士，历任复旦大学副校长、中国科技大学校长。

新四军兵站驻温采购办事处旧址

位于县前头。1937年，日寇入侵，沿海城市相继沦陷，仅上海与温州尚有客轮通航，新四军在温设采购办事处。时上海中共地下党以红十字会输送难民去内地垦荒自救为名，并为中共地下党员、进步青年及爱国人士补缺军用物资。该址设于1938年，七间三层楼房，基本保持原貌。

郑振铎纪念馆

郑振铎（1898—1958），杰出的社会活动家和考古学家，著名学者。他祖籍福建长乐，生长于温州鹿城。纪念馆设在沧河巷24—28号的金宅。金宅建成于1935年，1938年间据说是新四军秘密联络点与永嘉临时县委活动点，2011年被列入温州市第二批文物保护单位。金宅正立面为巴洛克式风格，青石台基，大门呈八字形内凹，青石门框，上有半圆形拱券大门罩。正屋五间两层，都是砖木结构楼房。一、二层均带前廊，檐柱做成西式科林斯柱式，二楼用预制砼栏杆，样式为镂空几何、花草纹饰。

温州革命烈士纪念馆

位于江心屿东塔山麓。纪念馆地基原为普寂禅院，又名东塔寺院。该寺温州解放前，已破坏无遗。1956年，为纪念浙南地区在各个革命时期牺牲的烈士，在原普寂禅院废址上建“温州区革命烈士纪念馆”，占地1873平方米，7月1日正式开放。1989年扩建为“二碑一馆”，占地2700平方米，是中华人民共和国民政部、浙江省爱国主义教育基地。建筑采用民族形式，拱门飞檐，朱垣碧瓦，分陵园大门、纪念碑、纪念馆三个层次。场地两侧开辟两条小径，建有“怀远”“仰止”两亭。松柏交翠的林园通道中，竖立着巍峨纪念碑。碑为双连碑，碑高15米，两碑放在同一碑座上，碑面书有“为国牺牲永垂不朽”，东西两侧分别是反映红十三军《风起云涌》和挺进师《胜利转移》革命英雄形象的浮雕，一代名将粟裕和红十三军军长胡公冕的部分骨灰安放在浮雕下的泥土中；碑后照壁，左边为张爱萍题“中国工农红军挺进师纪念碑”，右边为舒同题“中国工农红军第十三军纪念碑”。新扩建的烈士纪念馆为二层歇山顶仿古建筑，大门上方是沙孟海题写的“温州革命烈士纪念馆”匾额。烈士馆内展出160余名烈士革命事迹和部分遗物。庭院内用绿篱、花丛、松柏组成通道，两侧修竹、蜡梅、红枫，东边8棵银杏大树，四周青松翠柏，绿草如茵，环境清幽，厅堂庄严，气氛肃穆。

马孟容、马公愚艺术馆

位于信河街飞鹏巷98号。2013年12月开馆。该馆馆址原为省级文保单位陈宅，整个院落占地面积约900平方米，院内建有主楼和北侧辅楼各一幢，西侧有一单层建筑。主楼坐北朝南，为三间带东、南两廊的二层楼房，建筑面积约450平方米。馆内分十多个展示厅，展示马氏家族千余件藏品，包括书画、印章、画稿、手稿、信札、书籍、照片等，还有一组马孟容、马公愚昆仲与朱自清在一起的蜡像。艺术馆还通过电视专题片、多媒体触摸屏等全方位介绍马氏家族的艺术成就，以及为传承中华传统文化所作出的贡献。

【历代名人】 鹿城自古以来文风鼎盛，人才辈出，如南朝宋中国山水诗鼻祖谢灵运，南宋永嘉学派代表人物叶适，当代“一代词宗”夏承焘等，相传书圣王羲之也曾在此留下“墨池”等遗迹。

驺　摇（？—前192）

越王勾践后裔，战国时期“世王东瓯”。秦朝末年，率领瓯人加入抗秦队伍，共同推翻秦朝。后又助汉高祖刘邦打败项羽，因功于汉高祖六年（前201）封为海阳齐信侯。汉惠帝三年（前192年）晋封东海王，建都东瓯，世称东瓯王。其地域相当于现在的温州、丽水、台州三地。历来被奉为东瓯人文始祖。明代在华盖山下建东瓯王庙，每逢农历三月初八，拥其塑像巡游街市，驱灾祈福。今温州鹿城区瓯浦垟有东瓯王墓，被列为市级文物保护单位。

郭　璞（276—324）

晋代学者。字景纯，山西闻喜人。晋明帝太宁元年（323），温州筹建郡城。郭璞经过乐清郭路村，来到温州卜城。他建议跨山筑城，城内凿井二十八口象征二十八星宿，疏通五条河流以配五行，于是温州城“山分九斗，水城阡陌”的建筑格局从此形成，并影响至今。

谢灵运（385—433）

中国山水诗鼻祖。祖籍陈郡阳夏（今河南太康），出生于会稽始宁（今浙江上虞）。东晋名将谢玄之孙，承袭康乐公爵位，世称谢康乐。永初三年（422），任永嘉太守。现留存他在温州写的山水诗20余首，名章佳句，千余年来脍炙人口，使温州成为山水诗的摇篮。

释玄觉（665—713）

唐代高僧。字明道，俗姓戴。世称宿觉大师。童年出家，精研佛学。在曹溪（今广州韶关南华寺）谒见禅宗六祖慧能时，受到六祖印可。永嘉禅学从此名传天下。著作以《证道歌》最为著名，流传海内外。

王开祖（约1035—1068）

宋代学者。字景山，学者称儒志先生。宋皇祐五年（1053）进士，任秘书省校书郎，处州主簿。后退居郡城东山书院，讲学授徒。重视教育与对历史的研究借鉴作用，倡导修己治人，发明经义。被推为“永嘉学术开山祖”。著有《儒志篇》。

周行己（1067—约1124）

宋代学者。字恭叔。与许景衡、刘安节等并称“元丰太学九先生”。元祐六年（1091）进士，官至秘书省正字。在谢池坊建浮沚书院，讲学授徒，使洛学在温州盛行，奠定永嘉学派基础。北宋时货币思想集大成者，最早对纸币发行准备金问题进行理论探讨。著有《浮沚集》。

叶　适（1150—1223）

南宋著名思想家、文学家、政论家。字正则，号水心居士，温州鹿城人。倡导“务实而不务虚”，批评“高谈者远述性命，而以功业为可略”，主张“黜虚从实”，修实政、行实德、实事实功，是永嘉学派之集大成者。

王振鹏（约1278—1348）

元朝画家，字朋韵，号孤云居一，永嘉（今鹿城区）人。因囿艺出众，受元仁宗奖，官至漕运千户，长期在宫廷作画，有机会接触御藏历代名画，以界画见入，兼工人物，曾奉诏作十妃岫，又画《大明宫图》以献，称神品。传世作品还有《金明池龙秀图》等。

黄　淮（1367—1449）

字宗豫，号介庵，永嘉（今鹿城区）人。洪武三十年（1397）二甲五名进士，历官中书舍人、通政使兼武英殿大学士，终户部尚书。谥文简。著有《省愆集》等。

项维仁（1758—1827）

初名烋，字寿春，号勉轩，晚号果园，永嘉（今鹿城区）。善画，工诗，人称清代永嘉第一。著有《果园诗钞》等。

余朝坤（1855—1917）

字摺敷，号筱璇、绶伯。原籍乐清，后徙居永嘉城区（今鹿城区）。光绪九年（1883）中进士，曾为翰林院庶吉士、国史馆纂修、编书处协修、会典馆纂修等职。光绪二十八年（1902）七月，任温州府学堂首任总理。二十九年（1903）初，温州商界筹设商会，被推为首任总理。后被选为永嘉自治议长。民国3年（1914），创办温州甲种商业学校。遗作仅存《地方利弊论》及《感事诗》12首。

弘一大师（1880—1942）

俗姓李，幼名文涛，又名广侯，号叔同等。被祖籍浙江平湖，出生于天津。著名音乐家、美术教育家、书法家、戏剧活动家，是中国话剧的开拓者之一。光绪三十一年（1905），留学日本。归国后，担任过教师、编辑之职。1913年，受聘为浙江两级师范学校（后改为浙江省立第一师范学校）音乐、图画教师。1915年起，兼任南京高等师范学校音乐、图画教师。1918年，入虎跑定慧寺，正式出家。法名演音，号弘一，人称弘一法师。1921年3月，自杭州赴温州，居鹿城庆福寺。后迁入大罗山（仙岩伏虎庵）“诛茅宴坐”。亦在江心寺闭关。在温前后十二年，潜修律宗。1932年，襄助重建“庆福寺”，并为寺匾额题写寺名。是年秋，离温赴福建等地。1942年9月，圆寂于福建泉州开元寺。著有《四分律比丘戒相表记》《佛说无常经》等佛教著作。

夏承焘（1900—1986）

温州鹿城人。字瞿禅，晚年改字瞿髯，别号谢邻、梦栩生。著名词学家，毕生致力于词学研究和教学，是现代词学的开拓者和奠基人。国学界称其为一代词宗。

郑曼青（1902—1975）

温州鹿城人。书画家，名岳，自号曼髯，别号玉井山人。擅诗、书、画、医、拳，人称“五绝老人”，长期在大陆和台湾高等文化艺术院校任教职。书画作品多次在中国台湾、东南亚及美、法等国家和地区展出，有“东方水墨画大师”之称。

夏　鼐（1910—1985）

温州鹿城人。考古学家、社会活动家，中科院院士。曾先后获得英国学术院通讯院士、德意志考古研究所通讯院士、瑞典皇家文学历史考古科学院外籍院士、美国国家外籍院士、意大利远东研究所通讯院士、第三世界科学院院士等荣誉称号。被誉为新中国考古学奠基人。

谷超豪（1926—2012）

温州鹿城人。浙江大学数学系毕业。苏联莫斯科大学博士。中国科学院院士，复旦大学教授、数学研究所所长。曾任中国科学技术大学校长，三、六、七届全国人大代表，五届全国政协委员，八届全国政协常委。曾被评为全国先进工作者和教育系统劳动模范。专长数学，在微分几何、偏微分方程和数学物理三个领域都有重要研究成果。有学术论文110余篇，专著《经典规范场理论》《齐性空间微分几何学》《孤立子理论和应用》（合著）等。

责任编辑　朱凌云

经济社会发展

【概况】 2015年，鹿城区经济发展态势明显向好，28项主要经济指标回升，有15项进入全市中上游水平，GDP增速实现从远低于全国水平到超过全国水平的逆转，跃居“全国最具投资潜力百强区”第23位、“全国科学发展百强区”第43位。全区实现生产总值（GDP）807.79亿元，人均1084616元。

【有效投资增强】 固定资产投资任务超额完成，民间投资增速全市第一。时尚项目建设加速推进，闻宅巷步行街等一批项目正式运营，滨江广场一期、牛山国际等综合体结顶，置信广场、世贸大厦全面招商，省市级现代服务业集聚区占全市三分之一。城市有机更新成效明显，旧厂房改造面积全市第一，跻身全省文化产业十强县（市、区）。网络经济蓬勃发展，实现网络经济零售额130亿元。传统产业升级步伐加快，“个转企”完成率118.4%，“企转股”完成率145.5%，规上工业总产值增速全市第一。深入实施振兴实体经济系列举措，不良贷款余额和不良贷款率实现“双降”。创新大招商机制，促进温商回归、总部回迁、项目回投、人才回流，9个10亿元以上重大项目落地，实际到位内资、实际利用外资总量均居全市第一。

【项目建设强力推进】 完成甬台温、金丽温输气管道工程等10个市级重点项目“清零”，占全市一半。清理批而未供土地1500亩、供而未用土地1500亩。滨江商务区征地拆迁取得重大突破，杨府山涂村实现大宗集体土地征收，率先完成中央绿轴200米范围内政策处理，完成200米范围外301亩集体土地报征。扎实推进“三改一拆”“两路两侧”“四边三化”，城中村一类目标完成率482%、二类目标完成率123.8%；旧住宅区改造完成率204.2%。全省首批PPP水利试点项目绕城高速至卧旗山段海塘工程开工建设，动力头等4个沿河旧市场完成搬迁改造，城区截污纳管工程全部建成，垃圾河、黑臭河全面消除，印象南塘创成国家AAAA级旅游景区和全国首批“信得过景区”，“水岸同治”攻坚年度考核全市第一，“五水共治”取得显著成效。发挥“六城联创”主力军作用，协助创成全国文明城市、国家卫生城市、国家森林城市，国家园林城市、国家环保模范城市创建和国家历史文化名城申报通过技术评估。省级生态区创建通过验收，城市文明指数测评三区第一，“美丽街区”创成数全市第一。

【社会事业稳步提升】 深化金融综合改革，全国首个“三位一体”信用信息查询服务系统建成投用，民间财富管理中心挂牌成立，首家民营银行落户鹿城。创成全国义务教育基本均衡区，创成省级慢性病综合防控示范区，“医养结合”居家养老模式省市领先。全面消除家庭人均年收入4600元以下贫困现象。率先完成新一轮街镇区划调整，构建起基层治理大网格实体化运行模式，消防安全“双月”攻坚和省级安全事故防控综合治理体系建设通过验收，“幸福社区”创成数全市第一。深化法治鹿城建设，获全省创建法治县（市、区）工作先进单位。全区刑事发案数、两抢发案数、入室盗窃发案数分别下降13.3%、42.2%和15.5%，群众安全感满意测评跃居全市第一。

政治文明建设

2015年，全区有基层党委100个，地方党委派出工委14个，党总支54个，党支部1793个，截至年底，共有党员31783名。试行党员发展责任倒查制度，全面推行入党积极分子志愿服务积分制；全面落实村主职干部报酬；深化两新党员“一企一品、一域一群”示范项目创建；开展基层组织建设“百日攻坚”行动。开好区委常委会民主生活会，强化批评与自我批评，增进团结，促进工作。

【发挥党委领导核心作用】 坚持科学执政、民主执政、依法执政，切实加强各级党委（党组）自身建设。加强党对经济工作的领导，发挥党委统揽全局、协调各方的作用。巩固和发展最广泛的爱国统一战线，加强民主党派、工商联、无党派人士和新社会阶层、网络界人士统战工作，贯彻落实党的民族、宗教、对台、侨务和外事政策。加强群团组织、党管武装、老干部、老龄、关心下一代等工作，进一步凝聚赶超发展各方面智慧和力量。加强思想政治建设，把深入学习贯彻习近平总书记系列重要讲话精神作为党委（党组）理论学习中心组的首要任务，建立理论学习大宣讲格局，完善理论学习考评、学用结合和学用转化机制，切实增强党员干部担当意识，切实凝聚赶超发展正能量。

【党建工作责任制】 2015年，区直机关工委与区委组织部联合出台

《部门党组（党委）书记抓基层党建工作责任制基本要求》，落实党建工作清单制度；强化党建任务落实，推行书记抓党建的主体责任；制定《鹿城区直机关党员干部基本行为规范（试行）》，创新开展“党建引领审批服务提能效”活动，助推审批服务提速提效。

【专题教育成效显著】 区委组织开展“三严三实”专题教育，落实省委巡视组反馈意见，开展选人用人问题大排查大整治，133个省整改基数消化工作全面完成。制定出台加强基层组织和基层政权建设“30条”措施，落实1.2亿元村级组织建设四项保障经费，基层党组织和基层政权建设得到加强。

【工作成效显著】 率先完成新一轮街镇区划调整；率先全市开展文化礼堂“双十佳”评选，被评为革命文化礼堂建设积极县（市、区）；统战工作再次蝉联全市考核第一名；率先全市完成民主党派换届工作。平安大区建设实现“七连创”，“幸福社区”创成数全市第一；获全省创建法治县（市、区）工作先进单位。

【建立问责体系】 对85干部进行责任追责，其中16名科级干部和18名干部被“捆绑”追责。完成20个行政村巡查，解决138件突出问题。完成区纪委纪检监察派驻机构全覆盖改革。

精神文明建设

【概况】 2015年，鹿城区精神文明建设工作把握培育和践行社会主义核心价值观主线，提升全国文明城市创建成果，强化目标管理导向，抓好公民思想道德建设和群众性精神文明创建工作，开展“六城联创”攻坚行动。年内打赢了文明城市创建主体攻坚战，助力温州市获得全国文明城市称号发挥了主城区作用，鹿城区获突出贡献奖，区文明办获得温州市创建全国文明城市工作先进集体。

【全国文明城市创建】 2015年，鹿城区针对区创建全国文明城市存在的薄弱环节，统筹协调各部门、街镇，明确职责分工。9月，顺利通过浙江省城市文明程度指数测评。根据《关于印发经济社会发展重点工作“八大攻坚”行动实施方案的通知》（温委办发〔2015〕37号）以及鹿城区关于经济社会发展重点工作“八大攻坚”行动的要求，制定《鹿城区“六城联创”攻坚行动实施方案》，加快“六城联创”攻坚行动。年内获“全国文明城市、国家园林城市、国家森林城市、国家卫生城市”称号；“国家环保模范城市”通过环保部门技术评估；“国家历史文化名城”通过住建部和国家文物局实地考察评估。在加快“六城联创”攻坚的同时，推进民生特色项目建设。建立属地街道牵头、网格配合，公安、城管执法、交警等部门联动处置的长效管理机制，完善信息通报、工作例会、联合行动等制度，做好停车非法收费整治工作。深化美丽街区建设，通过自主申报、方案初审、实地调研、征求部门意见等环节，确定闻宅步行街、望江路、学院中路等3个街区为2015年度“美丽街区”创建街区。截至年底，全区创成8条美丽街区，创成量居全市第一。

【群众性基层文明创建】 鹿城区以建设“环境美、人文美、风尚美、秩序美、创业美”乡村为目标，改善农村人居环境，提升群众素质，年内创成省级文明镇1个、省级文明村7个、市级文明村20个、区级文明村54个。组织开展复评区级文明单位121家、文明服务示范点31家；创省级文明单位17家、市级文明单位61家、区级文明单位121家。设立“幸福社区”创建专项资金272.5万元，全年共投入幸福社区建设经费912.5万元，全区原80个社区创成星级“幸福社区”65个（创成率为81.25%），其中创成四星、五星级“幸福社区”共21个（占26.25%）。“幸福社区”创建工作列全市第一。

【公民思想道德建设】 2015年，区文明办着力公益宣传大格局的构建。在全市3870辆出租车的LED屏发布“讲文明树新风”公益广告；在全区83所中小学2000个教室张贴核心价值观24字。“媒社”联手打造为民服务品牌，联合温州广电传媒集团“温州之声”举办了8场大型“新闻惠万家、文明进社区”活动，推进核心价值体系宣传教育大众化。注重道德传承，年内评选出鹿城区第二届十佳道德模范。开展“社区好人”评选16期，累计评选出“社区好人”149人，推荐2人获得市级道德模范称号，1人获得省级道德模范称号。推荐17名优秀代表参与浙江好人评选，“红日亭”老人群体等分获“助人为乐”“爱岗敬业”和“见义勇为”类“浙江好人”，其中“见义勇为”代表唐朋刚被报送至“中国好人”榜参与评选。

【未成年人思想道德教育】 2015年，鹿城区依托160多家道德讲堂、69家文化礼堂、11所乡村学校少年宫和社区露天广场等活动阵地，组织观看“红色电影”，打造家门口的“红色影院”。原80个社区全部建立规范化的“春泥活动室”“春泥图书室”“春泥书画室”等活动阵地，组建专业化的“春泥计划”辅导员队伍，实现“春泥计划”活动阵地全覆盖。全年共开展“春泥计划”活动达1600余次，未成年人参加达80000多人次，七都街道留守儿童“快乐之家”成为全省“春泥计划”工作的先进典型之一。加强学校少年宫建设和运行管理，根据市文明委要求与街镇数（原8个街镇）1.2：1建设指标，超额完成11所乡村（城市）学校少年宫建设，重点推进学校少年宫课题研究工作，并在学校少年宫中全面推行学校“道德讲堂”建设，形成“一校一品牌，校校有特色”的争先创优格局。

（吴启翼）

责任编辑　戴爱华

机构及其负责人名录

中国共产党温州市鹿城区第八届委员会

书　记：王立彤（—2015.3）
　　　　陈　浩（2015.3—）
副书记：朱崇敏　洪文滨
常　委：王立彤（—2015.3）
　　　　陈　浩（2015.3—）
　　　　朱崇敏　洪文滨　徐　强
　　　　项伟胜（—2015.8）
　　　　伍　挺（—2015.7）
　　　　金国平
　　　　张本锋（2015.9—）
　　　　曾恩伟
　　　　陈志坚（—2015.4）
　　　　胡慧雷
　　　　张　敏（—2015.9）
　　　　邱向真（女，—2015.9）
　　　　黄专途（女，挂，—2015.4）
　　　　林世南（2015.7—）
　　　　李先进（2015.4—）
　　　　罗招政（2015.9—）

中共温州市鹿城区纪律检查委员会

书　记：曾恩伟
副书记：郑建西（—2015.9）
　　　　吴祝凡
常　委：方新云（—2015.11）
　　　　张　胜（—2015.4）
　　　　金　靖　吴宏志
　　　　潘云良（2015.9—）
办公室主任：姜善义（—2015.9）
　　　　陈乃鑫（2015.11—）
干部室主任：麻剑玲（女）
宣传教育室主任：江　增
党风政风监督室主任：
　　　　詹小红（女）
区纪委案审室主任：
　　　　杨　霁（2015.11—）
第一纪检监察室：潘云良
第二纪检监察室：
　　　　沈　斌（2015.7—）
第三纪检监察室：
　　　　谢　炬（2015.4—）
第四纪检监察室：张映雪（女）

区委办公室

主　任：夏理勇
副主任：卢更生（—2015.11）
　　　　黄浩宇（兼，—2015.9）
　　　　张　靖（—2015.9）
　　　　贾钧钬
　　　　吴恺娃（女，—2015.7）
　　　　傅小波（2015.9—）
　　　　李成献（—2015.12）
区纪委派驻第一纪检组
（驻区委组织部纪检组）副组长：
　　　　蔡丽云（2015.12—）

组织部

部　长：张　敏（—2015.9）
　　　　罗招政（2015.9—）
常务副部长：林建华
副部长：周　园（女，兼，—2015.6）
　　　　陈丽蓉（女，兼）
　　　　戴海波　吴晓贵（兼）
　　　　林巧荣（兼）　陈胜利
区纪委派驻第三纪检组
（驻区委组织部纪检组）副组长：
　　　　叶如金（女，2015.11—）
组织员管理办公室主任：
　　　　陈小珍（女，2015.11—）

区委非公有制经济组织和社会组织工作委员会

书　记：戴海波
副书记：马绍兴

宣传部

部　长：徐　强
常务副部长：金龙伟
副部长：吴　昊（—2015.9）
　　　　吴东来（兼，—2015.3）
　　　　王剑波（兼，—2015.4）
　　　　毛显华（2015.9—）
区纪委派驻第四纪检组
（驻区委宣传部纪检组）副组长：
　　　　刘起南（2015.12—）

统战部

部　长：胡慧雷
常务副部长：胡胜发
副部长：陈颖萍
　　　　（女，兼，—2015.6）

徐向阳（兼）
施文明（兼）
方新云（兼、2015.11—）
伍丽燕（女，—2015.12）
区纪委派驻第五纪检组
（驻区委统战部纪检组）组长：
伍丽燕（女，2015.12—）
副组长：林　敏（2015.12—）

政法委员会
书　记：洪文滨（兼）
副书记：项伟胜（兼，—2015.9）
金国平（兼）
张本锋（兼，2015.10—）
谢成龙
杜建设（—2015.6）
余国仁
滕　淼（—2015.6）
区纪委派驻第六纪检组
（驻区委政法委纪检组）组长：
蔡精国（2015.12—）

综合治理委员会办公室
主　任：滕　淼（—2015.6）
副主任：夏怀明

维稳办公室
主　任：杜建设（—2015.6）
南胜国（2015.6—）
副主任：张小庆（—2015.3）
厉　震（2015.12—）

政治处
主　任：蔡丽萍（女）

农　办
主　任：罗静方（—2015.3）
季新扬（2015.6—）
副主任：姜锦谷（—2015.7）
朱　克（2015.9—）
郭文明（—2015.11）
金松琴（—2015.11）

谷建勇、叶俊杰（—2015.9）
直属机关工作委员会
书　记：周　园（女，—2015.6）
陈建光（2015.6—）
副书记：章　国（—2015.9）
金松琴（2015.11—）
纪工委书记：
林　敏（—2015.12）
杨　文（2015.12—）

老干部局
局　长：陈丽蓉（女）
副局长：苏銮安

区委台湾工作办公室
（政府台湾事务办公室）
主　任：陈颖萍（女，—2015.6）
方新云（2015.11—）

党史研究室
主　任：张　靖（—2015.9）

保密局
局　长：陈　遗（女）

机要局
局　长：罗　起

区委督考办
主　任：吴恺娃（女，—2015.7）
傅小波（2015.9—）
副主任：林盈盈（女，—2015.11）
朱如明（2015.11—）

信访局
局　长：黄浩宇（—2015.9）
章　胤（2015.9—）
副局长：曾奇凡
董一凡（—2015.6）
叶玉峰（2015.12—）
何　快（2015.9—）
党组书记：黄浩宇（—2015.9）

章　胤（2015.9—）
纪检组长：蔡精国（—2015.12）

编　办
主　任：林巧荣
副主任：李大都
叶正茂（女，—2015.9）

精神文明建设指导委员会办公室
主　任：吴东来（—2015.3）
滕　淼（2015.6—）
副主任：虞林新（—2015.9）
凌建飞
厉　震（—2015.12）
陈伯聪（2015.12—）
李良俊（2015.9—）

档案局（档案馆）
局　长：马成钢（—2015.6）
张　靖（2015.9—）
副局长：王剑峰

关心下一代工作委员会（办公室）
常务副主任：石笑茹（女）
办公室主任：石笑茹（女）

鹿城区第八届人民代表大会常务委员会

主　任：吴海燕（女）
副主任：陈　洁（女）
肖石龙　林瑞荣
王长青（—2015.4）
项旭光　朱启龙
委　员：（略）
党组书记：吴海燕（女）

办公室
主　任：叶必庆
副主任：郑　坚（2015.11—）
潘小琴（女）

法制工作委员会
主　任：谢　伟

财经工作委员会
主　任：黄金鹏（—2015.6）
　　　　姜锦谷（2015.7—）

教科文卫工作委员会
主　任：林秀春

民宗侨外工作委员会
主　任：陈金敏

城乡建设环境保护工作委员会
主　任：陈康亮
副主任：李利法（—2015.6）

农村和资源保护工作委员会
主　任：柳晓忠

代表工作委员会
主　任：葛成福（—2015.3）
　　　　李利法（2015.6—）

预算工作委员会
主　任：林宣富

鹿城区人民政府

区　长：朱崇敏
常务副区长：项伟胜（—2015.8）
　　　　　　张本铎（2015.9—）
副区长：项伟胜（—2015.8）
　　　　张本铎（2015.9—）
　　　　伍　挺（—2015.7）
　　　　黄专途（女，挂，—2015.4）
　　　　林世南　章月影（女）
　　　　杨德听
　　　　黄定恩（2015.9—）
　　　　胡明亮　邓小林（挂）
　　　　申树军（挂，2015.7—）
党组书记：朱崇敏
副书记：项伟胜（—2015.8）
　　　　张本铎（2015.9—）

政协第八届鹿城区委员会

主　席：郑锦春
副主席：陈国琴（女）　庄建中
　　　　胡小萍（女）　王丽丽（女）
　　　　胡海峰　邵豪哲（兼）
常务委员：（略）
秘书长：陈世尧
党组书记：郑锦春

办公室
主　任：朱谧娜（女）
副主任：李亦君（女，—2015.6）
　　　　范小微（女，2015.9—）

学习文史委员会
主　任：朱国榜

提案委员会
主　任：李祥水

文教卫体委员会
主　任：陈晓丰（女）

社会法制委员会
主　任：陈淑萍（女，—2015.6）
　　　　陈国光（2015.6—）

港澳台侨委员会
主　任：徐国明

经济科技委员会
主　任：张俊杰

人口资源环境委
主　任：褚　坚

鹿城区人民法院

院　长：周　丰
副院长：戴　巧
　　　　孙　宏（—2015.6）
　　　　金献华
　　　　刘　俊（2015.7—）
　　　　方旭东
党组书记：周　丰
党组副书记：戴　巧
纪检组组长：刘　俊（—2015.7）
　　　　　　任　峰（2015.7—）
政治处主任：蔡谢群（女）
执行局局长：赵雄伟（—2015.7）
　　　　　　吴将斌（2015.7—）

鹿城区人民检察院

检察长：张纯亮
副检察长：林景龙　吴金飞（女）
　　　　　连昕鸣　林　芹（女）
党组书记：张纯亮
党组副书记：林景龙
纪检组长：陈朝晖
政治处主任：程坚毅
反贪污贿赂局局长：谷旭东
反渎职侵权局局长：周红雨（女）

区人民政府工作部门、机构

办公室（法制办、人防办、外事办）
主　任：苏爱光（—2015.11）
副主任：赵小松　金长康
　　　　郭文明（2015.11—）
　　　　叶光华（—2015.11）
　　　　项巨澜（女，—2015.12）
　　　　陈幼彦（—2015.7）

吴旭东　陈　立
陈　滨（2015.12—）
章富华（兼）
党组书记：苏爱光（—2015.11）
吴祝凡（2015.11—）
纪检组组长：陈幼彦（—2015.7）

区纪委派驻第二纪检组
（驻区政府办公室纪检组）组长：
项巨澜（女，2015.12—）
副组长：伊晓岳（2015.12—）

法制办公室
副主任：胡　栩（女，—2015.9）
何栩栩（女，2015.9—）

人民防空办公室（民防局）
主　任：赵小松
副主任：樊忠良（—2015.11）

外事办
主　任：林　毅（—2015.4）

应急办
主　任：王　俊（—2015.3）
樊忠良（2015.11—）

发展和改革局（物价局）
局　长：滕美华（女）
副局长：肖忠格（2015.9—）
王　毅
王小恩（—2015.6）
吴金林　王　烨
叶正茂（女，2015.9—）
党组书记：滕美华（女）
党组副书记：肖忠格（2015.9—）
纪检组组长：林　克（—2015.12）
区纪委派驻第七纪检组
（驻区发改局纪检组）组长：
林　克（2015.12—）

经济与信息化局
局　长：王庆顺
副局长：陈晓梅（女）
王镇彪　林一俭
党组书记：王庆顺
纪检组长：马建峰

教育局
局　长：全一凡
副局长：成小华（2015.12—）
白劲松
周文林（—2015.12）
林如辉
党委书记：全一凡
党委副书记：成小华
纪委书记：成小华（—2015.12）
区纪委派驻区教育局纪检组组长：
周文林（2015.12—）

教育督导室
主　任：伍　挺（—2015.9）
常务副主任：全一凡
副主任：林如辉（—2015.9）
吴　昊（2015.9—）

科学技术局
局　长：黄凌萍
副局长：陈丹舟　徐无为
党组书记：黄凌萍
党组副书记：陈丹舟
纪检组组长：刘起南（—2015.12）

民族宗教事务局
局　长：施文明
副局长：何志权（—2015.12）
谢忠祥
谷建龙（2015.12—）
党组书记：施文明

监察局
局　长：郑建西（—2015.9）
副局长：方新云（—2015.11）
张　胜（—2015.4）
金　靖（2015.9—）
张　忠

民政局（移民办、老龄委办、社工办）
局　长：陈黎华
副局长：陈　敏　黄坚靖
施苏程（2015.12—）
党组书记：陈黎华
党组副书记：陈　敏
纪检组长：伊晓岳（—2015.12）

移民办
副主任：施苏程（2015.12—）

老龄委办
主　任：陈荣光

社工办
副主任：黄坚靖

公安分局
局　长：金国平
政　委：刘国珍
常务副局长：周晓之
副局长：王　强　夏晓峰
张　皓　徐怡骅
徐向东　曾仁海（挂）
党委书记：金国平
副书记：刘国珍　周晓之
纪委书记：欧永元
政治处主任：陈建龙

司法局
局　长：张维忠
副局长：严良明　叶志升
党组书记：张维忠
纪检组组长：陈朔霄（女）
政治处主任：孙　彤

财政局
局　长：胡向阳

副局长：陈幼彦（2015.7—）
渠 奕（—2015.9）
陈 辉
孙丽娟（女，—2015.9）
总会计师：徐 丹（女）
党组书记：胡向阳
纪检组组长：
孙丽娟（女，—2015.9）
何 军（2015.11—2015.12）

区纪委派驻第八纪检组

（驻区财政局纪检组）组长：
何 军（2015.12—）

人力资源和社保局

局 长：吴晓贵
副局长：毛显华（—2015.9）
邹海鹏（2015.9—）
陈 煦（女） 刘玉和
党组书记：吴晓贵
党组副书记：毛显华（—2015.9）
邹海鹏（2015.9—）
纪检组组长：朱 若

住房和城乡建设局

局 长：周伟斌
副局长：吴柏松（—2015.9）
徐建斌 周海龙
全国栋 张品珠（女）
党委书记：周伟斌
党委副书记：吴柏松（—2015.9）
徐建斌（2015.11—）
纪委书记：祝海潮（—2015.12）
区纪委派驻第九纪检组（驻区住房和城乡建设局纪检组）组长：
祝海潮（2015.12—）
总工程师：赵宾武（2015.11—）

城市管理与行政执法局（环卫处、市政公用管理处、园林绿化管理处）

局 长：姜益祥（—2015.9）
张海云（2015.9—）
副局长：郑向远（—2015.11）
叶光华（2015.11—）
谢剑光（2015.6—）
俞照华（—2015.6）
戴雄飞 徐怡骅
董一凡（2015.6—）
党组书记：姜益祥（—2015.9）
张海云（2015.9—）
党组副书记：郑向远（—2015.11）
叶光华（2015.11—）
纪检组组长：黄金武（—2015.12）
区纪委派驻第十纪检组（驻区住房和城乡建设局纪检组）组长：
黄金武（2015.12—）

环卫处

主 任：袁 松
副主任：陈传烨

市政公用管理处

主 任：谷文彤

园林绿化管理处

主 任：李鲁琥

交通运输局

局 长：王 炯（—2015.3）
朱建光（2015.03—2015.11）
卢更生（2015.11—）
副局长：曹小川 胡玉飞
陈高珊（女）
党组书记：王 炯（—2015.3）
朱建光（2015.3—2015.11）
卢更生（2015.11—）
纪检组组长：林 剑
总工程师：范大军

农林水利局

局 长：罗静方（—2015.3）
季新扬（2015.6—）
副局长：姜锦谷（—2015.7）
朱 克（2015.9—）
郭文明（—2015.11）
金松琴（—2015.11）
谷建勇 方学优（女）
叶俊杰（—2015.9）
党组书记：罗静方（—2015.3）
季新扬（2015.6—）
副书记：姜锦谷（—2015.7）
朱 克（2015.9—）
纪检组组长：叶俊杰（—2015.9）
总工程师：郭文明（—2015.11）
南 骏（2015.11—）

商务局

局 长：杨明明
副局长：陈跃龙（—2015.9）
甘卫康（2015.9—）
郑小野（女）
党组书记：陈跃龙（—2015.9）
甘卫康（2015.9—）
纪检组长：韩春晨

文化广电新闻出版局

局 长：季新扬（—2015.6）
周 园（女，2015.6—）
副局长：陶玉燕（女，—2015.11）
侯捍文 王正良
党组书记：季新扬
纪检组长：叶如金（女，—2015.12）

卫生局

局 长：潘一凡（—2015.3）
副局长：王璋弟（—2015.3）
党委书记：潘一凡（—2015.3）
纪委书记：叶善新（—2015.3）

人口和计划生育局

副局长：陈禾禾（女，—2015.3）
焦丽珍（女，—2015.3）
党组书记：潘一凡（—2015.3）
党组副书记：陈禾禾
（女，—2015.3）
纪检组组长：陈文斌（—2015.3）

卫生和计划生育局
局　长：潘一凡（2015.3—2015.9）
　　　　吴雷雨（2015.9—）
副局长：吴东来（2015.3—）
　　　　王璋弟（2015.3—）
　　　　陈禾禾（2015.3—）
　　　　焦丽珍（2015.3—）
　　　　叶善新（2015.3—）
　　　　丁淑慧（2015.3—）
党委书记：潘一凡
　　　　（2015.3—2015.9）
　　　　吴雷雨（2015.9—）
纪委书记：陈文斌
　　　　（2015.3—2015.12）

区纪委派驻区卫计局纪检组组长：
　　　　陈文斌（2015.12—）

审计局
局　长：吴雷雨（—2015.9）
　　　　李江涛（2015.9—）
副局长：甘卫康（—2015.9）
　　　　渠　奕（2015.9—）
　　　　柴一蝉（女）
党组书记：吴雷雨
党组副书记：甘卫康（—2015.9）
　　　　渠　奕（2015.9—）
总审计师：戚于挺
区经济责任审计联席会议
办公室主任：郑　霞（女）

统计局
局　长：李江涛（—2015.9）
　　　　黄浩宇（2015.9—）
副局长：李　俊（2015.3—）
　　　　叶连敏（女）
党组书记：李江涛（—2015.9）
　　　　黄浩宇（2015.9—）
总统计师：李臣庚

环境保护局
局　长：徐一峰
副局长：范小微（女，—2015.9）
　　　　贝苏临　池　滨
　　　　殷旭方（2015.9—）
党组书记：徐一峰
党组副书记：范小微（女，—2015.9）
纪检组组长：杨雄文

人民政府侨务办公室
主　任：徐向阳（—2015.11）

人民政府外事侨务办公室
主　任：徐向阳（2015.11—）

安全生产监督管理局
局　长：张海云（—2015.9）
　　　　周国强（2015.9—）
副局长：张青松　柴一峰
党组书记：张海云（—2015.9）
　　　　周国强（2015.9—）
纪检组长：蔡丽云（—2015.12）

市场监督管理局
局　长：柯志成
副局长：赵晓敏
　　　　陈光力（—2015.4）
　　　　魏生根（—2015.3）
　　　　叶洪康　胡　谦
　　　　林光明
　　　　陈　滨（—2015.12）
　　　　潘　仁（2015.7—）
总工程师：黄春荣（—2015.9）
　　　　王　挺（2015.11—）
党委书记：柯志成
党委副书记：赵晓敏
纪委书记：邵觐俐（—2015.12）
区纪委派驻第十一纪检组（驻区市场监督管理局纪检组）组长：
　　　　邵觐俐（2015.12—）

质量技术监督局
局　长：梁　红（女）
副局长：虞林新（2015.9—）
　　　　章　军（2015.9—）
　　　　徐　宇
　　　　连　衔（2015.9—）
　　　　林　哲（2015.9—2015.12）
党组书记：梁　红（女）
党组副书记：虞林新（2015.9—）
纪检组组长：连　衔（—2015.9）
　　　　杨　文
　　　　（2015.9—2015.12）
总工程师：林　哲（2015.12—）

体育事业发展局
局　长：张德跃
副局长：王维荣
　　　　徐永华（—2015.11）
党组书记：张德跃
纪检组组长：徐永华

机关事务管理局
局　长：陈建光（—2015.6）
　　　　吴恺娃（2015.7—）
副局长：李云鹏
　　　　程苏胜（—2015.7）
　　　　徐　宁（2015.7—）
党组书记：陈建光（—2015.6）
　　　　吴恺娃（2015.7—）
党组副书记：李云鹏
纪检组组长：程苏胜

风景旅游管理局
局　长：吴法照（—2015.9）
　　　　陈翔俊（2015.9—）
副局长：林明武（—2015.9）
　　　　李常春（2015.9—）
　　　　陈加进
党组书记：吴法照（—2015.9）
　　　　陈翔俊（2015.9—）
党组副书记：林明武（—2015.9）
　　　　李常春（2015.9—）

国内经济合作办公室
主　任：姜扬烽

副主任：毛群希（女） 黄锦辉
党组书记：姜扬烽
党组副书记：毛群希（女）
纪检组组长：毛群希
（女，—2015.12）

行政审批管理办公室
主 任：周国强（—2015.9）
胡 栩（2015.9—）
副主任：李和忠 沈红艳（女）
张于进 陈滨海
党组书记：周国强（—2015.9）
郑向远（2015.11—）

新居民服务管理局
局 长：章富华
副局长：郭乐平 夏晓峰

供销合作社
主 任：王朝光
副主任：陈伯聪（—2015.12）
胡建华
何志权（2015.12—）
纪委书记：李建中

农村合作经济组织联合会
主 任：王朝光
副主任：李建中
陈伯聪（—2015.12）
胡建华
金松琴（—2015.11）
何志权（2015.12—）
李 俊（—2015.3）
叶佩玲（2015.3—）

金融办
主 任：张香梅（女，—2015.9）
安建光（2015.9—）
副主任：姜 辉 林祝波
党组书记：张香梅（女，—2015.9）
安建光（2015.09—）

轻工产业园区管理委员会
主 任：郑乐斌（—2015.9）
金 生（2015.9—）
常务副主任：周 驰（—2015.3）
副主任：章 国（2015.9—）
金 生（2015.03—2015.9）
陈 峰 蔡金榜 南鹏程
陈德彬
党委书记：张维凯（—2015.9）
金 生（2015.9—）
党委副书记：郑乐斌（—2015.9）
周 驰（—2015.3）
金 生
（2015.03—2015.9）
章 国（2015.9—）
纪委书记：陈 峰

温瑞塘河保护管理委员会
主 任：谢云周
副主任：虞友洪（—2015.6）
郭炳长（2015.9—）
何国华 朱海滨
总工程师：林 喆（—2015.12）
侯超万（2015.12—）
党组书记：谢云周
纪检组长：虞友洪（—2015.6）

广播电视新闻中心
主 任：曾为绿（女）
副主任：曾为绿（女）
陈瓯莉（女）
党组书记：吴 昊（2015.9—）
毛显华（—2015.9）

土地储备中心
主 任：陈 峰

市公用事业开发公司
总经理：陈维新

物业管理总公司
总经理：全国栋

鹿城（中国）鞋都产业园区管理委员会
主 任：周松平（2015.9—）
副主任：陈 众（2015.9—）
赵金銮（2015.9—）
蔡海波（2015.9—）
戴志光（2015.9—）
黄 静（2015.9—）

城中村改造办公室（区工务局）
主 任：陈 峰（2015.11—）
副主任：梁建峰（2015.11—）
黄 策（2015.11—）
叶 彬（2015.11—）

鹿城区人民武装部

政 委：陈志坚（—2015.4）
金龙军（2015.4—）
部 长：徐道友（—2015.4）
李先进（2015.4—）
副部长：陈 锋

第一书记：王立彤（—2015.3）
陈 浩（2015.3—）
书 记：陈志坚（—2015.4）
金龙军（2015.4—）
副书记：陈 锋

鹿城区民主党派、工商联

中国国民党革命委员会温州市鹿城区总支部委员会
主 委：庄建华
副主委：周丽峰 郑蓓蕊（女）
陈云烽

中国民主同盟温州市鹿城区总支部委员会
主 委：应 真（女）

副主委：杜丽丽（女）
林　珊（女）　陈兴良
张晓海（女）

中国民主建国会温州市鹿城区基层委员会

主　委：邵豪哲
副主委：蒋　晖（女）
杨明明（女）　朱小顺

中国民主促进会温州市鹿城区总支部委员会

主　委：蒋　樨（女）
副主委：周建春　蔡妙妙（女）
金晓群（女）

中国农工民主党温州市鹿城区总支部委员会

主　委：褚　坚
副主委：杨淑清（女）　胡方金

中国致公党温州市鹿城区总支部委员会

主　委：王璋弟
副主委：蔡喜莲（女）　刘明达

九三学社温州市鹿城区基层委员会

主　委：孙国勇
副主委：蒋剑峰　叶连敏（女）
舒蓓蕾（女）

党外知识分子联谊会

会　长：陈国琴（女）
常务副会长：胡胜发
副会长：谢　伟　陈　静（女）
单晓雷　张雪梅（女）
季杜宇

新的社会阶层人士联谊会

会　长：陈时升
副会长：王小伦　翁学院
潘秀萍（女）　卓予拉
金国达　林其勉
潘东兰（女）　林　挺

网络界人士联谊会

会　长：高　雷
副会长：黄学敏　欧阳厚增
白炳卫　王青山
胡　亮　朱　武

工商联合会（总商会）

主　席：李跃胜
副主席：王　俊（2015.03—）
陈　洁　陈光力（兼）
潘建中（兼）
奚德驹（兼）
廖　跃（兼）
庞　健（兼）
叶　亮（兼）
叶建林（兼）
孙宏建（兼）
朱爱武（女，兼）
张周芳（女，兼）
李艾黎（兼）
杨小理（兼）
杨剑平（兼）
陈　锵（兼）
陈宏强（兼）
陈时升（兼）
郑秀东（兼）
郑莱毅（兼）
黄伟胜（兼）
蔡春潮（兼）
会　长：李跃胜
副会长：周赛珍（女，兼）
谢卫国（兼）
赵景温（兼）
田志胜（兼）
张俊晖（兼）
陈寿清（兼）
奚德平（兼）
陈　骞（兼）
王真云（兼）
陈建生（兼）
黄秀曼（兼）
单忠节（兼）
徐承东（兼）
严章章（女，兼）
黄　晨（兼）
范小青（兼）
朱永光（兼）
徐礼渊（兼）
党组书记：王　俊（2015.03—）

鹿城区人民团体

总工会

主　席：胡海峰（兼）
副主席：叶　青　林章平
张乘燕（女）
党组书记：叶　青

共青团鹿城区委员会

书　记：陈　钷（—2015.09）
陈滢冰（女，2015.09—）
副书记：陈滢冰（女，—2015.09）

妇女联合会

主　席：陈月玲（女，—2015.09）
陶玉燕（女，2015.11—）
副主席：汪筱萍（女）
郑　佳（女，—2015.09）
党组书记：陈月玲（女，—2015.09）
陶玉燕（女，2015.11—）

归国华侨联合会

主　席：蒋　晖（女）
副主席：周祥薇（兼）
陈志远（兼）
金晓华（女，兼）
王绍础（兼）
叶建男（兼）
秘书长：陈　嫣（女）

文学艺术界联合会
主　席：叶正化
副主席：陈　杰　卢桂芳（女，兼）
　　　　吴　广（兼）
　　　　马胜凯（兼）
　　　　吕相国（兼）
　　　　应　真（女，兼）
　　　　周建树（兼）

残疾人联合会
理事长：胡小洁（女）
副理事长：刘速勇、叶　琍（女）

科学技术协会
科协主席：黄凌萍
党组书记：黄凌萍
副主席：董小华　陈苾怀（女）
　　　　王小恩（兼）
　　　　王璋弟（兼）
　　　　谷建勇（兼）
　　　　周文林（兼）

红十字会
会　长：伍　挺
　　　　（兼、2015.4—2015.9）
　　　　黄定恩（兼，2015.11—）
常务副会长：张　胜（2015.4—）
副会长：杨静雯（女，—2015.6）
　　　　夏海燕（2015.6—）
　　　　林仕德（兼）
　　　　陈幼彦（兼）
　　　　陈胜利（兼）
　　　　吴　昊（兼）
　　　　池春燕（女，兼）
　　　　陈　杰（兼）
　　　　渠　奕（兼）
　　　　王璋弟（兼）
　　　　叶建林（兼）
　　　　杨立忠（兼）
　　　　林永森（兼）
　　　　谢仁兴（兼）

社会科学联合会
主　席：（缺）
副主席：黄西堤（女，2015.9—）
　　　　甘卫康（兼）
　　　　陈胜利（兼）
　　　　周文林（兼）
　　　　陈宏强（兼）
　　　　李岳松（兼）

街道·乡镇

七都街道
书　记：贾志文
副书记：叶恒坚
　　　　李常春（—2015.9）
　　　　叶庆国（—2015.9）
　　　　向　东
纪工委书记：谢　炬（—2015.3）
　　　　陈小微（女）
　　　　（2015.3—）
党工委委员：谢　炬（—2015.3）
　　　　陈小微
　　　　（女，2015.3—）
　　　　吴照林（—2015.9）
　　　　龚占山（—2015.9）
　　　　张崇波（2015.9—）
　　　　朱小秋（女）
　　　　金　鑫（2015.9—）
　　　　刘天昴（2015.9—）
　　　　滕自立
主　任：叶恒坚
副主任：吴照林（—2015.9）
　　　　陈小微（女，—2015.3）
　　　　张崇波
　　　　叶醒芬（女，2015.6—）
　　　　董胜坤（2015.9—）
　　　　陈燕舞（2015.11—）
社工委主任：李常春（—2015.9）
人大工委主任：张琳玮（女）
人大工委副主任：吴照林
　　　　（2015.9—）
政协联络组组长：
　　　　朱　克（—2015.9）
人武部部长：龚占山（—2015.9）
　　　　刘天昴（2015.9—）

滨江街道
书　记：朱建光（—2015.3）
　　　　王　炯（2015.3—）
副书记：安建光（—2015.9）
　　　　周　鹏（2015.3—）
　　　　金　生（—2015.3）
　　　　李良俊（—2015.9）
　　　　苏士永（—2015.9）
　　　　张青锋（2015.9—）
纪工委书记：
　　　　苏士永（—2015.3）
　　　　张青锋（2015.3—2015.9）
　　　　郑　佳（女）（2015.9—）
党工委委员：
　　　　张青锋（2015.3—2015.9）
　　　　郑　佳（女）（2015.9—）
　　　　王宜旺（—2015.9）
　　　　谢　璇（女，—2015.9）
　　　　叶笑敏（女）
　　　　林昌旭（—2015.9）
　　　　倪祖平（—2015.9）
　　　　吴志平（2015.9—）
　　　　陈良福（2015.9—）
　　　　杨乃领（2015.11—）
　　　　陈可浩　端木敏克
主　任：安建光（—2015.9）
　　　　周　鹏（2015.9—）
副主任：黄丽丽（女，2015.3）
　　　　叶笑敏（女，2015.9—）
　　　　林昌旭（—2015.9）
　　　　倪祖平（—2015.9）
　　　　吴进洪（—2015.9）
　　　　陈旭忠（—2015.9）
　　　　张青锋（—2015.3）
　　　　何栩栩（女，—2015.9）
　　　　陈仁俊（—2015.9）
　　　　季克杰

陈良福（—2015.9）
左　亮（2015.9—）
颜子禾（2015.9—）
建工委主任：金　生（—2015.3）
人大工委主任：李　跃（—2015.6）
苏士永（2015.9—）
人大工委副主任：
林国华（2015.9—）
政协联络组组长：
李嘉昌（—2015.9）
人武部部长：王宜旺（—2015.9）
吴志平（2015.9—）
人武部副部长：陈　志（—2015.12）

南汇街道

书　记：周基斌
副书记：林仕德（—2015.9）
黄飞达
邹海鹏（—2015.9）
周　鹏（—2015.3）
周　驰（2015.3—2015.9）
詹　强（2015.9—）
纪工委书记：黄旋旋（女）
（—2015.9）
陈宏余（2015.9—）
党工委委员：黄旋旋
（女，—2015.9）
黄甘宏（—2015.9）
张鹏程
贾　嘉（—2015.9）
覃春燕
（女，—2015.9）
王　磊　陈宏余
夏爱睦（2015.9—）
李晓鹏（2015.9—）
吴　坚　陈忠建
施一斌　张方晨
主　任：林仕德（—2015.9）
副主任：黄飞达（2015.9—）
黄甘宏（—2015.9）
贾　嘉（—2015.9）
陈宏余（—2015.9）
占鹏程（—2015.9）
叶佩玲（女，—2015.3）
谢　芳（女，—2015.9）
陈先进（—2015.9）
傅云云（女）
詹　强（—2015.9）
池恩章（—2015.9）
夏爱睦（2015.9—）
陈德方（2015.9—）
林泉澄（2015.9—）
社工委主任：邹海鹏（—2015.9）
建工委主任：周　鹏（—2015.3）
人大工委主任：王文君（—2015.9）
周金清（2015.9—）
人大工委副主任：
胡小和（—2015.9）
王军霞（2015.9—）
政协联络组组长：
周金清（—2015.9）
人武部部长：王　磊

蒲鞋市街道

书　记：胡俊武（2015.9—）
副书记：叶俊杰（2015.9—）
黄春荣（2015.9—）
纪工委书记：林昌旭（2015.9—）
党工委委员：林昌旭（2015.9—）
倪祖平（2015.9—）
谢　璇（女，2015.9—）
谢　芳（女，2015.9—）
叶东瀛（2015.11—）
副主任：叶俊杰（2015.9—）
倪祖平（2015.9—）
金飞漫（女）（2015.9—）
吴进洪（2015.9—）
陈仁俊（2015.9—）
人大工委主任：邹安宁（2015.9—）
人大工委副主任：陈旭忠（2015.9—）
人武部部长：叶东瀛（2015.11—）

南郊街道

书　记：林仕德（2015.9—）
副书记：周　驰（2015.9—）
覃春燕（女，2015.9—）
纪工委书记：黄旋旋（女）（2015.9—）
党工委委员：
黄旋旋（女，2015.9—）
占鹏程（2015.9—）
贾　嘉（2015.9—）
陈先进（2015.9—）
池恩章（2015.9—）
副主任：周　驰（2015.9—）
占鹏程（2015.9—）
周晓晨（2015.9—）
马晓玲（女，2015.9—）
周娇慧（女，2015.9—）
人大工委主任：王文君（2015.9—）
人大工委副主任：胡小和（2015.9—）
人武部部长：池恩章（2015.9—）

大南街道

书　记：张香梅（女，2015.9—）
副书记：陈　钷（2015.9—）
姜善义（2015.9—）
纪工委书记：陈　茜（女，2015.9—）
党工委委员：陈　茜（女，2015.9—）
毛新奇（2015.9—）
周　密（2015.9—）
朱丽丽（女，2015.9—）
戴光斌（2015.9—）
副主任：陈　钷（2015.9—）
毛新奇（2015.9—）
林　慧（女）（2015.9—）
李建武（2015.9—）
朱　川（2015.9—）
人大工委主任：林建勇（2015.9—）
人大工委副主任：叶庆国（2015.9—）
人武部部长：戴光斌（2015.9—）

五马街道

书　记：陈胜军
副书记：胡俊武（—2015.9）
陈跃龙（2015.9—）
南胜国（—2015.6）

林建勇（—2015.9）
王赛娜（女）
纪工委书记：张　凯（—2015.9）
赵春安（2015.9—）
党工委委员：张　凯（—2015.9）
章生良（—2015.9）
金飞漫（女，—2015.9）
陈迎芳
戴光斌（—2015.9）
赵春安　夏阵雨
殷旭方（—2015.9）
邵小林（2015.9—）
卞苏贵（2015.9—）
林孟闯　李忠洁
李宓隆
主　任：胡俊武（—2015.9）
陈跃龙（2015.9—）
副主任：章生良（—2015.9）
刘益铭
周　密（—2015.9）
朱丽丽（女，—2015.9）
邵　舟（女）
王永标（—2015.9）
毛新奇（—2015.9）
卞苏贵（—2015.9）
夏阵雨
殷旭方（—2015.9）
左　亮（—2015.9）
许振辉（2015.9—）
建工委主任：南胜国（—2015.6）
人大工委主任：诸葛要武（女）
人大工委副主任：黄甘宏（2015.9—）
政协联络组组长：章　军（—2015.9）
政协联络组副组长：刘世华（—2015.3）
人武部部长：戴光斌（—2015.9）
卞苏贵（2015.9—）

松台街道

书　记：项晓晓（女，—2015.6）
陈　辉（2015.6—2015.9）
陈月玲（女，2015.9—）
副书记：陈翔俊（—2015.9）
肖忠格（—2015.9）
董晓来（—2015.9）
余　骋
林明武（2015.9—）
任　杰（2015.9—）
纪工委书记：张　博
党工委委员：张　博
周增兴（—2015.9）
杨　文（—2015.9）
周晓晨（—2015.9）
赵金銮（—2015.9）
徐淑淑（女，—2015.9）
潘小雷（—2015.9）
陈　策（2015.9—）
龚占山（2015.9—）
蔡云云（女，2015.9—）
蔡　洋（2015.9—）
陈向军　钱　军
主　任：陈翔俊（—2015.9）
林明武（2015.9—）
副主任：周晓晨（—2015.9）
赵金銮（—2015.9）
占志清（—2015.9）
蔡　洋（—2015.9）
杨丽霞（女）
石月林
陆　博（—2015.9）
陈　策（2015.9—）
蓝友平（2015.9—）
社工委主任：肖忠格（—2015.9）
建工委主任：董晓来（—2015.9）
人大工委主任：王　敏（女）
人大工委副主任：胡　谦
政协联络组副组长：丁　龙（—2015.9）
人武部部长：周增兴（—2015.9）
龚占山（2015.9—）
人武部副部长：金忠胜（—2015.12）

广化街道

书　记：陈　辉（2015.9—）
副书记：董晓来（2015.9—）
狄登云（2015.9—）
纪工委书记：徐淑淑（女，2015.9—）
党工委委员：徐淑淑（女，2015.9—）
占志清（2015.9—）
潘小雷（2015.9—）
张　凯（2015.9—）
陆　博（2015.9—）
主　任：董晓来（2015.9—）
副主任：占志清（2015.9—）
林　晓（女，2015.9—）
杨一燕（女，2015.9—）
程胜伦（2015.9—）
人大工委主任：李嘉昌（2015.9—）
人大工委副主任：丁　龙（2015.9—）
张红霞（2015.12—）
人武部部长：陆　博（2015.9—）

双屿街道

书　记：邱向真（女，—2015.9）
姜益祥（2015.9—）
副书记：章　胤（—2015.9）
周松平（—2015.9）
刘玉东
韦龙成（—2015.9）
黄建双（—2015.12）
叶学理（—2015.9）
徐海文（2015.9—）
纪工委书记：陈　策（2015.3—2015.9）
章生良（2015.9—）
党工委委员：陈　策（2015.3—2015.9）
章生良（2015.9—）
陈　龙
徐海文（—2015.9）
郭炳长（—2015.9）
蔡海波（—2015.9）
戴志光（—2015.9）
陈　铣（—2015.9）
陈明毅（—2015.9）
邵新城（2015.9—）
何素丰（女）（2015.9—）
陈祥武（2015.9—）
李长康　庄志丹
主　任：章　胤（—2015.9）

刘玉东（2015.9—）
副主任：徐海文（—2015.9）
戴志光（—2015.9）
周笑美（女，—2015.9）
陈　策（—2015.3）
黄　静（女，—2015.9）
卢　克（—2015.9）
邵新城（—2015.9）
金怡然（女，—2015.12）
周　驰（2015.9—）
占鹏程（2015.9—）
周晓晨（2015.9—）
马晓玲（女，2015.9—）
周娇慧（女，2015.9—）
林建永（—2015.9）
陈祥武（—2015.9）
陈　龙（2015.9—）
吴万方（2015.9—）
徐英豪（2015.9—）
社工委主任：周松平（—2015.9）
建工委主任：刘玉东（—2015.9）
人大工委主任：叶晓挺（—2015.9）
韦龙成（2015.9—）
人大工委副主任：王宜旺（2015.9—）
人武部部长：陈祥武（2015.9—）

丰门街道

书　记：张维凯（2015.9—）
副书记：叶学理（2015.9—）
纪工委书记：王永标（2015.9—）
党工委委员：王永标（2015.9—）
陈　铣（2015.9—）
周笑美（女，2015.9—）
陈明毅（2015.9—）
朱旭东（2015.11—）
主　任：张维凯（兼）（2015.9—）
副主任：陈　铣（2015.9—）
卢　克（2015.9—）
温　和（2015.9—）
吴先稳（2015.11—）
人大工委主任：叶晓挺（2015.9—）
人大工委副主任：周增兴（2015.9—）
人武部部长：朱旭东（2015.11—）

仰义街道

书　记：周　岷
副书记：金浙瓯
吴荣华（—2015.9）
狄登云（—2015.9）
李一平（2015.9—）
纪工委书记：卞晓明
党工委委员：卞晓明
李　东（女）
李一平（—2015.9）
吴志平（—2015.9）
张　甲
彭琦瑜
（女，2015.6—）
高志坚（2015.9—）
侯超万（兼）
（—2015.9）
张　正
主　任：金浙瓯
副主任：夏海燕（女）
彭琦瑜（女）（—2015.6）
林　晓（女，—2015.9）
葛光凡
林　慧（女，—2015.9）
何素丰（女，2015.9）
张　甲（2015.6—）
陈建辉（2015.9—）
祝建武（2015.9—）
人大工委主任：邹安宁（—2015.9）
吴荣华（2015.9—）
人大工委副主任：阮金平（2015.9—）
政协联络组组长：谢剑光（—2015.6）
政协联络组副组长：
阮金平（—2015.9）
人武部部长：吴志平（—2015.9）
高志坚（2015.9—）

藤桥镇

书　记：张维凯（—2015.9）
潘一凡（2015.9—）
副书记：郑乐斌（—2015.12）
周　驰（—2015.3）
肖达统
邹本笃（—2015.12）
李爱国
陈　众（—2015.9）
纪委书记：叶玉峰（—2015.12）
党委委员：叶玉峰（—2015.12）
丁淑慧（女，—2015.3）
黄建勇（—2015.12）
蔡云云（女，—2015.9）
杨　菠（女）
夏甘平（2015.12—）
应祖迁（2015.12—）
陈　峰（兼）
南鹏程（兼）
徐松华　林丐孟
功能区党工委委员：
蔡金榜（—2015.9）
陈德彬（—2015.9）
镇　长：郑乐斌（—2015.12）
镇长候选人：肖达统（2015.12—）
副镇长：邵小林（—2015.9）
王军霞（女，—2015.9）
诸建鹏（—2015.12）
夏甘平（—2015.12）
武连春（—2015.12）
李　策（—2015.12）
杨建勇（—2015.12）
严求真
副镇长候选人：
杨　菠（女）（2015.12—）
王莉静（2015.12—）
何剑川（2015.12—）
功能区副主任：蔡金榜
陈德彬（—2015.9）
建工委主任：肖达统（—2015.9）
社工委主任：邹本笃（—2015.9）
人大主席：许卫疆
人大副主席：程晓敏
人大副主席候选人：
黄建勇（2015.12—）

政协联络组副组长：
陈　众（兼，—2015.9）
人武部部长：黄建勇（—2015.12）
应祖迁（2015.12—）

山福镇

书　记：郑乐斌（2015.12—）
副书记：邹本笃（2015.12—）
武连春（2015.12—）
党委委员：林　喆（2015.12—）
李　策（2015.12—）
陈建策（2015.12—）
陈　志（2015.12—）
镇长候选人：邹本笃（2015.12—）
副镇长候选人：林　喆（2015.12—）
诸建鹏（2015.12—）
金忠胜（2015.12—）
杨建勇（2015.12—）
人大主席候选人：
黄建双（2015.12—）
人大副主席候选人：
金怡然（女）
（2015.12—）
人武部部长：陈　志（2015.12—）

（区委组织部）
责任编辑　王剑峰

中国共产党温州市鹿城区委员会

综 述

2015年，鹿城区一手抓机制创新、激发干部动力，一手抓破难攻坚、扫除发展障碍，经济社会事业取得了新的成效。全区实现地区生产总值807.8亿元，增长7.5%；规上工业总产值309.1亿元，增长8.9%；公共财政预算收入27.6亿元，增长8.2%；固定资产投资328.2亿元，增长7.0%；社会消费品零售总额787.5亿元，增长10.1%；城乡常住居民人均可支配收入49592元、25632元，分别增长8.5%、9.4%。新增全国制鞋产业知名品牌示范区、国家级出口鞋类质量安全示范区等8项国家级荣誉和全省文化产业十强县（市、区）等32项省级荣誉。全国文明城市、国家卫生城市、国家森林城市已经创成，国家园林城市、国家环保模范城市和国家历史文化名城已在申报评估。平安大区实现“七连创”。位列“全国科学发展百强区”第43位，“全国最具投资潜力百强区”第23位，“全国新型城市化质量百强区”第23位。

新增重点人员动态管控机制等3项国家级改革试点、省级电子商务创新等3项省级改革试点。创新实施全员目标管理机制，配套推进干部人事制度改革，新提任正科17名、副科45名，转任重要岗位28名，形成了凭实绩用干部的鲜明导向。创新大统战大招商机制，9个10亿元以上重大项目落地，实际到位内资、实际利用外资总量均居全市第一。深入实施“五张清单一张网”改革，“五证合一”“一照一码”全面推行，非行政许可审批事项实现清零。深化金融综合改革，全国首个“三位一体”信用信息查询服务系统建成投用，民间财富管理中心挂牌成立，首家民营银行落户鹿城，3家企业新三板挂牌、1家企业成功上市。

组织开展“三严三实”专题教育，着力解决不严不实问题。开展“十二项整改行动”，完成省委巡视组反馈意见的整改落实。组织开展选人用人问题大排查大整治，133个省整改基数消化工作全面完成。制定出台区委加强基层党组织和基层政权建设“30条措施”，深化“红色细胞工程”，开展基层组织建设“百日攻坚”行动，落实1.2亿元村级组织建设四项保障经费。开展“破两难、纠四不”专项整治，建立“末位要问责、有错要问责、低效要问责、无为要问责”的问责体系，对85名干部进行责任追究，其中16名科级干部和18名干部被“捆绑”追责。开展农村基层作风巡查，完成20个行政村巡查，解决了群众反映强烈的突出问题138件。深化党委主体责任和纪委监督责任落实，完成区纪委纪检监察派驻机构全覆盖改革。

重要决策和成效

【经济发展态势明显向好】 2015年，两批百亿重大项目集体开工建设，省“411”重大项目和市区两级重点项目完成年度投资计划的178%、122%和130%。时尚项目建设加速推进，闻宅巷步行街等一批项目正式运营，滨江广场一期、牛山国际等综合体结顶，置信广场、世贸大厦全面招商，创成省市级服务业集聚区8个。完成旧厂房改造项目285个、改造面积全市第一，跻身全省文化产业十强县（市、区）。省电子商务大数据研究基地成功落户，跨境电子商务园等大型电商平台建成投用，实现网络经济零售额130亿元。“个转企”完成率118.4%，“企转股”完成率145.5%，规上工业总产值增速全市第一。工业新产品产值增长62.4%。双屿实业创新项目获国家科学技术进步二等奖。鹿城区获全省党政领导科技进步先进集体。

开展省级“腾笼换鸟”综合整治、低端落后块状行业整治提升等试点工作，减员增效综合整治取得新成效。不良贷款余额和不良贷款率实现“双降”。

【项目破难攻坚强力推进】 2015年，组织开展重点项目征地拆迁“清零”百日攻坚行动，依法处置了42个重大项目中的501个“疑难户”，完成甬台温、金丽温输气管道工程等10个市级重点项目“清零”。开展批而未供和闲置低效土地处置“百日攻坚”专项行动，清理批而未供土地1500亩、供而未用土地1500亩。滨江商务区征地拆迁取得突破，杨府山垄村实现大宗集体土地征收，鲍洲工业区、涂田工业区等6个区块完成政策处理，3500多亩沿江片区滩涂问题解决到位。完成中央绿轴200米范围内政策处理，完成200米范围外301亩集体土地报征，确保了绿轴公园一期试开园、二期顺利推进。重大交通项目市域铁路S1线一期工程鹿城段完成政策处理，绕西南高速公路、104国道西过境公路等鹿城段工程加快建设，金温铁路扩能工程建成通车。

【城乡环境面貌持续改善】 2015年，全面启动新一轮城中村改造计划，完成整村签约7个，整村拆迁4个，一类目标1630户，二类目标111万平方米，完成旧住宅区改造71.5万平方米。推进“五水共治”，全省首批PPP水利试点项目绕城高速至卧旗山段海塘工程开工建设，动力头等4个沿河旧市场完成搬迁改造，建成城区截污纳管工程。印象南塘创成国家AAAA级旅游景区和全国首批“信得过景区”。“水岸同治”攻坚成效明显，新增城市绿地105.2公顷，新（改）建滨水公园15个、省级绿道19公里，完成公园、小游园“三化改造”24个。省级生态区创建通过验收。

【社会建设水平稳步提升】 2015年，鹿城区被评为全市文化礼堂建设先进区，成功承办中华龙舟大赛（温州站）暨温州龙舟文化节。创成全国义务教育基本均衡区、省级慢性病综合防控示范区。扩大养老服务覆盖面，“医养结合”居家养老模式省市领先。办好年度“十大民生实事”，德政东路等一批“打卡口”项目完成，安置提速、交通治堵等取得实效。全面消除家庭人均年收入4600元以下贫困现象。率先完成新一轮街镇区划调整，构建起基层治理大网格实体化运行模式，基层责任更加明确、管理更加高效、服务更加到位。消防安全“双月”攻坚和省级安全事故防控综合治理体系建设通过验收，“幸福社区”创成数全市第一。深化法治鹿城建设，“六五”普法圆满收官，获全省创建法治县（市、区）工作先进单位。扎实开展“百日维稳攻坚大会战”，加大进京非访依法整治力度，非访人数下降77%，全区刑事发案数、两抢发案数、入室盗窃发案数分别下降13.3%、42.2%和15.5%。

重要会议

【区委八届八次全体（扩大）会议】 1月16日召开。会议学习贯彻落实中央和省、市系列决策部署，全面总结2014年工作，全面分析当前形势，研究部署2015年任务，审议通过了《中共温州市鹿城区委关于全面深化法治鹿城建设的意见》。

【区委八届九次全体（扩大）会议】 7月31日召开。会议深入学习贯彻习近平总书记在浙江考察重要讲话、省委夏宝龙书记在温州调研重要讲话和省市委全会精神，全面总结上半年工作，研究部署下半年任务，审议通过了《中共温州市鹿城区委关于全面加强基层党组织和基层政权建设的实施意见》。

2015年中共温州市鹿城区委员会重要文件目录

表3

文号	文件标题
鹿委发1号	关于全面深化法治鹿城建设的意见
鹿委发2号	批转《关于召开温州市鹿城区第八届人民代表大会第四次会议的请示》的通知
鹿委发3号	批转《关于召开政协第八届温州市鹿城区委员会第四次会议的请示》的通知
鹿委发4号	关于推荐温州市鹿城区第八届人民代表大会常务委员会委员候选人建议名单的函

续表3

文号	文件标题
鹿委发5号	关于表彰2014年度鹿城区社会管理综合治理工作先进集体和先进个人的通报
鹿委发6号	关于2014年度考绩结果的通报
鹿委发7号	关于表彰党管武装工作先进单位、“党管武装好书记”和“优秀专武干部”的通报
鹿委发8号	关于2014年度落实党风廉政建设责任制先进单位的通报
鹿委发9号	关于表彰2014年度考绩工作先进个的通报
鹿委发10号	关于进一步加强和改进人大工作的意见
鹿委发11号	关于印发《鹿城区人民政府职能转变和机构改革方案》的通知
鹿委发12号	关于表彰2014年度“平安鹿城”建设先进单位和先进个人的通报
鹿委发13号	关于成立鹿城区第八届运动会组委会的通知
鹿委发14号	关于印发《2015年度街镇工作目标考核办法》《2015年度区直单位工作目标考核办法》的通知
温鹿发15号	关于表彰2014年度鹿城区精神文明建设工作先进集体和先进个人的通报
温鹿发16号	关于表彰鹿城区创建国家卫生城市工作先进集体和先进个人的通报
鹿委发17号	关于调整区委常委分工的通知
鹿委发18号	关于成立温州市鹿城区招才局的通知
鹿委发19号	关于给予项巨澜等639名优秀公务员奖励的决定
鹿委发20号	关于成立鹿城区完善街镇体制工作领导小组的通知
鹿委发21号	关于刘俊等同志职务任免征求意见的函
鹿委发22号	关于成立鹿城区城中村改造工作领导小组的通知
鹿委发23号	关于全面加强基层党组织和基层政权建设的实施意见
鹿委发24号	关于街镇行政区划调整机构设置的决定
鹿委发25号	关于提议建立街道人大工作委员会的通知
鹿委发26号	关于建立温州市鹿城区藤桥镇区划调整筹备工作领导小组的通知
鹿委发27号	关于省委巡视组反馈意见整改落实情况的通报
鹿委发28号	意见
鹿委发29号	关于印发《完善2015年度街镇工作目标考核办法的实施意见》的通知
鹿委发30号	关于实施生态化战略的决定
鹿委发31号	关于实施都市化战略的决定

区委办工作

【概况】 2015年，区委办围绕区委中心工作，谋划在前、思虑在先，加大统筹协调督查服务力度，全面推动区委决策部署贯彻落实，打造区委的坚强“前哨”和巩固“后院”。

【办文办会务实高效】 办文办会工作更趋规范科学，有效落实发文前置审核、立项审批和专人审核多人把关负责制，2015年审查印发党内规范性文件21件，文件合法合规率、备案及时报送率均达100%；健全从签收到办结归档流程，呈阅处理中央、省、市纸质文件595件、网上政务文件1700多份，做到无延误、无失误。“文山会海”问题得到有效治理，文件发文数同比去年下降20.4%，清理规范区委议事协调机构，保留机构88个、合并调整12个、撤销60个；实行会议年度计划和每周二、四“无会日”及下半月“无会旬”制，控制会议规模，缩短会议时间，会议数同比去年下降24.3%，并会、套会率达22%。

【以文辅政水平不断提升】 2015年，起草重要综合文稿191篇，整理讲话通报稿57篇，会议纪要26个。政研工作主动发挥参谋助手作用，收集调研课题101个，评出区级优秀调研成果35个，7篇调研文章在《温州决策科学》刊发，组织专题调研3次、举办深化改革专家论坛1场、编发政研信息31期。信息工作更好地服务领导决策，上报省、市委信息993条，信息录用率同比提升13.2%，编发《鹿城信息》39期。落实24小时在岗在位值班制度，接收处理各类信息1580余份，紧急信息上报率100%，做到“零延迟”。

【改革工作不断深化】 建立绩效化管理、联席会议、重点改革项目协调推进、改革工作季度通报、重点改革督查等制度，全年召开区委改革领导小组会议2次，联席会议2次，改革工作考核三区第一。协助推行深化目标管理考核改革、深化破难攻坚体制机制改革、招商引资体制机制改革、深化政府机构改革等“1+3”市级重点特色改革，对十个专项领域重点推行区级20个重点项目管理。新增重点人员动态管控机制等3项国家级改革试点、省级电子商务创新等3项省级改革试点和排污许可证“一证式”管理等3项市级试点，8项改革项目省市级交流推广。

【法治建设大力推进】 完善法治建设各项工作机制，牵头推进基层民主协商、法治宣传、法治先进创建工作，获2015年 “全省创建法治县（市、区）工作先进单位”称号，创成市级法治先进街镇1个、基层站所2个、社区1个，创建区级法治先进街镇1个、基层站所2个、社区3个。

【严督实查推动落实】 推行全新的目标管理考核机制，建立起一级抓一级、层层抓落实的工作机制，着力解决干部精神状态不佳、担当意识不强问题。每月通报排名35项重要工作指标，督查推动全区产业转型升级、扩大有效投资、亮点区块、重大百亿项目建设、城中村改造等工作落实，做到了上级督办件完成率、上级决策督查事项办结率、重要事项专项督查落实率、领导批示办理到位率、领导交办事项督查反馈率均为100%，上报《督查专报》31期，办理区委领导批示件、转阅件173件，促进全区形成层层抓落实的新常态。

【保密机要确保安全】 2015年，保密工作完成党政专用通信网延伸建设二期初步扩容工程，健全保密登记备案、审查、月报等制度，规范定密和签发流程工作，完成全市解密试点工作和全国保密普查工作任务；开展全区性保密安全隐患大排查，部署检查25家行业单位保密管理工作，通报保密违规行为1起；保密宣传、保密培训全覆盖，发送短信5100多条、培训保密人员130多名。

【党史资政育人开创新途径】 编辑出版《田塘头风情》等党史书籍、期刊4本，赠送党史书籍4000多本，举办纪念“抗战胜利70周年”系列活动9场，发表党史研究成果文章48篇（次），3篇入选省级党史学术研讨会，1篇被省委党史研究室收入书籍。

【公务接待管理规范】 扎实有效做好重要接待后勤工作，全年公务接待278批次、3000余人次，接待团组同比去年增长15%，公务接待经费下降10%。

（赵陈杰）

组织工作

【概况】 2015年，鹿城区有基层党委100个，地方党委派出工委14个，党总支54个，党支部1793个，党员31783名。其中，行政村党委2个，党总支4个，党支部151个，农村党员7304名；非公企业党委6个，党总支5个，党支部713个，企业党员5154名。

【开展“三严三实”专题教育】 5月14日，市委常委、区委书记陈浩带头上专题党课，拉开全区专题教育序幕。区委理论中心组分别于7月8日、8月21日、11月13日召开三个专题学习会。开展“边学边查边改”，区四套班子和成员个人共查摆出204条“不严不实”问题，除31条需长期坚持的措施，均及时整改到位。

【深化红色细胞工程】 构建1582个邻里互助组、党群理事会，推进党员组团开展邻里守望、互帮互助。实行党员义工注册，建立志愿服务积分、志愿者成长计划等制度，推进党员志愿服务“红动鹿城”。进一步深化“四村”工作，18位区级领导联系18个软弱落后村党组织；市、区下派18名“第一书记”到村任职，脱产在村帮助后进整转；69个区直部门包村联系141个行政村，开展蹲村调研、挂钩帮扶等工作，推动机关部门直接帮扶联系农村。构建党员干部重心下移的大网格工作模式，落实384名街镇干部和

373名区直部门吃住办公考核在村居，原派出单位一律不保留办公室；实行上街入户工作法，确保不同时段网格内有一半以上人员在路面巡查或入户走访，每名网格人员安排一半以上时间上街入户，真正把“走村不漏户、户户见干部”落到实处。

【加强党员队伍教育管理】 2015年，试行党员发展责任倒查制度，全面推行入党积极分子志愿服务积分制，切实抓好党员发展的“源头活水”。划定鹿城版党员“22条底线”，突出抓好参信教党员处置工作。探索开展特色组织生活，全年组织开展了130多期特色组织生活，寓政治教育于趣味活动之中。“七一”期间，全区开展“我心向党”手绘党旗、手抄党章等活动。探索实施组织生活“6+1”模式，明确一个主题、过一次“政治生日”、重温一次入党誓词、通报一次近期工作、参与一次“开放空间”、进行一次总结点评等6个规定步骤，并结合各基层党组织实际组织党员参加1次公益服务。

【加强村干部队伍管理】 2015年，制定《村干部管理考核落实基本报酬的实施办法》，以实行村干部履职绩效底线管理为统领，设置基层组织建设、配合推进中心工作、坐值班请销假等底线目标，与报酬奖励直接挂钩，把绩效目标管理的要求延伸到基层末端。从严管理村干部坐班值班，常态化开展督查、暗访，树立村干部规矩意识和纪律意识。深化“书记论坛”，打造书记学院，以小班化、实体型模式，开展以村（社区）党组织书记为重点的基层带头人轮训工作，构建基层带头人常态化教育机制，并落实工作机构。

【强化“四项保障”落实】 2015年，全区落实村主职干部报酬885万元，平均每人达到4.2万元，达到农民人均纯收入的2倍。从10月开始，按全年报酬的60%进行按月发放，每月每人2100元。剩余40%依据村干部绩效考核档次，作为年终奖金发放。落实社区服务群众专项经费1199万元，平均每个社区达18.2万元，比省定的10万元标准，高出82%。落实村级组织活动场所建设经费1000万元，配套落实区管党费120万元，专项补助村民中心建设。落实村级组织运转经费460万元，对84个经济薄弱村每村补助5万元，其中8个人口在1500以上的较大村每村补助10万元；连同加上社区干部报酬、社区运行经费，全区共一次性安排资金1.2亿元，是2014年6900万元的1.7倍。

【两新党建工作】 打造黎明92党建创意园，形成红色创意街区。在康奈集团、巨一集团、星际控股集团等10家大中型企业开展以自主党小组、点亮微心愿活动为载体的和合共同体示范点建设。积极开展“先锋1+1”系列公益项目活动，深化“一企一品、一域一群”党建示范项目创建，创成皇家鞋业合唱聚心等示范项目品牌7个。

（叶　浩）

宣传工作

【概况】 2015年，全区宣传思想文化工作在区委的正确领导下，紧紧围绕全区工作大局，着力提高宣传思想文化工作在中心工作大局中的贡献率，迎难而上、奋勇前行、克难攻坚，唱响主旋律、打好主动仗。

【干部理论学习扎实有效】 邀请专家学者作“经济新常态”等专题辅导，组织开展“四个全面”、五中全会、“两个条例”等系列专题学习会。区委理论学习中心组集中学习38次。围绕“三严三实”等专题编印《干部学习参考》12期。推出“鹿鸣微刊”掌上学习平台，推送理论微刊362期。推进基层宣讲“六进”活动，计1233场，获全省基层宣讲工作先进集体，“华盖时政轩”入选全省优秀基层宣讲案例。

【文化礼堂建设提升拓展】 2015年，文化礼堂建设被列入区政府民生实事项目，新建成14家，超额完成建设任务。开辟“建管用”新路子，整合29个单位部门资源，实现服务配送，打造“文化礼堂群文巡演季”“童心学堂”“瓯越名师进礼堂”等活动品牌，累计开展活动2890场。试点“社团+社工”模式，吸引923支社团队伍入驻礼堂，搭建社团与礼堂联姻平台，在全市率先开展文化礼堂“双十佳”评选，鹿城区被评为全市文化礼堂建设积极县（市、区）。

【社会科学工作广泛开展】 2015年，课题立项14项，社科普及示范基地建成市级2家、区级8家，夯实阵地基础。发动各单位、社科普及示范基地及社科学会共同参与，成功举办2015年社科普及周活动，开展十项共计110场活动，参与人数创历史新高，获全市社科普及先进集体。

【助推发展，强化外宣】 策划“五水共治”“破难攻坚”、招商引资、网格管理等一系列重大主题宣传活动。召开新闻发布会13场，市级以上媒体报道量同比增长31%，涉鹿负面信息同比减少20%，主题宣传获省网络新闻一等奖。邀请11位党政“一把手”走入“鹿鸣议事厅”对话网民、集聚民意。发动市民监督团曝污点、树亮点，累计开展活动35场，获市级优秀市民监督团。建立新闻外宣和全媒体报道机制，开展“白鹿新闻奖”评选。策划推出“美丽鹿城”随手拍摄影大赛、“外国人眼中的白鹿城”等外宣主题活动，建立市级外宣采访基地14家，聘请中央、省、市级媒体资深编辑、知名人士131名为外宣使者。《千面鹿城》外宣书籍获省对外传播“金鸽奖”，获全国法制宣传大赛优秀组织奖。

【强化网宣】 深化“温州鹿城发布”双微联动效应，“双微发布”粉丝突破18万，影响力最高排名政务微博全省第四、公共微信全省第十，入选温州十大影响力政务微博和十大影响力政务微信。策划推出网络邻里节，开展网络“3·15”消费者权益日、新媒体助推小微企业发展、聚焦破难攻坚等六项服务。实施《网站管理暂行办法》等制度，处理32个涉舆微信、微博、网站，整改10家政府网站。深化“隔壁邻舍”网上社区运作，引起中央级媒体关注，建立微信互助群564个，上线网络志愿者服务和心理咨询等平台，接收民生问题6164个，有效解决5415个，案例多次引起人民日报等中央级媒体关注，入选全省宣传思想文化“三贴近”优秀案例，获全市宣传思想工作创新奖，并在省网络治理现场会上展示。

实施百名网络红军成长计划，打造网宣网管、网评员、舆情专家、红色大V等四支网军队伍，组织网评249次，转评5226条，网军建设经验入选全省典型案例。

【扶持文艺精品创作】 2015年，文艺作品获国家级奖92项，省、市级102项，获奖数居全市第一。电影《红日亭》被列入省文艺精品立项项目，2件作品入选省群星奖，《千年驿头在心头》等获市4项大奖，4件作品获市“五个一工程”奖。建立区优秀文化人才档案，组成专家库，发展注册登记文体团队876个。开展优秀文化人才和“鹿城文体中心户”评选。选推4人为市宣传文化系统“四个一批”人才，创成文艺创作室（基地）2处。举办江心屿金秋文化节、区首届曲艺节等，推出“我们的舞台 我们的风采”等活动品牌，开展活动1069场，迄今规模最大、时间最长、演员最多，惠及群众逾10万。培育“江心屿音乐节”“温州创意设计周”等5大品牌活动。

12家企业被列为市区级重点文化企业，5人入选“文化温商”年度人物，中加友谊小镇入选市首批文化特色小镇培育名单。建成绘年华动漫艺术馆、心工场等项目，实现黎明92园区扩容提质，牵头成立文创园区企业联谊会。创成新邦文创园等市级重点文化产业园区3个，目前拥有国家、省市级产业园区（基地）7个。鹿城区荣获浙江省文化产业10强县（市、区）称号，并在市文化产业发展推进会上作经验介绍。举办创意生活节、两岸创客嘉年华等活动，在市文博会13个奖项；承接亚青微电影展11个极拍营地，摘得52项桂冠，居全市第一。

【提升城市文明程度】 2015年，举办“家风家训”大型巡讲28场次，在《温州日报〉》刊登“新老温州人身边的家风家训故事”专栏20期。试点打造全市首个“家风家训教育基地”，开展活动90余场次。推介鹿城好故事、正能量，获“中国梦·温州好故事”优秀组织奖。拍摄《暖暖的红日亭》，牵头组织“爱心鹿城联盟”抱团行善，被人民网等媒体报道，市委领导肯定。红日亭被评为全国十大“最美家乡人”，再度引发全国反响。开展鹿城好人、社区好人、最美环卫工人、最美警嫂等13项评选活动。设

“我们的舞台，我们的风采”文化展演活动　　区委宣传部提供

立“绿园道德风尚基金”等18个民间道德奖，评选社区好人12批112名，入榜省、市道德模范3人，浙江好人4人、感动温州人物、最美温州人4人，入选数居全市前列。建立200万元道德公益基金，出台评选、帮扶实施意见。策划纪念抗战胜利70周年六大系列主题活动，创成区级爱国主义教育基地3个。建成了红日亭文化公园。开展慈孝文化进社区活动16场，1200余位老人直接受益。联结社区、社会、社团、社工，搭建“四社”慈善联动的平台，辐射带动2400余位老人子女、600余位青少年志愿者、800余位社会爱心单位员工、3000余位社区居民参与，慈孝文化社群成为鹿城区“社工+义工”服务模式新标杆。

（陈慧慧）

统战工作

【概况】 2015年，鹿城区统一战线工作取得了显著成效，在全市考核中再次蝉联第一名，对台开放第一，民宗工作第二。工商联工作获全市系统先进单位。

【开展党外人士工作】 坚持和发展中国特色社会主义学习实践活动，夯实共同政治思想基础，坚定三个自信。以“两商两会”（专题协商、对口协商、谈心会、座谈会）为载体，全年召开各级协商座谈会37次，提出意见142条。实施“一党派一主题”主委领衔调研，完成调研课题34个。统一聘任170名党外人士担任26个区直政府部门单位特约人员，开展实事督查22次。在全市率先完成民主党派换届工作。

【深化民族工作】 不断巩固21个城市民族工作站点。建立少数民族务工者职业培训和就业指导服务平台。落实伊斯兰教临时聚会点，以点带面开展“同心同行·共建和谐”活动，创新“三级联动”“三真做法”“三堂标课”“三个规范”“三大共建”等举措。在全省现场会上作典型交流，得到夏宝龙书记实地考察后充分肯定。按“四个一批”标准开展民间信仰场所整治工作，发放第一批甲类登记编号62个。对10%的宗教活动场所进行财务监督抽查，并及时做好整改。全年民宗工作得到省市领导肯定批示3次。

【开展非公人士教育活动】 全年培训达500余人次。区工商联牵头在全国首创集金融信息、政府信息、民间信息“三位一体”的信用信息查询服务平台，民间借贷服务中心再添新功能。指导2家非公企业新三板挂牌，规范应急转贷资金运转，帮助45家企业解决融资困难1.41亿元。围绕商会建设、企业发展等深入调查研究，两篇调研文章获2014年度市工商联参政议政成果奖。全国工商联副主席谢经荣一行到鹿城区调研民营企业“走出去”情况，并给予充分肯定。深化与温州肯恩大学校企合作，搭建“学城联动”平台。携手温州中津先进科技研究院，搭建科技合作和技术创新平台。出台政府职能转移工作方案，梳理政府确定转出职能109项，举行政府向社会组织转移职能试点工作签约仪式，4家社会组织的负责人与鹿城区5家政府部门签约，承接10项原本由政府部门掌握的职能。其中鹿城区民营经济发展联合会作为工商经济类行业商会试点政府职能转移。牵头组建新生代企业家联谊会。参与光彩事业活动，资金达250万元。2篇文章分别被国家、省级期刊收录，有效宣传工商联创新举措。

【推进港澳台海外工作】 2015年，完成“温州人云社区”建设，涵养海外资源。发挥海外联络站优势，组织回乡创业考察团、百名华商看鹿城等活动，邀请并接待海外侨领侨团20多批次，服务内外温州人发展。扎实开展香港专项工作。举办区侨联成立三十周年摄影展、“口述实录”等系列活动。举办2015“寻根之旅”夏令营、留守儿童快乐营活动。推进社区侨务工作，自编自导自演微电影《庆年坊欢迎你》，庆年坊社区文化礼堂获“温州市侨务文化基地”称号。创新“三个一”服务举措，华侨回国定居受理工作受群众多面锦旗表扬。以五马侨联为试点召开新常态下进一步加强党建带侨建工作会议，并在17个社区、2个楼幢侨联成立了“党建带侨建党员联络组”。传承青年文化交流的主题，承办全市2015海峡青年创新创业季、海峡青年高峰论坛活动，举办第二届鹿城·台湾青年文化节，两岸500多名青少年结对联谊交友。会同浙江工贸学院建立了国家级台湾青年就业创业服务中心（全省只有2个）。组织5个团组35人次赴台开展交流活动，签订合作协议4个。加强涉台宣传，台湾“中天电视台”“联合报”等主流媒体来鹿采访报道。妥善处置涉台突发事件1起。

【稳步推进协商民主制度建设】 2015年，举办党外人士培训班20多个，表彰先进95人次，2篇主题征文被省委统战部录用。建立党外正职合作共事制度，建立健全全区“321”党外人士、区直党外中层干部、区“六新”成员发人才库。全区党外实职科（局）级领导干部共18名，共中政府部门7名，街道5名，人民团体3名，人大、政协2名，其他部门1名。全区区管后备干部143名，党外后备干部15名，占10.5%。安排年轻优秀的民主党派人士28名，进入党派领导班子。率先出台《关于辞去、撤销和增补区政协常委、委员的有关规定》文件，建立政协委员退出机制，今年调整委员24人。

【深化党外人士社会服务品牌】 深入开展“帮村扶企助社区”和社会服务月活动，全年开展党外人士“幸福鹿城·同心同行”主题实践大型广场服务活动等大小服务活动209场，金额达302万元。深化“一党派一品牌”活动，如民盟的“关爱留守儿童”行动、民革的“抗战老兵关爱”行动、网联会的志愿者服务行动等，都取得良好的社会效果。组织党外人士开展“五水共治”、法制鹿城、招商引资等实事项目督察活动，各党派联谊会积极参与、建言献策，共提出意见建议62项，形成建议材料10个。

【继续推进网络界人士统战工作】 启动“三风e潮”五大平台建设，社会服务工作步入全新轨道。积极遴选推荐网联会会员参加中央、省委统战部组织的各类学习培训。市委常委、统战部长施艾珠、中央统战部办公厅值班室副主任孙博等多次来会调研；走访莱莱头动漫、索思科技、怡联科技等会员单位；新华社浙江分社副总编辑李亚彪、浙江省委统战部党外知识分子处副处长宋立、中央社会主义学院教研部主任李金河教授等来网联会调研，并与网联会领导班子举行座谈。

【助推“温商回归”】 2015年，深化统战机构改革，归并整合区台办、外侨办、民宗等部门职能，健全统战机构联动招商服务机制，制定统战系统招商引资目标考核体系，全面构建“大统战大招商”工作格局。全年到位内资、外资、台资均居全市前列。组织开展“海外华商鹿城行暨华商回归招商会”“鹿城乡贤看鹿城”“两岸文化产业对接会”等系列活动，邀请海内外温商回乡考察20多批次。建立与海外侨团、联络站的紧密对接机制，组织赴台交流3批次，接待海外侨团、境内外商会等50多批次，引导温商、侨商、台商回乡创业；推行在外温商服务联络处工作，向全国各地温州商会派驻10名招商联络员。

（吴芳芳）

责任编辑　王剑峰

机构编委工作

【概况】 2015年，鹿城区机构编委办坚持改革统领，注重制度创新，推进政府职责体系建设，完善政府组织体系，深化行政管理体系改革，优化机构编制资源配置，各项工作全面推进。

【打造综合清单】 2015年，着力构建政府职责体系管理“综合清单”制度框架，率先出台《鹿城区政府职责体系管理暂行办法》，明确政府职责体系的管理范围、内容、职责分工、工作要求，规范政府部门职责、权责清单的调整范围、适用情况、调整流程，实现职责管理精细化、动态化、系统化。推进首批11个部门和第二批14个街镇新“三定”①制定工作，创新“三定”文本格式，按行政权力事项、宏观和内部管理事项、公共服务事项、其他应当履行的工作事项及“挂起”事项等五个部分，逐项细化编码，将编制、职数管理精细到职能科室和事业单位。

【梳理行政权力事项信息】 2015年，会同区法制办、区审管办提出省市县三级行政权力事项基本目录修订意见，调研、审核、修改《综合行政执法领域省市县三级基本目录行政处罚事项》，做好非行政许可事项清理工作，完成浙江政务服务网非行政许可事项的调整工作。

【打造职能转移第五张清单②】 2015年，牵头出台《鹿城区政府职能向社会组织转移工作方案》。组织全区各单位梳理政府职能向社会组织转移事项，梳理出拟转移职

①“三定”：定职能、定机构、定编制的简称。

②“第五张清单”：浙江省的“四张清单”是指政府权力清单、企业投资负面清单、政府责任清单和省级部门专项资金管理清单，在此基础上，温州市将“政府职能向社会组织转移”作为“第五张清单”。

11月27日，鹿城区政府向社会组织转移职能试点签约仪式在区行政会议中心举行
区编办提供

能109项，充实了政府向社会组织转移职能目录。联合区民政局、区工商联走访协调相关单位和社会组织，推动4家社会组织承接5个部门转移的“养老服务”等10项政府职能，举行试点签订仪式。省编委办网站刊登了鹿城区在购买养老服务方面的工作经验。

【推进行政机构改革】 2015年，按照精简、统一、效能的原则，进一步精简和规范机构设置，研究拟定《鹿城区人民政府职能转变和机构改革方案的通知》，报区委、区政府印发。整合卫生、人口和计划生育的机构和职责，整合外事、侨务机构和职责，调整民宗、招商等部门，于4月底全部调整到位。结合政府职责体系建设，启动相关部门“三定”修订、机构编制优化调整等工作。同时，对首批76家职能相近、设置重复、职能弱化、职责交叉的事业单位进行整合，计划减少18家，优化事业编制资源配置。调整区政府建设项目管理机构，形成区交通建设办公室、区水利建设办公室和区城市建设办公室等三大建设项目管理单位。

【推进街镇体制改革】 2015年，针对原街镇运行过程中存在的突出问题，提出街镇体制改革建议方案，并制定新街镇机构编制调整设置方案。对街镇内设机构和事业单位实行优化整合，按照领导职数、科室数和事业机构设置数的最低配置设定行政编制基数；将街镇内设科室由11个调整为6—7个，事业单位由9—10个调整为6—7个，减少中层职数51名。在建设任务较重的8个街道设立全额拨款事业机构“城市建设中心”。开展基层社会治理模式创新，在街镇设立网格管理协调中心，为全额拨款公益一类事业机构，下设大网格，全区共设111个大网格，中心主任由街镇副书记兼任，中心副主任兼任大网格长，每个大网格核定中层1正1副，副职由公安派驻警长兼任，配备在编人员、部门派驻人员及专职社工10—19名。通过实行网格实体化运作，实现了编内和编外、街镇和部门、专业和综合的有机整合和力量凝聚，充实基层力量，夯实工作基础。

【推进综合执法体制改革】 2015年，同区城管与执法局就执法队伍的机构设置、人员编制划转、部门间协作配合机制制定等问题进行多轮讨论沟通，就职权划转及职权划转后部门间协调配合等问题与涉及职权划转单位反复讨论，对已纳入执法范围目录的职权事项和区级相关部门的行政权力清单进行梳理，拟定《综合行政执法工作实施方案（初稿）》。针对当前行政执法存在的主要不足以及综合执法改革需要解决的重点问题，撰写题为《推进鹿城区综合行政执法体制改革存在主要问题及对策研究》的调研文章，并在《浙江机构与编制》杂志刊出。

【完成减编刚性任务】 2015年，全区行政编制（不含政法部门）统一按3%的比例精简，全区事业编制（不含学校、医院和镇、街道事业编制）以系统为单位统一按5%的比例精简。精简后超编的人员，通过优化调整干部配置、自然减员和鼓励符合条件人员提前退休等办法逐步消化。后勤服务人员编制、差额补贴事业编制和经费自理事业编制精简，空编一律收回，完成省下达的减编任务。

【建立编制动态管理机制】 2015年，推进机构编制管理创新，将全区现有空编全部纳入期限管理，明确使用期限并动态跟踪编制使用情况，根据情况变化，及时延长使用期限或提前收回编制，盘活现有编制资源。结合鹿城区实际，通过空编留存、空编前置审核、空编预留、挂靠机动编制、调整单列编制等多种方式，解决历年领导干部出入编遗留问题，进一步规范领导干部出入编管理。

【实行事业单位年度报告公示制度】2015年，在事业单位年检制改为年度报告公示制的第一年，加强对实施细则、年度报告公示办法、保密知识等方面的宣传，梳理制作填写范本、操作流程，方便事业单位操作。压缩审核时限，推广使用二维码登录认证，加强保密审查，对上网公示内容严格把关；在区政府门户网站开设专栏，引入社会监督力量。

【提升实名制系统】 2015年，加强实名制系统数据维护，完善历史沿革台账和机构编制基础信息，提高数据精确性；及时更新人员变动信息，做好机构改革、街镇调整后相关单位系统数据调整工作。加强与组织、人社、财政等部门沟通协调，推动业务协同机制建设，做好系统各项数据的对接工作。严格机构编制实名制管理有关规定，形成用编、进人、工资审批、社保办理、经费预算等关键环节的综合约束机制。

【构建编外用工管理体系】 2015年，执行编外用工控制数“只减不增”的要求，严格编外用工控制数核定，并逐步推行编外用工使用审批。建立编外用工分类管理体系，根据编外用工管理实践和各类编外用工的性质、特点，出台《鹿城区编外用工管理主要目标任务分解及职责分工》，明确相关责任部门职责分工及工作目标任务。建立编外用工管理联席会议制度，形成协同管理新合力。调研课题《分类管理 分解责任 精细推进编外用工管理》获温州市机构编制系统二等奖。

（张静雅）

区机关党建工作

【概况】 2015年，鹿城区直机关工委把握服务中心、建设队伍这两大核心任务，认真落实从严治党要求，坚持问题导向，强化服务主题，加强区直机关党的思想、组织、作风、反腐倡廉和制度建设，展现机关党建新作为，为推进全区经济社会科学发展提供了坚强的思想保障和组织保障。截至年底，区直机关党工委下属机关党组织418个，其中：机关党委10个、机关党总支部30个、机关党支部378个，共有党员6694名。

【思想政治建设】 2015年，区直机关工委加强理论学习，举办机关发展讲坛，先后邀请省直机关工委副书记张小勇、温州大学马克思主义学院教授、硕士生导师张小燕为各机关党组织书记开展讲座；做好机关党建调研，组织机关党组织撰写各类党建论文109篇，并开展优秀党建论文评选，将优秀成果汇编成册，宣传调研工作获全市第一名。深化学习型党组织创建，以“鹿城区全民读书节”活动为载体，打造书香机关；与区委宣传部联合举办第五届“精品党课”授课比赛，开展青年党团员“三个表率”主题征文活动，组建鹿城区代表队参加全市党员干部讲故事比赛，并荣获季军。

【组织建设】 2015年，指导和规范基层党组织换届和改选工作，新建直属机关党组织2个，22个直属机关党组织按期换届，调整直属机关党组织班子成员110人。根据街镇区划调整的实际，指导组建街镇机关党委4个。完善机关党建工作片组会议制度，将71家直属机关党组织和8家街镇机关党委分成3个党建工作片组。实行片组长负责制，推行季度现场会。新建机关党建示范点8家，并推荐区城管与执法局参与全国点赞“政务大厅”——行政服务大厅典型案例推选活动。表彰先进党组织41个、优秀党员71人、优秀党务工作者30人。

【党的队伍建设】 2015年，按照“控量提质”的要求，规范发展程序，全年发展党员63名。加强党员教育培训，突出机关党员干部教育培训的针对性和有效性，引入现场上党课情景模拟、小组讨论、心理健康等教学内容，有效提高了党员干部教育培训质量。全年举办党务干部、基层党支部书记、专职副书记、入党积极分子等5期培训班，培训党务干部、党员、积极分子达350多人次。

【作风建设】 2015年，开展“讲忠诚、提能效、作表率”专项活动，制定《鹿城区直机关党员干部基本行为规范（试行）》。创新开展“党建引领审批服务提能效”活动，发挥党员示范引领作用，助推审批服务提速提效。开展好“破两难、纠四不，助力鹿城赶超发展”为主题的系列活动，充分发挥区检察院“职务犯罪预防教育基地”和区法院“机关党员警示教育基地”两大廉政教育阵地的作用，组织开展警示教育1292人次。配合区纪委开展机关效能、窗口服务督查，探索对口检查；协助抓好满意不满意单位和满意不满意基层站所（办事窗口）评比活动。

【党建工作责任制】 2015年，区直机关工委与区委组织部联合出台《部门党组（党委）书记抓基层党建工作责任制基本要求》，落实党建工作清单制度；开展区直机关单位贯彻落实《中国共产党和国家机关基层组织工作条例》和区委实施意见情况专项督查，推进机关党建各项制度落实到位；推出机关党建述职联评新举措，强化机关党组织书记抓党建的主体责任，搭建机关党建交流平台，营造机关党建的氛围。

【争当先锋模范，助推破难攻坚】 2015年，开展“争当先锋模范，助推破难攻坚”专项活动，助推全区破难攻坚、赶超发展。充分利用《今日鹿城》、鹿城机关党建网、鹿鸣微刊等报刊、网站、微博、微信宣传平台，推出“助推破难攻坚”系列报道16期；编印《鹿城机关党建》（增刊专辑）；开展“十大破难攻坚案例”和“十大破难攻坚先锋”评选活动，为机关党建如何立足本职工作、助推区委中心工作提供借鉴，营造破难攻坚良好氛围。

【党员志愿服务】 2015年，强化党员志愿服务管理，开展“百个支部结对，千名党员牵手”“在职党员进社区”和“红七月·服务月”志愿服务等系列活动。据不完全统计，全年区直各机关单位开展支部结对500多次，党员进社区开展志愿服务2500多次，认领微心愿1500多条，为民办实事300多件，投入资金1300多万。

【群团组织建设】 2015年，坚持群团工作与党建工作同研究、同部署，指导各单位同步设置群团组织，并积极支持群团组织依照各自章程履责。机关工会安排26名机关职工参加疗休养活动；机关团工委新建下属机关团组织2家，换届4家，举办“以书会友”机关青年联谊会；机关妇委会举办“新常态，新女性，助力鹿城赶超发展”户外拓展活动。组织区直机关1500多人参与登山活动、600多人参加区第八届区运动会。关爱机关干部身心健康，举办健康知识讲座；用心打造机关干部读书俱乐部、办好机关图书馆。注重对老党员、生活困难党员和生病党员的关怀帮扶，坚持“七一”、春节等重大节日走访慰问制度，全年共慰问94人次，慰问金额9.6万，下拨党组织活动经费15.88万元。

（黄小芳）

信访工作

【概况】 2015年，鹿城区信访局坚持属地管理、妥善处置，防范在先、避免聚集，疏导教育、树立导向，统一劝返、减少滞留的原则，强化重点人员管控，强化安全劝返接回，强化督导落实。做好全国、省、市、区各级“两会”、“抗日战争暨世界反法西斯胜利70周年纪念活动”、十八届五中全会、第二届世界互联网大会等重点时期信访工作，确保全区社会的和谐稳定。全年信访总体平稳有序，信访总量3505件（人）次，其中，进京上访216批415人次，赴省上访70批187人次，到市上访169批871人次，来区上访387批1688人次，来信（网信）344件。鹿城区群众进京非正常上访16批18人次，占全年非访控制指标56.3%。

【信访秩序专项整治】 2015年，鹿城区委、区政府联合发文，在全区范围内进一步开展依法整治进京非正常上访专项行动，并成立区委副书记为组长的专项行动领导小组。对2013年以来的进京上访信访事项开展全面排查，逐案落实事权单位和属地街镇责任领导、责任人，重点案件实行区领导包案督导，全力开展化解稳控工作。将非访工作纳入平安、综治、信访考核的重点，加强督查检查和通报考核，对突破限制指标的实行严厉扣分，对工作不到位情况进行通报批评、重点约谈，甚至一票否决。对所有发生的非访实行责任倒查追究。加大打击力度，对非访行为“零度容忍”。2015年，全区进京非访或清查重点对象被行政拘留28人次（在京被行政拘留5人次），刑事拘留5人次，取保候审1人次。规范教育训诫工作，要求街镇和属地派出所对每个非访及清查人员进行法制教育和谈话训诫，并制发《信访法制教育告知书》，充分告知非访的法律后果。

【信访积案攻坚】 2015年，鹿城区开展“信访积案攻坚年”活动，区信访联席办梳理110件信访积案予以交办，其中：事权区属49件、事权市属52件、事权交叉的9件，力争“解决一批、终结一批、息访一批、稳控一批”。同时，积极开展“百名律师助力百案攻坚”活动，发动两代表一委员、社会组织、志愿者队伍等第三方力量参与信访积案处理工作，促进信访问题依法解决。全年110件信访积案（其中涉法涉诉21件，已程序终结17件）、已息诉息访8件，没有发生进京上访、非正常上访80件，有效稳控率为72.7%。

【信访督考问责】 2015年，区信访局联同区纪委对每件非访事项启动调查追责，并将非访整治行动和“信访积案攻坚年”活动情况纳入信访工作目标管理考评内容。建立《信访监督员志愿服务制度》，助推信访督查工作。按照《信访条例》所赋予信访局的“改进工作建议权”“完善政策、解决问题建议权”“给予行政处分建议权”等“三项建议权”的职责，将三项建议权以《信访建议书》的形式提出，倒逼责任落实。扎实开展信访督查“百千万”专项行动①，排查梳理105件信访事项纳入督查。全年全部整改办理到位，共化解或息诉息访20件。

（马欢欢）

党史研究工作

【概况】 2015年，值抗战胜利暨世界反法西斯战争胜利70周年，鹿城区委党史研究室举办了系列纪念活动，同时协助《今日鹿城》办好《红色记忆、家国情怀——寻访鹿城大地上的抗战踪迹》纪念抗战胜利70周年专栏；协助温州电视台拍摄抗战专题纪录片，在全国14个沿海城市联播；接受或协助《温州日报》《温州晚报》《温州都市报》等新闻媒体，做好对抗战题材的调查、采访活动。完成省、市新四军历史研究会布置的采访应光义、陈志芳等5位抗战老兵事迹任务。论文《试述浙江抗战文化及其影响》参与“浙江省党史系统纪念中国人民抗日战争胜利70周年学术研讨会”。《温独支在国民革命运动中的历史地位和作用》参与省委党史研究室和嘉兴南湖革命纪念馆主办的“浙江籍先进分子与中共早期组织学术研讨会”。帮助温州中共党史学会、温州市新四军历史研究会完善充实《浙南革命根据地史》一书的史料。全年发表党史研究成果、党史资政文章60余篇（次），被中央、省、市党史研究室录用信息17篇。全年赠送党史研究成果书籍4000多册，庆年坊社区建立李岳松（党史专著）赠书专柜。

【召开纪念抗战胜利70周年座谈会】 9月16日，区委党史研究室召开学习贯彻习近平总书记在中国人民抗日战争和世界反法西斯战争胜利70年纪念大会上的重要讲话精神座谈会。区委宣传部、老干部局、新闻中心和离退休老干部、专家学者、抗战老兵、温州三次沦陷亲历者代表等30余人参加会议。会上，党史研究副研究员李岳松向与会人员揭露日军在鹿城犯下的滔天罪行；原《温州市志》主编章志诚就“温处劳工在日本被惨杀案”，介绍了代表团为帮助温州和处州（今丽水）劳工后代争取相应赔偿于2015年9月初赴日本交涉情况；离休老干部代表卢崇德就学习习近平总书记“9·3”阅兵重要讲话谈了自己的学习体会。专家学者代表卢礼阳、陈均贤、周保罗和三次沦陷亲历者代表朱庆桂及“砻糠桥惨案”唯一幸存者潘瑞明儿子潘步清等发言，共同回顾抗战时期日军暴行和鹿城人民不畏强暴、英勇抗战的艰难历程以及纪念抗战的意见建议。

【走访抗战旧址活动】 6月25日，区委党史研究室与温州新闻网联合组织地方文史专家、网络名人、媒体记者，开展《复兴路上的热血情怀 走访温州鹿城抗战遗址》系列活动，首站走访九柏园头新四军驻温州通讯处旧址、县前头新四军驻温州采购办事处旧址。随后，在墨池坊社区召开纪念抗战胜利70周年座谈会。该活动由温州新闻网现场采访直播。

【竖立砻糠桥“惨案”纪念碑】 8月31日，区委宣传部联合党史研究室举办“砻糠桥惨案纪念碑”揭碑仪式暨“日军入侵鹿城暴行”纪实图片展。纪念碑位于惨案遗址——南郊街道砻糠桥（今龙方桥）东首，为一座宽1.8米、高3.7米的灰白色天然石碑，正面向东刻着“砻糠桥惨案纪念碑”。1942年7月，日本侵略者抓走18位手无寸铁的温州平民，将他们捆至砻糠桥（今龙方桥），施以惨无人道的“晒人干”暴行。除潘瑞明逃脱外，其余17人遭日军水淹，又拉上岸跪地曝晒、鞭打、刀刺，反复多次至死。惨案幸存者潘瑞明的儿子潘步清讲述了父亲遭到的惨无人道的摧残。“砻糠桥惨案纪念碑”揭碑仪式同日举办了“日军入侵鹿城暴行”纪实图片展。

①信访督查“百千万”专项行动：浙信领〔2015〕6号文件部署开展此项工作，要求坚持从严从实，突出问题导向，省、市、县（市、区）信访工作机构各排查梳理出需要督查的信访事项，形成“省级100件、市级共千件、全省近万件”大督查格局，着力解决各级领导干部、有权处理机关、信访工作机构在切实维护群众合法权益中不严不实问题。

8月31日，组织举办“日军入侵鹿城暴行”纪实图片展　　区党史办提供

【承办温州抗战纪实大型展览】 由温州市委宣传部等主办，温州博物馆、鹿城区委党史研究室等承办的“温州抗战纪实——纪念抗日战争胜利70周年”大型展览，于9月2日—12月2日在温州博物馆展厅展出。展览分五个单元，用详尽的历史文献、图片及文物记录抗战期间温州的三次沦陷和日军暴行、抗日民族统一战线、抗战斗争、各界群众的抗日救亡运动与温州交通、教育、工商业发展情况以及迎接胜利、缅怀英烈等内容，全景式、纪实式地展现了日本侵略者在温州犯下的滔天罪行和温州人民英勇抗战的历史功绩。

【完成“细菌战”专题调研】 通过查阅文献史料，深入松台街道月湖和庆年坊社区、双屿街道正岙村等地开展调查、采访，并多次召开座谈会，核实抗战时期的“三亲”老人和受害者亲属的史实，完成了《日军对温州鹿城实施的细菌攻击》的专题调研。该专题调研文章入选省委党史研究室编并由浙江人民出版社8月出版的《日军在浙江细菌战专题研究》。

【举办党史专题培训会】 8月26日，鹿城区召开改革开放新时期党史专题培训会，邀请浙江省委党史研究室俞红霞处长作党史专题撰稿讲座，全区各部门单位、街镇80多位撰稿人参加培训。会上，俞红霞结合自己多年党史工作的经历、经验，分别从党史专题的概念及要素、前期准备工作、基本内容、基本要求、写作规范等方面进行了深入浅出的讲解。区党史办传达省培训会议精神，并就专题撰写工作提出意见建议。

【《田塘头风情》出版】 该书由浙新广局许可（准）字〔2015〕第372号批准12月出版。是《鹿城党史文化丛书》第一辑，分红色印记、红色纪念、革命英烈、馆藏展览等红色栏目和人物春秋、诗歌园地、风光揽胜、民间故事、民间习俗、大事纪要、附录等，全面展示田塘头及附近村的党史、人文和风土习俗。

【《中共温州市鹿城区委文件选编》（第四辑）出版】 《中共温州市鹿城区委文件选编》第四辑（1993.1—1995.12），由浙新广局许可（准）字〔2015〕第362号批准内部出版。该书收入3年间区委领导重要讲话、会议纪要、主要报告等重要文件，并将7篇区政府重要文件收入附编一。全书计42.54万字。

【《鹿城革命烈士集》修订本出版】 该修订本于12月由中国文史出版社出版发行，新增了林心平等4名烈士；将3名因公牺牲和病故军人因未批准为烈士、7名与鹿城无关的烈士予以删去；8名烈士遵照本书体例进行调整，对烈士的出生年月等进行勘正。该书收入了125名烈士传略、459名烈士简介，是全省县（市）区级较全面的一本综合性的烈士集。全书48.2万字。

【党史资政与宣教】 据不完全统计，区委党史研究室全年发表党史研究成果、党史资政文章60多篇。其中李岳松的论文《温州时尚产业发展研究》被列为鹿城区2015年度社科立项课题，11月29日在“温州日报”发表后，被《中国领导干部论坛》转载。《温州农村文化礼堂建设特色述略》在《足迹》发表；3月11日，人民日报社融合传播平台——人民文摘网（今人民新闻网），全文刊发了《温州特色农村文化礼堂建设路径探讨》。《毫无人性、摧残妇女——日军在鹿城犯下的强奸罪行》等有关党史研究文章53篇，分别在《大江南北》《浙南火炬》《温州日报》《江南视野》《温州论坛》《温州探索》等报刊杂志发表。由李岳松著、中国人事出版社出版的鹿城地方党史《鹿城风雨春秋》，于9月9日获温州市第十五届哲学社会科学优秀成果奖——学术进步奖。

（李岳松）

老干部工作

【概况】 2015年，鹿城区共计离休干部137人，其中易地安置离休干部72人。离休干部平均年龄87.70岁，其中，85岁以上（含85岁）74人，90岁以上（含90岁）33人，男女比例（男比女）约为2.54∶1。原四套班子退休干部7月新增1人，年末共计23人。全年鹿城老年大学招收学员共计2156人。

【老干部政治待遇】 春节期间，区四套班子领导分9组走访慰问了81位享受副县级待遇退休干部及享受副厅级待遇离休干部。区老干部局分区域走访慰问了全区160位老干部及其遗孀。先后三次组织全区离休干部干部通报会，分别向老干部通报了全国“双先”（先进离退休干部党支部和离退休干部先进个人）及全省老干部会议情况、区“五水共治”工作开展情况以及区老干部工作开展情况。2015年，鹿城区重新挂牌“鹿城老干部党校”，在鹿城老年大学开设了两期离退休支部培训班，每期培训班30课时，参加对象为各街镇、区直机关部分单位离退休党支部书记及支部委员，并举办了反法西斯战争胜利七十周年专题讲座。

【生活待遇】 2015年，区老干部局定期向老干部子女发送“孝心短信”，提醒老干部子女“关爱不等待，常回家看看老人”，全年共计发送12864条。召开全区老干部工作座谈会，整合社会力量共同参与老干部“四就近”（老干部就近获得学习、就近参加活动、就近得到关心照顾、就近发挥作用）工作，继续落实每人500元的四就近工作经费。1月，前往丽水市云和县为老干部“两个阵地”（鹿城区老年大学、鹿城区老干部活动中心）引进老年人益智健身器具；4—7月，针对全区本地离休干部开展了一次生活待遇落实情况督察，共计督查单位数22家，涉及离休干部人数66人，检查配偶单位数4个，检查配偶及家属人数23人，存在政策未落实单位合计5家，政策未落实离休干部及配偶共计13人，存在问题19人次，合计金额57570元，于年底前均得到落实；10月，组织老干部前往江心屿西园海景大酒店开展为期7天的健康疗养活动。

【发挥老干部作用】 2015年1月，区老干部局开通“鹿城区委老干部局”微信平台，定期发送局机关工作动态、老干部风采、最新政策、养生贴士等信息，向社会传递鹿城区老干部工作重大决策及工作信息，扩大老干部工作宣传覆盖面；5月，成立老年大学“班上班下”先锋队，建立“鹿城好声音”演唱队、“老俏妞”舞蹈队、“老妈”饺子队、“文明微拍”队、“吾老在线”讲师队、“银色网评”队、“翰墨”书画宣教队、“IT”扫盲互助队、“潮妈”时装队、“送学上门”服务队等十支个性化队伍，引导老年大学党员“班上”发扬先锋模范精神、“班下”热心参与社会公益；联合区委组织部、宣传部、区广电新闻中心等多家单位在全区开展寻找“最美老干部”“最美老干部贴心人”活动，全年共计收到33个团体或个人投递的报名表；7月，“绚霞”事迹在浙江省电视台“榜样”栏目专题播出10分钟，在全省银色人才推进会上做典型发言并参与全省“最美老干部”巡回演讲；与区委宣传部合作，开发鹿城区网上老年志愿平台，将全区范围内的银色人才共计207人全部纳入该平台。

【开展“纪念抗战胜利70周年”主题活动】 2015年6月，区老干部局联合墨池社区在墨池公园书画院开展“翰墨掠影·浓情颂党”全区离退休老干部书画摄影作品联展，众

1月28日，区老干部局组织老干部和老年大学学员前往藤桥岙底社区参加“新春送爱心欢乐过大年”特色民俗活动　区老干部局提供

多老干部作品参加联展，得到了社区居民的肯定和认同；发动“吾老在线”讲师团深入社区、学校、机关开展抗日战争胜利七十周年宣讲，宣传温州抗日英雄史，全年共计开展各类主题讲座89场；组织老干部为社区群众、小学学生讲述抗战时期红色故事；区四套班子领导分四组走访区4位抗战时期本地离休干部，发放纪念章和慰问金；7月，区老干部局局长和两位离休干部代表到鹿城新闻网“鹿鸣议事厅”网络直播厅，以“忆往昔峥嵘岁月，展今日老将风采”为主题讲述老干部们抗日经历和过往故事，宣传局机关开展“四大行动”、发挥老干部作用的主要事迹和成效，向广大网友展现了老干部们风采和局机关的重点工作开展情况；组织老干部观看抗战红色电影《百团大战》、参加区“砻糠桥惨案纪念碑”揭幕仪式、观看《红色典藏 永不褪色的抗战记忆——浙江抗日老战士的烽火人生》专题纪录片。年初，以抗战老干部亲身经历为素材，筹划拍摄老干部微电影《位子》，参演人员均为鹿城区老干部。7月29日微电影《位子》首映式于鹿城区欧洲城二幢二楼香港未来影院3号厅上映，10位主演电影的老干部参加首映式，温州市委宣传部副部长戴嘉宝，鹿城区委常委、宣传部部长徐强出席并发表讲话。该电影在腾讯网、温州网、微信公众平台等多家网络媒体平台播放，网络点击量达到104206次。

（陈鸿升）

档案工作

【概况】2015年，鹿城区档案局以提升档案工作水平、服务鹿城经济社会发展为主线，依法履行档案收集、保管、利用职责。全年共接收30个全宗的各类档案计3308卷、26939件，包括松台街道和区委组织部、农办和统计局移交的文书档案4857件；区民政局移交的婚姻档案16230件；双屿街道、黄龙街道和南汇街道移交的计生档案2036卷；光明医院、长征妇产医院、双屿卫生院、鹿城人民医院、鹿城妇幼保健所、德溢医院、上成乡卫生院、南郊卫生院、区卫生局移交的出生医学证明档案575卷；区农林水利局和卫计局移交的业务档案462卷、5378件；水利建设投资公司和南汇街道移交的科技档案243卷。接收了一批反映鹿城区文化活动、历史变迁的重要书籍、资料等。继续推进机关单位省市级档案达标认定工作，区广电新闻中心、住建局等5个单位开展省市级认定。继续做好数字档案室创建工作，区机关工委、文明办等10个单位开展规范化数字档案室创建。依托市“温州市档案目录共享中心平台”，设置馆际档案查询窗口，开展民生档案馆际查阅服务工作，实现全市范围内民生档案馆际异地查阅。完成相关接口开发，实现“鹿城区档案综合管理系统”与“温州市档案馆际一体化平台”无缝对接、民生档案自动上传与更新。全年上传婚姻162559条；计生、土地、学籍等民生档案共计2万余件，完成馆藏传统纸质档案100%数字化。完成42万元的馆藏业务档案数字化工程的招标并进场施工。11月3日，编研的《鹿城建区30年纪事（1984—2014）》获全省优秀档案编研成果优秀奖；11月12日，《基于政务网档案信息资源共建共享平台的研究》课题获全省优秀科技成果奖二等奖。

【开发利用和开放鉴定】2015年，全年共接待档案查阅2500人次，调阅2800多件（卷）。提供满足机关单位和群众查阅工资、保险、婚姻等方面相关档案需要的服务。开展双休日、午休期间预约接待查档等优质服务。为群众出凭证、为机关单位编研修史、工作参考提供便利。开展满三十年档案的开放鉴定工作，鉴定32个全宗的397卷、313件档案予以开放。配合市、区保密局开展1984年至2015年的全区档案解密试点工作。

【打造多方位服务体系】2015年，依托“鹿城区新农村（社区）档案信息共建共享平台”，扩大设置街道（社区）民生档案查阅点，实现民生档案社区查阅。年内完成平台建设，并上传全区婚姻档案16万余条、医学出生证明档案6万余条以供查询。依托“鹿城档案方志网”，建设在线民生档案查调系统，通过在线认证、审批及档案凭证快递，实现民生档案查调足不出户。年内系统建设已完成并开始提供服务。通过大厅自助查询系统、政务网档案共建共享平台、门户网站等平台按计划分类发布公开档案，实现了公开档案在线查询。融入温州市档案目录共享中心平台，基本形成了集市（馆际）、区（馆内）、社区三级共建共享与网络在线服务为一体的鹿城区民生档案多方位服务体系。

【监督指导】2015年，区档案局开展民生档案摸底调查，走访了区民政局、司法局、农办、卫生局等重要民生单位，指导接收计生档案、山林延包档案、出生医学证明档案等。主动对接服务A378时尚产业园项目，提供档案业务指导，查找馆内原鹿城工业区图纸，为企业厂房改造提供资料。指导“五水共治”、“三改一拆”、群众路线档案整理工作，群众路线档案全部规范化整理移交进馆。指导丰门河（黄龙康城段）河道整治工程档案指导，并开展档案验收及接收进馆工作。对机构调整的街镇开展事前监督事后跟进工作，制定《关于鹿城区部分街镇调整中做好档案工作的通知》，明确了档案收集范围和注意事项，召开街镇档案工作会议，机构调整的6个街镇办公室主任、档案员参加会议，并对双屿街道、南汇街道各科室负责人开展专门的档案接收工作培训；制定《街镇各科室档案收集细则》，把街镇各科室需要收集的材料规范细化，让各街镇填写街镇档案清点登记表报区档案局备案，便于事后查找监督；要求新成立的街道及时落实档案分管领导和档案员，配备档案室和档案用具。

【业务知识培训】 2015年，区档案局多次分批开展档案业务培训。4月1日，举行全区档案表彰暨培训会，全区各单位档案员80人参加，培训内容主要为文书档案、会计档案、数码照片档案、全宗卷的整理等；5月12日，为区执法局及下属的环卫处、市政处、园林处的23位档案员开展专题档案培训；6月15日，为区民宗局全体人员开展档案管理规范、数码照片档案整理等业务培训。

【机关单位档案网上年检】 2015年，区档案局根据《关于开展2015年度档案工作网上年检的通知》（温鹿档〔2015〕15号）文件，对全区33家单位开展网上年检，在年检中对档案整理不规范的单位提出整改意见，对区人大、区政协等25家年检优秀单位给予表彰。

【省级数字档案馆创建】 随着共建共享平台升级的完成，区档案馆开展数字档案移交进馆工作，全年共完成区委、区政府等20家立档单位的电子档案移交进馆。根据《国家级数字档案馆测试办法》标准，升级改造局内档案信息基础网络，配置相应网络安全设备，实现局域网、政务网、公众网三网隔离；升级改造基于内网的“综合档案管理系统”，增加自助查询、实体档案辅助管理、档案发布、档案“四性”检测、全文搜索、服务评价等功能；升级改造基于电子政务网的“档案信息共建共享平台”，增加电子档案移交进馆、档案发布、馆藏数字档案查询等功能；升级改造基于公众网的“鹿城档案方志网”，增加公开档案发布功能。全面升级、整合各大系统，根据《鹿城区档案局创建“国家综合数字档案馆”工作方案》部署有序推进创建，于12月26日顺利通过省级专家组测试验收，成功创成“省级数字档案馆”。

【档案文化建设】 2015年，完成《记忆鹿城》总第四期与第五期、《档案视角看鹿城——鹿城档案馆展览选编（一）》的编纂工作，并赠发各区直、街镇、村居、社会团体等单位。于6月9日晚上和市档案局、瓯海档案局、龙湾档案局、经开区档案馆在世纪广场联合举行“6·9”国际档案日宣传活动，印发民生档案查阅指南，并现场接受群众的查档咨询。

（林　玲）

责任编辑　戴爱华

12月26日，区档案馆顺利通过省级专家组测试认定，图为认定现场

区档案局提供

温州市鹿城区人民代表大会及其常务委员会

重要会议

【区八届人大四次会议】 2月3日—5日在鹿城文化中心举行，出席大会代表286名，列席会议人员219名。区八届人大四次会议共举行4次全体会议，5次主席团会议，1次计划和预算审查委员会会议，1次议案审查委员会会议。

会议听取和审查温州市鹿城区人民政府工作报告；听取和审查温州市鹿城区2014年国民经济和社会发展计划执行情况及2015年国民经济和社会发展计划草案的报告；审查、批准温州市鹿城区2014年国民经济和社会发展计划执行情况的报告及2015年国民经济和社会发展计划；听取和审查温州市鹿城区2014年全区和区级预算执行情况及2015年全区和区级预算草案的报告；审查、批准温州市鹿城区2014年区级预算执行情况的报告及2015年区级预算；听取和审查温州市鹿城区人民代表大会常务委员会工作报告；听取和审查温州市鹿城区人民法院工作报告；听取和审查温州市鹿城区人民检察院工作报告；补选温州市鹿城区第八届人民代表大会常务委员会委员。

会议期间，大会议案组收到代表议案13件，建议241件，其中11件代表议案转为代表建议处理。大会选举产生区人大常委会委员5名。

【历次常委会会议】 2015年，区第八届人大常委会共举行6次会议（第二十一次至第二十六次）。

区八届人大常委会第二十一次会议于3月26日举行。主要议程：1.审议《关于鹿城加快建设时尚之都示范区的议案》；2.审议《关于推进鹿城区征收安置提速提效的议案》；3.审议通过温州市鹿城区人大常委会2015年工作要点；4.人事任免。

区八届人大常委会第二十二次会议于5月27日举行。主要议程：1.听取和审议区法院关于执行工作情况的报告；2.听取和审议区检察院关于查处和预防职务犯罪工作审议意见落实情况的报告；3.听取和审议区政府关于食品安全专项工作审议意见落实情况的报告；4.听取市人大代表述职；5.人事任免。

区八届人大常委会第二十三次会议于7月28日举行。主要议程：1.听取和审议区政府关于2014年财政决算的报告；2.听取和审议区政府关于2014年区级预算执行和其他财政收支情况的审计工作报告；3.听取和审议区政府关于“五水共治”暨丰门河治理工作审议意见落实情况的报告；4.听取和审议区政府关于出入境管理法执法检查审议意见落实情况的报告；5.听取和审议区政府关于鹿城区街镇行政区划调整方案的报告；6.人事任免；7.听取市人大代表述职。

区八届人大常委会第二十四次会议于9月11日举行。主要议程：听取和审议区政府关于提请审议鹿城区棚户区（城中村）改造（一期）项目融资建设有关事项的议案。

区八届人大常委会第二十五次会议于9月24日举行。主要议程：1.听取和审议区政府关于2015年1—8月份国民经济和社会发展计划执行情况的报告；2.听取和审议区政府关于2015年1—8月份全区和区级预算执行情况的报告；3.听取和审议区政府关于教育均衡发展情况的报告；4.听取和审议区政府关于推进鹿城区征收安置提速提效的议案办理暨征收安置工作专题询问审议意见落实情况的报告；5.听取和审议区政府关于区八届人大四次会议代表建议、批评和意见办理情况的报告；6.审议表决《关于提请建立温州市鹿城区人大常委会蒲鞋市等街道工作委员会的议案》；7.开展区法院部分法官履职评议；8.听取市人大代表述职；9.人事任免。

区八届人大常委会第二十六次会议于11月25日举行。主要议程：1.听取和审议公检法司机关工作人员依法履职、公正司（执）法情况的报告；2.听取和审议区政府关于《鹿城建设时尚之都示范区的议案》办理情况的报告；3.听取和审议区政府关于2015年度预算调整的报告；4.听取和审议区政府关于宗教事务管理工作情况的报告；5. 听取和审议区政府关于温州市鹿城区土地利用总体规划（2006—2020年）调整完善的报告；6.听取和审议区政府关于2014年区级预算执行和其他财政收支审计处理意见落实情况的报告；7.听取和审议区政府关于推进我区征收安置提速提效的议案办理暨征收安置工作专题询问审议意见再落实情况；8.补选徐强中为温州市第十二届人民代表大会代表；9.人事任免。

重大活动

【法律监督】 2015年，区人大开展公正司执法情况专项监督。专项监督区法院执行工作，要求健全公开化的管理流程，构建高效联动机制，加强执行能力建设。出台《鹿城区组织实施宪法宣誓制度办法》，组织宪法宣誓仪式3次，共38名人大任命干部向宪法宣誓。加强对人民陪审员选拔程序和履职情况的监督。随机抽取5名法官开展履职评议，提出具体整改意见并督促改进工作。跟踪监督区检察院查处和预防职务犯罪工作。加强法治宣传教育，监督“六五”普法工作，开展“12·4”国家宪法日活动、依法治国理论宣讲活动。组织任前法律知识考试62人次。开展规范性文件备案审查，共受理区政府报送备案的规范性文件34件。关注养老事业、慈善事业发展和弱势群体保障问题，视察调研居家养老服务工作、自闭症儿童康复现状。

协助市人大开展立法课题的征集和调研，征求各级人大代表和社会各界对《温州市制定地方性法规条例（草案）》《温州市市容和环境卫生管理条例（草案）》等法规草案的意见，向“一府两院”征集有关促进鹿城建设发展的立法项目建议。

配合市人大开展安全生产相关法律法规执法检查，督促区政府抓好安全生产突出问题的监管和整改。

【财经与预算监督】 2015年，关注全区经济运行，全程监督“十三五”规划编制，听取和审议区政府关于半年度经济运行、1—8计划执行和“十三五”规划编制情况的报告。要求区政府优化空间布局、增强城市功能，激发民资活力、扩大有效投资；督办鹿城建设时尚之都示范区议案，向区政府提出科学规划布局、理顺体制关系、建立产业基金、优化帮扶政策、完善服务体系、建立配套平台的审议意见，推动鹿城时尚产业科学发展。开展“重振优势传统产业、加快发展新兴产业”专题调研，为区委提供决策参考。

听取和审议预算草案、预算执行、决算、审计等报告，要求区政府及职能部门完善预算管理体系，细化编制一般公共预算、政府性基金预算和国有资本经营预算，严格预算执行，抓好审计发现问题的整改，加强绩效管理。审查批准2014年度财政决算、2015年度部分预算调整方案。成立9个预算审查小组，对全区70个部门2016年度预算编制草案进行调查，提出具体整改意见交财政部门和预算单位落实。首次组织预算重点审查部门的听证会，深化部门预算审查监督。聘请15名从事财政、审计、税务、工程造价等方面的专家，建立人大预算审查监督咨询专家库。加强全口径预算审查监督，督促将区属国有企业纳入国有资本经营预算管理范围。

【专项工作监督】 2015年，区人大专项监督义务教育均衡工作，促进区域发展不平衡、管理机制不完善、教育资源布局不合理等问题化解。跟踪监督食品安全专项工作审议意见落实情况，督促建立公众参与、企业自律、法制保障、齐抓共管局面。调研卫生和计划生育机构改革情况，要求区政府抓住医改机遇，发挥政府和市场作用，更好地满足市民不同层次的医疗卫生需求。配合省人大开展食品安全执法检查自查工作，协助市人大完成关于“学前教育发展情况”“医疗服务发展情况”的调研以及职业教育方面的执法检查。

专题监督鹿城区宗教事务管理工作，针对宗教管理队伍力量不足、活动场所布局不合理、内部管理不规范等问题，提出审议意见并交区政府办理。跟踪监督出入境管理法执法检查审议意见落实情况，推动区政府健全工作机制，加强法律宣传，增强执法合力。配合市人大民侨委开展依法加强宗教事务管理工作调研、温商回归工作审议意见落实情况和对台湾同胞投资保护法律法规贯彻实施情况审议意见落实情况的跟踪监督等工作。

督办推进征收安置提速提效议案，结合征收安置工作专题询问审议意见的跟踪落实，先后7次对11个重点督查项目进行追踪检查，推动区政府加大破难攻坚力度，积极创新安置机制，加快实现百姓“安居梦”。监督“五水共治”工作，督促区政府进一步加大宣传、形成共识，明确任务、狠抓落实，治管并举、源头防控，全面提升治理成效。与省、市人大联动，开展大气污染防治工作情况调研，督促政府加强基础能力建设和重点区域监管。开展全区旅游业发展情况视察调查，推动旅游大项目落地和数字化旅游发展。

审查批准街镇区划调整方案和《鹿城区土地利用总体规划（2006—2020年）》（2014调整完善版），审查批准城中村改造项目融资建设方案，督促区政府加强对城中村改造项目的监管，确保城中村改造项目规范运作。跟踪监督丰门河治理工作，督促区政府加快推进西片污水处理二期工程，推动已治理河道水质长效管理。视察调查农村“三资”管理情况，督促推进街镇“三资”管理服务中心规范化建设，健全组织机构和人员队伍。调查农村产权制度改革基础工作进展情况，督促区政府加强政策研究与指导，做好农村土地承包经营权确权和未完成改制村的股改工作。

【代表工作】 2015年，组织代表开展转型升级十大组合拳落实情况主题监督活动，专题视察小微企业创业园建设、企业科技创新、滨河绿道建设情况；开展查找“短板”专项活动，梳理上报涉及经济发展、生态环境、民生事业、社会治理等七个领域存在的“短板”及补“短板”的建议；开展“监督已治理的河”主题活动，深入上百条河溪开展视察暗访，查找问题86个，提出针对性意见建议；成立55个视察核查组，对全区2089户年收入4600元以下贫困人口脱贫情况开展全面核查，助力精准扶贫、精准脱贫。组织省人大代表温州中心组第一小组、市人大代表鹿城代表团视察督查城市北片防洪排涝调蓄工程、仰义林里片区、七都万国财富小镇、江滨异域风情带、广化路改建区安置提速等建设项目和交通治堵、城市精细化管理等工作。

邀请代表列席常委会会议，参加视察、检查、督查，旁听法院庭审，进审批中心开展效能监督。推进网上代表联络站建设试点工作，在松台街道建立全区首个网上代表联络站。

【代表议案建议办理】 2015年，加大建议督办力度，将其中涉及全区中心工作、民生问题的8件建议确定为区政府领导领办的重点督办件（附表），全程督办并听取专题报告。组织全面督查并召开代表建议办理情况评议会，对8个承办单位进行评议测评，推动办理答复不满意的建议办理落到实处。区八届人大四次会议及闭会期间代表提出的232件建议，都在规定时限内答复代表，其中已解决或列入解决计划的192件，受条件限制暂时不能解决或留作参考的40件， 其他21件因超越本级人民代表大会职权范围或属于党委职责的，已分别转市属有关部门和党群系统参考处理。

2015年区政府区长、副区长领办的建议目录

表4

序号	建议编号	建议标题	建议领衔人	责任领导
1	237	关于进一步加强城市精细化管理的建议	朱建光	朱崇敏
2	116	关于要求缩减政府机关编外人员的建议	孙国勇	项伟胜
3	155	关于提升基层医疗保障水平的建议	周祥薇	伍　挺
4	251	关于打造鹿城西部浙派民宿，保护传统古村落，提升城市后花园功能的建议	白琼璟	章月影
5	169	关于要求尽快推进江滨A线西段工程建设的建议	叶云森	杨德听
6	闭10	关于推动我区传统产业改造升级的建议	孙国勇	胡明亮
7	243	关于进一步改善数字城管人性化、合理化、科学化执法的建议	王　林	林世南
8	144	关于将曹仙巷29号、35号公房作为五马街区创建历史文化旅游区游客服务中心的建议	林双燕	邓小林

【人事任免工作】 2015年，坚持党管干部与人大依法任免的统一，加强对拟任干部的任前调查和审查，接受区人大常委会组成人员辞职6人，任免常委会工作机构负责人31人次，决定任免区政府组成人员32人次，任免区法院审判人员和区检察院检察人员27人次。支持人民陪审员队伍建设，依法任免人民陪审员74人次。接受人大代表辞职17名，圆满完成部分区人大代表的补选工作，补选了22名区人大代表。

【人大信访工作】 2015年，积极运用法治思维做好信访工作，受理群众来信55件，接待群众来访73批次，加强重点信访件的跟踪督办，促进解决事关群众切身利益的问题。

2015年区人大常委会重要文件目录

表5

文号	文件标题
温鹿人大常1号	关于印发温州市鹿城区第八届人民代表大会第四次会议公告的通知
温鹿人大常2号	关于朱建光等职务任免的通知
温鹿人大常3号	关于蔼成福免职的通知
温鹿人大常4号	温州市鹿城区人民代表大会常务委员会关于接受蔼成福请求辞去区人大常委会委员职务的决定
温鹿人大常5号	关于印发《温州市鹿城区人大常委会2015年工作要点》的通知
温鹿人大常6号	关于库尔班·买买提等职务任免的通知
温鹿人大常7号	关于蒋茜等职务任免的通知
温鹿人大常8号	关于林建国等职务任免的通知
温鹿人大常9号	关于谢虎等职务任免的通知
温鹿人大常10号	温州市鹿城区人民代表大会常务委员会关于接受王长青请求辞去区人大常委会副主任职务的决定
温鹿人大常11号	温州市鹿城区人民代表大会常务委员会关于许可对鹿城区第八届人大代表徐慧采取刑事强制措施的决定
温鹿人大常12号	温州市鹿城区人民代表大会常务委员会关于申树军任职的通知
温鹿人大常13号	温州市鹿城区人民代表大会常务委员会关于季新扬等职务任免的通知
温鹿人大常14号	温州市鹿城区人民代表大会常务委员会关于姜锦谷等职务任免的通知
温鹿人大常15号	温州市鹿城区人民代表大会常务委员会关于刘俊等职务任免的通知
温鹿人大常16号	温州市鹿城区人民代表大会常务委员会关于杨德喜等职务任免的通知
温鹿人大常17号	温州市鹿城区人民代表大会常务委员会关于接受黄金鹏等请求辞去区人大常委会委员职务的决定
温鹿人大常18号	温州市鹿城区人民代表大会常务委员会关于批准2014年区级财政决算的决议
温鹿人大常19号	温州市鹿城区人民代表大会常务委员会关于温州市鹿城区部分行政区划调整的决议
温鹿人大常20号	温州市鹿城区人民代表大会常务委员会关于同意区人民政府棚户区（城中村）改造（一期）项目向银行融资的决议
温鹿人大常21号	温州市鹿城区人民代表大会常务委员会关于建立温州市鹿城区人大常委会蒲鞋市等街道工作委员会的决定
温鹿人大常22号	关于黄定恩等职务任免的通知
温鹿人大常23号	关于张海云等职务任免的通知
温鹿人大常24号	关于苏士永等职务任免的通知
温鹿人大常25号	关于吴之欧任职的通知
温鹿人大常26号	温州市鹿城区人民代表大会常务委员会关于接受陈月玲等请求辞去区人大常委会委员职务的决定
温鹿人大常27号	温州市鹿城区人民代表大会常务委员会关于温州市鹿城区部分行政区划调整后依法规范人大工作若干问题的请示

续表5

文号	文件标题
温鹿人大常28号	关于张本锋任职的通知
温鹿人大常29号	关于卢更生等职务任免的通知
温鹿人大常30号	关于郑坚任职的通知
温鹿人大常31号	关于渠奕等职务任免的通知
温鹿人大常32号	关于王林等职务任免的通知
温鹿人大常33号	关于柳文思等任职的通知
温鹿人大常34号	关于陈依义等任职的通知
温鹿人大常35号	温州市鹿城区人民代表大会常务委员会关于批准温州市鹿城区2015年区本级财政预算调整方案的决议
温鹿人大常36号	温州市鹿城区人民代表大会常务委员会关于同意《鹿城区土地利用总体规划（2006—2020年）》（2014调整完善版）的决定
温鹿人大常37号	关于印发温州市鹿城区人民代表大会常务委员会公告（第8号）的通知
温鹿人大常38号	关于补选徐强中同志为温州市第十二届人民代表大会代表情况的报告

（陈腾超）

责任编辑　王剑峰

温州市鹿城区人民政府

综　述

2015年，区政府贯彻落实市委、市政府和区委重大决策部署，深入实施“五化战略”“十大举措”，打好转型升级组合拳，完成区八届人大四次会议确定的目标任务。全年市对区56项考绩项目，有26项进入全市前三、有21项位列三区第一，GDP增速创四年来新高，新增了8项国家级荣誉、32项省级荣誉、79项市级荣誉，创成三个百强区①，被市委、市政府评为主要经济指标考核进步显著单位。

学习贯彻党内“两部法规”，扎实开展“三严三实”专题教育和“破两难、纠四不”②作风效能整治，严格落实省委巡视组反馈问题和农村基层作风巡查交办问题整改。自觉执行中央八项规定，加强楼堂馆所管理，巩固办公用房清理成果，“三公”经费支出持续下降。落实“无会旬”要求，公文总数和大型会议数进一步减少。主动接受人大、政协监督，办理市区两级人大代表建议意见270件、政协提案224件、市（区）长专线7971件、网络问政637件。

区政府常务会议

【八届区政府第三十次常务会议】　12月29日召开。会议审议并原则通过《鹿城区分级诊疗工作实施方案》《关于规范物业服务行业管理实施意见（送审稿）》，研究并原则通过《关于区政府部门责任清单编制工作的情况汇报》。

【八届区政府第三十一次常务会议】　1月27日召开。会议审议并原则通过《政府工作报告（送审稿）》、《关于温州市鹿城区2014年全区和区级预算执行情况及2015年全区和区级预算草案的报告（送审稿）》和《关于温州市鹿城区2014年国民经济和社会发展计划执行情况及2015年国民经济和社会发展计划草案的报告》。会议研究了江心屿风景区门票价格调整相关事宜。

【八届区政府第三十二次常务会议】　5月22日召开。会议审议并原则通过《鹿城区农村生活污水治理项目竣工验收办法（送审稿）》，会议研究了鹿城区第三产业建筑使用功能临时转变工作有关政策，原则通过《鹿城区第三产业建筑使用功能临时转变工作暂行办法》和鹿城区第三产业建筑使用功能临时转变工作联席会议制度。会议审议并原则通过《鹿城区政府职责体系管理暂行办法》。

【八届区政府第三十三次常务会议】　7月22日召开，会议研究并原则通过鹿城区街镇行政区划调整方案和《鹿城区发展学前教育第二轮三年行动计划》《鹿城区防汛防台抗旱应急预案》。

【八届区政府第三十四次常务会议】　8月21日召开。会议审议并原则上通过《温州市鹿城区房屋征收住宅市场化安置实施细则（试用）（送审稿）》及《政策衔接意见（送审稿）》。

---

①三个百强区：全国科学发展百强区（第43位）、全国最具投资潜力百强区（第23位）、全国新型城市化质量百强区（第23位）。

②“破两难、纠四不”：解决机关部门存在的群众办事难、工作推进难问题，查纠领导干部不担责、不作为、不认真、不用心的现象。

【八届区政府第三十六次常务会议】 11月23日召开。会议审议并原则通过《关于政府向社会力量购买服务的实施意见（送审稿）》，审议了行政规范性文件清理结果和5件行政规范性文件修改方案。

【八届区政府第三十七次常务会议】 12月17日召开。会议审议并原则通过《鹿城区农村公路管理办法（送审稿）》《鹿城区农村公路改造提升工程实施方案（送审稿）》《鹿城区农村公路改造提升工程实施细则（试行）（送审稿）》。听取综合行政执法改革工作情况汇报，审议并原则通过《温州市鹿城区综合行政执法工作实施方案》。会议听取温州市城市中央绿轴（上田片——上田、张宅自然村）保障性安居工程范围内国有土地上房屋征收决定的情况说明。会议审议并原则通过《鹿城区行政事业单位国有房产出租管理实施办法（试行）（送审稿）》《鹿城区政府投资信息化建设项目管理方法（送审稿）》。

重要工作与成效

【发展楼宇经济】 2015年，牛山国际、滨江广场一期等综合体结顶，置信广场、世贸大厦等重点楼宇全面招商，累计创成税收“亿元楼”7幢、“千万元楼”31幢。

【发展时尚产业】 2015年，闻宅步行街、米房创意园、真好度假酒店等项目建成营业，“康奈集团”“金牛工贸”列入浙江省时尚产业第一批重点培育企业，浙江创意园被评为省级特色工业设计示范基地，印象南塘被评为AAAA级旅游景区和全国首批“信得过景区”，创成省市级服务业集聚区8个①、总数全市第一。

【城市有机更新】 2015年，实施“三转三”②等政策，完成旧厂房改造项目285个、改造面积全市第一；重点文创园和重点文化企业数量全市第一，被评为全省文化产业十强县（市、区）。推进“四换三名”，规模以上工业总产值增速8.9%、居全市第一，被列入省级皮鞋行业“机器换人”和全国制鞋产业知名品牌示范区创建名单，创成国家级出口鞋类质量安全示范区。

【科技创新】 2015年，“国千”③人才引入实现零突破，“双屿实业”获国家科技进步二等奖，“浙江电器开关”获市长质量奖，科技进步统计监测排名上升到全省第20位。

【网络经济发展】 2015年，建成跨境电子商务园等大型电商平台和全省首个电商大数据研究基地，中国鞋都被列入省级电子商务创新试点，实现网络零售额近150亿元。

【企业发展】 2015年，梯次推进“三转一市”“个转企”“下转上”“小升规”“企转股”，完成率分别达到120%、233%、117%、333%，新增产值亿元企业12家，4家企业在新三板挂牌、80家企业在地方股交中心挂牌，康宁医院在香港联交所挂牌上市，主板上市企业实现零突破。

【农业“两区”④建设】 2015年，引导农业集约化、规模化发展，新增市级专业合作社、示范家庭农场、“三位一体”⑤农村合作组织和农业精品园各1家，温州种子种苗科技园一期完工，初步建成高田生态农场、浙农生态农庄、雅西休闲农庄。

【“疑难户”与政策处理】 2015年，成立重大项目联合攻坚组，依法处置42个重大项目中的501个“疑难户”，全市20个重点“清零”⑥项目全区承担10个，全部如期完成。滨江商务区政策处理取得历史性突破，杨府山垄村安置区、浦东片区350亩集体土地通过征地决议，鲍洲工业区、涂田工业区等6个区块和沿江片区3500亩国有围垦滩涂完成政策处理。市行政中心区内5个重大历史遗留问题全部化解，城市中央绿轴200米范围内政策处理全面完成，

①省市级服务业集聚区8个：总部经济园（省级）、温州金融集聚区（省级）、浙江创意园、东瓯智库创意园、双屿物流园区、欧洲城生活新天地、五马中心商贸服务业集聚区、“印象南塘”文化休闲旅游区。

②“三转三”政策：根据《鹿城区第三产业建筑使用功能临时转变工作暂行办法》，在保持土地性质不变、产权关系不变、建筑主体结构不变“三个不变”的前提下，申请人在缴纳一定数额土地收益金后，允许办公用房临时转为商业用房。

③“国千”人才：符合“海外高层次人才引进计划（千人计划）”的战略科学家和领军人才。

④农业“两区”：粮食生产功能区和现代农业园区。

⑤“三位一体”合作体系：集生产合作、供销合作、信用合作为一体的合作模式。

⑥“清零”：完成项目地块政策处理、地上建筑物拆除。

200米范围外301亩集体土地完成报征，中央绿轴公园一期试开园、二期无障碍施工。两大亮点区块清出净地1230亩，鹿城区域内出让土地48宗1186.6亩。

【新一轮城中村改造】 2015年，完成整村签约7个，整村拆迁4个，一类目标1630户、完成率251%，二类目标111万平方米、完成率124%；完成旧住宅区改造71.5万平方米、完成率204%。

【城乡建设】 2015年，以有效投资推动城乡建设，两批百亿重大项目集体开工，超额完成省市区重点项目建设任务，实现限上固定资产投资328.2亿元、完成率历年最高，民间投资增速全市第一。全省首个水利PPP项目瓯江绕城高速至卧旗山段海塘工程开工建设，黄龙北排工程、丰门河（康城段）整治工程完工；市域铁路S1线一期工程鹿城段完成政策处理，绕城高速西南线、104国道温州西过境公路瓯江特大桥等鹿城段工程顺利推进，金温铁路扩能改造工程、330国道仰义至双屿段公路改建工程主车道实现通车；改造提升农村公路5条，新增自行车专用道8公里，建成城市道路6条、专用停车位8740个，农村生活污水治理工程全面开工，城区截污纳管工程全部建成。创新“大招商”机制，深化“资本鹿城、回家发展”，引进重大产业项目19个、50亿元以上项目2个，实际利用外资1.5亿美元、到位内资178亿元，均居全市第一。强化土地要素支撑，完成土地利用总体规划中期修改，实施城镇低效用地再开发2982亩，盘活存量土地872亩，清理批而未供、供而未用土地3000亩。

【行政审批改革】 2015年，以简政放权、放管结合为重点，细化落实50项改革举措，新增国家和省级改革试点各3项。加快“五单一网”①建设，全面推行“五证合一、一照一码”②，权责清单，实现区级部门全覆盖。创新审批转备案制度，首批58项许可事项实现即办制。

【金融综合改革】 2015年，加大企业金融风险处置力度，率先开展网络借贷行为联合整治，建成全国首个集金融信息、政府信息、民间信息为一体的信用信息查询平台，民间财富管理中心正式挂牌，民间借贷备案金额全市第一，鹿城农商银行被评为全国农村商业银行标杆银行。推进社会领域综合改革，成立3所民办教育机构，社会力量参与街镇文化中心管理被列入浙江省公共文化服务体系示范项目创建名单；开展社区服务中心改革试点，推行基层医疗机构与省市区医院双向转诊，区管医疗机构民办医院床位占比达52.1%。探索基层治理绿色疏导模式，建立“隔壁邻舍”网上社区和580多个微信互动群，该做法被评为首批全国社会治理创新优秀案例。

【“五水共治”工作】 2015年，完成4个沿河旧市场搬迁改造，省市各项治水任务超额完成，温瑞塘河（南塘大桥—三板桥段）生态建设工程被评为省级优秀示范工程，会昌河水上公园被评为市级美丽浙南水乡示范项目，“水岸同治”攻坚年度考核全市第一，平原河网水质考核“三区”第一。

【城市环境建设】 2015年，新增城市绿地105.2公顷，新（改）建滨水公园15个、省级绿道19公里，完成公园、小游园“三化改造”③24个，“美丽街区”创成数全市第一，创成省级生态区。全力推进“联创攻坚”，助推温州市创成国家园林城市，通过国家历史文化名城、国家环保模范城市评估验收。超额完成“三改一拆”“两路两侧”④整治任务，拆除违建93.9万平方米，创成无违建村（社区）40个、无违建河道51条，五马、大南创成无违建街道。落实大气污染防治各项举措，空气环境质量不断提升、优良率86.8%。

【教育、文体事业建设】 2015年，着力发展教育事业，少艺校教学楼扩建工程和南浦小学西校区工程等项目完工，新田园一小、蒲鞋市小学桥儿头校区正式投用。加快文体事业发展，建成2个文化驿站和4个城市书房⑤，蒲鞋市街道创成省级文

---

①“五单一网”：政府权力清单、政府责任清单、企业项目投资负面清单、政府部门专项资金管理清单、政府职能向社会组织转移清单和政务服务网。

②““五证合一、一照一码”：由工商（市场监管）部门核发加载法人和其他组织统一社会信用代码的营业执照，不再发放组织机构代码证、税务登记证、社会保险登记证、统计登记证。

③“三化改造”：城市公园、小游园时尚化、主题化、特色化改造。

④“两路两侧”：公路和铁路两侧。

⑤城市书房：24小时自助图书馆。

化强镇（街道），成功承办中华龙舟大赛和首届温州马拉松赛。

【推行“医养结合”模式】 2015年，新增村级居家养老服务照料中心26家，区人民医院土建工程、区精神卫生和残疾人托安养中心主楼工程基本完工，区康复中心投入使用，创成省级卫生应急工作示范区，菱藕社区被评为全国最美志愿服务社区。

【保障房建设】 2015年，新开工项目12个、竣工验收11个、认购1285套、交钥匙954户。

【社会治安形势好转】 2015年，治安、“两抢”、入室盗窃发案数分别下降14.6%、41.5%、16%，信访总量、进京非访批次、人次分别下降18.4%、67.3%、77.5%，平安鹿城实现“二次夺鼎”。

2015年鹿城区人民政府重要文件目录

表6

文号	文件标题
温鹿政发1号	关于同意区级重大火灾隐患单位摘牌的批复
温鹿政发2号	关于调整鹿城区防汛防旱指挥部及各分指挥部成员的通知
温鹿政发3号	关于同意给予詹里勋撤职处分的批复
温鹿政发4号	关于同意给予卢建芬开除处分的批复
温鹿政发5号	关于印发鹿城区国土资源非诉行政案件审查执行办法（试行）的通知
温鹿政发6号	关于印发规范物业服务行业管理实施意见（试行）的通知
温鹿政发7号	关于同意温州市鹿城区藤桥镇生态建设规划（2012—2020）的批复
温鹿政发8号	关于批转鹿城年鉴（2015年版）编纂工作意见的通知
温鹿政发9号	关于表彰鹿城区经济工作先进单位（个人）的通报
温鹿政发10号	关于公布2014年度鹿城名牌产品的通知
温鹿政发11号	关于表彰2014年度鹿城区法治政府建设工作先进单位和先进个人的通报
温鹿政发12号	关于下达2015年鹿城区政府投资项目计划的通知
温鹿政发13号	关于区政府领导分工调整的通知
温鹿政发14号	关于2014年度消防安全目标管理责任制考核情况和表彰年度消防工作先进单位、先进个的通报
温鹿政发15号	关于调整温州市鹿城区塘河改造建设开发有限责任公司成员的通知
温鹿政发16号	关于表彰2014年安全产工作先进单位和个人的通报
温鹿政发17号	关于对温州牛山国际城市综合体四期工程范围内国有土地上房屋实施征收的决定
温鹿政发18号	关于转发温州市区医疗救助办法（温州市人民政府令第151号）的通知
温鹿政发19号	关于同意区级重大火灾隐患单位摘牌的批复
温鹿政发20号	关于同意调整温州市鹿城区水利建设投资有限责任公司董事会和监事会成员的批复
温鹿政发21号	关于同意朱建光同志为鹿城区交通工程建设办公室法人的批复
温鹿政发22号	关于授权鹿城区质量技术监督局负责温州华鸿房地产开发有限公司“5·19”电梯对重坠落安全事故调查处理工作的通知
温鹿政发23号	关于涂田工业区（污源整治）工程范围内国有土地上房屋实施征收的决定
温鹿政发24号	关于同意周鹏同志为诸永高速公路鹿城段延伸工程办公室法人的批复
温鹿政发25号	关于同意温州市鹿城区瓯江绕城高速至卧旗山段海塘工程PPP模式项目实施方案的批复
温鹿政发26号	关于表彰2014年度征兵工作先进单位的通知
温鹿政发27号	关于授权鹿城区质量技术监督局负责温州市成达厨具有限公司“6·25”人员坠落升降机井道致安全事故调查处理工作的通知

续表6

文号	文件标题
温鹿政发28号	关于同意调整区福利彩票有奖募捐委员会办公室的批复
温鹿政发29号	关于对温州市核心片区洪殿单元D—17地块建设工程范围内国有土地上房屋实施征收的决定
温鹿政发30号	关于同意调整温州市鹿城区七都综合建设开发有限责任公司的批复
温鹿政发31号	关于表彰2015年鹿城区尊师重教功勋集体先进集体和先进个人的通报
温鹿政发32号	关于对胡树荣房屋的补偿决定
温鹿政发33号	关于温州华邦混凝土有限公司“4·2”机械伤害事故调查报告的批复
温鹿政发34号	关于温州市成达厨具有限公司“6·25”人员坠落升降机井道致死安全事故调查报告和批复
温鹿政发35号	关于温州伟明环保能源有限公司“10·31”起重机撞击人员安全事故调查报告的批复
温鹿政发36号	关于温州化鸿房地产开发有限公司“5·19”电梯对重坠落砸伤人员安全事故调查报告的批复
温鹿政发37号	关于推行公共资源交易清单制度的实施意见
温鹿政发38号	关于表彰鹿城区2015年教育工作先进个人的通报
温鹿政发39号	关于同意调整温州鹿城交通投资有限公司董事会和监事会成员的批复
温鹿政发40号	关于对温州滨江商务区加洲路市政工程（瓯江路—学院东路段）和环商泄河道一期工程工程所属鲍州工业区段范围内国有土地上房屋实施征收的决定
温鹿政发41号	关于对鹿城区南汇街道巨一村（旺增桥自然村）保障性安居工程范围内国有土地上房屋实施征收的决定
温鹿政发42号	关于对潘岳星房屋的补偿决定
温鹿政发43号	关于同意区级重大火灾隐患单位摘牌的批复
温鹿政发44号	关于公布第九届鹿城区名牌商标的通知
温鹿政发45号	关于对温州市域铁路S1线一期工程（鹿城区段）范围内国有土地上房屋实施征收的决定
温鹿政发46号	关于同意广化街道社区调整的批复
温鹿政发47号	关于对吴时文房屋的补偿决定
温鹿政发48号	关于公布2015年度鹿城区专利示范企业认定和复审结果的通知
温鹿政发49号	关于对温州市东游路改造工程范围内国有土地上房屋实施征收的决定
温鹿政发50号	关于同意鹿城区藤桥镇旱地改水田耕地质量提升项目立项的批复
温鹿政发51号	关于同意鹿城区七都街道旱地改水田耕地质量提升（暨土地开发）项目立项的批复
温鹿政发52号	关于对金丐德房屋的补偿决定
温鹿政发53号	关于对鹿城区南郊街道德政村牛桥底二期保障性安居工程范围内国有土地上房屋实施征收的决定
温鹿政发54号	关于公布区政府行政规范性文件清理结果的通知
温鹿政发55号	关于公布2015年度温州市鹿城区企业技术研究开发中心的通知
温鹿政发56号	关于同意调整温州市鹿城区水利建设投资有限责任公司董事会和监事会成员的批复
温鹿政发58号	关于同意温州市鹿城区湿地保护规划（2014—2020年）的批复
温鹿政发59号	关于对温州滨商务区黎明东路市政工程二期（府东路—三号路段）范围内国有土地上房屋实施征收的决定
温鹿政发60号	关于对温州市滨江商务区加洲路市政工程（瓯江路—学院东路段）和环商泄洪河道一期工程（涂村段）范围内国有土地上房屋实施征收的决定
温鹿政发61号	关于同意大南街道部分社区调整的批复

续表6

文号	文件标题
温鹿政发62号	关于同意南郊街道社区调整的批复
温鹿政发63号	关于同意南汇街道部分社区调整的批复
温鹿政发64号	关于同意蒲鞋市街道社区调整的批复
温鹿政发65号	关于同意松台街道社区调整的批复
温鹿政发66号	关于对吴海英房屋的补偿决定
温鹿政发67号	关于对叶楚平房屋的补偿决定
温鹿政发68号	关于同意撤销温州市东屿小学的批复
温鹿政发69号	关于同意五马街道部分社区调整的批复
温鹿政发70号	关于对瓯南路北段市政道路工程范围内国有土地上房屋施征收的决定
温鹿政发71号	关于对昆仑路东段市政道路工程范围内国有土地上房屋实施征收的决定
温鹿政发72号	关于同意区级重大火灾隐患单位摘牌的批复
温鹿政发73号	关于同意藤桥镇金马村、樟村村和埭马村等两个标准农田质量提升项目立项的批复
温鹿政发74号	关于给予王汉华见义勇为行为记个人三等功的决定
温鹿政发75号	关于重新启用温州市鹿城区进城口改建工程指挥部的决定
温鹿政发76号	关于对温州市城市中央绿轴（上田、张宅自然村）保障性安居工程范围内国有土地上房屋实施征收的决定
温鹿政发77号	关于同意调整温州市松台城市投资有限公司董事会和监事会成员的批复

区政府办公室工作

【概况】 2015年，区政府办公室适应发展新常态，围绕全区发展大局和中心工作，优服务、强协调、抓执行，各项工作取得良好成效。

2015年，组织研究区政府常务会议、区长办公会议议题114个，制发专题协调会议纪要122个。完成领导讲话稿、汇报稿等各类文字材料760余篇，平均每个工作日起草完成2篇材料。全年陪同政府领导下基层调研485次，计268.5天，完成《城市精细化管理探索研究》等重点调研课题13篇。全年跟踪督办区政府常务会议、区长办公会议重要决策106项、办结88项；区政府重要领导批示件73件、办结59件；督办市长专线、区长热线、网络平台交办件共7871件，合计受理量为全市总量的1/3，来件交办率、回复率均达100%。定期通报全区重要指标完成情况、“八大攻坚行动”进展情况，区重点决策、项目推进落实情况，全年编发督查通报26期。协调办理市、区人大代表建议、政协提案494件，办复率为100%，主办件满意率达99.8%，主办件A类件占比47.3%。做好政府法制和人防工作。

【政务信息编发和上报】 2015年，编发《鹿城政务信息》20期，上报省市信息1003篇，被省市录用266篇，获省市区领导批示19篇。其中，处置涉宗违建信息获常务副省长袁家军批示、打造全民志愿服务平台信息获副省长熊建平批示。政务信息工作排名全市第三。并将五马、双屿街道、藤桥镇列为全市可直接向市府办报送信息的3个基层信息直报点，构建完善“大信息”网格。

【办文办会工作】 按照收文运转流程，做好来文的整理、登记、送批和转办、承办、催办工作，建立并严格执行请示件催办制度，做到件件有回音、事事有着落。全年共收国家、省市区级文件6055件，参加省市级会议活动及接待来访考察等1035次，受理请示件463件，办结448件（含往年件），编发《区政府一周纪事》50期。严格按照公文制发流程，严把公文法规政策关、协商会签关、行文格式关，全年以区政府和区政府办公室名义制发公文539件，同比下降23.6%。切实做好会务服务、会议记录和纪要整理工作，办好区政府全体会议、经济工作会议等各类大型会议，政府系统大型会议总数同比下降25%。

【电子政务和信息公开工作】 2015年，拓展电子政务网络，新增外网入网单位27家，迁移光纤单位15家，共接入客户端数超5000个。政务服务网向街镇延伸，完成全部街镇节点建设，开设街道社区账号150余个，并在试点社区完成了与平安建设、综治网格化管理、社区综合管理服务等系统的数据交换等功能测试，共整合消防、综治等数据137万余条。做好区政府门户网站内容管理维护工作，全年录入并发布各类信息17983条。完成全区政府网站普查工作，上报29家政府网站，撤销1家，永久关停1家，其余27家全部达到国办普查标准。政府信息公开网全年公开信息6802条，处理依申请公开22件。

【应急管理】 2015年，强化预案管理，重点完成7个专项预案修订，举办全区突发环境事件、防汛防台应急演练等大型综合性应急演练7次，小型演练126次，各类社区演练800余次。拓展应急救援队伍，建立或调整防汛抗旱、森林消防、地质灾害、卫生等各类专业应急救援队伍26支。开展各类培训宣教活动，全年组织大型专业应急培训120余次，小型科普培训800余次，培训人员达8万余人次。加强应急联动处置能力，全年区社会应急联动指挥中心共接到警情3228起，下派处置社会应急联动警情6293起，日均下派警情17起。

【干部选拔任用】 2015年，办公室有在编人员66名。按照组织部有关中层干部竞争上岗要求，经公开报名、竞职演讲、民主测评、组织考察等环节，提任股级干部8名，同级交流2名。选派1名中层干部到仰义街道仰新社区任第一书记，帮助群众排忧解难，被评选为“全区十大破难攻坚先锋”。

【理想信念教育】 2015年，制定党组理论学习中心组和党员干部年度学习计划，重点学习十八大和十八届四中、五中全会及习近平总书记系列重要讲话精神，提升班子整体党性修养，做到严守政治纪律和政治规矩，确保思想行动与党中央保持高度一致。坚持学法守法，制定常务会议学法制度，集中学习《中华人民共和国行政诉讼法》《中华人民共和国食品安全法》等新修订法律；参加全区领导干部宪法专题学习会，全体公务员通过法律知识考试。深入开展党风廉政建设宣传教育，组织学习《中国共产党章程》《中国共产党廉洁自律准则》《中国共产党纪律处分条例》等内容并撰写心得体会。加强机关常态学习，通过每月集中学习会、班子上党课、专题培训、红色基地参观、过“党员政治生日”等多种形式开展理论学习和业务知识学习，每月向机关干部推荐好书好文和组织学习交流，鼓浓“书香机关”氛围。

【党风廉政建设】 2015年，及时调整明确党风廉政建设和反腐败工作组织领导和责任分工，领导班子成员定期对分管科室工作人员进行廉政谈话，强化行政效能监察。执行党风廉政建设责任制“三书两报告”制度、领导干部重要事项报告制度、党组党风廉政建设情况向区委、区纪委报告制度。4月，召开主体责任汇报会，班子成员逐一向党组书记报告2014年度落实党风廉政建设“一岗双责”情况。开展正风肃纪行动14次，班子成员分别向家属征集廉政亲情寄语，制成桌牌放置桌上，时时“照镜子、正衣冠”。进一步完善财务报销制度、固定资产管理登记制度、考勤制度等，三公经费同比下降65.3%，办公用房全部整改到位。

（厉希超）

经济与社会发展

【概况】 2015年是完成“十二五”目标任务、谋划“十三五”发展的关键一年.全区生产总值（GDP）807.79亿元，按可比价计算，同比增长7.5%，比上年回升2个百分点。人均生产总值为108416元，增长6.6%，按年平均汇率（1：6.2284）计算，合17408美元，5年年均增长4.7%。市场物价在调控中回落明显，居民消费价格指数（CPI）比上年上涨0.7%，涨幅较上年回落1.1个百分点；工业生产者出厂价格指数（PPI）和购进价格指数（IPI）分别下降2.5%和3.7%。

【固定资产投资】 “十二五”期间全区累计实现固定资产投资1346亿元，是“十一五”时期的3.2倍，年均增长20.5%；完成工业投资173亿元，年均增长27.4%，占总投资额的比重从2010年的12%上升到2015年的15.8%。2015年，全区实现固定资产投资328.17亿元，增长

7.0%。投资结构进一步优化，工业性投资、民间投资所占比重上升，房地产开发投资比重继续下降。全区完成工业性投资52.01亿元，增长18.3%，工业投资占投资总额比重为15.8%，较上年提高1.5个百分点。其中工业技改投资完成44.47亿元，增长21.8%，占工业投资额的85.5%，较上年提高2.5个百分点。服务业投资266.15亿元，增长4.0%，占全部投资比重的81.1%。完成房地产投资87.09亿元，下降11.8%，占投资总额比重为26.5%，比重较上年下降5.7个百分点。完成民间投资109.85亿元，增长15.3%，占限上投资比重为33.5%，较上年增加2.4个百分点。

【产业转型】 产业转型稳步推进，三次产业结构有所调整，三次产业结构由上年的0.2：30.7：69.1调整为0.2：30.5：69.3。全区社会消费品零售总额787.52亿元，增长10.1%。其中限额以上社会消费品零售总额208.72亿元，增长11.3%，较上年提高5.8个百分点。“十二五”期间实现社会消费品零售额总量达3462亿元，年均增长10.6%。温州中心、安邦金融广场、CBD绿轴等项目推进顺利，牛山国际、滨江广场一期等综合体结顶。白鹿洲文化村、新邦文创园、闻宅时尚街区、1958老码头创意园相继营业。集聚平台不断拓宽，万国财富小镇、时尚体育小镇列入市级特色小镇初选名单。累计创成省、市级服务业集聚区8个。五马街申报创建国家级特色商业街，建立“时尚消费指数”发布平台，“印象南塘”创成国家AAAA级旅游景区。国际轻工淘宝城、跨境电商产业园等平台建成运营，全省首个电商大数据研究基地落户鹿城。制造业转型扎实有效，深入推进双屿“腾笼换鸟”综合整治，鹿城鞋业列为省级“机器换人”试点。完成旧厂房改造项目285个，改造面积246万平方米。嵇师、鹿翔、吉尔达3个小微园完工，丽龙、渔渡、鹿城科技小微园开工建设，门前山物流园一期完成供地，鹿翔小微园入驻企业57家；坚持创新驱动，全区累计发明专利授权220项，增长41%；新增11家高新技术企业，98家企业入选省科技型中小企业，创业服务中心、鹿城科技与文化融合示范基地两大创新平台共入驻企业73家，英磁新能源引进剑桥大学专家团队，启动国内首家超导新能源电机研发中心建设.双屿实业获国家科技进步二等奖。

【城市建设】 全面推进“五水共治”，完成治水投资14.7亿元，治理黑臭河21.5公里，丰门河整治工程（康城段）竣工验收。省级生态区创建通过考核验收。强化大气、水环境污染防治，铺设污水管网29公里，主城区实现截污纳管全覆盖.全年环境空气优良天数315天，优良率86.8%。各项减排指标取得预期效果，全区化学需氧量（COD）削减率0.57%、氨氮（NH3—N）削减率0.35%、二氧化硫（SO_2）削减率1.5%、氮氧化物（NOX）削减率2.4%，单位工业增加值能耗降低率8.2%，单位GDP能耗降低率4.2%。新建城市绿地面积78.6公顷，城市人均公共绿地面积11.1平方米（建成区范围），戍浦江水闸水文化公园等15个滨水公园项目完工。“三改一拆”“两路两侧”有力推进，拆除违建93.89万平方米，累计创成“无违建社区（行政村）”20个、“无违建河道”51条，五马、大南、七都街道无违建创建工作完成。施划人行道临时停车泊位738个，泊位规模达2476个；建成专用停车位8613个，新增自行车道8公里，累计投入公共自行车网点275个，投放公共自行车1.1万辆。

【社会保障】 开展就业援助帮扶，完成劳动者技能提升培训4842人次，新增城镇新增就业人数2.05万人，城镇登记失业率1.36%，下岗失业人员再就业3571人。养老、医疗、工伤、生育、失业保险参保人数分别比上年增加2.95万人、0.71万人、0.63万人、0.47万人、0.34万人，达到33.16万人、16.62万人、27.79万人、13.4万人、13.91万人。新增养老机构2家，床位320张，完成26个村级居家养老服务照料中心建设，政府购买养老服务3958人次。实施住房安居工程，新开工保障房项目12个，竣工验收11个。启动仰义、滨江两个市级卫计服务示范点创建，加强流动人口规范化服务中心建设。创成省级卫生应急工作示范区，鹿城康复中心对外开诊，基层就诊人次同比上升11%，民办医院床位占比达到53.6%，温州叶同仁中医院等4家民办医疗机构注册落地。加大教育基建和信息化建设力度，新田园一小、蒲鞋市小学桥儿头校区投入使用，南浦小学西校区等5个项目完工，15所学校达到市级以上数字化校园标准，新创成3所一级幼儿园、1所二级幼儿园、1所三级幼儿园。创成1个省级文化强镇、1个省级文化示范社区，2个文化驿站、4个城市书房，1个图书馆分馆，4个图书流通点。

【重点领域改革】 探索推行PPP融资模式，全省首批PPP试点项目瓯江绕城高速至卧旗山段海塘工程顺利开工。深化审批制度改革，开展企业“零地”项目不再审批、政府投资建设工程项目竣工验收“三测合一”试点。启动P2P网络借贷企业联合整治，开出全国首单网络借贷企业违法放贷行政处罚决定书，引导40家企业完成股改，康宁医院在香港联交所上市，新邦建设等4家企业挂牌新三板，80家企业挂牌地方股权交易中心。启动首支额度9亿元的停车场专项债发行，完成前期工作并上报国家发改委。推进农村综合改革，累计组建114个村股份经济合作社，完成78家农民合作社年报备案，71个村完成农村土地承包经营权确权登记。

（谢茴茴）

重点项目建设

【概况】 2015年，鹿城区安排重点建设项目107个，总投资额60.85亿元。以类别划分，产业化项目2个，年度计划投资8.37亿元，实际完成9.39亿元；城市建设及基础设施项目37个，年度计划投资22.85亿元，实际完成28.98亿元；农林水利项目9个，年度计划投资4.5亿元，实际完成4.8亿元；交通项目31个，年度计划投资10.26亿元，实际完成11.9亿元；村房两改及社会发展项目28个，年度计划投资14.87亿元，实际完成23.93亿元。

【产业化项目】 科技创新大厦，总用地面积约11975平方米，总建筑面积为38925平方米。总投资1.48亿元；2015年，完成A幢主楼面七层，计划投资3700万元，实际完成投资额3438万元。温州中心大厦，占地72667平方米，其中五星级酒店建筑面积6万平方米，商业建筑面积6万平方米，超高层主体建筑高度约280米，容积率不大于4.5，建设面积32.7万平方米，总投资68.5亿元；2015年，完成C区至地上11层，超高层基坑围护完成65%，超高层工程桩开始施工，计划投资8亿元，实际完成投资额9.05亿元。

【城市建设及基础设施项目】 洞桥片区改造B—9地块安置房，总用地面积32299平方米，总建筑面积12.4万平方米；2015年，内外墙粉刷基本完成，计划投资1.2亿元，实际完成投资额3.51亿元。洞桥片区改造B—5地块，总用地20140平方米，总建筑面积88399平方米，总投资5.71亿元；2015年，基本完成桩基工程，计划投资1.5亿元，实际完成投资额2.13亿元。岩门制革基地B—18地块，总用地面积31063平方米，容积率2.5，建筑密度30%，总投资8.85亿元；2015年，完成桩基工程，计划投资1.2亿元，实际完成投资额1.22亿元。林里片区低丘缓坡利用项目，规划范围约7.76平方公里，建设用地面积415万平方米，总建筑面积约245万平方米，总投资100亿元；2015年，完成A—03、A—07、A—16—1、A—18等地块及林瞿路批次的土地组件上报，计划投资2.45亿元，实际完成投资额2.66亿元。纺织路庄头改建地块安置房，安置地块建设用地面积41089平方米，总建筑面积124702平方米，总投资13.69亿元；2015年，安置房主体已完成，安装工程完成50%，附属完成施工30%，幼儿园主体完成，计划投资1.5亿元，实际完成投资额2.4亿元。七都垃圾转运站，计入容积率地上建筑面积5700平方米，总投资4078万元；2015年，完成主体预验收，计划投资1500万元，实际完成投资额2130万元。西中央涂A—2安置房，总用地面积33677平方米，总建筑面积221581平方米，总投资10.67亿元；2015年，1—7号楼全部通过中间验收，计划投资2.87亿元，实际完成投资额2.83亿元。西进城口2号地块（鹿城区公共卫生大楼），总用地面积约11184平方米，总建筑面积60693平方米，总投资3.19亿元；2015年，B幢已通过中间验收，A幢完成保温层施工，C幢完成内墙抹灰，A、C幢准备中间验收，计划投资0.8亿元，实际完成投资额0.7亿元。永川路地块安置房一期，总用地面积35981平方米，总建筑面积151491平方米，总投资4.9亿元；2015年，完成3、4、5、6号楼砌体工程，主体装饰装修，计划投资0.6亿元，实际完成投资额0.66亿元。滨江商务区A02—08地块安置房，总用地面积为8239平方米，总建筑面积28828平方米，总投资2.27亿元；2015年，围护桩施工，计划投资0.38亿元，实际完成投资额0.36亿元。永川路二期地块，总用地面积20340平方米，其中建筑用地面积19048平方米，总建筑面积72495平方米，计入容积率地上建筑面积61429平方米，总投资5.86亿元；2015年，完成试桩，计划投资0.18亿元，实际完成投资额0.18亿元。横渎河西A18—1地块，总用地面积26032平方米，总建筑面积112040平方米，总投资7.9亿元；2015年，装饰装修及安装施工中，计划投资1.73亿元，实际完成投资额2.09亿元。A—37a—1地块，总用地面积24296平方米，总建筑面积109405平方米，计入容积率地上建筑面积77741平方米，总投资6.42亿元；2015年，完成工程预验收，附属工程招标中，计划投资0.8亿元，实际完成投资额0.85亿元。德政集聚点（牛桥底佳苑）一期，总建设用地面积12208平方米，总建筑面积37500平方米，总投资2.04亿元；2015年，室外附属工程已基本完成，组织各专项工程验收，计划投资0.08亿元，实际完成投资额0.08亿元。七都千亩征地等项目安置房，总用地面积40043平方米，总建筑面积95238平方米，总投资4.70亿元；2015年，竣工完成验收，计划投资0.2亿元，实际完成投资额0.29亿元。吴桥路C地块安置办公楼工程，总用地面积5254平方米，总建筑面积19330平方米，总投资1.03亿元；2015年，完成主体预验收，附属工程施工，计划投资0.06亿元，实际完成投资额0.04亿元。吴滨巷地块安置房，建设用地面积9368平方米，总建筑面积34193平方米，总投资5.41亿元；2015年，进场施工，计划投资1.23亿元，实际完成投资额0.65亿元。吴桥路A2地块安置房，建设用地面积9267平方米，建筑面积30295平方米，总投资1.11亿元；2015年，工程竣工，计划投资0.01亿元，实际完成投资额0.02亿元。甬台温铁路鹿城段（箬笠岙安置房一期），一期总建筑面积7.8万平方米，小高层，共6幢，总投资2.78亿元；2015年，完成附属工程施工，计划投资0.4亿元，实际完成投资额0.54亿元. 鞋都铁路沿线西侧56b、58号地块安置房，占地面积28840平方米，总建筑面积90900平方米，总投资2.64亿元；2015年，主体结构结顶，内、外墙装饰施工，计划投资0.9亿元，实际完成投资额1.16亿元. 双岙安置点A—47、A—48、A—49号地块安置房，总建筑面积58458平方米，其中地下11218平方米，总投资2.5亿元；2015年，主体结构结顶，实施内、外墙装饰，计划投资0.7亿元，实际完成投资额0.81亿元。牛岭16—1地块安置房，占地面积10747平方米，总建筑面积43900平方米，总投资1.77亿元；2015年，完成竣工预验收，计划投资0.3亿元，实际完成投资额0.4亿元。里垟保障性安居工程，建设用地面积40717平方米，总建筑面积174266平方米，总投资8.02亿元；2015年，完成地上主体结构封顶，安装工程与主体结构、二次结构同步进行中，计划投资1.5亿元，实际完成投资额2.27亿元。鹿城1101工程（鹿城人防应急中心），总建设用地面积3620.22平方米，总建筑面积11383平方米，总投资8130万元；2015年，通信系统工程、附属配套工程施工，计划投资600万元，实际完成投资额840万元。

【农林水利项目】 七都标准堤塘附属工程，堤塘景观绿化、亮化工程，总投资1亿元；2015年，完成立项和初步设计审查，计划投资0.5亿元，实际完成投资额0.05亿元。林里河整治，整治河段总长度约9953米，其中林里河主河道整治长度3704米，林里河13条支流整治长度6249米，总用地面积约167770平方米，总投资1.57亿元；2015年，完成水利项目开工备案，计划投资0.5亿元，实际完成投资额0.72亿元。黄龙片区北排，主要包括北排箱涵、涵桥、北排水闸及相应的道路修复工程和地下管道修复工程，总投资1.79亿元；2015年，主体工程完工，计划投资0.15亿元，实际完成投资额0.25亿元。丰门河整治（康城段），河道清淤拓疏长度约1695米，新开工河道护岸挡墙长度约1868米，总投资0.84亿元；2015年，主体工程完工，计划投资0.08亿元，实际完成投资额0.08亿元。戍浦江河道（藤桥至河口段）整治，工程范围为戍浦江藤桥镇至河口段，总长7500米，使区域排涝标准达到20年一遇，总投资9.93亿元；2015年，Ⅰ标段主体工程完成，计划投资1亿元，实际完成投资额1.01亿元。瓯江治理一期，堤线全长4525米，四级堤防工程，堤顶高程以抵御20年一遇洪潮水位设计，总投资3.2亿元；2015年，完成主体工程，计划投资1亿元，实际完成投资额1.1亿元。瓯江绕城高速至卧旗山段海塘，北起渔渡，南至卧旗山，全长10公里，防洪标准为100年一遇，工程等级为2级，总投资23亿元；2015年，完成灌注桩，水上平台搭设，计划投资1亿元，实际完成投资额1.44亿元。2号排涝水闸，东起星际路，西至卧旗山，南至奇伟路，排涝标准为20年一遇，总投资0.3亿元；2015年，土方开挖完成20%，灌注桩施工完成10%，计划投资0.1亿元，实际完成投资额0.12亿元。

【交通项目】 林瞿路，林里片区内以林瞿路为主的道路网工程，总计13条道路，用地面积约301632平方米，总投资8.45亿元；2015年，完成建设用地规划许可证、土地证、建设工程规划许可证办理，计划投资1亿元，实际完成投资额1.46亿元。104国道西过境鹿城段（瓯江特大桥），双向六车道一级公路，长9.6千米，连接线1270米，总投资29亿元；2015年，完成承台20个，桩基230根、墩柱29根，计划投资1.1亿元，实际完成投资额1.38亿元。双屿至藤桥公路，全长7160米，总用地面积约367294平方米，沿线设置分离式隧道6座，总长5662米，总投资13.7亿元；2015年，林里隧道开挖、白虎岩隧道上导开挖、陈村大桥墩身、桩基施工，计划投资2.3亿元，实际完成投资额1.87亿元。温州市鹿城仰义至双屿段公路改建工程，全长6.47千米，按一级公路标准结合城市道路功能设计，宽50或40米，双向6车道，设计速度60千米/小时，拆迁房屋约86000平方米，总投资70135万元（不含安置房建设）；2015年，完成一标的河岙桥台及仰义桥台沉井泡沫混凝土浇筑，二标的双屿段主车道、辅车道底基层及基层施工，计划投资1.48亿元，实际完成投资额1.54亿元。瓯江路西延，北起沿达路，南至一号路，道路全长5826米，规划红线宽30米，总投资7.4亿元；2015年，政策处理部分解决，重新启动施工，计划投资3000万元，实际完成投资额3845万元。

【村房两改及社会发展项目】 仰义集聚区（仰义锦园）二期，总用地面积45623平方米，总建筑面积173900平方米，总投资8.6亿元；2015年，房屋结顶，计划投资1.8亿元，实际完成投资额3.5亿元。葡萄居住区13—1地块安置房，总用地面积25255平方米，总建筑面积为121895平方米，总投资8.96亿元；2015年，5幢砌筑全部完成，内墙抹灰施工，计划投资1.6亿元，实际完成投资额3.5亿元。吴桥单元丰收村B—1地块，总用地面积8229平方米，建筑面积31811平方米，总投资1.54亿元；2015年，室外附属工程施工，计划投资1780万元，实际完成投资额2030万元。东屿村地段C—12—1地块，总用地面积9543平方米，总建筑面积36002平方米，总投资2.33亿元；2015年，完成室内涂料施工及附属景观工程，计划投资3500万元，实际完成投资额6837万元。东屿村C—2—3a、C—2—3b地块工程，总用地面积约5052平方米，建筑面积1.13万平方米，总投资0.71亿元；2015年，完成监理招标、地价评估，标底与监标对标，施工招标代理单位确定，计划投资1500万元。东屿村地段C—7—1地块，总用地面积1.86万平方米，总建筑面积7.3万平方米，总投资4.69亿元；2015年，完成内外墙腻子、外墙中涂、面涂施工，电梯、进户门安装、电梯前室装修，计划投资7000万元，实际完成投资额1.07亿元。黎二村10号地块城中村，总用地面积2万平方米，总建筑面积104148平方米，总投资6.56亿元；2015年，1—5号楼全部结顶，中间验收，窗框及抹灰基本完成，安装及装修工程施工同步，计划投资1.5亿元，实际完成投资额1.16亿元。鹿城区人民医院项目，用地面积19967平方米，地上建筑面积39398平方米，地下建筑面积9071平方米，总投资3.33亿元；2015年，4号施工、安装工程收尾工作及幕墙施工、室外工程施工、楼梯踏步面层施工及栏杆工程施工，计划投资6000万元，实际完成投资额8650万元。临江驿头农房改造，总用地面积8397平方米，其中规划建设用地面积5232平方米，总投资0.344亿元；2015年，完成二期工程外墙装饰工程，一期主体工程准备预验收，计划投资1500万元，实际完成投资额870万元。横山村农房集聚，总用地面积24179平方米，总建筑面积73127平方米，总投资3.54亿元；2015年，附属工程施工，计划投资6000万元，实际完成投资额6700万元。上成坎上西都锦园，总用地面积1.08万平方米，总建筑面积3.1万平方米，总投资2.39亿元；2015年，工程基本完成，计划投资500万元，实际完成投资额775万元。上戍派出所及藤桥法庭业务用房，地上建筑总面积3455平方米，其中派出所地上建筑面积为1925平方米，法庭地上建筑面积为1530平方米，总投资0.48亿元；2015年，完成招标备案，办理工程规划许可证，计划投资0.05万元。温化生活区危房改造一期，总用地3.53万平方米，建筑面积12万平方米，其中一期工程建筑面积7.62万平方米，一期工程房屋征收473户、旧房面积2.4万平方米。总投资3.5亿元。2015年，完成一期地块政策处理，计划投资3.5亿元。双桥村（下桥自然村）保障性安居工程，占地18.2万平方米，面积2.68万平方米，一期启动下桥自然村地块，建筑面积9.4万平方米。总投资16.38亿元。2015年，完成控规中间成果，E—30、E—33地块已完成可研性报告，计划投资3000万元。

（陈芳芳）

国内经济合作

【概况】 全年共引进项目114个，到位资金130.05亿元，完成市定任务数（105亿元）的123.86%。位居全市第一；共落实山海协作、双对口支援资金共526万元，促成合作项目4个，帮助转移劳动力就业1625人次。

【招大选优引新更突出】 全年共引进新希望城超百亿元项目1个，安邦金融大厦项目超50亿元1个，万科绿园等20亿元以上项目5个，融地置业等10亿元以上项目6个。与中津先进科技研究院建立战略合作关系，牵线申瓯通信、东风通用、星际控股等优质企业，引进“天使云平台”“无线充电技术”等一批涵盖互联网医疗大数据、可穿戴设备、生物基因检测等领域的高科技项目。

【绿色便民服务入民心】 借助温商服务窗口和绿色通道，实施窗口轮值制、项目领衔制、定期回访制、审批代办制等便民服务。充分发挥党建示范点和党员先锋模范作用，全年共接待咨询人员132人次、帮助企业注册或变更95家，协调、办结审批事项37件。帮助火车站地下商业街、面粉厂创意园等项目解决地下通信信号、用水用电等问题9个。开展温商回归功勋人物评比活动，推出“白鹿引才”计划，让回归温商在子女就学、自身就医等方面有保障。

【突破土地制约显成效】 全年引进龙元建设等资本回归项目13个，商联民间融资等金融类项目7个，宏星景观设计等总部型项目26个；锋尚网络科技、早稻投资等人才机构类项目85个。组建温商智囊服务团，推进高层次人才创业服务中心、鹿城科技与文化融合示范基地、东瓯智库三大人才集聚平台建设，“产学研用”协同发展，已孵化企业100余家，年产值超亿元。

【山海协作稳步推进】 2015年，共筹措专项帮扶资金180万元（含劳动力培训资金30万元），与泰顺县职教中心、县农知办等单位合作，帮助转移劳动力共1625人次。促成温州仙人居旅游开发、泰顺金菱萤石等合作项目4个，到位资金3.11亿元。

11月27日，在区行政中心举行鹿泰两地对口帮扶签约仪式　　区招商局提供

【双对口支援顺利进行】 全年落实对口支援重庆市涪陵区三峡库区移民经费31万元，四川阿坝州壤塘县扶贫专项经费315万元。推进热布卡蔬菜基地、克久高原食用菌基地等项目建设。

【项目落地提速提效】 2015年，开展省、市、区三级项目督查工作13次，召开新希望地产、城市金融会客厅等项目推进会6次，调研置信广场、温州中心等项目44次，帮助“面粉厂”创意园项目完成改造，米房CEI项目进入试运营，一批知名艺术机构、设计师创意品牌、中西餐特色餐厅已经入驻。

【区域合作有序开展】 全年组织区属15家企业参加第十九届西洽会、第十八届渝洽会等重大国内经贸交流活动4次，共达成意向性合作协议28家。组织30余家企业赴江西、湖州、西安等地考察，促成合作项目2个。引导鹿城企业在广州、江西等地设立10家营销网点。

【内外互动不断深化】 2015年，开展在外鹿商信息采集工作，共收集在外鹿商基本信息1800条。组织22名优秀在外企业家参加区两会，为家乡发展献计献策。组织开展温商之春、中秋、重阳等走访慰问活动，共走访慰问温商家庭90户。

【“温二代”根脉维系态势良好】 全年成立“温州鹿城区青年企业家联合会”；开展“新生代温商2015温州青年年度论坛”活动，邀请300位温籍青年参加；引进温二代博弘电器、温青梦工厂创投等项目2个；组建“温二代”文创基金，到位资金1.3亿元；引导闲置资金参与产业

3月26日，在石家庄举行鹿城区人民政府与河北温州商会项目签约仪式　区招商局提供

基金，鼓励回乡发展。

（张雅翔）

行政审批管理（公共资源交易管理）

【概况】 2015年，鹿城区以深化行政审批制度改革以及公共资源交易平台建设为重点，强化创新、提质增效、规范管理，推进行政审批服务效能提升以及公共资源交易流程优化。全年区行政审批服务中心办件业务量为50508件，实际办结49359件，办结率达97.7%，承诺件办件提前率74%。完成建设工程项目招标交易121件，中标金额24.9亿元，节减率为8.05%；完成各项政府采购任务762件，中标金额1.63亿元，节减率为12.31%。另完成一项ppp政府采购项目，预算金额20.6亿元，中标价15.68亿元，节减率达23.9%。区行政审批服务中心（公共资源交易鹿城分中心）获“2015年度温州市行政审批与公共资源交易服务工作创新集体”称号。

【行政审批转备案改革】 2015年，开展行政审批转备案管理新型模式，首批13个部门56个事项纳入备案事项目录，重点针对投资审批和生产经营活动审批，占鹿城区216项许可事项的25.9%。该模式以申请人承诺材料真实、符合强制规范的前提下，采用“取消许可法律文书（证照、批复）出具，以备案表代替”“备案表加法定文书”形式，实现审批事项“即办即走”，审批时限压缩为零。职能部门根据“监管办法”明确监管内容和监管责任，对项目进行实质审查和现场勘查督导。从8月1日实施以来，截至年底，共办理审批转备案项目3465件。

【园区快速“捆绑”审批机制建立】 2015年，摸查全区功能区、园区开发情况，建立园区快速“捆绑”审批机制，即同一园区内多个建设项目的水保方案、环评审批等合并成一个方案进行审批，实现“分散申报”转“抱团申报”、“多次审批”转“一次审批”的审批流程再优化。温州市中国鞋都铁路沿线西侧（G—1至G—8地块）、温州市藤泽片区轻工园区单位H街坊等项目统一编制水保方案，仰义电镀基地项目实施统一环评审批。

【基建项目全流程管理】 2015年，整合基建项目审批流程为立项、初步设计、供地审批、施工许可、验收发证5个阶段，梳理各阶段申报材料、审批时限等。以“分段分包，牵头负责”的形式落实各部门责任，由牵头部门统一收取阶段内审批所需材料，严格控制审批时限，变被动等待为主动协调，打破原有“坐等报批”模式。确保审批时间在30个工作日内、全流程100天内。完成基建大并联网上审批系统配置，温州中心片区污水处理厂的建设项目试行网上全流程审批。

【“五证合一、一照一码”登记制度改革】 实行审批登记制度改革，破解市监、质监、税务、社保、统计信息共享等难题，8月1日，实现企业登记工商营业执照、组织机构代码证、税务登记证、社会保险登记证、统计登记证“五证合一”。10月9日，再次升级，颁发鹿城区首张“一照一码”营业执照，办理时限压缩到3个工作日以内，至年底，共办理1268件。

【行政审批事项标准化建设】 2015年，按行政许可、行政确认、年检、备案、审核转报、其他审批权六大类清理全区审批类事项。排查审批事项材料要求中属前置条件、前置审批的共303项，根据材料法定原则和国务院“五个一律”要求对前置设置进行规范。根据省政务服务网要求，将全区涉批事项目录与省市县三级目录库逐项核对并统一化，实现事项名称、编码、子项拆分与三级目录一致。完成对网上审批事项库事项名称、编码、子项划分等修改录入工作，按照有关要求在网上公示并实现网上运行。

【打造网上审批“政务超市”】 2015年，提升网上审批系统，统一身份认证，统一页面申报风格，开通网上申报、网上审核、网上审批等功能，打造网上“政务超市”。结合权力清单清理，梳理了可直接网上申报的有404项，占全部审批事项的71.19%，由“群众奔波”向“信息跑路”转变。自6月开通网上申报功能以来，共预受理147件，通过42件。

【拓展多级联动审批】 2015年，全区8个街镇，80个网格（社区）开展了包括卫计、残联、社保、民政等4个部门29个多级联动事项，实现区、街道、网格（社区）三级全流程网上办理、全流程电子监察。8个街镇80个网格（社区）设立网上审批自助点，发放168枚电子印章。全年办理各类联动办件2969件，再生育审批和最低生活保障证、城乡居民临时困难救助等9项业务办件量最大，占总办件量99.8%。

【“证照网上申请快递送达”试点】 11月，区质监、安监、农林、环保、财政等5个部门的特种设备作业人员考核与初次发证、危险化学品经营许可等11个事项实行“证照网上申请快递送达”，并在鹿城区行政审批中心服务网公布《证照网上申请快递送达审批事项目录》和《网上申报快递送达办事群众操作指南》，共办理72件。

【基建项目“三测合一”】 2015年，根据《温州市鹿城区政府投资建设工程项目竣工“三测合一”[①]试点工作方案》文件精神，依据“三测合一”技术指标要求，制订实施方案，并通过确定中介机构资质以及筛选符合条件中介机构，形成中介机构“预选库”。选取南郊街道牛桥底佳苑一期工程、鞋都三期纬二路、纬三路道路工程等项目进行“三测合一”，总收费额下降25%，总时间缩短35%以上。

【中介服务管理互动】 2015年，将72家中介机构纳入网络预选库，实行中介考评互动模式，形成充分竞争机制，推进涉批中介服务进一步优质化、市场化。共计11个部门的46项涉批中介事项、545件中介服务成果质量接受测评，测评率达100%。其中，3家及以上中介服务机构竞争承担同一涉批中介事项的有44项，达95.65%。

【大网格审批】 2015年，将区卫生计生、民政残联、人社劳动三大社会服务职能列入大网格任务清单，首批9个部门71项审批便民事项下放到位，其中33项由网格长“一章审批”，38项由网格员代办。

【公共资源交易清单建立】 2015年，根据《温州市人民政府关于进一步规范公共资源市场化配置的实施意见》要求，制定出台《鹿城区公共资源交易清单》。清单内逐项罗列所有公共资源配置以及直接关系公共利益特定行业市场准入项目，其中：交易清单明确须进公共资源交易平台涉及各类项目58项，交易拓展清单明确进场交易项目共9项。

【首例政府投资PPP项目完成】 2015年，依据《政府采购竞争性磋商采购方式管理暂行办法》的有关规定，公共资源交易鹿城分中心及时与项目业主、区财政做好对接，全力完成全区首个PPP项目招投标工作。该项目为温州市鹿城区瓯江绕城高速至卧旗山段海塘工程和瓯江路西延（江滨路A 线西段）二期道路工程，前期经过项目公告、报名、评标委员会组建、资格预选、综合评标等流程顺利开标，中标金额15.68亿元。

【建设工程项目远程异地评标】 11月12日，公共资源交易鹿城分中心与杭州市江干区公共资源交易中心就“浙江温州鹿城轻工产业园区横二路（纵六路—纵七路）工程及轻工产业园区横二路上河桥建设工程”联合开展远程异地评标并顺利招标。在评标活动中，以鹿城区为主场，杭州市江干区为客场，温州市3位专家与杭州市江干区2位专家通过登录远程评标系统进行视频语音互动评标，中标金额1605万元。12月9日，公共资源鹿城分中心作为客场与瑞安市公共资源交易中心开展远程对接并顺利招标。

（姜微微）

审 计

【概况】 2015年，区审计局共完成审计项目17个，查出违规资金 3333万元，管理不规范资金18355万元，经审计处理上缴财政资金210万元，挽回经济损失4695万元，核减投资额2007万元。提交审计专题、综合性报告和信息共41篇，提出审计建议53条，被采纳46条。

【预算执行审计】 2015年，组织实施本级政府预算执行审计、公务支出公款消费审计、科技经费专项审计等审计项目，实现财政预算执行审计与政府投资审计、绩效审计、专项资金审计相融合，构建财政审计大格局。发现38496万元净转移支付未纳入预算编制，土地出让金79911.64万元以拨代支，个别财政专户结算户待清理等问题。审计期间，催缴11家自营房产企业房产税16.47万元，对62家不符合营业税减免条件的企业补缴相应税款，及时督促相关单位补缴土地使用税241.17

①“三测合一”：建设工程项目竣工后由一家测绘中介机构按照规划核实竣工测量、房产测绘、地籍测绘技术标准和规范，一次测量并编制测算三套测绘成果，分别提供给规划、住建和国土资源部门作为规划竣工核实、房产登记和用地复核验收的依据，实行一次性收费。学系列讲话，做合格党员”学习教育。

万元。促成仰义街道陈村、澄沙桥村、龙川村的二产安置用地4191平方米及时签订出让合同，收回地价款201.17万元。促成藤桥服饰园土地出让金556.88万元的及时结算，同时有关部门及时调整三产留地土地出让金账务345.34万元。促成有关部门改进土地整理折抵建设用地指标费的核算方式，将该收费纳入“非税收入—其他收入”，收费项目再通过财政专户缴入国库纳入政府性基金收支管理，同时促成罚没款4800余万元上缴国库以及对全区历年非税收入结余分批上缴国库。

【政府投资审计】 2015年，继续加大对BT融资建设项目跟踪审计的力度，2015年新增跟踪审计项目6个，累计实施跟踪审计项目35个，涉及14个单位部门，投资额超过100多亿元，BT项目跟踪审计完成形象进度会签 260期。累计完成项目工程验工月报审计61期，审计总金额1.5亿元，审定金额1.34亿元，累计净核减1631万元，平均核减率10.87%。同时，审计发现多个BT融资项目施工图未经审查先行“白图”施工等建设管理问题，引起建设单位重视并及时整改。上报的内参专报得到了区委、区政府主要领导批示，促成相关问题得到整改落实，并制定出台《鹿城区进一步加强和规范政府投资项目BT模式建设管理工作的规定》，明确五项机制促进建设项目管理工作规范化。BT建设项目管理审计调查被评为市优秀审计项目。

【专项审计】 为贯彻上级重大民生政策落实和加强对民生项目资金的使用监督，区审计局安排了保障性安居工程专项审计调查和“五水共治”政策落实情况跟踪审计等专项审计项目。全年审计发现保障性安居工程专项资金1351.15万元未及时拨付至项目建设单位、廉租住房补充资金1751.32万元长期闲置、保障性住房分配管理的部门数据信息共享机制未建立，已死亡人员仍在发放廉租住房租赁补贴、廉租住房保障家庭收入财产核查不到位等问题；“五水共治”政策落实情况跟踪审计部分项目未按计划实施、2014年“五水共治”专项资金5501.12万元未下拨、农村生活污水治理存在运维资金未到位、已完工农村生活污水治理工程未及时竣工验收等问题，其中“五水共治”政策落实情况跟踪审计反映轻工产业园区污水处理厂效益低下的问题得到区领导的批示，促进了审计问题整改落实。

【经济责任审计】 根据省、市有关经济责任文件的精神要求，专设了经济责任联席会议办公室专职领导，加强对经济责任审计工作的组织、协调。经济责任联席会议相关成员单位还落实了领导干部任前经济责任告知、经济责任年度报告、离任经济事项交接工作。健全完善经济责任审计工作联席会议制度，进一步提高经济责任审计工作的规范化、制度化水平。

2015年，共完成滨江街道、区商务局等7个单位9位领导的经济责任审计，共查出违规金额554万元，管理不规范金额5865万元，上交财政金额16万元。

（王莉莉）

机关事务管理

【概况】 2015年，鹿城区机关事务管理局以“三严三实”①专题教育实践活动为抓手，真抓实干、求真务实，完成了各项工作任务。全年食堂共接待服务对象30万余人次，车队共安全驾驶47万余公里，会务服务共安排1690余次，水电维修共开展228次，并做好25家归口单位的财务服务。

【房产出租管理规范工作】 2015年，根据《温州市鹿城区行政事业单位国有房产出租管理实施办法（试行）》，加强房产出租工作的规范化、制度化。对存量房产进行全面梳理，分档建册，将适合办公条件的存量房产进行回收，纳入统一调配，减少财政租金支出。通过区、局网站及报纸媒体进行公开招租，合计租出存量房产10处，实现阳光租赁。截至年底，共签订出租合同59份，租金收入2259万元。

【打造“阳光食堂”】 2015年，食堂管理工作实行“阳光采购”，推行食堂食品原材料定点采购配送制度，与藤桥山鸣农业基地合作建立蔬菜直供点；实行阳光监管，公示每周菜谱；实行制度上墙，设立公众意见箱，进行全员监督；推行文明用餐，定做文明餐桌宣传画，提高机关干部职工节粮意识。改善食堂环境，将食堂地面更换成防滑地砖，并设置防鼠明渠和不锈钢炉灶墙面。11月，机关食堂被区市场监督管理局授牌“阳光厨房”。

① “三严三实”：严以修身、严以用权、严以律己，谋事要实、创业要实、做人要实。

【机关安全保卫工作】 2015年，制定防恐防暴预案，开展防恐防暴演练21次。期间，还联合区特巡警大队、消防大队等部门开展防恐防暴消防实战演练，切实强化保安业务技能。每月进行消防设施大检查，及时更换陈旧设备，杜绝各类安全隐患。把好人员、物品、车辆出入关，设立“E邮柜”，更换新版通行证，更新门禁系统，确保大院秩序稳定。

【节能工作】 2015年，鹿城区公共机构人均能耗、单位建筑面积综合能耗、人均水耗分别为109.373 千克标准煤/人、4.871 千克标准煤/平方米、23.90立方米/人，比2014年分别下降4.02%、3.81%、4.95%，全年节能目标圆满完成，国管局、省局和市局网站都对鹿城区的特色亮点工作进行报道；指导区公安分局、仰义街道分别创建省级节能示范点、市级节能示范点；在全区开展节能主题活动，发放1万多张节能小标识，推广微水环保洗车，与区低碳办联合开展“绿色出行，低碳生活”活动；在全区推广合同能源管理，共有14家单位报名参加合同能源管理项目，区公安分局在实施合同能源管理模式后，公安大楼每年省电170625千瓦/时，节省电费34895元。

（孙于婷）

责任编辑　朱凌云

政协温州市鹿城区委员会

重要会议

【区政协八届四次会议】 2月2日至4日，第八届温州市鹿城区委员会第四次会议召开。会议听取市委常委、区委书记王立彤代表中共鹿城区委所作的重要讲话；听取并审议郑锦春代表区政协八届常委会所作的工作报告和区政协副主席胡小萍代表区政协八届常委会所作的提案工作报告。全体委员列席区八届人大四次会议，听取并讨论区长朱崇敏所作的政府工作报告及其他报告。委员们围绕事关鹿城区经济社会发展的重大问题和人民群众关注的热点问题，积极协商议政，踊跃建言献策，提出了许多建设性的意见和建议。

【区政协八届十六次常委会议】 3月25日，区政协召开八届十六次常委会议。会议学习贯彻全国“两会”精神；听取和协商讨论鹿城区人民检察院工作情况；审议通过有关人事任免事项和各委员小组组长、副组长名单；听取区政协主席郑锦春同志讲话。

【区政协八届十七次常委会议】 6月30日，区政协召开八届十七次常委会议。会议听取和协商讨论鹿城区创建国家园林城市工作情况；听取和协商讨论区“四张清单一张网”改革落实情况；就学习贯彻中共中央办公厅《关于加强人民政协协商民主建设的实施意见》进行了部署；审议通过有关人事任免事项；听取区政协主席郑锦春同志讲话。

【区政协八届十八次常委会议】 7月24日，区政协召开八届十八次常委会议。会议协商通过鹿城区街镇行政区划调整方案。

【区政协八届十九次常委会议】 9月28日，区政协召开八届十九次常委会会议。会议听取和协商讨论2015年提案办理工作情况；听取区党风廉政建设工作情况；审议通过有关人事任免事项。

【区政协八届二十次常委会议】 12月29日，区政协召开八届二十次常委会会议。会议审议通过部分区政协委员调整情况；表彰了2015年度反映社情民意信息工作先进个人和优秀社情民意信息；听取和协商讨论了区 “十三五”规划编制工作；就学习贯彻中共十八届五中全会精神，进一步做好有关工作进行了部署。

主要工作

【政治协商】 根据《2015年度协商工作计划》，全年共安排30余次协商活动，重点围绕2015年中共鹿城区委八次、九次全会重大决策开展专题政治协商；围绕“一府两院”工作报告开展全体会议政治协商；围绕司法公信力、法治政府建设、国家园林城市创建、加强党风廉政建设、街镇行政区划调整、“十三五”规划编制工作、推进时尚城区建设等议题开展专题政治协商；围绕“四单一网”改革建设、时尚文创产业发展、学前教育发展、分级诊疗工作进展、居家养老服务建设、小微企业园建设、网络经济发展、“E邮站”快递包裹自取公共平台建设、农村生活污水治理、网络金融经济发展等议题开展对口协商和界别协商；继续深化提案办理协商。

【民主监督】 2015年，区政协持续开展“五水共治”专项民主监督，研究制定了《2015年“五水共治”专项民主监督方案》。全年组织委员针对农村污水治理工作情况开展了4次专项视察监督，就吕浦河、葡萄棚河、丰门河等河流治理和城乡生活污水治理、截污纳管、防洪排涝、企业节水等工作情况开展了23次明察暗访活动，发现问题49个，提出整改意见措施58条；深入开展“四张清单一张网”专项集体民主监督。3月下旬，专门组织召开“四单一网”专项集体民主监督座谈会，就该项工作进行动员和部署；4月始，分别抽调委员组成5个监督小组，多次进行了视察监督和明察暗访活动；6月，区政协常委会专门听取监督情况汇报，并进行专题协商，提出整改意见措施15条；10月下旬，再次召开跟踪监督座谈会，听取有关部门“四单一网”整改落实情况通报，并提出意见、建议；继续开展重点工作民主监督。紧盯“六城九市”“三改一拆”“四边三化”“破难攻坚大行动”等区委、区政府的重大部署和330国道、104国道改建等重点民生工程，经常性地开展民主监督。派驻16个部门单位的民主监督小组，定期到有关部门开展监督活动，就提案办理、重点工作进展等提出监督意见。

【参政议政】 2015年，区政协围绕党政关注和群众关心的热点难点，精心选择农村生活污水治理、加快法治政府建设、农业产业发展、推进义务教育均衡发展、深化对台民间交流、加强食品安全检测体系建设、优化公共自行车管理系统、推进江心屿风景名胜区整合提升、促进产业行业协会健康发展、保护古村落打造精品民宿等课题开展调研视察，形成10份有情况、有分析、有建议的调研报告。反映社情民意信息工作取得较大突破，质量和排名都有大幅提升，全年共收集社情民意信息 101条，向区委、区政府和上级政协报送《社情民意》70期，其中4篇被全国政协采用，《实施海上丝绸之路战略应重视我国65万名涉外海员被迫双重体检困境》获国务委员王勇批示；9篇被省政协采用；50篇被市政协采用。

【提案工作】 八届四次会议以来，收到委员以提案形式提出的意见、建议222件，经审查，立案201件，立案率为90.5%，其中集体和联名提案27件。参与提案委员168人，占委员总数的59.3%。常委会先后多次听取和研究提案工作，对提案工作提出了明确要求，对重点提案督办、提案工作制度和提高服务质量等及时提出具体改进意见和措施；注重提高提案质量，加强会前提案质量的把关和服务，严格实行立案“三审”制，加大提案信息搜集工作，将大会发言、专题调研材料和社情民意信息转化为提案，拓展提案的信息来源渠道；深入开展提案办理协商，开创“办前”协商，提高交办精准性。加强提案“办中”协商，推动提案的落实。扩大提案办理协商面，推动承办单位集中办理；创新提案办理机制，常委会将提案工作与调研视察、民主监督活动有效结合起来，探索和完善提案过程中的议题协商、答复之前的沟通协商、答复之后的反馈协商、重点提案的专题协商等协商机制，推动提案办理落到实处。

【文史书画】 2015年，区政协为纪念中国人民抗日战争胜利暨世界反法西斯战争胜利70周年，编辑出版史料专辑《铭记烽火岁月》（鹿城文史资料27辑）。全书共收录文稿70篇25万余字、珍贵历史照片214帧，真实再现了鹿城人民英勇抵抗日本侵略者的光辉历史。组织“兰亭奖”中小学生书法比赛活动，选送20名选手参加全市现场赛，其中8人获一等奖、6人获二等奖。政协书画院经常性开展书画创作交流和联展活动，弘扬优秀传统文化艺术，展示鹿城人文底蕴和时代风采。

2015年区政协重要文件目录

表7

文号	文件标题
温鹿政协1号	《政协温州市鹿城区委员会关于表彰优秀提案的决定》
温鹿政协2号	关于公布政协第八届温州市鹿城区委员会秘书长、新增常务委员名单的通知
温鹿政协3号	印发《关于围绕“四张清单一张网”改革措施落实情况开展专项集体民主监督的实施方案》
温鹿政协4号	关于印发《政协温州市鹿城区委员会2015年工作要点》和《政协温州市鹿城区委员会2015年重点工作任务分解方案》的通知
温鹿政协5号	关于印发《政协温州市鹿城区委员会2015年度协商计划》的通知
温鹿政协6号	关于刘世华同志免职的通知

续表7

文号	文件标题
温鹿政协7号	关于印发《区政协2015年度“五水共治”集体民主监督实施方案》通知
温鹿政协8号	关于调整政协第八届温州市鹿城区委员会各委员小组组长、副组长的决定
温鹿政协9号	关于增补政协第八届温州市鹿城区委员经济科技委员会委员的通知
温鹿政协10号	关于陈国光等同志职务任免的通知
温鹿政协11号	关于范小微等同志职务任免的通知
温鹿政协12号	关于同意陈莹冰同志辞职的通知
温鹿政协13号	关于表彰2015年度反映社情民意信息工作先进个人和优秀深情民意信息的通报
温鹿政协14号	关于调整部分八届区政协委员的决定

（李　哲）

责任编辑　王剑峰

纪检·监察

综 述

2015年，全区各纪检监察组织聚焦主责主业，持续深化工作转型，强化监督执纪问责，不断推进党风廉政建设和反腐败工作。年内获市级纪检监察工作先进集体称号，得市级以上媒体报道144篇，受省、市领导批示肯定10次。

【落实“两个责任”】 2015年，区纪委探索层层担责深化工程，推动主体责任与监督责任的落地见效。各街镇党（工）委书记在《今日鹿城》“书记谈”专栏谈落实主体责任，形成书记亲自抓、带头抓的工作常态；区纪委听取各街镇党（工）委和区直部门党委一把手的专题汇报，及时反馈意见并督促整改落实，实现了下级党委（党组）向上一级党委、纪委报告履行主体责任全覆盖；率先推行街镇、区直部门主体责任报告会制度，由单位“一把手”专题听取班子成员履行“一岗双责”情况汇报，区纪委派员全程督导，将主体责任分解落实到班子成员，形成人人肩上有指标的格局。《中国纪检监察报》《浙江日报》等媒体对此作专题报道。向区四套班子领导、区管干部发放《党风廉政工作笔记本》，不定期开展督查，增强了领导干部“一岗双责”意识。强化同级监督，深化廉政抄告制度，对区领导分管（联系）单位发生的违纪问题及时进行廉政抄告，并向区委主要领导和市纪委报送，督促廉政抄告内容及时整改落实到位，同时向街镇、部门拓展延伸，逐步形成监督体系。全年区本级向区领导发出廉政抄告9份，各街镇纪（工）委、部门纪检组向同级班子成员发出廉政抄告23份。

【加强信访案件办理】 2015年，区纪委力抓信访工作，严格落实“减存量、控增量、降总量”要求，强化领导包案化解、信访“一票否决”、领导督查督办等举措，成功化解了一批信访积案。加大对“非访”事件的责任倒查力度，全年对12名责任领导、14名责任人进行了追责。制定《鹿城区纪检信访举报件处理工作暂行办法》，创新开展办信工作检查评优专项活动，夯实信访工作基础。坚持有腐必反、有贪必肃，充分发挥区委反腐败协调小组和区巡查办作用，建立街镇纪（工）委、部门纪检组上报问题线索的奖惩机制，广泛收集问题线索并实行归口管理。全年立案100件，处分66人，涉及乡科级干部6人，移送司法机关12人。做深做细做实纪律审查“后半篇”文章，创新推行案件查办和信访初核的“一反思一通报一总结”机制，不能腐、不敢腐的效应逐步显现。

【推动作风建设】 2015年，围绕区委推行目标管理的新创举，区纪委加大“破两难、纠四不”[①]的整治力度，推行作风效能“捆绑追责”[②]机制，年内对43人（区管干部23人）进行“捆绑追责”。改革修订机关作风效能建设考核办法，对单位自主查办作风效能案件的予以加分，对被上级纪委查处的单位加重扣分，促使领导干部特别是“一把手”落实主责。出台《鹿城区纪检监察信访举报澄清保护机制实施办法（试行）》，全年对32名党员干部予以澄清或免责。持续抓好中央八项规定精神落实，建立“每月一主题，月月有行动”的工作机制，开展正风肃纪专项行动12次，出动人员500余人次，累计检查单位近

①“破两难纠四不”：“群众办事难、工作推进难”和“不担责、不作为、不认真、不用心。”
②“捆绑追责”：当事人责任和领导责任捆绑。

400家，发现问题151起，处理人员103人。深化“双评议”活动，将全区44个区直部门、133个基层站所和26个审批服务窗口纳入评议，促进机关作风效能好转和服务质量提高。狠抓网格作风效能检查，推动网格有效运行，得到市领导的充分肯定。深入开展农村基层作风巡查，抽调45名精干力量，组建1个综合协调组和7个巡查组，与市驻鹿巡查组合署办公，年内进驻巡查20个村，解决群众反映强烈的突出问题138件，化解历史遗留问题16件，立案8起，处分6人。

【强化教育防范】 2015年，区纪委对500多名区管党员领导干部进行党章党规党纪专题集中宣讲，深化党员干部分级分责党风廉政教育，学习贯彻新修订的《中国共产党廉洁自律准则》《中国共产党纪律处分条例》，向全区区管干部家属征集桌牌廉政亲情寄语，组织4566名党员干部开展警示教育等活动，增强全区党员干部的纪律规矩意识。配合省委巡视组开展工作，协助区委推进“十二项整改行动”，各项整改工作取得了实效。开设廉政账户，党员干部主动上交金额10余万元。严格落实《区管领导干部党风廉政谈话暂行办法》，对区本级89名区管干部进行了谈心提醒，各街镇纪（工）委、部门纪检组开展谈心提醒教育达1644人次。

【加强队伍建设】 2015年，根据推进派驻机构改革的部署，区纪委首次向党的工作部门派驻纪检组，全区共派驻纪检组17家，实现了全覆盖。结合新一轮街镇体制调整，全区14个街镇配备专职纪检监察干部50名，比调整前增加了14名。严格监督管理，建立报告制度，全年共有39位纪（工）委书记、纪检组长向区纪委报告其外出培训、挂职及因私离温情况；建立问责制度，制定出台《纪检监察干部问责办法（试行）》，明确需问责的具体行为；建立通报制度，定期对各街镇、部门纪检监察工作情况予以通报；建立淘汰制度，对年度排名最后且工作绩效较差的街镇纪（工）委、部门纪检组和委局机关科室负责人予以调整，改变了以往“干与不干一个样、干多干少一个样、干好干坏一个样”的消极现象。创新“一学一主题”新模式，倒逼纪检监察干部形成自觉学、主动学的习惯。加大干部的培养交流力度，一批优秀的纪检监察干部得到提拔重用。

（周灏渊）

责任编辑　戴爱华

鹿城区民主党派·工商联

中国国民党革命委员会鹿城区基层委员会

【概况】 2015年，中国国民党革命委员会鹿城区基层委员会（简称民革鹿城基层委）认真学习贯彻中共十八大和十八届三中、四中、五中全会和总书记习近平系列重要讲话精神，在中共鹿城区委领导下，围绕全区中心工作，助推幸福鹿城建设做出了应有贡献。

5月15日，民革鹿城总支进行换届选举，并升格为基层委员会。选举庄建华为民革鹿城第一届基层委员会主委，周丽峰、陈云烽、胡栩任副主委，林伟、周雪海、李小静任委员。7月31日，经济、综合、教育、卫生支部换届工作完成。

【自身建设】 2015年，民革鹿城基层委和各支部分别以专题报告会、学习会、谈心会等形式组织学习中共中央《关于加强新形势下党外代表人士队伍建设的意见》《习近平总书记系列重要讲话读本》、总书记习近平在新加坡与台湾地区领导人马英九历史性会面的重要讲话等。继续开展坚持和发展中国特色社会主义学习实践活动，夯实理论自信、制度自信、道路自信的政治思想基础。选送8名党员骨干参加民革省委会、市委会和区委统战部举办的“基层骨干培训班”“新党员学习班”理论学习。组织骨干党员参加民革市委会举办的学习实践活动报告会和基层委委员参加中共鹿城区委关于学习中央《统战工作条例》等。

【“抗日战争胜利70周年”纪念活动】 2015年，民革鹿城基层委副主委周丽峰联合市委统战部、民革市委会、温州中国和平统一促进会和《温州晚报》牵头策划大型抗战史诗系列报道“烽火回望”，并于8月15日日本投降日推出，社会反响良好。抗战胜利纪念日前夕，联合市慈善总会、民革市委会和《温州晚报》主办“抗战老兵英雄宴”活动，市人大常委会、民革市委会、市慈善总会、《温州日报》报业集团、温州中国和平统一促进会等领导出席，并为抗战老兵发放慰问金和纪念品。

组织党员参加温州中国和平统一促进会与民革市委会主办的“纪念抗日战争胜利70周年演唱会”；参加民革中央宣传部长吴先宁（博士）在市人民大会堂举办的“纪念抗战胜利暨世界反法西斯70周年专题报告会”以及组织部分党员参观“吴超征烈士纪念馆”[①]等。

【参政议政】 2015年，民革基层委中的省、市、区人大代表和市、区政协委员分别提交省人大《关于出台海洋生态补偿管理办法的建议》等提案议案共6件；提交市人大《关于进一步提升“美丽温州”，优化市区道路树景观建设的建议》等建议2件；提交市政协《关于将土壤污染普查、整治纳入市十三五规划的建议》等提案2件；提交区政协《关于进一步强化河长负责制的建议》等提案6件。基层委获“2014—2015年度温州民革参政议政”二等奖；9名党员获“2014—2015年度温州民革参政议政先进个人”称号；13名党员分别在区直12个单位任特约监督员；被评为优秀区政协委员1人、区政协反映社情民意信息先进个人1人；受聘担任区法院廉政监督员1人，浙江民革特约信息员1人，市人民监督员1人。

①吴超征烈士纪念馆：吴超征烈士是永嘉县桥下镇瓯渠村人，黄埔军校三期毕业生，1933年4月22日在保卫长城战役中抗击日寇，不幸牺牲于古北口。

【双岗建功】 2015年，民革鹿城基层委党员陈天聪、徐策、徐温茯获2015年度区党外人士“双岗建功”先进个人称号；丁群慧、刘凌然、诸葛文龙获区党外人士“服务社会”先进个人称号。庄建华任省康复医学会理事兼社区康复专委会、儿童康复专委会主任；何畏获温州市百名党外人士建功工程示范典型称号；周丽峰获“赵超构新闻”特等奖，省新闻一等奖和二等奖；徐温茯获区师德楷模称号；李小静获区命题评比三等奖，其负责的市级课题中期总结在市级交流会上交流；黄剑华获区教育信息化先进个人称号；胡巍获区教育局课题评比三等奖；包锦莹获区先进个人称号；董小秋被评为区卫生系统先进个人；郑大庆任省医学会青年委员；陈天聪当选中国康复医学会儿童康复专委会康复组委员及中国残疾康复协会小儿脑康复专委会委员，在《中国物理医学与康复杂志》《中国康复医学杂志》发表论文2篇。庄建华发表专业论文1篇。包锦莹、郑大庆当选市重点学科——急诊医学技术专业骨干。林伟当选温州市农贸流通协会会长。

【服务社会】 2015年，基层委医卫支部赴洞头区元觉街道北岙村开展义诊活动，送医送药免费义诊300人，体格检查335人次，送药2万元，举办新医学技术、康复知识讲座受众达650人次；帮扶基层卫生院，开展专家门诊52次。教育支部为新教师培训、为薄弱学校教师提供帮助共60余人次，举办心理咨询活动100多人次。经济支部资助孤寡老人、孤儿、贫困群众金额共计17万元；何畏带领温州市流行乐团送文化到乡镇、社区，赴外地为温商企业演出；组织策划世界反法西斯暨中国人民抗日战争胜利70周年纪念演唱会和“温州好声音”比赛活动。综合支部免费开办食品安全知识培训班3期，共培训180人；在区法律援助中心为群众开展免费咨询和援助服务活动。基层委组织三个慰问组配备医生、护士分别结对辖区内19位抗战老兵，为每人建立健康档案并做到定期看望、定期送生活补助金，让抗战老兵安度晚年。

【调研文章获奖】 2015年，民革鹿城基层委组织全区民主党派调研文章评比有5篇论文获奖，其中：《关于加快鹿城区推进垃圾转运站地下化试点工作的思考》的论文获特等奖；《建议加强对拆迁安置户缴纳安置回购款的信贷支持》《新常态下温州民营企业授信风险浅析》两篇论文获一等奖；《关于进一步规范食品安全案件移送的建议》《关于加强食品小作坊监督的建议》两篇论文获二等奖。该次评比活动由区民主党派联谊会组织举办。

（余德松）

中国民主同盟温州市鹿城区基层委员会

【概况】 2015年，民盟鹿城基层委（简称基层委）在民盟市委会与中共区委领导下，组织开展各项盟务工作，参政议政，服务社会，为促进鹿城区社会经济发展贡献智慧和力量。基层委吸收新盟员13名，界别有教育、文化、医卫、科技、经济等。至年底，基层委合计盟员142人，总体年龄开始降低，其中：省政协委员1人、市政协委员1人、区人大代表2人、区政协委员10人。

4月29日，基层委文化支部成立，金纬任主委，李靓任副主委，张紫梁任宣传委员。5月8日，卫生支部换届，黄长春任主委，郑玮任副主委，林娇娇任组织委员，林郁如任宣传委员，郑源益为参政议政委员。5月16日，科技经济支部换届，陈晓汀任主委，詹海霞任副主委，金洁任组织委员，张笃霖任参政议政委员，徐志娇任宣传委员。5月20日，教育一支部和二支部换届，邓明慧任一支部主委，

5月23日，民盟鹿城区基层委员会成立暨第一届基层委员选举大会

民盟温州市鹿城基层委提供

吴立新任副主委，朱旭琳任组织委员，吴薇任宣传委员，邱宪光负责老龄委工作；陈雯任二支部主委，杨伟燕任副主委，叶慧任宣传委员，夏玲玲任组织委员，李夏负责老龄委工作。

5月23日，民盟鹿城总支升级为民盟鹿城区基层委员会，并举行第一届选举大会。大会选举应真为主委，杜丽丽、陈兴良、张晓海、陈绚为副主委。委员叶慧、陈晓汀、陈雯、金纬、傅云云、郑玮。

选送盟员：詹海霞参加中共市委统战部组织的党外人士培训班与民盟省委会举行的培训班学习，陈晓汀参加盟市委组织的骨干培训班学习，陈绚、陈晓汀、金纬、黄长春、邓明慧参加由民盟市委在乐清举办的基层骨干培训班学习，黄长春、金纬、李夏参加区委统战部在浙江大学举办的区党外人士培训班学习。

【参政议政】 基层委撰写的“两会”议案、提案与社情民意调研文章有：詹海霞《法律视角下的社区定位》《保障婴儿哺乳权利的建议》（被盟省委录用）；郑玮《关于切实加强非食品容器具在食品领域使用的建议》《关于推进食品容器具检测标准建设的建议》《健全食品容器监管体系，添加食品安全屏障》《保障食品安全民生工程加强连锁企业中央厨房管理》《完善食品安全监管体系》（均被盟省委、市政协录用）。主委应真参加省政协会议《关于健全医疗废弃物管理相关法律的建议》《关于要求修改基金会管理条例的提案》《浙江省中小学生健康体检管理实施办法的建议》，参加区人代会《关于加大鹿城文化宣传，助推文化事业发展的建议》；金洁《关于取缔住宅小区棋牌室的建议》；张晓海《关于切实加强食品安全管理的建议》；傅云云《关于解决社工事业编制待遇问题的建议》；叶慧《关于推进鹿城餐饮业“阳光厨房”建设的建议》；陈雯《关于切实加大城区养犬管理执法力度 创造和谐城区环境的建议》；陈晓汀《重视学校午间管理 切实落实安全措施》均受到“两会”关注。3篇课题调研文章：《评估设区的市地方立法质量的制度设计》《基于食品安全的食品容器使用现状及对策措施》《证人强制出庭作证制度优化之探讨》，获区委统战部课题调研文章评比一等奖。

1月19日，副主委杜丽丽和盟员詹海霞到区行政执法局了解区政府对区属单位考核情况。8月6日，温州飞龙聚氨酯设备工程有限公司总经理何宁代表基层委参加区政府召开的党外人士协商座谈会，并就区经济形势提出看法和建议。8月10日，盟员张紫梁应邀参加中共区委办改革开放新时期党史资料征编工作。8月25日—26日，副主委陈绚应邀参加调研区教育均衡发展总体情况及存在问题。9月10日，区对口联系和特约人员工作会议在区府会议中心召开，基层委副主委陈绚带领28位特约人员参加会议，并代表基层委作“主动对话 积极建言”工作报告。10月28日—29日，民盟省委会专职副主委徐向东等人到温州调研参政议政工作，区基层委盟员郑玮受邀参加。12月25日，副主委陈绚、盟员郑玮参加中共区委统战部组织的党外人士鹿城区“十三五”规划调研视察活动。

【服务社会】 4月，盟员张笃霖设立“关爱自闭症儿童基金”事迹，受到中央电台关注，并在“愿望树”栏目报道。“六一”儿童节之际和11月，基层委两次联合市少年艺术学校为民工子弟、留守儿童举行文艺演出、赠送礼物。盟员林珊、杨伟燕、陈雯、高晓霞带队送教到永嘉县、鹿城区双屿、藤桥、岙底、临江、仰义、上戍等街道、乡镇小学，慰问贫困户和山村小学。盟员陈兴良、詹海霞、金洁、何宁到温州市经济开发区、鹿城区七都街道、十里亭社区、瓯海区潘桥街道、平阳县水头镇等地，举办法律、科技、经济讲座和咨询计20多次。8月15日，盟员、“世界温州人”资源平台股东邱剑侠受到省委常委、温州市委书记陈一新等领导接见。11月24日—30日，文化支部联合“一棵树”艺术中心，在该中心免费为市民举办“翰风墨韵”——张如元书画作品展。12月12日，参加党外人士“幸福鹿城同心同行”暨社会服务月活动，盟员陈绚、冯茜、王茜负责该活动文艺演出。副主委陈兴良、盟员金洁、陈如春、王晓燕分别为市民作法律、教育咨询。12月30日，盟员陈晓汀出资赞助举办温州市第34届“龙元建设杯”市民横渡瓯江活动。

（傅云云）

中国民主建国会温州市鹿城区基层委员会

【概况】 2015年，中国民主建国会温州市鹿城区基层委员会（以下简称民建鹿城区基层委员会）下设5个支部，吸收新会员5人，有会员86名。非公经济人士会员占68%。其中：市人大常委1人、市人大代

表1人、市政协委员2人；区人大代表4人、区政协副主席1人、区政协常委1人、区政协委员9人；担任政府部门特约监督员27位。民建鹿城区基层委员会被民建省委会评为2014—2015年度省先进基层组织称号。会员江衍妙获全国参政议政工作先进个人称号。会员获省级先进个人称号1人，获市级先进个人称号7人。基层委调研撰写的《以国企运行体制为重点 推进我市混合所有制改革》获民建市委会“泰力杯”2014—2015年度优秀调研成果一等奖。

6月10日，民建鹿城区基层委在龟湖饭店举行第七次会员大会。大会选举蒋晖为民建鹿城区第六届基层委员会主任委员；杨明明、吴建敏、邵景业、江衍妙为副主任委员。7月，基层委各支部换届工作完成。

6月28日，民建鹿城区基层委召开六届第一次委员会议。传达学习中共中央统战工作会议和《中国共产党统一战线工作条例（试行）》内容精神；明确对基层委正、副主委及委员的分工以及将班子主要领导与各支部对接联络作了安排。

【参政议政】 2015年，民建鹿城区基层组织中的人大代表和政协委员认真履行参政党职能，积极撰写议案和提案，并在“两会”期间提交市、区两级政协提案12件、议案3件、大会发言1件。内容涉及经济发展、产业升级、环境卫生保护、旅游开发建设、人才建设以及交通问题等。基层委的主要领导积极参加区委区政府召开的各种民主协商会、通报会及各类座谈会10次，为区委、区政府的思想建设、政府工作、科技进步、经济改革等大政方针，建言献策，坦诚己见。

【服务社会】 1月27日，鹿城区政协副主席、民建鹿城基层委主委邵豪哲，带领会员赴藤桥镇底坦、吊降、林路3个贫困村，走访慰问25人（户），其中，中共老党员4人，瘫痪、残疾5人，以及16个患病生活困难者，给每人送上慰问金500元。另外，捐资6万元给3个村（每村2万元），作为村委会“居家养老”的启动资金，让孤寡困难老人得到更多的爱和温暖。该次是第四年走访慰问扶贫活动。会员企业黎东眼镜有限公司在慈善一日捐活动中，向鹿城慈善藤桥分会捐善款8万元；会员企业浙江奥乐智能系统工程有限公司、温州蓝天电子设备有限公司向鹿城慈善总会各捐善款3万元和2.6万元。由民建浙江省委会青年企业家工作委员会组织的全省青年会员企业家“施复亮施光南故居”提升工程资金启动仪式上，民建鹿城会员邵景业捐款2万元、范庆香捐款1万元。8月，由民建鹿城区基层委主办、LP23公益活动组织承办的“思源·圆梦”系列社会服务之——“关心与关爱弱势群体、创造和谐有爱大家庭”大型活动在鹿城区松台广场举行。该次活动结对资助41名山区贫困居民和生活无法自理的孤寡老人、身患疾病的幼儿、无法支付学费的孩子等，共捐爱心款22万元。会员秦小伟资助温大贫困学生27名，金额达20多万元。会员企业泰力实业有限公司联合鹿城区慈善总会在纪念中国人民抗日战争和世界反法西斯战争胜利70周年之际，邀请接待4位抗战英雄并赞助慈善明信片和纪念封；12月，该会员企业赞助墨池小学成立“泰力艺文”奖学（教）金。

【结对交流】 2015年，在纪念民建中央成立70周年，省、市民建成立60周年和鹿城区民建基层委员会成立20周年之时，鹿城基层委组织该委全体会员赴江苏连云港等地进行调研考察和学习交流，并与民建连云港市城建总支部缔结为友好支部。

（肖恩杰）

中国民主促进会温州市鹿城区基层委员会

【概况】 2015年，民进鹿城区基层委员会（简称基层委）在民进温州市委和中共鹿城区委领导下，积极参政议政，践行“同心同行”。先后被民进会中央评为“全国社会服务工作先进基层组织”，被民进市委会评为“市级先进基层组织”“反映社情民意工作先进基层组织”“参政议政工作先进基层组织”。

2015年，基层委下属支部5个，会员115人，其中教育、文化、新闻出版界会员98人，占会员总数82.35%。拥有市、区人大代表和政协委员16名。5月24日，民进鹿城区第五次会员大会召开。温州市政协副主席、民进温州市委会主委夏克栋，副主委叶育登、王丽峰，区委常委、常务副区长项伟胜，区委常委、统战部部长胡慧雷，区人大常委会副主任项旭光，区政协副主席陈国琴等出席会议。区民主党派、无党派、工商联、新联会，各县市区民进代表到会祝贺。大会听取并审议了民进鹿城区第四届总支部委员会工作报告。选举蒋樨为主委，金晓群、吴奇红、刘建亮为副主委。

【参政议政】 全年基层委撰写人大建议案2件：陈忠和《关于尽快在瓯江路增设自行车点的建议》；吴崎《关于加强城市道路交通方面的建议》。政协提案17件：蒋樨《鹿城区创建〈浙江省基本实现教育现代化区〉的对策研究》《重视“窨井盖”管理提高城市管理水平》《加大限塑令执行力度，助推国家环保模范城市创建》《关于因地制宜，开展鹿城区河道整治的建议》《赋予基层机制活力 有效推进综合整治》；陈晨《关于对104国道由南向北马鞍池西路至水心路段人行道进行拓宽改造的建议》《关于规范我区文化创意产业园建设，严格控制餐饮和娱乐企业入驻的建议》；潘静娜《关爱特殊儿童 推进全纳教育》《推进全纳教育 促进均衡发展》；赵海燕《让文明行车成为一种习惯》；吴继升《关于规范地名标志健全长效管理机制的建议》；吴奇红《关于检察机关如何做好未成年人犯罪预防工作的建议》《关于建立长效管理机制，避免营运电动车泛滥的建议》；吕晓《关于沿河环境治理的建议》《关于改善城中村居住条件的建议》；柳墨林《关于墨斗小区3楼公共用房合理利用的建议》。另有，陈晓武《关于建立温州市文化创意产业投资基金的建议》、赵海燕《请关注小学生午餐、午休问题》的社情民意及陈晨在区政协大会作《加强我区居民住宅区的消防安全管理，推进平安鹿城的创建》发言。

基层委主委蒋樨等应邀参与鹿城区“十三五”规划编制修改工作；蒋樨、吴奇红、刘建亮、赵海燕、林艳艳、吕晓、吴继升、何丹、叶萌春应邀担任鹿城区各部门“特约监督人员”。

【双岗建功】 2015年，会员叶萌春获“中国工艺美术大师”称号、任温州市工艺美术研究院院长，其黄杨木雕作品获第十五届中国美术大师作品暨国际艺术精品金奖。何丹被评为市教坛新秀。吕晓被评为市师德楷模。张建超获市“社区教育优秀教师”称号。季杜宇获全国校外教育机构领军人物称号。陈慧娟当选第七届鹿城区作协理事。周建春被评为浙江省优秀工会积极分子，带领的鹿城区女教师合唱团获省合唱比赛金奖。夏可仁被评为女职工先进工作者和工会新闻宣传工作先进个人。刘建亮被评为“温州经济十大年度人物”。郑秀东办的企业获“第三届中国十大童装品牌”称号。吴奇红撰写的温州市新田园小学校歌《我来了》、2015年瓯海区中小学艺术节闭幕式暨颁奖文艺演出串联稿、“第五届温州艺术节‘中国人民抗日战争暨世界反法西斯战争胜利七十周年’流行音乐大型演唱会”串联稿、“阳光下成长”2015年浙江省中小学艺术节颁奖晚会串联稿、“泰顺好歌曲”大型演唱会串联稿均获得好评。刘慧指导合唱“夜莺”“乡村孩子看大戏”获第五届中国少年儿童合唱比赛金奖。余璞编写“传统民俗文化的活化应用”、策划“温州向前冲——马拉松赛”等活动。蒋樨写的《从“韵脚之争”说起——略谈制订标准之道》《“恶之花”与“善之种”——从“飞虎将军”漫谈音乐戏剧中的悲剧意象》《对于政协委员履职工作的几点思考》等文章发表在“鹿城政协”等刊物。陈慧娟写的《南京三章》《旗袍之殇》《青藤浅语》等文章在“教师月刊”“温州文学”等刊物发表。吕晓的论文获区一等奖并为区中学历史老师开办示范课。金晓群的《乐与能的平衡—幼儿园情境体能教学》获浙江省优秀精品课程一等奖，论文《分层质量分析会助推幼儿园保教四环管理机制的创新》，获长江三角洲论文评比三等奖。何丹撰写的论文《农村幼儿园“田园式”户外活动设计》，获市一等奖。夏苏节撰写的论文《裸议·精议·思议—农村幼儿园“三环递进式”观议课的实践与思考》获省三等奖；《我心中的民进》一文入编民进省委会《开明》会刊。陈文跃获民进鹿城总支社会服务先进个人、区德育先进工作者、区教育局优秀老龄工作者称号。蒋觉烟撰写的论文《活问需巧引》获区二等奖。林艳艳论文《课程文化的建构》获市二等奖。蔡温琪撰写的幼儿中班活动方案《动物嘉年华》获温州市幼儿园教师主题方案设计评比一等奖。

【调研课题】 2015年，会员黄丽曼撰写的调研课题《我们的社区》，获得省课奖、教育部优课奖。金晓群的课题《幼儿园情境体能课程的开发与实施》，获市一等奖。何丹的课题《幼儿园自然物“意象手工”的实践研究》，获市一等奖；《幼儿园微教研的实践研究》，获市二等奖。夏苏节的课题《幼儿园自然物‘意象手工’的实践研究》获市一等奖。陈文跃的课题《意象绘画美术体系》，获浙江省首届学前教育精品课程评比优秀成果奖，课题《幼儿园‘意象绘画’课程体系的完善深化探索研究》，获市推广课题二等奖。蒋觉烟的课题《开展大班趣味晨间谈话的实践研究》，获市二等奖。

【服务社会】 全年基层委组织会员先后在温州市区及苍南、文成、洞头等县，开展医疗进社区、送教到学校，文化下乡、扶贫济困、帮扶企业、举办讲座、广场咨询等活动，共139次。为“同心林”建设、“五水共治”、灾区捐款等累计金额6.45万元，受援群众151人次。基层委还牵线企业为社会捐赠爱心款20余万元。

基层委建立的“同心志愿者服务”平台为温州市第十五幼儿园捐赠幼儿户外活动器械、节日礼物和节日慰问金、幼儿书本、棉被等，潘靓娴带领学生为三台道观孤儿送去爱心款物共计8065元。6月，蔡妙妙带领瓯海艺术学校师生到瓯海利宝特殊学校，举行扶贫慰问演出并赠送生活用品计1500元。何丹参加市送教下乡活动慈善捐款800元。夏苏节慈善捐款500元。陈文跃参加市、区送教下乡活动，举办市、区咨询、讲座，共14次。柳墨林扶贫济困280元。郑秀东为区第十五幼儿园捐赠园服40套。金晓群送教下乡10次，并为其结对双胞胎学生捐资7000元，举办省、市级咨询讲座50场。

（吴　琦）

中国农工民主党温州市鹿城区基层委员会

【概况】 2015年，农工民主党鹿城基层委员（简称鹿城基层委）组织党员认真学习中共十八大、十八届五中全会和总书记习近平系列重要讲话精神以及中国特色社会主义理论体系等，农工基层委党员思想觉悟、政治素质得到提高，并为鹿城经济发展、服务社会做出有益贡献。吸纳新农工党员3人（教育界1人、机关单位2人）。至年底，鹿城基层委农工党员总计69人，其中，市政协委员1名、区人大代表1名、区政协委员1名。

【参政议政】 2015年，鹿城基层委共撰写社情民意文章12篇，其中：省级提案1篇，市级提案1篇，区级议案1篇，区级提案5篇，调研报告2篇，如：张秋莲撰写的《关于加强我市食品安全快速检测体系建设的建议》《公共场所集中空调通风系统卫生状况分析》《浅谈小额快速保险》，李炎伦撰写的《非法制售枪支案件频发，建议加强新形势下的枪支管理工作》《户外运动伤亡事故持续高发应引起重视》《关于完善鹿城区机关事业单位非在编工作人员住房公积金缴存问题的建议》，金上呈撰写的《农村基础组织的宗教化倾向影响村级政权组织的建设应引起重视》，李午撰写的《新医药体制下如何做好社区医院与大医院的药品“无缝连接”》，江丁库撰写的《关于取消民间借贷中办理机动车抵押业务强制公证的建议》《关于对温州困难企业帮扶工作的建议》等。特别是褚坚撰写的《高龄产妇扎堆，优生亟待把关》被全国政协采用上报国务院；江丁库撰写的《促进政府购买法律服务进入新常态》，被农工党中央《信息专报》采用并上报全国政协。调研报告有江丁库的《对温州市PPP模式运行的调研与思考》、李炎伦的《温州市农村生态文明建设探究—以鹿城区藤桥镇为例》等。该年，继续举办“农工鹿城总支社情民意沙龙”3期。参加人数58人，农工党员参政议政积极性得到提高。

【服务社会】 2015年，农工鹿城基层委开展各类社会服务活动24次，捐资35600元，受益群众4700余人次。如：区人民医院支部与温州市游泳协会共建爱心伏茶点，为在九山河救生的志愿者服务并为救生志愿者讲解救生安全知识；12月12日，参加区委统战部举办的民主党派“幸福鹿城、同心同行”活动，主委章月影，副主委雷鸣、严求真、杨淑青等带领基层委医护人员在松台广场为群众举行大型义诊服务。6月，派出医护人员到苍南县救扶民房大火受伤群众；另外，坚持做到赞助山区贫困学生，对社区弱势群众进行资助。副主委雷鸣发挥自身专业，到滨江社区开展慢性病管理讲座，为社区群众讲解公共卫生与身体健康知识。

【爱岗敬业】 2015年，农工鹿城基层委党员薛芳辉被浙江省性病艾滋病防治协会授予“2014年度浙江省防艾优秀志愿者”称号；褚坚被评为农工党中央2013—2014年度社情民意先进个人；江丁库被评为浙江省优秀律师，获中共温州市委组织部2015年度《百名党外人士建功工程》典型荣誉称号。

（郑范琦）

中国致公党温州市鹿城区总支部委员会

【概况】 2015年，中国致公党温州市鹿城区总支部委员会（简称致公党鹿城总支或总支），以邓小平理论、“三个代表”重要思想、科学发展观和十八大与十八届三中、四中、五中会议精神为指导，发挥密切联系侨界的特色认真参政议政，为鹿城区经济建设、社会发展做出积极贡献，被中国致公党温州市委员会评为先进集体。致公党鹿城总支有全国政协委员1人，市人大代表2人，区人大代表2人，区政协委员5人，其中常委2人。

6月11日，致公党鹿城总支召开换届大会。致公党市委会主委鲍小瓯，区领导胡慧雷、项旭光、邓小林、陈国琴等参加会议。大会选举产生新一届总支委员会，王璋弟担任主任委员。

10月29日，致公党温州市委会在温州大剧院音乐厅举行纪念大会，庆祝中国致公党成立90周年暨温州地方组织成立30周年。致公党鹿城总支30余名党员参加会议。

12月8日，中国致公党鹿城总支联合综合总支考察浙江森马生态农业公司瓯柑文化园。致公党温州市委会专职副主委丁春民、鹿城总支、综合总支等30多名党员参加考察。

【参政议政】 2015年，“两会”期间，总支围绕经济发展、城市建设和改善民生等问题，提出议案、提案共10篇。总支班子成员积极参加由区委、区政府组织召开的各种协商会、征求意见会、座谈会，就区经济工作、党风廉政建设和反腐败工作等，提出意见和建议、社情民意共18条，得到区委、区政府领导的好评。

【调研工作】 2015年，总支完成调研报告3个，分别是：王璋弟撰写的《关于社会组织发展的调研思考》，林姬撰写的《加强鹿城区流动人口计划生育管理服务的对策》，陈向东撰写的《关于推进基层医疗卫生综合改革的思考》。

【双岗建功】 2015年，总支党员黄伊丹获鹿城区“体育优秀指导师”“2015年度校十佳智慧老师”称号；朱龙的《关于解决杨府山山体滑坡点存在隐患的建议》被鹿城区人大常委会办公室评选为优秀建议；李建江的浙江特灵轻工有限公司获国家高新技术企业、浙江省科技型企业、瓯海区研发中心、海关A类企业称号、并连续十年获“瓯海区国际贸易信用企业”称号。潘雄伟、潘舞戈获鹿城区委统战部颁发的“双岗建功“先进个人称号；黄伊丹、张超众获鹿城区委统战部颁发的”服务社会“先进个人称号。另外，有11名总支党员被聘为区属部门特约人员。

【服务社会】 9月18日，总支组织支部党员到泰顺县三魁镇秀溪边村开展送医送药大型义诊活动。活动由总支主委、鹿城区卫生局副局长王璋弟带队，市中心医院和鹿城区属医院医生及致公党员共15人参加。该次义诊有全科、骨伤科、妇科、五官科、呼吸科和中医，接受诊疗的村民达300余人，发放治疗高血压、糖尿病、呼吸系统、消化系统、骨伤科疾病的常用药物共11大类40多种，价值5000多元。活动还向村民宣传疾病预防保健知识。

（王璋弟）

九三学社温州市鹿城区基层委员会

【概况】 2015年，九三学社鹿城区基层委（简称“基层委”）认真学习中共十八届五中全会精神和“四个全面”重要精神，围绕区委、区府中心工作，积极参政议政、民主监督、建言献策和服务社会、敬老服老、扶贫结对等工作，为鹿城区经济社会发展做出应有贡献。

2015年，基层委发展吸收5位（其中女性2人）优秀人才入社，平均年龄37.6岁，拥有高级职称4人，工程技术3人，法律、新社会阶层人士各1人。至年底，基层委社员总数为59人，平均年龄48.7岁，其中女社员21人、占35.6%，高级职称29人、占49.1%。

2015年，基层委领导班子参加中共鹿城区委、区政府召开的各种民主协商会、通报会、座谈会10余次，并积极建言献策。派出社员和水利专家到鹿城、瓯海两个区为“五水共治”出谋划策取得良好成效。撰写的聘专职联络员案例，入选九三学社中央《优秀组织工作案例》一书。以168分的成绩，获九三学社温州市委会年度信息采用评分全市第一名。参加由区委统战部组织的民主党派调研课题论文评比，获特等奖1篇，一等奖1篇，三等奖2篇。

【参政议政】 2015年，基层委社员陈静撰写的《全面放开二孩后应尽快解决我国基层儿童医疗机构资源匮乏服务不足问题》提案，作为社温州市委会集体提案上报九三学社中央，并入选全国“两会”；社员叶胜撰写的《建议加快完善我国海上法律法规体系 推进世界航运强国建设》作为社温州市委会集体提案入选全国“两会”。

市、区“两会”期间，提交政协提案11件，人大议案3件，内容涉及“一带一路”、港口发展、招商引资、产业升级、人才建设、环保、市政以及安全生产等问题。基层委主委孙国勇提交的《关于要求尽快启动我市"雁荡山—楠溪江"景区联合申报世界自然与文化双遗产工作的建议》被温州市人大常委会评为2015年度优秀议案；提交的《关于加快状元岙港区基础设施和配套服务建设的建议》提案，被温州市人大常委会列为8号重点议案，并于6月11日，受邀参加市政府职能部门会议，对该提案提出进一步的建议。

至年底，向市、区各级政府部门上报社情民意信息、宣传信息40余件，其中21篇信息被省政协、省统战部、九三社省委采用，7篇被九三社中央采用，4篇被全国政协采用，2篇被中共中央统战部采用，5篇先后获国务院领导、浙江省委、温州市委领导和鹿城区委领导批示。基层委委员叶胜撰写的《我国涉外海员被迫双重体检影响远洋业发展亟待关注》提案，被中共中央统战部《零讯》采用并获国务委员王勇批示，社员胡明春撰写的《建议调整建筑钢筋件重国家标准 解决塔机超载导致安全事故频发问题》提案被浙江省政协采用并作为G20安全系列专题呈报浙江省委。

2015年，提案《永嘉县至市区车渡安全隐患多 建议适时取消》被时任温州市长陈金彪批示后，该车渡已于12月31日撤渡；提案《南塘景区游船夜游项目存诸多安全隐患亟待重视解决》先后被时任浙江省委常委、温州市委书记陈一新和时任温州市长陈金彪批示后，已于6月份得到解决。

2015年，基层委获九三学社中央"全国优秀基层组织"荣誉称号，基层委撰写的聘专职联络员案例入选九三学社中央《优秀组织工作案例》一书，孙国勇获九三学社中央"2011—2015年社会服务工作先进个人"荣誉称号，叶胜获九三学社中央2014—2015年"全国参政议政先进个人"称号和温州市政协"社情民意信息先进个人"称号。

【民主监督】 2015年，基层委共有18名社员担任市、区国土局、交通运输局、法院、行政执法局和安监局的行风监督员，并认真履行民主党派监督作用。基层委的人大代表与政协委员被邀担任市信访局信访评议会评议员，对该单位有些工作和行风建设提出整改意见和建议。掌握社情一线，基层委领导多次到政府职能部门及企事业单位参与难题督办协调会、听证会等专项活动，并化解多个重大难题。

【双岗建功】 2015年，社员叶胜、卓湘茹、王楚楚获鹿城区委统战部颁发的"双岗建功"荣誉称号；社员石华孟、汪建、郑蓉获"社会服务先进个人"称号；社员连露锋获2015年度九三学社全省社会服务先进个人奖；纪念建社70周年系列活动受到社省委表彰，社员陈中怀被评为优秀社员；舒蓓蕾被评为优秀社务工作者。社员叶胜撰写的论文《实施海上丝绸之路经济带战略应先重视我国沿海商船渔船碰撞事故频发问题》，获中国航海学会2015年度优秀学术论文奖。

【助医扶贫】 5月23日，由温州市景观设计学会主办、九三学社鹿城基层委承办的大型科普活动在松台广场举办。基层委社员（医生）周蓉蓉、陈静参加义诊活动，并为200余人提供医疗咨询服务，义诊60余人；7月、8月、10月、12月，基层委组织从医社员多次举办义诊、救护、法律咨询等社会服务活动，10余位从医社员先后到松台街道桂柑社区和多个街镇、社区开展义诊，服务群众1000余人。

7月24日，基层委班子成员赴苍南县马站镇贫困村—长沙村，开展以"推进农村信息化，建设信息新农村"为主题的科技下乡和捐赠电脑活动，向该村村委会赠送三台电脑，方便村里与外界的网络信息沟通。

【服务社会】 5月15日，按照社省委规定的每年5月在全省社组织开展"九三科技服务月"活动要求，基层委主办"关爱相伴　健康成长"五周年助学圆梦公益品牌活动，走进鹿城区瓯越小学垟田校区，并在温州科技馆大厅举行活动仪式，区卫计局、区科技局、区农林水利局领导和九三学社鹿城基层委领导及社员参加活动。社员陈中怀的浙江三点水童装有限公司为在校学生捐赠350套品牌童装；区卫计局领导为在场学生赠送300个急救包；社员书法家方胜浩赠送其创作的书法作品。活动还为"自强不息好少年"颁奖，赠送文体用品，带领学生参观科技馆和博物馆。

【拥军慰问】 7月31日，鹿城基层委主委孙国勇带社员到鹿城区人武部开展"八一"拥军慰问活动，并送大米、水果等价值2万元的节日慰问品，向全体官兵致以节日问候。

（叶　胜）

区工商业联合会（总商会）

【概况】 2015年，区工商业联合会（简称工商联）拥有8家基层商会、7家直属行业协会和商会。被评为温州市工商联系统先进单位，11位企业家获温州市工商业联合会成立六十周年功勋奖、1位工商联干部获荣誉奖。承接参与全国工商联上规模民营企业调研、工资保证金制度调查、民营企业劳动关系监测调查等工作。组织参与省协调劳动关系调整最低工资标准座谈会。全国工商联副主席谢经荣一行调研民营企业“走出去”情况，对区工商联工作给予好评；省工商联党组副书记黄正强到区工商联主席单位——开元集团，为省政协委员李跃胜工作室揭牌，并调研巨一集团等企业，对区工商联工作和企业实施“机器换人”推进科技进步予以好评。

联合区委统战部制订下发《活动实施方案》；召开全区非公经济人士理想信念教育经验交流会；向全区非公经济人士发放“守法诚信，携手明天”倡议书；举办企业家（新生代企业家）培训班、“四信”教育专题讲座以及组织参加“温商论坛第十三讲”“瓯江讲坛”等，受训非公经济人士达300余人次。联合区司法局开展“法律进商会、法律进民企”活动，帮助企业维权226起，调解82件。

【参政议政】 2015年，区工商联深入基层商会及会员企业，调研商会建设情况和会员企业生产经营状况，并形成6篇调研文章。其中，2篇调研文章分获市工商联参政议政成果奖、区党政系统调研评比二等奖。“两会”期间，区政协工商联界别组撰写提交提案9篇。

【组织建设】 12月3日，区工商联指导五马街道商会成立“施水寮商圈男装专业委员会”。12月16日，指导区新生代企业家联合会成立，为新生代企业家沟通、学习、交流与合作搭建平台；

【服务社会】 2015年，区工商联组织企业捐资45万元，到泰顺县筱村镇、文成县陈钟村开展精准扶贫和助推新农村建设等各类公益活动。开展“夏日酷暑送清凉”慰问活动，为100户特困家庭、100户残疾人困难家庭和100位环卫工人送去价值5万元慰问品。引导基层商会——南汇街道商会设立慈善基金100万元。引导区非公经济人士、13家基层商会、行业协会（商会）、开展合力治污水活动，共投入资金100余万元。

1月21日，区工商联赴文成县扶贫
区工商联提供

【创新服务】 11月27日，区工商联助推区民营经济发展联合会，成为区第一家试点承接政府职能转移的工商经济类行业协会（商会）。推荐并培育新邦建设和日高机械等企业挂牌新三板（全国中小企业股份转让系统中的名称），以探索对接多层次资本市场。

【搭建合作平台】 2015年，区工商联与温州肯恩大学探索开展务实战略合作——创新拓展工商联为“两个健康”①服务平台，被《中华工商时报》推荐参评（创新中国）2015年度县级工商联工作十大创新奖；联合温州中津先进科技研究院，搭建科技合作和技术创新交流合作平台，帮助企业科技进步和转型升级。

【鹿城区工商联四届二次执委会召开】 7月17日，鹿城区工商联四届二次执委会召开。市委常委、区委书陈浩到会并讲话，全区工商界人士共200余人参加会议。

【鹿城区新生代企业家联合会会员大会召开】 12月16日，鹿城区新生代企业家联合会一届一次会员大会召开。区委副书记、区长朱崇敏到会并讲话，参加大会的有民营企业第二代接班人、新创业青年企业家以及大学生创业者、留学归国创业者共60余人。大会选举浙江新邦建设股份有限公司董事长陈锵为会长，浙江晶合贸易有限公司总经理曾莞为监事长。

（戴震宇）

区党外知识分子联谊会

【概况】 2015年，鹿城区党外知识分子联谊会（简称知联会），围绕中共鹿城区委、区政府中心工作，践行“同心思想，服务大局、服务社会，为推进鹿城科学发展与和谐

① “两个健康”：非公有经济健康发展，非公有经济人士健康发展。

发展做出了积极贡献。1月15日，知联会邀请市政协常委、副秘书长叶育登作《新常态下的新战略与新作为》的讲座；7月30日，20多位理事参加在市人民大会堂举行的“知联论坛”学习讲座会；8月，知联会会长陈国琴和5位常务理事赴浙江大学参加由中共鹿城区委统战部组织的党外人士培训班学习；10月，会长陈国琴随团赴重庆市、湖北武汉市江汉区等地学习交流工作经验，并参观中国民主党派历史纪念馆。

2015年，知联会共有理事61人，其中31位理事担任市、区人大代表和政协委员。

【双岗建功】 2015年，知联会成员获奖建功的有：周赛珍获浙江省巾帼建功标兵称号；单晓雷获浙江省优秀青年企业家称号；吕平获“2015温州市创业青年楷模”称号；张惠芳、柯苗辅导的歌伴舞《远乡谣》获浙江省第14届新作演唱比赛金奖；陈晨编剧的微电影《鹿城之恋》入选浙江省群文微电影展演，创作的小品《攀亲》获第五届温州市艺术节小戏小品类第四名，撰写的理论文章获市政协理论研讨会优秀奖；季杜宇被评为市民办学校优秀举办者；曹剑钢发明的“无磨损式球形止回法”获市级专利；方学优、虞海丹被评为区优秀公务员；田志胜获区优秀企业家称号；有 6位理事被区委统战部授予“双岗建功”和“服务社会”先进个人称号。

【参政议政】 2015年，知联会在人大、政协两会期间共提交议案、提案30个，调研报告4篇，大会发言4篇，其中苏欢乐的论文被省委统战部采用。报送社情民意信息19篇，其中，被省政协采用3篇，被市政协采用7篇。陈晨的理论文章被温州市人民政协第七次理论研讨会评为优秀奖。同时，知联会班子成员参加区委、区政府召开的协商会、座谈会、通报会8次，就区委全会报告、政府工作报告、经济工作、党风廉政建设和反腐败工作等坦诚己见，受到区委、区政府重视和采纳。

【课题调研】 2015年，知联会共完成课题调研4个。分别是：刘琼珍的《鹿城轻工业园区整合提升调研报告》，陈晨、支圣宪的《加快招才引智，助推赶超发展》，陈晨的《四个强化，推进我区特色小站建设》和沈斌的《温州地区2992例正常人群跟骨超声骨密度测量分析》。其中：《鹿城轻工业园区整合提升调研报告》获2015年度鹿城区党派联谊会组织的调研文章评比特等奖；《加快招才引智，助推赶超发展》《四个强化，推进我区特色小站建设》获2015年度鹿城区党派联谊会组织的调研文章比赛二等奖。

【服务社会】 2015年，知联会实践“同心思想”，服务社会工作共为社会慈善公益活动捐款捐物达54.945 万元，受益群众4000多人次，社会效果良好。张惠芳、柯苗、张德华、陈巧姑等人，多次为社区群众义务举办戏曲、舞蹈、声乐培训班，到社区、乡村为群众义务演出，受到群众欢迎。阮建锋多次开展义务法律咨询服务；吴敏、张惠敏，多次到社区、农村进行送医送药活动。多位企业家（理事）开展捐款捐物活动。陈晨（温州市建设工程材料造价信息专家库成员）参与温州市建设工程材料造价信息编审工作，为温州市在建工程提供准确合理的材料造价信息做出贡献。

（陈　晨）

区新的社会阶层人士联谊会

【概况】 2015年，温州市鹿城区新的社会阶层人士联谊会（简称区新联会），坚持中国特色社会主义理论体系，遵守各项法规和政策，致力于促进鹿城区新的社会阶层人士的联谊、交流与合作，并为服务社会做出积极贡献。2015年会员人数达78人，其中：省人大代表1人，市政协委员3人，区人大代表3人，区政协常委2人，区政协委员8人；担任政府部门特约监督人员16人。

2015年，会员黄振忠、曾莞、夏志勇被评为2014年鹿城区“双岗建功”先进个人；卓予拉、林超、廖守法被评为2014年鹿城区“服务社会”先进个人。副会长卓予拉写的《历史遗留问题化解机制建设的思考与建议》，获2014年度党派联谊会调研文章评比一等奖；副会长翁学院写的《温州民办教育改革的深层思考》获三等奖。

【参政议政】 2015年，新联会人大代表、政协委员提交省、市、区级议案、提案共14篇，其中区两会发言材料2篇，社情民意材料3篇。新联会领导班子成员、会员参加区委、区政府、区委统战部召开的意见征询会、经济通报会及各类学习、座谈会共8次，并就经济工作、党风廉政建设和反腐败工作等，提出有建设性、有针对性的意见和建议。

【自身建设】 5月5日，新联会组织20多名会员参加温州市党外知识分子第二期“知联论坛”暨“音乐艺术与人文素养”讲座，增强会员对音乐艺术和人文素养的认知。5月14日，组织会员参加由区民主党派联谊会联合温州市企业家协会、中国素书研究协会共同主办的《素书公益大讲堂》，学习如何将道德智慧与现代企业管理、经商相结合。6月1日，新联会派出理事侯世栋、夏志勇参加温州市社会主义学院主体班次培训。7月30日，组织20余名成员参加市“知联论坛”暨“在新形势下如何做好一名优秀的党外知识分子”讲座。8月11日—8月15日，选派会员侯世栋、江天蔚、陈王丹、方好、陈云飞参加中共鹿城区委统战部在浙江大学举办的鹿城区党外人士培训班，以提升参政议政、建言献策能力。11月16日，新联会组织召开大会传达中共十八届五中全会精神和中央、省委、市委统战工作会议精神。12月12日，组织会员参观温州南戏博物馆，并观看南戏节目表演，丰富会员精神文化生活。另外，还组织会员参加《“双创”中的知识产权与股权投融资结合》讲座、赛格教育主办的彼得·德鲁克高层管理论坛、“温州经信学堂—2015宏观经济形势分析”论坛等专题讲座。

【服务社会】 11月19日，会长陈时升、理事黄振忠、会员江天蔚随中共鹿城区委统战部常务副部长胡胜发、党派科科长袁志荣等到遭受山体滑坡重大自然灾害事故的丽水市莲都区雅溪镇，慰问该地受灾群众，并向莲都区民政局驻现场救济中心捐赠救灾款3.5万元。12月12日，副会长卓予拉等参加中共区委统战部举办的党外人士“幸福鹿城·同心同行”主题实践暨社会服务月活动，并与其他党派专业人士一起为市民开展心理卫生健康知识、法律维权、中小学生名师指导等咨询以及书写对联、医疗送药义诊等多项免费服务项目。同时，为鹿城辖区14个街镇（片）70户特困群众送去45500元慰问金和慰问品。12月29日，新联会组织捐资助学献爱心活动在益民小学（民工子弟学校）举行。新联会为学校捐赠1600余册价值2万元的新图书，给20名特困学生发放助学金1万元，共计3万元。

另外，会长陈时升资助困难妇女白莹莹、接收第17例青少年犯帮教对象、捐赠并帮助拾金不昧和见义勇者刘勇敢、到泰顺筱村助学、资助谢金珠肝脏移植等，共捐款17万元，104人受益；副会长王小伦向温州市龙湾区慈善总会和劳改所捐款共计6万元；副会长金国达向市慈善总会工商联分会捐款2.3万元，为慈善一日捐活动捐款2850元，捐助抗战老兵林旭光、李振湘及贫困学生李慧静、陈希共3万元；副会长林其勉参加由市关工委、市慈善总会、鹿城区关工委、仰义街道办事处联合主办的“童梦守望阅读有爱”慈善帮困公益行活动，免费为仰义街道慧才小学毕业班学生拍摄制作毕业相册；理事侯世栋为“FLOW Art——流动的艺术”国际瑜伽大师见面会、2015“体彩杯”温州市第二届全民健身大赛、首届全民健身体能大赛与平板支撑大赛，贡献1.7万元；理事曾莞参加重阳节锦花社区慰问以及江苏省青少年发展基金会阳光励志助学基金、南京“1+1”牵手两个儿童、江西沿着红军走过的路线助学活动共捐款11.24万元，资助群众102人；理事黄振忠向鹿城区慈善总会捐款3.52万元；理事方小和赞助3位环卫工人子女就读吉的堡英语课程一年，参与协办素书公益大讲堂，举行公益英语儿歌绘本课，动员校内外学员自愿参与“捐闲置图书建‘友谊书屋’”活动，为香樟小学、育才小学捐图书1151本，价值3.1万元；理事夏志勇参加“我给环卫工人加个菜”关爱环卫工人大型公益活动，开展“关爱贫困家庭，情暖贫困儿童”活动和关爱蒲鞋市街道绿源社区老人协会活动，为重庆丰都小学开展“世德教育—爱行天下赠书香”活动，价值3.15万元；理事邱忠虎为龙湾培英民工小学“冬日送温暖”、大罗山登山环保行、泰顺雅阳镇宁波港希望小学“青春励志”等活动捐款0.7万元；会员张卫明的禾本科技公司每年向南汇街道和仰义街道捐助20万元，资助群众数200人；会员李震瓯参加《温州都市报》组织的捐助患病女孩小芳、温州拍卖协会组织的为贫困山区孩子献爱心、温州市慈善总会组织的百名爱心人士结对百名单亲儿童等活动，捐款0.9万元。

（胡凤凰）

区网络界人士联谊会

【概况】 鹿城区网络界人士联谊会（简称网联会），于2013年在全市先行先试成立，其时，全区上网人数已逾107万，网站1309个，并出现一批新媒体从业人员和网络意见人士。至2015年底，该网联会共有会员61人。其中：市政协委员1人，区人大代表1人，区政协委员1人。

2015年，网联会组织会员认真学习中共十八届五中全会精神，在中央统战工作会议召开时和《统战工作条例》颁布后，及时组织理事等人参加相关专题讲座活动，以了解统战工作的方针、政策及对网络界要求。遴选推荐网联会会员参加中共中央统战部、省委统战部组织的各类学习培训班；9月14日—18日，组织部分会员参加省社会主义学院举办的全省第二期网络界人士理论研讨班。10月，启动“三风e潮”[1]五大平台建设，社会服务工作步入新轨道。会员王国庆、吕靓容、孙宝勋被评为2015年鹿城区“双岗建功”先进个人，会员吴励志、周芬、叶君被评为2015年鹿城区“服务社会”先进个人。

2015年，市委常委、统战部部长施艾珠，中央统战部办公厅值班室副主任孙博，新华社浙江分社副总编辑李亚彪，浙江省委统战部党外知识分子处副处长宋立，中央社会主义学院教研部主任李金河等领导到网联会调研，并举行座谈会。施艾珠、孙博还走访该网联会怡联科技、菜菜头动漫、索思科技等会员单位。

（瞿含张）

责任编辑　戴增荣

①“三风e潮”：“三风”指旋风、清风、暖风。“旋风”：利用网络的即时性、快捷性，在突发事件需要紧急救援时，发动全社会协同做好应急处置。“清风”：利用网络界代表人士的影响力、感召力，引导正确舆论，清朗网络空间，改善社会舆论生态。“暖风”：利用网络的广覆盖性、高抵达性，在社会需要爱心帮扶、特殊救助时，组织发动社会援助。“e潮”是指整合社会资源平台，支持培育引领互联网经济弄潮人士，助推网络经济发展。

鹿城区人民团体

区总工会

【概况】 2015年，鹿城区总工会围绕区委、区政府中心工作，深化“五型”（务实型、文化型、和谐型、温馨型、活力型）工会打造，为鹿城赶超发展做出了新贡献。

2015年，组织全区107个重点建设项目开展“六比六赛”立功竞赛活动，并推选戍浦江一期河道主流思今段北侧景观工程建设项目，参加全市重点建设项目立功竞赛。6月，组织部分劳模到戍浦江工程建设实地考察，为该工程“两美·五化”献计献策。8月，到104国道温州西过境瓯江特大桥重点工程建设立功竞赛情况进行调研，慰问工人150人。

【劳模管理与服务】 2015年，建立困难劳模档案，做好市级以上困难劳模生活补助金申报工作；为全区170名在职劳模赠送互助保障；选送17名市级以上劳模到部分区级劳模赴省工人疗养院疗休养。组织劳模考察重点项目工程建设，参与“五水共治”并为治水献计献策。打造鹿城区关爱劳模“十大工程”；在《今日鹿城》、工会网站、微信公众平台上宣传劳模先进事迹，展示“关爱劳模工作品牌”。

【职工思想引领】 2015年，开展中国特色社会主义核心价值观和中国梦宣传教育活动，引导职工积极投身鹿城经济社会建设。“职工讲堂”为基层单位和职工开展菜单式送教上门活动。举办工会知识有奖问答、金点子征集等活动，宣传《中华人民共和国工会法》《中华人民共和国劳动法》等法律法规。评选“最美职工”活动，2人获温州市“十佳”最美职工称号，南汇小学被评为道德标兵单位。

【职工文体活动】 2015年，举办温州市职工文艺秀鹿城海选场和专场，参与职工800多人。组织鹿城区职工书法摄影比赛，评选出书法和摄影“十佳作品”各10幅，入围作品各30幅。举办“中国梦·劳动美”网络评论征文，收到稿件80余篇。举办鹿城区职工工间操比赛，优秀作品选送市总工会评比获一等、二等和三等奖。举办鹿城区社区干部厨艺培训班和女职工厨艺培训；联合区体育局举办鹿城区第八届运动会职工羽毛球、男子篮球、乒乓球、游泳等9项比赛。

【维权帮扶行动】 2015年，区总工会“职工服务中心流动站“每月初在各大工业区和社区举办巡回维权普法服务活动。至年底，累计接受法律咨询341人次，提供法律援助5起，发放普法宣传资料、禁毒宣传资料20000份。开展元旦、春节送温暖活动，为361名困难职工发放54.15万元慰问救助金；为27名川、渝、贵籍优秀外来员工赠送返乡机票；3月，联合街道总工会在各大工业区、社区举办“2015年春风行动”招聘会3场。8月，高温慰问活动，走访50多家企业，为5000余名职工送价值15万元防暑慰问品；9月，金秋助学活动，为26名困难职工子女发放助学金4.4万元。

【职工医疗互助保障工作】 2015年，区总工会推进和完善职工医疗互助保障制度建设，提高职工医疗互助参保率，已为78个社区工会主席和170名劳模赠送互助保险。组织全区机关单位及部分企业工会主席130人参加医疗互助保障工作培训。至年底，全区参加职工医疗互助保障共24575人。

【女职工服务工作】 2015年，区总工会创建“妈咪暖心小屋”，挑选银泰百货、联奥奥迪2家单位作为市级示范点，并在该示范点开展女职工保健讲座等活动。举办“夏日遇见”主题夜活动，全区30余家机关、事业和国有企业70余名单身青年职工参加活动，并做好活动后随访工作。“安全在我心中”知识竞赛活动，组织辖区多所学校适龄职工子女参加安全知识教育。

【创建和谐劳动关系工作】 2015年，鹿城农商银行和轻工产业园区获省级劳动关系和谐企业（园区）称号，浙江滕滕电气有限公司等4家单位获温州市劳动关系和谐企业称号。对全区300家规模以上企业和行业工资集体协商情况进行摸底普查，建立数据库，抓好集体协商指导站和指导员联系点建设，推进工资集体协商工作。

【第七次工会代表大会召开】 12月18日，鹿城区工会第七次代表大会在温州市工人文化宫召开，全区231名职工代表参加大会。市委常委、区委书记陈浩到会并讲话，市政协副主席、市总工会主席王益琪致辞。区人大常委会主任吴海燕，区政协主席郑锦春，区委副书记洪文滨，区委常委、常务副区长张本锋，区委常委、组织部长罗招政出席大会。该次大会选举产生区总工会第七届委员会，胡海峰为主席。

【推进法治工会建设】 2015年，区总工会以工会知识有奖问答、“金点子”征集等形式，开展宣传《中华人民共和国工会法》《中华人民共和国劳动法》等法律法规，对职工，进行普法教育。举办“两法”考试，共有区总工会、街（镇）总工会、社区工会、企业工会四个层级专兼职工作人员共3000余人参加。考试历时1个月，分大小考试10余场。参考率和合格率均达80%。

【迎新春劳模座谈会】 1月27日，鹿城区总工会召开迎新春劳模座谈会，10名劳模代表参加。区总工会党组书记、副主席叶青，副主席林章平出席会议，并为10名困难劳模发放困难补助慰问金。

【承办“福彩牵手温暖回家”活动】 1月30日，由鹿城区总工会等单位承办的“福彩牵手·温暖回家”困难外来务工人员专项资助活动在双屿鞋都文化广场举行。该次活动为辖区50多个企业工会100名困难职工发送鸭绒被、拉杆箱等生活用品。

【慰问结对困难党员】 2月13日，鹿城区政协副主席、总工会主席胡海峰，带队到双屿街道双岙村党支部慰问结对困难党员，并送1.2万元慰问金和新春礼品。

【劳模表彰大会举行】 4月29日，区总工会庆祝“五一”国际劳动节暨劳模表彰大会在市人民大会堂举行。大会表彰马如君、胡美珠、郭文明 、卓东健、陈彬、李艾黎、严章章、黄建云获温州市劳动模范荣誉称号；表彰浙江长城减速机有限公司获温州市模范集体荣誉称号。

【医疗互助保障工作培训班举行】 6月16日，鹿城区总工会在市工人文化宫三楼多功能厅举办温州市职工医疗互助保障工作培训班，全区机关单位及部分企业工会主席130人参加培训。

【鞋类设计技能比赛举行】 9月25日，由鹿城区总工会等单位承办的温州市鞋类设计技能比赛在温州鹿城职业技术学校举行，共有24组72名选手参赛。康奈集团旷勇强，新方向培训学校崔同广分获男鞋、女鞋组设计技能比赛一等奖。

【“中国梦劳动美”网评征文比赛】 10月15日，鹿城区总工会举办“中国梦 劳动美”网络评论征文比赛。比赛内容分“学习习近平总书记‘五一’重要讲话精神”“劳动礼赞”“维权声音”3个主题。比赛收到区内33家机关、企事业单位共79篇论文，评出一等奖2名，二等奖4名，三等奖6名，优秀奖12名。

【经费资产审计】 2015年，区总工会按时上报工会资产统计数据和分析报告，并录入资产管理平台。工会资产比2014年增长0.5%，无资产流失情况；市总工会核定的工会经费上缴任务已完成。

（郑 雪）

团区委

【概况】 2015年，共青团鹿城区委员会被评为省先进团委、省优秀少工委、省共青团信息工作典型单位；获市共青团系统年度考核一等奖、市共青团工作、青年工作创新奖。鹿城区志愿者协会连续三年被评为浙江省优秀志愿服务集体。

开展“我的中国梦”主题教育、“青年马克思主义者培养工程”“杰出青年下基层”等活动17场，受教育青年1900余人次。围绕“中国梦·青年梦”等议题，以分组讨论、涂鸦绘梦等形式启发青年思维、吸引青少年1500余人次参与。以“青春志愿季”“青春悦读季”“青春创意季”“青春关爱季”为主题，开展线上线下系列活动，如：5000余名青年参加“文明上网正能量·传播青年好声音”全城实地联动活动；邀请9位城市、农村青年在“青年创业创新故事汇”介绍成功经验；以21个青少年“微舞台”为载体开展音乐会等文体活动65场。实施“青年建功美丽浙南水乡”系列行动，累计组建治水志愿服务队伍53支，选配共青团河道段长76名，举办“奔跑吧，护水侠”大型户外竞技公益活动并募集1000万元治水资金，组织“滴水之旅·助力治水”治水流程实地参观和借助朋友圈集赞1500余个，以提高“五水共治”知晓率；吸引万余市民参与“万盆多肉种植”活动以提高创模工作知晓率和满意率；开展“大拇指行动”交通指引400余人次助力文明城市创建。

【优化文化产品】 2015年，打造“网络主题青春季”栏目，各季度分不同主题开展“你荐书我买单”“安全自护问答”等互动活动20余次，累计参与23000人次。编创《青春与责任同行》《文明上网好声音，看我青年有力量》等微电影、歌曲、新媒体作品30部，吸引点击数10万人次。

【做强网上阵地】 2015年，整合“青年之声·鹿城互动平台+青年网站+团鹿微博+微信公众平台+移动微门户”5个主阵地，并建立32个各级团属微信平台和150个网格网上团小组，打造“5+32+150”模式的掌上共青团，吸引粉丝10余万人，多次入围全国新媒体风云榜。

【“双网互动”工作】 2015年，推行以大网格为单位的区域化组织体系，加强全区150个团组织网格建设，打造区级青年特色服务团队36支，开通网络实时沟通平台，打造南汇街道等2个“双网互动”品牌示范街道。

【做好“达标创优”工作】 2015年，仰义和五马街道“一团一品”项目创建管理工作，被评为市级A类团建项目。连续五年选派高校团建助理员帮助基层团组织开展工作，全区团组织区域达标率100%。

【“两新”组织团建工作】 2015年，新增非公经济组织建团60家，新社会组织建团15家。完成黎明92园区等五类团建示范点创建工作。

【青少年综合服务平台建成】 2015年，建成区—街镇—网格—社区共10家青少年综合服务平台，开通实体、网络、语音3个服务窗口，构建“团干部+社工+志愿者”工作队伍，完善“幸福课堂”等品牌服务项目，打造共青团服务青少年基层“门店”，并创成省级示范性平台。

【团干部队伍建设】 2015年，实施团区委干部下沉基层常态化联系青年制度，共联系青年120人，交心谈心317人次，办实事48件。从学校、企业和社会组织选配10名优秀青年作为试点街镇团组织编外副书记。在市委党校举办新任职街镇团干部、机关、“两新”组织和学校团干部等专题培训班。开展“团干部健康成长大讨论”活动，多渠道征求社会各界意见建议276条，逐一形成意见清单并加以梳理分析解决。

【服务社会和谐发展】 2015年，培训志愿者骨干400余人次。至年底，全区已有34526名团员成为注册志愿者，占团员总数55%。举办区第二届公益节吸引50余家青年社会组织参与公益创投，派遣志愿服务队与社区合作服务项目50余个。派遣2万名志愿者在抢险救灾、“六城联创”、春运服务等工作中发挥出突击队作用。另有邻里互助等一批鹿城特色志愿服务品牌，“鹿城志愿服务月”关爱慰问环卫工人等活动。

【服务经济转型升级】 2015年，开展鞋革业、金融业、医护业、酒店服务业等5个行业青年职业技能比赛。新增15家基层站点参与联评申报，争创“青年文明号”“青年安全生产岗”“青年突击队”。新创成8家市级“青年文明号”，1家市级“青年突击队”。

【服务青年就业创业】 2015年，继续开展“青春创未来”青年创业创新比赛，吸引60个项目报名参赛，达成风投对接意向31个。开展“互联网+”青年创业课堂、农村青年电商培训班、创客沙龙等活动，培训青年电商等群体1600余人次。年内新增小额贷款600余笔，并引入“富民融通”平台提供投融资服务。建立“鹿城青年创新创业学院”，开展创新创业实践基地建设，引入系统创业教育课程。承办温州市2015海峡青年创新创业季暨高峰论坛，两岸青年代表近300人参与。引入温州风险投资研究院、温州罗盘创客空间等机构的专家，开展风投对接会、创客开放日等活动。在五马商圈中心等地段打造青年（网络）创业就业基地36个，直接支持创业青年1400余人。以“微水洗车”项目将线上宣传与线下体验相结合，已开设实体网点100余个，服务青年就业近1000人次。该年鹿城青年创业创新工作被《中国共青团》大篇幅报道。

【预防青少年违法犯罪】 2015年，在区检察院等4家重点青少年群体社会观护基地，进行针对性帮扶帮教300人。结对帮扶闲散青少年、有不良行为青少年、服刑的未成年男女人数为全市前列。年内，为闲散青少年提供创就业见习岗位100余个并组织培训；为家庭困难青少年开展爱心驿站服务；为心理障碍青少年实施“心航”计划等辅导干预活动50余场；为留守儿童提供暑期夏令营、“七色花公益课堂”等各类活动20余次；为涉罪青少年开展“富心”计划等技能培训、志愿者帮教活动共320人次。

【加强青少年权益维护】 2015年，已累计建有19个市级、10个省级和1个国家级青少年维权岗。组织“青少年平安列车进社区（村）、进学校、进企业”活动，组建专业法制讲师团、禁毒防艾志愿者队伍等，以及为基层提供消防安全等专业服务课程60余场次。开展合适成年人指派122人次。

【关爱新居民子女成长】 2015年，持续运营“小候鸟圆梦”项目，将“小候鸟圆梦”细化为心灵梦、科技梦、非遗梦等12个梦想。开展“候鸟助飞夏令营”“爱心营养鸡蛋计划”等子项目活动80余次，受益新居民子女3000余人次，该项目参加中国青年志愿项目比赛获银奖。

（郑莹莹）

区妇联

【概况】 2015年，鹿城区妇联着力建立以妇联组织为核心、以各类女性社会组织为依托的枢纽型、网络化的组织模式。率全市之先建立女性社会组织指导基地；组建女律师援助队、雨花斋“半边天”服务队、肖大姐帮帮团、鹿城姐妹幸福团等14个各具特色的社团，社会影响扩大；引导街镇妇联根据妇女群体兴趣、年龄，组建规范化女性队伍150余支，健康多样的活动已普及全区。确定仰义街道和七都街道板桥村为基层妇联组织试点单位；与区委组织部联合下发《关于开展加强和改进基层妇联组织建设试点工作的实施方案》，形成省、市、区、街道、村（社区）妇联五级联动。开展“进万家门、访万家情、结万家亲”基层大走访大调研活动，为期两个月，走访村（居）14个、妇女家庭769户、1536人，解决难题14件。年内开展男女平等基本国策20周年宣教“六进”活动50余场。“十二五”指标监测成绩列全市第一。在全区年度考绩中被评为优秀单位。

【妇女儿童合法权益维护】 2015年，区妇联开展大型宣传活动64场、普法讲座12场，完成妇女普法5万余人次，接待信访189件，信访处理率达98%；推行家暴告诫制度，全区共开具家庭暴力告诫书135份，介入离婚调解200余对，处置家暴投诉120余起。信访接待、法律援助、人民调解、心理疏导“四位一体”的维权服务模式得以构建。

【弘扬文明新风】 2015年，区妇联与区直部门联合举办各类“最美家庭”寻找活动236场，其中提名“最美家庭”国家级1户，推荐省级16户，评选区级以上172户；评选“书香家庭”174户、“绿色家庭”2000户，开展面向6万户小学生家庭的“绿色生活秀”“妈妈去哪儿”亲子游活动；创成文明家庭12.5万户，创建率达52.7%；开展双合格家庭教育活动、共享蓝天及小候鸟助飞行动，举办讲座52场，受众达1万余人次。

【引领创业创新】 2015年，区妇联借助全市首个与台湾地区基层妇女社团交流平台，帮助雅西农庄等企业达成对台合作项目；举办“春风”行动、电商培训、厨艺培训、母婴护理竞赛、女大学生招聘会等活动100余场；出版《鹿城巾帼之窗》宣传创业典型，组织女知联考察创业项目；建立巾帼电商孵化基地、巾帼电商示范基地，新建“双学双比”示范基地4个；申报区级以上巾帼文明岗53家，举办文明岗创建现场会、岗村结对活动等。

【“半边天”服务团[①]】 区妇联规范提升“半边天”服务团行动，走自主品牌规模化之路。2015年，“半边天”服务团三级服务网络健全，244支服务队年均开展志愿行动3万余人次。其中：区级层面举办创模宣传、创卫宣传等专题服务进驻街镇活动12场，受众7000余人次；基层层面给予经费支持20万元，1.5万多志愿者开展服务100余场。

【鹿城巾帼公益协会】 2015年，区

① “半边天”服务团：是鹿城区十大机关服务品牌之一。

妇联引领鹿城巾帼公益协会开展爱心认捐筹公益款20余万元；举办3期“冬病夏治三伏贴”送健康公益活动，参与群众300多人次，投入资金5万元；发动全区妇联系统募集妇女关爱基金14万元，用于贫困妇女救助、春蕾计划等公益活动。

【区妇女儿童活动中心服务职能提升】 2015年，区妇女儿童活动中心开设公益课程790课时、培训2万余人次，举办新春音乐会、基层公演等活动30场、妇儿公益大课堂20场。在沿江社区铺开省级儿童保护项目试点工作，“心语讲坛”家庭教育公益讲师团为街（镇）文化礼堂举办讲座22场、受众6000余人。

【省妇联副主席到鹿城调研】 3月19日，省妇联副主席张丽萍一行就贯彻《中共中央关于加强和改进党的群团工作的意见》、省委《关于进一步加强新形势下工会、共青团、妇联工作的意见》的情况，到鹿城调研。市妇联主席鲁爱民、副主席吴晓娟、区委副书记洪文滨等领导陪同。

【全国妇联研究所主任到鹿城调研】 3月30日，全国妇联研究所主任姜秀花率“乡镇企业与农村妇女发展”调研组到巨一集团有限公司调研，就女性创业者经历与感受、女企业家管理模式变化、农村妇女就业突出问题进行研讨。区妇联主席陈月玲陪同。

【省妇联常委到鹿城调研】 5月13日，省妇联常委、妇儿工委办公室副主任张赛飞一行至仰义街道沿江社区“儿童幸福家园”就省级社区儿童保护项目工作开展调研。市妇联副主席吴小平陪同。

【巾帼公益活动协会成立】 6月19日，温州市鹿城区巾帼公益协会成立。该协会是由鹿城区爱心女士自愿组成的，从事社会公益活动的联合性、地方性、非营利性的社会组织，为致力基本国策宣传，维护妇女儿童合法权益和开展社会公益活动，搭建服务妇女儿童、汇聚爱心的公益平台。

【省妇联主席到鹿城调研】 9月23日，省妇联主席劳红武一行对鹿城开展“进万家门 访万家情 结万家亲”基层妇联组织建设开展调研。市委常委、区委书记陈浩，市妇联主席林琼，区委副书记洪文滨等陪同。

（叶　莹）

区社科联

【概况】 2015年，区社科联有下属社会团体（学会、协会、研究会）13个，市级、区级社科普及示范基地26个。开设5个项目49个课题指南，引导全区社科工作者围绕区委区政府决策需求和经济社会改革发展面临的难点重点问题开展应用对策性研究。征集稿件经专家组评审，选出18项为立项课题，其中《法治政府视角下的综合行政执法体制改革研究》等4项被评为重点课题，《探索创新鹿城时尚产业经济发展研究》等12项被评为一般课题。

【社科普及周活动】 2015年，鹿城区社科普及周有大型科普、创业创新实践、科普理论研讨、主题文化展演、科普读书阅览、新青年下乡结对服务、科普展览展示、科普讲座培训、示范基地、送服务下基层等活动共110项，活动范围覆盖社区、农村、学校、企业和家庭。组织区叶同仁中医药博物馆、神韵贝螺展示中心等优秀社科基地、米塑、竹丝镶嵌等“非遗”项目，参加温州市社科普及周活动。

【社科成果】 完成2013年、2014年优秀社科研究课题并编印成《社科成果集》。参加温州市第十五届

2015年鹿城区社科普及周　　区社科联提供

哲学社会科学优秀成果奖评选活动，《鹿城人文景观》《鹿城风雨春秋》两项课题获奖。参加市级社科论文评比，有7篇文章获优秀奖。《推进江心屿旅游景区整合提升的调研报告》受到市委书记徐立毅肯定。

【社科学习平台】 全年举办“瓯江讲坛”6期。受邀该讲坛演讲的有：上海交通大学教授孟宪忠作“经济新常态下企业的转型、创新与发展”专题报告、上海社会科学院文化产业研究中心主任花建作“新常态下的文化产业融合创新”专题讲座、国家发展和改革委员会学术委员会秘书长张燕生作“十三五”时期发展战略专题报告等。继续做好《理论动态参考》《干部学习参考》等参阅刊物的编印工作；“四个全面”战略布局等12个专题6万册资料选编工作完成，并已提供给全区领导干部学习参阅；“鹿鸣微刊”党员干部学习平台为党员干部和市民群众学习交流，共发送390期1400余篇社科理论参阅资料。

【社科普及示范基地评选工作】 开展第三批区级社科普及示范基地评选工作，范围包括各文化场所、文化礼堂、特色学校、部门单位等有条件开展社科知识普及、宣传的单位。该批参加评选单位共21家，评选出区级社科普及示范基地8家。选荐的庆年坊文化礼堂、白鹿洲文化村2家基地参加市级社科普及示范基地评选，获市级社科普及示范基地称号。

（周　亮）

区文联

【概况】 2015年12月3日，鹿城区文学艺术界联合会第四次代表大会在区府会议中心召开。该会下属及街镇文联共159名代表与会，区委书记陈浩到会并讲话，市文联主席邹跃飞致辞。大会审议通过区文联章程，选举出主席、副主席。4月，举办“时尚鹿城艺术”创作比赛，助推鹿城时尚产业发展、时尚城区建设，收到参赛艺术作品300件，并于9月在市工人文化宫、区内8个街镇相继展出。举办“温州十四家”“同路人工作坊”和刘天安、王庆华、刘嘉栋书画作品个展、联展共20余场。该年，开展与台湾地区、安徽宣州等地的文化交流活动。建立区级艺术交流基地2个、艺术创作基地4个、文艺家工作室3个。全区14个街镇文联组织全部建立，会员共500多人，成为温州市第一个在所有街镇成立文联组织的城区。被温州市文联评为年度文联工作先进单位。

2015年，文学、书法、绘画、舞蹈、摄影、影视、民间文艺等艺术作品，获国家级、省、市级比赛奖计220个。其中：区作协副主席蒋胜男的网络小说《芈月传》，被改编成电视剧在全国播映；温州鼓词名家陈忠达获省首届曲艺表演奖。5月，杨小贺等4人的书法作品入选全国第十一届书法篆刻展览；龚国锋、方园园、陈西、林海琼、姚胜荣、柯藐敌、朱慧瑜参加市首届“墨池奖”“黄公望奖”“红舞鞋奖”比赛成绩均名列全市前茅；选送的歌曲《千年驿头在心头》，获市首届村歌比赛创作金奖、表演金奖和优秀组织奖。杨小贺被选入第十批市宣传文化系统“四个一批”人才库和2015年度浙江省视觉艺术青年人才培养“新峰计划”名单。

市级社科基地·庆年坊文化礼堂　　区社科联提供

【青少年文艺竞技平台建设】 2015年，举办“鹿城之春”打击乐邀请赛暨温州市第三届打击乐比赛、鹿城青年书法展、“墨池杯”中小学生书法篆刻比赛、童心童画少年儿童美术作品展、全市儿童写生画比赛、“舞动温州，放飞梦想”少儿舞蹈比赛、第12届温州市“社会一

五马街道文联成立大会　　区文联提供

角”青少年现场作文比赛等。组织参加温州市第十五届青少年文艺比赛，区青少年选手获金奖12个、银奖26个、铜奖29个、优秀奖60个。7月30日，选送创作舞蹈《让我多玩会儿》，参加全国第八届“小荷风采”少儿舞蹈比赛获“小荷之星”奖。

【“到人民中去”志愿服务行动】 5月，开展“到人民中去——鹿城区文艺志愿者服务行动，到藤桥镇潮埠村文化礼堂举办文艺演出活动；7月，开展“红七月·双结对双服务”党员艺术家为民服务活动；“八一”期间，组织音乐人为市武警支队举行专场音乐慰问演出。另外，组织文艺名家到巨一集团，开展先锋“1+1”文艺入企公益活动。春节前夕，联合温州电视台“闲事婆和事佬”栏目举办“看看演出，办办年货”迎新春2015文艺下乡活动、“红火过大年送春联”活动、关爱留守儿童大型慈善义卖活动等。全年举办乐舞创作工作室舞蹈公益培训课、登云书法工作室书法公益培训课，举办数码后期讲座、吉他音乐品鉴沙龙等文艺惠民志愿服务计100场。

（叶丽琼）

责任编辑　戴增荣

区侨联

【概况】 2015年，区侨联以“四个全面”为统领，以“八八战略”为总纲，坚持为大局服务和为侨服务并行，各项工作都取得了明显的成效。中心工作有热点，围绕区委招商引资“一号工程”，发挥侨“联”天下、内外互动的优势，以“乡情，亲情，友情”为纽带，积极搭建平台，助推全区招商引资、招贤引智工作；品牌工作有亮点，以“创新品牌活动”为抓手，不断探索开创侨联工作的新内容、新机制，使品牌工作得到突破发展；基层工作有重点，通过点面结合持续深化党建带侨建工作。在全省第九次侨代会上，区侨联主席蒋晖获“全省侨联系统先进个人”，五马街道侨联主席王朝贵获“全省侨联十杰”，松台街道侨联主席徐朝仪获“全省侨联归侨侨眷先进个人”称号。

【招商引资助力】 2015年，区侨联与区招商局合作组织了百名海外华商参加海外华商鹿城行暨华商回归招商会，签订战略合作协议50亿元；组织鹿城籍侨领召开招商引资推介会，带领侨领实地考察温商总部家园、进口商品交易中心等项目；组织意大利佛罗伦萨华人华侨总会、土耳其中国工商总会、中国天辰工程有限公司考察团来鹿城考察招商引资项目；组织归国留学人员走进温州“米房cei”创意园、新邦文创园考察调研，并以此为平台为海外留学人员回国创新创业提供更多的帮助和服务；拜访“城市金融会客厅”项目策划人、上海在握资产管理公司董事长伍建群，积极向海外温商宣传、推广此项目；与“世界温商发展服务中心”负责人蔡国庆律师沟通、联系，使该中心在新常态下引领温商投资新趋势，为温商回归提供切实可行的专业化服务。经全程参与跟踪服务，促使德国宝莱纳餐饮集团入驻“米房cei”；意大利华侨徐容华在“米房cei”投资开设“意从容”生活馆，将意大利先进的生活理念带到家乡来。

【智力支持引路】 区侨联发挥留联会、留创会、区侨联北美联络站、西班牙联络站人才优势，引领国内外温商回归。一年来，区留联会副会长西班牙肖爱克牵头引进温州第一家城市交响乐团，并任执行董事；美国留学生张睫琪创立“YOU AND ME”婚礼会馆，黄海潮创立温州市翔潮固件制造有限公司；澳大利亚留学生朱进侠创立了澳星教育培训中心，吕天然创立温州卉然电子商务有限公司。区侨联还邀请了区侨联法顾委海外委员、美国张哲瑞联合律师事务所合伙人周健律师举行中美律师服务温商论坛，为温商于现行经济环境下在投资方向策略、责任风险、收益损失等各方面提供专业的法律服务；举办海外高层次人才“回到母校”系列活动，邀请美国谷歌高管叶绍志博士、任教美国马里兰大学的徐佳博士、周健博士回到他们的母校和温大法政学院、肯恩大学开设讲座，将最先进的海外教育理念、留学经历、创业经验与国内的学生分享；举办海外博士“鹿城文化之旅”活动，带领全美温州博士协会代表团在鹿城探古寻幽，参观马公愚、夏鼐故居和南戏博物馆，在联络乡情、友情的同时也为他们回报家乡牵线搭桥；以区侨联北美联络站为依托，开展博士回乡服务团活动，引导北美地区温籍博士回乡，为鹿城企业转型发展提供技术上的支持和指导。在区侨联牵线沟通下，温医大附二院与美国西北大学医学院签约成立中美磁共振脑功能研究所；奔驰北美研发中心工程师陆定国博士带来的“城市电动车混合动力系统”项目与一温企开展对接洽谈。

【提升侨界维权工作】 4月，区侨联成立了法律顾问委员会，聘请40名在民事、刑事、海事海商、房地产、金融及商事仲裁等各个领域优秀的律师，其中包括5位来自美、意、法和西班牙的温籍律师，同时在美国纽约设立海外调解员，为广大归侨侨眷和海外侨胞提供更加专业的法律援助和服务。一年来，区侨联举办了2次“鹿城区侨法宣传暨为侨服务”大型活动，法顾委的律师解答了侨界群众关于涉外婚姻、涉侨房产纠纷、外资投资等各类法律咨询30多起，至2015年底，法顾委已为10余名归侨侨眷、海外侨胞协调解决了5起涉侨纠纷和案件。

【拓展侨界关爱品牌】 2015年，区侨联整合社会各界资源和力量，共同加持侨界留守儿童和老人关爱力度，为侨界留守儿童带来圆梦三部曲：一是带领侨界留守儿童登上市少艺校舞台；二是8位侨界留守儿童与少艺校华侨班8个家庭结对；三是完成侨界留守儿童“六一”许下的微心愿。同时，还携手鹿城戏剧家协会举办“迎端午佳节，扬爱国之心”暨纪念抗战胜利70周年文化活动；区侨界留守儿童心理辅导站为每位留守儿童建立心理档案，不定期开展团体心理辅导课，并对个别需要的孩子进行一对一辅导。浙江老年大学五马街道侨联分校为侨界留守老人每周五开设旅游、养生、环保等课程；爱心医疗队、侨友摄影协会、侨声艺术团、华侨越剧团为侨界群众提供各类免费服务和演出。

【发挥侨界慈善力量】 积极引导侨界慈善力量，致力社会公益事业。2015年，继续举行鹿城侨界名媛会“情系鹿城”慈善系列活动，组织鹿城侨界名媛走进藤桥老人院、温州瓯越小学等地举行爱心公益活动，为孤寡老人、外来务工子女送去空调、被褥和书包、文具等用品，并鼓励她们积极为“美丽妈妈爱心基金”捐款，帮助贫困群众和留守儿童感受社会温暖；区侨联海外顾问周致敏捐资50万元修建家乡的登山步道；美国侨领李国胜向藤桥北岸村困难户和平阳水头受灾群众共捐赠8万元；刚成立的区侨联西班牙联络站负责人许鹏明也捐赠1万元，用于帮扶困难归侨侨眷。

【深化党建带侨建模式】 2015年，以五马侨联为试点召开新常态下进一步加强党建带侨建工作会议，并在17个社区、2个楼幢侨联成立“党建带侨建党员联络组”，每个联络组的组长和组员，充分发挥党员的先锋模范作用，带头与辖区内的困难归侨侨眷家庭、孤寡侨界留守老人结对，为生活有困难的侨界群众提供各类帮扶服务，将党建带侨建的成果化为身边最实际的温暖。

【加强自身组织建设】 2015年是省、市侨联换届之年，区侨联积极组织，并推举参政议政意愿强烈、热心侨联事业发展、在各自领域颇有建树的侨界代表参加。定期召开主席工作例会，并组织侨联干部参观全省首个华侨捐资建设的双潮华侨纪念馆。在基层召开主席例会，使兄弟侨联之间有了互相学习观摩的机会，也促使各基层侨联开拓思路、取长补短，根据自身优势不断提升自身建设。区侨联还带领常委及基层侨联主席到丽岙侨联参观学习，取长补短。

【完善服务机制】 2015年，走访慰问困难归侨侨眷、侨联老干部等90多人。完善区侨联委员联系群众制度，侨联委员和干部联系832户归侨侨眷，及139位海外重点人士，定期走访联络并及时做好情况反馈。定期深入基层侨联指导工作，倾听征求基层侨联干部的建议和意见，及时了解基层工作中碰到的问题，如侨联班子的充实更新、信息资料的报送、为招商引资牵线搭桥的具体组织等，都一一给予指导。通过基层大走访，将收集到的问题和情况进行深入分析和梳理，研究总结成侨情专报。

【加大活动力度】 为纪念区侨联成立三十周年，举行“美丽侨界 魅力鹿城”摄影比赛，收到了海内外侨界群众200多件作品，以鹿城华人华侨、归侨侨眷特有的艺术视角，展示鹿城区侨联三十年来的发展历程，提升全区侨联组织的凝聚力和向心力。与区民政局合作开展“历史不曾忘记” 主题活动，为全区20位抗战老战士、老同志送上5000元补助金和“中国人民抗日战争胜利70周年”纪念章，并逐一拍照留影，抢救性挖掘抗战历史资料。发挥区侨联华侨华人文化研究中心作用，在全省率先以口述实录的方式完成对鹿城区10位重要侨领、归侨和侨联老干部历史“活资料”，进行每人5—8小时的访谈、摄像和录音工作，并对相关资料进行研究整理。

（陈　嫣）

区残联

【概况】 2015年，鹿城区持证残疾人11846人，同比增加731人。按类别分，视力残疾853人，听力残疾2108人，言语残疾136人，肢体残疾4630人，智力残疾1758人，精神残疾1825人，多重残疾536人；按等级划分，一级2330人，二级3296人，三级4035人，四级2185人；按性别划分，男性7113人，女性4733人；按户籍划分，农业户籍3519人，非农户籍8327人。

2015年鹿城区各类型残疾人数变化

表8

类型	视力残疾	听力残疾	言语残疾	肢体残疾	智力残疾	精神残疾	多重残疾
人数（人）	853	2108	136	4630	1758	1825	536
占比（100%）	7.20	17.80	1.15	39.08	14.84	15.41	4.52

2015年鹿城区各等级残疾人数变化

表9

等级	一级	二级	三级	四级
人数	2330	3296	4035	2185
占比（100%）	19.68	27.82	34.06	18.44

2015年鹿城区残疾人数情况表

表10

	性别		年龄			文化程度						户籍	
	男	女	0—18	18—59	60以上	未入学	文盲	小学	初中	高中	大学	农业	非农
人数（人）	7113	4733	612	6802	4432	356	1834	4591	3560	1108	397	3519	8327
占比（%）	60.05	39.95	5.17	57.42	37.41	3.01	15.48	38.76	30.05	9.35	3.35	29.71	79.29

【省残联工作现场会在鹿城召开】 4月13日， 2015年浙江省残疾人宣传文化体育工作会议在鹿城区召开。省残联党组副书记、巡视员、副理事长陈玉国出席会议并讲话。温州市残联理事长夏克潘和区委常委、副区长伍挺到会致辞。与会人员还参观学习省级残疾人文化艺术示范基地温州市特殊教育学校，现场观摩

了鹿城区南汇街道春秋社区丰富多彩的残疾人文化艺术活动。

【助残微信“云平台”】 2015年，区残联打造“互联网+”宣传服务模式，全国率先创建的“智能助残云平台”于12月初正式运行。助残大厅、新闻中心、关爱生活等三大板块，包含办事指南、咨询建议、基层动态、电子听书等15项内容，使残疾人动动手指即享受到“零距离”的宣传与服务。

【成立“心益”残疾人志愿者联盟】 5月，以“心怀感恩，力行公益”为主题，成立“心益”残疾人志愿者联盟，由“心行”（肢残人）、“心语”（聋哑人）、“心光”（盲人）、“心悦”（精残智障亲友）、“心灵馨”（艺术团）组成，实行统一标识、规范管理，首批志愿者278人，先后参与文明创建、温州慈善一条街、党建服务日、“感恩回馈，暖心服务进百家社区”、生态骑行、残疾人文化艺术会演“五进”（走进学校、进军营、进企业、进社区、进农村）等100余场志愿活动。11月，联盟内又成立了皮划艇护河队、环保服务队，定期开展塘河巡逻、上山捡垃圾等志愿服务，以实际行动参与“五水共治”，共建美丽温州。“心益”联盟的成立，既传递了残疾人励志自强、回报社会的正能量，更展现出鹿城区志愿服务人人参与，文明城区残健共融的时代风采。

【公益活动】 2015年，开展残疾人公益活动50多场：4月举办“开心行动、让爱住家” 国际自闭症日系列活动，举办“一起爱一起蓝”公益宣传、户外“益起行”亲子活动等；5月、11月，承办温州市第二十五次全国助残日和第二十四个国际残疾人日主题活动；残疾人相亲会、孤独症家庭消防安全体验、航模表演进特校、聋人自行车慢骑赛、肢残人皮划艇漂流体验、盲人攀岩体验、“薪火相传，助残有我”社区活动、“爱心助残，你我同行”电视文艺晚会等活动；还举办了特奥日趣味运动会、暑期少儿户外安全拓展公益夏令营、“关爱耳朵、倾听世界”、“益起行手工坊”、公益器乐课、梦多多星之梦职场体验等各类公益活动，营造了“扶残助残、有你有我”的浓厚社会氛围。人民网、网易温州、《温州日报》等媒体均予以报道。

【托养庇护】 2015年，2198名重度残疾人享受托（安）养服务，鹿城区首家公办残疾人托养中心建设工程顺利竣工；188名残疾人在残疾人小康阳光庇护中心免费享受日间照料、康复、生活和生产技能培训、工疗、文体娱乐等庇护服务，7月，提前完成市定年度任务。

【康复服务】 2015年，区残疾人综合服务大楼相关功能启用，残疾人办证服务厅、辅具体验展示厅、康复训练室建成开放，温州星飞翔儿童康复中心（原名心雨）迁移入驻，开展孤独症和智残儿童康复服务；47名0—6周岁残疾儿童享受抢救性康复训练服务和补助。1503名居民接受白内障筛查，232名残疾人享受免费复明手术、验配助听器和适配假肢等服务。

【教育就业及生活保障】 2015年，发放残疾学生和困难残疾人家庭就学子女助学生活补助资金110.89万元，938人次受益；举办残疾人就业专场招聘会，提供农村种养业实用技术和职业技能培训221人次；帮扶残疾人扶贫基地15家，帮扶残疾人就业创业561人（含辅助性就业188人）；实现残疾人庇护产品优先采购317.81万元。其中，区内采购额上升45%。231户家庭享受无障碍设施（辅具）进家庭服务；915人享受无固定收入生活补贴；2963人纳入基本生活保障工程，584人领取生活补助金，724人享受参保城乡居民养老保险补助。

【文化体育工作】 全年，组织残疾人文体培训570人次，举办文艺演出10场，创建市级残疾人文体示范基地2家。鹿城选手获全国九残会四金、国际聋人摄影大赛金奖、中国围棋民间争霸赛残疾人界别第一名、全市残疾人健身操大赛一等奖等荣誉。

（叶　琍）

区红十字会

【概况】 2015年，区红十字会完成救护员取证培训2450人，救护员保有量12594人，占户籍人口1.72%；救护知识普及培训9619人次，总普及面49226人次，占户籍人口6.71%；造血干细胞采样入库登记89例，累计登记561例；人体器官（遗体）捐献登记3人，累计登记64例。完善“区—街道（镇）—社区（村）”三级红十字会组织网络。根据行政区划调整，全年完成14个街镇的红十字会组织建设，建会率100%；建立村级红十字会组织104个，社区红十字会组织79

个，建会率超过80%。

【红十字博爱送万家】 2月，继续开展“红十字博爱送万家”活动，发扬红十字会“人道、博爱、奉献”精神，走访、慰问鹿城区最易受损群体家庭（受灾困难户、突发事件导致的救急户、长期生活困难的贫困户）计78户，给每户送上了1000元博爱慰问金，帮助他们欢度祥和幸福的春节。

【关爱在校学生项目】 7月，区红十字会筹措资金，开展关爱在校学生活动。为南汇小学在校学生购置了篮球训练服193套，安装2套篮球架，让众多的学生参加体育运动，提高身体素质，更好地投入学习。

【开展师资技能复训及考证培训】 11月20日—23日，区红十字会在龟湖饭店举办首期32名救护师技能的复训以及考证培训，专门邀请中国红十字总会老师前来授课，旨在确保应急救护知识和实用技能的教学质量，提升讲师团队的业务水平和知识能力，提高广大救护师及时掌握新知识和新概念。

【七都素质拓展基地培训点建设】 12月，按规范化建设的鹿城区红十字会青少年教育基地——七都素质拓展基地培训点，通过前期的试运行后正式挂牌开课。该培训点的建设主要是根据红十字青少年工作纳入未成年思想道德建设整体规划，切实推进学校人道传播和学生思想道德教育。全年共普及培训3万人次。

【三届二次理事会召开】 12月18日，区红十字会在区行政会议中心召开三届二次理事会，会议审议通过了三届一次理事会工作报告决议、接受捐赠资金物资来源及使用情况报告决议，递补选举了区红十字会第三届理事会会长、常务副会长、副会长、常务理事、理事。副区长黄定恩被选为区红十字会会长。

（邹立敏）

区慈善总会

【概况】 2015年，鹿城区慈善总会募集善款总额1072.19万元，支出救助款1051.79万元，救助人数20037人次。获温州市第四届慈善新闻“优秀组织奖”和第二届鹿城区公益节“优秀公益项目奖”。刘琰获先进个人荣誉。

1月9日，鹿城区慈善总会在区民政局六楼会议室召开二届六次理事会，总结过去一年的慈善工作成效，提出新一年的慈善工作思路。3月5日，鹿城慈善总会召开冠名基金负责人会议。3月10日，慈善宣传工作会议召开。3月13日，鹿城区慈善义工工作座谈会在区民政局六楼会议室召开。3月、10月和12月中旬，区慈善总会分别召开三次全区慈善工作会议，学习和贯彻国务院《关于促进慈善事业健康发展的指导意见》，开展各慈善分会慈善工作经验交流，表彰2014年度慈善工作先进个人；落实街道（镇）慈善分会、社区（村）慈善工作站工作管理办法。5月、6月、10月，区慈善总会联合泰力实业有限公司开展“安全扶手进老人家庭”慈善公益活动，已为5个街道900多位老人家庭装上安全扶手。7月22日，鹿城区慈善总会二届四次监事会成员会议在总会四楼会议室召开。全年，共发放三笔助人为善奖励金，分别为在市区划龙桥河边见义勇为救起落水小孩的鹿城区塘河办河道清洁工陈崇竹、黄碎法和在煤气爆炸事故中勇救老人的邻居黄小林、张成云、吴道珠三位好心人及在公交车上热心救人的徐女士、郑女士、公交车司机刘师傅颁发“善奖”。

【慈善一日捐】 1月4日，“慈善一日捐”活动启动仪式在区行政会议中心举行。区领导王立彤、吴海燕、朱崇敏、郑锦春、洪文滨率区四套班子领导和机关各部门干部职

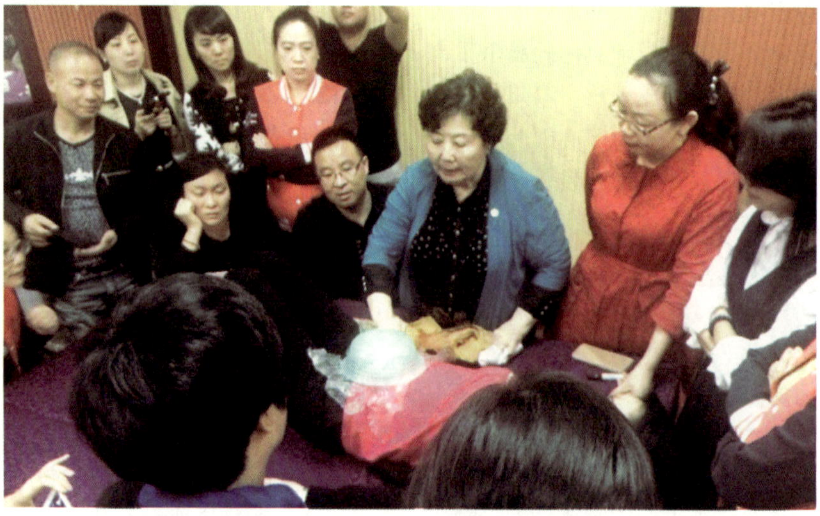

11月20日，区红十字会在龟湖饭店举办的首期救护师技能复训以及考证培训现场
区红十字会提供

工为扶贫济困捐赠善款，共收到善款97555.20元。

【十大社区慈善之星颁奖礼】 1月14日，“长城减速机之梦”慈善晚会暨“鹿城十大社区慈善之星”颁奖典礼在温州广电传媒集团一楼演播大厅举行。市、区有关领导为林三翠、章国森、蒋进福、邵建荣、周祥薇、林建国、戴成权、周银福、黄恩德、邵宇等“鹿城十大社区慈善之星”颁奖。现场共募集善款537.38万元。

4月30日，鹿城区慈善总会在滨江街道七楼会议室举行“爱心鹿城·慈善门诊卡”发放仪式 区慈善总会提供

【第五个“鹿城慈善日”】 1月19日，以“扶贫济困 共享幸福”为主题的第五个“鹿城慈善日”活动在藤桥镇启动。鹿城区文联等单位和义工组织在现场联合开展健康义诊、法律咨询、物品义卖、题写春联等活动；4户困难农户共收到10万元种植（养殖）援助资金；援助岙底上皮山村、岙底底坦村、石垟村等三个欠发达村居家养老照料服务中心建设资金64万元，拉开了全区扶贫济困慈善主题活动序幕。

【迎春慈善宴】 2月12日，2015年“爱心鹿城·迎春慈善宴”在学院路温州天一角酒店开席。辖区的贫困户、新温州人、环卫工人、特困残疾人、孤寡老人460位代表参加。众多爱心人士和爱心企业通过慈善捐助、爱心年货的形式奉献爱心。

【关爱环卫工人】 2月17日，区慈善总会联合佳丽秀义工向全区100名环卫工人每人送上200元新年红包和慰问品。8月，鹿城区慈善总会联合区工商联（总商会）、区残联开展2015年度的“夏日酷暑送清凉”慰问活动，给马路上和两个垃圾中转站的环卫工人送去西瓜、矿泉水、红枣、毛巾等防暑用品。区工商联（总商会）援助5万元，牙博士口腔医院提供120份防暑药品；同时为鹿城区特困残疾人和特困家庭送去了电风扇、绿豆、红枣、沐浴露等夏令用品，并走访慰问三户残疾人家庭。此次活动共慰问100位环卫工人，100户残疾困难家庭，100户特困家庭。

【关爱自闭症儿童】 3月29日，鹿城区慈善总会联合区残联、温州各户外相关协会在永嘉楠溪江举办“益起行”户外公益活动，为自闭症儿童进行慈善拍卖和微心愿结对。4月2日，第八个世界自闭症日举行“让爱住家”关爱自闭症儿童慈善公益系列活动。区慈善总会从“关爱蓝色星星”慈善基金中拨款6万元，对3家自闭症康复培训机构援助各2万元；对37位自闭症患儿困难家庭救助各3000元。5月17日，全国第25个助残日举办“残健融合，共享幸福”系列活动，现场为残疾人志愿者联盟授牌、为“益起行”代表授旗，开展一系列便民服务，并为温州市特殊教育学校送上1万元慰问金。

【爱心鹿城·慈善门诊卡发放】 4月30日，鹿城区慈善总会在滨江街道举行“爱心鹿城·慈善门诊卡”发放仪式。区慈善总会、区属各部门、街镇有关领导、慈善分会秘书长和各社区慈善工作人员及41户受助群众代表参加。此次活动共发放1480张慈善门诊卡，每张价值500元。

【“慈善一日捐”结对帮扶捐赠】 5月19日，区慈善总会联合区扶贫办在藤桥镇举行2015年鹿城“慈善一日捐”结对帮扶捐赠仪式。全区15个区直机关部门、藤桥镇负责人及15个欠发达村（社区）干部参加会议。区直15个机关部门将“一日捐”善款捐赠给挂钩帮扶村（社区），区慈善总会援助5.5万元，区扶贫办援助9万元，此次活动合计善款255950.2元。

【肿瘤病友慈善基金成立】 6月15日，区慈善总会联合区肿瘤康复协会在解放军118医院成立“鹿城区慈善总会·关爱肿瘤病友慈善基金”，并举行签约仪式。

【关爱抗战老兵系列活动】 8月15

日，鹿城区慈善总会在总会二楼会议室举行“关爱抗战老兵慈善基金”成立仪式。8月20日，区慈善总会上门慰问鹿城区仍健在的14位抗战老兵和19位曾为民族独立和解放做出贡献的伤残老兵。8月27日，联合解放军118医院为6名90多岁高龄老兵免费体检。9月2日，区慈善总会联合中国邮政温州市分公司、泰力实业有限公司在白鹿洲公园慈善文化广场举行纪念中国人民抗日战争和世界反法西斯战争胜利70周年邮票揭幕暨关爱抗战老兵慈善明信片发行仪式。9月25日，协同温州金属材料流通商会联合在五马美食林大酒店举行慰问抗战老兵活动暨2015迎中秋联欢。

【爱心鹿城·结对助学活动】 8月28日，鹿城区慈善总会举办2015年“爱心鹿城·结对助学”助学金发放仪式，区慈善总会和社会爱心人士共资助大学生40名，慈善金额20.51万元。

【向最美的逆行者致敬】 9月1日，鹿城区慈善总会联合武警鹿城消防大队、区残联在下吕浦消防中队大院举办纪念中国人民抗日战争暨反法西斯战争胜利70周年——向“最美的逆行者”致敬暨残疾人文化艺术进军营演出，现场慰问4位抗战伤残老兵，并给35位退伍老兵捐赠了高档皮鞋。

【总会三支直属义工队成立】 9月17日，鹿城区慈善总会真善行义工队成立暨灰桥旭日亭惠心餐免费对外供餐仪式在灰桥旭日亭举行。9月28日，鹿城区慈善总会美学义工队成立大会在江滨路观松楼举行。11月27日，区慈善总会三乐亭义工队在仓桥宫授旗成立。

【爱心华侨慈善捐款藤桥修路】 11月3日，区人大常委会副主任、慈善总会会长林瑞荣，区慈善总会副会长兼秘书长魏园园一行前往藤桥镇竹侨村参加华侨周致敏、张小华夫妇捐款50万元为家乡修路的慈善活动。

【首个“代英烈尽孝”慈善活动】 9月29日，鹿城区民政局、鹿城区慈善总会联合开展“代英烈尽孝”慈善活动结对仪式。社会爱心人士、单位现场与5名鹿城区的烈士家属结对，为他们提供亲情电话、代购米粮等各类贴心服务，还为每位烈士的父母准备了慰问金和慰问品。该活动首次在温州开展。

【秦亮助学金10周年】 12月9日，鹿城区慈善总会“秦亮助学金”感恩10周年纪念大会在温州大学城市学院召开。发起人秦小伟于2006年个人出资在温大城市学院设立总额为200万元的助学资金，十年里帮助251名大学生完成学业并顺利走上就业岗位。秦小伟被温州大学城市学院授予“荣誉校友”称号。

（刘　琰）

责任编辑　胡亭亭

11月3日，周致敏、张小华夫妇捐款50万元为家乡修路　　区慈善总会提供

法 治

政法委及综治工作

【概况】 2015年，鹿城区政法战线以平安鹿城连创为目标，以维护大局稳定为首责，以夯实基层基础为重点，全面防范、化解、管控影响社会和谐稳定的突出问题，打好百日维稳攻坚战，成功实现平安“六连创”。年内，鹿城区获得全市综治工作优秀区称号，区综治办获得省级社会治安综合治理先进集体，反邪教工作连续八年全省先进，综治两级综合指挥平台建设、基层“一三五”应急处置规范化建设等经验做法在省、市交流推广。区公安分局成为全国唯一的区级公安情报综合研判改革试点单位，人力情报、刑侦“现场全勘”、队伍党风廉政建设等工作经验在全国推广，队伍正规化建设获得省、市先进，16项绩效考核中有11项全市第一。区检察院率全市之先开通网上行贿犯罪档案查询系统，设立全市首个驻街镇预防职务犯罪工作室。区法院收、结案数均居全市第一，列全省前茅。区司法局星级司法所创建工作在全省领先，在大调解体系建设、社区矫正人员监管、引导律师参与鹿城经济发展等方面取得突出成效。

【“平安鹿城”建设】 在3月份成功实现“平安鹿城”六连创的基础上，强化目标管理考核机制，将平安创建工作作为重点内容纳入全区街镇、部门考绩体系，制定鹿城区街镇及部门平安综治考核办法，将《2015年省平安建设考核评审条件》100余项内容逐一分解落实责任单位。全年发放扣分整改督办函51件，有效整改提升、掌控创建动态。强化重点领域联动整治，部署开展系列专项斗争，打防控刑事、治安、两抢、盗窃立案数和黄赌接警数分别下降12.9%、14.6%、41.5%、16%和6.7%，命案发案数创21年最低；滚动开展安全生产大排查大整治，深入推进夏季消防安全“双月”攻坚，全区安全生产事故起数、死亡人数和直接经济损失分别下降了19.3%、9.3%和20%，消防事故9年来首次实现零亡人；推进食品安全治理行动，立案查处食药类案件224件、罚没款465万元；强化四部门关于进京非访行为联合处置打击力度，进京“非访”同比批次、人次同比下降65%、76%。强化基层平安示范点建设和行业系统创安，区“平安家庭”“平安校园”“平安物业”等工作在省、市领先。通过传统媒体和新型媒体多渠道开展平安宣传，全年进格入户分发平安宣传资料35万余份，设置各类流动宣传平台载体6000多个，评选出“平安鹿城”LOGO，建成“平安鹿城”网站，成功承办全市首个“平安宣传日”活动，全年平安满意率、知晓率、参与率分别比上年提高了2.1个、1.7个和2.2个百分点，均创历史最高。

【维护稳定工作】 2015年，助推项目破难攻坚，处置重点工程、城中村改造中的一批不稳定因素，依法打击工程建设领域黑恶团伙21起。处置“三改一拆”“五水共治”工作中的不稳定因素，破获污染环境案13起，对49人采取了强制措施。应对金融领域涉稳问题，审结民间借贷、金融借款案件6155件，抓获治赖逃犯75名，查处网络非法集资案件5件，处置群体性劳资纠纷223件，“万膳非法集资”案件成功处置做法得到国务院副总理马凯的专题批示。严打邪教组织渗透活动，涉外反邪、警示宣教等工作在省、市领先。全面落实会商研判、排查化解、防范稳控、值班备勤等措施，特别是按照省、市“维稳百日攻坚大会战”部署要求，实行“临战状态2天一研判、实战状态1天一研判、重点信息随时研判”，先后开展会商研判42次、专题协调涉稳问题50件，化解处置330国道双屿—仰义段工程欠薪等30余起重大不稳定因素，维护了两会、清明、“9·3”阅兵、“十一”国庆节、“桐乡会议”等重点时段社会面稳定。健全“周研判、月分析、专题研判”制度，完善重点不稳定因素三色预警、挂牌督办等制度，深化社会稳定风险评估工作，区级层面先后开展周研判、月分析62次，专题研判协调各类重点不稳定因素85件，完成重大事项社会稳定风险评估97件，超期停尸火化率100%。完善并落实特殊利益群体教育稳控机制，有效处置20起影响重大的利益群体维权活动，涉军群体处置经验在全市作典型交流。完善应急处置工作预案，联动化解处置市区“乔登美语培训学校”欠薪事件、普飞鞋业重大群体性欠薪案件等一批群体性突发事件，妥善处置群体性劳资纠纷案件223起。率先全市探索推进基层“一三五”应急处置规范化建设，于8月5日成功举办全市“一三五”应急处置规范化建设现场会，经验做法在省、市交流推广。

【社会治理工作】 2015年，结合行政区划调整，深化基层治理“一张网”工作。进一步推动部门条线力量进网入格、统筹调配。在全区111个大网格形成部门、街镇派驻的网格人员以社会治理工作为主，其他社区各类人员以便民服务工作为主的服务管理模式；落实“以奖代补”信息采集奖励、部门流转联动处置、日常考评督查等机制，全年通过网格化信息平台录入重点人员、场所信息10177条，录入各类服务办事信息69956条，各类信息录入量同比增长226%，其中矛盾纠纷、治安安全隐患等事件办结率均达到99%以上，成效列全市第一，共奖励具有较高价值的信息6491条，发放“以奖代补”奖金62300元。被确定为省级两级综合指挥平台建设试点单位，完善三级流转、分色预警、定时抽查及每日通报等机制，配备“平安通”手机1739部；两级平台共协调、流转处置各类事件信息共计2000余件，被市综治办通报表扬100余件，经验做法在全省交流。仰义街道探索政府110指挥中心运行新模式经验得到省委政法委肯定。完善矛盾纠纷排查调处工作协调会议制度，每月召开一次会议并形成会议纪要，落实部门联动协调、跟踪督办化解等机制，全年排查调处矛盾纠纷 18015件，调处办结率达到99%以上，11件省市挂牌及100件区级各类矛盾纠纷化解率均为100%。全面深化治安乱点整治工作，22个市、区两级治安乱点全部通过验收。创新重点领域服务管理，推行“以卡管房、以卡管车”物联网治安立体防控体系，全区出租房中刑事治安等发案数同比下降了52%，该做法在中央政法工作会议上得到中央领导孟建柱的充分肯定。健全社会矛盾纠纷大调解体系，全面推行警调、交调、检调、诉调等“六调”衔接机制，开展“律师进社区”“以外调外”等第三方参与机制，拥有8个专业性、40个行业性调解组织与6家外地驻温商会调委会以及“老王请你讲”调解室等基层调解品牌，2015年成功调处矛盾纠纷1.44万件、调处成功率99.5%，成效全市第一。推进基层社会民主法治建设，全区82个社区、141个村（居）全部完成“两约”制定修订工作，城西街社区等社区制定成效被《浙江法制报》《温州日报》专题报道。

【执法监督】 2015年，强化执法监督，全年完成80件政法机关案件专项执法检查，重点评查12件；通过走访、电话调查、观看录像等方式对全区政法各部门贯彻落实防止冤假错案33项制度情况开展专项督查，对政法机关及基层单位累计开展明察暗访行动11次；牵头召集相关部门协调化解6起疑难复杂的涉法涉诉案件，制定出台了《鹿城区社区服刑人员收监执行工作实施细则》，促进执法部门联动执法，有效保障公正执法。共接待办理涉法涉诉信访件共计70件，同比下降42.1%；审查办理申请司法救助等案件39件，发放司法救助资金77万元。

【政法队伍建设】 围绕过硬队伍建设，2015年在政法系统开展“三严三实”专题教育和“信仰法治、守护公正”主题教育活动，从严整治政法队伍里的“两难”“四不”问题，开展专项督查、活动图文征集展示，巩固活动成效，《浙江法制报》专题予以报道；举办政法公园法治宣传、全区政法干警拓展培训班、政法系统专题党课教育等活动，有效提升政法队伍综合素养；弘扬正面能量，3名政法人物先进事迹被《浙江法制报》宣传报道。年内，顺利通过市级文明单位复评；完成机关党支部换届选举，加强软弱落后村党组织帮扶工作，5次走访田塘头村党支部，帮助推进村党支部及村基础设施建设；加强省委政法委调研联系点工作，完成经济领域涉稳问题等3个专题调研，其中特殊人群服务管理、政法队伍正风肃纪等2个调研报告分别在区级优秀论文评选中获得二等奖、优秀奖；区法学会组建具有特色的法律顾问工作室，探索建立第三方评估评价调处机制及第三方介入化解信访积案新途径，得到省、市充分肯定。

（吴丰瑜）

法治政府建设

【概况】 2015年，鹿城区首次将法治政府建设纳入《2015年度区直单位工作目标考核办法》，并制定发布《鹿城区2015年度区直单位目标考核法治政府建设项目考核细则》，调整和完善各有关单位法治政府建设，提升全区依法行政水平。全年举办一期依法行政专题培训班，各单位法制联络员、执法骨干以及执法证件管理员共计63人参加；组织召开全区预防化解行政争议暨行政调解工作联席会议，首次以座谈会的形式就全区依法行政工作中出现的共性问题进行探讨；加强政府法律顾问制度建设，各部门、街道（镇）法律顾问基本覆盖；加大法制信息报送力度，全年被省政府法制办网站采用信息515篇，采用量位列全市第2名。

【文件审核与制定】 2015年，完成规范性文件、其他涉法文件共107件，出具合法性审查意见71件，报市政府和区人大备案35件，收到13个部门和街（镇）备案24件。完善规范性文件制定公开机制，在区政府门户网站及各部门门户网站发布规范性文件意见征求通知 64件。开展区政府行政规范性文件清理工作，将2014年12月31日之前制定的337件行政规范性文件纳入清理范围，并将保留的221件、拟修改的26件、宣布失效的42件以及废止的48件区政府行政规范性文件目录予以公布。区法制办制作的《关于对〈关于规范物业服务行业管理若干意见（送审稿）〉的合法性审查意见》获得全省优秀行政规范性文件合法性意见审查意见书，连续四年获得该项荣誉。

【行政机关合同管理】 2015年，共审查合同38件，出具合法性审查意见书22份，涉及合同金额39亿元。发布《温州市鹿城区人民政府办公室关于印发温州市鹿城区行政机关重大合同备案审查办法的通知》，共备案行政机关合同262件。

【重大行政决策法律保障】 2015年，共对6次区政府常务会议的20项议题内容进行法律审核，参与牛岭村安置房相关问题协调会、占道经营整治专题研讨会等各类会议203个，保障政府决策的合法科学。

【行政复议与应诉】 2015年，全区收到行政复议申请49件，受理49件，受案率为100%，受案数与上年同比增长16.6%。审结行政复议案件54件（含上期结转10件），其中维持26件，驳回10件，申请人自愿撤回5件，撤销11件，责令答复1件，以调解方式结案1件。推进复议决定书网上公开机制，7月至年底，公开复议决定书14件。严管行政机关负责人出庭应诉工作，全年发生行政诉讼案件196件（仅一审应诉情况），其中，区政府为被告的行政诉讼案件21件，行政机关负责人出庭应诉率达100%。

【行政执法监督】 7月1日起，实现行政处罚结果信息网上公开，并提供全区行政执法信息发布及查询服务。全年14138件行政处罚案件符合公开条件，在浙江政务服务网上公开。开展重点领域执法监督及行政执法案卷评查工作，共对全区18家执法单位报送的166件执法案卷进行评查，并发函通报评查结果。落实重大行政行为备案制度，全年共对223件重大行政处罚案件进行备案审查。贯彻落实《浙江省行政执法证件管理办法》，通过实施行政执法人员动态管理制度，实现行政执法人员和行政执法证件的信息化管理，全年行政执法证件申请人数113人，审核通过104人。

（蔡 丹）

公 安

【概况】 2015年，鹿城区公安分局紧抓改革创新主线，以法治建设为抓手，以基础信息化、警务实战化、执法规范化、队伍正规化“四项建设”为载体，构建大维稳、大防控、大侦查、大管理、大情报、大保障“六大格局”，打造中心城区治安管理“首善模式”，取得了“三连创”可喜成绩：年内处置网络涉众型经济犯罪案件查处维稳工作获国务院副总理马凯批示肯定，涉众型经济犯罪侦防处置机制被列为深化公安工作改革全国唯一一个区级试点项目；大情报工作得到省委肯定，被公安部授予“全国情报信息应用开发基地、情报人员培训基地”，全国区级公安情报综合研判改革试点单位；公安信访、廉政建设等工作经验获公安部肯定；取保候审专项督察、百城禁毒会战、出入境管理等工作经验被全省推广；群众安全感、满意度测评考核获全市第一；全市公安系统年度综合考核第一；获全市优秀公安局荣誉称号；执法工作获省先进单位称号和全省公安队伍正规化建设优秀单位、全省公安信访考核县级优秀单位、创建全国文明城市工作先进集体荣誉；节能减排工作获浙江省节约型公共机构示范称号；平安创建公安口“零”扣分，实现平安鹿城“七连创”；队伍风险管控能力处于全市公安领先水平；情报信息大队被省委宣传部、省公安厅联合授予“最美警察集体”；出入境管理大队被省公安厅授予浙江省“温暖警营”。全局有2个集体荣立三等功，1人荣立个人二等功，28人荣立个人三等功。

【命案侦破】 2015年，完善“命案必破、命案必防、命案必救”机制，注重矛盾纠纷源头化解，强化大要案攻坚，落实命案防破倒查机制和激励机制，畅通命案救治“绿色通道”，挽救了22名危急人员生命。全年命案发11起、破案率100%，命案发案数同比下降25%，发案数创近20年来新低。

【处置群体突发事件】 2015年，完善应急处突快速反应机制，强化特警突击队、特警预备队建设，购买“无人机”投入实战模拟测试，打造“升级版”处突防暴工作机制，市政府周边突发、涉稳事件处置“零失误”，全区应急处突成功率100%。全年成功处置突发性、群体性和人员聚集事件苗头603起，被市委评为温州市“百日维稳攻坚大会战”先进集体。

【安全保卫】 2015年，出动警力2万余人次，组织开展各级警卫活动9次，圆满完成节日节点、“两会”、中华龙舟大赛、温州国际马拉松等88场重大活动安保。顺利完成各类护航任务、重大保卫活动300余次。参与拆违执法和城市管理提供执法保障202次，投入警力713人次，拆除违法建筑面积累计98.9万平方米，办理涉行政执法类案件66起，刑事拘留10人、行政拘留42人，实现拆违、进场施工“零障碍”，工作成效全市领先，被市政府授予“2015年度‘三改一拆’工作先进集体”。

【平安创建】 2015年，加强动态治安防控体系建设，严打黑恶枪黄赌毒、严重暴力案件、命案及侵财案件，社会治安呈现“五降”，即打防控刑事、治安、两抢、盗窃立案数和黄赌接警数分别同比下降12.86%、14.60%、41.50%、15.95%、6.65%；全年打击工作实现“五升”，即总打击，侵财、盗窃、诈骗、黄赌打击分别同比上升3.40%、18.24%、21.30%、22.56%、43.00%。局指挥中心、社会应急联动指挥中心、社会治理指挥中心联署运作工作模式得到省平安考核检查组高度肯定。年内开展了为期6个月的社会治安防控“心防工程”活动，形成“社会联防、群众自防、宣传助防”内外衔接治安防控网，被省公安厅评为2015年全省社会治安防控“心防工程”建设工作成绩突出集体。

【执法工作】 2015年，完善执法质量考评机制，加强执法办案积分制刚性运用，配套建立法制民警挂钩联系制度，推进“又好又多”执法办案体系建设，获得2015年度全市公安执法考评第一名。年内开展立案突出问题专项治理工作，抽查警情101325条，核查案件73730件，工作经验被公安部《全国公安机关立案突出问题专项治理》栏目录用并在全国推广学习。

【信访管控】 2015年，信访源头管控、纠纷排查矛盾化解、涉法涉诉信访事项导入法定程序，完善预警评估、复杂疑难敏感件督办、领导包案化解信访积案机制，健全局领导接访下访工作体系。全年成功处置各类不稳定因素408起，预警非公安口进京赴杭信访人员228批449人次，劝返449人，刑拘2人、行政拘留14人，公安归口信访量同比下降11.9%，初信初访事项量同比下降14.6%，越级上访量同比下降100%，实现信访对象“零进京”、“零滋事”，获全省公安信访考核县级优秀单位。

【护航发展】 2015年，开展“治赖追逃”“猎狐2015”专项行动，严厉打击电子商务、P2P融资平台非法活动，破获“万膳”购物商城等金融案件124起，涉案总金额12.7亿元，追赃止损2.36亿元，抓获逃犯75名，追捕成效列全市第一。打击涉黑恶团伙数同比上升10%；查处违法、犯罪人员总数同比上升117%，查破刑事案件139起，其中涉及工程建设案件21起。

【护佑民生】 2015年，开展打击侵财犯罪行动，全年共刑事拘留1272人、完成率118.7%，行政拘留695人、完成率110.9%，“两抢”警情大幅下降，日均发案降至0.68起，全年“两抢”零接警天数达122天创历史最高。严厉打击电信设施案件、电信网络诈骗等新型犯罪，打掉通讯（网络）诈骗犯罪团伙5个、伪基站团伙3个，刑拘犯罪嫌疑人62名，破获通讯网络诈骗案件114起、电信设施案件10起，挽回群众财产损失3000多万元。破获污染环境案件13起、采取强制措施49人，破获食药品犯罪重大案件41起、刑事拘留84人。

【专项整治】 2015年，开展“横扫丑恶现象、肃清黄赌毒”专项行动，刑事拘留376人、同比上升31%，治安拘留1852人、同比上升6%；成功破获32起“发卡招嫖”组织卖淫案件，占全市破案总量80%，打击处理涉案对象171名，其中刑事拘留100人，治安处罚71人。开展“百城禁毒会战”和网络扫毒专项行动，侦破部督案件3起，查获吸毒嫌疑人1171人，刑事拘留254人，移诉267人，强制隔离戒毒433人。全年黄赌打击成效排名全市一类地区第一；查处吸毒人数超额完成市局下达任务，涉毒移诉创历史最高。

【安全监管】 2015年，实施“消防参谋兼任副所长”制度，抓好火灾隐患排查整治，出水救火警情同比下降21%，人员“零死亡”，创近10年最好形势，被市政府评为夏季消防安全“双月”攻坚先进单位。开展“危险物品管理专项整治”和“缉枪治爆”专项行动，获全市“缉枪治爆”专项工作先进集体。加强监所医疗社会化和矛盾化解两大品牌建设，开展“平安监所”创建，被浙江省公安厅和武警浙江省总队联合授予贯彻落实“湖北会议”精神先进单位荣誉称号。

【窗口服务】 2015年，搭建“鹿城公安行政审批”微信公众号，完善虚拟审批服务平台，实行公安行政管理业务网上申请、网上办理、网上审批，获“温州市公安机关群众满意基层办事窗口”和“鹿城区2015年度群众满意审批窗口”荣誉称号。在全市率先开通“鹿城公安出入境”微信公众号，公众号订阅用户达3.7万人，点击量累计108万次，提供出入境指南，宣传法规政策，征求群众意见，获全市出入境示范窗口、浙江省出入境一类文明窗口荣誉称号。

【“项目警官”工作机制】 2015年，建成76个标准化警务站（室），推行“项目警官”工作机制，强化企业风险预警，全年共保障重点项目、工程进场施工28起，查处阻碍滨江商务区重点工程案件，采取刑事强制措施4人，教育训诫22人次，推动温商回归项目等6个重点工程顺利落地，实现重大工程项目“群体性事件、严重刑事犯罪和重大安全事故”三个“零发生目标”。

【流动人口管理】 2015年，开展涉案流动人口案前登记倒查工作，全区列管高危关注对象占流动人口总数1.69%，打击处理拘留以上流动人口3209名，其中有528名案前已列为关注对象，案前列准率16.45%，打击率4.77%，成效居全市前列。开展“联千家·进万户”爱民实践百日活动，清查出租房屋2万余家，查处违反流动人口、租赁房屋治安管理案件259起，行政处罚623人，抓获各类逃犯47名，流动人口管理得到省厅通报表扬。

【物联网管控】 2015年，安装出租房门禁2740家，出租房智能门禁安装和企业考勤授权率达92%，新增门禁建设安装总数为全市最多。登记备案电动车116034辆，电动车防盗登记备案率达98%，电动车侦测基站建设完成率为100%；打处盗销电动车违法犯罪人员174人，追缴已登记电动车281辆，追车率43.2%，打击盗销电动车成效排名全市一类地区第一。以“平安鹿城”APP为载体，推行“网络e居站”建设，实现与全省流动人口IC卡式居住证关联应用。

【网格化警务】 2015年，率先在全市推行网格化警务，全区划定111个网格责任区，划分4个级别网格，配置网格警长、民警151名，组织开展“入户访查、入企联系、入室工作、入网联动”四入活动，用“小网格”实现“大管理”。采取公安、计生、民政、安监、消防等部门联合执法，推行基层治理“网格化管理、组团式服务”管理机制，优化警情处置流程和资源配置，实现了警力下沉、资源优化、效能提升。社区警务年度考评在全市同类地区排名第一，全年群众安全感和满意度测评全市第一。

【警灯工程】 2015年，全区建成治安联防岗亭1000余个，安装“警灯工程”岗亭电动车侦测基站36个，核查可疑电动车9万余辆次；各派出所在“警灯工程”值守时段，每个岗亭利用“流管通”对过往流动人员核刷“e居卡”不少于30人，全年核查“e居卡”26万余条，实现“警灯工程”值守时段全区“刑事+治安”警情下降7%，“两抢”警情下降35%。全年通过“警灯工程”共查处现发案件68起，抓获嫌疑人52人，其中刑拘44人、逃犯8人，“警灯工程”考核全市一类地区排名第一。

【党风廉政】 2015年，全局落实

12月14日，公安部党委委员、政治部主任夏崇源到杨府山公园、鹿城文化中心等地视察“警灯工程” 区公安分局提供

“一岗双责”，刚性执纪“问责追责”，深化作风“效能建设”，建立“网上+网下”“虚职+实职”和“事前+事后”三项督查机制，队伍廉政风险防控系统主动管控指数位列全市公安系统第一。公安部纪委刊发“严抓管理、挺纪在前”工作简报，将分局党风廉政建设工作经验向全国推广；鹿城区纪委专门刊发纪检专报，向各街镇、区直单位推广分局党风廉政建设工作先进经验。分局被市局及区委、区政府评为“落实党风廉政建设责任制先进单位”。

【宣传培训】 2015年，运用《鹿城警务观察》等警媒合作栏目，在各级媒体刊发新闻报道1064篇，其中中央电视台报道23篇、先进典型报道32篇，实现在中央、省、市重点媒体发稿新突破。“平安鹿城”微信粉丝数突破11万人，微信影响力跻身全市政务微博前十名。组织开展“三严三实”和“强作风、优素质、提效能、创满意”主题实践活动。举行“鹿城警务论坛”2期，参训200余人次。举办“警营大讲坛”27期，参训2160余人次。

（邓益萌）

检 察

【概况】 2015年，鹿城区检察院以依法独立公正行使检察权为核心，以法治思维和法治方式为引领，以维护公平正义、维护人民权益为根本任务，出台服务保障鹿城区重大项目建设等实施意见，推行“一科室一品牌”创建①等工作措施，履行法律监督职能，维护社会公平正义，检察工作取得新的进展。

【打击刑事犯罪】 2015年，依法严厉打击“黑拐枪”“盗抢骗”“黄赌毒”犯罪，继续推进环保、金融、知识产权“三项检察”工作，积极参与危害食品药品安全、电信诈骗、P2P平台非法集资、危害电商健康发展等犯罪的专项打击整治。全年共批准逮捕刑事犯罪案件1389件1834人，同比下降2.2%和10.1%，提起公诉2013件2943人，同比上升10%和2.6%，法定期限内结案率达100%。其中，批捕“黑拐枪”“盗抢骗”“黄赌毒”犯罪1369人，占74.6%，起诉1761人，占59.8%；批捕涉环保、金融、知识产权犯罪91人，起诉129人；批捕危害食品药品安全犯罪19人，起诉48人；批捕“涉网三领域”犯罪30人，起诉38人。

【依法维权和纠纷化解】 2015年，贯彻宽严相济刑事政策，深化社会危险性审查、羁押必要性审查、刑事和解、未成年人刑事检察工作，对无逮捕必要的，不批捕218人；对犯罪情节轻微的，不起诉151人；对逮捕后没有继续羁押必要的，建议变更强制措施54人。其中，对达成刑事和解的不批捕18人、不起诉19人；对未成年人不批捕18人、不起诉18人、附条件不起诉②12人。参加信访法治建设年活动，建成检察机关远程视频接访系

①“一科室一品牌”创建：区检查院开展“品牌化”创建活动，全院19个内设机构紧扣检察工作重点，均确定一个品牌争创项目，纳入全院目标管理考核，强化过程管理，推进检察工作创新发展，打造检察工作品牌亮点。

②附条件不起诉：检察机关根据法律的规定，对符合一定条件、应该负刑事责任的未成年犯罪嫌疑人，规定一定的期限、设定一定条件进行考察，根据其考察期间的表现作出不起诉或者起诉决定的起诉裁量制度。

统，让上访群众到当地基层单位通过远程网络视频设备与上级单位实现交流，反映诉求。共办理群众反映的控告、申诉、举报、司法救助等诉求事项291件。其中，监督纠正冒名顶替刑事裁判2件，为2名刑事被害人申请并发放救助金4万元。依法打击虚假诉讼等“逃废债”行为，办理涉虚假诉讼③民事案件31件，提请抗诉1件，提出再审建议3件，经法院再审已改判5件、撤销虚构债权670万余元，向公安机关移送虚假诉讼犯罪线索3件12人，公安机关立案侦查4件14人，已追究刑责7人。

【查办职务犯罪】 2015年，开展土地出让、工程建设、房地产开发等重点领域和领导干部、基层干部以权谋利案件的专项查处，协同做好“破两难、纠四不”和农村党风廉政巡查等工作。着力破解群众办事难、工作推进难，查纠领导干部不担责、不作为、不认真、不用心的情况。依法严格查办贪污贿赂、渎职侵权等职务犯罪，全年初查案件线索60余件，立案侦查13件15人，其中，大案12件，涉工程建设、征地补偿领域职务犯罪案件7件，含县级领导干部1人、科级领导干部2人、基层干部2人。

【依法治理和法治宣传】 2015年，区检察院分别与区环保局、区市场监管局联合出台工作规范，建立双屿检察室辖区执法监督协作机制。积极运用检察建议形式参与社会治安综合治理，向相关单位就民生管理问题发出检察建议20件，上报针

11月23日，区检察院党组书记、检察长张纯亮做客温州网，在线对话网友

对社会舆情的风险研判报告6份。运用新媒体和传统媒体，开通微信公众号，检察长做客温州网对话网。推行“点餐式”送法进社区，每季度由社区居民点题，指派民行科检察官进社区开展主题法律讲座和咨询。开展“未成年人预防性侵宣讲进校园”活动。在新闻媒体刊播宣传稿件64篇，举办专题法律咨询和法制讲座20余次。承办了全省检察机关新媒体建设推进会。

【规范职务犯罪侦查】 2015年，加快推进侦查方式转型，积极探索精细化初查、专业化审讯，对线索摸排、初查、立案、侦查、侦查终结等侦查办案的主要环节进行跟踪把关，对讯问犯罪嫌疑人进行全程同步录音录像，对办案工作区和办案安全防范措施严格检查，推进侦查工作向标准化、程式化发展，实现依法独立办案率100%、办案安全零事故。

【推进职务犯罪预防】 2015年，区检察院正式开馆启用全省首个市、区两级共建的预防职务犯罪教育基地，接待党政、村居干部群众参观90批次3960人；联合区纪委开展村居干部集中警示教育；在南郊街道设立全市首个驻街镇预防工作室；与南汇街道结对共同开展系列预防活动；在温州市市域铁路S1线一期工程、鹿城人民医院迁建工程开展专项预防；在全市范围内率先开通网上行贿犯罪档案查询系统；共开展专项预防、个案预防和预防宣讲活动20次，年预防警示教育达4500余人次，提供招投标领域行贿犯罪档案查询5029件次。

【强化刑事诉讼监督】 区检察院把严防冤假错案作为坚决守住、不能突破的底线，全面贯彻修改后刑事诉讼法，落实罪刑法定、疑罪从无、非法证据排除等制度。2015年，对应当立案而未立案的，监督公安机关立案22件62人；对不构成犯罪或者事实不清、证据不足的，

③虚假诉讼：俗称打“假官司”，指当事人出于非法的动机和目的，利用法律赋予的诉讼权利，采取虚假的诉讼主体、事实及证据提起民事诉讼，导致法院作出错误的判决、裁定、调解的行为。

不批捕231人，不起诉70人；对应当逮捕而未提请逮捕、应当起诉而未移送起诉的，纠正漏捕5人，纠正漏诉19人；对侦查活动中的违法情况，发出纠正违法通知书24件；对定性错误、量刑不当、适用法律错误的，提出刑事抗诉14件，提请市检察院抗诉1件，获改判7件。

【加强民事行政检察监督】 2015年，运用提请抗诉、再审检察建议、检察建议等监督手段，监督纠正民事裁判错误8件、民事执行违法或不当6件，为当事人挽回经济损失1242万余元，督促执结标的76万余元。探索开展行政检察工作，就食品安全、生态环境保护等领域的行政机关违法作为或不作为，通过重点领域联合评查等途径开展监督，提出检察建议12件，行政机关整改落实12件，促进了依法行政。

【强化刑事执行活动监督】 2015年，坚持刑罚变更执行同步监督，审查看守所呈报减刑24件，纠正不当7件；审查法院征求暂予监外执行意见97人次，提出不同意意见23人次。加强对留所服刑罪犯在法定期限内未缴纳罚金情况的监督，监督财产刑④执行62人，纠正不当10人。规范驻所日常检察工作，纠正看守所违规不当执法情况7件。强化对监外执行罪犯社区矫正工作的监督，监督收监执行7人。审查抗战胜利70周年特赦呈报22人，纠正不当2人。

【突出司法规范化建设】 2015年，深入开展规范司法行为专项整治活动，组织集中学习、专题研判、意见征集活动33次，评查、备案审查重点案件570件，查找整改司法不规范问题和瑕疵46个，建立内部人员过问案件记录和追责等规章制度8项，在全区率先完成涉密信息系统分级保护⑤建设，接受人大常委会对检察人员依法履职公正司法情况的专项监督，专题向党外人士通报检察工作，办结政协委员提案2件，全市首推检委会专家咨询委员会机制，公开发布案件流程信息、法律文书5784件，完成“一站式”检察服务大厅建设，提升了司法规范化水平和司法公信力。

（金　琳）

法　院

【概况】 2015年，鹿城区法院坚持司法为民、公正司法主线，忠实履行宪法和法律赋予的职责，各项工作取得新的进展。全年共受理各类案件30300件，办结30147件，同比分别上升0.39%和7.82%，收、结案数均居全市法院第1位，分别列全省法院第4位和第3位。一线法官人均结案446.94件，同比增加14.14件，是全省法院平均数的2.05倍。审判执行工作保持良性运转，金融审判、行政审判、破产审判、司法网拍等多项工作走在全省全国法院前列。

【服务中心保障发展】 2015年，全面加强环境审判工作，加大惩治力度，依法支持环保部门处罚环境违法行为，助力“五水共治”。依法妥处“三改一拆”和重点工程建设中的拆迁、拆违等涉案纠纷，协助化解拆迁安置纠纷3起；依法审查监督，裁定准予执行行政机关申请强制搬迁、拆除违法建筑等案件300件。与区政府联合发文，进一步推进和规范国土资源非诉行政案件强制执行和“裁执分离”工作。推进涉诉企业差异化处置，注重运用应急转贷、活查封、反担保等手段，帮扶有发展前景但面临暂时困难的企业渡过难关，全年共化解涉企金融债权纠纷496件，涉案标的25.51亿元；依法淘汰无挽救希望的“僵尸企业”，优化有效资源配置，成立破产案件审判庭，全年共受理破产案件51件，审结35件，收、结案数均居全市法院第1位，促使3家企业达成破产和解，32家“僵尸企业”退出市场，盘活资产1812万元，激活厂房、土地6500平方米。推进“社会诚信体系建设司法助推年”专项活动，健全诚信诉讼提示、虚假诉讼防范和打击等制度，及时防范虚假诉讼23件。审结妨害作证、帮助伪造证据等犯罪案件5件，判处罪犯9人。防范破产清算过程中的逃废债行为，审结涉嫌逃废债破产关联案件64件，追回企业资产4883.74万元。

【刑事审判】 2015年，区法院共受理各类刑事案件2109件，审结2116件，判处罪犯2893人，同比分别下降4.05%、3.91%和2.33%。依法严惩危害社会公共安全和人民群众生

---

④财产刑：以剥夺犯罪分子的财产为惩罚内容的刑种，包括罚金和没收财产。

⑤涉密信息系统分级保护：涉密信息系统的建设使用单位根据分级保护管理办法和有关标准，对涉密信息系统分等级实施保护，各级保密工作部门根据涉密信息系统的保护等级实施监督管理，确保系统和信息安全。

命财产安全的犯罪，审结抢劫、故意伤害、涉黑涉毒等犯罪案件624件，判处罪犯807人；审结污染环境、危害食品药品安全等犯罪案件34件，判处罪犯67人。依法打击破坏市场经济秩序犯罪，审结非法吸收公众存款、集资诈骗等犯罪案件18件，判处罪犯25人。依法严惩腐败，审结贪污、受贿等职务犯罪案件7件，判处罪犯12人。加强少年审判工作，成立青少年犯帮教工作室，推广“鹿城少年法庭”微信平台。全年异地籍青少年犯帮教基地完成帮教6人，累计完成65人，无一例重新犯罪。重视发挥律师辩护作用，通知法律援助律师为424名可能被判处三年以上有期徒刑的被告人出庭辩护，辩护率达94.4%，同比增加29.25%。全面落实证据裁判规则，试行专家证人出庭作证制度，通知关键证人、鉴定人出庭作证20人次。因证据不足裁定准予检察机关撤回起诉10件，确保无罪的人不受刑事追究。

【民商事审判】 2015年，区法院共受理各类民商事案件14502件，审结14349件，同比分别下降5.33%和上升6.05%。审结婚姻、继承、邻里等纠纷882件。审结买卖合同、租赁、股权转让等纠纷1843件。审结金融借款、民间借贷、证券、保险等纠纷6981件。审结著作权、商标权、侵害商业秘密等纠纷119件。妥善审结房地产纠纷案件528件，96.02%的案件息诉服判。针对机械车位登记、拆迁人主体确定等问题分别向相关部门发送司法建议，促进纠纷平稳化解。推动美国纽约特邀海外调解员联络点协助开展送达、调解工作，有效提升涉外民事案件审理效率。完善交通、保险、知识产权等纠纷诉调对接机制，全年成功引导诉前调解、委托调解纠纷331件。

【行政审判】 2015年，区法院共受理各类行政诉讼案件361件，审结303件，同比分别上升150.69%和117.99%；受理非诉行政案件634件，审结634件，同比均下降32.34%。严格落实新行政诉讼法规定，妥善审理行政诉讼一并解决民事争议、规范性文件附带审查、复议机关当共同被告等新类型案件。推进行政争议实质性化解，经法院协调促成和解撤诉、调解64件，占21.12%。推动落实行政机关负责人出庭应诉制度，区级行政机关负责人出庭应诉率达100%，同比增加25%。强化司法与行政的良性互动，坚持年度府院联席会议制度，发布年度行政审判白皮书，向行政机关执法人员集中宣讲新行政诉讼法，有力促进法治政府建设。

【执行工作】 2015年，区法院共受理各类执行案件12659件，执结案件12690件，同比分别上升9.96%和14.36%。完善与住建、国土、房管、车管、出入境等部门的查控机制，共冻结被执行人存款1.66亿元，查封房产817处，查控机动车111辆，限制出入境55人次。综合运用征信网站、网络论坛、有线电视等平台曝光失信黑名单44105例，限制被执行人置产置业及乘坐飞机、高铁等高消费行为。依法加大对抗拒执行、逃避执行的惩治力度。落实24小时执行备勤制度，累计对554名被执行人进行布控，经公安机关协控到位103人；运用拘留、罚款、移送侦查起诉等措施，对146名违法被执行人进行制裁，其中：移送涉嫌“拒执”犯罪43人，判刑7人。继续做好司法网拍工作，全年网拍成交891件，成交总额26.43亿元，为当事人节约佣金6466.5万元，网拍率达到100%，成交数、成交总额、节约佣金总额连续3年居全省法院首位。

【改革创新】 2015年，严格落实立案登记制，确保有案必立、有诉必理。自5月1日实施立案登记制后，共登记立案19457件，当场立案率达到98%。完善法律文书签发权规定，进一步还权于合议庭和独任审判员。全面推行民商事案件简式裁判文书，试行电子签章、民营快递公司送达、庭审记录等改革，提升审执质效。进一步发挥院、庭长带头办案作用，全年院、庭长办结各类案件2922件，同比上升18.2%。切实加强涉案民生保障，审结劳动争议、医疗损害、机动车交通事故、赡养扶（抚）养等涉民生案件1346件。加大对弱势群体的司法保护和救助，为生活困难的当事人发放司法救助金84.5万元，依法为当事人缓、减、免收诉讼费17.59万元。继续完善“12368”诉讼服务热线来电办理机制，共办理来电6806件，接通率达98.8%，及时为当事人提供诉讼咨询、信息查询等服务。联合区司法局建立法律援助平台，无偿提供法律咨询、指导书写法律文书等服务，方便群众诉讼。增设服务窗口，为当事人提供递转材料、出具文书生效证明等便捷服务，受到当事人的广泛好评。

（张旗成）

司法行政

【概况】 2015年，鹿城区司法局树立责任意识、创新意识、法治意识和服务意识，全面完成各项工作任务并取得了良好的工作成效。全区司法行政工作年度综合考评列全市第三，同时，共获取各级先进集体荣誉11项、先进个人6项。区司法局获2013—2014年度全市政法系统先进集体。

【人民调解】 2015年，区司法局强化区人民调解中心建设，健全人民调解、行政调解、司法调解联动的“大调解”工作体系。全年全区各类人民调解组织共受理调处矛盾纠纷14420件，调处成功14349件，成功率达99.51%，涉及协议金额达1.62亿元，居全市首位。其中，调解非正常死亡纠纷108起，司法确认24件，防止群体性上访14起共230人，防止群体性械斗3起共34人。人民调解业务系统纠纷信息输入率达100%，全区实现了人民调解远程视频指导平台的联通和使用，共“远程指导”调解复杂疑难矛盾纠纷12件。建立人民调解组织备案机制和优秀人民调解案例发布制度，已备案人民调解组织123家，共发布优秀案例选编3期。打造王老伯邻里和谐工作室等一批调解成效较为突出的个人或特色品牌调解室。加强人民调解员队伍建设，共培训专、兼职和“两代表一委员”特邀人民调解员1600余人次。指导全区各级各类调委会开展社会矛盾纠纷和社会不安定因素集中排查调处活动，积极介入处理好“两会”、中秋、国庆等重大节假日期间及涉及“三改一拆”、“五水共治”、重点工程项目建设、涉法涉信涉宗等政府重要工作的应急处置、群众疏导和纠纷调处工作，全力维护社会和谐稳定。

【司法所规范化建设】 2015年，区司法局将司法所规范化创建纳入局年度重点工作考核细则。全区司法所综合业务平台覆盖使用率达100%，能及时录入和更新业务数据信息。指导年内创“省四星”的松台和双屿司法所加强了基础设施建设、外观标识建设、队伍建设、业务建设和制度建设，尤其是司法所外观形象标识建设和“四室一库”建设得以完善，现该两所已顺利通过省司法厅检查组验收。创成仰义、滨江两家省四星级司法所，通过省司法厅复评验收。藤桥司法所作为2016年创建任务单位，于2015年7月份提前完成创省四星级司法所的各项筹备工作。全年星级司法所创建率达到75%，其中，四星级以上司法所创建率达62.5%，创建工作领先全省平均水平（全省星级司法所创建率为45%，四星级以上司法所创建率为15%）。

【司法所区划调整】 2015年，根据鹿城区委、区政府《关于街镇行政区划调整机构设置的决定》，认真做好司法所调整工作。9月中旬建立以局党组书记、局长为组长，其他党组成员为组员的司法所调整专项工作领导小组。按照“一街镇一司法所”的工作原则，将原有滨江、南汇、五马、松台、双屿、藤桥6个司法所拆分为滨江、蒲鞋市、南汇、南郊、五马、大南、松台、广化、双屿、丰门、藤桥、山福等12个司法所，明确各所由2至3名司法行政在编同志承接相应街镇司法行政各项任务，接受局机关和街镇党委的双重领导，确保基层司法行政工作在区划调整后不脱节、不断档，能有序开展。9月16日，温州市委常委、鹿城区委书记陈浩就“鹿城区司法局积极开展基层司法所调整工作”做出批示：区司法局围绕区委、区政府战略部署，行动迅速，贯彻有力，应予以充分肯定。

【社区矫正】 2015年，全区共接收社区矫正人员306名，累计解除社区矫正人员251名。在册社区矫正人员557名，共配备定位手机502部，定位手机配置率达90.13%。走访社区矫正人员5197人次，开展集中教育活动8633人次，组织公益劳动8365人次。强化对社区矫正人员的管理和帮教，建立规范的报到、走访、谈话等工作机制。落实信息化建设经费10万元，完善社区矫正指挥中心建设。依托社区矫正及归正人员系统管理平台，加强社区矫正日常工作的网上管理和执法工作的网上审批。全区司法所全部配备面部识别、指纹报到系统等电子设备。严格落实信息化核查制度，运用GPS定位技术对社区服刑人员加强动态监管。运用集中点验手段，加大对社区矫正人员突击检查力度，并对违规违纪社区矫正人员予以打击处理。全年共开展集中点验7次，表扬21人次，书面警告45人次，提请撤销缓刑建议3名，提请收监执行建议4名，提请并获特赦裁定20名。拨付专款5万元，对81名生活困难的社区矫正及归正人员进行扶贫慰问，实施亲情帮教。

【服务经济建设】 2015年，坚持“内联外引”原则，做大做强律师事务所品牌。全区共有律师事务所45家、执业律师724名，同时引进北京德恒律师事务所品牌，整合浙江高策、高品、拓邦等三家律师事务所，成立北京德恒（温州）律师事务所。该所共有执业律师77名，是当前温州最大律师事务所。强化律师管理，利用律师综合管理平台对律师的办案质量、收案收费、投诉查处、诚信满意度等进行动态监管。在律师和基层法律工作者队伍中开展全面依法治国教育，强化职业道德和执业纪律教育评查活动，共处理本地律师投诉案件5起，外地律师投诉案件2起。落实“法律服务进商会”工作，结合全市“温商回归”工程，为回归温商、本地商会、异地温州商会、温州异地商会提供系统法律服务，全年全区律师共担任45家相关商会、行业协会法律顾问。深入开展“法律服务进企业”活动，引导律师参与企业重整重组和破产清算法律服务工作，护航企业健康发展，全区律师共担任885家企业法律顾问，共帮助企业修订法律文件、审查合同、协议3600余件，出具法律意见书950余份，挽回经济损失约3.2亿元；参与企业破产重整83家，股份制改造8家，发债券6家，挂牌拟上市5家。

【普法宣传】 2015年，充分运用鹿城法治网、“鹿城普法”新浪微博和微信公众号等新媒体开展普法，全年共举办各类法制宣传活动480余场，分发宣传资料7万余份，受教育群众达33万余人次。在绣山小学举办中小学法制教育现场会，分发法制歌曲光盘，开展“法治进课堂” 试点工作。建立43人的“以案释法”队伍，收集“以案释法”典型案例，在全区开展“以案释法”工作。以推进“五水共治”工作为主题，成功拍摄法治微电影《守护》。在南塘白鹿洲公园举办鹿城区法治文化流动微舞台巡演。在市区学院路打造一条法治街区。同时，选址七都中学打造鹿城区青少年综合性法治教育实践基地。由区四套班子领导带队，圆满完成区级部门单位和街道（镇）“六五”普法检查验收工作。汇编“六五”普法画册，充分展示“六五”普法取得的实绩。通过了“六五”普法市级考核。指导春秋社区创建“六五”普法“民主法治社区”典型，并接受省检查组检查考核。年内全区“民主法治社区（村）”创建率达100%；共创成温州海外旅游等27家区级“诚信守法企业”。

【公共法律服务体系建设】 2015年，建立鹿城区法律援助值班律师制度，精选60名律师参与法律援助窗口义务咨询和轮流值班工作。在鹿城区人民法院和区看守所分别设立律师值班窗口，每月15日和30日安排律师开展值班接待工作。建立司法局领导法律援助接待日制度，每月15日由局领导轮流在法律援助窗口接待接访，为群众排忧解难。扩大援助范围，简化审批程序，全力为法律援助申请者提供高质量的法律援助服务。全年共办理法律援

10月21日，在绣山小学举办“法制教育进课堂”活动　　区司法局提供

助案件1103个。其中，民事援助案件318个，刑事援助案件782个，行政案件3个，接待来电来访咨询2620人次；援助案件听庭42件，回访受援人120余人次，回访满意率达100%；推进政府法律顾问工作，53名律师担任46家区属政府部门法律顾问，为推进政府依法行政保驾护航。实现社区（村）法律顾问配备率达100%。开展“律师行动在网格”和“百名律师助力百案”活动，坚持为基层群众提供零距离法律服务。全年社区法律顾问律师共开展村（居）务“法律体检”68次，举办法制讲座72场，帮助制定修订村规民约、各类合同205件，协助调解纠纷、化解信访问题390余起。

【党风廉政建设】 2015年，在全区司法行政系统深入开展“信仰法治、守护公正”“树新形象、做好榜样”主题教育实践活动和“三严三实”专题教育活动。加强党章党规党纪教育，引导全体工作人员以更强的党性意识、政治觉悟和组织观念，提升运用法治思维和法治方式开展工作、解决问题的能力。以信息化技能大练兵大比武活动为载体，强化干部教育培训，共举办司法行政业务技能培训24期、专题党课学习及党风廉政警示教育16期。落实党风廉政建设“三书两报告”制度和情况抄告制度。全年组织开展正风肃纪督查行动24次，发出党风廉政责任报告书5份、建议书3份，同时将相关情况向分管领导抄告3次。此外，强化机关党建、法制和计财工作，加大年轻干部的培养力度，新提任10名中层干部，考录3名公务员。实施绩效考核、丰富文体活动，形成创先争优氛围，努力打造一支“为民、务实、清廉、高效”的司法行政队伍。

（李练江）

责任编辑　戴爱华

人民武装

武装部工作

【概况】 2015年，鹿城区人武部学习贯彻总书记习近平系列重要讲话精神，突出举旗铸魂、聚精实战准备，各项武装工作和后备力量建设取得长足进步。民兵整组、军事训练、国防动员、国防教育等多项工作走在全区前列，国防动员工作综合考评成绩获全市第一名。

开展“学习践行强军目标，做新一代革命军人”主题教育活动，组织4个专题进行集中学习教育，撰写心得体会140余篇；收集鹿城区内6名三等功和87名优秀士兵先进事迹，在区政府网、《今日鹿城》和全区中小学建立的“八一光荣榜”“军人荣誉墙”上展示。深化“民兵思想政治教育检查考核试点”工作成果和鹿城区委开展的“红色细胞”工程等平台，将主题教育向民兵后备力量队伍延伸拓展。开展“话得失、明职责，鼓干劲、求作为”大讨论活动，做好国防和军队改革中个别干部职工思想波动转化工作。

战备值班制度全年共组织5次战备教育活动，4次利用节假日战备值班时机拉动检验各街道应急分队；针对鹿城区街（镇）拆分情况、修订调整非战争军事行动方案；按照规定流程完成兵器室建设并投入使用；建立完善民兵情报信息员队伍和民兵网评员队伍，以及时掌握和应对辖区突发情况。开展首长机关岗位练兵活动，有3人综合考评成绩名列军分区前15名；4月，结合民兵整组集中点验民兵5公里携装拉练，两次组织民兵骨干及专武干部集训；5月，组织鹿城区海上医疗救护分队民兵参加军分区海上综合演练；6月，组织双37高炮维护保养和装备操作训练；11月，组织民兵重点应急连民兵参加军分区人武动员考核。

【“军属大走访”及结对帮扶活动】 全年发送慰问金、慰问品270余万元。落实随军家属安置工作，解决军人子女入托入学。调整完善区国动委人员及组织机构设置，完成民兵整组任务。组织对全区28个行业系统进行国防动员潜力调查；民兵训练基地建设主体工程已经完成，附属工程竣工验收。

【国防教育工作】 以构建全方位、立体式国防教育网络为目标，召开全区国防教育会议，制定实施国防教育计划，落实1名教育局工作人员到区国教办“军地合署办公”；成立由6人组成的国防教育讲师团到机关、学校、企业和社区开展巡回宣讲，累计28次。围绕中国人民抗日战争暨世界反法西斯战争胜利70周年，在全区组织开展“弘扬伟大抗战精神，同心共筑强大国防”“勿忘国耻、圆梦中华”等系列主题活动，并筹资建成“砻糠桥惨案纪念碑”。全年，在省以上媒体发表国防教育文章12篇，网络投稿15篇，其中有3篇在总政政工网宣传简报刊发；在区政务网、新闻网、《今日鹿城》等宣传平台开设国防教育专栏。

【军地情报信息支援协作联席会议召开】 2月10日，鹿城区人武部在部机关召开军地情报信息支援协作联席会议。会议传达“加强情报战备值班”“加强公开信息全程监控”等上级指示精神，并就如何实现军地情报及时互联互通展开讨论。区应急办、维稳办、公安分局、消防局、反恐怖大队、区委宣传部等相关单位负责人参加联席会议。

【省军区领导到鹿城区人武部视察调研】 4月24日，省军区参谋长周志斌率工作组到鹿城区人武部视察调研。详细了解人武部全面建设情况，特别是抓军事斗争准备和作风建设方面情况，并对下一步工作提出新要求。温州军分区参谋长张道义陪同调研。

【民兵整组集中点验】 4月29日，鹿城区人武部在七都街道组织辖区基干民兵应急分队“全员、全装、全要素”携装拉动式集中点验，应急分队基干民兵参加，到点率99.6%。

【省军区副司令员到区人武部检查民兵整组工作】 6月3日，省军区副司令员周少峰率工作组到鹿城区人武部检查民兵整组工作。听取人武部民兵整组工作情况汇报，在温州军分区教导队拉动点验区民兵测绘支援分队和双37高炮二连等基干民兵队伍。温州军分区司令员任明龙、参谋长张道义陪同检查。

【专武干部、民兵骨干集训举行】 6月15日—19日，鹿城区人武部在温州军分区船队举行全区专武干部、民兵骨干集训。并就队列动作指挥法、队列训练教学法、政策法规常识和轻武器实弹射击等课目展开学习训练与考核评比。集训特邀区委办副主任张靖作国防教育授课辅导，温州市护士学校教员讲授战场紧急救护知识。

【参加国防动员工作综合考评】 7月7日，温州军分区司令员任明龙率考评组到鹿城区开展国防动员工作综合考评检查。对2012年—2015年鹿城区国防动员工作情况及下步工作思路给予好评。

【参加人武动员力量检验性拉动考核】 12月15日，温州军分区副参谋长林朝辉带队对鹿城区人武动员力量进行检验性拉动考核，区重点民兵应急连参加，并圆满完成理论抽考、人装清点、轻武器分解结合、携装3.6公里急行军、2公里奔袭以及构筑单兵战斗掩体、通过有毒气体区域、道路变更情况处置等检验考核内容，行动组织指挥和队伍战斗士气受到考核组的好评。

【后勤保障“五联模式”试点工作】 区人武部贯彻落实省军区、温州军分区党委扩大会议精神，开展民兵分队探索新形势下后勤保障“五联”模式建设试点工作，并取得初步成效。6月，组织后勤保障“五联”模式综合演练，以确保战时行动和非战争军事行动后勤保障无虞。

【组织征兵工作】 3月，展开征兵宣传，印发3万余份征兵宣传手册和2000余份征兵宣传海报。成立各级征兵工作领导小组，每月召开征兵形势分析会，每周通报兵役登记和征兵工作开展情况。7月，区委、区政府召开征兵领导小组会议，并制定5条政策激励措施，如义务兵优待金标准提高至每人每年30131元，大学生入伍士兵奖励金为每人10000元等。圆满完成征兵任务，其中女兵3人，大学生占比达50.7%。

（朱建泽）

人民防空

【概况】 2015年，鹿城区人防办着力提升组织指挥和信息保障能力；推进人防工程和人口疏散场所建设；加强宣传教育与基层人防规范化建设工作；抓好人防战备资源资产普查工作。各项建设取得显著进步，年度工作目标完成良好，被温州市人防办评为年度人防工作先进单位。

1月—3月，开展人防战备资产资源普查“回头看”工作，组织对区级人防工程逐个实地复核和验证，修改完善工程参数，完成数据录入等，实现普查项目全覆盖、资源全掌握、资料全入档的目标要求。

组织征兵工作　　区人武部提供

3月，鹿城区重点工程及城建人防工作会议在区行政会议中心召开。会议表彰2014年先进集体和先进个人，总结2014年人防工作取得的成绩，部署2015年人防工作任务。传达《中共中央、国务院、中央军委关于深入推进人民防空改革发展若干问题的决定》文件精神，动员各有关部门围绕中心、服务大局，全力推进区人防工作再上新台阶。

4月，根据人事变动和工作需要，区人防办对人民防空指挥部成员和编组分工进行调整更新。

9月18日，区人防办组织上成中学开展人口疏散演练以及爱国主义教育活动，以增强学生的爱国热情和责任感。

11月，协调区交警、民政、卫生、交通运输、属地街道等部门，在仰义街道仰新广场和区人口疏散基地（仰义农业观光园区），开展人口疏散实战化演练，并形成“衣食住行”保障机制，有效检验部门间的综合协调能力和突发事件处置水平。双潮人防（民防）应急疏散基地配套设施建设，设立了相应的标识标牌，健全完善基本功能，避灾安置对口落实；联合区民政局对区1101工程八楼物资库实行了人防、民政两类资库场所“双挂牌”，建设成为集物资储备、服务保障等功能于一体的应急救援物资储备库。依据鹿城区人防建设发展需求，年内已编制完成《鹿城区人民防空（民防）建设第十三个五年规划》草案。

【“国际民防日”活动】 3月1日国际民防日期间，辖区各街镇、社区围绕“加强民防建设，共建两美鹿城”主题，举行丰富多样的民防宣传活动。通过悬挂宣传横幅、户外LED显示屏，摆放民防展板、现场解答民防知识、分发《市民应急防护手册》和《防灾减灾便民小知识》等形式宣传民防知识，共分发宣传资料2000余份。其中，仰义街道人防办创新活动形式，联合街道安监办等职能部门对电镀、危化、涉尘等重点领域的企业员工进行安全技能培训及防灾减灾知识宣传；组织对社区网格员进行人防（民防）知识培训，集中观看《防空防灾系列节目》以及安排网格员深入群众宣传防灾减灾知识。

【防空救援队伍建设】 4月，完成组建人民防空专业队伍5支244人、民防应急救援队伍5支145人、民防志愿者队伍5支155人，共544人的整组工作。7月，组织蒋家桥社区开展民防应急救援队伍训练，以提高队伍整体素质。

【通信警报建设管理】 2015年，区人防办重点加强警报设置和布局的完善，新增固定警报器1台、手摇警报器3台。4月底，召开人防警报设施管理工作会议，对警报管理员进行警报操作、日常维护知识培训。先后3次组织对辖区防空警报进行检测维修，“5·12”“9·18”警报鸣响率和完好率均达到100%。

【人防宣教工作】 4月，按照区府办下发《关于印发2015年鹿城区人防（民防）创建社区工作计划的通知》要求，区人防办利用学生暑期，分别组织虞师里社区和春秋社区开展人口疏散演练；在全区8所初级中学开设人防知识教育课，并以光明小学为试点，深化人防宣传教育进小学活动；组织9000余名小学生到七都人防教育展馆接受人民防空宣传教育；接受省人防办检查组对星际控股集团有限公司人防教育进企业互观互检活动；利用手机短信、微信工作群、LED大屏等新型媒体面向机关干部、职工宣传防空防灾知识；积极动员鹿城市民参加市人防办组织的全市防空防灾知识竞赛，以增强市民的国防观念和人防意识。

【“防灾减灾日”活动】 “5·12”防灾减灾日之际，区人防办在辖区各街镇、社区、企业、学校，利用室外LED大屏、宣传栏、展板、多媒体、网络等举行防灾知识讲座，以分发防灾减灾宣传资料等多种形式开展宣传教育活动。其中，蒲鞋市街道蒋家桥社区和仰义街道沿江社区以“科学减灾 依法应对”为主题，分别开展宣传人防（民防）知识活动。

【信息保障体系建设】 2015年，区人防办每月参加市人防办组织的通信保障岗位、应急备战等训练，有效提高信息保障队伍的组织指挥能力和专业知识水平。安排专人对华盖山人防指挥所的日常运行进行管理维护，使之全年处于良好的战备状态。6月初，区委常委、人武部部长李先进和人武部政治委员金龙军率领区军事机关人员调研人防地下指挥所管理工作，并对该指挥所的管理工作予以好评。10月，全程参加温州市人防机动指挥通信保障队伍跨区域支援性演练，提升机动指挥系统应急保障能力。年底，第三代军用短波电台完成建设并投入使用。

【指挥工程建设】 4月，省人防办副主任吴家曦和市人防办领导到1101工程施工现场进行调研指导，并对该工程施工管理工作予以好评。12月，1101工程外墙立面装修完工，信息系统工程开始施工。至年底，该工程已完成投资金额7900万元。

11月，藤桥镇民防应急指挥中心信息系统工程设计方案通过专家评审。

【人防行政审批】 2015年，区人防办按照“应建尽建，应收尽收”的要求，共办理人防行政审批件109项，其中新建人防工程11个，结建面积25998平方米，收取人防易地建设费298万元。组织对2008年以来的所有结建减、免、缓审批项目开展自查，对历年缓缴项目逐一发放催缴通知书。至年底，共收追缴费94万元。

【基层人防规范化创建工作】 2015年，区人防办已完成1个人防重点镇、6个社区人防基层规范化创建工作，并达到军区加强基层人防规范化建设要求。9月，召开社区人民防空（民防）规范化建设推进会，组织有关单位参观蒋家桥社区人防（民防）规范化建设现场，听取该社区的经验介绍。另外，配合省减灾委“综合减灾示范社区”评定工作，年内已完成基层社区人防工作的考核与检查。

【人防工程质量监管】 2015年，区人防办严格工程设计审查、质量监督、竣工验收等工作环节。全年赴工地检查47人次，新开工人防工程受监率达到100%。新竣工项目14个，结建面积5.6万平方米，新增人防停车位1200个。新竣工项目均按照要求制作，安装统一标识标牌。至年底，已完成辖区内75%旧标识标牌更新工作。

（张　婷）

武装警察

【概况】 2015年，武警鹿城中队坚持以条令、纲要为依据，扎实开展各项工作，高标准实现“两个确保”。积极参加抗台救灾工作。全年10人被评为优秀士兵，13人受到支队嘉奖，3人加入党组织。中队被支队评为先进中队和第一季度、第四季度红旗单位；参加市总队年终考核成绩优异，共投入90余万元加强硬件和软件建设，规范了场所设置，有效提升中队配置建设水平；以条令学习活动为牵引，提高官兵落实条令意识，全面推进中队正规化建设，并在2014年总队组织的检查验收科学发展推进情况中，成为第一批通过单位。

【中心工作完成出色】 2015年，看守所日均看押人犯量达1300多人，远超出1000人的设计看押量（平均每周押解一次，多时一周两次）。全年中队完成押解勤务51次，押解人犯1150名，出动兵力155人。

【军事训练成绩突出】 中队坚持每月组织军事训练会操，结合各级会操表彰训练先进班级和先进个人，并张榜公布，营造“训练光荣、训练有为”的氛围。年初，代表支队参加总队半年和年终军事考核成绩突出，得到支队领导好评。

（倪渊博）

4月29日下午，区人防办召开鹿城区人防警报设施管理工作会议　　区人防办提供

消　防

【概况】 2015年，鹿城区公安消防分局制（修）订灭火救援预案469份，实战演练512次，下属各中队累计出警1117次（含抢险救援），抢救、疏散被困人员123人，完成26次大型活动安保工作和台风灾害抢险救援行动；接到火灾报警945起（比2014年下降9%），到场处置480起（比2014年上升0.4%），均未造成

人员死亡；主动为89家企业、26处重点工程和民生项目提供消防工作上门服务。该年共有85人次受到各级表彰，1人立二等功，3人立三等功。分局被市政府记集体二等功，被区委、区政府评为全区考绩优秀单位和平安建设、安全生产工作先进单位，被区公安分局记集体嘉奖。下吕浦中队立集体三等功，并获市级“青年文明号”和“青年突击队”称号。

【消防能力提高工作】 开展消防官兵体能测试、中队间对抗赛、消火栓普查、建筑消防设施调查测试等工作；参加全市第九届“瓯江卫士杯”消防体能运动会，下吕浦中队获现役中队团体总分第二名。吸取天津“8·12”火灾爆炸事故教训，对区内20家加油站、318危化品经营企业（场所）、11家危化品生产企业的储存情况、储存类别进行全面掌握；调研排查，评估隐患风险点，以牛山化工市场、黄龙鞋料市场为重点开展熟悉演练；在温州商贸城成立企业消防队，新组建社区志愿消防队13支，组织辖区3支街镇专职消防队驻分局消防队轮训，以提高其灭火救援实战能力。

【火灾隐患整治工作】 全年共排查单位、场所8.9万家，发现隐患6.8万处，整改5.3万处，52家政府挂牌督办重大火灾隐患已完成整改43家；办理处罚案件302起，责令“三停”83家，临时查封23家，联合公安部门行使拘留104人。

【社会化消防工作】 着力打造报刊图文、电台电视、信息网络、手机微信、公众媒体等宣传阵地。制作消防安全教育短片在电影院作片头进行播放；在《今日鹿城》《鹿城新闻网》设立火灾隐患曝光台；组织新闻媒体拍摄“电动车火灾防范”和“酒精火灾防范”宣传提示片；举办微信消防知识有奖答题、消火栓彩绘大赛和全区青少年消防主题夏令营活动；成立全市首支“环卫工人消防志愿者服务队”，为300余辆保洁车安装灭火器。区本级和滨江、五马、松台、双屿街道消防宣传培训基地建成投入使用；举办各类人员消防业务培训累计853场次，受教育人员达23.6万人次；下吕浦消防教育馆被评为温州市未成年人思想道德建设工作先进集体。

【夏季消防安全执法攻坚行动】 制定出台居住出租房、合用场所等8个安全隐患整治标准。联合公安、城管执法、市场监管等部门共开展执法攻坚行动50余次，取缔无证单位3400余家，整治出租房安全隐患5300余处，拆除违章建筑365处，共计20.64万平方米。

【消防综合治理与责任书】 提请区委区政府出台《消防岗位职责说明书》《消防工作行政问责办法》。对上至区委书记、区长，下至村（社区）负责人的岗位消防安全工作职责均作具体说明，并明确区25个部门的消防安全工作职责和事中问责9种情形、事后追责5种情形、“一票否决”3种情形及实施权限和时限。提请区综治委将火灾隐患排查纳入社会治理信息采集上报“以奖代补”奖励范围。开展消防安全责任签约活动，共签订责任书81096份。

【消防宣传成果】 全年开展安全发展理念大宣讲35场次。已有12个政府部门结合业务特点制定消防管理制度或防范措施，9个部门建立消防网格化管理机制，26个行业协会制定出台消防安全自律规范。

（张维昊）

责任编辑　戴增荣

城乡建设与管理

规划鹿城分局

【概况】2015年，规划鹿城分局完成鞋都三期控规配套设施用地规划控规修改、城市中心区城市设计控规修改等7个控规的编制或修改，完成《双屿人行立体过街通道》规划选址论证。完成垟田村三产安置地块等7个项目的规划条件研究，充分利用控规中预留的弹性，在避免启动控规修改程序的情况下满足项目需求，压缩办理时间，加快了项目落地进度。主动开展《鹿城区近期城市建设思路及建议》课题调研，对近期城市建设提出指导性意见和建议，并形成调研报告供区委、区政府决策参考。推进城市有机更新，助推老工业区、旧厂房改造提升，办结强三优二项目31件、三转三项目16件。推进鞋都、轻工园区等重点区块的工业用地二次开发，完成8万平方米增量生产用房的规划审批手续，促进了鹿城实体经济的发展。全年办结各类信访件179件，按时办结率100%。认真做好行政复议、行政诉讼案件的应诉工作，9个诉讼案件、4个复议案件全部胜诉，胜诉率100%。

【审批效率提高】 2015年，分局继续推行“全域受理”“权利清单”“负面清单”等政策措施，着力审批服务精细化管理。将出具用地红线和规划条件以及规划选址职能划归审批窗口，将竣工规划核实手续的办理统一纳入区行政审批中心，并实行7日限时办结制，实现“两集中、两到位”[①]。建立建筑方案联合审查制度和重大审批项目专项工作领导小组，对中央绿轴等重点区块的审批项目进行联合审查。建立房地产等重大项目规划核实集体决策机制，采取联合审查、联审会议等集体研究的方式予以确定。建立重要街道两侧建筑外立面装修工作机制，明确重要街道范围，理清规划、执法工作权限。全面梳理各类配套费收取政策，形成具体操作手册，使配套费的收取更加规范。统一房地产开发项目建筑面积预测算模版，提高规范性。全年共办结各类审批项目1261件，审批窗口受理的办件实际提速率达67%。

【规划监管】 2015年，严格规范批后监管，实行“一项目一专人一档案”制度，每周至少开展1次巡查，并及时将巡查中发现违法建设案件移送执法部门。协助区执法局、移民办、法院与各街镇等完成对50个案件的协助调查，并按时出具规划技术审查意见或查询结果，涉及产权户111户，总计建筑面积2.7万余平方米。按照区政府有关文件和会议精神，通过查阅档案、现场查勘、拍照比对等途径，完成对37户移民房屋、1户历史遗留问题房屋规划许可手续的办理。

【城中村改造】 2015年，启动3个城中村改造项目的控规修改，完成3个项目的规划条件研究，办理横渎河西A18—1地块等5个城中村改造项目规划许可手续，计建筑面积30余万平方米；建立区保障房项目竣工规划核实专人负责制和提前介入机制，办结藤桥上成坎上村农房集聚项目等5个安置房项目的竣工规划核实手续，计建筑面积28.4万平方米，同时办结瓯浦垟村、划龙桥村等10个历史遗留安置房项目的竣工规划核实手续，计建筑面积16.4万平方米。

---

①“两集中、两到位”：为深化行政审批制度改革，建立规范高效的审批运行机制，提高行政服务效能，推进一个行政机关的审批事项向一个处室集中、行政审批处室向行政审批服务中心集中，保障进驻行政审批服务中心的审批事项到位、审批权限到位。

【小微园建设】 2015年，主动协调街镇和部门，完成藤桥小微园项目控规修改。做好小微园项目的规划审批服务工作，如：将装备制造小微园3个地块合并为1个地块出具规划条件，统筹考虑经济技术指标，允许集中布置非生产性用房，使整个小微园建筑功能的布局更趋合理，小微园的实际效用挥发的更加充分。全年共出具3个小微园项目的规划条件、核准了吉尔达小微园总平方案、并完成丽龙小微园等2个项目的前期研究及用地许可。

【农房改造】 2015年，起草《鹿城区藤桥片、山福片农村住房管理实施办法》提交区政府研究，对各类危房的改造建设提出具体建议意见；进一步优化D级危房改造审批程序，提高审批效率，办结314户“D级危房”改造建设的规划许可手续，共计建筑面积59586平方米。

【协助“申名”工作】 2015年，着力规范沿街店招、修补破损道路、修缮老屋墙体、整束空中管线等，协助五马、松台完成13个整治点和21条街巷的整治；协助区旅游局完成2个码头的整治。国家住建部验收小组考评认为，温州市已具备国家历史文化名城申报条件。

【做好议案和提案办理】 2015年，实行“三人一组”、“三沟通一勘查”（办前、办中、办后沟通及实地勘察）和“周提醒、月通报”三项机制，努力解决代表、委员反映集中、群众普遍关心的问题。全年分局主办的4件代表建议，满意率100%。

【内部建设】 2015年，落实督查工作机制，重点加强对推进慢事项的督查，及时研究解决鹿藤花岗石厂无法办理D级危房拆建手续等历史遗留问题。开展“破两难、纠四不”①专项行动，帮助街镇解决或指导解决30余个疑难问题。开展党风廉政建设，组织多次廉政文件学习、专题党课学习和案例专题讨论，提高干部队伍的廉洁勤政意识。及时办理区农村基层作风巡查协调小组办公室交办的2个民生问题，在政策允许范围内尽量解决群众困难。开展“满意不满意单位”评议活动，滨江（七都）所被评为满意站所。

（卓晨柳）

城市建设项目运作

【概况】 2015年，温州市鹿城城市发展有限公司（简称发展公司）下设8家子公司，分别是温州市鹿城区七都综合建设开发有限公司 、温州市南汇城市投资有限公司、温州市鹿城区塘河改造与建设开发有限公司、温州市鹿城区双屿城中村改造建设有限公司、温州鞋都投资开发有限公司、温州市鹿城区藤桥镇新农村建设投资有限公司、温州市五马城市投资有限公司、温州市松台城市投资有限公司。全年重点投资开发鹿城区“城中村”改造项目，共承担区政府安排的新建工程21项，拟建15项，待建3项，计划总投资额151亿元。公司多渠道筹措资金，为鹿城区域中心城市建设提供资金保障。

【融资工作】 2015年，公司及下属8家子公司公司通过市场化运作，累计到位融资资金26.56亿元（其中本级22.82亿元），偿清7.7亿元。“14鹿城债”债券募集资金12亿元，全部用于汇昌河葡萄居住区建设项目，已投入使用8.31亿元。鹿城区城市停车场建设专项债券工作（8亿元）已启动。

【担保工作】 2015年，累计完成温州鹿城区水利建设投资有限责任公司10亿元的项目担保、温州市鹿城区藤桥镇新农村建设投资有限公司6.2亿元担保、温州市鹿城区七都综合建设开发有限公司2.3亿元担保。

【项目建设工作】 2015年，牛山北路（温州大道—德政路）改建工程和德政村牛桥底安置房工程竣工，待验收；横渎河西地块丰收村股份经济合作社二、三产地块改造项目进行室外附属工程施工；高田路机械停车场完成前期工作，因社区群众反对意见比较大而停滞未开工建设。牛山北路（温州大道—德政路）改建工程进入尾声，完成细部工程施工及电力管道、给水管道等专项验收，等待移交；南郊街道农房改造德政集聚点工程（一期）项目已完成工程预验收，共4幢，正进行室外附属工程施工。

（徐　策）

①“破两难，纠四不”：切实解决局机关和直属单位及基层规划所存在的“群众办事难、工作推进难”（简称“两难”）问题，严肃查纠领导干部及经办人员“不担责、不作为、不认真、不用心”（简称“四不”）现象。

江滨路（鹿城段）建设

【概况】 2015年，区重点工程18、19号地块总用地面积8.87万平方米，总建筑面积20.90万平方米，其中安置房用地面积3.84万平方米，安置房面积7.25万平方米，总投资7.299亿元；永川路地块总建筑面积22.07万平方米，其中安置房用地面积2.94万平方米，安置房面积12.50万平方米，总投资10.79亿元；滨江商务区A02—08地块安置房建设工程，总用地面积为8238.54平方米，计入容积率总建筑面积28828平方米，另有架空层220平方米，地下室9666平方米，总投资2.27亿元；五马统筹安置房建设工程，用地面积约5.926亩，总用地面积3950.5平方米，总建筑面积11876平方米，总投资0.598亿元；飞霞北路道路红线宽20米，全长约234米。新株柏路道路红线宽12—16米，全长约298米。飞霞北路（新株柏路—新永川路）总投资879万元，新株柏路（飞霞北路—株浦西路）总投资2724万元。

全年计划投资1.5亿元。完成18、19号地块东江锦园10、13、14幢安置房工程；永川路地块一期安置房工程3、4、5、6号楼全部封顶，主体进行装饰装修工程；永川路地块二期安置房工程于12月进场试桩；滨江商务区A02—08地块安置房建设工程至12月底完成试桩，打围护桩；五马统筹安置房建设工程于12月进场试桩；飞霞北路雨水管道及污水管道基本完成，新株柏路进行桩基工程施工；滨江商务区A01—30—3地块在12月31日挂牌出让，成交价9.18亿元。截至年底，实际累计完成投资额1.576亿元。

（吴彩微）

温瑞塘河（鹿城段）建设

【概况】 2015年，温瑞塘河鹿城段建设计划投资3.015亿元，其中重点建设项目2.98亿元。全年完成投资3.6974亿元，完成率达124.07%。成功承办全市“水岸同治”暨“五水共治”第六次现场会，庄头滨水公园、南塘风貌街、白鹿洲公园联合创建成为全市唯一一个市中心以水文化为主题的国家AAAA级旅游景区（印象南塘）；启动全省首个公众参与治水APP项目“水立方”；龙舟基地连续三次承办中华龙舟大赛（温州站）；会昌河（南塘河至三板桥段）获省河道生态建设优秀示范工程。

【工程建设】 2015年，区温瑞塘河保护管理委员会共实施4个安置房工程，其中续建项目3个，新开工1个。庄头地块安置房工程主体已完成，安置房配套的幼儿园工程已主体完成，附属设施施工中；吴桥路拓宽工程A—2地块安置房工程已竣工；吴桥路C地块安置办公楼建设工程主体竣工预验收，电梯已领取合格证，机械车库设备继续施工，市政景观工程进场、办理手续；吴滨巷地块安置房建设工程完成施工招投标，开工进场，办理质监、安监手续。庄头地块新纺织路市政工程，完成一标段工程部分。

【黑臭河治理】 2015年，续建并完成蒲州横河生态修复整治工程、北泆河水质净化与生态修复项目、双桥河生态修复整治工程、山下河东段生态修复水质提升工程、前陈河应急整治工程；开展鱼鳞泆河、矮凳桥河、双井头河、蝉河、瓯浦垟河、九山外河、山下河西段等黑臭河道治理成果的常态维护。截至年底，黑臭河道大部分已完工，广化河、北泆河、蒲州横河、龟河、前陈河按既定要求完成。蝉河、双井头、广化河等河道水质达标并通过竣工验收。瓯浦垟河生态治理全部完工。山下河东段在周边旧村未拆迁的情况下，因地制宜采用滤沟截污，生态调水、生态曝气、植物净化等综合手段进行整治，取得一定成效。

【活水畅流建设】 2015年，鹿城区启动活水畅流工程，主要疏浚沿江片三十六村河、前陈河、勤奋河、广化河、蒲州河世纪环岛南汊等河道清淤疏浚，总长4.1公里，投资1000万元，计划开展花柳塘河、蝉河、汇车桥河、山前河节制闸及活水工程，总投资1000万元。工程已进入立项招投标阶段。

【市控以上水质站位水质提升工程】 2015年，勤奋、东水厂、龟河、光明4个站位按照要求需要消除劣Ⅴ类。全年勤奋河、龟河、东水厂至光明站位水质提升工程等全部完成主体工程量。结合沿河重点排污口的整治，截至年底，四个站位水质基本达到Ⅴ类水标准。

【截污纳管和排污口整治】 2015年，计划投资1000万元。截至6月底，完成投资2822万元，投资完成率达282%，基本实现主城区污水管网全覆盖，整治面积34.36平方公里，截污排放口1609个，截留污水量3.93万吨/日。

【河道保洁和河岸卫生工作】 2015年，河道保洁继续实施市场化运作，在此基础上建立塘河管委会、街道、保洁单位三方协作模式，塘河保洁参照数字城管实行派单制度，完善督查、考核、协调、整改、反馈机制。市“五水共治”现场会、各类水上迎检、中华龙舟大赛等期间，河道保洁工作受到各级领导专家组的一致认可。上半年，开展日常水陆同步的保洁巡查180多次。全年累计清理河道生活垃圾、树枝4400多吨，拔除影响通航的毛竹、木桩550多根，打捞废弃沉船6艘，清理沿岸倒塌的树木400多棵。

【联合执法】 2015年，组织区城管、农林水利、卫生、环保等单位开展16次联合执法行动，收缴非法捕鱼工具36套。查处整治双屿山河农贸市场和张宅河沿河垃圾等问题。共受理市（区）长热线、市（区）治水办、市环保局、鹿鸣问政等各类交办件53件，全部第一时间回复，并做到和举报人一起到现场查看，深入沟通。另外，完成市数字城管交办件204件，按期处置率达100%。

【科学治水】 2015年，把数字城管投诉处理平台直接延伸到河道管理，依托市规划局、市环保局地理信息系统（GIS），提升鹿城塘河GIS系统，实现水环境监测、排污口调查数据的信息化管理。开展“小鱼治水、小鱼课堂”等治水公益活动，运用“水立方”APP平台的水生态导游、水保护活动信息发布、水污染监督、水环境信息公开、水安全指数预警等功能，以社会监督倒逼治水转型升级。

（李道章）

城市管理与行政执法

【概况】 2015年，鹿城区城市管理与行政执法局以“城市管理提档、服务群众精准”为主线，以全市“六城联创”为载体，以市容环境综合整治提升为抓手，锁定各项重点目标任务，积极探索城市管理新机制、新办法，构建符合鹿城特点的城市管理新格局，“三改一拆”①“四边三化”②等重点工作取得新突破。先后获得浙江省城市市容环境卫生工作先进集体、创建国家卫生城市工作先进集体、温州市卫生先进单位、2015年度“三改一拆”工作先进集体、2015年度温州市智慧城管工作先进集体等称号。

【拆违攻坚】 2015年，全区累计拆除处置违法建筑1873处、计93.89万平方米，任务完成率104.32%，制止并拆除新建违建319处，计3.34万平方米。重点推进无违建创建工作，区验收通过“无违建街道”3个（其中包含23个社区）、“无违建社区（村）17个（不包含无违建街道），“无违建河道”51条，无违建河道两侧违法建筑拆除面积1.37万平方米；完成拆除区十大典型违法建筑119处9.78万平方米；拆除城中村范围内各类违法建筑1180处34.10万平方米。

【环境卫生整治】 2015年，全区累计处理生活垃圾30余万吨，基本保证了生活垃圾的“日产日清”，生活垃圾无害化处理率（达100%）及污水处理率（达92.1%）均并列三区第一。城区机械化清扫作业道路总面积达595.75万平方米，道路机械化清扫率为60.99%，其中，城市主干道清扫作业面积为219.6万平方米，主干道机械化清扫率达100%。在七都街道板桥村开展的全区暨全市首个垃圾分类试点取得良好成效。全区垃圾分类工作稳步推进，315个住宅小区实施垃圾分类，占小区总数的50%，2个四分类（指其他垃圾、可回收物、厨余垃圾、有害垃圾）的示范小区进入分类实施阶段。

【园林绿化】 2015年，区级新建绿地完成78.6公顷，工程量完成率105.5%，5个街旁（滨水）游园提升、20组花境、3300平方米立体绿化、19公里绿道建设任务也均已完成。滨水公园新建8个、改造提升7个，完成率达150%。完成31个城市公园、游园“三化”改造（指

---

①“三改一拆”：浙江省政府决定，自2013年至2015年在全省深入开展旧住宅区、旧厂区、城中村改造和拆除违法建筑（简称“三改一拆”）三年行动。

②“四边三化”：浙江省委、省人民政府提出的，在公路边、铁路边、河边、山边等区域（简称“四边区域”）开展洁化、绿化、美化行动（简称“四边三化”行动）。

城市公园、小游园时尚化、主题化、特色化改造），建成彩化示范点乔木800株、灌木1600平方米。完成28处典型城市受损弃置地或闲置地的绿化或覆绿工作，总覆绿面积约31万平方米。5个山地公园入口广场改造提升及增设亭廊、服务设施等任务已全部完成。启动七都环岛带状公园前期工作，简单绿化1.6公顷。

【市政公用建设】 2015年，完成路面维修55.8万平方米，完成年度任务的155%。建成自行车道8公里，完成年度任务的160%。“一环三线”①9桥整治已全部完成常规提升工作，已完成总体计划的100%；按应划尽划原则，施划人行道临时停车泊位738个，占全年计划（500个）的147.6%，泊位规模已达2476个。建成公共自行车网点275个，投放车辆1.1万辆（维保1.8万辆次），总借车量达4393万辆次，日均借车量达5万人次。完成沉陷积水点整治31处，完成率达155%；全部低洼片区整治5处，完成率达100%。整改盲道约8公里，整治12条道路架空管线，疏浚排水管道743.5公里、污水管网51.6公里，完成桥梁结构定期检测23座、桥梁普查120座。

【执法工作】 2015年，办结案件10115件，一般案件1351件，累计罚款额合计1147余万元。完成创园、创卫、文明城市指数测评、创模、历史文化名城创建等各类迎检10余次，阶段性重点开展建筑废土百日攻坚和兴文里疏导点取缔工作，突出开展市容残余乱点整治与城郊市容整治提升，特别是突出开展双屿市容综合治理，全年共出动执法人员3.22万人次，出动车辆1万多车次，查处整改占道1.4万余件。重点开展五水共治专项整治行动，对全区洗车点开展专项督查，共发现问题139处并全部整改到位。强化涉水单位监管力度，共督促办理排水许可641家，排水立案30件。持续深化人行道违停执法管理，积极开展“无违停示范路”创建工作，明确严管区管理标准，进一步调整管理时间，错时安排勤务，杜绝上下班时间段管理空档，全年共查处车辆违停行为22.9万余件。同时，结合宣传、查询、违停处理等一体化便民服务，推出局官方微信公众号，方便群众处理人行道违章。智慧停车收费系统改造工程，完成度达100%。强力开展建筑垃圾整治及工地监管，落实全区建筑工地在线监控安装率达100%，落实工地标化380余个，全区房屋建筑工地落实扬尘防治措施；健全建筑垃圾管理机制，所有渣土运输车加装GPS定位设施，规范处置泥浆近50万立方米，渣土260多万立方米；重拳出击处置夜间施工、建筑垃圾违法行为，立案324起，暂扣违规运输车辆147辆。全面加强燃气、排水、二次供水监管，共查处取缔无证供应点23户，查处非法储存、非法充装、倒灌67起，组织集中查扣行动118次，暂扣气瓶数量3778个，立案查处33起，移交公安部门行政拘留12人。检查非居民用户1300多家，查处整改安全隐患429处，治理管道燃气设施被占压封埋行为。全面加强餐饮业监管，立案查处125家，查处整改各类油烟污染近600处，新增餐饮经营企业油烟净化设施安装率100%。开展餐厨垃圾非法收运专项整治行动，939家餐饮单位与拥有资质的废油处置公司签订收运协议并规范收运。全面整治占道经营、占道乱堆放，加强噪声日常监管，取缔流动摊贩7396人次，取缔马路市场2处，查处占道经营、搭建、作业421起。及时部署户外广告排查、拆除工作，共拆除户外广告等设施1796个，共6771平方米。强化不文明行为管理力度。共纠正或处罚各类不文明行为14多万件次。开展高污染餐饮锅炉整治、禽流感防控、大气污染防控、不文明行为、食品安全等各类相关整治工作，完成44家锅炉高污染整改，有效清理居民饲养家禽和取缔流动贩卖家禽共60余件，拆除饲养家禽棚屋8处。强化“96310”热线平台提升，全年热线话务量3.84万余起，办理有效投诉近1.69万起，回复率100%；“数字城管”共受理市级平台各类案件17.05万件，平均处置率达99.79%。行政审批受理7704件。

---

①“一环三线”：2015年，《温州美丽水乡核心区“一环三线”航道及码头建设规划》获市政府批复，规划游船航线4条，航道里程30公里，建设游船码头25处，其中5处为始发站码头，20处为停靠点。分中环、西线、东线、南线。

“一环”即是“中环线”，以后将成为温州内河航运“核心区”，现代化景致会是这里的“标签”。东线是伸向龙湾的航线，沿线将重点打造时尚高端别墅群，突出宜居水乡特色。西线朝着瓯海方向，将勾勒出一幅文化水乡图景，沿线会建设龙舟竞渡文化园、塘河民俗文化园、工业文明展示园、时尚产业创意园等。南线通过的是温瑞塘河主航道，根据航道评级标准，可归为“七星级”，水深等条件特别利于游船航运。该段航线着力于打造休闲体验。

【改革创新】 2015年，区城市管理与行政执法局全面推进综合行政执法改革。梳理拟划转职能部门的职能事项与相关法律条文，拟定“三定方案”（定机构、定职能、定编制）初步设想，起草《鹿城区综合执法工作机制》等改革配套文件，为改革的顺利推进做好充分的前期准备工作。创新网格制度无缝衔接街镇调整。在按照“一人一格”要求配齐执法人员的基础上，同步推出《联系街镇制度》《考核细则》等规章制度，创新推出“AB岗”“办案小组”等举措，工作重心全面转至网格属地。深化审批制度改革。在当前大网格机制尚未完全正常运转之际，将原派驻街镇窗口收回下放至各派驻街镇执法中队，作为临时性过渡的应对之策，确保审批高效顺畅。网上审批再深化工程完成度达100%。窗口数量从6个拓展至14个，并将按照“成熟一个授权一个”原则逐步拓展至111个网格窗口。所有审批事项均已纳入网上审批系统，实体窗口推行全域受理模式，各类许可充分下放、应放尽放，手续简化、流程优化，审批速度、便民度均大为提升。全年加强了制度建设，强化制度管人，修订了相关执法制度，对行政处罚和行政许可实践中遇见的问题作了统一和规范。根据区政府的工作部署以及综合执法相关要求，梳理权利清单并编制责任清单，对外公布接受群众监督。讲求执法策略，树立法律权威，安装15台车载视频取证系统，提供取证便利，确保执法公平公正；加强协调沟通，杜绝简单执法，贯彻落实管理处罚“四步法”[①]，健全执法“首次温馨提醒”制度，贴心群众；注重服务疏导，解决实际问题，完成“万吨节水”工程，建设简易化、流程便捷化、操作傻瓜化的洪殿河“中水回用”取水点于3月投用，为道路清洗、绿化浇灌提供用水，可年节水两万余吨，社会效益、经济效益、示范效应俱佳。年底，与《温州都市报》合作举办“鹿城执法杯征文大赛”，并与温州交通广播FM94.9合作共办全国第一档执法类国学栏目——鹿城执法国学馆，增进市民参与度，强化市民认同感。

（张晨方）

责任编辑　朱凌云

---

①管理处罚“四步法”：执法管理方式采用：首先是宣传、其次是劝离、仍不服管理则用暂扣措施、最后采取扣没措施，四步走开展人性化执法管理模式。

国土资源管理·环境保护

国土资源管理

【概况】 2015年，国土资源鹿城分局贯彻执行耕地保护和集约节约用地制度，维护人民群众合法涉土权益，完成“十二五”时期全区国土线上主要目标任务。全年完成区级土地利用总体规划2006—2020年中期修编完善工作，通过适当调整各项规划控制指标、增大基本农田保护任务数和城乡建设用地规模、为区级预留部分用于重点项目建设的新增建设用地和基本农田指标，切实增强规划实施弹性，促进指标科学统筹使用，满足全区赶超发展用地需求。全年完成区级土地利用总规修改（落实）5个批次，涉及5个项目，面积100.32公顷；局部修改涉及6个项目，31.39公顷。

2015年，响应省国土资源厅提出的“一个乡镇街道对应一个基层所”的工作要求，成立仰义管理所，滨江管理所增挂七都管理所牌子，五马管理所增挂松台管理所牌子，完成“一乡一所”建设任务。基层所服务中心、服务大局、服务群众的职能得到凸显。同时，完善和践行具有国土资源特色的教育、制度、监督并重的惩治和预防腐败体系，相继成立分局党委、机关党总支、团支部，并开展“党员先锋岗”“团员示范岗”等创建活动，助力分局在2015年全省国土资源系统政风行风民主评议调查中取得县（市）、区分局排名第七（其中清正廉洁项目排名第二），全市排名第一的成绩；在全市系统内部的党风廉政建设考核中，获年度第一名。

【耕地保护】 2015年，启动永久基本农田划定工作，举证中心城区（仰义以东）部分划入93个地块，面积154公顷，占15.86%，确定全区基本农田示范区面积285公顷（位于藤桥镇），取得中心城区外划定工作初步成果，为全区“十三五”时期粮食生产安全奠定基础。选址七都街道老涂村、前沙村、吟州村和藤桥镇埭马村以及山福镇下冯山村，开展“旱地改水田”耕地质量提升（暨土地开发）建设，年内顺利立项23.59公顷；藤桥镇金马村、樟村项目及埭马村两个项目68.13公顷高标准基本农田建设通过验收，并开展表土剥离、标准农田地力提升等工作，稳量提质全区后备耕地资源，落实“先补后占、占优补优、占水补水”的耕地占补平衡新政策。

【用地报批】 2015年，市级下达给全区新增建设用地年度指标23.6公顷，农用地20.13公顷（其中耕地13.73公顷），实际全年上报土地征收和农转用15个用地批次和2宗单独选址项目，涉及面积180.82公顷，新增建设用地110.29公顷（其中农用地93.85公顷，耕地50.9160公顷），超额完成年度计划指标上报工作。应援滨江商务区、城市中央绿轴公园等市级亮点区块和林里地块、七都大桥北汊桥、104国道建设工程、甬台温输气管道建设工程、乐清湾铁路（鹿城区段）、金温铁路扩能改造工程（鹿城区段）等重点工程项目建设。上报2.26公顷专项指标，用于解决全区农村农民建房难问题。安排专人专岗负责重点工程征地拆迁“百日攻坚”专项清零行动，选派骨干到南汇、滨江等街道支援城中村改造工作，助力城市转型发展和有机更新。

【土地供给】 2015年，全区供地119宗，面积164.64公顷，其中划拨71宗，面积84.80公顷；出让48宗，面积79.84公顷，成交出让金1228180.67万元，包括协议出让19宗，面积9.37公顷，合同出让金44213.67万元；挂牌出让29宗，面积70.47公顷，合同出让金1183967万元，支持市、区两级政府的招商引资工作。委托市公共资源交易中心成功挂牌出让新城中心区十宗新城历史遗留地块、洪殿片区B—30和B—35地块、门前山物流地块、七都极地海洋世界项目地块等17宗经营性用地，面积31.25公顷，出让金收入115.46亿元（首次破百亿元），出让宗数、面积、金额均创历史新高；出让工业用地19宗，面积23.34公顷，出让金收入2.54亿元，并完成3宗小微园地块出让工作，面积19.06公顷，收取出让金1.76亿元；办理“强三优二”有机更新（允许企业适当改造并临时改变厂房使用功能发展第三产业）项目37宗，收取收益金661.95万元；办理“第三产业建筑使用功能临时转变”项目14宗，均为二层以上免收收益金，推进各类各级建设工程项目落地开建。此外，办理预审79宗，113.19公顷，收回29宗，30.25公顷，延期32宗，37.58公顷；批准临时用地6宗，9.72公顷，私人宅基地9宗，面积0.15公顷，D级危房改建325户；备案设施农用地2宗，面积2公顷。

【村级规划编制省级试点工作】 2015年，在山福镇驿头社区四村开展村级规划（2015—2025年）编制省级试点工作。通过引入专家、属地官员、基层民众参与机制，科学规划该社区土地利用重要指标布局，明确生态保护、农业生产、村庄建设、旅游观光的主要区域，按时高质量形成编制成果。

【土地集约节约利用】 2015年，共消化转而未供土地134.47公顷，清理供而未用土地141.33公顷，盘活存量建设用地58.13公顷。截至年末，2009—2013年批准用地供地完成率54.48%，近五年批准用地供地完成率48.9%，土地开发得到加速提效。年度累计再开发低效用地面积196.13公顷，其中，达到省级考核标准的完成类项目99公顷，完成率全市排名第三。借力土地出让和耕地保护审计及土地集约节约利用专项督查，对发现的疑似闲置土地以协议收回、延长期限、临时使用等方式予以分类处置，进行攻坚整改，查漏补缺；在土地供前供后监管，闲置土地处置方面，以区政府名义发文作进一步规范，结合制定的具体操作手册，健全工作机制，落实责任分工，力促全区土地供应全流程监管的法制化和长效化建设。

【土地执法监察】 2015年，落实动态巡查责任、推动网格化联动化管理、完善查处整改共管责任机制及快速反应机制，严厉打击各类违法用地。全年发现和制止新的土地违法行为155起，面积9.87公顷（其中耕地0.29公顷）；立案查处违法用地33宗，处罚面积4.62公顷（其中耕地1.25公顷），罚没款233.99万元；协助属地街镇拆除违法建筑占地面积0.81公顷，配合打好经济转型升级的组合拳。实行国土非诉案件裁执分离制度，提高土地违法案件查处整改到位率。启动历史遗留土地违法行为清理处置专项行动，分类分批排查处置1987年1月1日至2013年10月1日期间的土地历史违法案件，摸清违法土地“家底”。

【卫片执法检查】 2015年，同步开展年度土地变更调查与卫片执法检查工作，共确定违法图斑36个，面积4.25公顷（其中耕地2.31公顷），并通过立案、拆除、复耕、移交等处置措施整改到位，违占比（违法占用耕地面积占新增建设用地占用耕地面积比例）维持在低位的0.76%。

【地籍管理】 2015年，规范日常土地登记和建设用地复核验收工作，完善例会和案卷评查机制，共办理集体土地、宅基地登记104宗，历史沿用无权属报区政府审批认定19宗，农村宅基地登记率达到94.6%；办结建设用地项目复核验收57宗。为不动产登记做好准备，处理地籍管理信息系统冗余数据3198条，清查双屿街道、仰义街道和藤桥镇的集体土地登记实体档案42580卷（重点清查1982年前历史沿用无权源农村宅基地使用权登记），数字扫描分局在存的7.46万余宗地籍、征地、用地、执法监察和宅基地审批纸质档案，并将成果第一时间服务土地征收和城中村改造工作。

【信访化解】 2015年，重视应诉应复处置，成功完成4起行政诉讼案件的处置工作，做好2起案件诉讼后的行政复议工作。123个来信来访受理件、91宗市长热线交办件、15宗信息公开申请件均按照办结要求和时间节点完成答复或处置。主动化解多宗涉土历史遗留问题，维护社会稳定。推进依法行政，深化国土资源法律、法规宣传教育活动，联合区土地征收办于8月10日、11日举办全区房屋征收工作培训，牵头各街镇、区直单位154人学习规划、征地、供地等土地管理法规和业务知识，提升经办人员业务水平，增强街镇干部合法用地意识，规范地方政府用地行为。

【地灾防治】 2015年，完成全区地质灾害1：10000易发区成果、

1：10000乡镇地质灾害易发区图册编制，按照地质灾害年度防治方案加强群测群防建设，完善上下联动、群专结合的共同责任体系；针对全区93个地灾点落实防灾责任人和监测人，发放“明白卡、避险卡”，做好汛前排查、汛期巡查和应急处置工作；联合区防汛办等多部门于6月18日在藤桥镇开展地质灾害应急演练。整个汛期，共完成巡查215次，出动人员855人次，应急勘查2次，发送信息2.1万余条，转换地质灾害等级15次，协助街镇转移人员1820余人，成功抗击“灿鸿”“莲花”“苏迪罗”“杜鹃”等台风来袭。全年未出现因发生地质灾害险情造成的伤亡人事件。工程治理方面，藤桥呈岸和滨江街道杨府山三港道观后山地灾点主体工程基本完工，新被列入考核的藤桥江心田地灾点已进场施工。避让搬迁方面，完成2处涉及的人员安置，老房子拆除完毕。

【矿政管理】 2015年，做好2座在采矿山（藤桥镇金鸡潭矿山和山福镇临江前盈矿山）、3处工程性采矿点（温衢丽天然气输气开挖工程、西片污水处理厂、石鼓山自来水厂普通建筑石料矿）的费用收取、日常监管及新批矿山的设置工作，推动矿产资源信用平台和“阳光矿政”建设。全年采矿权出让所得5宗346.97万元；矿山自然生态环境治理备用金3宗16.02万元；矿产资源补偿费收入4宗57.28万元。启动全区2016—2020年矿产资源规划编制工作，科学进行矿产资源规划编制功能划区及普通建筑石料矿山布局。开展非法采矿“飓风”百日行动，联合相关部门在非法采矿发生率较高重点区域开展综合执法，打击各类违法采矿行为，制止夜间、周末、节假日非法采矿5起，扣押采矿工具7台。深化“四边三化”[①]矿山生态环境治理行动，重点治理5处废弃矿山，分别为藤桥镇门前山2处、丰门街道龙前山2处、南郊街道牛山1处，均明确治理主体，完成方案编制，落实部分资金。金鸡潭矿山顺利完成绿色矿山创建及粉尘治理任务。

【创新“行政审批首席代表”制度】 2015年，授权行政审批首席代表直接审批建设用地预审事项，并对国有建设用地预审实行即办制，由原本五个工作日减少到立等可取，最大限度方便业主单位，服务速度和质量得到双提升。

（张梦迪）

环境保护

【概况】 2015年，鹿城区以“五化战略”“五水共治”和加快改善生态环境质量为核心，坚持把推动环境保护与发展方式转变、污染减排与推进经济结构战略性调整、环境治理与保障和改善民生有机结合，解决影响可持续发展和损害群众健康的突出环境问题。

2月，省环保厅组织有关领导专家对全区省级生态区建设工作开展技术评估；7月，省生态办考核组进行两天的现场检查，认为鹿城区省级生态区创建档案资料齐全、规范，数据翔实，各项考核指标符合省级生态区的要求，鹿城区通过省级生态区创建现场验收。

5月，鹿城区通过省环保厅组织的国模省级预评估；10月，完成环保部的国家环保模范城市创建技术评估工作。

【水环境】 2015年，全区地表水质量有所好转，平原河网主要污染物浓度下降较明显，但水质类别仍以劣Ⅴ类水质为主；集中式饮用水水源地水质达标率为100%；温州市三大入海河流之一的瓯江（鹿城段）水质有所下降。

全区饮用水源来自赵山渡、泽雅水库和山根，其中山根水源地作为备用水源。赵山渡、泽雅水库水源地水质达标率为100%，山根水源地全年未取水，但水质达标率为100%。入海河流——瓯江（鹿城段）长53公里，小旦断面水质为Ⅱ类，杨府山断面水质为Ⅲ类，与上年度相比杨府山断面和小旦断面都下降了一个类别，但2个断面水质均能满足功能要求。

全区内河平原河网水环境质量为劣Ⅴ类，其中九山站位为Ⅲ类（已满足功能要求），外垟站位为Ⅴ类；光明、灰桥、东向水厂和勤奋站位为劣Ⅴ类。在3项主要污染指标中，高锰酸盐指数为3.07毫克/升，氨氮为2.62毫克/升，总磷为0.268毫克/升；与2014年同期相比，高锰酸盐指数下降了29.8%，但仍保持Ⅲ类水质，氨氮和总磷分别下降了27.4%和30.1%，其中总磷已达到

① “四边三化”行动：浙江省委、省政府提出的，在公路边、铁路边、河边、山边等区域开展洁化、绿化、美化行动。

Ⅳ类水质，氨氮仍为劣Ⅴ类。

【大气环境】 2015年，鹿城区环境空气质量优良率有大幅上升，主要污染物浓度有所下降。全年环境空气质量达到优良的天数为315天，优良率为86.8%。其中，优的天数为75天，良的天数为240天，轻度污染天数为41天，中度污染天数为6天，重度污染天数为1天。环境空气可吸入颗粒物日均值浓度范围为0.016—0.227毫克/立方米，日均值超标率为42.9%；年均浓度为0.070毫克/立方米，超标，低于2014年（0.073毫克/立方米）。细颗粒物（PM2.5）日均值浓度范围为0.004—0.154毫克/立方米，日均值超标率为60.1%；年均浓度为0.044毫克/立方米，超标，低于2014年（0.046毫克/立方米）。二氧化氮（NO2）日均值浓度范围为0.004—0.119毫克/立方米，日均值超标率为47.8%；年均浓度为0.042毫克/立方米，超标，低于2014年（0.046毫克/立方米）。

【声环境】 2015年，鹿城区声环境质量较上年略有改善。其中，区域环境噪声平均值为54.2分贝，比上年下降了0.3分贝；城市道路交通噪声平均值为67.8分贝，比上年下降了1.1分贝。

【固体废物】 2015年，危废管理严格落实联单转移制度，强化危废从产生到处置的全过程管理。截至12月底，共审核危险物交换、转移计划650份，计划转移数量为3520.06万公斤（其中，转出计划125份，计划转出数量约为2156.46万公斤；转入计划525份，计划转入数量为1367.20万公斤）。对温州市环境发展有限公司、温州市维康医疗废物处理有限公司、温州市鸿键润滑油销售有限公司等企业申请危险废物经营许可证的材料进行初审。

规范危险废物经营单位和产危单位的固体废物进出口建设。根据《危险废物产生单位固体废物出入口建设与管理指南（试行）》《危险废物经营单位固体废物出入口建设与管理指南（试行）》要求，完成3家危废经营单位固体废物出入口的整改和1家危废产生单位固体废物出入口的建设。

根据省厅和市局的工作部署，对“十二五”期间搬迁的七大行业的企业原址制定土壤潜在风险源排查计划并按计划有序开展排查。

【排污许可证制度改革】 制定《鹿城区排污许可证制度改革试点方案》和《鹿城区排污许可证记分管理办法》，8月，实施排污许可证一证式管理试点工作。重点围绕综合许可、扩充内容，整合制度、重构框架，再造流程、简化程序以及严格执法、多方监管等四大方面内容进行改革，推进污染源排污行为的管控，提升环境管理水平。

【污染减排】 2015年，推进工程减排，做好中心片和西片污水处理厂监管，完成轻工特色园区北岸企业污水管网接入污水处理厂工程，完成温州市后京电镀污水处理有限公司减排任务和温州市鹿城东瓯染料中间体厂减排任务。推进结构减排，关停温州市正大服装后整理有限公司。推进监管减排，完成10家企业的刷卡排污联网工作，共发放排污许可证（A证）200家（次），新增排污交易（含备案）企业16家。

【污染整治】 实施电镀、化工等重污染行业长效管理机制，按照“淘汰一批，提升一批”思路，开展铝氧化行业污染整治；深化后京电镀园区污水管网收集系统改造工程和电镀企业废气综合整治工程。制定《2015年鹿城区大气污染防治实施计划》，牵头实施机动车污染防治、工业污染防治等六大专项行动。开展全区重点行业VOCs污染排放源调查工作，完成化工、合成革、涂装、制鞋等12个行业的企业填报与核查上报；完成温州海特克液压有限公司等4家涂装企业VOCs治理；完成浙江禾本科技有限公司和鹿城东瓯染料中间体厂LDAR技术改造。加强燃煤锅炉和黄标车淘汰工作，调整扩大全区“高污染燃料禁燃区”范围和黄标车限行区域，全年合计淘汰燃煤锅炉72台，淘汰黄标车4222辆。

【环保执法】 2015年，出动执法人员14842人次，检查企业5798家，立案处罚82件，处罚金额233.67万元，打击取缔非法污染源12个，征收排污费2032.81万元。全年办理严重污染环境涉刑案件11起，移送司法机关11起，被公安机关采取刑事强制措施15人。

【信访工作】 执行24小时信访值班制度、“三限时”制度、局长信访接待日制度（每月15日），实行信访积案局领导包案制。截至12月底，共受理各类环境信访、举报投诉1444件，同比上年1157件增幅24.8%，其中，“12369”平台887件（其中省件23件），来电、来访和各部门交办信访557件。处理率100%，反馈率68.9%，群众满意率98.9%，无群体环境信访事件发生。

【生态创模宣传】 牵头组织鹿城区纪念“6·5”世界环境日活动，启动贯穿全年的生态创模宣传月系列活动，内容包括有奖随手拍活动、绿色家庭评选活动等，为创建国家环保模范城市和推进省级生态区建设营造氛围。推广“生态鹿城”和“鹿城环保”微信公众平台，及时在新浪微博、微信公众平台、各微信工作群发布工作动态及最新环保资讯；共印发各类生态创模宣传折页、手册、海报4万份。与团区委共同组织“万人植绿种多肉”活动，动员各街镇团委、民间志愿服务组织开展环保绿植种植课共计80场次，参与人员1.2万人次；组织绿文环保公益组织开展生态创模宣讲团进社区活动80次。根据省统计局民调中心调查结果，全区生态环境质量公众满意度明显提升，由2014年的58.33分提升至65.42分，升幅为12.2%。

【生态补偿机制调整】 出台《鹿城区生态补偿专项资金使用管理办法》，对生态补偿范围、补偿对象进行调整，对生态资金的用途进行重新定位，优化生态补偿资金的分配方法，整合饮用水水源保护和生态公益林补助资金，重点形成对饮用水水源保护、流域环境综合整治、生态修复等项目长效补助机制。

【完善权力清单】 对照省市县三级环保清单目录，按照要求，对已编码的120个权力事项所需的基础信息、岗位文书、内外流程图等进行采集填报，顺利通过上级检查后导入全省权力事项库。根据区编办要求，对已经试公布的权力事项进行再梳理、再比对，共上报目录内事项150个，完善权力清单。使用说理性处罚告知和决定文书，做到法理、事理、情理、文理并茂，促使当事人解疑服罚；配合新环保法及配套办法的实施，制定13种常用执法文书参考样本，确保执法文书的统一规范和严肃性。

（伍育莹）

责任编辑　朱凌云

农业·水利

综　述

2015年，全区实现农林牧渔业总产值36276万元，按可比价计算，增长3.6%。其中，农业种植业实现总产值15042万元，同比增长1.5%；林业产值368万元，同比增长21.1%；牲畜业产值19851万元，同比增长4.6%；渔业产值788万元，同比增长15.5%；实现农林牧渔服务业产值227万元，同比增长5.1%。农村居民人均可支配收入25632元，增长9.4%。

2015年，市级常年蔬菜基地基础设施建设总投资达30万元，新增8米钢管大棚3000平方米；进一步完善提高了藤桥方隆草莓基地、七都大棚西瓜基地、藤桥小旦芦笋基地、藤桥后垟村水果玉米基地等几个特色农业生产基地。全年粮食播种面积4.95万亩，粮食作物总产1.92万吨，超额完成市里下达的粮食播种面积4.4万亩，总产1.8万吨以上的目标任务。蔬菜播种面积1.89万亩，总产量3.47万吨。

2015年，重点推进平原、城镇和“四边”等区域绿化。全年完成森林抚育21079亩、绿化造林1515亩，其中山地造林490亩、无林地封育1000亩、村庄绿化25亩。

2015年，全区生猪存栏1.95万头，其中能繁母猪0.19万头，累计出栏商品猪6.07万头，全年饲养量8.02万头；牛存栏321头，累计出栏294头；羊存栏1500头，累计出栏2000头；家禽存栏91.2万羽，累计出栏418.7万羽；全年累计肉类总产量9065吨，其中猪肉4553吨、牛肉53吨、羊肉39吨、禽肉4420吨。

2015年，全区渔业生产势态良好，渔业总产量705吨，渔业总产值776万元。

2015年，推广水稻强化栽培、测土配方施肥、蔬菜设施栽培和无公害生产等技术；引进和推广农作物优良品种，早稻良种覆盖率达96%以上，晚稻良种覆盖率达98%以上。全年实施专业农民农业技能培训100人。12月，藤桥镇作为全区年度农业综合服务中心建设创建单位，通过市级验收。

2015年，剔除2家生产外迁的龙头企业。全区共有19家区级以上（含国家级、省级和市级，下同）农业龙头企业，其中：国家级农业产业化龙头企业1家，省级以上农业龙头企业5家，市级以上农业龙头企业17家。截至年底，17家市级以上农业企业总资产为11.82亿元；企业年产值合计为15.09亿元，与上年19家企业的产值数额基本持平；上缴税金2405.4万元，比上年同期增长4.1%。

2015年，全区已启动土地确权97个村，完成71个村确权任务，完成率73.19%。开展确权登记涉及承包户数为16923，涉及承包面积26653亩，土地实测面积31182亩。股份经济合作社银行账户变更已完成114个，完成率80.85%。农村产权交易1207宗（集体经营性资产交易223宗，农地流转交易984宗），交易金额共计3.64亿元。累计发展家庭农场23家、农民专业合作社131家，联合社1家，注册资金合计17515.6万元。已创建国家级示范社3家，省级示范社3家，市级示范社13家，市级示范性“三位一体”农村合作组织10家，省级家庭农场2家，市级家庭农场5家，其中振瓯实验农场主金和忠获温州市“十大最美职业农民”称号。

2015年，招商引资工作重点围绕种子种苗、蔬菜、花卉、畜禽、休闲观光等优势特色农业，引导农业向规模化、集约化、特色化、品牌化方向发展，主推农业休闲观光和农产品加工，迎合市场需要，引导农业产业都市化发展。全年累计完成实际到位资金6027万元，任务完成率200.9%，超额完成市下达招商引资任务。进一步做好已投资建设的招商引资项目的服务和引导工作。雅西休闲农庄是全区引进的第一个都市农业休闲观光项目，也是全市农业对台合作平台项目，总投资金额3000万元，项目采取了分步建设、效益结合、逐步实施的方针。积极引导企业申报《市级农业主导产业综合开发专项资金补助项目》，成功获市、区政府三年财政补助资金461万元。在采摘种植园基础上，通过市场化运作，推出亲子活动和劳动下田等活动，联合民生银行、温州联通等知名企业，互惠互利，并帮助企业建立微信公众平台、接洽团购网站和联系传统媒体等方式来综合宣传报道，日接待人员超3000人次。

2015年，温州大士生物科技有限公司的“云缅”商标获区级知名商标称号；藤桥禽业股份有限公司的藤桥牌熏鸡获浙江省名牌产品称号。全区共有1家企业2个产品获浙江省名牌农产品称号，2家企业获浙江省著名商标称号，3家企业获温州市知名商标称号，2家企业获鹿城区区级名牌农产品称号。

2015年，全面推进“五水共治”工作，完成治水投资21.82亿元，重点水利工程项目投入资金6.67亿元，累计治理黑臭河24.88公里，整治黑臭垃圾河9条、完成8条河道6.47公里生态治理。

种植业

【概况】 2015年，全区粮食播种面积46841亩，比2014年下降1.6%；亩产406公斤，比2014年增长3.9%。粮食作物总产19024吨，比2014年增长2.1%。蔬菜播种面积20875万亩，总产量24767万吨。全年种植业实现总产值15042万元，同比增长1.5%。

【粮食功能区建设】 2015年，启动藤桥镇埭马片粮食生产功能区质量提升工作，开展面积达1022亩，总投资额800万元，分四年实施。同时，提升农田质量，重点做好稻草还田、增施有机肥、冬季种植绿肥三项重点工作。据统计，全区粮食生产功能区内冬季绿肥面积达4500亩，占64%；晚稻稻草还田接近100%；由于藤桥镇畜牧业发达，有机肥量多价低，功能区内大量施用有机肥，平均亩施有机肥180公斤以上。

【现代农业园区建设】 2015年，市农业“两区”办公室下放权限，鹿城区自行组织专家组，根据现代农业“两区”验收标准，严格把关验收工作。全年建成鹿城区藤桥镇油岙铁皮石斛农业精品园，为市级精品园，通过验收并获市农业“两区”办公室发文认定。

【机械化建设】 2015年，以推进农业领域“机器换人”为目标，大力提升农机社会化服务水平。截至年底，全区农业机械总动力4.54万千瓦，农业机械保有量基本保持稳定，全区现有插秧机、拖拉机、联合收割机、植保机等重点粮食生产农业机械及配套农机具1000台套左右。继续实施农机购置补贴和农业机械报废补偿及更新补贴，共计发放补贴总额40.1万元。全区水稻生产农机化综合作业水平达 70%，机耕作业面积3.43万亩，机耕率99%。投入作业联合收割机110台次，机收面积3.32万亩，机收率90%，机插面积2100亩，烘干粮食1800吨，下达专项柴油60吨。

【农机安全生产】 2015年，全区农机安全生产形势稳定，未发生死人的拖拉机交通安全事故和道路外农机事故，三项指标数大幅度下降，实现农机事故零死亡。强化农机宣传教育，加强农机安全生产宣传教育，开展农机化教育培训大行动，全年复训驾驶人员680人次。以农机行业“安全生产年”为主线，组织开展农机“打非治违”“隐患排查”专项活动。全年共排查一般安全隐患100多处，发现一般隐患18起，整改18起，整改率100%。并建立农机重大隐患库制度，实行农机重大隐患督报制度。加大农机巡查力度，规范农机安全巡查制度，全年共上路巡查35天次，出动执法人员145人次，检查拖拉机266多台次，纠正各类拖拉机违法行为44起。改进农机窗口审批服务质量，推进农机监理规范化建设。全年受理并办结各种行政审批手续474起。定期检验拖拉机270台，检验率96%、联合收割机30台，检验率97%。继续推进高能耗农业机械报废补偿工作，由于废铁回收价格持续走低的影响，农机报废工作推进缓慢，全年报废农业机械16台，报废补偿资金3.6万元。

林 业

【概况】 2015年，鹿城区完成山地造林和无林地疏林地封育1490亩，占省任务面积数1450亩的103%；完成平原绿化1617.7亩，占任务数143%，其中城市绿化1578亩，村庄绿化24.7亩，公路绿化15亩；完成森林抚育21079亩，占任务数176%。全区森林面积1.15万公顷，森林覆盖率39.2%。继续抓好林业特色基地建设，做好林业有害生物监控和防治，加强古树名木的保护，加大公益林管理和宣传力度，及时下达公益林补偿资金，完成省、市下达的各项任务。全年区森林公安查处涉林行政案件9起（办结7起，正在办理2起），林业行政罚款33.6万元，涉林刑事案件2起，采取刑事强制措施20人。接到群众来信来访21件（次），救助陆生野生动物32只（羽）。

【林业产业化建设】 2015年，继续抓好林业特色基地建设，着重抓好杨梅、瓯柑、南方红豆杉等的栽培管理，推广无公害标准化水果基地生产技术，使各基地在现有基础上上规模、上档次、上水平。继续做好栽培技术培训工作，充分发挥林业技术的支撑、依托作用，不断提高科技含量，加快资源的合理开发利用，促进林业增效、林农增收。

【森林病虫害防治检疫】 2015年，组织开展检疫执法“绿箭”专项行动，共办理植物检疫证10起，检查调运木材365立方米。根据病虫发生规律，进行监控和定期调查，确保及时、准确调查和上报主测对象面上病虫情发生情况。委托专业防治单位，继续对农村片古树名木病虫害进行防治和养护。下半年，委托资质机构开展松材线虫病疫情调查，并编制完成《鹿城区松材线虫病防控工作方案》。根据方案，2015年冬开始在全区范围开展松枯死木清理工作，确保松材线虫病疫情防控工作取得实效。

【资源林政管理】 2015年，鹿城区共办理野生动物经营利用核准证审核、年检手续5起；共审核各类建设项目征占用林地13宗（含初审），合计面积26.49公顷，征收森林植被恢复费233.44万元，征占用林地采伐918.6立方米。全年办理40份采伐证，采伐蓄积966.7立方米。

【公益林建设】 2015年，鹿城区累计建成省级以上公益林优质林分面积64779亩。省级公益林增扩面积26525亩。根据浙江省财政厅浙江林业厅《关于提前下达2015年森林生态效益补偿资金预算指标的通知》和省财政厅、省林业厅《关于提高森林生态效益补偿资金标准的通知》要求，全区年度公益林损失性补助资金从区森林生态效益补偿基金中直接下拨到村或户，及时下达省级以上公益林损失性补偿资金202万元、市级公益林损失性补偿金52万元。

【森林消防宣传】 2015年，突出“3·19”浙江省森林消防宣传日主题活动，制作图文并茂的宣传小画册《画说森林消防》和印有森防宣传标语的小卷尺、牙膏牙刷等纪念品进行分发，专门组织人员到藤桥、仰义等街镇等进行森防法律知识咨询问答。区局机关和藤桥镇合作，以本色出演为主，完成拍摄微电影《坚守》。该作品以扑救小旦村森林火灾为背景，以黄金生（原森林防火办专职副主任）坚持森林消防工作30年为主线，展现森林消防机关工作人员、街镇基层干部和扑火队员克服困难、合力救火的形象。全年召开森林消防座谈会4次，利用农民信箱群发森林防火短信20条，制作宣传板20块，出动宣传车50辆次，涂刷宣传标语80条，张贴《森林防火通告》500张，分发各类宣传册、纪念品9000份。

【森林消防制度建设】 执行24小时值班和领导带班制度。年初，签订区与镇（街道），镇（街道）与行政村，村与护林员的年度森林消防工作责任状，共计签订责任状250份，签订率100%。组织3个森林消防工作督查组，由区分管领导、区农林水利局领导带队，到各街镇，重点、定期督查各单位贯彻落实省、市、区政府森林消防工作部署情况及开展“平安林区”森林火险隐患排查落实情况。全年举办各类培训五期，其中森林消防安全扑火知识培训一期，高压水泵技能培训两期，风力灭火机操作技能培训两期。全区有半专业森防队4支计126人，参训率100%。

【野外火源管理】 2015年，全区响应市森防指在林区农村开展“关爱留守老人，减少森林火灾”活动，开展活动村庄数104个，入户走访数350户，建立档案人数2480个，关爱老人活动座谈会2次。在清明前一周，在森防重点区域主要路口设置临时检查点28个，严防火源上山。检查点设立明显禁火标志，对进入森林的车辆和人员进行安全检查、登记，收缴违法携带的火源火种、易燃易爆品进行集中保管，同时各检查点组织发放鲜花、常青树、上山须知宣传单等活动，把设点检查和宣传教育结合起来。清明期间，出动管护人员560人次，制止违规用火34次，收缴祭祀用品9公斤，送出鲜花1500支，常青树900棵。全区有128名专兼职护林员坚守在护林防火第一线，仰义、藤桥各有一支流动巡逻队，春防和高火险天气启动3个瞭望哨，全天运行14个森林消防视频监控系统。

【森林防火扑救】 2月12日下午4点左右，区森防值班室接到藤桥镇小旦村山林起火的警报后，立即通知4支森林消防队（其中藤桥3支，仰义1支）出动，并向距离最近的一支永嘉县森林消防队请求增援。经过近8个小时的扑救，大火被控制并扑灭。间隔6小时后，山上出现死灰复燃冒烟现象，4支扑火队又上山连续作战，直至下午火情彻底消失。2月17日，也就是大年二十九晚上12点，双屿街道一个鞋废料堆由于多年堆积未清理，发生燃烧现象。当晚，双屿街道扑火队、仰义森林消防巡逻队、藤桥森林消防巡逻队赶到现场，开设隔离带，严防火线向林地蔓延。地方消防救火车也赶来扑救。至大年三十下午扑灭。

【森林消防“引水灭火”竞赛】 11月4日上午，鹿城区年度森林消防“引水灭火”竞赛暨风力灭火机培训在藤桥镇金岙村举办，全区四支半专业队伍参赛，各街镇森防分管领导、科室负责人、林业干部参加了观摩。经过激烈比拼，藤桥扑火队、临江扑火队、仰义扑火队分获前三名。

【森林消防基础设施建设】 2015年，全区完成森林消防阻隔带共计151.662公里，其中抚育带16.98公里，割草带130.912公里，生土带3.77公里。斥资19万元，通过招投标方式，购置高压水泵、风力灭火机、阻燃服等扑火必备工具。区财政安排84万元进行“引水灭火”一公里试点工程建设，试点工程落实在藤桥镇白脚岙村，12月底完工。开展森林火灾林木保险，保险率达100%。

畜牧业

【概况】 2015年，鹿城区实施畜禽良种工程，引进良种公猪18头、良种瘦肉型母猪600头。全区优质畜产品比重达75%以上，生猪达92%以上，家禽达90%以上。全区区域化生产格局初步形成，藤桥肉猪、肉鸡，七都水禽，区域优势突出，特色明显。截至年底，生猪存栏1.95万头，其中能繁母猪0.19万头，累计出栏商品猪6.07万头，全年饲养量8.02万头；牛存栏321头，累计出栏294头；羊存栏1500头，累计出栏2000头；家禽存栏91.2万羽，累计出栏418.7万羽；全年累计肉类总产量9065吨，其中猪肉4553吨、牛肉53吨、羊肉39吨、禽肉4420吨。

【重大动物疫病防控】 2015年，相继开展生猪口蹄疫、仔猪腹泻病攻坚战和狂犬病、奶牛结核病、布病歼灭战及高致病性禽流感阻击战等重大行动，建立和完善动物疫病防治的应急反应机制和长效监管机制，动物防疫和畜产品安全管理工作取得较好成效。

【畜产品安全监管】 2015年，鹿城区严格执行外来调入动物及其产品的准调制度和禁调规定，开展产销联防、风险评估，实施定点调运，签订生猪定点调运协议，严防疫情传播。加强对畜禽饲养、流通、屠宰等各个环节的防疫监管力度，开展市区各农贸市场、加工和经营场所的执法检查。执行省、市一系列执法行动，开展全区畜产品贮藏场所、经营场所的检查工作。严厉打击违反《中华人民共和国动物防疫法》等违法案件，检查养殖场所、兽药饲料经营场所58家。共办理案件10件，严厉打击了各种违法行为。全年没有发生高致病性禽流感、牲畜口蹄疫等重大动物疫情和畜产品安全事件。

【动物屠宰检疫工作】 2015年，抓好动物检疫申报点建设，设立鹿城区动物卫生监督所检疫申报点、鹿城区藤桥片区动物卫生监督分所检疫申报点和鹿城区动物卫生监督所驻菜篮子集团畜禽屠宰有限公司检疫申报点，通过公布电话88230911、86411610和86411169为报检电话，以电话报检的方式开展产地检疫工作。建立生猪定点屠宰场检疫申报入场制和场内准宰许可以及无害化处理管理制度，申报单、准宰单、无害化处理记录完善，检疫申报入场制和场内准宰许可制度及病害动物及其产品无害化处理、动物防疫消毒等制度落实有效，无害化处理设施设备齐全并能正常运转，设置驻场检疫工作室（报检室、检疫员休息室）和急宰间、隔离圈，驻场动物检疫员在岗并较好地履行职责，动物检疫申报单、准宰通知单、病害动物及其无害化处理通知单建立并使用，入场、待宰、宰后检疫记录和检疫证明、消毒证明以及动物产品检疫证明使用情况较好，均有各项记录，入场屠宰动物检疫证明齐全，查验宰后检疫记录数据相符一致。建立《鹿城区动物检疫管理系统》，检疫人员上岗公示，检疫员各岗位工作制度明确，屠宰检疫流程图等上墙公示，进场屠宰生猪耳标佩戴率在90%以上。全年屠宰环节共计检疫活猪60.18万头，消毒车辆8544辆，共检出病死猪1208头，全部作了无害化处理。共检出病变内脏有肾145446只，肝19701付，心22556个，肺63.46吨，全部做了销毁处理。上市的猪肉检疫率达到100%。产地检疫共检疫生猪43241头，牛167头，羊934头，家禽182.68万羽。全年办理审批省外调入动物申请备案5820起备案，其中用于屠宰

5820起，省外调运动物备案率达到100%，未备案调入的查处率100%。省外调入动物落地报验389450头、省内调入动物21.25万头。产地检疫共检疫生猪32385头，牛186头，羊991头，家禽265.84万羽。

【动物疫病监测】 2015年，鹿城区实行畜产品质量动态跟踪检测，共抽取禽流感样品2100份、对生猪养殖户“瘦肉精”快速检测1620份，屠宰监督检测6480份，饲料及添加剂样品20份、兽药样品24份，生鲜乳收购站生鲜乳检测5份。同时，每个月开展对禽流感、口蹄疫、猪瘟、新城病免疫抗体的监测，共对680头生猪口蹄疫免疫抗体进行监测和猪瘟免疫抗体监测，并对2100羽家禽进行禽流感免疫抗体监测，抗体合格率都达到较高水平。抓好奶牛结核病、布病的监管工作，组织技术服务队，对奶牛开展结核病、布病检测，对奶牛实行“一证一卡”制度。

【无害化处理】 2015年，与养殖户签订《病死畜禽无害化处理告知书》，告知处理病死动物的责任及做好动物及动物产品无害化处理的重要性。与街镇兽医员一起做好病死畜禽的登记、收集、深埋等无害化处理工作。全年无害化处理病死生猪4414头，病死家禽14.18万羽。

【动物防疫宣传教育】 2015年，对各对街镇动物防治员、检疫员、村级动物疫情测报员、养殖场（户）举办培训班6期，参加人数达450人次，召开座谈会10次，分发禽流感等重大动物疫病防控宣传资料3500份。12月18日，在鹿城区藤桥镇温州菜篮子集团禽业分公司举办2015年温州市暨鹿城区防控重大动物疫情应急演练。

渔　业

【概况】 2015年，全区围绕“五水共治”工作，实施稻鱼轮作共生工程1000亩，有效拓宽农民增收渠道，促进节能减排。全年水产养殖面积3305亩，其中稻田养殖2000亩、淡水养殖1305亩。渔业总产量705吨，渔业总产值776万元。其中，水产捕捞生产270吨，产值约290万元，比上年同期增加7%；养殖产量430吨，产值约410万元，与上年基本持平。全区内陆捕捞渔船有389艘。

【渔业安全与执法工作】 2015年，建立瓯江联合检查制度，强化重大节假日、秋冬汛期等特殊时段安全执法，并在瓯江刀鱼捕捞季节，借用市水利局采砂管理用船加强瓯江巡查。全年开展“打非治违”专项执法检查48次，出动执法人员180人次，发放整改通知书32份，收缴违规渔具30余具，立案查处1起；开展渔船分批检验，提高渔船安全系数，检查渔船389艘，排查各类安全隐患32次，整改隐患15个，整改率100%。开展塘河非法捕鱼管理，每月开展水上巡查一次以上，共处理举报案件30余起；围绕“五水共治”开展增值放流，完成放流155万尾。加强对初级水产品上市前用药残留监测，发放“三项记录”本（生产记录、用药记录和销售记录），建立健全初级水产品质量安全监控抽样制度、产品可追溯和质量管理倒逼机制，落实初级水产品质量安全监管责任。全年随机抽查养殖场4个，单独抽检8次共18个样品，抽样后委托谱尼检测对样品进行检测，合格率100%。

新农村建设

【概况】 2015年，按照“四美、三宜”的目标要求和“串点成线、连线成片、整体推进”的思路，开展美丽乡村建设，完成方隆村草莓基地、种子种苗基地建设和后垟村现代农业基地建设，石垟村古道已开工建设88%，岩雅山山体公园一期已进场施工，雅漾美丽宜居乡村已施工建设92%；雅漾美丽水乡“五古”修缮完成工程量80%；落实“清洁乡村”“农村生活垃圾减量化资源化试点”工作，在七都街道板桥村、樟里村展开了垃圾减量化资源化处理试工作。

【新型农民培育】 2015年，实施“农村劳动力素质培训工程”，重点抓好职业农民专业培训，转移农民就业技能培训、农民创业技能培训、在岗农民工技能提升培训以及“双证制”教育培训，充分利用农民科技教育培训示范基地，实施专业农民农业技能培训。全年完成农村劳动力素质培训441名，占年度任务的110%。其中，农村实用人才培训200名，农民转移就业技能培训241名，发证数441本，发证率100%，转移率99%。加强农广校建设管理工作，筹备新学期开学、招生及教学安排等相关事宜。继续开展区农广校教学工作，顺利完成2014级学员的职业技能鉴定考核。完成2013级畜禽生产与疾病防治中专班学员的全部课程，并经考试毕业。再次开设蔬菜生产中专班，招收学员22名，并专门聘请这方面专家担任专业课的授课老师。动员广大农民踊跃报名参加温州市第四届农民学院学习，通过大力宣传和动员，报考成人专科、本科考试分别为14人和11人，以及报考现代农业经营领军人才提升班2人。最终有18人通过成人高考被录取，其中专科12人、本科6人。组织三个团队参加温州农民学院举办的第二届温州市农民职业技能比赛，并取得团体（组织）三等奖，个人一、二、三等奖各一名，施胜寅获温州市农民技术能手称号。

在开展培训的同时，组织农村实用人才开展各方面活动。将培训与开展活动相结合，组织学员参观休闲观光农庄、农业实训基地，观摩电子商务操作流程，参加或参观各种农产品博览会等；是组织农村实用人才参加省、市举办的各种活动。如：配合市里组织2名农村实用人才赴台参加参观培训活动，招收4名学员参加第二届“温州市农村青年农业科技创业致富精英（家庭农场主）暨农业发展领军人物培训班”活动，组织4名农村实用人才参加全市时尚农业园、时尚农家参观培训活动等。

【扶贫工作】 2015年，完成“低收入农户收入倍增计划”的各项目标任务。“十二五”期间，区委、区政府开展新一轮扶贫挂钩帮扶工作，组成15个帮扶小组，每个小组由区四套班子领导担任组长，区直机关单位为挂钩帮扶单位，分别与15个欠发达村实行挂钩结对帮扶。四年来落实扶贫资金9137.37万元，其中，区财政安排帮扶资金900万元，筹集区直部门、社会团体及企事业单位扶贫资金8237.37万元，支持15个欠发达村发展致富项目149个，带动3382户低收入农户实现增收，创建市级扶贫创业就业示范中心4家（2015年新建1家），培育市级扶贫龙头企业3家。全年共结对低收入农户325户，培训低收入农户劳动力160人，新增劳务输出人员160人，主要指标均超额完成年度任务的160%。

4月底，全区完成3029户、6427人的低收入农户在国扶系统和省扶系统中有关数据的修改和完善工作；10月底，4600元以下的低收入农户2089户、4317人通过产业扶贫、结对帮扶、“低保”兜底、自主脱贫等多种帮扶措施，实现全面脱贫；12月中旬，低收入农户脱贫工作通过了省、市人大和政协的视察、核查，做到不能将贫困带入“十三五”期间，确保“消除4600”（基本消除家庭人均年收入4600元以下贫困现象）工作落到实处。

农林牧渔服务业

【概况】 2015年，坚持以产业化经营为主导，以市场占用率为导向，以加工企业为依托，以农户参与为基础，以科技服务为手段，将农产品的生产、加工、销售联成一体，形成有机结合的组织形式和经营机制，提升农业产业化的档次和水平。6月，首次开展区级农业龙头企业申报、监测认定工作；10月，进行市级以上农业龙头企业申报、监测。近年来，鹿城区农产品品牌知名度、品牌影响力逐步提升，但由于市场整体遇冷，农业企业又属于薄利产业，农业企业发展举步维艰。2015年度，鹿城区19家区级以上农业龙头企业中就有11家企业开设了电子商务，网店开设率达57.9%，其中农业电商企业旗舰店有2家，分别为藤桥禽业股份有限公司和温州市强能食品有限公司。全区龙头企业总计电子商务销售额为2590.4万元。温州市种子种苗科技园农业物联网应用建设方案通过报批程序，于12月招标开工建设。依托方隆村大棚草莓生产基地，在藤桥镇方隆村筹备农业电子商务示范村建设，使村委会有专门人员分管农业电子商务发展。温州市强能食品有限公司、温州市黄渔国水产食品有限公司等水产制品企业也在寻求冷冻保鲜与电子商务的结合，寻求下一个企业经济增长点。

【农业产销平台拓宽】 2015年，组织多家农业龙头企业、农民专业合作社参加国家、省、市级不同地区的农业博览会。安排9家企业参加杭州农博会，在5天的展会时间里销售额达55万元，“藤桥牌熏鸡”获杭州农博会金奖，“黄渔国”牌野生大黄鱼和“信心”牌酱油肉获杭州农博会优质奖。组织6家企业参加上海农博会；1家企业参加武汉农博会；2家企业参加北京展销周，企业销售额累计达80余万元。

【第八届义乌国际森林产品博览会参展】 2015年，鹿城区组织温州市双潮植物园有限公司、温州市大红花蜂业有限公司、藤桥禽业股份有限公司和温州市多味坊食品有限公司参加第8届义乌国际森林产品博览会展出，温州市大红花蜂业有限公司参展产品洋槐蜂蜜获得金奖产品称号。区林业部门争取财政政策扶持，确保参展企业补助经费和参展工作经费的落实。

【农产品质量安全监管】 2015年，对农业投入品进行检查，出动150人次检查农资店、农业种植企业、农民专业合作社、种植大户98户次，对蔬菜等农产品上市前农药残留进行快速监测。区级和街镇的8个农药残留监测点已正常运转，共定量检测303批次，合格率为99%，全年定性检测2880批次，合格率98%。与藤桥等八个街镇签订农产品质量安全监管责任书。与农业生产企业、农民专业合作社、农资经营店分别签订承诺书、告知书等计120余份。培训生产主体80余家，培训率达100%。新增无公害农产品4个，无公害复查换证1个。

【基层农技推广体系改革与建设项目实施】 2015年，组织开展鹿城区农业综合服务中心建设暨农技推广补助项目计划的实施。一是农技人员培训工作，组织6位基层农技人员按照全省2015年基层农技人员培训计划陆续参加了各地的知识更新培训班，逐步提高业务能力。二是发展农业科技示范户200户。各科技示范户分布在各街镇的不同的村，对全区农户学习发展起到了科技示范和技术推广的模范标杆作用。

【定向培养基层农技人员招生工作】 2015年，根据《浙江省农业厅、浙江省人力资源和社会保障厅关于做好2015年定向培养基层农技人员招生计划申报工作的通知》要求，区农林水利局和区人力资源和社会保障局会商后向省厅申报鹿城区2015年定向培养基层农技人员招生计划数1名，专业为农林经济管理。该定向培养生按期毕业后，将回乡镇农技推广机构工作。

【农家乐休闲观光】 2015年，鹿城区纳入统计的农家乐经营户（点）为19家，接待游客37.18万人次，同比增长11.56%，实现营业收入3413万元，同比下降9.73%。7月，开展二星级农家乐经营户（点）、区级农家乐示范点的评定工作，认定浙农生态农庄为区级农家乐示范点，高峰农家乐菜馆为二星级农家乐经营户。推荐温州浙农生态农庄有限公司申报温州市时尚农业园，温州市田塘头果蔬种植专业合作社申报温州市时尚农家并获市农旅办发文认定。

开展农产品采摘游等活动，将鹿城的农家乐、美丽乡村、农产品采摘基地通过更广大的途径向市民进行推广。创建全区农家乐微信群，将全区范围内主要的农家乐经营业主与相关街镇分管农家乐的业务科室工作人员与分管领导统一吸收进该微信群，方便部门与街镇之间，部门与农家乐业主之间的交流以及平时的工作沟通，提高信息传递效率。组织农家乐业主参与全市的农家乐品质提升培训的同时，多次自主开展农家乐专题培训，邀请省旅游职业学院的教师对农家乐业主进行农家乐服务管理品质提升培训，提高农家乐服务质量，提升农家乐经营管理水平。

水　利

【概况】 2015年，全区推进“五水共治”工作，完成治水投资21.82亿元，重点水利工程项目投入资金6.67亿元，累计治理黑臭河24.88公里，整治黑臭垃圾河9条、完成8条河道6.47公里生态治理。丰门河整治工程（康城段）通过完工验收，黄龙片区北排工程超额完成全年任务，瓯江治理一期工程、戍浦江河道整治工程等项目加快建设，瓯江绕城高速至卧旗山段海塘工程等一批重大水利项目稳步推进。编制完成小型水利工程建设与管理体制改革实施方案，报区府办审定发文，确定试点街道，开展项目试点的相关工作。在藤桥镇选取2个典型地块进行农田灌溉系数测算工作，建设量水设施，并委托设计单位完成2015年鹿城区农田灌溉水有效利用系数测算分析成果报告，委托设计单位编制完成高效节水灌溉工程总体建设方案编制。

2015年，鹿城区降雨量1616毫米，其中汛期降雨1063毫米。6月7日入梅，7月12日出梅，梅雨期降雨264毫米；汛期分别遭受201509号台风“灿鸿”、201513号台风“苏迪罗”、201521号台风“杜鹃”影响。台风影响期间，全区转移人口数42572人次，农作物受灾面积779公顷，粮食因灾减产210吨，水产养殖受灾面积1.33公顷，共造成经济损失807万元。

【防汛防旱】 2015年，汛期前及时调整防汛指挥部成员单位及街镇分指挥部，并发文明确各类防汛责任人；部署防汛安全检查工作并进行通报，跟踪督办，限期整改，确保安全度汛。4月12日，温州市防汛办、鹿城区防汛办和鹿城区治水办在松台广场联合举办“4·15”防汛防台日宣传活动；6月，发文成立鹿城区防汛抢险大队，并于6月18日在藤桥镇戍浦江整治一期工程工地举行2015年山洪地质灾害联合演练活动；大南街道马鞍池社区、松台街道翠微社区和七都街道吟州村完成气象防灾减灾示范村的建设任务；全区8个街镇221个社区（村）全部完成基层体系规范化建设任务。11

月初，双屿街道及其所辖潘岙村和嵇师村、藤桥镇及其所辖大潭村和南岸村作为基层防汛防台体系规范化建设考核抽查单位顺利通过省防指办验收；鹿城区列入2015年度山洪灾害防治县级非工程措施建设计划，批复概算投资421.91万元，11月底通过专项验收。

【工程建设】 2015年，一般性政府投资项目完成夏家山村排灌河道治理工程，仰义街道仰义河疏浚工程、新塘河下庄段石介东排灌河道整治工程、藤桥镇岭下村排灌河道整治工程、仰义直河（前京段）河道治理工程等，共完成一般性政府投资1481万元。"独流入海"瓯江治理一期工程、戍浦江河道（藤桥至河口段）整治工程主体工程施工。绕城高速至卧旗山段海塘工程完成所有准备工程。北排工程、丰门河（康城段）已完工。全年实际完成重点工程建设投资66711.9万元，完成分项投资戍浦江河道（藤桥至河口段）整治工程14400万元，黄龙北排工程4943万元，鹿城区丰门河（康城段）河道治理工程800万元，瓯江治理一期工程完成12000万元，温州市城区瓯江绕城高速至卧旗山段海塘工程20500万元、2号排涝水闸1000万元、温州市温瑞平原西片排涝工程—鹿城段4050万元、生态河道治理1270万元、鹿城区温瑞塘河水系整治工程2090万元、鹿城区仰义片调水500万元、鹿城区黑臭河治理5608.9万元。

【农田水利建设】 2015年，安排小型农田水利项目1000多万元，开展40多项小型农田水利项目建设，另开展排灌河道整治，改善、提升农田灌溉。开展农村饮用水提升、改善等工程，投资5000多万元完成80来个饮用水工程。2014年总投资785万元的饮用水水源工程、多个饮用水工程消毒设备、净化设备，集中在2015年建设。同时，开展农民饮用水保护区的划定工作。

【河道管理】 2015年，省、市下达我区黑臭河整治提升任务15条24.88公里，其中整治任务4条5.21公里（山下河、营楼桥河、嵇师河、仰义直河），提升任务11条19.67公里（省级任务6条11.62公里）。2015年，共完成投资9737.5万元，完成整治24.88公里。共清淤7.85万方，拆除违章5600.4平方米，整治涉污场所118处，完成排污口整治537个。

【水资源管理】 2015年，参与编制完成《2014年度温州市水资源公报》，填报了新版《2014水资源管理年报》。根据最严格水资源管理制度要求开展取水户水资源费征收、取水户用水管理、取水许可、取水户年度计划管理、水质监测等水资源管理工作，牵头验收了温州快鹿集体公司的水平衡测试工作。牵头多部门应对市考核组对全区2014年度最严格水资源管理制度考核工作。参与用水统计培训，在系统中完成每季度的取水户用水填报。

【水政工作】 2015年，全区共立案查处水事违法案件5起，结案5起，罚款1万元，拆除各类涉水违法违章建筑物、构筑物3万平方米；巡查河道217条段，发现、制止、处理各类违法行为41起；审批涉水许可项目30个，共出动监管20人次，监管涉河建设项目47项，其中开展涉河项目监管34项，水土保持监督检查13项；全年共受理群众来电、上级及区政府移交的信访件11起，已办结11起，办结率达100%。

（鲍海清　伍祥来　施晓丰　施胜闯　陈秉杰　王浦仁　张微忠　谢海峰　程劲钢）

责任编辑　朱凌云

工 业

综 述

2015年是完成“十二五”目标任务、谋划“十三五”发展的关键年，全区生产总值（GDP）807.79亿元，按可比价计算，同比增长7.5%，比上年回升2个百分点。人均生产总值为108416元，增长6.6%，按年平均汇率（1：6.2284）计算，合17408美元，5年年均增长4.7%。市场物价在调控中回落明显，居民消费价格指数（CPI）比上年上涨0.7%，涨幅较上年回落1.1个百分点；工业生产者出厂价格指数（PPI）和购进价格指数（IPI）分别下降2.5%和3.7%。2015年，全区实现固定资产投资328.17亿元，增长7.0%。投资结构进一步优化，工业性投资、民间投资所占比重上升，房地产开发投资比重继续下降。全区完成工业性投资52.01亿元，增长18.3%，工业投资占投资总额比重为15.8%，较上年提高1.5个百分点。其中工业技改投资完成44.47亿元，增长21.8%，占工业投资额的85.5%，较上年提高2.5个百分点。服务业投资266.15亿元，增长4.0%，占全部投资比重的81.1%。完成房地产投资87.09亿元，下降11.8%，占投资总额比重为26.5%，比重较上年下降5.7个百分点。完成民间投资109.85亿元，增长15.3%，占限上投资比重为33.5%，较上年增加2.4个百分点。产业转型稳步推进，三次产业结构有所调整，三次产业结构由上年的0.2：30.7：69.1调整为0.2：30.5：69.3。制造业转型扎实有效，深入推进，双屿“腾笼换鸟”综合整治，鹿城鞋业列为省级“机器换人”试点。完成旧厂房改造项目285个，改造面积246万平方米。嵇师、鹿翔、吉尔达3个小微园完工，丽龙、渔渡、鹿城科技小微园开工建设，门前山物流园一期完成供地，鹿翔小微园入驻企业57家；坚持创新驱动，全区累计发明专利授权220项，增长41%；新增11家高新技术企业，98家企业入选省科技型中小企业。创业服务中心、鹿城科技与文化融合示范基地两大创新平台共入驻企业73家，英磁新能源引进剑桥大学专家团队，启动国内首家超导新能源电机研发中心建设，双屿实业获国家科技进步二等奖。2015年，打造了7幢“亿元楼”。通过拓展楼宇空间，为招商引资提供楼宇资源，已有同人恒玖、世贸中心等6幢新的商务楼宇投入使用。落实市级文件的奖励政策，2015年已兑现红蜻蜓营销温州有限公司总部奖励资金682万元，利用小微园平台优势，引进中通吉瑞和温州浙鲁等项目落地，打造总部型温商企业。

服 装

【概况】 2015年，全年实现工业总产值10.947亿元，同比增长10.3%。温州美特斯邦威服饰有限公司，获“2015年度鹿城区功勋企业”称号；浙江迪丰服饰有限公司获“2015鹿城区工业50强企业”“鹿城区百强企业”称号；浙江贝贝依依服饰有限公司获“温州市科技（创新）型企业”“浙江省著名商标”“浙江省科技型企业”称号。

【支部活动】 2月份，协会党支部组织支部成员慈善献爱心活动。支部书记林胜国、温州法兰茜姆服饰有限公司林凯、温州丑鸭工贸有限公司潘跃、温州唐娜罗服饰有限公司谷林茶、温州夏泰制衣有限公司曾永釵、温州蒙迪欧服饰有限公司谷庆宗等一行来到藤桥镇林山村、大塘村、北岸村进行“送温暖献爱心”活动，向当年参加对越自卫反击战老兵、老党员进行慰问并送上慰问金。6月29日，在建党94周年之际，协会党支部组织10名党员学习习近平总书记的讲话精神。8月14

日，为纪念中国人民抗战胜利70周年，协会对鹿城籍抗战老兵进行了慰问，并送上1万元慰问金。

【赴新疆霍尔果斯口岸考察】 党中央“一带一路”战略赋予霍尔果斯经济开发区的特殊政策与特殊机制相继出台。4月20日，鹿城区服装行业协会组织25家服装企业代表偕同亚欧创业投资联合会前往新疆霍尔果斯口岸，进行为期三天的考察。通过中哈合作中心助推温州服装企业发展，摆脱市场疲软的现状，为促进温州服装销往亚洲国家打下基础。

【组织参加国内外服装展会】 为开拓区服装产业的国际市场，推动服装产品的出口，协会于2015年1月与7月相继组织企业，分别参加2015香港秋冬时装节、春夏时装节；10月，组织企业参加了第24届CHIC2015年中国国际服装服饰博览会；11月，组织企业参观义乌“国际缝制及自动化服装机械展览会”，并参与“新型纺织污水处理，印染环保技术”论坛。

（王琪琦）

制革基地

【概况】 鹿城制革从2008年2月已全面停止生产，制革企业迁至山东沾化县、江西永新县、九江县及广东一带生产。2015年，有21家移膜革企业生产鞋革和箱包革；藤桥下岸有3家兰湿皮烫板企业，10月份被环保部门查封，已停止加工，同时被行政处罚各5万元。仰义街道洞桥原制革基地逐渐拆迁改造。丰门街道（原双屿街道）的岩门原制革基地在施工建设中，仰义的十里、前京基地在拆建筹备中，藤桥镇下岸原制革基地在等待政策处理。

（郭作仁）

制　鞋

【概况】 2015年，全行业主动应对经济环境，加快发展方式转变和结构调整，确保行业经济平稳运行。全年，鹿城区鞋业行业规模以上企业完成工业总产值、营业收入、出口交货值和利润总额分别为165.37亿元、154.27亿元、80.51亿元和5.62亿元，与上年同期相比分别增减5.7%、-1.6%、-2.8%、-1.1%；其总量分别占全区经济总量的53.49%、54.18%、78.56%、49.59%。鞋业虽然占全区经济总量的比值依然较大，处于支柱产业地位。但是，2014年相比，所占总量的份额有所缩小。截至年底，全区鞋业行业拥有中国名牌2家、中国驰名商标23枚、中国真皮领先鞋王3家、中国真皮鞋王6家、佩挂真皮标志制鞋企业40家；全国质量奖1家、国家级出口名牌3家；浙江省出口名牌6家、省级名牌产品13家、省级著名商标16枚、省级质量奖1家；省级以上高新科技企业3家、省级政府质量奖1家；市级名牌产品7家、市级知名商标14枚、市级出口名牌14家；区级名牌产品5家、区级名牌商标17枚。38家企业的产品获“国家免检产品”。

【科技强企】 2015年，全区鞋业行业通过运用新设备、新技术、新材料，提升鞋类产品的档次和技术含量。巨一集团引进3D打印机，鞋样开发大幅提高，运用3D技术开发的鞋底与鞋面的合模率可达100%，原料利用率100%，在节约人工成本上也显示出了明显的优势。该企业还在业内率先引进“机器人”，用工人数大大下降，产品质量、性能更稳定，安全生产也更有保障。

【营销创新】 巨一集团电商“欧美意”主攻国内消费市场，联手雨薇露露鞋业达成“F2B”战略合作。“雨薇露露”为“巨一”的电商品牌提供专业化供货，“巨一”从产品的生产环节，根据需求向工厂“点单”，从而促进了企业和电商的同步成长。2015年，“巨一”共与辖区8家制鞋企业开展了“F2B”合作，推动了鞋企合作共赢。

【学习提升】 许多制鞋企业把精力投放到修炼内功上，学习或引进国内、外先进的企业管理理念。5月，“东艺”邀请京瓷阿米巴管理顾问（上海）有限公司高管做“阿米巴经营”专题讲座。“阿米巴经营”基于牢固的经营哲学和精细的部门独立核算管理，将企业划分为“小集体”，自行制订计划，独立核算，持续自主成长，让每一位员工成为主角，全员参与经营，依靠全体智慧和努力完成企业经营目标。

【绿色生产】 2015年，全区鞋业部分企业通过改造生产流水线、使用节能灯、推广清洁化生产工艺技术，达到节约能耗和减少环境污染的目的。许多企业在鞋类生产中，应用和推广节能环保新技术。“东艺”率先使用不含甲苯的进口水性胶，减少了企业废气排放量。“康奈”使用绿色清洁能源、机器换人、工艺创新、信息化建设、无纸化办公等手段，实现节能降耗、减员增效。“康奈”还相继获“温州市节能环保创新型企业”“温州市节能减排创新型企业”“浙江省绿色企业”“温州市可再生能源及清洁能源利用示范企业”称号。

【服务企业】 2015初，协会对会员企业的开工情况以及存在的困难和问题开展了调研。为有效帮助企业解决“贷款难，利率高”融资困难，向有关部门递交了《鹿城区鞋业协会经济运行情况调查》，提出了帮助企业走出困境的建议与要求。协会得知因乌克兰冲突，一家大型俄罗斯外贸公司倒闭，致使温州数百家鞋企约10亿美元的拖欠资金及货物被积压，企业面临生存危机，协会及时向政府职能部门递交了《关于要求为受俄罗斯影响的企业给予税收减免的报告》。腾旭服装虚开增值税发票骗取出口退税案涉及区属鞋业企业10多家，年产值近1亿多元。协会立即向温州市鞋革行业协会递交了《关于要求对涉腾旭服装虚开增值税发票案等多家企业慎重处理报告》，提请市委、市政府出面，由市政法委联合各有关部门协调的建议与要求。另外，协会了解到铜牛鞋业因二层楼违建被全部拆除，直接影响企业出口任务，企业陷入资金收不回、信誉受损危机，就主动与职能部门协调，为企业维权。

（黄　文）

印 刷

【概况】 2015年，全区印刷行业面临市场需求下降，运营成本增加等一系列困难，通过加大资金投入、“机器换人”和节能降耗、应用环保材料、加大内部管理等手段，实现降成本，创效益，确保企业平稳过渡。全年全区印刷业实现销售25亿多元，同比2014年略有增加。

为进一步促进印刷企业贯彻落实印刷五项制度，确保印刷市场规范有序，协会多次召开全体印刷企业负责人、电脑操作员会议，推进落实印刷品的电子登记。协会对理事会成员和37家示范企业进行电子登记操作务实培训，会员企业认识到贯彻落实印刷业五项制度的重要性，增强落实的自觉性。全区有37家企业达到示范印刷企业管理单位。

【组织考察市场趋势】 2015年，协会先后组织参观了国际、国内高规格的印刷展，如广东东莞国际印刷技术展和上海、宁波、义乌各种展会。通过一系列的参观展览，帮助企业了解印刷业的发展趋势和新产品新技术，拓宽了企业发展视野。

【人才队伍建设】 为了培养和造就高层次印刷专业人才队伍，适应产业结构转型和经济发展。2015年协会加大人才对企业发展重要性的宣传，企业对人才培养工作日益重视，技术人员对职称审报踊跃。2014—2015年，共有24人分别取得了高、中级印刷包装职称。

（区印刷行业协会）

化 工

【概况】 2015年1—12 月，鹿城化工行业税收1147万元，比上年同期增长-22.90%，税收收入行业占比0.50%，十强税收869万元，行业税收十强占比75.79%。

【安全督查指导】 1月20日，国务院安委会综合督查组组长、国家安监总局总工程师王浩水一行在温州市副市长孔海龙、省安监局副局长董国庆等陪同下对温州化工市场安全生产工作进行督查指导。督查组一行听取了关于化工市场现状和新建化学品交易市场进度的汇报，随后到化工市场经营区、仓库区进行了现场安全工作督查指导，并查看了2014年12月1日三星乳胶公司火灾事故后的现场。督查组一行对“12·1”事故应急救援行动及科学得当的后期处置表示肯定。同时指出目前市场内仍存在一定程度安全问题和隐患，要求市场管理方深刻汲取事故教训，增强责任意识和安全意识，切实加强应急救援培训演练，保障应急救援体系及时有效。

【项目开发】 4月21日，浙江禾本科技有限公司承担的除螨剂噻螨酮绿色化生产工艺研究及产业化项目顺利通过验收。该项目是浙江禾本科技有限公司和温州大学产学研合作开发项目，历时3年，投入总经费848万元，系国内独家生产，项目投产后可实现年销售收入1.5亿元，利税2250万元。

【工程竣工验收】 11月13日，由设计、勘察、监理、施工、建设单位五方主体及开发区质检部门组成的验收组一行按专业分组，分别对温州市化学品交易中心及配套仓储建设项目工程实体现场和工程资料进行全面的检查验收。五方主体一致认为，该工程符合现行设计和施工规范要求，符合《建筑工程施工质量验收统一标准》的规定，同意进行竣工验收，对工程质量评定为合格。

（金倩倩）

个人护理电器

【概况】 温州市个人护理电器行业是国内生产电动剃须刀、电推剪、电吹风、电热烫发器、电动脱毛器、按摩器等六大类个人护理家电产品的主要生产基地，拥有全国行业规模最大的龙头企业产业集群区。2015年，全行业实现销售总额45亿元，比上年增长7.14%，全年出口总额2.46亿美元，比上年增长3.53%。其中，电动剃须刀增长27.82%，电推剪增长4.5%，电动脱毛器增长1.71%，按摩器具增长1.27%，电热理发器具增长1.21%，电吹风下降6.01%。10月，协会组织鼎铃、日峰、恒美、贝威等4家企业参加由温州市人民政府主办的第二届“白鹿杯”工业设计大赛，送展的4件作品分别获得电子电器类行业设计的金奖、银奖、铜奖和优秀奖，获奖作品为全市各行业之冠。浙江鼎铃电器有限公司获2015年度鹿城区工业50强企业和2015年度鹿城区税收50强企业；浙江日峰电器有限公司被认定为温州市知名商标企业。

【协会活动】 5月16日，协会组织部分会员企业参加在温州市将军大酒店举行的江西都昌（温州）机械制造产业对接推介会，现场有3家会员企业当场与当地政府签订了投资意向书。8月25日，协会受邀参加由中国五金制品协会在新疆乌鲁木齐召开的第四次全国五金制品产业基地建设工作座谈会，并作了经验交流。11月30日，协会专门邀请上海市青年创业就业基金会副秘书长、清华大学和上海交通大大学研究生联合导师、中国企业联合会顾问、北京盈科律师事务所高级合伙人张士举律师，为有意向对接资本市场的20余家会员企业负责人举办“新三板”相关知识专题讲座和培训。

（朱　进）

电　镀

【概况】 2015年，由于受经济下行压力加大的影响，区电镀行业也遇到了产能减少，生产成本提高、竞争加剧和环保治理提升，污染治理成本费用增大等多重压力，有2家企业关闭停产。协会制定并通过了《后京电镀基地消防安全公约》。根据《后京电镀基地综合考核奖励办法》，对92家电镀企业在环保、安全、文明各方面实行量化打分，评选出“十佳企业”和“先进单位”。协会全年为企业危化品从业人员组织上岗培训5期，发放合格上岗证333人次。

【慈善帮扶】 为创“首善之区、幸福鹿城”再添光彩，协会和基地业主委派代表参加了2015鹿城十大社区慈善之星颁奖典礼，捐慈善款5万元；2015年7月1日，建党94周年纪念日，在协会党支部的带领下，来到泰顺泗溪走访慰问贫困残疾人，并送上慰问金2.6万元，并同当地村干部制定下步帮助计划。

【环保工程整治提升】 鹿城区电镀行业协会和后京电镀基地业主委多次开展环保工程治理提升工作。2月8日至3月5日经过20多天的奋战，后京污水处理有限公司组织数支队伍同时对污水处理设施进行更新、维修、清淤等整治提升工作，工程总投资200余万元，提升了污水处理能力，实现污水处理达标排放。在2014年建立雨水收集池的基础上，又新增两个雨水收集池，确保附近河流不被污染。下半年，通过协会和基地业主委多次动员，A地块全体业主的高度重视，筹措资金，终于在年底将整个地块的地下管网改造为架空管网，总投资500多万元。

【创建环保模范城市】 2015年，区电镀协会和后京基地业主委积极配合市、区政府和环保部门做好创建“全国环保模范城市”各项工作。电镀企业建立“一企一档”、废气加强管理和污水治理等环境保护工作。8月31日，任玉明副市长在杨德听副区长的陪同下，检查后京电镀基地创建“环保模范城市”的情况，先后检查了后京电镀基地污水处理公司的污水处理系统和监控系统，并听取了电镀污水处理情况的汇报。

【环保应急演练】 为全面提升鹿城区环境突发事件的应急处置能力，进一步锻炼环境应急队伍。4月21日下午，鹿城区环保局联合消防鹿城分局、仰义街道等单位，在位于仰义后京电镀园区的沿兴路与沿旺路交叉口举行了突发环境

4月21日，区环保局等单位举行突发事件应急演练　　电镀行业协会提供

事件应急演练。此次演练是针对园区管网复杂，监管难度大等实际情况而组织的实战演练。鹿城区电镀行业协会、温州金源海拓环境技术公司策划并组织了近百人参加演练。鹿城区副区长杨德听、区环保、安检、消防部门和仰义街道以及部分兄弟电镀协会负责人等观看演练。

（董怀谷）

五　金

【概况】 鹿城区五金生产企业主要分布仰义街道、藤桥镇、丰门街道和双屿街道。2015年，全区五金企业1650余家（含小部分贸易企业），工贸总产值超70亿元，实现税收2.5亿元（不包括市区街道）。其中，协会下属的五金电子商务市场设有160个五金拉手、锁具展示厅，颇具有一定的影响力。截至年底，市场的规模扩建工作仍在进行。

5月14—19日协会组织骨干企业赴山西太原、大同经济带考察学习。6月、8月、10月，赴广州、义乌、成都等城市举办的国内、国际五金交易会参展。6月12—14日协会组织支部党员、工会联合会成员赴福建南平、邵武对两地的工业基地进行参观考察。

【召开一届七次理事会】 8月18日，协会在中国鞋都真好度假酒店召开一届六次理事会议，成立了安全质量监督委员会和事务纠纷调解委员会。两个委员会各有9名成员组成，各设主任1名、副主任2名。12月29日，协会在该酒店召开了一届七次理事会。会上成立了协会监事会。监事会由5名监事组成，设监事长1名、副监事长1名。监事会的主要职能是监督协会理事会工作、监督协会财务收支、监督协会规章制度执行。

（郭作仁）

打火机工业

【概况】 2015年，温州市打火机生产企业65家，其中鹿城区11家，主要生产金属打火机。全行业销售收入累计33236万元，上年同期35461万元，同比增长-6.27%；入库税收累计1594万元，上年同期1762万元，增收额为-167万元，同比增长-9.50%。产品主要出口亚洲、欧美、非洲、中国香港等77个国家和地区。会长黄发静被授予温州市工商业联合会成立60周年功勋奖。浙江大虎打火机有限公司、温州市日丰打火机有限公司获得国家质检总局颁布的“中国质量诚信企业”称号。

4月1日下午，协会组织全市出口打火机85位企业质检员，参加每年一次由温州市出入境检验检疫局会议举办的《2015出口打火机企业业务培训交流会》，培训课由检验检疫局化矿处副处长张安主讲。8月25日—8月27日，协会副会长潘武前往新疆乌鲁木齐参加第四次全国五金制品行业产业基地建设工作座谈会。9月24日，协会组织10家会员企业负责人参加市工商联联合浙江光正大律师事务所举办的《新常态下的企业账款安全与催收策略》的法律辅导培训课。10月20日，黄发静会长参加在上海新发展亚太JW万豪酒店召开的中国五金制品协会第五届二次理事会会议。26日，黄发静应邀出席以“创业创新闯天下、合心合力强浙江”为宗旨，以“经济新常态、浙南新机遇”为主题的第三届世界浙商大会。10月27日，协会组织15家会员企业负责人参加由温州市经济和信息化委员会主办、浙江创意园和温州时尚研究院联合承办的《国际时尚形式》知识讲座。11月26日，温州市打火机行业协会第七届四次理事会扩大会议在新南亚大酒店三楼301会议室召开。来自宁波五家相关铜零件生产企业负责人，特邀三家会员企业负责人以及协会理事共计23人出席了会议。会议讨论了全省铜零配件提价的相关问题。12月21—22日，协会理事会全体成员前往宁波慈溪，就提升铜零件价格问题和慈溪五金铜配件企业在慈溪沈师桥大酒店二楼举行洽谈。

【打火机出口】 2015年，全市出口打火机、点火枪类商品共计2588批次0.5亿只，贸易额0.52亿美金，与去年同期相比分别下降2.09%、15.2%、11.26%。全市9家打火机企业通过日本PSC认证，与上年持平。9家中鹿城区占3家。

【七届二次理事会】 1月6日，协会七届二次理事会议在新南亚大酒店7楼小会议室召开。会议商讨了关于加强新一届理事会会议纪律的征求稿、商讨了理事会成员出国考察事项、讨论通过了协会新一届维权委员会组成人员。协会全体理事参加了会议。

【人力资源工作站】 1月27日下午，《鹿城区行业协会人力资源工作站2015年新年工作座谈会》在区社保大楼会议室举行。会议回顾了2014年人力资源行业工作站工作，分析了鹿城区区人力资源工作形势和存在问题。会议建议2015年行业协会人力资源工作及协会人力资源工作站需要加强与局相关科室对接。会上，打火机协会获得2014年行业协会人力资源工作站等级评定工作三等奖。

（邵　颖）

工艺美术

【概况】 温州有“百工之乡”的美誉。鹿城区的瓯塑、瓯绣、彩石镶嵌3个品种技艺被列入国家级非物质文化遗产名录；十字花边绣、米塑、稠塑、竹丝镶嵌、发绣、石雕、佛像彩塑7个品种被列入浙江省非物质文化遗产名录。瓯塑、瓯绣、十字花边绣3个品种于2001年被浙江省人民政府认定为“首批浙江省传统工艺美术品种”；彩石镶嵌于2005年被认定为浙江省第二批省传统工艺美术品种。7月3日下午，首届浙江省工艺美术优秀人才表彰会在东阳中国木雕博物馆国际会议中心召开，为全省131名工艺美术优秀人才颁发证书。鹿城区获得此项殊荣的有叶茂进、任明霞、郑丽丽、王从涛、程云云5人。新增1位高级工艺美术师郑秋秋；4位工艺美术师金美玲、池万里、郭长青、金卷清。

截至2015年12月，鹿城区有中国工艺美术大师2人，浙江省工艺美术大师17人，温州市工艺美术大师26人。

【首届木雕技能大赛】 8月16—30日，温州市首届木雕技能大赛举行。来自温州各市、县、区的76位木雕、根雕艺人报名参赛。经过理论培训、理论考试和现场创作，共评出特等奖1名、金奖2名、银奖3名、铜奖5名，优秀奖、优胜奖若干名。其中，鹿城区木雕艺人金成夫、潘胜洁参赛，获得优秀奖。

【首届石雕技能大赛】 9月28—30日，“廊桥杯”温州市首届石雕技能大赛在泰顺县职业教育中心开展。全市6个县市区共79名选手参加比赛，共评出特等奖1名，金奖2名，银奖4名，铜奖7名，优秀奖、优胜奖若干名。鹿城区唯一的参赛选手徐辉作品《踏雪寻梅》获得银奖。

【各地参展】 2015年，温州市工艺美术行业协会组织优秀工艺美术作品，参加第五届中国（浙江）工艺美术精品博览会、第十三届中国（大连）工艺美术博览会、第七届海峡两岸文化产业博览会交易会，第十届中国（东阳）木雕竹编工艺美术博览会等展会参展，涉及近20个主要品种，221件作品。鹿城区工艺美术艺人共获19个金奖。

（陈　桑）

机　械

【概况】 2015年，鹿城装备制造业完成工业总产值77.02亿元，同比增长14.7%，高于全区5.8个百分点。会员企业浙江电器开关有限公司、海特克液压有限公司、温州润新机械制造有限公司、浙江长城减速机有限公司获得温州市2015年领军工业企业；温州南方游乐设备工程有限公司、温州市博弘电器有限公司、温州利普自控设备有限公司、星际控股集团有限公司、温州瑞基测控设备有限公司、浙江小伦制药有限公司获得温州市2015年高成长型工业企业；浙江电器开关有限公司、温州市东风通用机电厂、星际控股集团有限公司、海特克液压有限公司、温州市润新机械制造有限公司5家单位获得鹿城区功勋企业；浙江长城减速机有限公司虞培清获2015年世界温商百名风云人物荣誉；浙江电器开关有限公司吴长麟、星际控股集团有限公司陈序获温州市经济建设先进个人荣誉；浙江电器开关有限公司李建民获2015鹿城区功勋企业家。浙江长城减速机有限公司、黎明液压有限公司、温州南方游乐设备工程有限公司、申瓯通信设备有限公司、浙江双屿实业有限公司、浙江金瑞五金索具有限公司、温州市博弘电器有限公司、温州瑞基测控设备有限公司、浙江午马减速机有限公司、浙江江南减速机有限公司、浙江日高智能机械股份有限公司11家企业获得2015年鹿城区工业50强企业。温州南方游乐设备工程有限公司、浙江双屿实业有限公司、黎明液压有限公司、申瓯通信设备有限公司、浙江奥乐智能系统工程有限公司、浙江金瑞五金索具有限公司、温州瑞基测控设备有限公司获得2015年度鹿城区税收50强企业。温州南方游乐设备工程有限公司、浙江双屿实业有限公司、黎明液压有限公司获得2015年鹿城区纳税前10强企业。

【科技进步奖】 2015年，浙江双屿实业有限公司参与的《复杂稀贵金属物料多元素梯级回收关键技术》项目获得国家科技进步奖二等奖，填补了鹿城企业在国家专利技术奖领域的空白。项目共获得发明专利8项、实用新型专利7项。该公司是国家高新技术企业，拥有省级烟气除尘脱硫技术研发中心，2015年引进英国皇家科学院院士，成立了院士工作站。

【百强品牌世博行活动】 8月26日，“一带一路”中国品牌世博行暨百强品牌全球对话会在世界时尚之都意大利米兰成功举行。润新机械制造有限公司作为此次活动独家冠名商，引领中国百强品牌携手走入米兰世博会，向全球展示了中国创造的力量。“润新”阀门的核心技术已经获得美国、澳大利亚、俄罗斯等20个国家的发明专利授权，并通过了美国NSF认证及欧盟CE、ROHS认证。产品畅销亚洲、欧洲、大洋洲、非洲、美洲的86个国家和地区。“润新”公司完成了与意大利公司的签约仪式，这也意味着润新公司的国际战略又向前迈进了坚实的一步。

【海外投资兴业】 2005年，继续实施走出去战略及国际化合作，作为企业新发展和新的经济增长点。星际控股集团2014年4月在美国纽约皇后区投资4068万美元，兴建占地7402.8平方米（79600平方尺）二栋6层商务酒店。该酒店由全球著名的万豪酒店旗下万怡和菲尔费尔德双品牌运营，项目将在2年内完成。

【技改转型助发展】 “机器换人”作为撬动经济转型的一个缩影，为企业减员增效，减能增效，减耗增效和减污增效的重要抓手。2015年，全区共有15家企业列入技改资金补助260.1万元。温州市达安仪表设备有限公司、浙江午马减速机有限公司、温州东风通用机电有限公司、浙江日高智能机械股份有限公司、浙江金瑞五金索具有限公司、温州市利普自控设备有限公司，浙江黎明液压有限公司7家企业获得138.4万元技改资金补助，占全区50%。海特克液压有限公司，引进具有国际先进水平的平面磨床，主轴研球机、球面对研机已投入生产，形成年3万台啮合齿轮的生产能力，同时可节省366名劳动力。

【企业股改上市】 4月7日，浙江日高智能机械股份有限公司新三板挂牌仪式在北京全国中小企业股份转让系统有限公司隆重举行。日高股份的成立，是鹿城中小企业转型升级的成功范例，对促进鹿城经济赶超发展发挥了作用。

【人才融合，科技兴业】 2015年，区委组织部、区人社局及协会牵线搭桥，英国皇家工程院院士（阿拉斯泰乐.沃克）与浙江双屿实业有限公司正式达成合作框架协议。沃克院士带领的技术团队计划将世界领先的石油天然气管道衬里防腐技术植入双屿实业，助其顺利进军国际市场。这是温州市出台“人才新政十条”后，引进的首个外籍院士团队。“省千人才”裴瑞林博士是按580海外引进人才，负责开发新能源电动汽车核心电动机。新能源汽车核心电动机，秘书处正牵线联系会员单位合作生产，联合会积极与区委组织部门对接，引进“国千计划”人才张壁教授。协会组织会员单位参加了区人社局引进美国马要武博士和英国环保博士王云孝及职业学院招聘会，积极为会员企业做好人才引进对接工作。协会建立完善人才服务机制，做到“以行留人”“以为服人”“以心动人”“以情感人”。推行“店小二式”和“保姆式服务”。

【人资工作站创先】 2015年，协会组织会员企业参加区人力资源和社会保障局的人力资源及区科学技术局的科技创新与管理培训3次；组织会员企业参加温州职业技术学院2015年机械工程系毕业生专场招聘会2次；同时组织20多家会员企业参加2015年中国温州民营企业高层次人才洽谈会，为推动机械装备业创新发展，搭建更好的服务平台。协会还组织会员企业参加2015年第十届中国温州机械装备展览会、2015年中国义乌国际装备博览会。2015年，申瓯通信设备有限公司董事长蔡春潮获温州市民营企业高层次人才享受政府特殊津贴殊荣。2015年，区机械联合会人力资源工作获得区人力资源和社会保障局先进单位。

【实施品牌战略】 深入实施品牌培育质量提升工程，全区国家级高新技术企业52家，协会高新技术企业22家，占全区42.3%。截至2015年底，有11个区级名牌产品、8个市级名牌产品、5个省级名牌产品；区级名牌商标13枚、知名商标8家、省级著名商标5家；全区省级技术研发中心共16家，协会会员企业占11家。全区市、区级技术研发中心共57家，协会会员企业有研发中心18家。浙江长城减速机有限公司、星际控股集团有限公司获2015年国家知识产权优势企业；浙江金瑞五金索具有限公司获2015年市级专利示范企业；浙江尔乐干燥设备有限公司获2015年区级示范企业；浙江电器开关有限公司获得温州市2015年“市长质量奖”企业，并获得市政府50万元的奖励，也是鹿城区唯一获得此荣誉的企业；温州市润新机械制造有限公司获得浙江名牌企业。

【慈善事业】 协会会员在自身企业得到发展的同时，不忘回报社会，热心支持慈善事业。9月，在纪念中国人民抗战胜利70周年之际，鹿城区慈善总会组织鹿城区行业协会，对鹿城籍抗战老兵进行了慰问，并送去了慰问金。申瓯通信设备有限公司赴藤桥镇帮扶济困，慰问贫困孤寡老人并送去慰问金。浙江长城减速机有限公司、申瓯通信设备有限公司、温州市润新机械制造有限公司、黎明液压有限公司等企业为泰顺县百丈镇2015年度市级挂钩帮扶企业，各向百丈镇捐资10万元。9月中旬，润新公司一名员工被确诊为急性白血病，由于治疗过程中需要大量用血，医院血库用血紧张，公司组织管理人员带头献血。公司杨润德董事长要求领导层继续做好患病员工的治疗，并提供必要的援助和支持。润新公司还连续四年拨出专款用于助学和其他慈善活动。

（王成森）

温州鹿城（中国）鞋都产业园区

【概况】 “中国鞋都”产业园位于温州鹿城核心产业区域双屿、丰门街道，规划面积6.5平方公里，是一个集生产、贸易、科研、检测、信息于一体、功能齐全、配套完善的国家级鞋业产业集聚区、国家级鞋类出口示范区，是温州市“510”支柱产业之一。2015年园区共有鞋类相关企业1500余家，企业员工近17万余人，规模以上企业95家，规模超亿元企业23家，全年实现鞋业工业总产值122.23亿元，较2014年增长4.4%；实现利税总额12177.37万元；完成重点工程投资8874万元。产业园区经过多年的开发建设，已经形成了龙头企业、知名品牌、产业配套等全产业链集聚、互融、共享的态势。康奈、巨一、吉尔达、东艺、太阳神、巨日、旭达、帝邦、皇家、珂卡芙、瑞星、飞丹、意万达、戈美琪、鼎丰、长发祥、广川、太极、巨鸿等一批亿元以上知名鞋企扎根发展，园区企业先后获得中国真皮领先鞋王（2个）、中国真皮鞋王（2个）、真皮名鞋（1个）、中国驰名商标（16枚）、中国名牌企业（2家），中国出口名牌企业（3家）、国家免检产品（28个）、省级高新技术企业（3家）。国家鞋类监督检验综合检测中心，国家级生产性检测服务机构和温州中津先进科技研究院，省级电商服务平台相继落户园区并发挥作用，中国鞋都鞋革城、温州国际鞋城、专业市场相继建成并投入使用，中国鞋都“品牌”“名地”效应日益显现。

【建立联系结对帮扶企业制度】 鞋都管委会自2015年9月成立以来，鞋都班子领导分组走访园区各重点企业，如康奈、巨一、东艺、太阳神、旭达等，详细了解各企业运行情况，召开企业主座谈学习会，帮助协调解决遇到的问题，大力扶持企业转型升级，为东艺鞋业退二进三改建“时尚港文创业科技园”提供有力支持及跟踪服务。同时快速建立班子成员联系结对规上企业制度，进一步拉近企业主情感距离，提振企业发展信心、鼓足企业发展干劲。

【基建项目建设】 2015年，鞋都产业园区一批重要基础设施和公建配套建成投入使用，纬二路、纬六路、经六路二标段及潘岙路等道路完工，通车1.769公里；上伊河及正岙河下游河道整治1.133公里。

【全国制鞋产业知名品牌示范区创建】 制定全国知名品牌示范区筹建前期规划，并初步建立组织机构。鼓励企业通过整合重组、资本运作等方式做大做强，打造一批龙头时尚企业，为争创全国知名品牌示范区提供有力支撑。

（蒋孔潜）

温州（鹿城）总部经济园

【概况】 温州（鹿城）总部经济园位于中国鞋都三期项目的核心位置，净用地12.15公顷，规划建筑面积约30万平方米，总投资12.8亿元，建设内容为企业总部楼、行业总部楼、人才公寓、综合大楼、配套用房等。园区以“企业总部”“研发中心”“营销中心”“展示中心”作为四大功能定位，以生态、科技、快速、高雅为主题，整体设计采用“商务花园”的理念，实现了绿色办公与传统商务和工业的完美结合。作为工业企业生产服务配套功能的延伸部分，园区既具有窗口和联络处的性质，在具体内容上又有办公、研发、产品展示、信息中心等方面功能，是国内企业家投资、海外华人、华侨回乡创业的良好平台。

该园分为两期实施。其中，总部一期投资5.3亿元，净用地91.777亩，建筑面积15.3万余平方米，共21幢总部楼。2006年5月15日开工建设，A区一标段10幢多层、B区4幢高层和5幢多层、A区二标段2幢高层已全部竣工。总部一期已经引进46家企业，共定位面积13.63万平方米，占一期企业孵化用房总面积的96.32%。总部二期位于一期的东侧地块，净用地90.43亩，建筑面积约14.2万平方米，投资概算约8亿元，建设期限为2011—2015年。总部二期F区的人才公寓（10536平方米）已经开工建设。

温州（鹿城）总部经济园一期自竣工投入使用以来，通过有效的运营管理、招商引资等举措，日益成为触动鹿城区总部经济发展的强有力的引擎。引入商信咨询、文化创意、贸易服务、金融服务、物流等企业46家。总部经济园二前期通过沟通对接、了解走访等招商推介，有9家单个企业和各行业协会的49家企业有意向入园，涉及服装、眼镜、医药、电子信息等多个行业。

鹿城轻工产业园区

【概况】 浙江温州鹿城轻工产业园区总规划面积18.3平方公里，其中，一期规划面积6.65平方公里，2003年正式启动建设，2006年经国家发改委审批确定为省级经济开发区。2015年，园区累计引入企业71家，规上工业企业41家，其中，亿元以上工业企业12家，国家级高新技术企业18家，省级研发中心6家，博士后科研工作站1家，院士专家工作站1家，已初步形成装备制造及高端传统产业集聚园区。先后获得省生态工业示范园区、省劳动关系和谐先进园区、装备制造省级特色产业科技园基地和“温州市低碳工业园区”等称号。2015年度被评为温州工业园区创新考核先进单位。

2015年，园区实现规上企业工业总产值40.25亿元，同比增长12.08%。实现高新技术产业产值26.91亿元，同比增长38.93%。完成工业性投资3.11亿元，同比增长260.24%，其中技改投资2.42亿元，同比增长435.87%。实现限上批零贸易额4.29亿元，同比增长25.82%。实现进出口额1.25亿美元，同比增长13.63%。

2015年，园区浙江日高智能机械有限公司新三板挂牌上市，新增浙江浩达机械股份有限公司和温州浙鲁建设开发股份有限公司2家股份有限公司，共完成6家企业股改，新增高新技术企业3家。完成旧厂房改造25万平方米，完成年度任务数的227%。

【项目建设】 2015年，园区纵八路（横三路—渔藤公路）道路工程及纵八路戍浦江桥梁工程、纵五路道路及桥梁工程（一标段）、中央大道下坦河桥梁工程、横一西路上沈河桥梁工程、戍浦江综合治理工程拆迁安置房（二期）等一批项目竣工或完工，戍浦江园区段已完成1.5公里的驳坎、清淤、生态修复和污水管网建设的全覆盖，实现戍浦江公园开园。上戍派出所及藤桥法庭业务用房建设工程、园区小学建设工程已顺利开工。搁置多年的上桥村360亩填方工程已签订协议并进场施工。小微园建设顺利，科技创新大厦一期已超额完成任务。鹿城装备制造小微园项目于12月10日顺利挂牌出让。

【社会管理】 开展园区“大排查、大整治”专项行动，共走访检查企业318家次，出动1023人次，共发现隐患422处，已整改403处，整改率为95.5%；采取联合执法等多种形式促进企业安全生产与消防安全工作开展，停产整顿15家，取缔关闭2家。

【党建工作】 扩大非公有制企业党组织覆盖面，全年累计已建立企业党支部10家，联合支部1家，拓展型党支部13家；加强对非公企业党建工作的指导，充实调整了两新工委成员，同时制定了领导班子及两新工委委员联系企业制度，推行“两单一评”试点工作，促使非公企业党建工作不断规范化；党员发展与管理进一步加强，全年共发展党员10名，举办入党积极分子培训33人次，组织党组织书记参与培训14人次，并及时对优秀党组织与党员进行了表彰；开展“一企一品、一域一群”创建、园区第三届运动会等提升性工作，激发企业发展活力，提高基层党组织的凝聚力和战斗力。

（吴黛芮）

责任编辑　徐孝平

交通运输

综 述

2015年，鹿城区公路总里程318.009公里。其中，国道52.815公里（包括高速公路15.248公里）；省道10.991公里；县道53.587公里；乡道61.982公里；村道138.634公里。全年，铁路、高速公路、干线公路建设累计完成投资10.36亿元，完成年度投资计划95%。其中，铁路网建设项目4个（市域铁路S1线鹿城段、甬台温铁路配套工程、金温铁路扩能改造鹿城段和乐清湾港区铁路支线鹿城段），投资3.53亿元；干线公路建设项目3个（330国道仰义至双屿段改建工程、104国道西过境工程鹿城段和鹿城双屿至藤桥公路工程），投资4.88亿元；高速公路建设项目1个（绕城高速公路西南线工程鹿城段），投资2.48亿元。330国道改建工程已完成主车道“清零”工作，并开始施工；金温铁路扩能工程鹿城段政策处理工作完成；11月底，乐清湾港区铁路支线征地协议签订工作完成；市域铁路S1线里垟1万平方米的飞地拆迁工作完成。绕城高速西南线工程交地、坟墓迁移和房屋拆迁工作完成率100%，沿线各类管线迁移工作完成61%，澄沙桥垃圾转运站等3个“清零”项目，完成率100%。

完成农村公路建设3.2公里，改造提升16公里。将渡船头到夏家山道路列入美丽乡村公路工程建设计划。协助公交快速道BRT1号线建设，年底已开始运行。新增社区巴士线路1条，完成港湾式公交停靠站4个，完成七都街道5个公交站点和藤桥镇7个公交站点提升改造工作。完成1个行政村通班车，行政村班车通达率93.6%。协助仰义物流临时基地建设工作，引入物流企业4家。同时，协助门前山物流园建设工作。

争取上级资金918万元，实施国道路面大中修里程1.05公里、预防性养护3.4公里，农村公路路面大中修里程9.8公里。清理公路边沟205400米、清理路肩880公里、人工清扫路面1339.5公里。公路边、铁路边整治工作完成公路边整改20处；铁路边整改29处。选取330国道山福段10公里，围绕森林大道、立体种植“思路”“季相”景观，建设生态美丽示范路。

全区在建工程安全质量监督率达100%，质量抽检合格率100%，安全生产事故零发生。推行非现场执法与现场执法治超模式，查处超限车辆362辆，卸载8251.78吨，卸载率100%，收取罚没款1003850元整。非现场执法处理64起，超额完成全年治超处置量与非现场执法处

BRT一号线站台　　鹿城区交通运输局（徐伊梦/摄）

理任务数。渡口安全联合大检查15次，已整改渡口2处。完成沈岙渡口、潮埠渡口、双溪渡口撤渡工作；争取到市港航局渡口补助资金56万元，建设老涂渡口、郑大洋渡口、渡船头渡口3个新候渡亭。制定“安全生产月和安全生产万里行”活动方案，发放安全生产宣传资料300余份。开展江心屿渡口消防应急救援与防汛演练，以提高预警预防和应变应对能力。

2015年，区交通运输局通过“市级文明单位”复评。

公路建设

【概况】 2015年，仰义至双屿段公路改建工程全长6.5公里，概算7.0135亿元（不含安置房建设），采用一级公路标准结合城市道路功能设计。该工程累计完成道路工程主体投资2亿元，占工程主体总投资70%。年内已完成投资额14800万元，占投资计划103.91%。工程二标丰门段全线已贯通，西排大桥至巨一鞋业段2.1公里已全幅通车，道路绿化、路灯、交安等附属工程亦同时完工；一标仰义段，仰义桥至后京桥2.5公里主车道右幅沥青路面已完成一层（除互通区和十里28号以外）。该改建工程征收房屋446户，主车道拆迁“清零”工作完成。

双屿至藤桥公路工程全长7.16公里，总概算13.73亿元，采用双向六车道一级公路技术标准设计，设计速度为60公里/小时。全年完成投资额23000万元，完成年度投资计划81.30%。工程之林里隧道、陈村大桥、白虎岩隧道、宝昌岭隧道施工进度加快。年内已完成10个村市政府征地101号、143号新老征地政策衔接补偿审批工作；完成一标段潘岙村C匝道饮用水源迁改补偿和二标藤桥镇林山、新村、上埠头3个村农田灌溉引水改渠工作以及完成二标中心城区外3个村征地协议签订、组件报批工作；政策协调林里村各类问题，衔接中信公司藤桥镇改渠经费落实。完成陈村大桥段移动电信、中广有线迁改和陈村大桥段防汛监控改迁工作。

104国道温州西过境公路改建工程鹿城段全线长9.7公里，总投资29亿元，采用六车道一级公路标准设计，车速80公里/小时。年内完成投资额11000万元，为年度投资计划125.77%。该工程瓯江特大桥全桥累计完成产值2.27亿元，至年底，大桥（鹿城段）建设，已完成承台、系梁30个，桩基238根，墩柱40根，盖梁12个，完成箱梁4块段。104工程下穿金温扩能铁路工程节点施工完成。政策处理已完成大桥至330国道段用地放样工作；办理安置地块立项审批和占用林地报省林业厅审批工作；办理全段用地农转用指标申请工作；调查十里村太山至施工预制场地爆破范围内住户数及坟墓迁移摸底工作；太山段电力高压迁改招投标和施工合同签订工作；协助施工单位做好相关政策处理工作。

绕城高速公路西南线工程鹿城段路线全长10.9公里，总投资13.554亿元，采用双向六车道高速公路标准建设。年内完成投资额12013万元，为年度投资计划50%。鹿城段交地351.82亩，交地进场率达100%；全线坟墓迁移867穴，完成率100%；房屋征收59户，拆迁面积23240.97平方米，完成率100%，沿线各类管线迁移工作完成61%。至年底工程之路基建设已完成43.42%、路面完成4%、桥梁完成24.269%、隧道完成29.25%。

绕城高速公路北线鹿城段配套工程安置房建设总用地面积43亩，建筑面积90194平方米，企业安置地块市政配套设施建设道路8条。安置房一、二期工程共13幢楼，已于7月28日通过竣工验收。

铁路建设

【概况】 2015年，市域铁路S1线一期工程鹿城段总投资8.4252亿元，主线长3.28公里，涉及南汇街道5个村。全年完成投资额7005万元，完成年度投资计划100%。该工程全线238.8735亩村集体土地报征工作已完成（其中：南郊街道18.6015亩、南汇街道220.272亩），共征收房屋面积2.56万平方米，拆除违章建筑1.6万平方米，工程府东段6标、德政段4标已开工建设。

乐清湾港区铁路支线鹿城段投资概算4.91亿元，线路长4.9公里，主线用地134.2325亩。至年底，完成投资额5004万元，为年度投资计划60%。

金温铁路扩能改造鹿城段总投资10.2亿（其中主线5.7亿元，配套工程4.5亿元），主线长5.7公里。双岙安置房总投资1.4793亿元，总建筑面积31083平方米，共建3幢。年内完成投资额26280万元，为年度投资计划164%。鹿城段全线已于年底开通运营。

甬台温铁路鹿城段配套工程总投资16.2亿元，其中铁路主线工程4.2亿元，地方配套工程12亿元。全年完成投资额5400万元，为年度投资计划135%。主要包含箬笠岙安置房、牛岭安置房、双箬路道路工程以及马坑人行天桥。其中，箬笠岙安置房建筑面积10万平方米，共6幢，已全部结顶；牛岭安置房已于8月完成交钥匙工作；双箬路道路工程，总投资额2090万元，长1000米，宽12米，已通车使用；马坑人行天桥，投资544万元，已建成投入使用。

公路管理

【概况】 2015年，清理公路边沟20.54万米、清理路肩880公里、路面裂缝封口灌缝处理8.25万平方米、修补坑槽沉陷2410平方米、清洗护栏24.88万米、路面冲洗6907公里、清扫车清扫路面3431公里、人工清扫路面1339.5公里、隧道保洁2.174万平方米。

【公路大中修与宣传】 2015年，按时完成G330温寿线路面大中修里程1.05公里，预防性养护里程3.4公里，联网公路建设3.2公里。

2015年，整治国道“三化”污染点共22项，县道“三化”污染点共7项，完成率100%。8月，开展公路路域两侧“三化”排查工作，查出高速整治点3个和16个国道须整治点，协助完成省要求鹿城区整治的5个整治点。在藤桥街道、上戍社区设摊宣传路政法律法规、公路边“三化”工作，为司乘人员、群众提供咨询、答疑服务。

【公路安全管理】 2015年，制定《鹿城区公路管理局安全生产网格化管理实施工作方案》《鹿城区公路管理局安全生产行政问责暂行办法》。对县道瓯湖线涵洞桥、小岙桥进行维修改造。开展市级道路事故多发点整治工作。至年底，查处超限车辆362辆，卸载货物8251.78吨，卸载率100%，收取罚没款1003850元，共处理非现场执法64起，超额完成全年治超处置量与非现场执法处理任务数。

（王颖颖）

责任编辑　戴增荣

信息产业

综　述

2015年，制定出台《2015年鹿城区信息化战略实施方案》《鹿城区信息经济发展“十三五”规划》等文件，明确信息经济发展目标、具体任务和保障措施，落实部门职能。2015年，实现规上电子信息产业产值9.6亿元，同比增长7.96%。在打造鹿城时尚信息产业园、中承科技创业园等项目的同时，引入鹏博士、锋尚网络、埃梅森信息科技3家优质企业入驻，截至目前各园区共计签约入驻企业19家；培育认定巨一集团有限公司等3家企业为市级“两化”融合示范试点企业；制定了《全区十三五信息化发展专项行动计划》《“无线城市”建设和免费开放三年行动计划》，已完成115个场所免费WiFi覆盖，共安装AP数2700余个，联合电信运营商打造机器换人一条街4G+WiFi无线网络体系，全面提升鞋都产业园区整体信息服务水平；开展全区政府网站普查工作，对全区共计29家政府网站进行了详细检查，对存在严重扣分项及时通知相关单位负责人，并督促其进行整改。

电子信息

【概况】 在国内外经济普遍下行的大环境下，鹿城电子信息行业的制造业、软件业、电子商务业仍保持良好的增长势头。2015年，温州市博弘电器有限公司产值达24473万元，比上年增长86%，获鹿城区50强、浙江省电子信息成长型企业；星际控股集团有限公司产值2.4亿，比去年增长11.3%，外贸出口、进口分别增长3.38%和53.84%，获鹿城区功勋企业，温州市科技创新百强企业，并被温州市金融办公布为第七批上市企业；温州市名正电子有限公司产值比前年增长三成，产品供不应求；申瓯通信设备有限公司产值与前年持平，仍居鹿城区工业50强、税收50强企业；浙江帝杰曼信息网络股份有限公司营业额1.08亿元，比上年增长35%，获温州网络经济发展典型示范领军企业称号，获中国最佳创新成长企业奖，公司董事长孙国勇获领军人物称号，企业挂牌新三板正式上市。温州高科数码科技有限公司营业收入3.5亿元，晋级鹿城区商贸50强。君浩、奥立达、联强均保持上年产销水平。蓝天乔迁到有8000多平方米的新厂房，新三板即将上市。全行业只有有少数企业产值稍有下降。全年，全区从事电子商务的市场主体已达1000多家，有1万余人从事网店相关经营活动，直接或间接带动就业约2万人。同时，温州国际鞋城、中国鞋都鞋革城相继推出线上线下一体化销售模式，国际淘宝城项目主体结顶，吸引1450家企业入驻。温州国际鞋城鞋类分销平台已进入试运营，入驻企业有100多家。浙江怡联网络科技有限公司获浙江省系统集成资质企业三级，进入国家高新技术企业行列，成为协会第5家国家高新技术企业。

【执法记录仪获省优产品】 10月12日，2015年浙江省企业领袖峰会暨2015浙江省百强企业榜单发布会在杭州举行。会上，公布了“2015年度浙江省优秀工业产品”，星际公安单警执法记录仪获“2015年度浙江省优秀工业产品”称号。星际单警执法记录仪经不断完善升级，已经开发了第四代产品。

【星际警用无人机参展】 5月20—22日，星际控股集团参加了由中国科学技术协会与北京市公安局主办的“中国（北京）国际警用装备及反恐技术装备展览会暨学术研讨会”。展会上，星际控股集团公司展示了警用无人机、反恐装备类、应急救援类、安全防护类等警用产品。首次推出的警用无人机引起了极大关注。

【中仓仓储在七城市建基地】 联强网络技术有限公司董事长周坚忠带领温州中仓仓储团队沿着“一带一路”的主要省会和地级城市设立了50万平方米仓储基地。中仓仓储与中国农业银行、中国银行、浙江物产、长运集团等建立战略合作伙伴关系，通过线上操作，以仓库内的货物为货款抵押物，为厂家争取低利率的银行贷款，并结合垫资采购、专项信用卡、代收货款等方式，大大减轻厂商的资金压力。

【星际倡导成立百万冠名慈善基金】 3月26日，南汇街道辖区的200余家商会会员企业在金银岛大酒店召开年会。会上，区新阶联会长陈时升倡导并发起商会捐款100万元慈善资金冠名“星际”基金的授牌仪式，该基金用于助医、助学、助困、助老、会员企业员工救助和意外事故救助、见义勇为行为鼓励等。

【新阶联赴丽水里东灾区献爱心】 11月13日，丽水市莲都区雅溪镇里东村发生山体滑坡，大面积塌方造成严重人员伤亡和财物损失，社会各界迅速开展救援行动。鹿城区新社会阶层人士联谊会第一时间与莲都区新阶联取得联系，了解灾情和救援情况。星际控股集团董事长、鹿城区新阶联会长陈时升组织召开班子成员会议，商讨慰问救助方案，并于19日与鹿城区委统战部负责人一同赶赴灾区。在莲都区政协主席谷江南和区委常委、统战部部长朱超模等陪同下看望受灾群众，送上3.5万元慰问金。

（董怀谷）

电　信

【概况】 2015年，中国电信温州鹿城分局以“一去两化”为指引，紧紧围绕公司“一二三四五”工作思路，强化运维“创新、集约、服务、运营”能力，助推全业务规模发展。截至年底，中国电信温州鹿城分局共拥有固话用户20万余户，移动用户30万余户，宽带用户约20万户。同时，完善了通信基础设施建设，全力打造电信优质服务品牌。

【助力智慧城市信息化建设】 2015年，中国电信温州鹿城分局在鹿城“智慧城市”中最重要基础设施“城市光网”的建设。截至年底，鹿城区所有的小区已实现光网覆盖。鹿城电信还与鹿城区下辖各街道签订社会“综治E通”。该项目从信息录入的便捷性、信息流转的高效性两个方面出发，采用基于手机、平板电脑等移动终端的软件客户端，提高街道社会管理工作面临的基层矛盾纠纷、治安乱点等事件的处理效率，真正实现全面覆盖、实时动态的社会管控。

【服务全国文明城市创建】 2015年，鹿城电信持续开展“我为城市添绿”志愿植树活动及农民工返城志愿服务、消费者日志愿服务、关爱老员工志愿服务、流量信息宣传志愿服务进社区等活动，用实际行动为温州全国文明城市创建贡微薄力量。

【帮扶慈善活动】 2015年，鹿城电信开展社会公益活动，回报感恩社会，与山福镇前盈村、金岙村结对帮扶共建文明活动，对当地的孤寡老人、贫困党员进行力所能及的帮扶与慰问。针对该村支部信息化建设尚不完善，结合电信业务的特点，对村支部的信息化建设给予了大力协助。为大力弘扬中华民族“扶危济困、乐善好施”的传统美德，倡导“依靠社会办慈善、办好慈善为社会”的理念，打响全国七星级慈善城市品牌。根据温州市委、市政府文件精神，鹿城分局积极参加市公司开展的“慈善一日捐”活动，发动和组织全体员工献爱心，共有300多人次参加捐款活动，共计捐救灾款16439元。此外，多次组织员工参加“做好事、做善事、做志愿者”无偿献血等活动。

（欧李雪）

移　动

【概况】 2015年，鹿城移动开展4G宏站和室分的建设，全面完成LTE三期一和LTE三期二工程，完成金丽温高铁的全程覆盖。开通载波聚合站点431个，全网开通完成 VOLTE功能。完成30个热点的WLAN建设。完成温州市行政中心的全覆盖，全面完成IWENZHOU的一期工程建设。完成水心、上陡门、新田园等大型住宅区FTTB改FTTH工程6.78万户。完成下吕浦清风、碧波等34个难点楼宇和专业市场的建设，新增覆盖1.4万用户。全面完成村通宽带工程。

3月，鹿城移动开展了学雷锋无偿献血活动。5月14日，鹿城移动联动温州市第七人民医院、温州市德昌百货有限公司，在闻宅步行街开展以“聚焦爱心力量，共奔小康生活”为主题的爱心助残公益活动，冒雨为现场的残疾人进行志愿服务，免费为残疾人提供手机无障碍软件安装、手机维修和移动业务咨询、办理等关爱服务，解决了部分生活障碍人士的通信问题。10月21日，鹿城移动进社区开展关爱老党员爱心志愿活动，看望五马街道花柳塘社区的老党员蔡德芳，送上大米、油、被子等生活慰问品。

【春运关爱行动】 2月3日—10日，鹿城移动联合鹿城区民政局、《温州日报》、温州大学瓯江学院、浙江工贸职业技术学院、温州零距离新闻服务站、温州市救助管理站、温州市第七人民医院、温州市邮政局等8家单位，在温州火车站广场开展2015年春运关爱行动。移动员工志愿者在活动现场提供免费换卡、快速办理两城一家、免费爱心电话等服务。

【蓝色梦想帮帮团公益活动】 在“六一”儿童节来临之际，鹿城移动延续往年的“蓝色梦想帮帮团”活动，前往文成县樟台乡希望小学，向全体师生捐赠了价值4000多元的学习用品、体育用品与生活用品以及来自公司员工收集的407本课外书籍，并给30名优秀学生奖励了文具用品。分公司的EAP专员还为这些学生上了一堂生动的心理辅导课，帮助学生们释放心情，送上温暖和关爱。

【举办温州地区首场小微企业云服务现场会】 9月8日，鹿城移动联合鹿城区经信局在杨府山移动大楼举办主题为“和”你共发展、“云”领新未来的小微企业云服务现场会。本次活动为温州地区首场小微企业云服务现场会，主要针对鹿城区3个小微园区的入驻企业，邀请专家现场解读云计算在小微企业经营管理中的运用，介绍移动公司云服务产品，并安排客户参观移动云计算机房。

【打造仰义监控密度圈】 鹿城移动与仰义派出所达成合作打造仰义监控密度圈，由公安牵头推进、业主付费方式，分4个维度推进该项工作，针对辖区内整改的棋牌室、周岙底小微园区、移民新村及公安内保等单位，对业主统一安装监控并通过VPN链路接入公安内网。项目合计覆盖158个摄像头，新建63条链路。

第二十五个全国“助残日”爱心助残公益活动　　中国移动公司鹿城分公司提供

（王慧文）

联　通

【概况】 2015年，中国联通鹿城分公司以“行业行风建设暨纠风工作”为主题，始终坚持以推动企业依法治企、诚信经营、促进行业整体服务质量并推进提升基础服务能力、强化规范经营和业务管理、杜绝违规和侵权行为发生，切实维护客户合法权益，持续提升服务质量和客户口碑，提升企业发展能力。为持续创建学习型的企业文化，促进员工素质全面发展，着力把学习型单位建设向纵深推进。公司继续持续开展“用心学习 · 沃爱读书”活动，以“用心学习 · 沃爱读书”活动为载体，营造良好的企业文化氛围。

“3 · 15”活动日之际，鹿城分公司联合鹿城区消费者权益保护委员会，举办了“3 · 15”消费者权益日宣传纪念活动。鹿城分公司围绕“新联通 新网络 新服务”，把客户是否满意放首位，提高网络质量和服务质量，以更优质的服务回报广大客户。6月30日，为纪念“七一”党的生日，支部组织党员进社区义务服务。开展了现场业务宣传，并为用户免费宽带升级、下载软件、业务咨询、扫描温州联通微信并关注、免费贴膜、送纸巾等活动。此外，鹿城联通大力支持无偿献血活动，认真开展献血宣传动员工作，倡导健康适龄员工自愿参加献血。自愿参加无偿献血18人，合格献血12人次，共为血站献血2900毫升，支援了市中心血站的用血需求。

【3G网络广覆盖大建设】 藤桥西部山区山高路远，地广人稀，一直以来联通信号未覆盖，是信号盲区。2015年，温州联通公司开展3G网络广覆盖大建设，鹿城分公司以此为契机，从年初开始陆续在藤桥、仰义山区开通了25个U900及U2100基站，实现25个行政村的信号覆盖。满足用户语音及数据上网的需求，极大地提升用户感知度。

7月1日，鹿城联通党支部组织党员进社区义务服务　　鹿城联通提供

（项小薇）

责任编辑　徐孝平

邮　政

【概况】 2015年5月1日，浙江省邮政公司温州市分公司更名为中国邮政集团公司温州市分公司，下辖8个县（市）局及鹿城、龙湾、瓯海3个区局。鹿城境内邮政共有在职合同工743人，派遣制劳务工565人。邮政局所51处，邮政汽车128辆。境内邮政业务总收入25853万元，比2014年增长2.1%。温州邮政鹿城区局共有在职合同工53人，派遣制劳务工62人，人均劳动生产率26.43万元。

2015年，温州邮政分公司火车站储蓄所获市总工会“五一巾帼标兵岗”称号，温州邮区中心局邮件运输中心获全国“安康杯先进班组”称号；市分公司获“浙江温州第十一届消费者信得过单位”与“2014年度消费维权先进站”荣誉称号。

3月5日，温州市集邮协会召开七届四次理事扩大会议，选举市邮政公司副总经理王友宽为温州市集邮协会会长，聘任倪志平为名誉会长。4月，温州邮政开通集邮微店和淘宝店，微店销售达200万元，列全省第一。5月8日，温州市集邮协会召开成立三十周年庆祝大会，并举办30周年集邮成果展。19日，温州邮政分公司在“5·19”中国旅游日暨首届温州市民旅游日活动现场开展“把诗画温州寄出去”为主题的微秀邮拍活动。同月，《温州集邮三十周年》一书编印出版。9月2日，“纪念中国人民抗日战争和世界反法西斯战争胜利70周年邮票揭幕暨关爱抗战老兵慈善明信片发行仪式”在市白鹿洲公园举行，温州邮政发行的3万份慈善明信片和纪念封免费为群众发放，同时，举办纪念中国人民抗日战争暨世界反法西斯战争胜利70周年集邮展。11月10日，温州邮政发行浙江省第十四届大学生运动会首日封一枚。

【温州邮路】 2015，温州邮政组开一级干线汽车邮路4条：温州—上海（浙临1）、温州—成都（浙1）、温州—福州（浙临1）、温州—广州（浙临1）。二级干线邮路2条，区内邮路23条，市内趟车邮路22条。邮路运行单日总里程 13324 公里。4月27日，新增温州互换局经福州（中国台北）国际发运邮路，开通国际协议小包电子产品寄递专线。11月12日，开通温州至广州直达干线汽车邮路，全程1250公里，主要装运广东、广西、海南等省（区）的各类邮件。“双11”网购高峰期，组开温州至广州、西安等临时邮路，并首次启用17.5米大型挂车

9月2日，中国人民抗日战争暨世界反法西斯战争胜利七十周年纪念邮票正式发行

《温州日报》刘伟摄中国邮政集团公司温州市分公司提供

输运邮件。

【邮件运输与分拣业务量】2015年，温州邮政完成汽车邮件运输产品量338.16万袋，邮件转运量579.07万袋/捆，散件外走量444.40万件，分拣包裹578.01万件，（其中国内小包450.85万件），平信分拣业务量9062.31万件，挂号信分拣业务量348.40万件，平常印刷品分拣业务量1358.57万件。“双11”期间（11日—16日）共加班运输邮件3.59万袋，处理包状邮件22.4万件。

【投递体制改革】2015年5月，温州邮政实施投递员金融营销片区经理制，岗位职级根据投递员营销业绩实行动态管理，被聘为金融营销片区经理的投递员，享受片区营销经理津贴。9月，启动营揽投一体化改革，成立30个揽投经营部，专职营销人员达218人。同月，开始对投递车辆实行私车公助，提升终端揽投能力。12月，将发行投递局整体并入包裹业务局运营管理。温州邮政共整合普邮邮路40余条，转岗包裹揽投30余人，新增车辆39辆。

【邮政金融业务】 2015年，温州邮政对金融网点实行扁平化管理，金融业务局直管鹿城区网点。8月14日，对金融片区总监个人绩效与片区网点金融业务发展指标直接挂钩考核，以管理转型促产能提升。全年累计实现代理金融业务收入3.17亿元，比2014年增长4.77%，完成率为97.49%。市本级累计实现代理金融业务收入8635万元，比2014年增长0.94%。累计完成标准保费16.74亿元，列全省第四。全市余额规模达153.30亿元，年净增13.60亿元，列全省第六。累计安装POS终端5638户，交易金额5.85亿元。全年新增外拓经理70余人，职业技能持证率达90%以上。

【机构设置和调整】1月7日，温州邮政鹿城区一局和二局合并，成立鹿城区局。3月19日，设立商务小包客户服务中心，挂靠函件局下辖商务小包业务局。5月25日，分公司电子商务局和分销业务局合并，成立电子商务局。5月28日，设立分公司党群工作部，与综合办公室合署办公。6月2日，成立农村电子商务办公室，挂靠市场经营部。6月3日，撤销函件局下辖之商务小包业务局，成立包裹业务局。12月31日，撤销龙湾区局、瓯海区局和鹿城区局，设立城区营业分局、龙湾分局、瓯海分局、鹿城分局。

【邮政普遍服务与农村电子商务】2015年，将邮政E邮柜项目列入温州市政府年度“十大民生实事”工程，“邮掌柜”写进温州市政府《关于加快农业电子商务产业发展的实施意见》。至年底，温州邮政累计建成E邮站218个，已入驻快递企业56家，累计存取邮件61.52万件；邮掌柜建设站点1255个，其中商超型“村邮乐购”服务点894个，比例占全省第一。商易通交易8万笔，交易金额9174万元。6月26日，邮乐网“温州馆”上线，推动地方特色农产品销售，实现农村青年创业创收和农产品增值增效。该年，全市累计建成村邮站2381个，其中信息化村邮站1061个，占比达到44.56%。累计投递各类邮件2539.15万件，办理便民服务407.65万笔，服务金额3.52亿元；累计发展“自邮一族”会员1.57万名，业务规模列全省第一。

【最美贤内助评选】 5月，温州邮政在市本级开展首届邮政“最美贤内助”评选活动，。共有20名获“最美贤内助”荣誉称号，16名获“贤内助”荣誉称号。12月29日，温州邮政举办首届“最美贤内助”颁奖典礼暨员工家属答谢会。

【推行劳务外包】 2015年，温州邮政启动网点优化和邮务类人员转型工作，实施“腾笼换鸟”工程，推行劳务外包和业务承揽，对七都、临江等邮务类网点和邮区中心局商函制作中心的劳务实行外包，有效减员72人，劳务用工占比从2014年的52.9%下降至2015年的42.2%。

（叶仲伟）

责任编辑　戴增荣

房地产

综 述

2015年，房管鹿城分局规范房屋租赁、装修管理，加强房产监察力度；开展不动产统一登记的前期准备工作；提升中介服务，指导温州市经纪人协会开展中介机构培训。全区中介机构482家，从业人员1627人。配合住建委出台《温州市存量房网上交易管理暂行办法》，全区备案中介机构239家，发放机构网签账号234家，经纪人账号941个。全区共登记在册物业服务企业110家，其中一级资质9家，二级资质7家，其余为三级和暂三级，物业管理区域面积约3000万平方米。全年营业收入约6.5亿元，年上缴税收约5000万元。企业从业人员近3万名，住宅、写字楼等各类物业服务项目近600个。

市区嘉会里巷被列入全市第一批国家历史文化名城创建重点街巷整治范围。房管鹿城分局负责嘉会里巷6号和12号民居房屋整治工程，包括工程立项、修缮经费落实、开展招标工作、签订合同、工程协调等全过程的质量、造价、工期管理。该工程是历史建筑整治工程完成改造的第一例。通过民居整治，改善居民生活条件，提升历史街区的整体环境面貌。

2015年，鹿城区房地产市场有锦绣吕浦湾、锦昌府邸、温州大道地下第一商业街、中翠园4个项目开盘，进行预售资金监管协议备案5件，完成预售方案的监管。9月，房管监察大队开展对评估机构的集中检查，并就中介机构备案与市住建委、区审批中心进行协调。同月，针对中梁资产公司无资质开发的情况进行立案查处，并作出行政处罚决定。

2015年，区城中村改造办公室（区工务局）召开22次城中村改造周工作例会，研究解决383个政策处理疑难案例，确保“四策合一”政策（指保持“房屋征收、城中村改造、农房集聚、保障房建设”四类政策一致）有效执行。出台《温州市鹿城区房屋征收住宅市场化安置实施细则（试行）》，并制定《温州市鹿城区房屋征收住宅市场化安置实施细则（试行）有关政策衔接的实施意见》，确保新老政策平稳过渡。

2015年，温州市住房公积金管理中心鹿城管理部开展住房公积金法规政策宣传，落实首问负责制、一次性告知、挂牌上岗、限时办结、政务公开等文明服务制度，坚持推行午间连续办、周六正常办、上门服务、延时办理、网上“你问我答”、设置业务大厅引导员等为民、便民措施，取得显著成效。

房产管理

【概况】 3月，房管鹿城分局正式投入运行房产管理软件系统，实现公房数据维护、查询、统计、发票管理、租金收取、预警等方面的应用和管理，实现公房信息的有效利用。全年受理房屋违章装修投诉508件。分局完善房屋装修备案制度，调整住宅装修开工申报工作表式，规范房屋装修行为，指导物业服务企业做好房屋装修备案、日常巡查等工作，将房屋装修的禁止行为和注意事项书面告知房屋所有人、使用人，及时报告违法装修情形。同时，加强房产监察人员日常巡查，全年总计巡查2698人／次。全年办理房屋租赁备案1112件，办理300平方米以上非住宅装修施工许可77件，计建筑面积13.66万平方米；住宅及300平方米以下非住宅开工申报4件，计建筑面积415.44平方米。

【公共住房租赁补贴】 2015年，是温州市区实施公共租赁住房保障的第一年，全区共受理5425户中低收入家庭申请公共租赁住房保障，完成住房情况审核5421户，其中符合住房条件的5154户、驳回的267户。开展廉租住房和公共租赁住房并轨运行，落实“市场提供房源、政府提供补贴”的保障方式，全年共发放公共住房租赁补贴1534万元，保障户数2429户。其中，廉租住房补贴1331万元、人才购房补贴30万元，完成年度任务的153%。

【人才住房租赁补贴】 全年共受理人才住房租赁补贴申请材料298件，经审核，符合条件的277件（不符合条件的21件），已陆续签订补贴协议。同时，做好2014年、2015年度人才租赁补贴的发放，发放补贴169万元。

【经济适用房轮候的审查】 2015年，瑶溪和娄桥经济适用房房源逐步竣工交付。房管鹿城分局对全区1359户2012年度经济适用住房准购轮候家庭的住房情况进行复审，通过家庭经济收入、住房等情况的复审，认定符合准购条件的1214户、不符合准购条件的135户、自愿放弃的10户。

【直管公有营业房拆迁安置】 2015年，房管鹿城分局对市名城集团解南改建区、信河街等九大片区未实施认购定位的个人承租直管公有营业房及其原承租人、面积等情况进行核对核实，对原承租人亡故等影响安置进程的15类情况开辟绿色通道，安排专人办理，整合工作流程，加快拆迁安置提速进度。

【危房监管】 2015年，完成C级危房监管669处，计1097户，总建筑面积17.6万平方米；D级危房监管1282处，计2439户，总建筑面积31.14万平方米。对于C、D级危房，各房管所均已建立危房档案，对日常排查中发现的危房，通过发放C、D级危房整改、疏散通知，对危房点的险情实施跟踪监管，实时掌握险情变化，进行动态管理。

物业管理

【概况】 2015年，房管鹿城分局累计完成物业用房配置手续10件，办理物业用房移交手续20件，移交物业办公用房6279平方米、移交经营用房面积2760平方米；完成前期物业管理合同备案25个，总建筑面积191万平方米；召开前期物业招投标15个项目18次会议（其中完成备案13个）；累计办理业主大会筹备经费申请手续17件，累计经费46万元。

区物业管理总公司在管辖范围内开展消防安全和安全生产、“两创”、智慧城管等相关工作。同时，强化消防报警系统、电梯等设备设施的资质审核，强化自动消防报警系统与安防系统维修和改造工作。

【“两创”工作】 2月，温州市获得“全国文明城市”称号。区物业管理总公司把创建工作转变为常态化工作，把“两创”要求和标准同日常的工作结合起来。各行政职能部门依据自身职责，对下属各管理处、分公司的工作开展抽检和考核等相关检查，促进创建工作持续有效开展。9月—10月，在省级、中央文明委的评估以及年初的检查中，总公司管辖范围内未发生扣分情况。

【消防安全整治】 2015年，房管鹿城分局开展防汛安全大检查专项活动、夏季消防安全检查暨“双月”攻坚专项行动，牵头开展鹿城区高层楼宇、旧住宅楼安全专项整治工作。与全区71家物业服务企业签订《物业服务企业消防安全责任书》，做到责任分解，落实到人。共收到300个大厦（小区）物业《温州市鹿城区物业区域高层建筑花名册》，物业服务企业自查高层建筑约1200幢，发现火灾隐患180处，整改火灾隐患89处。收到《物业管理区域夏季消防安全自查表》276份，发送消防安全宣传短信1002条，组织检查人员70人次，督查物业管理处64个。指导鹿城区物业管理行业协会共开展22期项目经理和消控室人员培训，受训人员2272人次。

【“平安物业”工作】 2015年，房管鹿城分局督促物业服务企业贯彻《物业管理条例》等物业管理法规政策，开展以“增强法治观念、深化平安创建”为主题的平安综治双月宣传活动，指导各物业服务企业利用小区电子显示屏、电梯广告、宣传栏悬挂、张贴平安创建宣传标语，宣传平安知识，共分发《平安建设常识》宣传单3000份。

【企业清理整治】 2015年，鹿城区有物业服务企业110家，住宅物业管理项目600余个，高层建筑1400幢。区房管部门通过清理整治，对资质证书过期、没有管理项目、专业技术人员数不够、有重大违规行为等不符合资质管理办法的企业，经甄别依法上报予以注销，促进物业行业的健康有序发展。

【设备设施资质审核】 2015年，区物业管理总公司针对各管理处消防报警系统、电梯等设备设施，要求必须具有相应资质的工程公司进行维保、维修，并按规定签订合同，建立维保维修档案。

【报警与安防系统维修改造】 2015年，区物业管理总公司加强报警与安防系统维修改造。金会昌家园管理处改造自动消防报警系统、安保系统；西湖锦园、金德景园管理处同业主沟通，落实资金对自动消防报警系统、安保系统进行维修或改造；人和嘉园对安保系统进行大修；文景花苑完成安保系统改造；东方花苑改造自动消防报警系统，通过消防部门验收。

【智慧城管工作】 2015年，区物业管理总公司开展“智慧城管”工作。通过加强部门之间的协作和沟通，提高派件处置效率，确保派件在规定时效内完结。全年共接案432件，其中归属总公司的案件396件，除一件因业主原因未能办结外，其他均已办结，办结率为99.75%。另外，有36件经与就近管理处调查核实非总公司管辖后，已做好解释退件工作。

（余琼蕙　邹泉全）

房屋征收管理

【概况】 2015年，建立鹿城区未经登记建筑航摄底片查阅机制，全年累计出具398户未经登记建筑航摄底片。全年完成征收计划任务23个，涉及总户数2526户，总建筑面积91.3万平方米。实现房屋整体腾空拆除项目12个，完成率100%。全年疑难户化解工作任务数为261户，共完成疑难户化解签约171户，完成率达65.5%；拆除149户，完成率达57.1%。办理行政诉讼案件4例、行政复议案件1例，100%予以维持。申请强制执行2件，法院均裁定准予执行。出台《安置房统筹使用管理暂行办法》，将分散在23个重点项目业主单位的安置房源集中调配，实行动态管理。全年累计完成认购住宅667户，1285套，完成率214.17%；营业房认购128户，131间，完成率218%；交钥匙住宅954户，1563套，完成率104.2%；营业房59户，88间，完成率146.67%；完成协议“临转正”2286户，完成率228.6%。累计入户调查（丈量）1186户；完成签约1031户，签约率达到103.1%；完成改造3373户，改造率337%；累计完成腾空523户。其中，南塘村、葡萄村、东屿村、丰收村菜篮子地块、巨一村（旺增桥村）、涂村安置区块一期已完成整村签约。

【阳光征收与补偿】 2015年，设立“阳光征收”电子屏，提高房屋征收透明度和公信力，并在巨一村旺增桥村设立试点，切实保障被征收人合法权益。向被征收人公开政策法规、补偿方案、调查情况等信息，实现“阳光补偿”。

【质押登记工作】 区城中村改造办公室（区工务局）为解决被征收人安置房回购款不足问题，同时也为被征收企业解决融资难题，严格按照《温州市鹿城区保障性安居工程房屋征收安置补偿权益质押贷款暂行办法》，全年共办理62例，涉及5个街道13个项目61户以及塘河管委会1个项目1户，其中住户61户，企业1家，质押金额18928.4725万元。

【征收与补偿业务培训】 8月10日、10月10日，区城中村改造办公室（区工务局）分别举办2期房屋征收与补偿业务知识培训班，全区各街道及相关部门工作人员参加培训。主要内容包括讲解农转用与土地征收政策、房屋征收与征地房屋补偿工作流程和房屋征迁依法行政专题培训等。

（李　慧）

住房公积金管理

【概况】 2015年，温州市住房公积金管理中心鹿城管理部期末正常缴存职工人数达162029人，当年归集住房公积金金额33.92亿元；办理住房公积金提取199934人次，提取金额23.08亿元，期末归集余额达109.50亿元；办理住房公积金贷款4585件，贷款总额25.82亿元，期末住房公积金贷款余额103.43亿元。获得温州市“最美巾帼文明岗”、温州市总工会“工人先锋号”、温州市住房公积金管理中心工作目标责任制考核全面先进单位等称号。

（杨连庆）

责任编辑　朱凌云

建筑业

综 述

2015年，鹿城区建筑行业共有企业158家，其中：建筑业企业16家，一级资质5家，二级资质5家，三级资质6家；房地产企业23家，一级资质1家，二级资质7家，三级以及暂定级15家；市政企业17家，一级资质4家，二级资质10家，三级资质3家；园林绿化企业22家，一级资质2家，二级资质4家，三级资质16家；装饰企业43家，建筑设计、项目工程管理和咨询等企业37家。全年完成建筑业施工总产值338.37亿元，比2014年增长0.2%，占全市产值的25.1%；建筑业增加值完成77.78亿元，增速为28.7%，占GDP比重为9.6%，拉动GDP增长1.5%；省外产值131.8亿元（2014年为116.7亿元），占总产值38.9%。全年共培育建筑业企业一（甲）级3家、二（乙）级1家，当地市场占有率超过70%（包括温州市建筑企业）。区住房和城乡建设局（简称区住建局）获温州市机关单位档案工作目标管理市级认定单位、市卫生先进单位称号。

2015年度鹿城区建筑行业突出贡献单位

表11

浙江省建筑安全文明施工标准化工地	温州市鹿城区七都千亩征地等项目安置房与七都农房集聚区（一期）工程	中纬建设工程有限公司
	江滨路鹿城段18、19号地块B8、B9、B14拆迁安置房工程	温州诚博建设工程有限公司
温州市建设工程瓯江杯奖（优质工程）	温州市鹿城区七都千亩征地等项目安置房与七都农房集聚区（一期）工程	中纬建设工程有限公司
	双屿街道上伊村经济合作社（铁路沿线）二产标准厂房工程	温州振华建设有限公司
资质晋升企业	金达建设有限公司审核通过为房屋建筑工程总承包一级	
	温州浙南建设集团有限公司审核通过为房屋建筑工程总承包一级	
	温州市华昌市政工程有限公司审核通过为市政公用工程总承包一级	
鹿城区建筑业龙头骨干企业	浙江新邦建设股份有限公司	
	新宇建设有限公司	
	中纬建设工程有限公司	
	金达建设有限公司	
	三箭建设工程集团有限公司	
	鲲鹏建设集团有限公司	
	温州市华昌市政工程有限公司	
	浙江实强建设有限公司	

续表11

鹿城区建筑业龙头骨干企业	浙江红欣园林艺术有限公司
	浙江绿艺园林工程有限公司
	浙江万邦建筑装饰工程有限公司
	浙江一洲建筑装饰工程有限公司
鹿城区建筑业强企	温州振华建设有限公司
	温州诚博建设工程有限公司
	温州浙南建设集团有限公司
	温州鹿城第一建筑工程有限公司
	正坚建设有限公司
	浙江信博城市建设有限公司
	温州市华宏市政园林工程建设有限公司
	恒运市政园林建设有限公司
	温州厦泰基础工程有限公司
鹿城区建筑业成长型企业	温州市华意市政工程有限公司
	温州中城晟泰市政工程有限公司
	温州隆盛市政建设有限公司
	温州市宏泰建设有限公司
	浙江三石装饰有限公司
	温州市瑞丰装饰工程有限公司
	温州市腾方园林建设有限公司
	温州市中宝建筑工程有限公司
鹿城区建筑业外向型企业	温州市鹿城建筑安装工程有限公司
	温州鹿城第三建筑工程有限公司
	广拓建设有限公司

建筑工程

【交通治堵工程】 2015年，鹿城区共安排实施42个市政道路设施建设项目，其中新建项目16个，续建项目5个，完工项目12个，前期项目9个。全年实际完成开工建设七都纬二路一期、岩门市政道路一期、渔渡三路、瓯江路西延一期等10个市政道路（桥梁）项目，建成德政东路、轻工园区纵五路等6条城市道路。共计完成投资46741万元，年度投资完成率117%。全年完成8700个停车位建设（完成率217.5%），其中公共停车位1532个（完成率306.4%）；完成7个旧住宅区停车位改造项目，建成停车位1018个，分别是滨江街道灰桥新村（40个）、松园小区（135个）、蒲鞋市街道锦园社区（205个）、上陡门住宅区12组团（170个）、五马街道飞鹏大厦（61个）、南汇街道伯爵山庄（100个）、蒲鞋市街道西子新村和天盛花园（307个）；完成学院路、山前街、九山路等8公里左右的自行车专用道建设；建成位于104国道前陈村、潘岙村段的2对港湾式公交站台，完成1处公交首末站（鹿城轻工园区公交始发站及修理厂）施工图审查。

【“五水共治”项目】 2015年，在环保基础设施建设方面：七都污水处理厂达到试运行条件，完成西片污水处理厂“三通一平”施工及相关手续备案的办理工作，完成中心片污水处理厂BOT招投标工作，温州市厨余垃圾处置工程一期通过联合审批，完成七都垃圾转运站主体预验收。在截污纳管工程方面：

七都街道老涂、板桥和樟里村基本完成工程建设；前沙村完成管网建设2公里；上沙和吟州村完成招投标，已准备进场施工；仰义街道澄沙桥村仰义新街周边分区完成65%工程量；沿江工业区南分区完成95%工程量；沿江工业区北分区完成85%工程量；渔渡分区完成15%工程量；前京分区完成5%工程量；澄沙桥旧村分区开展施工图审查工作；藤桥镇老镇区接管工程完成80%工程量；藤桥镇污水提升泵站工程完成60%工程量；藤桥镇老镇区污水管网整治工程三个片区均已进场施工，均完成50%工程量。在管网工程方面：完成雨水管网建设19.7公里，管网提标改造30.9公里，雨污分流改造30.0公里，供水管网建设13.2公里，供水管网改造12.7里，积水点改造25处，屋顶集雨等雨水收集系统建设128处，分别为年度计划任务的164%、257%、200%、147%、141%、833%和160%。

【地下空间开发利用】 2015年，完成27万平方米地下空间开发，包括鹿城区七都岛02—04—01地块5万平方米，温州市江滨路鹿城段18、19号地块1.1万平方米，葡萄村村委会村民安置房4—2地块1.5万平方米，外滩首府（桃花岛）4.8万平方米，里垟村安置房、廉租房一期工程2.4万平方米，城市中心区E1、E2号地块（国脉大楼工程）2.1万平方米，藤桥新社区农房改建2万平方米等多个工程。

【进城口整治】 2015年，承接西进城口、北进城口、七都进城口、东进城口（桃源花园部分）等4个进城口综合整治项目。包括七都岛纬一路绿化提升工程在内的21个标段于年初完工，并在3月前完成所有整改工作。北进城口综合整治（滨江辖区）景观绿化工程，已根据市规划局〔2014〕79号专题会议纪要暂缓实施；双屿客运站天桥项目，在2015年农历年底前基本建成并开放试通行。全年共有13个整治标段完成工程结算审定。

【省级美丽宜居示范村建设】 2015年，根据《关于公布全省2014年度美丽宜居示范村试点名单的通知》及《关于公布全省2015年度美丽宜居示范村试点名单的通知》，藤桥镇金岙村、雅漾村、荫溪潮埠村、油岙村成功申报为省美丽宜居示范村（暨农房改造建设示范村）试点。其中，金岙村于8月完成省级美丽宜居示范村建设任务并顺利通过验收，被认定为合格村庄。雅漾村、荫溪潮埠村完成村庄规划编制和部分改建工程。

【住房保障】 2015年，鹿城区新增住房保障覆盖率在三区中保持第一，完成新开工建设公共租赁住房534套（年度完成率217.96%），分配公租房245套（年度完成率126.29%）。全年推行安置房月排名和“四色预警”制度①，全区安置房工程完成开工项目3个，续建项目8个，竣工验收项目1个，完成投资额102563万元，完成率111.3%。其中，七都千亩征地安置房项目与七都农房集聚区（一期）工程获评市级、省级标化工地以及市级结构优质奖和瓯江杯优质工程。同时，全力做好保障性安居工程建设工作。职工住宅（安置房、廉租房）一期工程，总建筑面积83866平方米，投资约3.3亿元，共8栋楼，其中1号、3号、5号、7号楼楼为区安置房，建筑面积33144平方米；2号、4号、6号、8号楼为市房管局的廉租房，建筑面积50722平方米，即将交付并办理竣工结算。温州市里垟保障性安居工程，总建筑面积17.43万平方米，项目总投资8.0273亿元，截至12月底，支撑工程、地下室、二次结构、装饰工程中内墙抹灰及外墙抹灰、扶手栏杆工程完成比例均为100%；地上主体结构已封顶，安装工程与主体结构、二次结构同步进行中；机械车库招标工作同步进行中。全年累计投资22663万元（完成年计划的151%），总累计投资完成6.0329亿元。鹿城区职工住宅一号二号三号道路工程已完成建设，组织竣工验收。

① “四色预警”制度：区住建局每两个月对安置房建设项目进行排名。对按进度计划完成任务，投资完成率高于70%且排名前五位的建设项目亮绿灯；未按进度计划完成任务，投资完成率低于70%且排名末五位的建设项目亮黄灯，并在全区范围进行通报，对建设单位主要负责人、分管负责人进行约谈；未按进度计划完成任务，投资完成率低于70%且连续两次排名末五位，或一年内累计四次排名末五位的建设项目亮红灯，对建设单位主要负责人、分管负责人进行诫勉谈话；未按进度计划完成任务，投资完成率低于70%且连续三次排名末五位，或一年内累计五次及以上排名末五位的建设项目亮黑灯，对建设单位主要负责人、分管负责人按照《鹿城区行政过错行为责任追究办法》和《关于对区委、区政府重大决策部署执行不力实行问责的办法（试行）》等有关规定进行责任追究，同时与建设单位年度考绩挂钩，具体办法由区督考办另行制定。

【困难群众危房改造】 2015年，根据温州市住建委《关于2015年度农村困难家庭危房改造任务的通知》文件，鹿城区完成农村困难家庭危旧房改造15户，补助资金11.25万元。

建筑管理

【概况】 2015年，全区共计在建工程403项，总面积769.9053万平方米，投资额209.49亿元。其中，新开工项目125项，面积221.2平方米，投资额35.97亿元。全年建设工程招标投标管理站共完成中标备案工程140件，工程总造价30.38亿元，建筑面积119万平方米。其中，公开招标工程78个，建筑面积8.3万平方米，工程造价7亿元；邀请招标工程30个，建筑面积47万平方米，工程造价8.7亿元；直接发包工程32个，建筑面积63万平方米，工程造价14.6亿元。完成合同备案项目112件，合同价款30.9亿元。全年区住建审批窗口共计收办工程类事项1005件。其中，许可类承诺件：初步设计19件，节能审查33件，工程设计重大变更19件，施工许可78件（包括市政工程24件）；非许可类承诺件：竣工验收备案49件（包括市政工程5件），开工条件审查39件；即办件：施工图审查备案168件（包括市政工程30件），质监登记备案132件，投标备案108件，中标单位书面情况备案59件，起重机械类的产权备案177件，注销9件，使用登记115件。另外，企业资质初审类92件（其中申报14件、延续8件、变更70件）；安全生产许可证初审类34件（申报7个、变更13个、延期14个）；人员证书初审类事项2101件（建造师初始注册和增项242件，变更209件，延续291人次，三类人员初始注册329件，延期520件，变更477件，注销33件）。全年配合全省建筑市场监管与诚信信息平台数据库建设，逐一对鹿城区195家建筑企业所有人员信息进行详细校对，核对人数达4583人次。年度无重大质量事故发生，工程质量合格率达100%，安全生产责任书签订达100%。主办消防安全事故应急救援演练1次，承办防高坠事故应急救援演练1次。

【首推安置房质量回访制度】 7月22日，区住建局首次组织安置房工程质量回访活动，共检查双屿街道3个安置房工程，分别为中国鞋都牛岭段拆迁安置一期工程11—13号地块安置房工程、鹿城区双屿西沿线2号地块工程和鹿城区双屿西沿线3号地块工程。此次安置房质量回访活动是一项创新举措，在温州全市属于首创，目的在于进一步了解已竣工验收并交付使用的安置房工程的实际使用质量情况，通过与各方责任主体进行实时讨论、交流，使安置房工程质量监督工作更有针对性和实效性。

【消防应急救援演练】 8月5日上午，在南汇横渎河西A18—1地块工地举行鹿城区建筑工地消防应急救援演练暨文明施工、质量现场观摩会。该演练由区住建局和温州海嘉有限公司主办，由区施工安全监督站、区工程质量监督站和深圳中海建筑有限公司承办。区消防大队、南汇街道和区人民医院协办。通过假设火情紧急救援、多小组分工协作、利用消防设施灭火、利用建筑设备隔离材料等多角度、多方位，直观逼真的演练方式，展示全区应急队伍协同作战、协调配合的良好状态。

【高温慰问】 8月12日，区住建局一行对葡萄9—1、德政东路、庄头地块、横渎A18等鹿城区属在建工地进行高温慰问，将毛巾、饮料、防暑药品等分发给一线工人。同时，要求建设工地加强安全和质量意识。

【工程质量治理两年行动】 1月22日，区住建局召开全区工程质量治理两年行动贯宣会，全区相关单位约300人参加会议。全年落实五方责任主体项目负责人质量终身责任，新开工125个项目“两书”（法定代表人对项目负责人授权书、项目负责人质量终身责任承诺书）签署率达100%，对未签署“两书”的17个在建工程进行补签，要求41个竣工工程设置永久性标牌，整体加强对工程建设参与各方主体及人员质量行为的监管。同时，落实《鹿城区在建工程施工项目经理记分管理制度（试行）》《鹿城区在建工程监理总监、专监记分管理制度（试行）》《鹿城区建设市场施工与监理人员履职不良行为认定标准（试行）》等十项制度。全年共计对项目经理、总监、专监扣分46人次，对企业信用评价扣分29家；开展综合大检查8次，邀请区人大代表、政协委员参与监督检查，对403个工程项目进行全覆盖式检查。对部分不符合检查要求和人员不在岗的工程项目进行扣分处理并要求整改，依法予以施工、监理企业及个人不良行为记录公示24次。

年度完成温州市建设工程瓯江杯奖（优质工程）1项，温州市优质安装工程奖2项，温州市优质结构工程7项；上报评市“瓯江杯”、省“钱江杯”和国家级优质等工程项目6项，同比2014年各类奖项翻一倍。创建示范性工地71个（通过区标中间验收43个，通过市标中间验收23个，市标3个，省标3个）。共召开监督计划交底会38次。在全市率先出台《保障性安居工程质量回访制度》，并在7月、11月开展安置房工程质量回访活动。主动邀请安置户代表参加保障性安居工程部分关键节点的验收工作，在东屿三产安置房、双桥三产安置房、仰义B9安置房与仰义锦园一期等工程项目中，共邀请安置户代表332人次参与到分户验收与竣工验收等关键节点验收工作；在藤桥新家园工程项目中，邀请安置户代表与市政协委员共15人次参加工程分户验收工作。

【打击违法违规行为】 持续开展诚信约谈，督促各方建设责任主体履职履责。全年组织包括5个污水管网整治工程在内的10多个重点工程项目的建设、施工、监理单位就三方责任主体履职履责情况进行约谈，涉及人数150多人次。规范和健全建设市场秩序，遏制违法违规行为，依法予以施工、监理企业及个人不良行为记录共24次；立案查处违法违规行为6起，其中结案6起，罚没款39.7万元；为29家符合条件的建设单位新建工程项目补办施工许可或竣工备案等相关建设手续。全年受理交办数字城管案卷73件，按期结案率97.3%，综合分值98.08，等次A等。联合区人社局出台《关于加强建筑业企业欠薪防范体系建设的通知》《关于开展建筑业企业欠薪防范专项检查的通知》等文件，共受理解决农民工工资纠纷投诉46起，涉及工人720余人、金额940余万元；涉及企业27家、工程项目30多个，并对1家企业作不良行为公示处理、9家企业作通报批评，及时化解因工资纠纷存在矛盾和过激情绪，维护各方主体和个人合法权益。

【建筑行业扶优扶强】 区建筑业在连续四年保持高速增长后出现了大幅下滑。第一季度同比下降13.85%，半年度同比下降13.1%。面对产值基数大、当地市场萎缩等客观环境因素，各项减缓下滑的扶持措施相继推出。快速提升企业资质，3家建筑业企业晋升一级施工总承包企业，并获多家二级企业迁入意向；率先突破资本运作，浙江新邦建设股份有限公司成功在“新三板”挂牌上市；科技创新行业领先，鲲鹏建设集团有限公司主编的国家标准《水泥基灌浆材料应用技术规范》颁布，并于11月1日起实施；推进新型建筑工业化，开工新型工业化项目1个，共11210平方米；拟定《关于当前我区建筑业发展形势及对策建议》《温州市鹿城区关于促进建筑业持续健康发展的若干意见》两份材料，并分别报区长办公会议与区委常委会会议审议通过。

【绿色建筑产业发展】 2015年，新建民用建筑全面实施《浙江省民用建筑绿色设计标准》，民用建筑项目节能评估审查率100%；完成既有居住建筑节能改造超4万平方米（温州城市大学太阳能热水系统、松台街道顺锦大厦、汇发大厦，五马街道金三谷大厦等3个电梯加装项目）；完成既有公共建筑节能改造示范工程2个，共5.5万平方米（温州市南浦实验中学外立面装饰工程和温州附二医南浦分院中央空调制冷节能控制系统）；完成用能监管示范工程1项（鹿城区公安分局办公楼工程能耗动态监测系统工程）；严格执行《民用建筑可再生能源应用核算标准》，完成太阳能等可再生能源应用项目17个，面积106.78万平方米；推进绿色建筑发展，通过1项三星级绿色建筑示范工程（温州市旧城G—27d—2地块，建筑面积4863.95平方米），申报1项一星级绿色建筑（旧桥制革改造B—5地块，建筑面积86650平方米）；应用勘察设计管理信息系统，施工图设计文件审查和备案、民用建筑节能评估和审查工作全面纳入系统管理。开展新型墙体材料主题宣传活动3次，分发有关建筑节能、新墙材宣传小册子、《条例》和环保袋6000余份；新墙材征收工地47个，押金814.8万元；勘查工地56个；完成返退工地29个，金额420.97万元；区新墙办联合市质量监督局和市新墙办，对辖管的新墙材企业和商品混凝土企业进行5次产品质量专项检查，共检查企业26家次。

【融资建设项目管理】 2015年，先后出台《关于进一步加强政府融资建设项目工程签证管理的通知》《鹿城区BT融资建设项目施工图预算评标办法》《鹿城区BT融资建设工程施工图预算核对程序》《关于明确BT融资建设项目回购流程的通知（试行）》等文件。鹿城区人民医院迁建工程、人防应急指挥大楼等16个项目签订了施工图预算核对评标办法协议，按照文件规定的评标办法实施操作。截至年底，鹿城区已与中建国际等8家单位签订了10份BT项目合作协议（意向书），涉及金额432.21亿元。签订正式BT合同26份，涉及项目40个（其中保障性住房项目27个、公共建筑项目3个、市政基础设施项目7个、水利项目2个），涉及建筑面积252.19万平方米，BT合同额共计107.75亿元。其中，已开工建设的项目33个，合计建筑面积212.35万平方米，总投资145.1亿元，BT合同额共计90.1亿元，占已签合同额的83.62%。全年开工BT项目完成投资额28.42亿元，占全年任务的117%，总累计完成投资额72.31亿元。

【双屿工业垃圾场火灾救援】 2月17日晚，位于双屿街道上伊村的工业垃圾堆放场发生火灾，消防部门经过一夜抢救仍无法扑灭。2月18日正值除夕，区住建局在接到区政府支援指令后，第一时间成立应急救援小组。上午8时30分，工作人员到达火灾现场。同时，联系区属施工企业提供设备车辆和人员支援，并协调组织小组成员轮班。整个火灾救援期间，共组织新邦建设、温州市政、兴业市政、宏泰市政、实强市政、东联市政、深圳中海、诚博建设、华昌市政9家企业，13台挖掘机、推土机、铲车等机械设备，19名驾驶员分日夜两班不间断地全力配合消防部门参与火情控制工作。在明火扑灭后的两天内，区住建人员仍组织参与现场开辟防火隔离带等工作，直至救援工作全部结束。

（黄　彦）

责任编辑　朱凌云

商 业

综 述

2015年，全区社会消费品零售总额787.52亿元，增长10.1%。其中限额以上社会消费品零售总额208.72亿元，增长11.3%，较上年提高5.8个百分点。“十二五”期间，实现社会消费品零售额总量达3462亿元，年均增长10.6%。全区社会消费品零售总额787.52亿元，增长10.1%。其中限额以上社会消费品零售总额208.72亿元，增长11.3%，较上年提高5.8个百分点。温州中心、安邦金融广场、CBD绿轴等项目推进顺利，牛山国际、滨江广场一期等综合体结顶。白鹿洲文化村、新邦文创园、闻宅时尚街区、1958老码头创意园相继营业。集聚平台不断拓宽，万国财富小镇、时尚体育小镇列入市级特色小镇初选名单。累计创成省、市级服务业集聚区8个。五马街申报创建国家级特色商业街，建立“时尚消费指数”发布平台，“印象南塘”创成国家AAAA级旅游景区。国际轻工淘宝城、跨境电商产业园等平台建成运营，全省首个电商大数据研究基地落户鹿城。

菜篮子

【概况】 2015年，蔬菜总交易量达1187045吨，同比上年1087224吨增长9.18%；平均批发价格4.53元/公斤，同比上年3.16元/公斤上升43.35%。生猪屠宰总上市量达53.65万头，同比2014年60.23万头下降10.92%；猪肉交易量59855.2 吨，同比去年下降13.06%。全年猪肉平均批发价格19.72元/公斤，同比上年上升13.14 %。交易量的萎缩主要由于近几年温州经济出现滑坡现象，导致大量外来务工人员的离开，而务工人员是肉食品人群的主要消费群体，是导致市场交易量的下降的原因之一；由于市场竞争的原因，原“三区合一”的良好格局已被打破（三区是指鹿城区、龙湾区、瓯海区），永嘉、瑞安等地的肉品可以直接进入市区销售，市场占有率约达30%—40%，双汇、雨润等知名品牌的冷鲜肉逐步侵占市场份额，导致生猪交易量较2014年下降明显。

2015年，冰鲜水产品成交量达15326吨，比上年同期14392吨增加6.5 %；平均批发价格21.67元/公斤，同比上年23.75元/公斤下降8.76%。总体来看，2015年水产品供应量较上年有所增加，根据商品供需平衡原则，同期交易价格较2014年有所下降。货源主要来自苍南、舟山、奉化与福建等沿海地区。水产主要以冰鲜、鲜活水产品为主。

【食品安全检测】 2015年，食品安全检测针对市场流通销售的各类蔬菜、副食品等共检测104573批次，不合格244批次，合格率为99.77%；在“菜篮子”商品配送领域，严格掌控配送中心食品的安全。日常加强质量管理与检测工作，在采购来源市场已抽检的基础上再次进行抽样检测，确保配送的食品安全。此外，菜篮子农副产品批发交易市场在检测批次上进一步增加抽样数量，从年初的210批次/日提升至年底的350批次/日左右，提升幅度达到了66%；在检测范围上，在2014年引进气象色谱仪的基础上，上半年投用新采购的检测仪器—原子吸收光谱仪，进一步扩大食品安全检测范围，实现了食品安全重金属项目的定量检测，可以准确、快速检测出农产品是否含有铁、铜、铝、铅、铬等多种重金属元素，为市民“放心采购”再加一道防护栏。

（戴海帆）

汽车流通行业

【概况】 2015年，由于国家经济调整逐渐进入新常态，大部分汽车品牌产能过剩，导致经销商库存压力加大，大部分汽车品牌降价销售，行业利润下降，甚至出现大幅亏损。但行业协会得到了政府及有关部门的支持和帮助，通过会长、副会长、理事单位的全力支持和全体会员单位的共同努力，全市汽车流通行业仍然取得不菲成绩。全年销售各类汽车18万多辆，销售额超360亿元，售后服务收入约100亿元。汽车及相关产品消费约占社会消费品零售额的1/5，基本上与2014年持平。同时，汽车销售网点不断增加，高端品牌不断入驻，全年各种品牌的4S店达200多家，会员单位达228家，遍布温州各县、市、区。协会为服务会员，联系工商、公安、发改委、商务局、国税局等部门，先后组织推出了汽车消费联络站、汽车消费服务示范店创建、车管星级联动服务、汽车销售服务市场情况分析等工作，发挥了协会联系政府与企业的纽带作用，协调了成员企业间的矛盾和利害关系，维护了行业的和谐发展。同时协会集中行业统一优势，成功举办一年一度具有影响力的车展，为行业发展，维护行业合法权益做出了贡献。

【逆势办展显成效】 每年4月份是协会主办温州汽车展季节。2015年，协会完成了第十三届温州国际汽车展览会，汽车展会启用了温州会展中心东边展馆，加上户外展馆搭建面积规模达到5万多平方米。此间，面对市场形势严峻，部分参展商怕效益不佳，要求临时退展，面对困难和挑战，协会积极协调，在各单位的支持和配合下，取得了展馆面积、参观人数、现场签约销售等各项指标的新突破，展示了汽车流通行业的综合实力和整体水平，并取得圆满成功。

【创建销售服务示范店】 汽车销售服务是汽车流通行业的生命线，协会历来十分重视行业销售服务规范化管理。工商部门创建汽车销售服务示范店以来，截至2015年，发展到近100家。2015年，协会专门委托电脑公司开发了温州市汽车销售服务信息公示屏，在4S店大厅公示汽车消费服务的法律法规、汽车销售价格、配件价格、信贷、保险、服务收费标准、消费维权等信息，使消费者充分了解汽车消费有关信息。协会通过工商派驻消费维权联络员，设立解决汽车消费纠纷调解室，主动配合工商、消保委调解，全行业解决各类汽车消费纠纷1500多件。

【提升行业服务水平】 2015年，全市已设立机动车注册登记上牌服务站 62 家，预登记临牌发放点 211 家，群众买车后可以直接在汽车销售店上牌。全市机动车登记服务站共办理小型车注册登记3.04万辆，211家4S店及车行共发放临时牌照8.62万块，占全市总量的23.6%，基本满足了就近上牌的需求。另外，协会协调争取了城区19家汽车销售企业获得汽车移动证，解决企业汽车临时移动的困难。同时，协会对会员单位反映多年的国税局车购税集中办理带来的不能及时上牌问题，主动同国税局反映沟通，取得国税部门的大力支持，协会协同国税部门在21家汽车销售店安装购车税自助缴税系统，实现了真正的购车上牌一条龙服务。2015年，协会组织会员单位密切配合车管所，发展了一大批新的服务站（点），投入了大量培训，实际操作，资料归档，日常检查管理等工作。

【加强横向交流】 2015年，协会为了增进会员之间的交流，分别组织会长、副会长单位赴北欧考察，部分副会长、理事会单位赴日本考察，分四批组织会员单位赴泰国、张家界考察。加强企业横向联系，了解外地发展情况。协会还做了大量和会员单位联系、沟通、反映工作和为政府部门、会员单位提供温州汽车行业的数据和信息等日常工作。

（洪招朋）

金属材料

【概况】 温州金属材料流通商会系中国金属材料流通协会常务理事单位，是AAAAA级中国社会组织、温州市优秀社会组织，具有20年的办会历史，拥有会员单位240家。商会设有监事会、党支部、工会、青联（团支部）、妇联、红十字会、志愿者服务队、关工委。商会所在的六虹钢材市场占地10.27公顷，店面637间，经营户393户，主要经营黑色、有色金属等20多个大类、上万个品种及加工门店，是浙西南、闽东北地区最大的钢材交易专业市场。2015年，商会党支部被市工商联评为“先进基层党组织”，商会关工委被市委、市政府评为“温州市关心下一代工作先进集体”；志愿者服务队评为“十佳”志愿者服务队。

【重服务　促发展】 建立市场楼栋长管理机制，调动经营户参与六虹钢材市场“文明示范楼栋”创建；运用广播、微信群等媒介，对市场违规现象进行监督，及时处理会员反映的问题；力争相关政府部门支持，为解决企业难题。商会提交的《关于急迫解决温州市六虹钢材市场仓储物流问题的提案》，受到区政府的重视；开展市场调研，提出的“关于暂缓提高六虹钢材市场经营房租金的建议”，为会员争取了延缓提租。2015年，运用“三八”“五一”“七一”节假日，发动会员参与形式多样交流、联谊活动。

【讲奉献　促和谐】 2015年，先后开展了一系列慈善扶贫和助学帮困社会公益活动。1月，商会工会慰问南汇街道南塘社区4户贫困家庭；2月5日，商会筹集资金20000元，为藤桥镇25户贫困家庭送去慰问金和慰问品；8月3日，商会、青联慰问了市交警一大队、南郊派出所、鹿城武警中队；9月26日，商会党支部、志愿者服务队慰问11位鹿城籍抗战老兵。商会志愿者服务队也相继开展了扶贫助学等活动。

（陈郁芳）

9月26日，商会党支部、志愿者服务队慰问11位鹿城籍抗战老兵，送上中秋问候和礼品

市金属商会提供

文体用品业

【概况】 2015年，鹿城区经营文体用品的商业企业共260家，其中批发商76家，集中开设在飞霞北路、体育中心两地。飞霞北路174号内的大华文具总汇以经营文教用品、办公用品为主；民航路体育中心体育场底层商铺销售体育用品、健身器材；均以批发为主，兼营零售。2015年全年销售4.2亿元，从业人员1650人。

【“顺发文具”2015年夏季订货会】 7月7日，温州顺发文具公司在金球国豪大酒店金一厅举办“顺发文具夏季订货会”，公司联合多喜多、小精灵、智镁、智力、亨纳、韩国花郎、智高、文曦、知心、银锋、超时、创思、乐普升、乐事高、长力、怡尚等名牌厂家，各派营销团队到场推介，展示16个知名文具品牌系列6000多个商品，吸引各地100多家文具经营户到会采购，成交额300多万元。

【体育中心商铺三年租赁权拍卖】 7月7日上午10时，温州市佳得拍卖有限公司受温州市体育局体育中心委托，在瓯海宾馆二楼多功能厅公开拍卖坐落在鹿城区民航路6号体育场一层经营体育用品的27间店面共3252平方米的三年租赁权，有近40家企业报名参拍，经过多轮竞争，27间店铺分别被18家企业中标，每月的中标租金总价为44.79万元，超出起拍价45%。

【“晨光文具”新品发布会】 7月30—31日，国内文具名牌“晨光文具”和温州顺尔得文化体育用品有限公司联合在金球国豪大酒店金球厅举办“2015年晨光文具新品发布会”。“晨光文具”营销代表分段向客户推介新品种和订货奖励优惠，到会的180多家文具经营户当场签约购货。

【加盟“商业诚信联盟”】 由市信用办、市文明办、市商务局作为指导单位的市商业诚信联盟委员会经过单位申请和审评，同意吸收运动之家客户服务中心、三球文体公司、伍环体育用品公司、创佳文化公司、小百体育用品公司、康百体育用品公司、宏鑫文体公司、新创体育用品公司、顺发文具公司、智权科技电子公司、融通经贸公司、五环体育公司、伍环文体店、奥体体育用品店、王锐体育用品店、健华体育用品店等16家企业加入“商业诚信联盟”，并于8月8日“诚信日”给予授牌悬挂。

（张成康）

仓 储

【概况】 温州市鹿城仓储基地始建于1998年，总面积11万多平方米，是浙南闽东北区域的机电、五金配货交易中心和商务中心以及区域主要机电业产品价格形成和发布中心，是温州市初具规模的现代分销物流中心。仓储公司的控股股东为鹿城区财政局。2015年，仓储基地进驻的各类个体户、企业以及企业的仓库达250家，其中企业法人类40余家，个体户100余家，各类仓库110余家。主流客户为医药、银行、电器、五金机电、日用百货、食品饮料等。入驻基地的知名企业有温州市医药商业集团、国药控股、温州康宏医药有限公司、建设银行、工商银行、温州中百有限公司（宝洁公司产品温州总代）、温州日清（加多宝温州总代）、上海太太乐、鹿城机电等。仓储基地实行的是24小时监控的安全保卫工作，全年无任何重大事故发生。公司被评为浙江省交通物流行业十大仓储企业之一。

（徐如玉）

药 业

【概况】 2015年5月，国家发改委发布《关于印发推进药品价格改革意见的通知》。6月1日，取消绝大部分药品政府定价，药品实际交易价格主要由市场竞争形成，以完善药品采购机制，发挥医保控费作用。药品价格改革，推动了医药O2O起势和医药工商“触电结网”。

志愿者队伍协会，到乡村、到社区街道，开展志愿者服务活动，取得了良好的社会效益，获得了国家 省、市、区的嘉奖。

【执业药师培训辅导】 年初第七版《国家执业药师资格考试大纲》正式生效，新的考试大纲改变了原有科目的考试内容，各门科目的总分也由原来的100分增加至120分。为了更好地服务广大会员，让更多的人能在年内顺利通过考试，协会开展了执业药师考前辅导班。12月，结合培训工作实际，协会向国家人力资源和社会保障部，国家食品药品监督管理局，浙江人力资源和社会保障部和浙江食品药品监督管理局等主管部门呈递了《关于2015年度执业药师录取分数应为60分的建议》的报告，并得到回复。

【为受灾严重地区募捐】 受2015年第13号台风影响，苍南、平阳等地受灾严重，协会号召会员们献出一片爱心，共募集善款11000元整。于12月19日带着慰问金、棉被、食用油前往苍南县玉苍山，探望慰问了10多户困难家庭，并现场为老人们测量血压，其中包括一位1948年入党92岁的老党员。

【药店经营状况调查】 根据近两年药品经营企业遇到的困难，有不少企业退出了医药行业。协会为了更好地了解全区药品企业经营状况，11月针对单体药店进行了一次药店经营状况调查。此次调查共收回调查表121分，其中有效112份。此次调查摸清了大部分药店的经营范围、经营状况等信息，为协会更好地开展工作提供了帮助。

（张纯纯）

粮 食

【概况】 2015年，全区粮食消费人口131.79万人，比上年增加0.26%；粮食总消费24.96万吨（折合原粮），比上年下降2.80%，其中口粮消费20.82万吨，比上年下降0.48%，占总消费量的83.41%。全区自产粮食1.9万吨，自给率7.6%，比上年提高0.7个百分点，粮食缺口23.06万吨。缺口主要品种为稻谷13.63万吨，比上年缩小3.13%，其中粳稻8.38万吨，主要从黑龙江、江苏、辽宁、吉林等省购入；中晚籼稻4.17万吨，主要从江苏、江西、安徽等省购入；早籼稻1.08万吨，主要从江西、安徽购入；小麦5.56万吨，主要从山东、江苏、安徽等省购入；玉米1.8万吨，主要从市内购入；大豆1.93万吨，主要从安徽购入。其他粮食1.14万吨，主要从山东、江苏等省购入。全区拥有市级粮油骨干企业3家；新增放心粮油店4家，保留15家，撤销3家；拥有应急粮食供应点32家，应急运输企业1家，粮情监测点1家。

【订单粮食】 2015年，全区与种粮农户签订早、晚稻订单粮食合同53份，数量2345吨。涉及早、晚稻播种面积6506亩，占全区早、晚稻播种面积37110亩的17.53%。全年实际订单收购粮食1958吨，发放订单粮食预购定金9万元，早、晚稻订单粮食奖励款90.67万元。

【粮食科普宣传】 5月16—24日

10月22日，市粮食局在南汇街道清风社区举办纪念世界粮食日和爱粮节粮活动

市粮食局提供

“粮食科技活动周”期间，围绕“爱粮节粮，健康消费—粮食科普进家庭进学校”主题，温州市粮食局开展粮食科普进社区、进校园、进家庭、进城镇乡村、进企业（机关）、进市场系列宣传活动。其间，市粮食局参加温州市科技活动周宣传，在白鹿洲公园广场开展综合宣传活动，组织人员到滨江街道宏源社区开展粮食科普宣传，联合温州市第十二中学开展粮食科技周宣传进校园活动。

10月16日是第35个世界粮食日，也是第25个全国爱粮节粮宣传活动周，活动主题是“兴粮惠农进万家”；10月22日，市粮食局在南汇街道清风社区举办纪念世界粮食日和爱粮节粮活动。

（林淑乐）

供销合作

【概况】 2015年，鹿城区供销合作社生产经营总体保持平稳发展态势，经营服务网络体系进一步完善，成为农村社会化服务的骨干力量、农资流通的主导力量和农民合作的带动力量。全系统实现总经营收入89433.2万元，同比增长38.9%；利润1888万元，同比上升18.2%；所有者权益32320万元，同比上升19.69%；实现社会贡献总额3170万元，上缴税费309万元。在2015年度全省供销社系统综合业绩考核中获特等奖。

【推进新网工程建设】 区供销社按照规范、发展、提高的基本思路，完善优化全区农村现代流通网络布局，重点搞好龙头企业建设，日用品、农资经营服务体系基本实现了网络化。2015年，区社系统新增连锁网点10个，累计建成各类连锁网点325个。实现连锁销售7.61亿元，其中农产品销售6.78亿元，日用品销售4264.7万元，农资销售254.3万元，再生资源销售3730万元。

【完善农资经营服务网络】 结合“智慧农资”平台建设和都市农业发展，在保障“春耕支农惠农”农资供应和应急储备的同时，加快农资企业服务转型升级，新建藤桥南街、仰义前京2家庄稼医院和双潮、竹桥2个农资示范店。全年供应化肥676.5吨，农药21吨，农用薄膜28吨，实现农资销售254.3万元，同比增长133%，为全区的农资供应提供坚实保障。

【拓宽农产品流通能力】 2015年，区供销合作社把握“互联网+三农”这一转型方向，创新经营业态和商业模式，构建“线上网络+线下实体”产销平台。以鹿城农产品直销中心为依托，与市社“掌上供销”开展战略合作，使农产品既能通过电商销售，也能走进城市社区门店，拓宽农产品销售渠道。全区32家专业合作社、6家农业龙头企业的200余种优质农产品实现“田园直供”，全年系统农产品销售6.7526亿，同比增长36.4%，其中农产品电商销售达2670万元。参股组建温州市网潮儿电子商务有限公司，与“淘宝·浙江馆”“特产中国·温州馆”等电商平台合作，搭建“老藤农”微商平台，改善农产品供应模式。同时，利用供销系统下的农村连锁网点，组建5家农村电商服务点，面向农村提供网络代购服务、农产品代销服务、农民青年创业服务等，打通服务农村的“最后一公里”。

【构建再生资源利用体系】 区供销社通过政府引导、科学规划、市场调节等措施，有效改善行业面貌，2015年体系建设被省市列为典型推广。在温州市创卫攻坚战役中发挥重要作用，承接的废品站点专项整治工作实现零失分，获温州市创建国家卫生城市工作先进集体。区社全年保持再生资源行业整治高压态势，深入推进废品收购站专项整治，全年累计整改有证站点192家，取缔无证站点97家。继续完善社区绿色回收网络，全年新建标准化回收站点10个，规范站点总数达到70个，实现再生资源销售3730万元，同比增长74.1%。牛岭循环经济服务点作为全市唯一投入使用的示范性再生资源集散中心，年可加工处理废纸7000吨，辐射周边40个网点；嵇师服务点历经规划变更、概算调整，于11月完成项目建设，并开始着手后续运营招租工作。

3月26日，鹿城区“三农贷”贷款卡首发仪式　　区供销合作社提供

【加快基层体系建设】 针对全区区专业合作社普遍规模较小，组织化程度不高、实力较弱，重创轻建等问题，该社以规范化建设为抓手，强化基层组织的服务带动能力，取得良好效果。专业合作社拓面提质，全年领办农民专业合作社5家，累计达34家；系统市级以上示范社共17家，比例达到50%。全系统专业合作社实现销售9203万元，同比增长70%，带动农户4976户，助农增收3016万元。依托现有农村合作经济组织，进一步强化经营功能，整合服务资源，创建温州市农信专业合作社联合社和温州市雅西农业开发有限公司三类经营服务综合体。并组建了藤桥养殖农民专业合作社联合社。

【农村金融服务创新】 2015年，为有效解决全区农业生产“融资难、担保难”核心问题，区供销社深化金融服务创新，倾力“三农贷”惠农贷款。以消除农村金融服务空白为突破口，将服务对象从以往的农业龙头企业、农民专业合作社、家庭农场和种养大户，扩大到普通农户，贷款用途除了农业生产性贷款外，还涵盖了医疗卫生、住房教育等日常生活诸多方面，满足农户多样化需求。打造专业服务团队，开展“周二周四快速审贷”活动，满足农户“短、频、急、快”的资金需求。争取到农商银行15%的利率优惠，担保手续费减半，让农户更方便实惠得到贷款。全年共发放“三农贷”85笔1924万元，累计涉农担保贷款157笔6190万元。

【农村结对帮扶】 2015年，区供销社继续深化农村结对帮扶，开展“千名党员牵手，百个支部结对”活动，向扶贫挂钩结对村藤桥镇岙底社区田塘头村，累计送上扶贫项目资金、慰问金3.59万元；推进软弱落后村整顿转化提升，推动基层建设全面进步，向藤桥镇金马村选派第一书记，推进金马村村民中心建设，捐资3万元；推进社会主义新农村建设，加快城乡统筹发展，向藤桥镇横山村选派农村指导员；推进社会主义新农村建设，为横山村党员活动室捐资5000元。

（夏拓坚）

责任编辑　徐孝平

服务业

综 述

2015年，全区社会消费品零售总额787.52亿元，增长10.1%，其中限额以上社会消费品零售总额208.72亿元，增长11.3%，较上年提高5.8个百分点。其中餐饮业回暖趋势较好。限上餐饮业实现营业额9.13亿元，增长8.2%，增速较去年同期上升15.7个百分点。

2015年，共有餐饮企业2536家，规上企业165家，比2014年新增2家；餐住一体85家，纯餐饮80家；在全部企业中咖啡酒吧类企业145家，会所类59家。全行业共有从业人员78520人，全行业销售情况比2014年略有回升，但企业经济效益仍在继续下滑。饭店宾馆业全年累计登记住宿客人465.20万人次，比2014年减少21.80万人次，全年营业收入160619万元，同比下降 4.5 %。均瑶宾馆等10多家宾馆因管理不善等原因相继关门停业。全年，鹿城区从事家电维修服务行业的单位共有120多家。从业人员约500余人。美发美容单位近5500家，从业人员3万余人。摄影业企业197家，从业人员2143人，营业额7.8609亿元。汽车流通行业全年销售各类汽车18万多辆，销售额超360亿元，售后服务收入约100亿元。汽车及相关产品消费约占社会消费品零售额的1/5，基本上与2014年持平。同时，汽车销售网点不断增加，高端品牌不断入驻，2015年各种品牌的4S店达 200多家，会员单位达228家，遍布温州各县、市、区。

餐饮业

【概况】 2015年，鹿城区共有餐饮企业2536家，规上企业165家，比2014年新增2家；餐住一体85家，纯餐饮80家；在全部企业中咖啡酒吧类企业145家，会所类59家。全行业共有从业人员78520人，其中咖啡酒吧类3172人，会所类927人。2015年，全行业销售情况比2014年略有回升，但企业经济效益仍在继续下滑，主要原因有：一是原材料仍在继续涨价；二是工资待遇不断提高；三是有关税费有增无减；四是市场竞争日趋激烈；五是消费者的消费观念在转变，即消费价位大幅下降，公款请吃、谢师宴、订婚酒基本消失，中小企业占市场主导地位，私家菜、排挡、饭摊生意红火。大型餐饮企业除红白喜事、分岁酒、正月酒等大型宴会外，日常一般没有散客光顾。整个餐饮市场在发生根本转变，餐饮行业面临转型的考验。

在上海举办的2015“世界厨王争霸赛”中，温州五马美食林大酒店的酒炖大黄鱼、沙拉捞辽参轰动全场，获得团体赛季军；金园小厨行政总厨林左照和章文智获得双人赛季军。

温州云天楼实业有限公司在餐饮市场连续三年不景气的情况下，仍然取得较好的经营业绩。在2015年度全国餐饮百强企业评选中，再次获“中国餐饮百强”企业称号；同时获得了年度“中国特色餐饮50强”。连续七年蝉联鹿城区“功勋企业”称号。董事长叶建林被评为2015鹿城区“功勋企业家”。

【首届厨艺比赛】 9月26日，由温州市总商会、温州市财贸工会、温州市饭店与餐饮业协会与鹿城区餐饮业协会举办的首届厨艺比赛在温州技师学院举行。全市19支代表队76名选手参与了本次比赛。温州五马美食林大酒店的时尚大龙虾、足球酥、时尚冷拼和温州溢香厅大酒店的吉祥龙虾球、核桃酥与冷菜什锦组碟获得一等奖；温州瓯昌饭店的冷盘一鹭连科、主菜水晶炒饭、腰果酥及温州时代富豪大酒店的冷盘金鸡报晓、主菜天鹅聚首获得二等奖。

【2015世界瓯菜万人宴】 12月26日，由温州市商务局筹办的“2015

世界瓯菜万人宴”举行。温州云天楼实业有限公司、温州市五马美食林酒店有限公司与温州市区其他10家酒店及法、德、意、上海、广州、兰州20家海内外酒店共同推出温州本土特色瓯菜宴。万人宴瓯菜由瓯菜名厨倾心打造，实行惠民价格，旨在让消费者以最实惠的价格，品尝原汁原味的传统瓯菜。活动通过政府补贴、企业让利的形式联办，深受广大市民好评。

【嘉运国际大酒店开业】 2015年元旦，温州嘉运国际大酒店开业。该酒店坐落在望江西路108号，企业法人代表叶祥云，企业总投资1.2亿元，总建筑面积10800平方米。设有中央大厅3个，计2100平方米，可同时容纳1500人用餐；包厢30个，计3000平方米，可同时容纳300人用餐；其他客房、桑拿、娱乐场所正落实装修。

【尊悦大酒店开业】 1月2日，温州尊悦大酒店管理有限公司正式开业。该酒店坐落在繁华的咖啡酒吧一条街——望江东路140号，公司法定代表人周雄，总投资500万元，总使用面积2800平方米，可同时容纳650人用餐。其中，大厅2个，计500平方米，可同时容纳400人用餐；包厢25个，计400平方米，可同时容纳250人用餐。

（叶长春）

旅　馆

【概况】 2015年，新开业宾馆27家，正常营业489家，其中星级饭店24家。全年累计登记住宿客人465.20万人次，比2014年减少21.80万人次，营业收入160619万元，同比下降4.5%。均瑶等10多家宾馆因管理不善等原因相继关门停业。王朝大酒店、国际大酒店、喜来登大酒店、万和豪生大酒店和香格里拉大酒店5家酒店获鹿城区2015年度功勋企业。

温州万和豪生大酒店夜景　　万和豪生大酒店提供

【温州万和豪生大酒店】 坐落温州市江滨东路1号，毗邻温州国际会展中心，2015年多次举办全国性艺术大展。继获中国优秀品质饭店、中国绿色饭店、国际饭店业优秀品牌奖、中国饭店业信息化示范企业等殊荣后，又获浙江省银鼎特色文化主题饭店。

【真好度假酒店】 该酒店坐落在中国鞋都，由原温州飞禽鞋业厂房改建而成，是一座高档度假酒店，占地3.4公顷，投资近亿元，建筑面积3.1万平方米，2015年4月开业。酒店配套设施齐全，拥有游泳池、中、高档客房、大型宴会厅、各色特色包厢。另设两个可容纳800人和500人就餐的大型展示中心。

【温州瑞兴·W酒店】 温州首家全智能化中外合资连锁精品酒店，坐

温州瑞兴·W酒店 外景　　鹿城区旅馆行业提供

落于温州市鹿城路，2015年4 月重装开业，设有客房 79 间，酒店采用开放式园林风格，装修典雅，以鲜明的管家式服务为特色。

（潘光荣）

美发美容

【概况】 2015年，全区有美发美容单位近5500家，从业人员3万余人。3月26日，2015温州国际时尚文化创意博览会在温州国际会展中心开幕，协会应邀在文博会开幕式上作“顺应新常态，共筑美业梦”为主题的美发化妆美甲时尚秀，并获本次文博会的优秀组织奖。11月10日，由温州市人力资源和社会保障局、市总工会主办，协会和温州美发商会、温州市美甲美睫行业协会共同承办的“2015温州新艺杯美发化妆美甲美睫职业技能大赛在温州新工人文化宫举办，有来自各市（县、区）的150多名选手参加了4大类6个项目的比赛。12月29日，协会广电市民义工团美发美容义工队获得“2015年优秀义工队”称号。

【技能培训】 12月7日—8日，协会邀请上海徐成东老师，在温州免费举办“风格美学形象设计”高级研修班。温州市50多位中、高级美业专业技术人员参加培训。此次培训被列入温州市2015年度市级专业技术人员高研班计划。

【合作联盟签约】 12月25日，协会发起的“两岸四地五协会”合作签约仪式在温州举行，来自台湾美丽事业发展协会以及温州、台州、金华、绍兴等5家美发美容行业协会签具了《美业战略联盟合作协议》。

（彭希国）

摄　影

【概况】 2015年，鹿城区共有摄影业企业197家，其中婚纱摄影25家、儿童摄影32家，综合摄影、工作室55家，数码冲印18家，摄影器材22家，摄影维修5家，婚庆礼仪25家、摄影化妆培训机构15家，生产经营面积72430平方米，从业人员2143人，营业额7.86亿元。

在数码摄影与数码冲印的影响下，市场产品需求急骤减少，摄影产业遭遇了生存与发展许多困难，协会采取多种有效措施，增强业内从业群体了解前沿资讯和市场新路。2月23—26日、3月3—6日，平均组团165家企业380多人参加第27、28届上海国际婚纱摄影器材展览会暨儿童摄影、婚纱礼服、相册相框、婚庆用品展览会。4月25日，全国高校摄影影像专业教学研讨会在温召开，行业协会热情接待了来自全国各地的摄影界专家学者。

7月20日—21日，在工人文化宫召开摄影行业第四届高峰论坛。中国人像摄影学会副主席、温州市摄影行业协会长黄信乐先生在开幕式上作主题发言。

8月14日—16日，25—27日在温州会展中心5、6号馆分别举行春秋季婚博会。协会企业为爱专一、凤凰印象、时尚芭莎、幸福日志、蔚风视觉、快门兄弟及大城小爱、婚礼先生、溢彩造型、洛可造型等企业参展。据不完全统计，现场订单达2820对，营业额1050万元。

【第三届职业技能大赛】 10月31日，温州市第三届职业技能大赛暨“鹿职梦幻杯”第四届青年摄影技能大赛开幕式在鹿城职业技术学校隆重开幕。比赛由温州市人民政府主办，温州市人社局、温州市人才办、温州市总工会协办，温州市摄影行业协会、温州鹿城职业技术学校、黄信乐大师工作室、温州梦幻职业技能培训学校承办。温州市光宝摄影器材有限公司、温州商报、温州朵拉职业技能培训机构、温州洋洋婚纱对本次大赛给予了大力支持。比赛分为理论笔试和技能实操考试两部分。近百位来自摄影行业的摄影师和在温高校、中职学校及普通高中的学生参加了此次比赛，经专家评委评判打分，共评出一等奖 6 名，二等奖 10 名，三等奖 19 名，优胜奖30名。

（夏　谊）

会展中心

【概况】 2015年，温州市会展中心共举办各类展会、订货会、房产开盘、搭棚展销等活动共51个（其中专业展7个），展出面积共536603平方米，展位数共37887个，参观人数约1025905人次。其中，举办3万平方米以上的有 6个，2万—3万平方米的有4个；1.5万—2万平方米的有3个；1万—1.5万平方米（不含1万五千平方米）的有9个；0.5万万1万平方米的有7个；0.5万平方米以下的有19个。

【首届中老年时尚生活博览会】 1月16日—18日，首届中老年时尚生活博览会在温州国际会展中心举办，为期3天。博览会室内面积7000余平方米，设260多个标准展位，室外2000余平方米。博览会推出时尚消费、健康养生、康复医疗、休闲旅游、家用汽车、民俗活动等六大展区，现场还有文化文艺展演、书画摄影展示、大型公益义诊、时尚旅游推介、温州传统民俗表演等五大主题活动。

【迎春福年货商品展】 1月31日—2月7日，在温州国际会议展览中心举办。此届展会围绕“扬民俗、纳吉福、惠民生”主题，展出“亲子活动、美食体验、民俗展示、商业展卖、文化会演”五大模块，共设两大展馆，两个户外广场，展示面积达40000平方米，展品涵盖潮流鞋服、进口食品、酒水饮料、绿色食品、家居用品、农副特产品及婴童用品等，300多家品牌企业，上千种精品年货产品，是温州及浙南地区的年货盛会。

【第二届温州灯彩节】 2月28日—3月6日。每天16：30—24：00灯彩节展会在温州国际会展中心对市民开放。本次灯彩节征集活动参与者共计700余名，除了灯展，还融入了庙会、游园活动。游客们除了可以观赏到各种不同主题的大型灯组、亲自感受首饰龙、无骨花灯、百鸟灯等温州民间传统灯彩的风采外，还能领略赏羊灯、逛羊村、猜灯谜、讨彩头、看大戏、舞龙、相亲会等传统年俗活动。

【2015中国（温州）国际工业博览会】 3月13日—15日，由浙江德纳展览有限公司主办的2015中国（温州）国际工业博览会在温州国际会展中心举行。展会面积逾40000平方米，共有521家企业展出了近万件展品，涵盖机床、模具、塑胶机械和原材料、自动化、机器人、3D打印等。展会共接待观众43172人次，实现了对区域行业的有效覆盖，观众数量较上届展会增长12%。

【温州家居装饰博览会】 温州家居装饰建材博览会（简称“温州家博会”）由温州市人民政府主办，温州联基展览、《温州晚报》和瑞百装修网联合承办，温州广播电视传媒集团全程合作的家居终端消费展。2015年温州家博会共举办3届，分别为第19届温州家博会、第20届温州家博会和2015温州冬季家博会，3届展会举办场地均为温州国际会展中心。其中，第19届温州家博会于3月20日—22日举办，展出面积27000平方米，1023个展位，共计3大馆项（2.5.6号馆），参观人数6.2万人次，意向订单超30000单；第20届温州家博会于8月7日—9日举办，展出面积32000平方，1245个展位，共计四大馆项（2、5、6、7号馆），参观人数6.5万人次，意向订单超32000单。2015温州冬季家博会于11月23日—25日举办，展出面积20000平方，815个展位，共计两大馆项（5、6号馆），参观人数3.8万人次，意向订单18000单。

【温州国际时尚文化创意产业博览会】 2015温州国际时尚文化创意产业博览会（简称温州文博会）以“文创成就时尚”为主题，由市政府、省文促会主办，市委宣传部承办。市政府台湾事务办公室、市文化广电新闻出版局、温州日报报业集团协办。市文化产业促进会、市文化产业博览城有限公司执行，自3月26日始至30日止。文博会由主会场、分会场、虚拟会场、高级论坛、配套活动和专业评选等六部分组成。主会场位于国际会展中心，总面积3万平方米左右，设有6个主题馆，共有260余家海内外展商参展。其中，1、2号馆为品质生活馆，3号馆为传统经典/文创特色馆，5号馆为产业时尚馆，6号馆为环球时尚/台湾精品馆。白鹿洲公园的白鹿洲文化村和位于市区学院中路的浙江创意园作为分会场，也推出众多活动。除了实体会场，此次博览会还推出了“虚拟会场”，建立了2015温州文博会“V温州”网站和“V温州”微信公众号，作为移动互联网特定、专用的推送载体。

【第十三届温州国际汽车展】 展览会由浙江德纳展览有限公司及温州市汽车流通行业协会主办，于4月9日—12日在温州国际会展中心举行，本届车展涵盖九大展馆，展览面积达50000平方米，80个品牌车参加，吸引了逾6万观众，展会车辆实际成交数量达4849辆，总成交金额高达8亿多元，总体销售情况呈现上扬态势。

【第十三届中国（温州）国际眼镜业展】 5月10日—12日，第十三届中国（温州）国际眼镜业展览会在温州国际会展中心举行。展出面积达到20000余平方米，吸引了国内主要眼镜生产基地的300多家实力企业参展。展会意向采购金额和合同金额均得到大幅度提升。3天展会期间共接待观众13330位，同比上升14%，其中海外参观商816位，参观商数量和海外买家数量均增长显著。5月10日下午，展会同期活动——第四届中国（温州）眼镜业高峰论坛在温州万和豪生大酒店一楼多功能厅成功举行。

【2015中国温州进口商品展】 5月29日—6月1日，为期4天的2015温州进口商品展览会在温州国际会展中心举行。展会面积1600平方米，现场成交额1244万元，意向成交额1997.1万元，观展人数达61498人次。

【第九届温州婚博会】 8月14日—16日，第九届温州婚博会在国际会展中心举办，展会面积12200平方米，在会展中心5、6号馆内，婚庆区、酒店区、影楼区、珠宝区等几大区域共汇集了100多个品牌商家。

【第二十届中国（温州）国际皮革、鞋材、鞋机展】 8月27日—29日，第二十届中国（温州）国际皮革、鞋材、鞋机展在国际会展中心举行。展出规模42000平方米，共有来自亚洲、欧洲、南美洲等地的627家企业和品牌参展，吸引了近40个国家的16573名采购商。国外专业采购商数量比上届增加13%。展会期间，组委会与印度丝绸之路贸易发展协会达成合作，将在下届展会特别设置“印度真皮馆”，促进中印两个最大发展中国家在鞋革领域的深度合作交流。

【第十三届国庆商品交易会】 温州国庆商品展每年固定安排在国庆黄金周举行，是浙南闽北最具规模、最具影响、最具成效的日用商品展会之一。10月1日—7日，第十三届国庆商品交易会举行展会面积3万平方米，观展人流近1万人次，展品涵盖家居用品、进口商品、婴童用品、绿色食品、潮流服饰、健康养生等，是“吃喝玩乐”为一体的大型节庆活动。

【温州第八届动漫节】 10月1日—5日，温州第八届动漫节在温州国际会展中心5、6号馆举行，本次展会面积11200平方米。

【2015温州第九届汽车博览会】 11月4日—8日，2015第九届温州国际汽车博览会在温州国际会展中心举行。此次车博会为期5天，共吸引近10万人次观展，60多个汽车品牌700款新车参展，成交近4000辆车。

【第十届温州机械装备展览会】 10月16日—18日，第十届中国（温州）机械装备展览会（CWMEE）在温州国际会展中心举办。国家科技部副部长曹健林和中国机械工业联合会副会长张克林偕同浙江省科学技术厅、中国光学学会激光加工专业委员会、温州市政府等相关领导出席本次展会开幕典礼。本届展会恰逢十周年庆典。展出面积达35000平方米，参展企业550家，标准展位1300个，为期3天的展会共迎来50320人次观摩洽谈，成交金额达3.9亿元。展会同期举办中国（温州）智能制造高峰论坛、第二届激光产业高峰论坛、中国（泵阀）高端论坛暨产学研合作对接会、第十四届温州信息技术博览会。

【第十一届浙江（温州）轻工产品暨2015时尚消费博览会】 11月13日—15日，第十一届浙江（温州）轻工产品暨2015时尚消费博览会在温州国际会展中心举办。本届展会由浙江省商务厅、温州市人民政府主办，温州市商务局、温州市现代服务业投资集团有限公司联合承办。展会的时尚国际品牌引进、时尚中国品牌交流、时尚消费聚集、时尚元素发布等4个功能诠释“设计创造时尚，时尚引领消费”的主题。本届展会面积18000平方米，有150家展商，观众人数近20645人次，现场成交3123万元，意向成交1.02亿元。

【第四届温州食品博览会】 11月29日，温州市商务局和温州市现代服务业投资集团有限公司主办，为期3天的2015年第四届温州食品博览会在温州国际会展中心落幕。本届食品展会规模达到8000平方米，参展企业数达到190家，由进口食品展区、水产制品展区、农特产品展区、养身食品展区组成。

（李　艳）

第十届温州机械装备展览会现场　　市会展行业协会提供

家电维修

【概况】 2015年，温州市家用电器协会有会员企业512家，协会立足以会员服务为基点，并分别负责组织、宣传、维权、维修等，做到分工明确，各司其职。市区拥有温州黄龙和大华总汇两个专业市场，以及温州一百家电超市、苏宁电器联锁、国美电器联锁、温州民丰家电、乐清宏美家电超市、温州天马家电 超市、苍南俊伟家电超市、温州侨欧家电等一批家电专业批发、卖场供应商龙头企业。协会成立“温州家电网”“温州家电协会微信公众平台”和《温州家电》月刊等信息平台和纸媒，及时报道业内动态，上通下达国家相关政策，向政府提供大量的一线信息。

为加强行业管理，促进行业自律，相继出台了《温州市家电行业行规行约》《温州市家电维修收费标准指导目录》《温州市空气调节器安装件行业规范》《温州市家用电器维修服务规范》《温州市售后服务维修技术资质评定细则》等行业自律性的行规。6月28日，协会紧急发布《高温酷暑下空调安装、维修安全白皮书》。

2015年，鹿城区从事家电维修服务行业的单位共有120多家。其中，营业场所在200平方米以上，技术人员在15人以上，设备齐全、管理规范的单位主要有：温州市军广电器维修服务有限公司、温州市军地家电维修服务有限公司、温州市赛荣电器维修公司等，从业人员约500余人。

2015年，家电维修服务行业有1人获得温州市 “瓯江大师”、4人获得“首席技师”。拥有3个温州市技能大师工作室，1个总工会职工创新工作室。

6月2日，市工商联在人民大会堂召开第十一届五次执委会议，协会作为全市20家规范化行业协会商会之一受到表彰，获“温州市规范化行业协会商会”称号。

7月3日上午，在安徽六安举行的全国家电行业商（协）会秘书长联席会二届一次会议上，温州市家电协会获“2014年度全国家电行业优秀地方商（协）会”国家级大奖。秘书长董翻身获“2014年度全国家电行业优秀秘书长”。

【培训】 2015年，温州市家电协会和温州市职业中专联合办学，共举办2期空调制冷中高级培训班，共培训学员160人次。为提高和唤醒会员单位的安全生产意识，6月29日，协会在瓯昌饭店举办“安全家电、共创平安”消防安全知识培训会。

【技能比武】 9月21日，由温州市人力资源和社会保障局、温州市总工会主办，温州家电协会承办的温州市第三届职业技能系列赛家电维修技能大赛在工人文化宫举行，全市各地区的72名选手、42个从事家电维修的单位报名参赛。比赛设家用电子产品（平板电视）维修和家用制冷产品（空调）维修两个项目，经激烈角逐，2人被市政府授予“金燕”奖；2人被市总工会授予“温州市职业技能带头人”；5人被市人力社保局授予“温州市技术能手”。

【慈善义工活动】 3月5日，协会志愿者服务队在市区松台广场参加温州广电市民义工团惠民大行动暨万朵鲜花送雷锋活动启动仪式。3月15日，为纪念“3·1”5消费者权益日，鹿城、瓯海、龙湾、瑞安、乐清、平阳、苍南、永嘉、洞头、文成、泰顺全市3个区2个市6个县16支志愿者队伍、130名志愿者开展了一场声势浩大的志愿服务行动。6月3日凌晨，苍南县灵溪镇城中北路68号一间民房着火，造成2人死亡，3人重伤的严重后果。原协会会员林长生不幸遇难。6月11日，协会秘书长董翻身、党总支书记叶民华、团工委书记杨平伟代表协会将33万余元爱心捐款由温州市慈善总会转交

10月27日，协会志愿者组织20余名技艺精湛的技师“走进潘坑”开展社区免费服务活动

市家电协会提供

林长生家人，33万元作为专款用于林长生家人治疗。协会并计划成立家电行业“爱心救助基金”

7月24日，协会志愿者服务队由瓯江大师获得者许建华老师，首席技师、名师名家叶友明老师、邵建荣老师、柯凤龙老师带队，参加总工会党委红七月·服务月党员在行动免费维修家电活动。该活动由温州市总工会机关党委和郭公山社区党委联合主办，是红七月·服务月党员在行动便民服务活动的重要组成部分。

2015年，家电维修志愿者与雪君工作室合作，每周都走进街道和社区，分别在青园社区、庆年坊社区、洪殿社区、矮凳桥社区，现场免费为市民维修家电，开展公益活动100多场，受益群众达 5000人；进社区老年大学、社区文化礼堂、学校、企业等举办家电安全知识巡回讲座达20场，受益群众达3000余人。

【交流学习】 3月13日—14日，新疆家电协会一行13人在雷文生秘书长的带领下到温州交流学习。3月19—20日，协会组织了30多名会员企业赴慈溪参加第十一届中国家电博览会。5月11日—12日，重庆市家用电器服务企业联合会家用电器流通专业委员会在执行会长张矿、秘书长詹冬带队下，一行7人到温州市家电协会学习交流。5月28—29日，中山市家电协会理事成员团一行23人到温州与温州市家电协会交流。12月3日，浙江省工商联党组副书记黄正强率检查组一行到协会检查。温州市委统战部副部长、市工商联党组书记夏克潘，温州市工商联副主席兼秘书长赵文冕，绍兴、嘉兴、台州、衢州等工商联副主席陪同。

（董翻身　黄海燕）

责任编辑　徐孝平

旅游业

综　述

2015年，鹿城区旅游业围绕时尚城区建设目标，以旅游资源整合和多元业态发展为目标，优化旅游环境，提升旅游形象。全年累计接待游客1166.72万次，同比增长14.07%；实现旅游总收入124.98亿元，同比增长15.18%。其中，国内旅游者1132.89万人次，同比增长14.01%，国内旅游收入109.89亿元，同比增长14..01%；海外入境旅游者33.83万人次，同比增长16..19%，海外创汇收入24360.89万美元，同比增长20.91%。

城市公园建设

【景山公园建设】 3月，在公园北入口翠微隧道旁开展植树节活动，种植面积达3000平方米。5月，改造提升公园西入口景观，设置木质导游牌，种植乔灌木3227株，藤本类1110株，地被类530平方米。7月，改造公园第21号公厕。8月，改造提升公园东入口景观，设置木质导游牌；入口牌坊刷漆480平方米，完成人行道翻新，铺设透水砖约318.5平方米，种植花灌木和观叶植物。11月，改造提升公园茶花园，园门口设置茶花介绍牌，完善园内茶花品种，完善提升亭廊座椅等配套设施。12月，治理景山路棉岩观入口对面山地景观，建设景观水景150平方米，铺卵石护岸约350吨，人工造坡约470平方米。12月，改造公园莲花广场公厕及沁春园管理区公厕。

【华盖山公园建设】 6月，完成华盖山古城墙遗址周边环境整治工程，包括50平方米的花岗岩铺装，10余米的挡土墙砌筑，200平方米的绿化种植。12月，完成华盖山公园竹林地块改造工程，改造2间50平方米的危房和350平方米的铺装。

【九山—松台公园建设】 9月，完成九山公园停车场改造工程，包括500平方米植草砖，150平方米的花岗岩路面和沥青路路面550平方米的改造。10月，完成九山公园滨水游步道维修工程，翻修塑木地板384平方米，干挂花岗岩130平方米，修复栏杆90余米，翻新平台木廊架70平方米。10月，完成市松台广场高杆灯维修工程，将原来的金卤灯全部更换为LED灯。

【马鞍池公园建设】 5月，马鞍池公园春晖廊修复工程完工，完成220平方米木廊架的梁柱、凳子修补、更换及油漆，廊架顶部用耐力板进行铺设。

【中山公园建设】 12月，中山公园登云桥修缮工程开工。登云桥位于温州市中山公园内的积谷山麓，重建于明万历三十九年（1611年），全长27.7米，桥宽3.28米，为五跨墩式石梁桥。由于桥体年久失修，墩台墙体出现有裂缝、塌陷，部分桥板缺失由水泥替代现象，桥底基础不稳定，无加固措施，存在很大的安全隐患。为彻底消除隐患，工程将原桥体全部拆除，对水下基础进行打桩及浇筑混凝土承台加固，坚持“修旧如旧，不改变文物原状的原则”，按原材料、原尺寸、原工艺进行修复。

【海坛山公园建设】 海坛山公园上岸亭旁铺装工程于11月开工，12月完工，铺装面积320平方米。

【翠微山公园建设】 4月，完成城隍楼山脚下30余米的挡土墙砌筑。

【温州治水文化长廊工程】 该工程位于江滨带状公园，于12月开工，建设项目有景观工程和浮雕工程两部分。长廊总长130米，高3米，是浙江省目前最长的治水浮雕艺术长廊。治水浮雕长卷分瓯居海中、东瓯开篇、周凯射潮、郭璞筑城、韦庯浚湖、沈枢修塘、塘河水韵、五水共治、瓯江新潮等九个篇章。

【世纪广场音乐喷泉桥梁面层整修工程】 该工程位于世纪广场北广场内，于7月开工，8月竣工。工程内容包括桥梁面层重新铺设芝麻灰花岗岩火烧板，拆除原木质护栏，新选用镀锌管光电护栏、Led灯源等。

【杨府山公园建设】 杨府山公园观光栈道工程位于杨府山公园山体南麓半山处，是观城府与西峰夕照亭的连接通道，于8月开工，12月竣工。工程全长约200米，宽1.8米，栈道采用钢筋混凝土结构，地面板及栏杆用暗红色的仿木钢筋混凝土材料建造。杨府山的山体观赏游线更加便捷合理。

杨府山北入口茶园工程位于杨府山公园北入口，于9月开工，11月竣工。工程改造移植原有老化的茶树，进行微地形塑造，形成大面积开朗的草坡，利用园路及不同形态、高低错落的植物景观把绿地划分成各种不同功能的草坪空间，改造面积约6700平方米。

杨府山公园荷花景观提升工程于5月开工，6月竣工。工程总占地面积8136平方米，工程内容主要包括水生植物栽植及清淤等。品种有荷花、亚马逊王莲、香水莲、西伯利亚鸢尾等。

（姚章义　郭建华　李文若）

景区建设

【概况】 2015年，对江心屿景区内的标识标牌进行改造提升，在原来只有中、英两种语言的基础上实现中、英、日、韩四种语言展示。完成江心屿梅花园、荷花池、向日葵基地等建设。推进江心屿智慧旅游服务标准化国家级试点工作，做好景区管控平台、客流监控分析系统、智慧旅游体验点等项目的建设工作。同时，在吸纳国家旅游局智慧景区概念等相关标准基础上，结合江心屿景区特色，开展适合江心屿发展的智慧景区标准化建设。收集整理相关国家、行业、地方标准30余项，对景区内服务设施、标志、环境、质量、管理等涉及旅游服务全过程的所有环节进行标准化改造。

“印象南塘”景区建设方面，对景区游船码头进行改造，完善公共服务配套设施，提升景区的文化内涵。创建省级特色商业街、省级特色服务业集聚示范区。景区入选全国首批“信得过景区”。

行业建设和管理

【概况】 2015年，全区共受理旅游投诉与咨询137件，对受理的投诉100%给予解决，保护旅游者和经营者的合法权益。同时，编制出台《鹿城区风景旅游管理局行政处罚自由裁量权行使标准（修订）》。温州国旅旅游有限公司和温州海外旅游有限公司获省“五星品质旅行社”等级称号，这是温州市首批获得该品质等级的旅行社。

【酒店管理】 按照《旅游饭店星级的划分与评定》中的必备项目、功能及设施、饭店运行服务质量等内容，对全区2014年12月前评定的和评定期满四、五年的星级饭店组织开展星级复评复核工作。按照复核标准要求，认真指导1家五星级饭店、7家四星级饭店和2家三星级饭店开展复核工作，查漏补缺。截至年底，全区共有星级酒店25家。

【旅行社管理】 2015年，全区有3名导游员取得高级导游证资格，有33名导游员取得中级导游证资格。区旅游局对全区1000余名导游开展两期年审培训，内容包括导游服务技能、旅游法中与导游密切相关法律法规、旅游事故防范方法、导游带团过程中的突发事件应急处置、应急自救基础知识等。全年以旅游广告、出境游（或赴台游）、导游执业三大专项整治为重点，旅游执法案件共立案查处5起，行政处罚8件。联合区总工会举办2015年全区导游大赛。万和豪生大酒店、香格里拉大酒店等8家星级饭店和温州国旅旅游有限公司、温州海外旅游有限公司等2家旅行社入选鹿城区服务业50强企业。截至年底，全区新设立旅行社6家，变更2家，分支机构设立14家，注销5家，共有旅行社110家。

【乡村旅游】 8月底，组织全区各旅游特色村、民宿开发单位、乡村旅游经营户等相关负责人和各街镇分管旅游工作负责人开展乡村旅游培训，提升全区乡村旅游业综合素质和整体管理服务水平。截至年底，全区农家乐累计接待游客369076人次，同比增长3.03%，营业收入3340.28万元，同比下降7.44%。

旅游安全

【概况】 2015年，组织开展春节前旅游安全生产大检查、旅游安全生产大排查大整治专项行动、旅游系统今冬明春火灾防控工作，旅游“安全生产月”活动、国庆和中秋节前旅游安全检查等，并督促旅行社加强对游客行前培训，落实“导游专座”和发放“游客乘车安全须知”卡片，保障旅游服务人员和游客的出行安全。

【安全生产大检查】 开展节前安全大检查，重点检查了星级饭店的消防、食品卫生情况，旅行社责任险投保情况及租车协议的签订情况、导游专座和发放“游客乘车安全须知“卡片等情况。全年共进行专项督查23次，抽查旅游企业68家，提出整改意见107条。

【“安全生产月”活动】 6月，全区旅游系统开展以“加强安全法治、保障安全生产”为主题的“安全生产月”活动，共悬挂标语（横幅）59条，张贴宣传画52张，出黑板报15期，举办知识竞赛2场，培训职工1500多人。

宣传促销

【概况】 2015年，持续在FM93浙江交通之声、温州报业旅游全媒体、温州经济科教频道、瓯江先锋频道等进行宣传推介，宣传鹿城旅游品牌形象，形成电视有影、网络有图、报刊有文、广播有声等形式多样的旅游宣传新格局，并不断激活鹿城旅游微博、微信、微电影的“三微营销”模式，为建设城市旅游目的地提供市场保障。

【客源市场拓展】 2015年，全年组织区内2家高星级饭店和23家旅行社参加云南、江西举行的国际、浙江省旅交会及哈尔滨、沈阳、连云港、盐城、泰州、南通、杭州等地的各类旅游展会、促销会、推介会，发放旅游宣传资料5种计3万多份，旅游宣传小礼品3种共2万多份。丽水景宁、宁波宁海等也相继到鹿城举行推介会、大型广场活动等，谋求对接协作。

【宣传创新】 2015年，推出以“百图绘鹿城、百景靓时尚”为主题的宣传活动，评选出百幅反映鹿城景色的作品，百个代表鹿城特色的旅游景点、消费场所、旅游商品、示范基地等。同时，更新鹿城旅游导游词，设计制作新版鹿城旅游宣传片，以动漫形式呈现鹿城旅游新的资源和特色。

（邵澈尘）

责任编辑　朱凌云

金融·保险

综　述

2015年，鹿城区有各类银行业金融机构28家（含1家地方法人银行）、保险业机构44家、证券机构（分公司）4家、保理公司1家、小额贷款公司3家、民间借贷服务中心1家、民间资本管理公司1家、农村资金互助组织2家、行业协会应急转贷委员会4家、其他各类金融中介机构近200家。截至年底，全区银行业金融机构人民币存款余额3167.33亿元，同比增长10.1%；贷款余额2346.85亿元，同比增长5.58%，存贷款余额均居温州市首位。

11月20日，康宁医院在香港联交所上市，成为温州市首家香港上市企业　　陈洁琼 摄影

11月，康宁医院在香港联交所成功上市，成为温州市首家香港上市企业，也是全国首家精神科专科医院上市企业。全区新增股改企业40家，新三板挂牌企业4家，上海、浙江等地方股交中心挂牌企业超过80家，区域性股权中心挂牌总数达111家。

2015年，鹿城捷信、禾本、华泰3家小额贷款公司注册资本总额达14亿元，营业收入1.55亿元，净利润9548.44万元，年末贷款余额13.46亿元。全年累计发放贷款50.53亿元，其中对中小企业发放贷款余额3.9亿元，累计发放17.8亿元，累计发放户数1224户；农户贷款余额2337万元，累计发放8.86亿元，累计发放户数639户。

率先贯彻《温州市民间融资管理条例》，打造45个民间借贷备案社区便民服务点。截至年底，民间借贷累计备案6664笔，金额34.91亿元。条例自2014年施行以来，累计备案8440笔，金额50.54亿元，备案金额稳居全市首位。9月，温州民间借贷服务中心成功转型升级，挂牌温州民间财富管理中心，同时创新打造全国首个集金融信息、政府信息、民间信息为一体的“三位一体”信用信息查询平台，填补了社会信用体系在民间借贷信用信息领域的空白。截至年底，该平台累计查询次数达2008次。

鹿城区莱恩达民间资本管理公司运行平稳。7月，获批发行鹿城首单定向集合资金拟1000万元。截至年底，累计完成投资18笔，金额1.2亿元，开业以来累计完成投资60笔，金额2.75亿元；发行定向集合资金2单，共计2500万元。鹿城区2家农村资金互助会互助金发放余额2180.2万元，开业以来，累计发放互助金8586.9万元。

2015年，鹿城区金融协会有会员单位54个，其中银行业43家、保险业6家、证券业2家、小贷公司3家。银行业会员单位各项存款余额1870.27亿元，占温州市区银行业各项存款余额的59.05%，各项贷款余额1493.57亿元，占温州市区银行业各项贷款余额的63.64%；保险业会员单位保费收入10亿元；证券业会员单位交易额4992.64亿元；小贷公司贷款余额13.46亿元。会员单位全年共开展志愿者服务活动1000多次，发放宣传资料2万多份，接受咨询、普惠群众近十万人次。全年出版《鹿城金融通讯》共6期，总出刊数达28期。

2015年，鹿城辖区内共有4家证券分公司，25家证券营业部，14家期货营业部。已开业的25家证券营业部，证券交易额达29914.1亿元，已开业的14家期货营业部，全年实现期货交易额达126206.75亿元。

金融监管与服务

【概况】 2015年，鹿城区人民政府金融工作办公室（简称区金融办）积极适应经济发展新常态，以金融服务实体经济为目标导向，推动经济金融实现平稳向好发展。着力推进资本市场培育、企业金融风险处置、地方金融监管、金融产品和服务创新等方面的工作，耕好金改试验田，承担起打造全面小康社会标杆城市示范城区的“探路者”责任。区金融办先后获温州市金融综合改革试验区建设先进单位、金融监管先锋奖和民间金融创新奖等表彰，连续四年被评为全市金融办系统先进集体。

【企业金融风险处置】 2015年，鹿城区将企业金融风险处置纳入“经济社会发展重点工作‘八大攻坚’①行动”。开展“构建诚信·惩戒失信”专项行动，推进“树信心·铸诚信”企业帮扶试点工作，重塑区域信用体系。通过延缓追偿、应急转贷、临时启封抵押物转贷等手段，全年帮扶51家企业缓解“两链”风险，23家市、区、街镇级重点帮扶企业全部完成帮扶。截至年底，不良贷款余额113.40亿元，不良贷款率4.83%，实现连续两年“双下降”。

【全国首张P2P违法放贷罚单】 2月3日，鹿城区开出全国首单网络借贷平台“违法放贷”行政处罚决定书，率全国之先推进P2P网络借贷行业监管工作。全区已形成部门联动、齐抓共管的监管机制，加强对民间融资信息服务企业、农村资金互助会、民间资本管理公司等13大类地方金融组织的监管，对涉嫌非法吸收公众资金或违法放贷行为的企业启动行政处罚程序，有效打击违法网贷平台。全年行政处罚2单，罚款15万元。

【金融机构引进】 3月26日，温州民商银行在鹿城开业，5月21日，浙江泰隆银行温州分行在鹿城开业，引进省外资金10余亿元。

【业绩考评表彰会召开】 4月13日，召开鹿城区金融协会一届五次会议会员大会，对全区金融机构上年业绩进行考评表彰。华夏银行鹿城支行、鹿城农商银行、兴业银行鹿城支行等9家银行获银行业优胜奖，华泰小额贷款公司获小额贷款公司优胜奖，浙商证券温州分公司获证券业优胜奖。区金融办围绕《金融机构支持鹿城经济发展业绩考评暂行办法》，每年安排50万元专项奖励金，正向激励金融机构支持政府项目融资和企业贷款，鼓励金融机构创新产品，支持地方经济发展。

【“富民融通”平台开通】 6月19日，推出温州首个银行系统互联网金融平台——“富民融通”。推出的“富民小善”筹集善款，全部用于帮扶贫困山区留守儿童。截至年底，注册用户达4281人，融资金额近3亿元。

【新三板挂牌工作】 通过举办新三板专题培训会、“个性定制”辅导会等多种方式，促进企业挂牌新三板。4月7日，新邦建设、日高智能两家鹿城企业正式挂牌新三板；12月22日，贝贝依依成功挂牌新三板，成为全国首家童装类新三板挂牌企业；9月11日，添禾景观在上海股权交易中心举行挂牌仪式，成为鹿城区首家上海E板挂牌企业。

【温州民间借贷服务中心升级】 9月16日，举行温州民间财富管理中心挂牌暨温州市社会公共信用信息查询服务平台启动仪式。中心以“集聚民间财富，共享普惠金融”为经营理念，引进基金公司（私募）、证券公司、金融资产交易平台、信托公司和资产管理公司等专业财富管理机构，为中高端客户量身定做财富管理方案和资产配置计划，以市场化的手段规范引导民间资本投

① “八大攻坚”：鹿委办发〔2015〕17号关于印发《经济社会发展重点工作“八大攻坚”行动实施方案》的通知——扩大有效投资、“温商回归”落地、小微企业园建设和工业技改、企业金融风险化解、市区“3+1”亮点区块建设、“水岸同治”重点片区建设、“六城联创”、民生实事工程等八大重点任务。

资。“三位一体”信用信息查询平台首次实现在非银行机构中直接查询人民银行征信中心，包括银行信贷、社保、公积金、环保、欠税、民事裁决与执行在内的公共信息，同时接入温州市企业公共信用信息平台中工商、税务、质监、安监等35家部门归集整合的企业信息，对建立统一信用信息数据库具有重要探索意义。

【打造多方位金融服务平台】 2015年，鹿城金融广场引入温州商联民间融资信息服务公司和中良科技集团微商创业投资公司，注册资金4000万元，涉及温商回归资本2100万元。联豪商业保理、总商会中小企业融资担保等6家新型金融服务企业入驻鹿城金融广场开展金融业务，成功为鹿城1736家中小企业对接银行资金近13.68亿元。以鹿城“两库一网”金融服务平台为基础，为120家企业提供定向融资服务。截至年底，签约上线本地金融机构39家，发布金融产品57个，入驻PE/VC①基金2000余家，注册企业800余家。

【金融知识“四进”活动】 开展金融知识“进企业、进社区、进机关、进学校”活动。1月，在温州市蒲州育英学校进行育英少年商学院揭牌仪式暨财商教育研讨；3月，开展《温州市民间融资管理条例》一周年专题宣传活动；7月，联合中国银行鹿城支行举办鹿城区金融知识进机关主题讲座；10月，在中共温州市委党校举办鹿城区金融知识进修班，联合五马街道鼓楼社区开展金融知识进社区活动；12月，与温州市理财师协会共同举办温州青少年财商文化节活动，在下吕浦清风社区开展“12·4”国家宪法日暨全国法制宣传日活动。

（程　翔）

商业银行

【鹿城农商银行】 2015年，鹿城农商银行在深化社区银行转型的基础上，打造村镇银行、资金同业业务、互联网金融三大平台，推进业务互动，加大对小微实体经济支持力度。全年新拓展贷款客户7262户，新增贷款29.67亿元；涉农贷款58亿，占贷款总额34.7%；小微企业贷款户数12040户，贷款余额58.18亿元。全年上交地方税收1.15亿元。截至年底，该行下辖50个营业网点，在编员工845人；资产总额340.79亿元，比年初增加10.23亿元，其中各项贷款余额167.25亿元，资产质量保持温州银行业领先水平；负债总额310.96亿元，其中各项存款余额219.87亿元；实现净利润2.74亿元。

6月19日，该行自主研发的温州首个银行互联网金融平台——“富民融通”在线投融资平台正式上线。截至年底，“富民融通”注册用户4281户，募集资金2.45亿元，全部用于扶持融资需求60万元以下的小微客户，户均融资28.2万元。完成电商服务平台搭建，策划推出积分换购阿克苏苹果活动，截至年底，热销阿克苏苹果5444箱。

8月20日，该行正式发售2015年首期亿元个人大额存单，成为温州农信系统首家成功发售大额存单机构。全年共发行理财275期，累计募集资金145.32亿元；发行同业存单20期，募集资金58亿元。

12月30日，该行获银监会备案增设9家村镇银行，其中贵州7家，江西2家，设立之后，该行发起村镇银行达32家。截至年底，该行发起村镇银行正式开业21家，另外浙江仙居行已经试营业，上海松江行正在抓紧筹建。21家已开业村镇银行共有机构网点48个，各项存款余额27.88亿元，比年初增加9.83亿元；各项贷款余额74.21亿元，比年初增加23.54亿元；合计实现财务总收入7.55亿元，轧差账面利润1.26亿元。

该行结合全区行政区划调整，对应8大功能区实行中心支行模式，支行党组织关系进入相应街道，建立社区金融服务员队伍，与81个社区一一对接，加强对街道、社区的服务支持。创新社区普惠让利机制，电费代扣从9.8折改为9折，推动水电燃气代扣打折的综合服务，并推出微信业务办理平台，实现水电燃气代扣业务在线办理、小贷在线申请派单、ETC业务办理预约等功能。全年带动新增存款户数10.79万户，其中本地存款户数5.7万户。截至年底，该行共有营业网点50个，自助网点114个，自动柜员机342台；手机银行用户6.93万户，网银用户16.29万户；电子银行

①PE/VC基金：PE基金指已经形成一定规模并产生稳定现金流的成熟企业的私募股权投资部分，主要是指创业投资后期的私募股权投资部分；VC基金：是私募股权投资的一个子类，也称作风险投资，投资于创立初期的企业或者高科技企业。

业务替代率达87.71%，居全省农信系统首位。

推进富民公益基金会运作，该行全年共计投入672万元，支持本土多所院校科研发展和多媒体建设、新农村建设、蓝色星星自闭症儿童康复、“鹿城好人”等各项活动。

（叶家佳）

【工行鹿城支行】 2015年，中国工商银行股份有限公司温州鹿城支行有员工152人，营业场所12处，自助银行33处，提供各类储蓄、结算、信贷、信用卡等业务服务。截至年底，支行总资产79.42亿元，本外币全部存款50.95亿元，本外币各项贷款36.54亿元。

（张夏敏）

【农行鹿城支行】 2015年，中国农业银行股份有限公司温州鹿城支行有员工173人，内设5个职能部门，下属1个营业中心、7个二级支行和2个分理处。网点分布在市中心、双屿、仰义、藤桥等处，城郊兼顾，辐射面广。截至年底，各项存款余额81.09亿元，比年初新增9.96亿元，对公存款比年初新增2.2亿元，个人金融资产比年初新增11.68亿元。贷款余额30.04亿元，法人贷款余额12.25亿元，比年初增3749万元。个人贷款余额25.46亿元，其中个人住房贷款比年初增加1.55亿元。

（应天虹）

【建行鹿城支行】 2015年，中国建设银行股份有限公司温州鹿城支行实现不良处置回收6.6亿元，其中对公不良处置回收6.55亿元；完成年初处置计划1.2倍。该行深度营销目标客户1486位。藤桥新农村建设股份有限公司新农村建设贷款顺利办理展期（贷款展期指借款人在向贷款银行申请并获得批准的情况下，延期偿还贷款的行为）、发挥网点渠道拓展小微贷，成功营销小微企业信贷户15户；有针对性地开展个贷专项活动，活动开展期间累计发放贷款432笔，金额达4.39亿元。截至年底，一般性存款余额59.76亿元；各项贷款余额24.08亿元；全年实现中间业务收入5584万元。

（金依依）

【温州银行鹿城管理总部】 2015年初，温州银行股份有限公司鹿城管理总部成立，下辖5家一类支行、29家二类支行、11家三类支行（社区支行），在职在岗员工600余人。截至年底，总部总资产265亿元，存款总额230亿元，贷款总额138亿元。

（吴昉昉）

【邮储银行鹿城辖属支行】 2015年，邮储银行辖属支行由鹿城支行和营业部两大支行组成，有员工113人。鹿城支行管辖鹿城支行营业中心、水心支行、信河街支行、黄龙支行四家网点，营业部管辖营业中心、南站支行、兴墅支行、江滨路支行、新城支行、车站大道支行六家网点。截至年末，各类存款余额18.14亿元，各类贷款余额22.45亿元。贷款主要投向小微企业和个人。

（陈　杰）

保险业

【概况】 2015年，鹿城区共有市级保险机构53家、支公司及营销服务部35家，其中市级财产险公司27家，市级人身险公司26家，比2014年增加3家人身险公司。保险从业人员10010人，其中营销员7088人。全年驻境保险公司实现保费收入633838.07万元，同比增长14.99%，占温州市保费收入38.08%，占比上升0.01个百分点。全区保险深度7.85%，保险密度8485元，位居全市第一。其中，财产险保费收入222054.14万元，同比增长9.70%，占全市财产险保费23.25%，占比下降9个百分点；人身险保费收入411783.93万元，同比增长18.05%，占全市人身险保费58.03%，占比上升20.02个百分点。驻境保险公司累计赔（给）付192575.01万元，同比下降3.67%。其中，财产险公司赔款支出112263.39万元，同比增长1.7%；人身险公司赔（给）付80311.62万元，同比下降10.3%。

【理赔工作】 春节期间，推出高速交通事故快速理赔服务，协调人保财险等保险公司分别在鹿城区事故多发路段的高速收费站设立交通事故快速理赔服务点，及时进行查勘、定损等工作。全年鹿城区2个快赔中心共受理车险快速处理案件30702件，日均接待事故车辆168辆。

【保险公众宣传日系列活动】 围绕“7·8”全国保险公众宣传日“一键保险，呵护无限”的年度主题，营造全社会“学保险、懂保险、用保险”的浓厚氛围。相继在南塘街“慈善一条街”组织开展“保险让生活更美好”保险志愿服务现场咨询宣传活动和“餐桌上的安全、舌尖上的保险”体验活动，并在电视、报纸上进行宣传。

【车险新办法试行】 从10月1日开始，在温州市区全面试行“5000元以下互碰自赔”和“商业险内授权直赔无责方”两个新办法。截至年底，鹿城区超交强险范围5000元以下互碰自赔案件28件，理赔金额8.36万元；授权直赔无责方案件1996件，直赔金额145.88万元。

【志愿者活动】 参与“我们的价值观，我们的中国梦”温州慈善一条街活动；全年累计派遣志愿者84名到新城汽车站“幸福志愿站”，总计提供志愿服务405小时；参与文明礼让“大拇指”行动，在鹿城区15个主要交通十字路口提供694人次、987小时的志愿服务。4月，鹿城人傅建珍被浙江省志愿服务工作委员会、共青团浙江省委、浙江省志愿者协会评为“2014年度浙江省优秀志愿者”。

【文体活动】 11月21日，温州保险业第二届运动会于温州市第二十一中学举行，政府部门领导、全行业、媒体记者等千余人参与。运动会设立田径和趣味两大类比赛项目。同时，举行摄影比赛。参赛的近百幅作品，经由温州市摄影行业协会的专业评委打分，角出各项名次。

【宣传工作】 从9月开始，与《温州都市报》合作开展“我与保险的故事”征文活动；与FM88.8温州经济生活广播合作开设“保险心声”专栏和保险公益广告；与《温州商报》合作开设“保险在线”栏目，通过行业整体的宣传力量，发出保险好声音，宣传保险正能量，讲好保险故事，展示保险形象。截至年底，“我和保险的故事”刊出14篇；“保险心声”栏目播出7期；“保险在线”刊出4期；在《温州都市报》“保险一席谈”刊登文章22篇，在《温州商报》“第一金融·保险专版”刊发6个版面36篇文章。

【培训】 2015年，市保险行业协会针对各保险公司中高层管理人员、理赔法务人员、宣传人员等不同领域工作的实际需要，联合鹿城区人民法院、《中国保险报》浙江记者站特约记者等专业人士，于温州市国贸大酒店举办了3场具有针对性和实用性的大型培训。

（朱力健）

证券期货业

【概况】 2015年，鹿城辖区开业25家证券营业部，开户数达658569户，比年初增加191470户；证券交易额达29914.1亿元，比2014年增加253.19%；客户资产达1157.01亿元，比2013年增加112.82%。辖区内开业14家期货营业部，开户数达31233户，比年初增加3153户；全年实现期货交易额达126206.75亿元；保证金10.5亿元。

【温州首届金牌投资顾问评选活动举办】 5月至7月，市证券期货业协会与《温州商报》联合举办温州市首届金牌投资顾问评选活动。最终选出了温州金牌投资顾问10名，并产生优秀投资顾问和新锐投资顾问各10名。《温州商报》全程报道了此次评选情况及结果。

【“金融知识普及月”活动】 9月，市证券期货业协会在鹿城辖区内围绕金融知识普及开展了一次投资者教育宣传活动。各营业机构通过视频或音频的形式进行反洗钱公益宣传。协会通过《温州商报》对营业机构开展此次活动进行统一形象宣传报道，并在商报以半版套红广告形式统一展示集体营业机构。

【业务培训】 2015年，市证券期货业协会与武汉才博培训机构和上海交大联合举办高端研修班。借用该培训机构的雄厚师资力量和系统的证券期货专业课程安排，选择“中国证券业未来走向与国际标杆学习”“2015期权交易策略与营销实战”“2015上海交大证券行业组织管理与领导艺术”等课程，两次专门发文，要求鹿城辖区内证券、期货营业机构根据业务发展需要和培训计划，做好安排参加培训。

（潘崇亮）

责任编辑 朱凌云

经济管理与监督

工业和信息经济

【概况】 2015年，全区宏观经济环境趋紧，主城区工业用地成为经济发展的瓶颈、工业存量不足、工业转到三产等困难仍然存在，区经信局按照高要求，逆势而上，抓重点、破难点、创亮点，围绕经济转型发展主线，大力推进工业和信息经济发展。

2015年，工业经济克服重重困难，实现规上工业总产值平稳增长。全区330家规上工业企业实现规上工业总产值309亿元，累计增长8.9%，排名全市第一。实现规上工业增加值74.6亿元，增速6.6%。完成工业投资52亿，同比增长18.3%。完成工业技改投资43.95亿，同比增长20.4%，占工业性投资比重84.5%。

【信息经济培育】 制定出台《2015年鹿城区信息化战略实施方案》《鹿城区信息经济发展“十三五”规划》等文件，明确信息经济发展目标、具体任务和保障措施，落实部门职能。2015年，实现规上电子信息产业产值9.6亿元，同比增长7.96%。在打造鹿城时尚信息产业园、中承科技创业园等项目的同时，引入鹏博士、锋尚网络、埃梅森信息科技3家优质企业入驻，截至目前各园区共计签约入驻企业19家；培育认定巨一集团有限公司等3家企业为市级“两化”融合示范试点企业；制定《全区十三五信息化发展专项行动计划》《“无线城市”建设和免费开放三年行动计划》，已完成115个场所免费WiFi覆盖，共安装AP数2700余个，联合电信运营商打造机器换人一条街4G+WiFi无线网络体系，全面提升鞋都产业园区整体信息服务水平；开展全区政府网站普查工作，对全区共计29家政府网站进行了详细检查，对存在严重扣分项及时通知相关单位负责人，并督促其整改。

【小微园建设】 突破主城区用地瓶颈，利用围垦用地、低效用地等新增用地，保障小微园用地指标。2015年，全区8个小微园全面开工建设，全年共完成小微园供地286亩，超额完成温州市政府对区小微园275亩供地任务。吉尔达、鹿翔、嵇师3个区级鞋业小微园竣工验收并成功入驻。三个小微园共已入驻企业90家，入驻面积24.3万平方米，其中，鹿翔、吉尔达小微园企业入驻率达95%以上。全年小微园实现新增产值15亿元。

【“三转一市”和“四换三名”】 2015年，抓住全省深化“低小散”块状行业整治提升和标准厂房建设现场交流会在鹿城召开的契机，累计已完成“低小散”块状行业整治提升3336家。其中，改造提升1893家，整合入园112家，关停淘汰1331家。同时，以鞋业产业为重点，成功申报2016年度省级“机器换人”分行业推进试点。完成35家小升规任务，完成全年任务的117%。开展“送政策进企业”活动，确保企业对各项优惠政策应享尽享，已兑现小升规奖励资金1060万元，切实减轻企业负担，提升企业发展活力。

【产业培育与发展】 2015年，鞋业产业实现产值156.4亿元，同比增长5.7%，通过搭建创新平台，提升鞋都形象，温州国际鞋城、国际淘宝城、鞋都鞋革城都已开业并顺利运营。支持鞋业产业时尚化发展，支持重点鞋业企业申报浙江省时尚企业和时尚品牌，加快提升品牌形象。筹建时尚工业设计基地，为鞋业企业提供设备展示、个性化定制推广、人员培训、二次研发和再创新等服务，年内均已建成并营业。

【楼宇和总部经济】 提升重点商务楼宇的聚集度，发展税源经济。

2015年打造7幢“亿元楼”。通过拓展楼宇空间，为招商引资提供楼宇资源，已有同人恒玖、世贸中心等6幢新的商务楼宇投入使用。落实市级文件的奖励政策，2015年已兑现红蜻蜓营销温州有限公司总部奖励资金682万元，利用小微园平台优势，引进中通吉瑞和温州浙鲁等项目落地，打造总部型温商企业。

【旧厂区改造和城市有机更新】 2015年，完成旧厂房改造项目285个，面积达246万平方米。由面粉厂改造的米房cei创意园已正式开园营业，由铝制品厂改造的1958老码头文化创意园已部分竣工并试营业，由中国水产温州渔业机械公司改造的1956文化创意园、东艺鞋业有限公司改造的新温州人文创时尚小镇等项目已启动。

【企业金融风险化解】 2015年，全区出现资金链担保链风险的工业企业有34家，经帮扶取得成效的有27家，帮助市级重点帮扶企业吉尔达鞋业等3家工业企业、区级重点帮扶企业江南减速机等6家工业企业初步走出困境。开展政银企协调，对接法院、房管、土地等部门，帮助23家企业应急转贷，转贷金额达3.53亿元，缓解融资难等问题。

【节能降耗】 “十二五”期间全区万元GDP能耗预计累计下降19%，超额完成市里下达“十二五”下降14.5%的目标。腾出用能1.39万吨标煤，已基本完成落后产能的淘汰。通过推进技术节能改造，重点实施一批太阳能发电、绿色照明等项目的改造，累计共有20多个项目被列入市级重点节能项目并给予财政资金支持。

（蔡明伟）

商　务

【概况】 2015年，区商务局着力加强商贸市场流通、挖掘外贸进出口潜力、推动招商引资与跨境投资，促进商务工作健康发展。全区累计实现全社会销售2199.75亿元，同比增长7.4%，限上销售额995.48亿元，同比下降1.7%；实现全社会零售787.52亿元，同比增长10.1%，限上社会消费品零售额208.71亿元，同比增长11.3%。对外贸易完成进出口总值36.69亿美元，较上年同期下降3.19%，进出口增速三区排名第二，全市排名第六。其中，出口33.67亿美元，同比下降4.83%，出口增速三区排名第二，全市排名第六，增幅高于全市2.91个百分点；进口3.02亿美元，同比增长19.7%，进口增速三区排名第二，全市排名第二，增幅高于全市13.75个百分点。全区新批外资项目9个，实际利用外资14632.86万美元，创历史新高，完成年度计划418%，占全市实际利用外资总量近一半，稳居全市第一。全区新批外经项目7个，增资项目1个，完成中方投资额2335.74万美元，提前两个月完成全年任务，全年计划完成率为116.8%。

2015年，全区实现网络零售额148.6亿。落实网络经济专项扶持资金524.6万元，完成电子商务人才培训30056人次。获国家级示范企业1家、省级2家、市级6家。举办大型讲座活动16次，完成人才培训30056人次。建设社区电商智能终端投递终端359个，占全市建设总量的52.79%。

【抓载体促聚集，推进商贸提速升级】 抓特色商业街建设，启动五马街申报国家级特色街工作，创建省级、市级特色商业街各3条。闻宅步行街9月开街，南塘风貌街、纱帽河女人街、闻宅步行街申报省级特色商业街；大力发展月光经济，梳理整合鹿城区时尚（月光）经济发展暨环五马商圈重点项目，编制《温州鹿城区“月光经济”概念性规划》《温州市环五马时尚商圈总体规划》；红日亭美丽街区和开太街区景观化改造均完成。“月色塘河”水上游船于5月正式开航、新邦文化创意园已正式开园。牵头解决置信、世贸、滨江广场等综合体项目推进中遇到的问题，使其得以顺利进展；置信广场完成竣工验收，现处于招商前期工作；滨江一期全部结顶，完成招商运营工作，正内外装饰；牛山国际综合体（一期）已结顶；成功举办中国鞋都（国际）采购展销节、十九届温州家博会、中国（温州）进口商品展览会、温州首届工厂直销家具展等。4月成功举办2015五马春季时尚周活动，并在银泰、开太、欧洲城等设置分会场，同时启动“时尚消费指数”发布平台；9月—10月开展2015年鹿城区金秋购物节活动，在闻宅步行街举办启动仪式，并获得浙江省2015年金秋购物节优秀组织奖及最受欢迎特色活动奖；通过领导走访、部门对接、驻企服务等多种途径，增加对企业实际运营情况了解的同时，帮助解决企业实际困难。2月初评选出鹿城区功勋企业、商贸50强企业；8月—9月，鼓励企业申报商贸流通扩大城乡消费财政专项资金奖励，合计收到申请52份，奖励金额达280万元；梳理各项商贸惠企政策，印发500份宣传手册发放至各街镇、协会和企业，将政策宣传到位的同时，切实为企业提供便利。全年培育发展转限上商贸企业达219家，占全区入库限上商贸企业总量1/3，提前完成三年目标任务。

【搭平台拓市场，努力巩固市场份额】 9月，出台了《鹿城区促进开放型经济发展的若干意见》等外贸扶持政策，对企业做优做强，加快国际贸易增速、进口展示交易中心及总部大楼发展、服务外包等方面均给予了大力支持。开展“外贸双服务”“百日攻坚”活动，实行领导与重点外贸企业挂钩制度，召开外贸企业座谈会、外贸政策宣讲会等，宣传市、区相应政策措施，努力发挥政策效应，大力推进贸易回归。2015年，成功引入10亿元以上项目2个、零售行业龙头大润发、商业运营管理公司三尚实业等大型贸易回归项目；帮助152家企业申报17个展览项目资金补助合计755万元。全年召开两次全区外贸监测系统培训会，加强外贸监测工作的科学性和准确度，完善外贸运行监测分析。鹿城区贸促会获评省级贸促系统考核先进单位；开展对外贸易信用企业创建评选活动，经区国际贸易信用企业评审委员会联评，132家企业获得诚信企业荣誉称号，并召开表彰大会对获评诚信企业进行表彰；6月联合温州海关举办首次海关AEO企业（认证企业）群微信课堂；邀请多个涉外部门莅临指导工作； 加强展会服务，做好广交会、华交会等传统展会的组展和服务工作。第117届广交会全区共有展位209个，并派驻工作人员全程服务鹿城区参展企业。华交会鹿城区共有参展企业15家，展位总数27个，参展企业数占全市21.12%。如期完成浙江出口商品交易会等境外重点、自办类展会及一般类展会项目；配合省厅做好“中国浙江名品”入驻境外国际机场项目申报工作；成功组织鹿城鞋企“抱团”参加德国GDS国际鞋展，举办中国鞋都——温州鞋业推介会活动；组织鹿城企业参加温州出口商品（孟买）博览会，签订意向订单2974万美元，同比增长22%；打造进口市场建设“一市场多中心”、近远期结合的良好格局，成功引进侨贸回归项目温州汇立购百货公司，打造汇立购进口商品市场，10月开业运营，仅2个月营业额达500万元。跨境电商产业园区获批成立，将投入运营；推动亚马逊、兰亭集势、WISH等知名跨境电商平台高管赴中津先进科技研究院进行“智库”对接，吸引全国跨境电商精英汇聚、落户鹿城；6月，区金耀国际贸易等多家外贸公司共同打造的电兔跨境电商平台（Globegou公司）和美国Unidoor（邮立达）公司达成战略合作伙伴关系，利用先进的跨境电商订单管理系统和海外智能仓库发货系统为中国跨境电商提供一站式服务。谋划海外仓储体系布局，利用当地海外保税仓（占地约4000平方米）作为区跨境电子商务产业园海外仓储配套；坚持区域产业发展特色，狠抓主导产品出口。2月，鹿城正式成为国家级出口鞋类质量安全示范区，增添一张“国”字金名片。11月，康奈、巨一等7家企业包揽全市首批中国出口质量安全示范企业称号。5月，《浙江日报》专刊部报道组专程采访国家级出口鞋类质量安全示范区建设工作，有效宣传了出口质量安全示范区形象，帮助树立了“温州制造”“中国鞋都”质量标杆，扩大了示范区区域品牌的影响力。

【强服务重引导，提升对外开放水平】 2015年，在原区招商引资项目库基础上，根据对韩产业合作方向，进一步完善招商项目库。实行重大项目申报和跟踪机制、重点项目审批区、市、省“一条龙”服务，确定专人实时跟踪大润发、阳光100、康宁医院等项目进展情况，首次成功推动境外上市公司外资认定工作，落实亿元美元项目1个。另外，做好外资企业境外股东借款挖掘工作，加快境外股东借款的认定，梳理有潜力的外资企业进行接洽了解，成功引进行业龙头企业一家，并联系市局、省厅，紧盯境外股东借款的认定进度，推动实际利用外资顺利完成；加快“走出去”步伐，发挥各级政府扶持开放型经济的政策优势，鼓励企业“走出去”，19个企业获得了总计达315.12万元的“走出去”专项资金补贴，并首次成功引进专业管理团队模式和实现文化产业项目境外并购，推动更高层次“走出去”。强化境外投资指导、服务职能，全程提供“手把手”保姆式服务，从项目前期的境外投资可行性、投资国政策法规、投资环境和投资风险分析入手，到投资方案的设计，再到指导企业准备申报材料、协助企业录入境外投资网申请，保障区企业境外投资项目的核准进程。另外，利用各种境外投资促进平台，参加浙洽会、夏洽会、中白工业园推介会等境内外展会上的境外投资促进活动，现场进行境外项目对接。同时，加强信息工作，及时报道欧华时报、星际控股等“走出去”企业的亮点工作，介绍“走出去”先进经验，有效扩大了影响力。

【优化网络环境，推动商业模式创新】 加快电子商务发展，浙江省电子商务大数据研究基地落户鹿城。举办“电商经营，以法为盾”讲座、中国（温州）跨境电子商务峰会等活动。对全区统计对象等进行筛选动员，66家企业纳入浙江省电子商务行业统计系统。通过典型示范评选，浙江绿森数码科技有限公司入选商务部2015—2016年度电子商务示范企业，浙江联欣科技有限公司等2家获浙江省电子商务示范企业。全区共有13家电商交易平台企业等共计50家企业入选2015年度温州市网络经济重点企业。为28家企业兑现2013年度市区网络经济扶持资金154.2万元，为51家企业申报2014年度市区网络经济扶持资金524.6万元；加快专业市场提升发展，温州网商虚拟产业园线上平台“你创我帮”正式上线。交运国际淘宝城已签约1500家，并入驻其自建平台——温州无鞋网。温州市站前产业园、温州聚商盟产业园、温州韵达电子商务产业园、温州邮政速递西部鞋都电子商务产业园等园区招商情况良好。其中，聚商盟产业园获市级典型示范园区称号；首批省级电子商务创新试点项目——鞋都O2O电商平台建设有序推进，温州国际鞋城淘宝主题馆已入驻30家电商，鞋类分销平台入驻企业 180家，中国鞋都鞋革城网店商户数225家。

【强队伍重建设，提高反腐倡廉能力】 坚持把加强党支部工作建设放在整个党建的首位，建立党建工作责任制，实行党员领导干部“一岗双责”制度，明确职责分工和任务要求，把组织协调推进的责任落实到党员干部，定期督促检查，落实推进措施，充分发挥党员干部的先锋模范和业务骨干作用；加强机关党风廉政建设，认真落实党风廉政建设责任制，加强教育，完善制度，坚持依法行政，推进政务公开；加大对外宣传，9月24日，《区商务局严守“八项规定”厉行节俭举办金秋购物节》被中央人民政府网“今日头条”刊发，树立了廉洁务实的良好形象；加强机关队伍建设，强化队伍紧迫感和危机意识教育，提升全局工作人员的综合素质和干事创业能力，打造一支综合素质高、办事能力强的商务工作队伍。

（汪陈送）

财　政

【概况】 2015年，温州市鹿城区实现国内生产总值807.79亿元，按可比价格计算，增长7.5%。其中：第一产业增加值1.76亿元，增长3.1%；第二产业增加值246.64亿元，增长9.9%；第三产业增加值559.39亿元，增长6.3%。按户籍人口计算，人均生产总值108416元，增长6.6%。国民经济三次产业结构比调整为0.2 : 30.5 : 69.3。全年实现外贸进出口总额36.71亿美元，下降2.7%，其中进口总额3.03亿美元，上升19.7%；出口总额33.68亿美元，下降4.3%。全区完成固定资产投资328.17亿元，增长7.0%。全年全区一般公共预算收入27.58亿元，占财政总收入比重为34.8%，增长8.21%。区级一般公共预算收入26.94亿元，增长10.04%。全区一般公共预算支出31.81亿元，增长6.6%。区级一般公共预算支出31.41亿元，增长6.7%。九大类民生支出25.89亿元，占一般公共预算支出的比重达78.0%。全年财政运行情况良好，财政收支保持平衡。

【完善收入分析机制】 加强预算执行管理，关注并主动适应经济走势和上级财税政策变动，按时下达街镇年度收入目标任务并按月实时通报。建立税源信息平台，加强财政与国税、地税、统计等部门的沟通与配合，提高税源信息利用效率，为全区财政收入的稳定增长奠定基础。全年税收收入24.42亿元，增长8.0%，占一般公共预算收入的比重达88.5%。

【非税收入征管】 开展收费专项清理，推进政府非税收入收缴电子化改革。全年实现非税收入3.15亿元，同比增长9.7%。

【严控“三公”经费】 严格“三公”经费管理，压缩会议费、招待费、出国费、培训费等一般性支出，出台鹿城区机关工作人员培训教育、差旅费等相关规定。全年公共预算“三公”经费支出1921万元，同比下降11.4%。

【支持企业发展】 2015年，安排企业扶持专项资金3040万元，完善财政产业政策措施，加大对开放型企业的支持力度，鼓励企业开拓国际市场。加快“电商换市”步伐，引进一批网络经济示范企业。优化市区总部经济的规划布局，吸引各类总部企业入驻鹿城区。

【鼓励自主创新】 2015年，安排科学技术支出8197万元，实施创新驱动发展战略。安排专利补助资金800万元，推进科技与文化融合示范基地建设。安排120万元创新券专项经费，鼓励支持全区企业和创业者开展研发活动和科技创新。

【争取上级资金】 深入实施“四换三名”和“三转一市”工作，全年争取上级资金5002万元，调整优化产业结构，推进经济转型升级。

【繁荣旅游消费】 2015年，安排旅游促销宣传专项资金500万元，建成美丽乡村等精品旅游线路，促进旅游公共服务体系和智慧旅游建设。

【支持“三农”建设】 2015年，安排“三农”资金1.35亿元，重点支持农田水利基础设施建设、农村环境治理、农村生态保护、“一事一议”等项目。筹集“五水共治”专项资金6479万元，为鹿城区“五水共治”提供资金保障。出台《鹿城区农业主导产业综合开发专项资金使用与拨付试行办法》，规范涉农资金使用管理。

【支持教育发展】 2015年，安排教育资金7.95亿元，完善基础教育均衡发展，小学、初中生人均公用经费标准分别提高至650元、850元。安排教育基建和维修经费4648万元支持教育基础设施建设。落实881万元政府购买服务专项资金支持民办教育综合试点改革。安排434万元推进学前教育三年行动计划。完善中等职业学校学生资助政策，加强扫盲工作。

【医疗卫生与计生工作】 2015年，安排医疗卫生与计划生育支出3.33亿元，居民基本医疗保障财政补助标准提高到每人每年850元。安排新农合医疗保险专项资金5477 万元，实现基本公共卫生服务均等化。完善城乡公共卫生服务机构建设，支持社会资本办医。

【健全社会保障体系】 2015年，安排社会保障和就业支出2.12亿元，完善城乡大病医疗救助体系，落实殡葬基本服务免费政策，安排500万元完善居家养老服务体系建设，支持机关事业单位养老和工资制度改革。

【支持城乡社区建设】 创新投融资机制改革，全年安排全区各类重点工程建设项目资金56.21亿元，保证各类工程顺利实施。支持保障房建设，争取中央及省级保障房资金9808万元，完成鹿城首个PPP项目采购程序并正式开工。安排村级组织建设专项补助经费1520万元，比上年增长25.0%，夯实基层组织基础。

【促进其他社会事务发展】 建立文体投入稳定增长机制，全年安排文化体育与传媒资金支出4531万元。落实专项资金促进平安鹿城、人才强区、创园创模等事业发展。

【深化财政体制改革】 推进现代财政建设，运行全口径收支预算，扩大预决算公开范围，70个区级部门预决算及“三公”经费预决算全部公开。早编2016年部门预算，细化预算定额编制标准，提高预算编制的准确性。

【国库集中支付改革】 全区所有行政事业单位均已纳入国库集中支付管理， 2015年，涉及预算单位179家，公共财政改革资金28.61亿元，占公共财政预算支出的86.2%。

【开展竞争性存放工作】 出台《鹿城区级财政性资金竞争性存放实施细则》，完成2015年度区级财政性资金竞争性存放工作。盘活财政资金，在盘活上级转移支付资金的同时，收回部门的结余资金2.62亿元。

【财政专项资金清单梳理】 2015年度采用《鹿城区级财政专项资金管理清单》将区级财政专项资金共整合为13个单位共13项，总金额共计3.26亿元，于2015年11月在鹿城政府信息公开网上正式公布。

【强化政府性债务监管】 探索地方政府性债务动态管理，编制年度全区地方性政府债务计划，防范化解债务风险。建立绩效评价结果反馈整改和内部公开机制，加强绩效评价结果应用，初步尝试将评价结果与预算编制相结合。

【规范国有资产管理】 开展行政事业单位资产信息化管理，做好信息系统维护，做好2015年街镇区划调整后资产划分工作，全年共处置固定资产2236万元。完成区属国有企业决算报表的审核、汇总和分析工作，防范国有资产流失。

【加强政府采购管理】 2015年，拟定政府向社会力量购买服务实施意见，提高公共服务供给水平。加强政府采购监管，全年实现政府采购支出22.55亿元，节约资金5.86亿元，节约率达20.6%。

【强化财政资金安全管理】 2015年，开展单位银行账户及公款存放情况专项检查，对全区236个单位的银行账户进行核定，保障账户安全。

【完成绩效评价工作】 2015年，完成绩效目标申报项目327个，同比增加38.0%，涉及财政资金7.92亿元。完成财政支出绩效评价项目68个，涉及财政资金2.42亿元。建立鹿城区2015—2017年度绩效评价及审计服务资格库。

【加强工程结算审价工作管理】 2015年，审结项目371个，评审金额3.24亿元，审定金额3.10亿元，资金核减率4.4%。

【开展会计事务管理】 2015年，试行预约集体换证业务，提高服务效率，办理各类会计服务事项3670项。会计人员继续教育面授工作推向市场化，由温州市财税会计学校等7家机构举办会计继续教育面授培训班，受训4500人。新设立代理记账机构6家。

【加强干部思想理论建设】 制定党组理论中心组和党员学习计划，巩固周五集中学习制度，学习习近平总书记系列重要讲话等内容。加强区财政系统工作人员对财政法规、会计知识以及新的财政体制理解和认识，提高业务能力。

【开展“三严三实”专题教育活动】 党组成员带头召开党组专题会议并上专题党课，召开专题民主生活会，查摆问题，列出整改方案，及时汇报整改情况。

【狠抓党风廉政建设】 落实党组主体责任、纪委监督职能、领导干部“一岗双责”要求，党组负责人自觉履行党风廉政建设“第一责任人”职责，继续落实中央“八项规定”，开展办公用房清理，加强惩防体系建设。

（潘　旻）

国　税

【概况】 2015年，鹿城区国家税务局共组织区级计划口径税收34.69亿元，超收0.43个百分点，入库税额同比增长3.59%，增收1.2亿元。全年完成国税部门组织的公共财政预算收入6.01亿元，超收0.67个百分点。发挥税收在促进发展、调整结构、改善民生等方面的杠杆作用，全年办理退税企业253户次，退税额2035.58万元。办理免税销售额78.97亿元，免税税额4.05亿元。实现“营改增”免税税额合计1.16亿元。

【服务地方经济】 2015年，助推“三转一市”（个转企，小升规，有限转股份，推动企业上市）工作，完成“个转企”587户，“小升规”35户，均超计划数17%。实施出口企业助推工程，大力推进《出口退（免）税管理工作规范》落地，全年共办理生产企业退（免）税金额6.18亿元。

【促进依法治税】 2015年，进一步简政放权，取消47项行政审批事项。编制完成税收执法权力清单和责任清单。进一步提高《税收执法风险管理信息系统》和《税收法规查询子系统》的应用水平，考核正确率达99.99%。完成2014年度1966户企业的所得税汇算清缴工作。共调整应纳税所得额为1.2亿元，补缴企业所得税1105.9万元，补缴增值税299.78万元。做好金税工程及增值税发票管理工作，完成一般纳税人7452户、小规模纳税人3052户的增值税系统升级工作。

【提升税收征管质效】 2015年，推进信息管税进程，增值税一般纳税人网上申报率达到95%以上，网上认证率达到95%以上，网上抄报税率达到90%以上。实施以风险管理为导向的分类分级管理，补缴增值税入库984.53万元，滞纳金173.53万元。

【优化纳税服务品质】 全面开展“便民春风办税行动”。完善办税服务厅绩效管理考核制度，落实AB岗责任制、一次性告知制和首问责任制、强化预约服务制度及导税员服务制度。推行“免填单”系统，拓展自助办税范围、功能和渠道。全力抓好《纳税服务规范（2.2版）》和《全国税收征管规范（1.1）版》衔接与落实，促进纳税服务工作再上新台阶。制定国地税联席会议相关制度，顺利开展代征地税相关税费、联合进行纳税信用等级评定、协同办理注销登记等。2015年，共计代征地税税费3102.41万元，受理1.4万户次。办税服务厅再次获得省级青年文明号，并将这一称号保持达14年之久。市级文明服务示范岗通过验收，省级巾帼文明岗通过复评。

（倪玉兰）

地　税

【概况】 温州市地方税务局鹿城税务分局是温州市局5个直属分局

之一，内设机构15个。2015年，有干部职工协税员227人，管辖纳税户数9.2万余户（其中企业2.6万余户，个体工商户6.6万余户）。税源结构以二、三产业为主，其中第二产业税收占比约30%，第三产业税收占比约70%。坚持以“创首善·争一流”为目标，践行“实、稳、优”财税核心价值观，落实“数据、路径、考核”三大核心要求，狠抓税源管理、推进征管改革、优化纳税服务、加强作风建设。全年组织各项收入60.87亿元，同比增长1.06%，增收6403万元。被授予“温州市效能示范岗”“温州市五一巾帼奖”“浙江省工人先锋号”等称号，《浙江税务》《温州日报》等省、市媒体先后进行报道宣传。

【多管齐下促收入】 完善落实“局、科、组、岗”分级重点税源管理机制，发挥重点企业税收收入在分局收入工作中主导作用的基础上，精细化做好欠税清理等日常工作，对股权转让行为，建筑、餐饮、外贸行业以及律师事务所等部分高收入服务机构股权开展专项评估。同时，高质量完成个人年所得12万元自行申报纳税工作，完善“自主申报，集中受理，重点辅导，后续管理”的企业所得税汇算清缴模式。对建筑业等未来划归国税管理的行业，开展营业税专项辅导，有力促进了税收收入的平稳增长。

【多措并举强征管】 紧跟“提高基础工作质效”这一关键目标，着力推进五大管理工程。完善《龙版》信息数据，开展行业登记清理工作，对管理未到位户实施专项清理。建立特色行业风险值管理平台，对餐饮等四大特色行业纳税人申报收入同风险值进行核查比对。强化出租房源头管理，并作为全市首个地税分局试点建立房东税务登记制度。发挥社会化征管优势，委托市场管理公司对专业市场个体户租赁房产税收进行集中征收。加强村级经济管理，掌握辖区安置房项目基本情况和各街道村集体拥有的房产、土地出租信息。开展国地税委托代征工作，在国税办税服务厅开设代征窗口，代征地方税费。

【多元服务谋发展】 坚持“双轮驱动”，努力为地方经济营造良好税收环境。全面启用纳税服务需求管理信息化平台，开展“支持重点税源企业和成长型企业发展”专项活动，建立企业联系人制度。落实小微企业税费优惠政策等各类税费减免政策，全年共有11293余户次各类纳税人享受不同程度的政策优惠，累计减免金额达10266万元（不含契税）。推广纳税共性平台，实现涉税需求一站式解决。拓展多部门业务联办范围，落实“五证合一”登记制度改革，较好地减轻了企业办税成本。办好纳税人学校，全年共对4581人次纳税人开展24期专题培训。举办“微网问政”等税收志愿宣传活动，弘扬“地税正能量”，重视岗位创先争优，积极开展各类岗位创建活动。

【多点着力优作风】 该分局深化“三个全面”人才战略，致力于为地税事业打造高水平团队。落实主体责任，组织召开落实党风廉政建设主体责任情况报告会，定期督察干部职工日常工作作风。开展“廉政警示教育周”活动，分批组织干部职工参观市预防职务犯罪教育基地和税务系统违法违纪案件案例巡展。完善考核机制，落实市局和区委区政府对分局的考核要求，发挥分局“月月考”机制的重要作用。重视队伍培养，组织干部、职工参加市局组织的业务知识能力竞赛，增强全员学习主动性和积极性。

（杨　庆）

市场监督管理

【概况】 2015年，内资企业总计20034家，个体工商户总计69666户，均保持了两位数增幅。全区共取缔“无证整治”小餐饮434家，“有证提升”581家。全年共立案查处各类经济违法违规案件570件，其中，大要案217件，罚没款累计1018万元，移送司法机关18件。食品案件大要案、罚没款均居全市前列。全年，共受理各类投（申）诉、举报5519件，为消费者挽回经济损失754万元，处置满意率达到98.2%。出台扶持小微企业成长“1+X”专项行动方案，提出“7项硬指标”，推进8个专项行动，系统服务小微企业成长。组织开展“心系双创——鹿城区市场监管干部结对服务小微企业”服务主题活动。全年共培育七大行业小微企业1979家，累计帮助小微企业减免税费5043万元。全年新认定省著名商标5枚、市知名商标10枚、区名牌商标33枚，数量全市领先。组织开展“商标质押融资行动”，为企业授信1600万元。共完成“个转企”600家，“限下”转“限上”202家，小升规35家。推动7家企业在新三板、上海股权托管交易中心等各类场外市场挂牌。康宁医院在港交所上市，成为全区首家上市公司。针对街镇体制改革和人事调整的实际，及时调整镇街食安委及食安办人员，实行对外挂牌，实体运作，实现“一张网、全覆盖”。

【改革商事制度】 推进落实“五证合一、一照一码”登记制度改革，发放“五证合一”营业执照2299户，完成前置改后置行政审批登记2260件。推行网上审批制度，依托企业名称自助查询系统和区政务平台，实行网上受理、实时查询流程进度，全年共办理网上名称预核准5582件。推出企业住所和经营场所“分离登记”模式，破解了企业登记“住所难”问题。进一步优化审批服务流程，从“一审一核”改为“审核合一”， 10个大项40个小项企业注册登记事项的核准权直接下放给窗口，9个简易事项实行即办制，大大提高行政效能。

【建立企业严管机制】 推进企业信息公示与年报工作，实施经营异常名录和严重违法企业名单制度，促进企业自律。截至年底，2013年企业年报率93.98%，个体年报率87.51%；2014年度企业年报率94.1%，个体年报率88.2%，提前完成省、市局下达的年报任务。建立全区统一的企业信用平台，共录入企业信用信息90余万条。完善信用惩戒，实行异常名录企业抄告机制，使失信企业一处违法处处受限。全年，共抄告异常名录企业1043家，对其在行政许可、政府采购、工程招投标、国有土地出让、评先评优等工作中予以限制。

【启动小作坊负面清单备案】 食药监管和工商整合后，承担着食品安全全领域的监管，但是由于小作坊生产隐蔽，规范缺乏法律支撑，一直是监管空白。2015年，全市率先对市场熟食经营户的进货来源进行全面排查，理清小作坊分布情况。全面推行“负面清单、登记备案”管理制度，实现食品小作坊监管全覆盖。

【启动餐桌安全治理行动三年计划】 全年创建“省放心农贸市场”3家，设置“平价菜直供点”100个，占全市一半；免费开放10家食品安全快检室。推行餐饮服务食品安全“提升工程”，通过“无证整治”和“有证提升”两种方式，进一步提升辖区餐饮服务整体水平。

【提升检测技术支撑度】 针对系统内检测职能分散、信息不对称、容易重复抽检、处置不及时等弊端，将系统餐饮、食品生产、流通、商品检测职能进行整合，理顺从现场抽样、检验结果送达到行政处罚的抽检全过程，实现对食药市场行为的精确监管。全年共完成食品、药品等监督抽检任务1600余批次，快速检测57000余批次，为食品监管提供专业技术支撑。

【平安药房创建】 2015年在全省率先推出“平安药房”创建，动员全区所有药品零售企业、区属医疗机构药房开展“平安药房”创建活动，通过两年努力，使区属药品零售企业全部达到新版药品GSP 要求，医疗机构药房全部达到“规范化药房”要求，对考核得分在80分以上的授予“平安药房”称号。全区820家药品零售企业、医疗机构100%达到“平安药房”标准，并在此基础上评选100家单位作为“示范平安药房”单位。强力推进药品电子化监管，将300家药品零售企业纳入中国药品电子监管网，得到区领导批示肯定。

【食品药品安全和市场秩序向好】 坚持问题导向，深化隐患排查，围绕重要节点、重点行业和突出问题，开展商业贿赂治理专项行动、“红盾护航”保护知识产权、餐桌安全治理，打击疫区牛肉等多个专项执法整治行动。打击疫区牛肉走私工作在全市反走私工作会议上作经验介绍，并得到区领导的批示肯定。完成无传销城区创建，无传销街（镇）覆盖面达100%。

【党风廉政建设】 牢固树立党委主体责任意识，强化“一岗双责”，进一步落实党风廉政建设责任制；深入推进谈心提醒教育和警示教育，增强各级党员领导干部的廉洁自律意识。以“三严三实”专题教育和党章党规党纪学习活动为契机，开展系统作风建设专项行动。紧扣“准则”和“条例”，领导干部率先垂范。抓班子、带队伍，党员干部自觉把自己摆进去。认真贯彻中央八项规定精神、实现了“两项责任双落实、两个安全双确保”的目标。响应区委号召，推进大网格实体化运作机制，结合工作实际，明确职责定位，优化人员配置；理顺科、所、网格关系，实现网格与职能工作的无缝对接。大网格监管工作扎实推进，并获市委常委、鹿城区委书记陈浩批示。

（李守霞）

物价管理

【概述】 2015年，区物价局充分发挥物价工作职能，紧抓群众关注的、社会反映强烈的价格、收费等热点问题，切实维护价格收费秩序，提高价格监督监管能力，全年共受理举报158件，办结158件，办结率达100%；共查处价格违法案件15起。12月16日，成立鹿城区首支由人大代表、政协委员、街镇（社区、村）干部、新闻工作者、经营者代表、法律专家、技术类专业人才等43名各界人士组成的社会价格监督员队伍。创建学习型、责任型、高效型、创新型、廉洁型、和谐型的“六型”中心，获区劳动模范集体称号。

【市场价格检查】 2015年，共查处价格违法案件15起，有力地规范了市场价格行为。开展教育、药品、涉农涉企、商业零售、旅游景区等行业的专项检查，共检查单位45家，经营户近900家。开展市场价格巡查380次，涉及经营户1983家。受理价格投诉举报158件，办结158件，办结率100%。2015年区价格监管工作再次获得全市第一的好成绩。

【行政收费管理】 1月1日起，全面停止行政事业性收费许可证核发及收费年度审验工作，实施行政事业性收费公示报告制度。开展并完成对全区35家行政事业性收费单位的收费情况审核。贯彻落实价费政策，继续做好清费减负工作，暂停收费2项，免征7项，取消项目1项，降低收费标准3项。开展权限内定调价工作，核准普通住宅前期服务收费标准6项，调整民办学历教育收费标准2项，制定公共体育设施收费标准1项。完成定期成本监审3个、定调价成本监审1个，共审核金额2227.22万元，核减不应计入成本403.51万元。加强农业调研工作，开展瓯柑种植成本调查工作。强化价格监测预警工作，全年采集上报价格数据104次，价格动态分析报告14篇。

【价格认证服务】 2015年，共受理涉案物品认定1070件，受理案件同比增加21%，涉及标的额1300多万元。积极承接并高质量完成国家发改委价格认定课题——《价格认定市场调查规则研究》。积极参与国家《价格行为规范》的修订工作，并发挥了极其重要的作用。

（谢茴茴）

统　计

【概况】 2015年，区统计局坚持依法统计、应统尽统，充分发挥统计专业作用，确保各项职能工作目标任务顺利完成。一手抓统计业务，一手抓党风廉政建设，树立风清气正，纪律严明，干事创业的新形象。

【统计优质服务】 2015年，统计局深化主要经济指标预告预警。每月初通过微信平台预告全区和各街镇规上产值、限上销售及零售额、固定资产总量及增速等主要数据，使主要经济指标“早”预见，为区党政领导、街镇和部门赢得决策时间，及早落实应对措施。其中，《关于召开全区经济工作推进会的建议》等3个材料得到区委书记陈浩的批示。按季度分街镇进行经济指标统计分析，并由局领导率队上门提供服务指导，从统计的角度对街镇经济发展的着力点出谋划策，按街镇的经济发展特色分不同侧重面提出应对措施建议，助推街镇经济发展。截至12月底，撰写统计调查分析、信息分别为57篇、88篇，其中7篇分析或建议得到区领导的批示，区两办内参录用5篇。

【统计法制建设】 利用各专业统计调查会议，向统计人员宣传《中华人民共和国统计法》和相关统计法律法规知识，加深统计人员对法律条文的熟悉和理解，共有2196人次接受统计法律知识宣传。利用宪法纪念日开展统计法律知识竞赛等活动，面向社会公众开展统计法制宣传教育1357人次。广泛利用短信、电子屏、宣传栏等多种形式深入统计普法宣传，并加强宣传教育信息报送工作，其中省法制办采用21条、省市统计信息网采用7条信息。通过统计稽查、宣传，统计从业人员持证上岗意识大幅度提高。2015年全区209人参加统计从业资格考试，合格率为49.2%；统计继续教育412人次；全区55人报名参加统计专业技术资格考试，其中初级统计师27人，中级统计师26人，高级统计师2人。还组织3名人员参加执法检查员培训考试，目前全局已有21人持有执法检查证。

【统计基层基础建设】 举办1期由街镇书记或主任（镇长）、分管统计领导、统计业务骨干和GDP联席会议成员单位主要领导等130人参加的区级领导干部业务培训班。9月，街镇区划调整后，举办了14个街镇统计业务负责人、统计人员等60人参加的全区街镇级业务培训班。各专业分行业举办了34期、2600多人参加的企业和投资项目统计人员业务培训会。重点加强GDP核算联席会议成员单位的部门统计工作，分别对财政、金融和房管局等3个部门单位开展统计巡查，对商务局、旅游局、区公安分局、区人力社保局等4个部门单位开展统计规范化建设。加强部门沟通协助，邀请区经济职能部门参加统计工作务虚会，分析经济统计指标进展情况，探讨应统尽统举措，实现共同抓统计数据。深入走访56家工业企业，核查了规下工业369个非目录企业，新增128个规下工业新增样本，及时补充了非名录统计单位。核查了33家年综合能源消费量500吨标煤及以上的重点用能企业。不定期实地走访检查城乡一体化调查住户14个点、158户，联合其他部门慰问了24户。走访服务业企业98家，上报“下转上”单位43家。走访投资项目单位48个、稽查12个。

【固定资产投资统计】 主动对接固定资产投资统计“双轨制”，顺利推进固定资产统计改革。深入项目建设单位调查研究，强化对项目的跟踪管理，建立与街镇月度对接工作制度，联合街镇开展地毯式排查、筛选挖存量，力争省市交通、燃气电力水利和电信、移动、联通等项目达到10多亿元。加大业务培训和数据审核力度，确保新旧两套制度执行顺畅、工作推进平稳有序、数据评估科学合理。

【统计普查和各项调查工作】 2015年，圆满完成第三次经济普查后续工作，“三经普”数据经市区两级核定，在《今日鹿城》、区统计信息网等报刊、网站公布了做好普查资料的开发利用工作，完成《鹿城时尚产业发展研究》《温州鹿城县域经济发展思考》课题。同时完成“大城市劳动力调查”工作，按月完成分布在5个街道、7个样本点、140户的调查；完成“全民健身活动调查”（国家点样本）、“浙江省养老服务业发展情况和养老服务需求调查”（省样本点）、“法制政府满意度调查”“平安浙江调查”等调查任务。

【推动工作创新】 2015年，区统计局制订统计经济指标考核细则，对行业主管部门的实行考核，又突出与联系街镇的捆绑考核，形成全区上下共同助推企业发展、共同抓统计数据的良好氛围；建立数据通报制度，对服务业营业收入、贸易业零售额和销售额、投资、能耗等主要指标实行按季通报，督促各街镇、部门重视统计工作；借助街镇体制完善，依托街道社区网格化的社会管理新模式，将统计工作纳入其中，为动态掌握企业名录、各项调查和统计服务等工作提供支撑，有效弥补街镇机构不单设的工作缺陷。

（林雪静）

质量技术监督

【概况】 2015年，鹿城区质监局突出安全监管、依法行政两大重点，推进质量、标准、品牌三大创新，实现党建全面加强、作风明显转变、形象明显提升、绩效显著提高四大目标，推动质监工作立足新起点，构建新常态，为开创鹿城赶超发展新局面奠定坚实基础。局获温州市质监工作先进单位、温州市级文明单位、温州市卫生先进单位、温州市无烟单位、温州市级档案管理目标认定单位及鹿城区“尊师重教先进集体”等称号。

【助推转型升级】 2015年，以“全国质量强市示范城市”获批创建为契机，以实施“质量、品牌和标准三大创新工程”为抓手，推进“质量鹿城”建设，推动经济社会走质量效益型发展之路。制定出台《2015年质量鹿城建设行动计划》，启动“十三五”质量发展规划编制工作。落实政府“议质制度”，召开质量强区工作领导小组（扩大）会议，与各街镇签订了《2015年鹿城区质量工作目标责任书》，定期召开质量强区领导小组会议部署推进质量工作。积极发挥先进质量管理孵化基地作用，累计培训首席质量官百余名。建立质量状况分析制度，综合产品、工程、服务、环境四大质量发展现状，编制发布鹿城区质量分析报告，为政府宏观决策提供依据；加快“浙江制造”品牌建设，制定出台了《关于推进“浙江制造”品牌建设的实施意见》。结合鹿城制造业特色，确定6家“龙头企业”和“单打冠军企业”作为首批“浙江制造”品牌建设培育企业，指导康奈集团积极开展“浙江制造”皮鞋标准制订。推进“温州时尚品牌”培育，12家企业入选首批温州时尚品牌培育名单。推动优势行业品牌集聚，鹿城皮鞋产业获得“全国知名品牌创建示范区”创建资格。2015年新增市长质量奖1个，区政府质量奖1个和省、市、区三级名牌产品22个；大力推进服务业标准化工作，重点在智慧旅游、电子商务、体育健身等领域推进服务业标准化试点项目建设，2015年服务业标准化试点项目通过省级验收1项、通过市级验收2项；在建项目国家级1项；省级1项，申报项目市级4项，申报项目数和通过验收项目数等各项指标均列全市首位。积极鼓励企业开展标准创新活动，全年有3项国家/行业标准发布实施。指导规模以上工业企业开展主导产品采标工作，共189家企业采标，采标率为54.3%。

【保障民生民安】 开展电梯维保单位和使用单位安全检查，针对辖区内35家维保单位开展安全管理制度、作业人员管理、电梯故障和事故、违法违规等情况综合量化评分，实行分类监管和“黑名单”通报制度。积极推进电梯大会战工作，督促53家维保单位开展全区在用电梯7424台进行自查自纠，并针对排查出的隐患情况开展了专项整治。开展特种设备薄弱环节专项治理，全年共出动2246人次，发现特种设备隐患1483台，完成整治1482台，治理率达99.9%；严格监督抽查，全年抽查470批次，其中省、市、区定期监督抽查124批次，合格122批次，批次合格率98.4%，累计完成后处理143起。加强重点产品的监管，全年共巡查重点监管企业189家次，发现问题12起，完成整改12起，超额完成全年目标。开展皮鞋产品质量提升，撰写皮鞋产品质量分析报告。出台《鹿城区皮鞋产品质量提升（重点关注）工作实施方案》，开展为期两年的皮鞋产品质量提升工作。同时结合日常监管、监督抽查、市场反溯抽查、执法检查、检测结果公示等方式对100家皮鞋企业进行分类监管，进一步提升全区皮鞋产品质量水平；积极开展国家、省、市局“利剑”“蓝剑”“火炼”等系列专项执法行动，针对特种设备、CCC认证产品、生产许可证产品和群众举报存在质量安全隐患的产品开展执法行动，打击各类制售假冒伪劣产品违法行为和特种设备安全违法行为。全年共出动2513人次，累计检查581家企业（商店），立案并结案78起，罚没款106万元，保持打击假冒伪劣产品的高压态势。加大举报投诉处置力度，“12365”举报处置中心有效运行，受理各类投诉举报148件，全部按规定办结。

【优化公共服务】 加强基层医疗计量器具管理，联合区卫计局对辖区内283家基层医疗单位（含个体）905台（件）计量器具开展免费检定，为百姓在家门口放心就医提供了坚实的技术保障。推进集贸市场计量器具“四统一”工作，免费轮换5个集贸市场共542台电子秤；“质量月”期间，在赛格广场开展“建设质量鹿城、迈向质量时代” 为主题的质量宣传与公益服务活动。制作平安视频，在全区银行、车站、码头、医院等400多个公共场所滚动宣传。结合全区电梯大会战工作，与市广电传媒集团签订协议，在公共频道连续三个月滚动播出字幕宣传，全方位向广大公众宣传特种设备安全知识。邀请国家鞋类检测中心技术专家深入企业，召开皮鞋产品质量分析会，组织企业参观皮鞋检测室，进一步加强与企业沟通联系，切实做好服务工作。依托市级检验机构，邀请各街镇分管负责人和部分“两代表一委员”，开展“实验室开放日”活动，宣传质监职能，提高质监服务水平和群众对质监工作的知晓率；进一步优化行政审批流程，调整简化村民委员会代码证变更换证手续。创新审批方式，推出“免填单”式服务、行政审批预约上门服务等，将服务简化、前移，提高审批效率。积极推进“五证合一”工作，有效发挥增效助力和技术支撑作用。全年共受理各类行政许可事项11035起，审批事项按时办结率100%。全面取消组织代码办证费用，减免6273家小微企业证书费共计67.7万元。

【强化自身建设】 按照区委区政府统一部署，开展“三严三实”活动。组织开展专题党课，要求以践行“三严三实”活动为契机，进一步树立群众观念，着力推进质监部门职能转变，切实改进工作作风，优化质监服务，全面提升队伍履职尽责水平和勤政善政能力；制定《关于深入推进2015年度法治质监工作计划》，与浙江时代商务律师事务所签订《常年法律顾问合同书》，聘请法律顾问。组织全局干部职工参加法律知识考试，充实法律理论知识。邀请省局稽查总队、市法制办人员开展法治培训教育，派员参加市局组织的检验机构监管工作培训、纤维制品产品标识质量监管培训等，进一步规范行政执法行为，提高执法创新思维、解决执法疑难问题的能力；拓宽宣传平台，构建廉政宣传教育大平台，通过短信、微信平台定期编发《廉情预警》、廉政制度，力求做到时时思廉、保廉、促廉。聘任36名质监行风监督员，建立行风监督员微信群，多渠道收集民情民意，随时听取意见和建议，提高质监服务水平。加强基层党支部建设，组织全体党员干部积极关注《鹿鸣微刊》《清廉鹿城》等公众微信号，集中观看《兰辉》《百团大战》红色影片。结合质监特色开展党员志愿服务活动，为下派指导员结对村七都街道板桥村送去3万元农村截污纳

1月20日，国家安监总局党组成员、总工程师王浩水率国务院安委会第16综合督查组到鹿城区督查安全生产工作
区安全生产监督局提供

管专项经费，与松台街道菱藕社区开展结对联系，组织党员干部认领社区老人微心愿30份。

（胡剑珊）

安全生产监督管理

【概况】 2015年，鹿城区安全生产监督管理局（以下简称区安监局）结合实际，贯彻落实省市党委、政府《关于加强安全生产促进安全发展的实施意见》文件精神，按照“安全监管法治化、隐患整治信息化、企业生产标准化、安全服务社会化、宣传教育全民化”安全生产“五化”要求，着力夯实基础、落实责任、治理隐患、打击违法，安全生产各项工作得到有效落实，事故起数和死亡人数同比分别下降19.3%和9.3%，全区安全生产总体形势持续稳定好转。区安监局审批窗口连续两年获评全区“服务最满意窗口”。

【危化品、非煤矿山、烟花爆竹经营日常监管】 作为危化行业主管部门，区安监局在年初即对危化品、非煤矿山、烟花爆竹经营三大领域企业进行分门别类，制定年度、月度执法计划，明确工作目标和具体工作措施。按照全覆盖、零容忍、严执法、重实效的工作要求进行严格执法，消除一批事故隐患。2015年共检查危化企业424家次，非煤矿山企业8家次，烟花爆竹经营单位108家次，消除事故隐患257处，发放现场强制措施决定书8份。查处取缔无证危险化学品经营储存点7个，累计查获各种危险化学品约54吨。

【危化品行业安全生产专项行动】 天津港“8·12”事故后，区安监局深刻吸取事故教训，立即牵头召开紧急会议，针对罐区、经营市场、精细化工与特殊作业四个安全领域，动员部署区危化品仓储大排查工作并制定专项治理行动方案。2015年，区安监局共对276家危险化学品生产企业、经营带储存企业进行检查，查出并整改隐患157处。在岁末年初，对全区11家危化品生产企业、22家加油站以及两个化工市场进行走访检查，认真宣贯落实《化工（危险化学品）企业保障生产安全十条规定》。

【春节期间烟花爆竹经营领域联合执法行动】 春节期间，区安监局专门制定烟花爆竹经营领域安全生产联合执法工作方案，针对12个季节性烟花爆竹销售点和菜市场、花店、杂货铺等，组织相关部门共同执法16次，督促各街镇自行组织执法检查40余次，参加执法人员750余人次，取缔非法烟花爆竹经营点21处。收缴查获烟花爆竹518箱，确保

8月17日下午，时任温州市代市长徐立毅率市相关部门负责人赴温州燃气公司和温州化工市场开展安全生产和消防安全检查。市委常委、鹿城区区委书记陈浩、副区长胡明亮及该区相关部门负责人陪同检查
区安全生产监督局提供

辖区烟花爆竹销售、燃放安全。

【危化品、非煤矿山、烟花爆竹经营三大领域科技兴安】 2015年，区安监局对非煤矿山、危险化学品和烟花爆竹领域实行安全生产标准化建设的同时，开展未经正规设计在役化工装置安全设计诊断工作。经诊断，全区涉及未经正规设计在役化工装置（设施）的生产性企业11家，其中，2家已经正规设计符合相关要求，9家已完成安全设计诊断工作。此外，还利用新兴媒介落实监管工作，通过建立“微信助力矿山安全”业务专用微信群，完成非煤矿山安全生产基础情况数据库信息采集工作。

【安全隐患专项整治行动】 在继续深入推进十大领域安全生产专项治理、城中村安全综合整治等工作的基础上，2015年，区安监局着力推进安全生产大排查大整治、夏季消防安全“双月”攻坚行动、“三场所两企业一行业”专项整治、重点行业领域事故隐患排查治理行动等隐患治理工作。截至12月31日，十大重点领域中：油气化工输送管道领域排查出隐患数166条，完成整改166条；道路交通领域排查出隐患数4条，完成整改4条；人员密集场所及出租房领域排查出各类隐患5673条，完成整改5663条；特种设备和涉氨制冷企业排查出各类隐患1686条，完成整改1679条；建筑施工领域排查出各类隐患900条，完成整改900条；高楼旧宅领域排查出各类隐患1213条，完成整改1036条；危化品烟花爆竹领域排查出各类隐患279条，完成整改279条；渔业船舶领域排查出各类隐患16条，完成整改16条；学校安全和非法办学机构领域排查出各类隐患15条，完成整改14条；食品安全领域排查出各类隐患586条，完成整改586条。

【村级集体留用地上生产经营用房安全专项整治】 根据《浙江省安全生产委员会关于立即开展以村集体留用地建筑为重点的生产经营单位用房安全专项检查的通知》（浙安委明电〔2015〕2号）及温安委〔2015〕10号、温政办发明电〔2015〕169号，等文件要求，结合鹿城区实际情况，区安监局开展对以村集体留用地建筑为重点的生产经营单位用房安全专项检查。行动以村集体留用地建筑为重点，共排查村集体留用地供地95处，项目总面积123.19公顷，总供地111.57公顷，其中，已建村级集体留用地入驻企业排查出35家存在安全生产或消防安全隐患，均已完成整改。

【重大事故隐患挂牌整治】 2015年，区安监局继续推进重大事故隐患挂牌督办。全年完成省级1家、市级3家、区级20家、街镇90家重大事故隐患挂牌整治并通过验收摘牌。

【安全生产监察执法】 2015年，区安监局依据新安法，以法立威、从严治安，持续加大安全监察执法检查力度。制定全年检查执法计划，定期开展执法检查，及时处理群众的来访来电来信举报，对非法违法行为迅速响应处理。全年共受理并及时核查处理各类安全生产举报131件，共组织开展生产经营单位执法检查16179家次、消除20512处事故隐患、立案查处42件违法案件、罚款金额105.42万元，及时消除一批安全隐患。

【安全生产明察暗访及督查通报制度】 2015年，区安监局进一步落实区安委办工作职责，加强对街镇、相关部门的指导协调和监督检查，督促落实安全生产责任。采用“四不两直”、飞行检查等明察暗访形式，定期牵头组织对全区各街镇生产经营单位开展检查，及时通报检查结果，并督促相关街镇、部门落实整改，对各单位未按期整改或整改不到位的情况纳入各自考核扣分项。全年共组织开展暗访督查7次、下发通报7个。

【“两化一网”工作】 2015年，区安监局以企业隐患自查自报自改的方式进一步推进安全生产“两化一网”工作，督促企业落实主体责任。全年完成规模以上生产加工型单位自查自报率100%、规模以下生产加工型单位自查自报率98.75%，限额以上商贸企业自查自报率100%。

【职业病安全卫生监管】 2015年，区安监局对全区企业开展职业卫生基本情况摸底。经查发现有651家企业存在职业危害因素。采取逐步推开的思路，选取其中37家企业作为首批职业卫生基础建设试点企业，并对企业主要负责人和职业病专职人员进行专题培训，督促企业落实试点工作。全年共对29家企业职业病危害项目已完成备案，45家企业提交职业健康体检报告，共计1360人参加职业健康体检。此外，定期对电镀、家具、鞋业等3个行业具有代表性的企业进行督查，从源头上控制职业病危害。

【安全生产宣教培训活动】 2015年，区安监局积极推进安全生产教育培训工作。全年共培训各类人员153800人次。其中，7月邀请省安监局政策法规处副处长刘力宏为全区各街镇、相关部门一把手、全体安监人员和重点企业负责人作了新安法专题讲座。此外，积极推动全民参与安全生产，先后开展“安全生产月”集中宣传和安全生产“五进”等宣传活动。“安全生产宣传月”期间，全区共悬挂标语、横幅166条，张贴宣传画827张，参观图片展览5895次，发放宣传资料25492份，开展安全宣传咨询活动58场次。以立标杆、树典型的方式，积极推进安全文化示范企业创建。全年全区成功创建10家安全文化示范企业，1家获评市级安全文化示范企业。

【安全生产应急救援体系建设】 2015年，区安监局共完成93家重点监管企业生产安全事故应急救援预案的制定、修订和备案工作。其中，于2015年7月22日—24日，组织全区危化生产企业赴洞头先锋女子民兵连开展为期3天的应急技能培训。培训采取课堂讲授、实践操作、实战模拟训练相结合的方式，从应急救援基础知识、队列、体能、救援器材使用、堵漏、液体转移等多方面进行培训，进一步提高我区危险化学品突发事故应急救援能力。

【温州鹿城东瓯染料中间体厂“5·3”爆燃事故处置】 5月3日上午8时左右，位于鹿城区双屿街道原温化总厂厂址内的温州市鹿城东瓯染料中间体厂的废水收集池发生爆燃，引发火灾。区安监局工作人员于上午9时许接到报告立即组织人员到达现场参与指挥救援，不到9时明火扑灭，将事故危害控制在最小范围。下午1时许，企业续报事故造成4名工人不同程度烧伤。区安监局工作人员再次赶赴现场开展调查，并及时向市安监局、区委、区政府报告了事故的初步调查情况。次日成立事故调查组，开展相应事故调查工作。

【藤桥“9·24”危化品泄露应急处置】 9月24日22点左右，辖区渔藤路鹿城轻工产业园区管委会门口发生一起两车追尾的事故，造成一辆装有30吨二甲基甲酰胺（DMF）的罐车发生泄漏。事故发生后，市委常委、区委书记陈浩、副区长胡明亮高度重视，第一时间前往事故现场，展开事故救援一线指挥。同时，区安监局立即启动危化品应急救援预案。该局局长周国强、副局长柴一峰带队迅速赶赴现场进行处置。至25日凌晨5点左右，泄漏罐车内的危化品转移完毕，现场未造成次生灾害。

【浙江禾本科技有限公司“12·9”事故处置】 12月9日下午1时7分许，位于鹿城区仰义街道的浙江禾本科技有限公司乳油车间在甲醇、二甲苯溶剂回收过程中引发反应釜闪爆，造成4名工人不同程度灼伤。区政府分管领导、区安监局等相关部门、属地街道第一时间赶赴现场指挥事故处置。伤者第一时间被送往解放军第一一八医院治疗，区安监局责令事故单位立即停产整顿并成立事故调查组展开事故调查。

【首推“审批和中介服务捆绑新模式”】 2015年下半年，区安监局针对中介服务过程中存在的环节多、耗时长、收费乱、垄断性强等问题，率全区之先、全市安监系统之先，试点区部门审批和中介服务捆绑考核。实行捆绑考核后，审批科室根据中介技术服务承诺时限和其他各项申报材料做出审批决定。决定（发证）时间作为捆绑考核办结时间，并对中介技术服务的效率和质量进行评定考核，从而有效规范中介执业行为，提升审批效率。

【实行审批结果送达制】 2015年，在继续推行审批“首席代表制”的基础上，区安监局进一步创新服务形式，实行审批结果送达制。安监工作人员的日常角色由“厅内审批”转变为“上门服务”，即将行政许可文书于审批完成后直接送到服务对象手里，避免企业来回奔波，受到了企业好评，成功打通联系服务企业“最后一公里”。全年区安监局共受理200件审批事项，开展上门送达服务110次，收到社会群众感谢锦旗4面、感谢信1封。

（李冬冬）

责任编辑　徐孝平

教 育

综 述

2015年，区教育局先后制定出台《关于加强鹿城区教育系统微信公众号建设和管理工作的通知》《2015年度鹿城区教育局机关科室（单位）考绩办法》《鹿城区"上好学"五年规划（2015—2019年）》《鹿城区2015年小学毕业生质量综合评价工作实施办法》《鹿城区教育系统媒体记者采访接待方案》《鹿城区开展"一师一优课、一课一名师"活动方案》《温州市鹿城区青少年校园足球发展规划（2016年—2020年）》《鹿城区教育局关于城区教师到农村学校工作的实施办法》《关于进一步加强鹿城区中小学校园文化建设 推进"美丽校园"创建的实施意见》，推进区教育事业规范化现代化建设。

2015年，鹿城辖区有幼儿园102所，在园幼儿34339人，比2014年增加1433人。园均规模330人，比2014年增加11人。幼儿园教职工4099人，比2014年增加71人；小学44所，其中民办10所，在校生65902人，其中非鹿城户口28015人；初中8所，在校生4335人，其中非鹿城户口1390人。小学、初中入学率均为100%。全区特殊教育随班就读试点学校增至9所，随班就读学生42人（小学26人，初中16人），送教上门服务对象43人。新增公办幼儿园1所（园区）；创建一级幼儿园3所、二级幼儿园2所、三级幼儿园3所；新增温州市德育示范校2所，温州市禁毒教育示范校1所，温州市家长示范学校2所，温州市健康教育促进学校2所；创建19所市级以上数字化校园，29个智慧教室，1所市功能室示范校，4所市功能室达标校。改扩建温州市第十五幼儿园藤桥园区，新增6个班级；温州大学附属实验幼儿园开园，18个班级规模；准予设立温州市华文艺术学校、温州市东瓯小学，办学类型为全日制小学。

2015年，通过公开招投标，新建阳光厨房43家。

2015年，鹿城区教育局对全区52所中小学和14所集团幼儿园实行管、办、评的分离，创新第三方评价新模式，委托市教育局评估院组织专家分别对初中、集团学校、24个班级以上学校、24个班级以下学校、幼儿园年度工作进行综合性督导评估。

2015年，印发违纪案件通报12期；编发廉政信息26期；印发廉政预警通知11期；班子成员廉政谈话314人次；主要领导带头上专题党课7次；组织班子成员、机关中层干部阅读部分违纪违法党员干部忏悔录等，努力建设廉政廉洁教育。

2015年，鹿城区教师培训和科研中心建成鹿城区教师研训网，并和中国知网合作，全区教师可共享教育核心期刊资源。

2015年，国务院教育督导委员会审核认定鹿城区为"全国义务教育发展基本均衡区"。

鹿城区职业技术学校被命名为浙江省"中职鞋类开放实训中心"，是温州市唯一入选的一所学校。鹿城区教师培训和科研中心被浙江省中小学教师培训中心评为浙江省"十二五"师干训先进集体；被浙江省教育厅教研室评为浙江省教研工作先进集体。国务院教育督导委员会审核认定鹿城区为"全国义务教育发展基本均衡区"，区教育局被省公安厅、省社会管理综合治理委员会评为创建治安安全单位活动成绩突出单位；被中国成人教育协会、全民终身学习活动周工作小组授予全民终身学习活动周优秀组织奖。区教育局被评为浙江省无烟单位。

制定《鹿城区中小学生综合素质评价试行方案》和《关于进一步提高鹿城区中小学教育教学质量的实施方案》等符合鹿城区域特点的教育评价相关制度，开发鹿城区CAE学业分析，建立学生学业成绩数据资源库，完成学生数据上报、测前准备、测评和测后反馈工作。

2015年，建立《以项目为载体区域推进小班化教学变革的行动策略研究》的区域工作研究课题，探索小班化课堂教学基本范式和基本策略等。

义务教育

【概况】 2015年，鹿城区管辖小学44所，其中民办10所，在校生65902人，其中非鹿城户口28015人；初中8所，在校生4335人，其中非鹿城户口1390人。小学、初中入学率均为100%。特殊教育随班就读试点学校增至9所，随班就读学生42人（小学26人，初中16人），送教上门服务对象43人。创成“温州大学附属第一实验小学”“华文少年艺术学校”和“温州市沁园小学”3所优质民办学校。全区32所学校参与第一批深化课程改革试点工作，8所学校成为第一批新优质学校培育对象。

分别举办了鹿城区第二十七届中小学生艺术节、小学生体育节、第三十二届中小学生田径运动会，中小学生读书节主题教育活动，第十九届鹿城区青少年科技节。

【第一批新优质学校培育项目启动】 2015年，鹿城区启动第一批新优质学校培训项目，温州市南汇小学、岙底小学、蒲州育英学校、绣山小学、温州市少年游泳学校、温州市鞋都第一小学、温州市黄龙第二小学、温州市黄龙第三小学分别入列。

【随班就读个别化教育专题研讨活动举办】 4月9日，温州市随班就读个别化教育专题研讨活动在区属温州市黄龙第一小学举办，各县（市、区）教育局基教科长、具体负责特殊教育干部、随班就读试点学校校长、随班就读巡回指导师（资源教师）100余人参加。

【“法在心中”主题教育现场会举行】 与会的有绣山小学全体师生和区各中小学70余位德育教导老师。市司法局宣传处副处长郑琦、区司法局副局长叶志升列会。

【第二十三届小学生乒乓球比赛举行】 4月18日，鹿城区第二十三届小学生体育节乒乓球比赛在温州市瓦市小学举行。鹿城各校45支队伍，共218名选手参加比赛。瓦市小学代表队获乙组男、女团体第一名；马鞍池小学代表队、石坦巷小学代表队分别获乙组男、女团体第一名。建设小学陈辞量、石坦巷小学王一琅分别获甲组、乙组男子个人第一名；瓦市小学俞冉、石坦巷夏一言分别获甲组、乙组女子个人第一名。比赛由区教育局、区体育局联合主办，瓦市小学育英校区承办。

【第二十七届“民族魂·中国梦——阳光成长”中小学艺术节】 4月，鹿城区举办第二十七届“民族魂·中国梦——阳光下成长”中小学生艺术节。该届艺术节分“美术类”和“音乐类”比赛。“美术类”有绘画、书法、篆刻、摄影、剪纸、设计、立体造型、动漫8个项目，“音乐类”有合唱、独舞、独奏、独唱4个项目。全区共有1000多位学生参加比赛，共有700余人次获奖。其中，区属温州市南浦小学、上陡门小学、石坦巷小学、仰义第一小学、仰义中学分别获得小学甲组集团组、小学乙组、中学组群舞比赛一等奖。

【区青少年田径训练基地授牌】 5月7日，鹿城区体育局、区教育局联合在温州市黄龙第二小学举行“温州市鹿城区青少年田径训练基地”授牌仪式。

【小学生体育节篮球赛举行】 5月9日、10日，鹿城区小学生体育节篮球比赛在百里路小学举行。比赛由鹿城区教育局、鹿城区体育局主办，百里路小学承办，共有21所学校34个代表

4月18日，鹿城区2015年小学生体育节乒乓球比赛在瓦市小学举办　　区教育局提供

队、369名选手参加。集团组温州市建设小学、南浦小学、瓦市小学分别获男子组前三名，广场路小学、南浦小学、南汇小学分别获女子组前三名；学区组黄龙第二小学、南汇小学、马鞍池小学分别获得男子组前三名，黄龙第一小学、绣山小学、仰义第一小学分别获女子组前三名。

【招生微信公众平台建立】 2015年，区教育局建立并推出小学招生信息化便民平台。该平台依托微信公众服务系统，提供政策自助查询，小学施教区查询和远程报名预约等，以方便民众。平台用户数突破10000人。

【庆祝少先队建队66周年主题队会活动举行】 10月13日，由共青团鹿城区委、区教育局、区少工委联合主办的“高举队旗跟党走 核心价值观记心中”——鹿城区庆祝少先队建队66周年主题队会活动在建设小学大南校区举行。该校千名师生及全区68个学校的少先队辅导员和少先队员代表参加活动。团中央权益部副部长王锋、区委副书记洪文滨、共青团温州市委副书记王伽伽、区人大常委会副主任陈洁等出席。

【举办区第三十二届中小学生田径运动会】 10月28—30日，区第三十二届中小学生田径运动会在温州市体育中心举行，全区中小学生73支代表队，1117名运动员参加比赛。区属温州市第十七中学、鹿城实验中学、临江中学获初中组团体总分前三名；黄龙第一小学、白鹿外国语学校、绣山小学获小学A—甲组团体总分前三名；黄龙第一小学、仰义第二小学、欧江小学获小学A—乙组团体总分前三名；蒲鞋市小学双井头校区、瓦市小学江滨校区、水心小学新村校区获小学B—甲组团体总分前三名；建设小学大南校区、瓦市小学瓦市校区、蒲鞋市校区、桥儿头校区获小学B—乙组团体总分前三名。

鹿城区举办第三十二届中小学生田径运动会　　区教育局提供

【海峡两岸学校艺术教育交流】 12月18日，由鹿城区教育局主办的“艺术：跨越海峡两岸的教育之美”——温州市海峡两岸学校艺术教育交流活动在城南小学艺体馆举行。活动特邀台湾高雄西门小学校长王宏彰、高雄后劲小学校长赵梓琴及知名学者谢浩、市教育局政治法规处处长吴建军、高级工艺美术师郑央凡等。区教育局及研训中心、艺术特色学校、各区中小学与艺术教师代表等共200余人参加。城南小学民乐队作汇报演出。

【校园足球发展研讨会举办】 12月17—18日，区教育局、区体育事业发展局在马鞍池小学举办“2015校园足球发展研讨会（浙江·温州）”。省、市、区教育局领导，海峡两岸200所小学（幼儿园）分管体育工作的校（园）长、体育教师、足球教练等共计400多人参加会议。

【共青团中央少年部副部长到鹿城宣讲】 12月18日，团中央少年部副部长刘剑波到温州市水心小学一校区作主题为《共青团与少先队工作创新》培训讲座。区各中小学团干、少先队大队辅导员以及新教师近150人参加培训讲座。团中央权益部副部长王锋、市教育局副局长伍挺、区教育局副局长周文林、团区委书记陈滢冰出席讲座。该讲座由区教育局、团区委联合举办。

学前教育

【概况】 2015年，鹿城区管辖幼儿园104所，在园幼儿34339人，比2014年增加1433人。园均规模330人，比2014年增加11人。幼儿园教职工4099人，比2014年增加71人；其中专任教师2494人，比2014年增加261人。新增公办幼儿园1所（园区）。至年底，共有14个公办集团园47个园区，在园幼儿13854人，公办资源覆盖率占入园幼儿的40.3%，比2014年减少1.9个百分点。

【推进《指南》实验区工作】 2015年，区教育局推进《3—6岁儿童学习与发展指南》浙江省实验区工作，并初步形成区域特色品牌“户外体锻工坊”。6月，承办由省学前教育学会主办的儿童健康体能锻炼专题学术研讨会。会上区属温州市第一幼儿园、第八幼儿园、第十幼儿园、第十二幼儿园为全省600多名幼教同行展示“户外体锻工坊”研究成果。选送的温四幼、温五幼、温六幼、温八幼、温九幼的园本课程被评为“浙江省优秀精品课程”。

【幼儿园等级评定】 2015年，定为一级幼儿园的有：区属温州市第四幼儿园得月园区、第六幼儿园嘉鸿园区、第十二幼儿园香舍里园区；定为二级幼儿园的有：第十五幼儿园藤桥园区、第一幼儿园兴墅园区；定为三级幼儿园有：鹿城区德伊贝格幼儿园、三之三幼儿园、南郊第一幼儿园。全区等级幼儿园覆盖率巩固在88%以上，优质教育资源覆盖率达49.4%。

【取缔无证幼儿园】 2015年，联合公安、工商等部门开展打击非法办园行为，取缔7所非法托幼机构，分流幼儿1000多人，被公安拘留2人；同时，通过法律途径依法关停仰义街道金太阳幼儿园、丰门街道前程幼儿园、藤桥街道哆来咪幼儿园3家无证园。

【0—3岁早教工作】 2015年，区早教指导服务中心新增区属温州市第六幼儿园嘉鸿园区、第十二幼儿园香舍里2个早教基地，累计开设28个基地，共171个班级，2400多个1—3岁婴幼儿家庭接受早期教育指导。年内新增122名教师持双证上岗；新增汇车桥社区、西屿社区、黄龙社区、蒲源社区4个早教指导站，累计开设12个早教指导站，2500多个家庭享受一年4次的公益早教服务。

社区教育

【概况】 2015年，鹿城区拥有社区学院1所、社区学校8所、社区分校79所，社区分校覆盖率达到100%。创建市示范社区分校1所、市一级社区分校1所，市二级社区学校（分校）6所，累计创建市示范社区学院（学校、分校）5所，市一级社区学校（分校）6所，市二级社区学校（分校）39所。

11月6日，由区人民政府办公室主办、区教育局承办的鹿城区第三届“全民终身学习活动周”开幕式在温州市马鞍池小学举行。活动周围绕“发展全面终身学习 推进学习型社会建设”主题，组织开展各类学习活动，引导市民树立终身学习理念，提高人文素养。

【社区教育创优工作】 2015年，石坦巷小学《探寻温州古街 挖掘地域文化》被评为全国青少年校外教育示范项目三等奖；五马街道社区学校被评为温州市示范性社区学校，七都街道社区学校被评为温州市一级社区学校（分校），6所社区学校（南郊街道西屿社区分校、蒲鞋市街道芳园社区分校、松台街道庆年坊社区分校、藤桥镇新藤社区分校、上戍社区分校、双屿街道康龙社区分校被评为温州市二级社区学校（分校）；藤桥镇社区学校、南汇街道火车站社区分校被列入2015年温州市十大“数字化学习先行社区”。“雪君公益道德讲坛”“温州非遗‘宫门八卦掌’的体与用”等四个课程被评为温州市社区教育特色课程，“老年生命教育”被评为温州市精品课程。

【新建5所社区老年学习苑】 2015年，新创建5所温州市社区老年学习苑，鹿城社区老年学习苑增至36所，其中17所老年学习苑创建成

鹿城区举办第三十二届中小学生田径运动会　　区教育局提供

市星级老年学习苑，苑数占全市56.7%。其中五星级3所，占全市60%；四星级6所，占全市60%；三星级8所，占全市53.2%。

职业教育与民办教育

【概况】 2015年，鹿城区属中等职业学校1所，在校生777人，毕业85人，招生324人。4月，鹿城区职业技术学校被浙江省皮革行业协会评为2014年度“最具创新力奖”，学校教师徐丽娜被评为创新营销人物奖。

批准设立民办小学2所、民办幼儿园1所，民办非学历教育培训机构19所，准予变更民办教育机构20所，终止民办教育机构7所。落实民办教育综合改革政府购买服务经费726.5万元。

【鞋类技能创升】 10月，鹿城区职业技术学校承办温州市第三届企业职工鞋类技能比赛和摄影技能大赛。学校组织师生参加鞋类技能大赛，并获得女鞋类技能赛第一名、男鞋类技能赛第二名和最佳创意奖。

12月，鹿城区职业技术学校被评定为浙江省中职鞋类开放实训中心。学校获省2015年现代职业教育质量提升专项资金210万元。同月，该学校皮雕工作室通过验收，并获温州市高端创新实验室称号。

【批准办园与设立培训机构】 2015年，区教育局批准设立民办教育机构。1月9日，鹿城区教育局准予设立温州市鹿城区德伊贝格幼儿园，办学类型为全日制幼儿园；1月12日，鹿城区教育局准予设立温州市鹿城区乐府培训学校有限公司；1月12日，鹿城区教育局准予设立温州市鹿城区向日葵培训学校；1月23日，鹿城区教育局准予设立温州市鹿城区乐淘淘教育培训学校；3月18日，鹿城区教育局准予设立温州市鹿城区金宝贝培训有限公司新城分公司；3月25日，鹿城区教育局准予设立温州市鹿城区爱文教育培训有限责任公司；3月26日，鹿城区教育局准予设立温州市鹿城区玉博教育培训中心；4月9日，鹿城区教育局准予设立温州市鹿城区美氏教育培训学校有限公司；4月9日，鹿城区教育局准予设立温州市鹿城区博艺培训中心；4月9日，鹿城区教育局准予设立温州市鹿城区鑫森教育培训有限公司；4月13日，鹿城区教育局准予设立温州市鹿城区同乐教育培训中心；6月2日，鹿城区教育局准予设立温州鹿城区海宏培训有限公司；6月18日，鹿城区教育局准予设立温州市鹿城区小伙伴培训中心（普通合伙）；6月24日，鹿城区教育局准予设立温州市鹿城区澳星教育培训中心（普通合伙）；7月7日，鹿城区教育局准予设立温州市鹿城区星梦源文化艺术培训中心（普通合伙）；7月7日，鹿城区教育局准予设立温州市鹿城区画林艺术培训中心（普通合伙）童画分部；7月22日，鹿城区教育局准予设立温州新东方培训学校；9月24日，鹿城区教育局准予设立温州市鹿城区小名堂锦园培训有限公司；12月21日，鹿城区教育局准予设立温州市鹿城区新标杆文化艺术培训有限公司；12月23日，鹿城区教育局准予设立温州市鹿城区艾尔贝英语培训有限公司。

教师队伍建设

【概况】 2015年，鹿城区教育系统教职工4331人，其中专任教师3977人，比2014年增加58人。专任教师中，小学专任教师2937人；高层次学历专科及专科以上比例99%，比2014年提高1.11个百分点。初级中学专任教师455人；高层次学历本科及本科以上比例96%，比2014年提高0.04个百分点。中等职业学校专任教师56人。有482人取得教师资格。中小学和幼儿园教师分别有24人、135人取得高、中级职称。有148个获得市级及市级以上荣誉称号。60位教师分别取得温州市学科骨干教师荣誉称号；30位教师取得温州市骨干班主任荣誉称号；2位教师取得省教坛新秀荣誉称号；1位教师取得省师德先进个人荣誉称号。2月，区属温州市城南小学老师陶晓迪获浙江省第十三届“事业家庭兼顾型”先进个人称号，温州市第十幼儿园老师陈晓为、鹿城实验中学老师叶加梯获温州市第十三届“事业家庭兼顾型”先进个人。9月，蒲鞋市小学老师金玲芳获浙江省第四届师德先进个人称号。南汇小学获“最美职工—2015年温州市职工职业道德标兵单位”称号。

【教师支教工作】 2015年，选派31名城区学校教师到农村学校全职支教，赴新疆支教2人。

【教师资格认定与职称评审】 2015年，482人取得教师资格。其中，具有幼儿园教师资格232人、小学教师资格204人、初级中学教师资格46人。24位教师取得高级职称，135位教师取得中级职称。其中，具有幼儿园高级教师职务任职资格32人、小学高级教师职务任职资格89人、中学一级教师职务任职资格13人。

【课程与课堂教学改革】 2015年，制定《鹿城区深化课程改革推进实施方案》，全区共32所学校（小学24所、中学8所）入选首轮改革试点学校。

【教育工会换届选举】 10月9日，中国教育工会温州市鹿城区第五次代表大会在广场路小学四楼报告厅举行。全区73个基层教育工会共77名代表参加大会，并选举成小华为区教育工会主席，陈绚为专职工会副主席。

【参加温州市职工工间操评展获奖】 2015年，区幼教职工参加温州市总工会举办的职工工间操评展活动。区属温州市第四幼儿园的《温州四幼创意工间操》获一等奖，第三幼儿园的《活力工间操 激发大能量》和第八幼儿园的《动感跳跳跳》获得二等奖，丁字桥小学的《颈椎操》、第九幼儿园的《舞动青春》和第十一幼儿园的《Bar Bar Bar》获得三等奖。第四幼儿园、第三幼儿园、第十一幼儿园获“职工人气奖”。

教育装备与信息化

【概况】 2015年，完成本级教育技术专项经费投入2035.5万元，其中财政专项经费1130万元。义务教育生均装备和信息化经费投入达295元，总额和生均较2014年度有大幅增长。全区多媒体班套比达到1：1.34（含民办），生机比为5.4：1，90%以上的学校功能教室达到温州市级标准化、示范化。全年共建成学生机房13个，更新教室多媒体教学平台240套，新增图书13.4万册，生均图书34.1册。完成区民生工程，为7所民办学校配齐科学、数学教学仪器，全区中小学（含民办）理科教学仪器配备率100%。至年底，全区校园网覆盖率100%，无线校园网覆盖率50%。共有19所市级以上数字化校园，29个智慧教室，1所市功能室示范校，4所市功能室达标校。完成区级教育数据中心基础设施建设。

【教育装备与信息化基础设施建设】 6月，开展全区教育装备调研工作。更新12所学校的13个机房和240余套多媒体教学设备。全区共新增图书13.4万册，更新课桌椅7900套；更新教师办公电脑80套。10月，完成第三期无线校园网建设校8所，无线校园网覆盖累计完成50%。11月，投资170万的区首个教育云试点项目选址广场路小学。12月，广场路小学（广场校区）世纪楼四楼已完成区级教育数据中心基础设施建设。

职工工间操评展现场　　区教育局提供

【科学实验作品获奖】 2015年，组织小学生科学实验能力竞赛活动并推荐14位优秀学生参加市级竞赛，获奖率78%，其中2位学生获一等奖。举办区初中学生科学实验操作竞赛活动。组织教师参加温州市小学科学实验微视频评比，获优秀组织奖。举办区第十六届中小学电脑制作活动，征集各类学生作品61件，其中20件作品报送市电教馆，有17件作品获奖，由省里推荐中央电教馆的1件作品获二等奖，获奖率85%。举办区第十八届教师自制多媒体教育软件评比活动，征集各类教师作品227件，其中，30件作品报送市电教馆，有29件作品获奖，获奖率96%。组织区中小学生创客比赛，10件作品报市级评比有7件获奖，其中，一等奖3个，二等奖4个，获奖率70%。

学校建设

【概况】 2015年，新增公办幼儿园1所（园区）；创建一级幼儿园3所、二级幼儿园23所、三级幼儿园2所；公办资源继续扩展，改扩建温州市第十五幼儿园藤桥园区，新增

6个班级；F31地块的温州大学附属实验幼儿园开园，18个班级规模 。新建小学1所，改扩建小学4所，开工改扩建小学1所。设立温州市华文艺术学校和温州市东瓯小学，办学类型为全日制小学。创成中小学功能室示范校1所，达标校4所，创成市级示范书香校园3所，书香校园6所；高端创新实验室6个，标准化功能室87项，幼儿园示范功能室10个，新建智慧教室17个。建成市级数字化校园5所，其中温州市鞋都第一小学、石坦巷小学、藤桥小学3所被评为市级示范校。

2015年，区属温州市第十六幼儿园白鹭园区、新田园小学、丁字桥小学烈士路校区周转房建成投入使用；洪殿小学主体完成预验收；光明小学主体结顶；瓦市小学加固工程完工；轻工产业园区小学开工建设、石坦巷小学开工改扩建。

4月21日—6月16日，对5个单位（区属温州市第一幼儿园、第三幼儿园、第四幼儿园、第六幼儿园、第七幼儿园）进行园长离任经济责任审计；对2个单位（区属温州市第二幼儿园、第五幼儿园，进行园长任中财务审计；对8个单位（藤桥镇中心小学、鹿城区上成小学、营楼小学、上陡门小学、建设小学、南浦小学、绣山小学、黄龙第一小学）进行食堂财务专项审计。提出审计建议47条，纠正违规金额20.4万元。

温州市新田园小学校舍　　区教育局提供

【义务教育标准化学校创建】 2015年，完成区属温州市鹿城区瓯江小学、温州市临江中学、温州市绣山小学、温州市上戍中学、温州市沁园小学、温州市白鹿外国语学校、温州市双屿小学和温州市临江小学义务教育标准化学校创建工作。至年底，累计完成义务教育标准化学校建设39所，完成率达75%。

【温州市华文艺术学校设立】 3月25日，鹿城区教育局准予设立温州市华文艺术学校，办学类型为全日制小学。

【温州市东瓯小学设立】 4月29日，鹿城区教育局准予设立温州市东瓯小学，办学类型为全日制小学。

【数字化校园创建】 2015年，超过90%学校的图书管理进入温州市教育图书“云”管理平台，打通市少儿图书馆图书借阅系统和温州教育图书“云”管理应用平台，实现单点登入互通借还，区信息中心与市少儿图书馆实现光纤互联，电子图书共享共通。温州市南浦小学和石坦巷小学建成区内首批创客教育空间。全年所有市、区两级创建项目均已完成，创建成功率100%。

（黄　影）

责任编辑　戴增荣

科 技

综 述

2015年，区科技局、科协以建设创新型城区和提升全民科学素养为目标，积极服务“大众创业 万众创新”，为鹿城科技科普事业做出了新贡献。“八倍增、两提高”①各指标年度任务完成，实现工业新产品产值91.44亿元，比2014年增长61.61%；高新技术产值96.24亿元，比2014年增长20.68%；发明专利授权数220件，比2014年增长41%；网上技术市场交易额过3亿元，比2014年增长60%以上；R&D经费7.41亿元，比2014年增长10%；新增高新企业11家，累计拥有高新技术企业52家；新增省科技型中小企业98家，累计拥有省科技型中小企业290家。鹿城区2014年度科技变化情况综合评价在全省90个县（市、区）中排名第20位。

鹿城区被评为浙江省党政领导科技进步目标责任制考核优秀区。区科技局、科协先后被评为省科协工作先进单位和全国科普日活动优秀组织单位；鹿城科普信息化工作受到中央部委联合调研组好评。

科技工作

【概况】 新增高新技术企业11家、省级科技型企业98家、科技小微企业45家。新增省级企业研究院1家，省级企业技术研发中心2家、市级企业技术研发中心4家、区级企业技术研发中心6家。鹿城规模以上企业研发机构设置率超25%，位列全省前20名。10家企业进入温州市2014年科技创新百强行列，40项企业科技项目列入市级以上科技项目。全年，获得各级科技经费奖励支持658万元。

【创新体系建设】 出台《温州市鹿城区推广应用科技创新券管理办法（试行）》，规定每年安排120万元科技经费作为创新券专项经费。有102家企业网上注册申请成为创新券使用和服务主体资格，发放创新券额143.2万元，通过创新券完成科技服务38家次。在鹿城科技与文化融合示范基地建立全区首个创客空间——“梦创汇”，并进驻各类创新企业和团队40家，培育省科技型企业7家，引入2位“省千”（省级千人计划）专家、1位市“580”人才及多位海内外博士。“梦创汇”被定为首批市级众创空间，成为全市推进众创空间建设观摩调研点。

【招才引智】 “省千”引进西安交大博士裴瑞林带领的电机创新团队、浙大博士程维维带领的微电子创新团队和澳大利亚墨尔本大学博士梁海浪带领的通讯创新团队，促成博士陈维龙带领的电子信息团队与温州臻雅科技温州有限公司合作，成功对接首个落户鹿城创业的“国千”专家团队（“国千”教授宋梁带领的拥有2个“国千”②专家、2个“省千”③专家的智慧海洋研发团队）；促成温州飞龙聚氨酯公司与国家黎明化工研究设计院合作，建立国家反应注射成型装备工程技术分中心，使鹿城拥有1家国家级技术分中心。启动国内首家鹿城超导先进磁材料电机应用研发中心建设。推荐申报并通过“省千”答辩人才3名，通过1名进入国千答辩；推荐申报并进入市“580”人才答辩4人。

【科技平台建设】 2015年，鹿城科

---

① “八倍增、两提高”：到2017年努力实现全省R&D经费支出额、研发人员数、发明专利授权数、规模以上工业新产品产值、高新技术产业产值、技术市场实现买卖额、高新技术企业数和科技型中小企业数等“八倍增”；促科技进步贡献率、全社会劳动生产率“两提高”。

② “国千”国家级千人计划。

技与文化融合示范基地引进包括电子技术、物联网、软件信息领域的科技企业7家，累计拥有入驻企业超40家，年产值超3亿元，基地已成为市级科技与文化融合示范基地、市级科技企业孵化器、市级知识产权托管试点园区、区级人才创业基地等市、区级创新载体。

知识产权工作

【**概况**】 2015年，新增、复评省级专利示范企业2家、市级13家、区级12家。指导各级专利示范企业实施专利产业化项目700多项，专利产值46亿元。推进鹿城区科技与文化融合示范基地知识产权托管试点园区工作，引进专利代理机构为企业提供知识产权公共服务和专业化服务，年内托管企业累计申请各类专利352件，商标、著作权52件，组织各类培训30多次。

【**知识产权服务体系保护**】 办理专利维权援助案件2件，专利投诉调解对接案件4件，展会投诉调解6件，电商类知识产权案件330件；对五金城等大型商贸流通市场开展市、区联合专利执法行动，查处专利标识不规范的30多件，查处专利违法侵权案件30多件，调解处理电子商务领域专利纠纷案件60多件。指导鹿城科技与文化融合示范基地成为首批知识产权托管试点园区。

【**宣传教育**】 以“3·15”消费者权益日、“4·26”科普日等活动为载体，开展知识产权宣传活动20余场次，发放宣传手册5000多份，受众超过3万多人。组织专家到行业龙头高新技术企业举办知识产权培训3次，到知识产权托管试点园区举办培训5次，为中小学校开展知识产权教育培训10多次，累计培训各类人员3500多人。

科学普及

【**概况**】 新建水心社区低碳生活科普体验中心、清风社区“健康生活”科普体验中心、营楼桥社区“消防及交通安全”科普体验中心，并和郭公山社区—庆年坊社区、春秋社区—清风社区、洪殿社区—灰桥社区—十八家社区3条步行15分钟旅游带组合，建成科普旅游网；出台《鹿城区科普工作室管理办法》，建成以科普工作室为主体的科普资源网；将区内12家各具特色的科普教育基地串联，建立以温州科技馆为核心的科普场馆网；建立网上信息平台和瓯越科普数字网，打造科普互动网。2015年，区科协获全国科普日活动优秀组织单位称号。臻雅科技科普工作室研发的虚拟灭火科普设备获浙江省全国科普日科普产品展优秀奖。

【**全民科普活动**】 以科技（科普）活动周、全国科普日等活动为载体，共举办各类科普活动210余场，发放科普宣传资料7万多份，受教育群众超过20万人次。积极组织青少年科技创新大赛（5人次获国家级、省级奖项）、中科院老科学家巡回讲演、区第二届青少年科技嘉年华等活动，提升未成年人科学素质。依托农函大为居民、村民和基层农技人员举办各类培训班，农函大培育并推荐省级科普惠农兴村带头人1人，全区农机化综合作业水平提升69%、机耕率提升99%。

【**平台建设**】 将区科协官方微博、官方微信平台、科普基地微信平台、区科协网站、区科普基地网站打造成“互联网+微科普”宣传平台；依托区药学会平台，在全区14个街镇、129个村（社区）、64个药品不良反应监测站、18个基层所和2所学校开辟安全用药月专栏，为群众提供药学咨询服务700多人次，发放宣传材料3000余份。在企业科协平台举办质量理论知识竞赛、水质检测对比竞赛、模具设计改进方法会议、高密度发酵科普报告会、碳环保培训讲座等活动60余场，指导浙江日高智能机械股份有限公司科协举办2015年温州包装装备产业高峰论坛。

【**防震减灾科普工作**】 2015年，指导辖区各中小学、幼儿园师生开展防灾减灾应急避险演练，累计演练40多场，1万多名师生参与；定期组织区各中小学生到“鹿城区防震减灾科普馆”参加实践体验活动，累计接待师生1万多人。在各街道、社区、村居组织科普知识、防震减灾知识系列宣传活动10余场，发放防震减灾宣传资料6000多份，地震宣传专用笔1万多支，普及群众3万多人。

为区属50多家专利示范企业分发地震科普小册子和宣传画册。“5·12”期间，指导部分企业举行防震减灾应急疏散演练，以增强企业人员防震减灾自救互救能力。来福门社区地震科普宣传馆被评为温州市防震减灾科普教育基地；温州市鹿城学生实践基地（七都中学）被评为浙江省防震减灾科普教育基地和温州市防震减灾科普教育基地。

（潘艺萱）

责任编辑 戴增荣

文 化

综 述

2015年，鹿城区创作的文艺精品获省级以上奖项15个。与《温州日报》传媒集团合作办刊《文化鹿城》，同步创办官方网站和微信平台，阅读量逾13万人次。赴舟山等地开展“文化走亲”9场，指导乡镇、社区开展“文化串门”134次；开展非遗进校园、进社区、进企业、进军营、进机关等活动254余场。建成温州木雕、叶同仁中药等4个非遗生产性保护基地及温州第十四高中学校、瓯菜烹饪技艺等非遗教学传承基地。积极配合市创建文化名城办公室做好4个历史文化街区和江心屿历史保护地段整治工作。新创建红欣盆景艺术、强达钟表文化等非国有博物馆。完成辖区内全国第一次可移动文物普查工作，申报藏品21130件。年内已完成3个街镇和27个社区文化中心标准化建设工作。全年送戏下乡272场，送展览讲座420场，系列惠民活动143场。文化市场平稳有序。

区图书馆文献总藏量159702册，接待读者333616人次，文献流通78409册，新增读者证1564个，举办各类讲座、展览、广场活动等51场。鹿城作者出版新书69部。

2015年，鹿城区广播电视新闻中心发送中央、省、市级报刊、电视媒体的稿件1300多篇，被录用772篇，其中：中央级媒体录用27篇，比2014年增长8%；省、市级媒体分别增长9%和12%；重点稿件在《人民日报》《浙江日报》《温州日报》，温州新闻联播刊播342篇，比2014年增长35%，其中《人民日报》头版刊登2篇，《温州日报》头版头条刊发12篇；网络稿件在人民网、凤凰网等中央级、省级主流网站发稿1860多条。

2015年，驻区新闻媒体有：《温州日报》《温州都市报》《温州晚报》《温州商报》和温州新闻网、温州广播电视总台。驻区记者站有：新华通讯社温州支社、《浙江日报》温州分社、浙江人民广播电台温州记者站、中国新闻社温州分社、《中华工商时报》温州记者站等。

社会文化

【概况】 2015年，完成3个街镇和27个社区文化中心标准化建设。送戏下乡272场，送展览讲座420场，建成鹿城文化中心城市书房及文化驿站，举办系列惠民活动143场；创作声乐、舞蹈等文艺作品47个，获省级以上奖15个。与《温州日报》传媒集团合作办刊《文化鹿城》，同步创办官方网站和微信平台，阅读量逾13万人次。赴舟山等地开展“文化走亲”9场，指导乡镇、社区开展“文化串门”134次，被省文化厅评为全省“文化走亲”先进单位。“引入社会力量参与街镇综合文化中心管理项目”入选省基层公共文化服务示范项目。对农村电影放映项目实行政府招投标做法，受到省新闻出版广电局好评，并成为全省首个农村电影放映机制改革区（县）。区图书馆推行“理事会+监事会+管理层”法人治理新模式，社会效益良好。

全年组织街镇文化员培训104人次，社区文化骨干培训5571人次，共举办公共免费艺术培训班90期、参加培训共1779人次。

【新春舞蹈专场晚会举行】 2月5日晚，“梦舞青春·共享未来”鹿城区新春舞蹈专场晚会在温州大剧院举行。晚会由区艺术总团青年舞蹈团演出，并受到群众欢迎。

【“欢迎您归来共筑中国梦”文艺演出】 3月13日晚，由区委宣传部、区文广新局、双屿街道联合举办的“欢迎您归来共筑中国梦”文艺演出，在鞋都文化广场举行。春节后返回鹿城的新居民1000多人受邀观看演出。

【群众文艺展演与评星活动举办】 8月—10月，在全区14个街镇80个社区，以社区展演、街镇会演、文化礼堂巡演、全区调演形式，展示群众文艺，并评选出10名“鹿城文体之星”、100名“街镇才艺之星”、1000名“社区才艺之星”。该活动由区文广新局举办。活动不拘年龄、职业，展演形式健康自由，参与者逾10000人，受众10万多人。

【江心屿金秋文化节暨第三届鹿城区市民文化节开幕】 8月31日，2015江心屿金秋文化节暨鹿城区第三届市民文化节在江心屿开幕。该次市民文化节分演出、展览展示、品牌服务、文化创意4个部分17项内容，时间持续3个月。

【纪念中国人民抗日战争暨世界反法西斯战争胜利70周年主题教育活动举办】 9月6日上午，鹿城区委宣传部、区关工委、区文广新局联合举办的“勿忘国耻 圆梦中华”———纪念中国人民抗日战争暨世界反法西斯战争胜利70周年主题活动在鹿城文化中心举行，700多人参加活动。

【参加温州市第十二届城市社区舞蹈比赛获奖】 9月9日晚，温州市第十二届城市社区舞蹈比赛在市大剧院举行，全市11个县（市、区）共22支代表队参加比赛。鹿城区参赛舞蹈《高粱红了》《爵士舞》，获老年组金奖和青年组银奖。

【温州市第九届曲艺会演】 10月12日—13日，温州市第九届曲艺会演在鹿城文化中心举行。汇演汇集温州曲艺在全国、全省获奖的曲艺作品，鹿城区鼓词名家陈忠达、莲花名家戴春兰、林彩琴参加演出。该次会演吸引观众 600多人，并受到观众好评。

10月12日，在鹿城文化中心举行“温州市第九届曲艺汇演” 鹿城区文广新局提供

【温州话童谣比赛举行】 9月—11月，由区委宣传部、温州广播电视传媒集团经济科教频道、区文化广电新闻出版局举办的温州话童谣比赛在温州广电集团中心举行。活动共有100多名4岁—10岁男女儿童选手参加。

非物质文化遗产

【概况】 2015年，南塘豆腐、鞋类手工样板技术、县前头汤圆、温州戏服刺绣工艺、温州鱼丸（阿红鱼丸）被列入市第九批非物质文化遗产项目名录。2月，组织温州石雕、温州米塑、许大同制笔技艺等项目参加在市展览馆举行的2015“年味温州”非遗迎春展。6月，组织“文化遗产日”系列活动和非遗宣传工作。5月，市级非遗项目——陈式太极传承人陈上党带队参加台湾地区举办的第五届台湾陈氏太极拳全国锦标赛。6月，区米塑项目市级传承人董希造参加由浙江省政府办公厅、浙江省文化厅在瑞士举办的“美丽浙江——浙江省非物质文化遗产展”。7月，由省文史委、省文化厅、浙江省传媒学院联合组成的录制保存浙江省国家级传承人口述史活动到温州，温州鼓词（陈志雄）、温州莲花（戴春兰）、彩石镶嵌（缪成金）3个国遗项目接受采访和音像录制。10月，石雕传承人叶小微参加由新世界珍宝馆在上海举办的“中国（温州）石雕艺术家珍藏品荟展”。

年初，“彩石镶嵌”在中央电视台第七套《农广天地》栏目播出，介绍鹿城区国家级非遗“彩石镶嵌”的发展历史和国家级非遗传承人缪成金的制作技艺。2月，非遗《糖金杏》在杭州电视台生活频道《做给你看》栏目播出，并展示温州市级传承人赵兴龙制作以及售卖糖金杏的全过程。

【非遗中医药项目义诊活动举办】 6月13日，区文广新局组织非遗中医药项目：馒头驻中医正骨疗法、回春堂何氏伤骨科、善缘徐氏骨伤医药、叶同仁中医药文化到南塘街设摊展示与咨询活动，同时设立展板宣传非遗知识。活动吸引流动群众1000余人。

【端午民俗文化活动举办】 6月19日，区文广新局在鹿城鞋都文化广场举行“端午传情 鹿城记忆”2015端午民俗文化活动。吹糖人、绸塑、米塑、温州木雕、十字花边绣等5个非遗项目参加展示展演，活动观众达1000余人。

【非遗夏令营举办】 7月13日—17日，8月10日—14日，区文广新局组织米塑、瓯陶两个非遗项目分别在南汇街道春秋社区和松台街道双桥文化礼堂开展免费夏令营活动。为期各5天，共有240个学生参加夏令营活动。

【走访非遗传人活动】 9月11日，区文广新局组织人员先后走访八仙楼季一德中医内科诊所及温州市第十四高级中学非遗教学传承基地。10月26日，走访国家级非遗项目——彩石镶嵌生产基地，看望国家级非遗传承人缪成金。10月28日，走访看望市级非遗——羽毛画项目负责人叶国虎，并了解该项目传承工作开展情况。11月23日，走访刘氏风筝第四代传人刘力坚。

【“听词、看戏、赏艺迎中秋”活动举办】 9月23日，区文广新局在南塘街举办“听词、看戏、赏艺迎中秋”活动，邀请非遗项目米塑、捏糖人、竹丝镶嵌、中秋小摆设、馒头驻伤骨科、糖金杏制作技艺、十字花边绣、风车、绸塑、温州木雕、石雕、八仙楼传统本草疗法、温州莲花、温州鼓词等传承人以及京剧票友参加，吸引流动观众2000多人。

【非遗座谈会召开】 10月23日上午，在区文广新局四楼会议室召开2015年鹿城区非遗传承与发展座谈会。温州市文化馆、非遗中心和区文广新局领导与非遗传承人、非遗项目负责人、传承基地负责人等60余人出席座谈会。并在学院中路“天一角”酒店，举办非遗项目展示展演活动。

【“非遗进军营”活动举行】 11月13日，区文广新局在下吕浦消防中队举行“非遗进军营”活动。展板展示区有：温州木雕、温州石雕、糖金杏、馒头驻骨伤科、十字花边绣、竹丝镶嵌、羽毛画、高粱肉、米塑；互动区有米塑等；展演区有：温州莲花（陈向明、林彩琴演唱）、陈式太极拳、陈式太极剑、宫门八卦掌、五龟拳以及瓯菜烹饪技艺等。

10月，每周六组织十个项目（米塑、绸塑、温州石雕、竹丝镶嵌、徐氏善缘伤骨科、刘氏风筝、十字花边绣、许大同制笔、瓯陶、温州木雕）在市非遗馆举办非遗月活动

鹿城区文广新局提供

文化市场管理

【概况】 2015年，受理办结文化市场审批件188件，年审（换证）516件，办结率100 %，提前办结率为95%。全面开展“打非治违”“平安浙江”“扫黄打非”专项整治行动，配合国家文明城市、卫生城市、平安城市建设等创建工作，先后对音像制品、图书销售、网络文化等领域开展大规模清查治理活动；对全区8家涉及网上销售的图书经销商、56家电子出版物经销商、50余家涉及网络文化的网络公司进行全面核查。开展“净网、护苗、清源、秋风”专项行动，共收缴非法音像制品1101余张，非法小纸片、盗版书籍等非法出版物12017册，查处取缔非法歌舞娱乐场所21家，联合公安等部门查处在联合广场散发非法出版物案和三重音像侵犯著作权案。至年底，共出动1540人次，检查文化经营场所2427家，立案查处违规经营行为69起，销毁各类非法出版物13118册。区局被国家版权局授予查处侵权盗版案件有功单位称号，被省文化厅授予省先进执法单位等荣誉称号。

区图书馆

【概况】 2015年，鹿城区图书馆保

持正常对外免费开放。拥有座席265个，其中少儿阅览座席60个、盲人阅览座席16个。全年入藏文献25038册，文献总藏量159702册，接待读者333616人次，文献流通78409册，新增读者证1564个。在鹿城文化中心旁新建1个24小时城市书房。共举办各类讲座、展览、广场活动等51场。

【“闹元宵，猜灯谜”活动举办】 2月5日，区图书馆一年一度猜灯谜活动在该馆一楼举行。活动有竞猜、有文艺演出，计观众100余人参加。

【读书节仪式举行】 4月16日，由区委宣传部、区文广新局、区图书馆、瓯江之夜艺术团联合举办的“2015双屿读书节”仪式在鞋都文化广场举行。双屿街道11个社区200余居民参与图书漂流、有奖问答、经典诵读和观看文艺演出等活动。

（程　红）

4月16日，在鞋都文化广场举行“2015年双屿读书节”仪式　　鹿城区图书馆提供

鹿城部分作者新著

2015年鹿城部分作者新著

表12

序号	书名	作者（主编）	出版社	出版时间
1	温州两家人	高满堂　李　涛　曲怡琳　著	作家出版社	2015年1月
2	温州老版画	洪振宁　编	黄山书社	2015年1月
3	姜嘉镳文选	姜嘉镳　著	中国文联出版社	2015年1月
4	闻澜阁墨缘	李文照　著	浙江人民美术出版社	2015年1月
5	萧耘春书法作品集	李　震　主编	浙江人民美术出版社	2015年1月
6	气功养生法解析	林书立　著	人民体育出版社	2015年1月
7	跨界思维：鲁斌论文集	鲁　斌　著	台海出版社	2015年1月
8	千面鹿城	徐　强　主编	中国民族摄影艺术出版社	2015年1月
9	历程：鹿城建区三十周年（1984—2014年）	张　靖　著	台海出版社	2015年1月
10	温州地理（人文地理分册）	姜竺卿　著	上海三联书店	2015年2月
11	温州地理（自然地理分册）	姜竺卿　著	上海三联书店	2015年2月
12	蓝湖微波	蓝葆夏　著	中国电影出版社	2015年2月
13	醉倚东篱	夏海霜　著	中国电影出版社	2015年2月
14	坐标之外	逸　云　著	中国电影出版社	2015年2月
15	工艺美术大师作品选	陈世尧　叶萌春　主编	四川美术出版社	2015年3月
16	开国战将	吴东峰　著	当代中国出版社	2015年3月

续表12

序号	书名	作者（主编）	出版社	出版时间
17	鞋类产品质量检测技术	叶永和　主编	中国质检出版社	2015年3月
18	瓯圃诗葩：温州当代格律诗集汇考	朱国庆　编著	中国诗词楹联出版社	2015年3月
19	雪岭涓流	刘周晰　著	线装书局	2015年4月
20	丝绸之路绘事录	谢振瓯　著	浙江人民美术出版社	2015年4月
21	楠溪江：中国山水诗的摇篮	胡念望　著	中国旅游出版社	2015年4月
22	温州历代名人故事（刘伯温）	俞美玉　文字	西泠印社出版社	2015年5月
23	瓯风（第九集）	方韶毅　主编	中国文史出版社	2015年5月
24	温州历代名人故事（驺摇）	高启新　文字	西泠印社出版社	2015年5月
25	东瓯笔谭：温州文史同人精选集	南　航　主编	中国文联出版	2015年5月
26	温州历代名人故事（王十朋）	王兴文　文字	西泠印社出版社	2015年5月
27	中外河流科学治污范例精编	翁锦武　主编	浙江工商大学出版社	2015年5月
28	退一步 并不难：忍得住，世界就是你的	达　照　著	中国商业出版社	2015年6月
29	没有人是一座孤岛：追思叶世祥教授	马大康　主编	浙江大学出版社	2015年6月
30	叶世祥文集（第一、二、三卷）	马大康　主编	浙江大学出版社	2015年6月
31	叶适思想论稿	俞　雄　著	黄山书社	2015年8月
32	瓯居海中：海上丝绸之路与温州海洋文化	诸华国　周德光　编著	中国言实出版社	2015年8月
33	温州近百年戏剧史	沈不沉　著	国家出版社	2015年8月
34	徐启雄工笔画	徐启雄　著	江西美术出版社	2015年8月
35	孙诒让与温州教育近代化研究	王兴文　著	武汉大学出版社	2015年9月
36	守望传统：真我阁书画文论选集	陈出新　著	浙江人民美术出版社	2015年10月
37	岩松盆景	沈治民　著	浙江人民美术出版社	2015年10月
38	玉篆楼藏书画集	方广强　编	上海世纪出版集团	2015年11月
39	玉篆楼藏信札集	方广强　编	上海世纪出版集团	2015年11月
40	2015年温州市第三届视觉艺术大赛作品集	阮　静　主编	中国文史出版社	2015年11月
41	温州话风雅篇	张乘健　著	浙江古籍出版社	2015年11月
42	瓯语音系	沈克成　著	宁波出版社	2016年12月
43	汤学刍议	叶长海　著	上海人民出版社	2015年12月
44	微言轻拂	郑锦春　著	中国文联出版社	2015年12月
45	鹿城文史资料第二十七辑：铭记烽火岁月	朱国榜　主编	中国文史出版社	2015年12月
46	东瓯遗韵：温州市非物质文化遗产大观（三）	李　震　主编	西泠印社出版社	2015年12月
47	乡寻乡野——记温州最美村庄	方立明　王蛟虎　主编	中国民族摄影艺术出版社	2015年12月
48	他的生活有点小小的变化	马　叙　著	百花文艺出版社	2015年
49	2015年温州经济社会形势分析与预测	潘忠强　王春光 金　浩　主编	社会科学文献出版社	2015年
50	温州老歌谣	潘一钢　编	黄山书社	2015年
51	温州十四家书画作品集	陈世尧　侯传芳　主编	西泠印社出版社	2015年
52	陈虬集	胡珠生　编	中华书局	2015年

续表12

序号	书名	作者（主编）	出版社	出版时间
53	浙江人才强县的创新实践	姚志文　姚先国　主编	黄山书社浙江大学出版社	2015年
54	红色的起点	叶永烈　著	四川人民出版社	2015年
55	君子国的秘密	叶永烈　著	现代出版社	2015年
56	趣味化学·化学趣史（大字版）	叶永烈　著	中国盲文出版社	2015年
57	生活中的科学	叶永烈　著	中国盲文出版社	2015年
58	受伤的美国	叶永烈　著	上海交通大学出版社	2015年
59	双人伞：叶永烈家庭传记	叶永烈　著	中华书局	2015年
60	小灵通漫游未来（大字版）	叶永烈　著	中国盲文出版社	2015年
61	写作的秘密	叶永烈　著	长江文艺出版社	2015年
62	侦探与小偷（大字版）	叶永烈　著	中国盲文出版社	2015年
63	银行贷款担保实务精解与法律风险防范	江丁库　主编	中国法制出版社	2015年
64	芈月传（壹—陆）	蒋胜男　著	浙江文艺出版社	2015年
65	慈心善举：平阳历代善人善事回眸	李　炜　主编	浙江工商大学出版社	2015年
66	南戏故里声腔戏剧珍萃	李子敏　著	浙江人民出版社	2015年
67	南戏乡亲董每戡传	马必胜　著	岳麓书社	2015年
68	温州方言动后介词结构的韵律句法研究	朱赛萍　著	浙江人民出版社	2015年
69	汉字之美日历·2016	张索主　编	中华书局	2015年

（温州市图书馆　黄丽任提供）

区广播电视新闻中心

【概况】 2015年，鹿城区广播电视新闻中心（简称“中心”）拥有纸质媒体《今日鹿城》，电视媒体《都市新闻》《鹿城新闻》，网络新媒体鹿城新闻网、温州鹿城发布微信公众平台、鹿城新闻APP手机客户端等媒体阵地，构建起“一报一网两视一端一微”的宣传格局。至年底，鹿城全媒体宣传覆盖范围达到28.5万人次。“中心”申报的“全媒体融合创新项目”被列为“鹿城区2015年度重要改革项目”，并入选鹿城区2015年度社科研究课题。

2015年，传统媒体发稿总数取得新突破，上送中央、省市级报刊、电视媒体的稿件1300多篇，被录用772篇，其中：中央级媒体27篇，比2014年增长8%；省、市级媒体发稿比2014年增长分别为9%、12%；重点稿在《人民日报》《浙江日报》《温州日报》，温州新闻联播刊播342篇，比2014年增长35%，其中，《人民日报》头版刊登2篇，《温州日报》头版头条刊发12篇，创历史新高；网络发稿取得新突破，在人民网、凤凰网等中央、省级主流网站发稿1860多条。

【《今日鹿城》】 2015年，《今日鹿城》共刊出100期，发表稿件1580篇。7月，《今日鹿城》推出副刊《文化月刊》。该月刊每期四版，内容紧扣鹿城人文历史、风土人情，地方特色鲜明。

【《都市新闻》】 《都市新闻》是鹿城区电视新闻宣传主阵地，该新闻栏目每晚6点10分在温州电视台都市生活频道播出，次日早上7点重播。2015年，“中心”采制的新闻在该栏目中共播出1300篇。

【鹿城新闻网】 2015年，鹿城新闻网（网站域名www.66lc.com），拥有35个新闻栏目，包括“鹿城新闻”“部门快讯”“街镇速递”“社区天地”“新闻专版”“温州新闻”“浙江新闻”“国内新闻”“国际新闻”“周边新闻”“媒体看鹿城”“经济信息”等。至年底，网站总发稿量达44760条，网站主要自办栏目“鹿城新闻”共发布稿件1710条，鹿城视频新闻发布92期，基层信息（包括街镇速递、部门快讯、社区天地）共上传2673条，主要转载栏目“媒体看鹿城”转载各大主流媒体对鹿城的新闻报道共600条。

【微信公众服务平台】 2015年，中心“微信公众服务平台”粉丝数超5万人，位列浙江政务微指数榜单第四，点赞数位列第三。该平台每天发布区委区政府重大决策、重要活动信息、本土新闻、最新动态、服务类信息、便民措施及生活资讯等，并同步开启微博、微信、网络新媒体整合运作新模式，更好地服务市民。

【APP移动客户端】 4月，“鹿城新闻”APP移动客户端正式上线，实现重大时政、民生新闻第一时间掌上看。同时开设“头条、在线直播”等11个栏目、16项便民服务方式。至年底，移动客户端共发布各类新闻专题14920篇。

【“鹿城情　天下行”系列品牌打造】 2015年，“中心”系列品牌“鹿城情·天下行”分赴上海、北京等地对12位在外鹿城人进行专题采访，并在《今日鹿城》以专版的形式予以刊登，《都市新闻》《鹿城新闻》以及鹿城新闻网也同步刊播，激发了在外温州商人回乡投资的热情；品牌“鹿城情·温暖年”在农历年终之时联合部门企业将200多份温州传统年货送到困难群众手中。与区慈善总会、区残联、区妇联等单位协作，推出“爱心鹿城·迎春慈善宴”“为困境妇女送去冬日温暖”“微爱我们一起在行动”等系列公益活动，在辞旧迎新之际为失学儿童、孤寡老人送上温暖与关爱，为5户困难家庭、瓯越小学30名优秀学生、藤桥居家养老中心的老人们送去贺岁慰问金；品牌“鹿城情·助企行”推出网络招工寻工活动和在微信公众平台“温州鹿城发布”推出网络招工寻工专栏，成功为400多名务工人员找到工作岗位，帮助企业解决招工难问题。全年，为企业宣传、助推企业做大做强，共刊发相关新闻120余篇；品牌“鹿城情·基层行”全年共开展基层行活动12次，为基层群众解决问题21个。如为藤桥镇江南社区上村村“文明村”建设出谋划策，帮助该村将废置土地打造成休闲生态绿道。品牌“鹿城情·慈善行”活动惠及4000余特殊群体，捐助、慰问金额达200万余元。如通过媒体为患有白血病的11岁福建女孩黄丹丹筹集爱心款。

（陈春燕）

责任编辑　戴增荣

“鹿城新闻网”栏目　　区广播电视新闻中心提供

体 育

综 述

2015年，新建省级健身步道1条（仰义）、合计建成群众健身塑胶跑道5公里；建成2个省级小康体育村（藤桥镇成浦社区上桥村和山福镇庄岩村）。打造七都体育公园和自行车健身亲水绿道。至年底，向社会开放体育场馆的学校已达44所，更新体育器材260件。创成省级体育幼儿示范园1所（实艺二幼新城园区）、5个省级社区体育俱乐部（双屿瓯浦垟社区、五马十八家社区、松台桂柑社区、滨江绿园社区、南汇西屿社区）和3个省级村体育俱乐部（山福庄岩村、藤桥大塘村、山福西洲村）。建成省级老年体育活动中心1个（藤桥镇）、省级体育先进社区1个（仰义仰新社区）和省级职工体育俱乐部1个（金牛工贸有限公司）。

竞技体育

【概况】 2015年，鹿城籍运动员参加全国青少年游泳、羽毛球、U14和U16网球、艺术体操、U16篮球、跆拳道、射击等项目比赛，共获25个第一名、14个第二名、13个第三名。

【游泳比赛】 8月，潘展乐参加全国少儿游泳锦标赛，以00：28成绩获50米自由泳比赛第二名；参加100米自由泳比赛以01：00成绩获第二名；参加400米自由泳比赛以04：29成绩获第一名；参加200米个人混合泳比赛以02：24成绩获得第一名。潘展乐、王琛迪，以01：55成绩获4×50米自由泳接力比赛第一名。金震宇获50米蛙泳、100米蛙泳比赛第三名；与队友合作以02：00成绩获4×50米混合泳接力比赛第一名。张语轩获100自由泳比赛第三名；与队友合作，以01：53成绩获4×50米自由泳接力比赛第一名。潘展乐获该锦标赛自由泳全能第一名。王琛迪获混合泳全能第二名。金震宇获蛙泳全能比赛第一名。张语轩获自由泳全能比赛第三名。8月，林哲其参加在赣州举行的全国少儿游泳锦标赛，以03：51成绩获4×100米自由泳接力比赛第二名。10月，李朱濠参加在福州举行的第一届全国青年运动会，以00：52.59、01：56.14成绩，获男子100米和200米蝶泳比赛第一名；以00：22.87、03：50.10成绩，获50米、400米自由泳比赛第一名。

【羽毛球比赛】 5月，郑思维参加在九江举行的全国青年羽毛球锦标赛，与队友合作获甲男团体羽毛球第一名和混合双打比赛第一名。10月，郑思维参加在福州举行的第一届全国青年运动会，与队友合作获羽毛球男子团体赛第一名和男子双打比赛第一名。

【网球比赛】 1月，叶柔利参加在广州举行的NIKE全国青少年U14网球排名赛，获女子单打第二名，与队友合作获女子双打第二名。6月，在北京举行的全国青少年U16比赛（匠心站），与队友合作获女子双打第一名。8月，叶柔利参加在沈阳举行的全国青少年U14网球排名赛（第七站），与队友合作获女子双打第一名和女子单打第三名。

【艺术体操】 4月，全国艺术体操集体锦标赛和个人冠军赛在西安举行。缪佳辰以21.40分的成绩获少年集体全能比赛第二名；参加少年集体5球比赛，以11.05分成绩获得第一名。7月，全国少年艺术体操锦标赛在河北举行，缪佳辰参加少年A组集体全能比赛，以23.933分成绩获第二名；参加少年A组集体单项5球比赛，以11.700分的成绩获得第二名；参加少年A组集体单项5带比赛，以9.666分的成绩获得第一名。全国艺术体操锦标赛中，缪佳辰参加少年集体全能比赛以23.650分成绩获得第三名；参加少年集体5球比赛，以13.050分成绩获得第一名、少年集体5带比赛以10.900分成绩获得第三名。

【篮球比赛】 3月，孙岩松和队友参加在东阳举行的全国俱乐部U16篮球比赛，获第一名。7月，在永州举行的全国俱乐部青年锦标赛，李天乐和队友获U16篮球比赛第一名。11月，在上海举行的全国U16集训赛，孙岩松和队友获篮球比赛第三名。

【跆拳道比赛】 4月，池慈慈参加在淄博举行的全国青年跆拳道锦标赛暨全国青年运动会跆拳道项目第一次预赛，获49公斤比赛第一名。

【射击比赛】 6月，黄俊伟参加在江西南昌举行的全国青少年射击锦标赛暨第一届全国青年运动会射击预赛，与队友合作以1859.3环成绩获青年男子10米气步枪团体比赛第二名。

2015中华龙舟比赛暨温州龙舟文化节在汇昌河举行　　区体育局提供

群众体育

【概况】 5月、9月，分批派出97人参加国家二级社会体育指导员培训学习。7月，派出5人参加一级社会体育指导员培训学习。8月，选派1人参加在杭州举行的国家级社会体育指导员培训学习。11月，培训三级社会体育指导员50人。5月—8月，在全区各街道（社区）、藤桥镇（村居）举办鹿城区健身舞（操）培训活动，受众超1000人。

5月—10月，鹿城区第八届运动会举办。比赛项目设田径（趣味）、游泳、篮球、乒乓球、羽毛球、象棋、国际象棋、围棋、拔河、柔力球、三人飞盘、太极拳、太极剑、飞镖、定点投篮、门球击准等16个项目，参赛人数共计3000余人。7月16日，协办2015“腾讯棋牌”全国象棋甲级联赛浙江队对广西队比赛。11月29日，举办全国百城健身气功展示活动鹿城大会。

【划龙舟比赛】 6月19日—20日，2015中华龙舟比赛暨温州龙舟文化节在汇昌河举行。全区共有7支竞技龙舟参加比赛，另有53支传统龙舟参加活动。该次比赛有全国多支龙舟名队参加，总计8700多名运动员参赛，观众逾万人。

体育市场

【概况】 7月—8月，在全区开展游泳场馆安全检查3次，受检查场馆52家，并为其中40家符合安全标准的场馆授予行政许可证。10月5日，召开表彰会，共有17家游泳场馆和19位先进个人受到表彰。该年，下发2014年省级体育产业扶持资金80万元，市级体育产业扶持资金142万元。

（戴蓓玮）

责任编辑　戴增荣

卫生事业

综 述

2015年，鹿城区有各级各类医院卫生机构556家。其中，省属医院4家、市属医院5家、部队医院1家、市管民营医院20家、区属公立医院2家、区管民营医院11家、区疾病预防控制中心、妇幼保健所、卫生监督所各1家，社区卫生服务中心22家、社区卫生服务站38家、村卫生室75家、门诊部68家、诊所292家、医务室21家。区属各医疗机构共有注册执业医师1676人，助理医师358人，注册护士1280人。卫生计生事业经费投入24657.83亿元，占财政总支出7.43%。3月26日，鹿城区卫生和计划生育局率全市之先挂牌成立。内设科室全面调整重组，人、财、物划转到位，各项工作规范有序。12月24日，出台《温州市鹿城区卫生和计划生育局主要职责内设机构和人员编制规定》。

2015年，区属医疗卫生计生单位在编专业技术人员879人（其中卫生专业技术人员853人），拥有高级职称41人，中级职称254人，初级专技人员473人；大学本科以上学历629人，大专学历216人。公开招聘卫生技术人员65名。完成岗位培训67人，进修36人、支医36人等。“鹿城卫生讲坛”出刊12期。开启7个医学重点学科（专科）建设。

2015年，组建全区卫生信息专网和“卫计云”网络平台，将22家社区卫生服务中心的业务数据统一迁移到区级数据中心平台。启用移动随访包和移动诊疗系统。

12月24日，被省卫计委命名为“浙江省卫生应急工作示范县（市、区）”称号。藤桥社区卫生服务中心（卫生院）创成省级满意乡镇卫生院和浙江省甲等卫生院，获2015年全国首批群众满意乡镇卫生院称号。上戍社区卫生服务中心（卫生院）创成浙江省乙等卫生院。七都社区卫生服务中心创成省级无烟单位、连续4年被评为满意基层站所。王淑芬获得省级“群众满意的社区卫生工作者”称号。

2015年，区人民医院迁建工程主楼及附属楼基本完工。区精神卫生中心和残疾人托安养中心迁建工程土建完工，二次装修进场施工。黄龙社区卫生服务中心搬入新大楼，占地面积0.63公顷，建筑面积5345平方米。

1月21日，温州王晓峰口腔医院党支部成立。区卫计局代表鹿城参加“两美温州·精彩中国”温州市党员干部讲故事比赛，获全市第三名。选送的2名选手获区“中华经典诵读”比赛一等奖和二等奖，区卫计局获团队组织奖。区第五届“精品党课”授课比赛，广化社区卫生服务中心金铭慧获一等奖，区妇幼保健所李海鸥获三等奖，区卫计系统获“优秀组织奖”。开展“健康梦，我们一起来实现”为主题的“生命健康杯”青年辩论赛。局团委获“2015年度温州市五四红旗团委”荣誉称号。全年创成“市级青年文明号”14家。区疾病预防控制中心获“鹿城区2014—2015年度模范集体”称号，区卫生监督所董葱获“鹿城区2014—2015年度模范”称号。

2015年，区无偿献血有8825人次，献血量176.49万毫升，完成年度计划任务的126%。

基层卫生

【概况】 2015年，区卫计局全力推进分级诊疗制度。8月1日，鹿城区正式启动孕产妇和0—6岁儿童健康分级管理服务工作。组建南浦（南郊）、藤桥（岙底）、上戍（临江、双潮）3个医疗集团，实现资源共享和优势互补。区人民医院与温州市中心医院建立紧密型合作关系。各社区卫生服务中心分别与市中心医院、市人民医院、市中西医结合医院、区人民医院等建立合作结对帮扶关系。做好双向转诊，加强基层医疗队伍建设，推进“两下沉、双提升”工作。实施新一轮基本药物目录。新建紧密型一体化管理村卫生室7所，在建的5所。江滨社区卫生服务中心获浙江省“平安药房”称号。承担两会、除夕夜、拆违及各类大型活动医疗保障20余次。

【全科医师签约服务】 2015年，全科医师共签约服务129976人，签约率17.49%，规范签约117710人，其中重点人群签约74810人。

【区康复中心开诊】 5月12日，依托黄龙社区卫生服务中心，由区人民医院管理运营的鹿城区康复中心对外开诊。该康复中心设物理治疗室、作业治疗室、功能测评室、言语治疗室、理疗室、针灸推拿室、康复病房，开放床位60张，是温州医科大学康复系实习基地。

【社会资本办医改革】 2015年，完成拜尔口腔医院、温州美生健康医院、温州深蓝医院、温州叶同仁中医院4家医疗机构注册登记工作。完成社会资本投资人民币2.29亿元，港币6.83亿元；民办医院床位占比达到53.6%。

【中医药服务】 2015年，全区各社区卫生服务中心均设置中医科、中药房，配备中医类医师及中医诊疗设备，其中：南浦、蒲鞋市、莲池、广化、江滨、仰义6家社区卫生服务中心成为全市首批中医药特色社区卫生服务中心。针对0—3岁儿童和65岁以上老年人，分别开展经络穴位按摩和中医体质辨识、中医药保健指导服务。市中西医结合医院在南浦社区卫生服务中心设立适宜技术推广基地，并向22家社区卫生服务中心推广适宜技术。

卫生应急

【概况】 2015年，制定完善《登革热应急处置预案》《H7N9禽流感应急处置预案》等应急预案，合理配置疫情处置小组，完善应急物资储备，开展突发公共卫生事件风险评估，积极应对有较大风险的事件。全年，报告突发公共卫生事件1起，是诺如病毒引起的其他感染性腹泻疫情，累计发病人数56人，无死亡报告，波及人口700余人。区卫计系统3名队员组成的鹿城区应急队，参加全市野外应急拉练赛获得亚军。

疾病控制

【概况】 2015年，区疾控中心取得浙江省质量技术监督局颁发的检验检测机构资质认定证书。区疾控中心获“浙江省疾病预防控制系统思想政治工作先进集体”称号。

【传染病防控】 全年共报告法定传染病发病病例22种5135例，无甲类传染病报告。乙类传染病14种2336例，丙类传染病7种2799例，总发病率为394.09/10万。发病排名前五位的分别是：手足口病（2399例）、肺结核（782例）、梅毒（628例）、病毒性肝炎（497例）、淋病（181例）。传染病发病高峰为6月，占全年发病人数的18.99%；发病数最多的区域为双屿街道，达1063例，占总发病数的20.70%；发病人数最多的年龄段为0—4岁，共2151例，占总发病数的41.89%；发病人群以散居儿童为主，占33.83%，其次幼托儿童占12.85%、工人占7.09%。未报告的法定传染病传染性有非典型肺炎、脊髓灰质炎、人感染高致病性禽流感、出血热、狂犬病、炭疽、白喉、新生儿破伤风、布病、钩体病、血吸虫病和人感染H7N9禽流感、黑热病、丝虫病、包虫病等17种。各类传染病报告死亡14例（其中艾滋病10例，肺结核4例），病死率0.27%，死亡率1.0744/10万。

【结核病防控】 2015年，共报告确诊活动性肺结核患者742例，其中新发涂阳192例，复治涂阳36例，涂阴478例，结核性胸膜炎35例，肺外结核1例。登记满一年转归的活动性肺结核患者共786例，系统管理761例，系统管理率96.82%；治疗成功（涂阳患者治愈+涂阴患者完成疗程）725例，治疗成功率92.24%。

【艾滋病防控】 2015年，艾滋病抗体检测436585人，自愿咨询检测2172人，重点人群（被监管人员、高危场所从业人员、外来务工人员、外出返乡者、外来婚嫁女）艾滋病筛查6746人，完成两类人群监测（同性恋人群和暗娼人群）705人，结核病人筛查286人，美沙酮治疗人群检测375人。做好暗娼、同性恋、吸毒等高危人群干预工作。全年共发放艾滋病知识宣传牌140套560块，宣传资料3万份；在3000多辆公交车电视上进行艾滋病防治知识宣传2个月，举办各类宣传活动、培训12次。

【疟疾监测】 2015年，在全区14个监测点对“三热”病人（疟疾、疑似疟疾及不明原因发热患者）进行监测，共监测1575例，发现疟疾病例6例，其中：间日虐1例，恶性疟5例，均为输入性疟疾病例，病例经治疗后痊愈，疫情处置及时有效，未发现疫情扩散现象。

【免疫规划】 2015年，各常规免疫接种率均达到国家要求：乙肝疫苗、卡介苗、脊灰疫苗、百白破疫苗、麻风疫苗、麻腮风疫苗加强、流脑疫苗、乙脑疫苗、甲肝疫苗等接种率均达100%。报告疑似预防接种异常反应（AEFI）14起，48小时内报告率100%，48小时内调查处理率100%，个案完整率100%。查验学校预防接种证77所11164人，查验托幼机构149所13715人，查验率100%，补证率100%，补种后免疫规划疫苗全程接种率分别达99.27%和99.71%。

【农村饮用水监测】 2015年，对藤桥、岙底、上戍、双潮、临江和仰义的集中和分散式农村生活饮用水进行监测，共采集172份样品，20项指标全部合格的有20份，合格率12.79%。

【碘缺乏病监测】 2015年，采集检测居民食用盐300份，碘盐覆盖率为95%，合格碘盐食用率为91.67%。对5所小学15个班级700余名学生，进行碘缺乏病病情监测，未发现甲状腺肿大学生；对其中200名学生进行尿碘监测，尿碘中位数165.9微克/升，尿碘低于50微克/升的比例为3.5%，达到国家指标。抽检孕妇尿液100份样品及食用盐100份，显示尿碘中位数为153.3微克/升，家中盐碘结果显示碘盐中位数为22.6毫克千克。

【死因、慢性病监测】 2015年，开展出生、死亡监测及四种主要慢性病监测，共报告死亡4185例。其中：糖尿病3942例，冠心病急性事件497例，脑卒中2022例，肿瘤2952例。前5位死因分别为恶性肿瘤、脑血管疾病、心脏病、呼吸系统疾病、损伤和中毒。

【登革热防控】 2015年，共报告输入性登革热病例1例。针对登革热防控开展伊蚊监测14次，共调查33109户，发现积水11774处，阳性容器420处，布雷图指数1.27，控制在正常范围内。开展登革热疫情应急演练1次，印发门诊医生登革热防治提示卡4000份，登革热家长倡议书资料7万份，其他登革热宣传资料2万份。

2015年鹿城区甲、乙类传染病发病、死亡情况统计分析

表13

疾病病种	2015年发病数	2015年死亡数	2015年发病率1/10万	2014年发病数	2014年死亡数	2014年发病率1/10万	发病率增减%
合计	2303	14	176.74	2139	8	164.47	7.46
鼠疫	—	—	—	—	—	—	—
霍乱	—	—	—	—	—	—	—
传染性非典	—	—	—	—	—	—	—
艾滋病	33	10	2.53	24	8	1.85	37.24
HIV	66	2	5.07	45	2	3.46	46.38
肝炎	497	—	38.14	494	—	37.99	0.41
甲肝	10	—	0.77	11	—	0.85	-9.27
乙肝	134	—	10.28	147	—	11.30	-9.02
丙肝	209	—	16.04	191	—	14.69	9.21
戊肝	19	—	1.46	28	—	2.15	-32.27

续表13

疾病病种	2015年发病数	2015年死亡数	2015年发病率1/10万	2014年发病数	2014年死亡数	2014年发病率1/10万	发病率增减%
肝炎（未分型）	125	—	9.59	117	—	9.00	6.63
脊灰	—	—	—	—	—	—	—
人禽流感	—	—	—	—	—	—	—
麻疹	12	—	0.92	11	—	0.85	8.88
出血热	—	—	—	2	—	0.15	-100.00
狂犬病	—	—	—	—	—	—	—
乙脑	1	—	0.08	—	—	—	—
登革热	1	—	0.08	1	—	0.08	-0.26
炭疽	—	—	—	—	—	—	—
肺炭疽	—	—	—	—	—	—	—
皮肤炭疽	—	—	—	—	—	—	—
炭疽（未分型）	—	—	—	—	—	—	—
痢疾	6	—	0.46	11	—	0.85	-45.55
细菌性痢疾	6	—	0.46	11	—	0.85	-45.55
阿米巴性痢疾	—	—	—	—	—	—	—
肺结核	782	4	60.01	796	—	61.21	-1.95
涂（+）	280	3	21.49	277	—	21.30	0.89
菌（—）	468	1	35.92	480	—	36.91	-2.69
未痰检	25	—	1.92	37	—	2.85	-32.56
仅培阳	9	—	0.69	2	—	0.15	349.09
伤寒+副伤寒	26	—	2.00	58	—	4.46	-55.26
伤寒	26	—	2.00	56	—	4.31	-53.66
副伤寒	—	—	—	2	—	0.15	-100.00
流脑	1	—	0.08	—	—	—	—
百日咳	7	—	0.54	—	—	—	—
白喉	—	—	—	—	—	—	—
新生儿破伤风	—	—	—	—	—	—	—
猩红热	122	—	9.36	41	—	3.15	196.99
布病	—	—	—	1	—	0.08	-100.00
淋病	181	—	13.89	154	—	11.84	17.31
梅毒	628	—	48.20	542	—	41.68	15.64
Ⅰ期梅毒	78	—	5.99	109	—	8.38	-28.58
Ⅱ期梅毒	35	—	2.69	80	—	6.15	-56.33
III期梅毒	4	—	0.31	2	—	0.15	99.61
胎传梅毒	—	—	—	1	—	0.08	-100.00

续表13

疾病病种	2015年发病数	2015年死亡数	2015年发病率1/10万	2014年发病数	2014年死亡数	2014年发病率1/10万	发病率增减%
隐性梅毒	511	—	39.22	350	—	26.91	45.72
钩体病	—	—	—	—	—	—	—
血吸虫病	—	—	—	—	—	—	—
疟疾	6	—	0.46	4	—	0.31	49.71
间日疟	1	—	0.08	1	—	0.08	—0.26
恶性疟	5	—	0.38	3	—	0.23	66.32
疟疾（未分型）	—	—	—	—	—	—	—
人感染H7N9禽流感	—	—	—	—	—	—	—

2015年鹿城区丙类传染病发病、死亡情况统计分析

表14

疾病病种	2015年发病数	2015年死亡数	2015年发病率1/10万	2014年发病数	2014年死亡数	2014年发病率1/10万	发病率增减%
合计	2799	—	214.81	6306	—	484.89	-55.70
流行性感冒	78	—	5.99	97	—	7.46	-19.74
流行性腮腺炎	156	—	11.97	139	—	10.69	12.01
风疹	4	—	0.31	10	—	0.77	-60.07
急性出血性结膜炎	59	—	4.53	44	—	3.38	33.83
麻风病	—	—	—	—	—	—	—
斑疹伤寒	1	—	0.08	—	—	—	—
黑热病	—	—	—	—	—	—	—
包虫病	—	—	—	—	—	—	—
丝虫病	—	—	—	—	—	—	—
其它感染性腹泻病	102	—	7.83	43	—	3.31	136.75
手足口病	2399	—	184.11	5973	—	459.28	-59.91

【健康监测】 2015年，从业人员体检41323人，五病（伤寒、痢疾、病毒性肝炎等消化道传染病、活动性肺结核、化脓性或渗出性皮肤病）调离521人。

【食品安全风险监测】 2015年，开展食品安全风险监测，全区8个街镇共采集食品流通和餐饮服务等17大类食品、1类食品包装材料共48种1075份，监测合格率84.37%。蜜饯监测20份样品，其中甜蜜素超标16份（超标率80%），糖精钠超标10份（超标率50%）；海虾监测15份，单核细胞增生李斯特氏菌、副溶血性弧菌检出率66.67%；桶装水监测60份样品查菌落总数、大肠菌群、铜绿假单胞菌，不合格率70%。

卫生监督

【概况】 2015年，共接到投诉举报250件，处置率100%。出动执法人员16000余人次，检查相关单位7000余家次，立案235件，结案326件，罚款117.66万元，移送公安追究刑责22人。9家社区卫生服务中心创成

省级卫生监督协管示范点。卫生监督工作考核名列全市第一。顺生大酒店游泳池水不符合国家卫生标准案被评入2015年浙江省卫生计生监督执法十大案件中，胡某伪造公共场所卫生许可证擅自从事住宿服务案被评为“全国卫生计生监督执法优秀案例”。

【医疗机构监管】 2015年，开展“依法执业守护健康”“蓝盾春雷1号”“传染病防治检查”“口腔诊疗机构整治”“村卫生村整治”和医疗机构错时监督等系列专项行动，共立案86起，对98家有不良执业行为的医疗机构进行记分。开展“蓝盾春雷2号行动”，实行无证诊所回访复查和持续错时打非制度，全年共取缔无证诊所143家次，其中立案93家次，罚款70.03万元，没收药品器械150余箱，移送公安追责22人。

【公共场所卫生监管】 2015年，开展四类公共场所专项整治，四类公共场所动态持证率达98%以上，创成公共场所卫生示范店100家。开展游泳场所夏季保平安专项行动，对全区42家游泳场所水质进行两轮监督监测。开展“蓝盾春雷3号——时尚温州”和“卫盾尖刀1号”专项行动，整顿辖区美容美发场所。

【学校卫生监管】 2015年，开展校园卫生安全健康监督检查，启用“浙江省学校卫生管理与监督信息管理系统”，对学校水质、教室微小气候、教学环境进行全面监测。共监督检查学校121所，监督覆盖率达100%。

【职业病防治】 2015年，启动职业健康检查服务专项治理行动、职业健康检查报告书质量监测和区域职业病防治信息分析报告、职业健康检查机构信誉评级等专项工作，对辖区职业健康检查机构和职业病诊断机构检查覆盖率达100%。

【放射卫生监管】 2015年，对11家新办（或变更、校验）放射诊疗机构进行审查，指导30家拟开展放射诊疗活动的机构进行放射防护预评价和控制效果评价，其中已有21家通过验收。对辖区放射诊疗机构进行监督检查，纠正违法行为，立案查处1家。

【餐饮具集中消毒监管】 2015年，开展餐饮具集中消毒单位专项整治，坚持日常监督管理和专项检查相结合的方式，进一步规范餐饮具集中消毒单位的日常生产加工行为，在线监控安装率100%，创成1家省级餐饮具集中消毒卫生示范单位。

【饮用水卫生监管】 2015年，开展居民生活区、学校、酒店等单位二次供水专项监督检查，共检查15家，经检验全部合格。每月对七都自来水厂水源、末梢水进行采样，每半月1次对社区（墨池社区）生活饮用水现场监测并在社区公示检测结果。

妇幼保健

【概况】 2015年，提升妇幼保健水平，全面实施妇幼保健均等化服务，推进重大公共卫生妇幼项目，全区各医疗机构和社区卫生服务中心全部启用区域妇幼信息网络系统。组织对辖区内18家助产机构和22家社区卫生服务中心进行妇幼卫生监测质量控制检查。

【孕产妇管理】 2015年，建成妇幼保健规范化门诊20家，建成率90.90%。全区共有产妇30876人，产前筛查28046人，筛查率82.86%；住院分娩率100%。重症高危孕产妇775例，管理率100%，住院分娩率100%，全年孕产妇零死亡。

【儿童保健】 2015年，建成儿童保健规范化门诊21家，建成率95.5%。全区高危儿童管理率100%，营养性疾病儿童专案管理率100%。新生儿疾病筛查22185人，筛查率99.5%，新生儿听力筛查33587人，筛查率99.6%。全区户籍婴儿死亡率1.7‰，5岁以下儿童死亡率2.48‰；0—3岁儿童系统管理率96.51%，0—6岁儿童健康管理率96.94%。

【婚前医学检查】 鹿城区婚育服务中心继续加强“婚姻登记、免费婚前医学检查、免费孕前优生检查”三位一体“一条龙”的服务模式，免费婚检率和婚检质量明显提升，婚前医学检查实检8054人，婚检率95.5%。

【重大公共卫生服务妇幼项目】 巩固“预防艾滋病、梅毒和乙肝母婴传播”项目工作示范区创建成果，孕产妇艾滋病、梅毒、乙肝检测率均达100%。继续加强孕产妇住院分娩补助、农村孕产妇住院分娩补助等工作，做好育龄待孕妇女叶酸增补“多点发放”工作。实施“妇女健康促进工程”，扩大城乡妇女两年一次的常见妇科疾病检查和乳腺癌、宫颈癌免费检查范围，提高检查质量，并对查出疾病的患者进行及时治疗，对农村贫困患者实施医疗救助。农村孕产妇住院分娩补助994例，增补叶酸1400例，宫颈癌检查3900例，乳腺癌检查2300例。

【出生医学证明】 2015年，全区18家签发单位全面使用区域妇幼网络系统进行出生医学证明发放管理和出生信息网络直报。全区活产数33716人，出生医学证明签发数35706人，其中首次签发34023人，当年出生当年签发率达92.24%。

【托幼机构保健管理】 2015年，全区145家托幼园所均达到托幼机构卫生保健合格标准。完成新生入园体检11330人，体检率100%；保教人员体检4110人，体检率100%。区属温州市机关第二幼儿园、区属温州市第四幼儿园成为首批“温州市幼儿园卫生保健示范基地”。

精神卫生

【概况】 2015年，继续推进重性精神疾病管理治疗项目试点区各项工作，全区各街镇全部建立重性精神疾病患者关爱帮扶小组。精神病防治人员培训率达100%。继续开展重性精神疾病患者线索调查，建立重性精神疾病患者日常筛查机制。全区各街镇都完成调查摸底、建档立卡工作，精神疾病患者普查覆盖面100%。至年底，确诊精神疾病患者5098人，建立档案5098人，其中：重性精神病人4692人，非重性406人。规范管理重性精神病患者4019人，住院330人，居家服药2224人，未服药1353人，其他112人。精神病人检出率4.04%，管理率81.50%，治疗率88.52%，规范管理率71.63%，稳定率81.06%。全年免费送药4844人次62.41万元，免费体检663人次19.96万元。免费住院600人次515.18万元。精神病防治医生分组，定期随访管理病人，督促指导服药，掌握病情动态，进行危险性评估。继续做好智力和精神残疾等级免费鉴定。全区无精神病人肇事肇祸事件发生。在南浦设立首家社区工疗站，16名精神、智力残疾人入驻，患者可以免费获得药物、心理治疗相结合的康复服务，还能做一些简单的手工劳动获得收入，以独特的方式回归社会。

计划生育

【概况】 2015年，稳步推进单独二孩政策，全年共受理审批再生育申请1775例。落实“一票否决”，严格把关各类评先评优审核，全年共审核市、区单位1296个，个人3062人，否决单位4个，否决个人5人。社会抚养费当年例数兑现率47.53%，往年例数兑现率48.63%。全年查处“两非”案件10例，取消再生育指标3例。开展流动人口计生管理人性化、常态化、精细化服务，全年共登记4197名流动人口计生家庭子女。区计划生育宣传技术指导站获温州市“群众最满意计生服务机构”称号。

【计生服务体系创建】 2015年，创建仰义、江滨两个市级卫计服务示范点。建立“三优”基地14个，“三优”指导中心4个。聘任12位高级职称妇产科医师，为辖区育龄妇女提供优质计生服务。

【优生优育】 2015年，实施出生缺陷干预工程，开展免费孕前优生系列服务，提高出生人口素质。全面推进国家免费孕前优生健康检查，1339对夫妇接受检查，确定高危58例，待定177例，转诊151例，协同街镇随访1083例；为低收入育龄妇女免费发放预防神经管畸形的福施福营养素1105盒。开展“优孕、优生、优育”“祝您好孕”活动和再生育专家门诊不孕咨询服务。对病残儿随访61例。完成计划生育咨询门诊服务7375人次，B超3433例，节育手术1408例。开展一年两次生殖健康服务，孕环检15955例。优生检测3761例、TCT 206例、HPV 198 例。两次参加省“国家免费孕前优生项目”实验室室间质评活动，获得参评项目全满分的成绩。

【计生药具管理】 2015年，调整建立避孕药具免费发放服务网点193个，实施多网点、多渠道、全方位发放服务。全年发放短效避孕药 1215合、避孕针11合、避孕栓222合、外用膜715本、避孕套245730只、元宫环280套、V环100套、T铜环60套。全年无药具不良反应报告。

【计生宣传】 2015年，启动青春健康教育进学校、进社区、进企业“三进”活动，采用PLA形式的青春期性健康知识教育活动30场，培训人数达3500余人。联合温州市少儿图书馆开展“三优零岁阅读计划”系列活动。推出“鹿城五马关爱幸福吧”卫计服务品牌。全年，开展大型计生演出26场，各类讲座224场，发放宣传品及资料20万份，宣传栏刊出456期。

爱国卫生

【概况】 3月，温州市获“国家卫生城市”称号，鹿城作为主城区继续在各街道开展垃圾不落地与环境卫生整治活动，投入资金4668万元。组织环境卫生整治活动33437次，出动11.8万余人次，累计处理垃圾死角56205处，清理小广告228.4万张，抽运粪便44537吨，处理生活垃圾347203.02吨；共提升改造垃圾坞78座、社会公厕276座、果壳箱1208个；3个省级放心市场软硬件设施建设通过省级验收。

【健康教育】 2015年，举办“全民健身，幸福生活”健步走等主题活动。开展第27个爱国卫生月活动，共发放爱卫宣传资料8万余份。结合健康中国行——浙江全民健康素养促进活动，针对不同人群举办各种形式的健康教育活动1239次，更换辖区内宣传栏1888处，分发资料20万余份，累计受益人数达111657人。开展控烟禁烟宣传教育活动，发放控烟资料2万份、禁烟标志6000个。

【基础创建】 2015年，创成省级卫生街道1个、省级卫生镇1个、市级卫生村10个、省级卫生单位5个、市级卫生单位36个；创成省级健康促进医院1个、市级健康促进医院9个；创成浙江省健康促进金牌学校1所、银牌学校2所、铜牌学校2所；创成省级无烟单位4个，市级无烟单位42个。

【除“四害”】 2015年，在全区组织开展42次除四害大消杀活动，投放灭鼠药物55.60吨、灭蟑药物3吨，灭蚊蝇药物9吨，消杀面积563平方公里。加强外环境灭鼠活动，投放毒鼠屋（毒饵站）6000个，进行除“四害”大监测10次，“四害”防制设施合格率85%。年底，通过省级灭鼠先进城区复评工作。

（刘春光　曾丽亨
池海潮　林崇崇
金文文　虞海萍
周　明　池宜洁）

责任编辑　戴增荣

公共服务和社会管理

外事与侨务

【概况】 2015年，鹿城区因公出国（境）团组共28批次65人次，其中，县级以上领导干部出访9个批次，企业因公出国（境）8批次13人次。企业申办APEC商务旅行卡共14批17人次。接待外宾团组11批次156人次。

【经贸合作】 2015年，鹿城区县级以上领导团组出访意大利、希腊、巴西、秘鲁、德国等国，开展实质性经贸洽谈活动，引进、推动温商回归、招商引资项目。

3月，塞尔维亚外交部特别顾问米洛米尔·普诺莫维科率贝尔格莱德苏尔钦区代表团访问鹿城期间，走访巨一、康奈、星际控股集团有限公司等多家企业，并与康奈、星际控股两集团有限公司达成初步合作意向。4月，区长朱崇敏率团访问意大利、土耳其、希腊期间，与希腊拉斐纳市政府就葡萄酒、橄榄油等到温州参加展销和进口达成初步意向；各地各界侨领华侨对鹿城区招商引资项目表现出较大的投资热情和意向，特别是对鹿城进口商品贸易中心项目，各商会都希望到温考察和洽谈。同月，全区相关部门负责人与企业家一行30人到德国参观汉诺威工业博览会，调研欧洲工业4.0战略下的现代生产制造方式。区人大常委会主任吴海燕、区政协主席郑锦春和区委常委、统战部部长胡慧雷、区政协副主席胡小萍、王丽丽出访期间，均开展多场“温商回归”动员座谈，为项目牵线搭桥。6月18日，邀请十余家涉外企业参加温州市政府举办的“非洲国家驻华使节与温州企业对话会。”7月，鹿城区政府和市贸促会共同组织全市23家企业52人参加德国杜塞尔多夫秋季国际鞋展。4天展会现场签订订单150多万美元，意向订单620多万美元。副区长章月影在杜塞尔多夫展览馆举行的温州·“中国鞋都”产业集群国际化发展推介会暨制鞋产业采购对接洽谈会上，介绍温州的经济社会发展概况和投资环境、鞋业行业发展的现状趋势等，并表示政府部门将搭建交流平台，推动各国采购商到温考察洽谈，促进共赢发展。

【对外交流】 4月，区长朱崇敏一行访问意大利期间，代表鹿城区与米兰塞斯托·圣乔瓦尼市市长MONICA CHITTO正式签署两地建立友好交流关系的协议。全年全区共接待外宾团组11批次156人次，包括塞尔维亚贝尔格莱德苏尔钦区代表团、外国驻华使节代表团、日本石卷市民友好访问团、厄瓜多尔安巴托市代表团等。副区长

4月21日，区长朱崇敏与意大利米兰塞斯托·圣乔瓦尼市市长MONICA CHITTO女士正式签署两地建立友好交流关系的协议
区外事办提供

章月影、胡明亮会见了塞尔维亚苏尔钦区代表团一行，与苏尔钦区长韦斯娜·萨洛维克就两地建立友好交流关系达成意向，并签订意向书。区长朱崇敏一行走访意大利塞斯托2012足球俱乐部、俱乐部所属足球学校、球员训练中心等，并代表温州市我乐青少年足球俱乐部，与其正式签署发展体育足球的国际合作协议书。其内容主要涉及安排两地教练、足球运动员、体育管理人员及对两国体育企业领域有意向的人员到对方地区实习、学习等。

【涉外事务管理】 2015年，区外侨办增强涉外事务协调能力，为在鹿城外国人和在外鹿城人做好服务。全区已设立的四个海外领事保护联络处均落实了办公场所。明确联络处班子成员和职责分工，并加强海外领事保护宣传。春节期间，利用联谊会及平时工作机会，在大量侨领、华侨返乡过节时向他们宣传海外领事保护工作相关政策，并通过区基层海外领事保护联络处、街道侨联等向华侨、侨眷发放《中国领事保护指南》800册。藤桥镇海外领事保护联络处和七都街道海外领事保护联络处结合街镇侨法宣传月、创建侨法宣传角等活动，融入海外领事保护宣传，就“什么是领事保护”、“联络处设立的重要意义”以及“怎么样发挥作用”等问题进行具体介绍。平时海外华侨归国时，主动联系沟通，宣传海外领事保护。8月，全区召开专项工作会议，成立外媒接待工作组，妥善处置敏感涉外类事件8起，协助办理在鹿城区意外死亡的外籍人士遗体运送出境相关手续。

侨　务

【概况】 2015年，鹿城区外侨办坚持为大局服务，发挥外事侨务工作的优势，助推温商回归一号工程，引导温商、侨商回归创业，服务社会经济发展大局，成效显著。

【招商引资】 2015年，区外侨办组织百名海外华商参加“海外华商鹿城行暨华商回归招商会”；组织开展“鹿城乡贤看鹿城”系列活动，邀请海外侨商共20批次以上回乡考察。发挥桥梁纽带作用，邀请并接待多批侨商、侨团的考察活动。如邀请温州旅美同乡会、美国洛杉矶温州商会回乡考察，共邀请了近20位旅美侨商走进鹿城，实地考察鹿城投资环境。8月，召开侨贸回归座谈会，邀请14位海外侨领代表参加。推介全区重点招商项目，促成侨资新落地项目8个，总投资5.4亿元。具体侨资项目有：加纳温州同乡会会长黄永滔“温州云光废油处理有限公司”项目，计726万元；美国加州温州同乡会会长陈永坤“世贸中心大厦”项目，计3.1亿元；西班牙温州同乡会常务副会长陈建静“置信商业地产开发”项目，计1.6亿元；意大利罗马贸易总商会副会长叶家珍“罗马文化产业发展”项目，计1500万元；意大利佛罗伦萨华侨华人联谊会会长周致敏“锋尚网络科技股份有限公司”项目，计1390万元；旅居法国实业家黄家颖“塞弗蓝法式西餐厅米其林概念餐厅”项目，计592万元；美国华侨黄建设“温州欧文眼镜公司”项目，计2512万元；法国华侨谢进福“温州百膳园艺有限公司”项目，计530万元。区外侨办加大为侨商服务力度，解决侨商在项目审批过程中实际困难，打造亲商安商的投资环境，促进鹿城经济建设发展。

【海外青少年寻根夏令营举办】 从7月7日开始，法国、美国、意大利、德国等9个国家70名温籍华裔青少年，在温州鹿城共同度过了30天。其间，在营地鹿城实验中学，营员们学习中文，学做中国传统美食饺子，体验中华饮食文化；组织营员参加丰富的户外活动，如到七都鹿城区学生实践学校开展户外拓展活动，到龙湾参加“法治安防”“当一天的小警察”实践活动，到温州天一角品尝温州小吃，为部分营员生日举行集体生日派对，开展烘焙活动，参观温州市非物质文化遗产馆，跟着民间艺人学习刺绣、剪纸、米塑，充分感受温州民间技艺传统文化，增进对祖国家乡的认同感。

【华侨回国定居工作】 2015年，区外侨办通过“三个一”（设立一个微信查询平台，开通一部热线咨询电话，开设一条爱心服务通道）优化服务流程，做好华侨回国定居工作。截至年底，共受理华侨回国定居2700件，审批并办结2600件。全年审批窗口收到3面群众送来的锦旗。

【“三侨生”证明办理】 惠及华侨、归侨侨眷子女、高考中考可享受加分的“三侨生”证明办理，至5月15日截止，办理“三侨生”证明的考生共168份。其中，中考证明104份，高考证明64份。与2014年相比，“三侨生”的高考证明加分从10分减至5分，其证明办理也明显减少。

【“世界温州人云社区”建设】 2015年，根据市里统一部署，做好所属侨团、海内外重点温商及各界知名人士资料信息收集工作。携同相关部门做好世界“温州人云社区”的摸底调查，并成立领导小组，逐一走访各有关部门，核对各领域上报的高层次人才名单，深入挖掘，查漏补缺，完成了“温州人云社区”建设数据库。截至年底，鹿城籍海内外专家学者共134人，鹿城籍重点温商企业109家，鹿城籍海外侨团86个。

（秦 臻）

涉台工作

【概况】 2015年，鹿城区台办、台联会围绕对台关系大局，发挥组织优势，服务鹿城经济社会发展，完成各项工作。

【海峡青年就业创业服务中心启动】 6月8日，在浙江工贸学院浙江创意园卡伊国际文化交流中心，鹿城区配合市台办举行海峡青年就业创业服务中心启动仪式及系列活动。参与活动的台湾嘉宾，除浙工贸邀请的几所高校师生外，其余均为鹿城区邀请与会。10月15日，中央台办、国务院台办新设12家海峡两岸青年创业基地，浙江温州台湾青年就业创业服务中心名列其中。

【第二届两岸大学生低碳设计创客工作坊活动】 7月6日—14日，市政府台湾事务办公室和浙江工贸职业技术学院联合主办“海峡有渡、创意无限——第二届两岸大学生低碳设计创客工作坊”活动。浙江大学、中国美术学院、浙江理工大学等8所大陆高校和台湾艺术大学、台湾佛光大学、台湾师范大学等8所台湾高校的68名学生参加，他们中有本科生也有硕士研究生，专业涉及工业设计、平面设计、文化创意、商品创意经营等。

【承办“浙江台湾周”活动子项目】 7月7日—9日，鹿城区承办“浙江台湾周”活动子项目“2015海峡青年创新创业季启动仪式、海峡青年时尚创想秀暨高峰论坛”活动。活动以表演、走秀、互动等形式，演绎不同时代两岸青年的文化生活、创新创业精神和两岸共融共赢目标。以海峡青年高峰论坛为平台，就企业二代接班传承、企业创新、企业整合等话题，碰撞思想的火花，共话创新创业梦想。

【纪念抗战胜利70周年讲座活动】 8月4日，在区府第三会议室举办纪念抗日战争胜利70周年讲座活动。活动邀请了南汇街道台联会会长王辉煌讲授历史，区台联会和基层联合会负责人共50余人参加。

【浙江省赴台“陆生”夏令营活动】 8月17日—19日，鹿城籍4名赴台就读大学生作为温州市“陆生”代表，参加了由省台办与省教育厅联合举办的浙江省在台学生骨干暑期参观座谈活动。

【鹿城·台湾青年文化节举办】 9月29日—10月3日，鹿城区以“创意、创新”为主题，继续举办2015年鹿城·台湾青年文化节活动。活动由文创市集、两岸围棋交流赛、两岸创客嘉年华三部分组成，邀请了台湾文创界、围棋界、创客团队等台湾各界人士80余人参加。

【温州市海峡两岸学校艺术教育交流活动】 12月18日下午，由鹿城区教育局主办的“艺术：跨越海峡两岸的教育之美”——温州市海峡两岸学校艺术教育交流活动在城南校区艺体馆举行。活动特邀台湾高雄西门小学校长王宏彰、台湾高雄后劲小学校长赵梓晴、知名学者谢浩、市教育局处长吴建军、高级工艺美术大师郑央凡等，并有区教育局及研训中心领导、温州市艺术特色学校校长、鹿城区分管教学校长、教导主任、艺术教师代表共约200人参加。

（李经宇）

民政工作

【概况】 4月，鹿城区生态回归促进会率全国之先成立，受到国务院和省民政厅领导的肯定；鹿城区率全市之先在庆年坊社区与温州市中医院举行医养结合试点工作签约仪式。8月，街镇行政区划调整工作率全市之先启动并顺利完成，调整后全区辖12个街道、2个镇，同步启动并顺利完成全区城乡社区调整，编制出版《鹿城区社区工作图册》。9月，与区慈善总会联合率全省之先开展“代英烈尽孝”活动。鹿城区民政局被区委、区政府评为年度信访工作先进集体、社会治安综合治理工作先进集体、维护稳定工作先进集体。

【三社联动服务平台搭建】 2015年，鹿城区社工办根据准入流程审批了全市首例社区准入事项——卫生系统脑卒中筛查工作事项进社区，对在社区退休并符合补助条件的社区专职工作者发放医疗补助，7月完成第一批发放，第二批40余人在审核办理中。指导村社制定修订《村规民约》《社区公约》，建立微信群及时交流经验。配合市局委托的第三方会计师事务所对2014年下拨的福彩公益金进行督查审计，确保各社区都符合福彩公益金使用原则。五马街道省级街道示范社区服务中心创建完成，并通过市民政局验收。

【社会组织管理创新】 2015年，鹿城区举办第二届公益节，共52家公益慈善组织、68个公益项目参与。将“三社联动”纳入对街镇考绩内容，要求各街镇至少落实一个社区开展“三社联动”试点。在郭公山社区建立社区社会组织发展中心，专门确定300平方米独立办公场所，打造社区社会组织服务中心；拟定《鹿城区具备承接政府职能转移和购买服务资质的社会组织目录》，第一批目录已制定完毕，涉及社会团体60家，民办非企业单位12家。全区登记注册类社会组织620个，其中社团371个，民非249个，另备案社区社会组织1724个；通过区民政局社会组织联合党委，采取拓展型组建社会组织党组织，使社会组织党建工作达到100%覆盖。目前民政局社会组织联合党委下新建立拓展型党支部6家。

【社工队伍建设】 2015年，开展第三届“社工节”宣传周活动，动员报考国家级社工水平考试和开展社工专业技术资格评审工作，通过考试新增社工279人，其中市本级229人（中级24人、初级205人）、国家级50人（社会工作师13人、助理社会工作师37人）。与乐社工服务中心引进华东理工大学专业社工方法解决社区事项，开展婚姻咨询室、党群服务中心等项目。特邀温州大学、华东理工大学、上海商学院等高校专家教授开展社会工作者继续教育工作。建立社工工作平台，成立社会工作协会，其中协会会长1名，由区民政局分管副局长担任；副会长和理事10名，会员101名。协会组织开展社工专业培训、组织行业交流与合作等工作。

【低保救助】 2015年，鹿城区城乡低保对象共3888户6163人；新增低保对象189户327人，取消360户721人；共发放低保资金2996.7817万元。困难家庭证791户1758人。重度残疾303人，共发放资金280.02万元。

【定期救助】 2015年，全区96名支宁（宁夏）返温人员，共发放资金21.20万元；69名精减职工，共发放补助90.16万元；85名“三老”人员，共发放资金38.41万元。

【城乡社会医疗救助】 2015年，全区筹集医疗救助资金达到常住户籍人口人均15元，共有3991人次困难群众得到医疗救助，合计发放医疗救助资金902.45万元。全区共投入671.16万元，走访慰问19类困难对象。节日期间，区领导以结对帮困等形式走访慰问，实现全区各种各类困难群体全覆盖救助。

【救灾救济】 2015年，重新修订救灾应急转移预案，完善应急措施，健全物资供应网络。5月12日，在滨江街道举办“防灾减灾日”宣传活动。10月13日第26个国际减灾日，联合相关部门在非遗广场举办2015年国际减灾日宣传活动，增强和普及广大群众防灾减灾意识和知识，提高避险自救互救基本技能。在9号台风“灿鸿”影响全区期间，各街镇开放84个避灾安置点接纳紧急转移人数13785人，集中安置5580人；在13号台风“苏迪罗”影响全区期间，转移人口1776人。省财政厅、民政厅下拨救灾款13万元，用于受灾群众紧急转移安置、过渡性生活救助等。

【社会福利工作】 2015年，全区新增养老机构2家，新增床位数320张。6月，联合消防鹿城分局对藤桥敬老院和26家民办老人公寓开展安全检查工作；与各养老机构签订消防安全责任书，组织机构负责人开展消防安全培训。普惠儿童福利保障，全区现有困境儿童49人，其中无人抚养儿童42人，基本生活费人均1220元/月；贫困家庭自身困境儿童7人，基本生活费854元/人/月。

【“救急难”工作】 2015年，上报《鹿城区急难对象即时救助实施方案》《关于贫困精神残疾人服用基本抗精神病药物费用全额保障的通知》，两项救助已在全区推开。“救急难”共救助15户，32人，救助金额为4.8万元；贫困精神残疾人服用基本抗精神病药物费用全额保障共保障298人次，救助金额14.18万元，解决贫困精神病人长期看病用药贵的问题。

【探索福利企业管理模式】 2015年，全区福利企业残疾职工月平均工资提高到2459元，并享有养老、医疗、工伤、失业保险，参保率达100%，人均投保额1000元。全年督促福利企业进行安全生产自查，要求系统性地做好安全生产管理台账，并经常下企业进行安全生产宣传排查，向企业发放安全生产资料60余份。助残日期间，举办“相约幸福五月——走进温州福利企业文艺会演及残疾职工相亲会”，满足残疾人精神文化需求。福利企业考勤实行信息化监管系统，解决福企残疾职工上岗监管难题。

【双拥工作】 2015年，在《今日鹿城》出了双拥专刊三期，抗战70周年纪念人物两期。召开三次双拥服务小组代表会议。在9月30日烈士纪念日之前，开展慰问烈属活动，送上慰问品5万元。开展烈士英名录核对工作和烈士墓扩建工作。在全市率先开展“代英烈尽孝”活动，结对5户。10月，举行民政双拥业务知识培训，安排人手到14个街道乡镇开展讲课。全年落实市区主要干道路牌上的双拥永久性宣传牌50多个，为驻鹿城部队和区直部门等近50个单位为成员的区双拥领导小组征订《中国双拥》。

【优抚工作】 2015年，区四套领导班子共走访慰问重点优抚对象445名，发放解困资金30.84万元；向全区优抚对象发放价值33.04万元实物。在抗战胜利70周年纪念日，为20名抗战残疾军人发放慰问金2.4万元，送上每人5000元的一次性生活补助金和抗战胜利70周年纪念章。制作春联和年画，发给2800名优抚对象，为90余名困难残疾军人订阅《温州都市报》，给现役军人家庭送上“光荣之家”牌子。

【优抚对象医疗抚恤】 2015年，共支出优抚抚恤事业经费3500余万元。落实优抚对象医疗保障办法，优抚抚恤经费委托银行按月足额发放。开展残疾军人复检、复评工作。落实《浙江省军人军属权益保障条例》《省军人抚恤优待办法》，对“三属”和残疾军人、退役军人进行优待。军政军民关系融洽，无重大军民纠纷事件。

【退役士兵安置】 从元旦开始，联合培训学校开展退伍兵培训，有225人参加创业班学习，43人完成中级计算机学习，14人考取中级电工证，10人获得中级厨师资格证，15人考上省职高。完成退伍兵领取自谋职业金工作和地方补助金工作，已经完成169人，共计发放406万元资金。

【老年优待工作】 2015年，鹿城区60周岁以上老年人口13.8756万人，占全区总人口17.62%。为3012名60周岁以上老人和3095名70周岁以上老人办理优待证；审核457名90—99周岁高龄老人生活补贴和16名100周岁以上老人高龄生活补贴；全年老年电大共招收学员1万余人次。

【老年培训工作】 2015年，在各街镇召开老龄干部和老协会长培训会，详细介绍老龄工作和居家养老工作，阐述“老协”规范化管理运行的意义，要求“老协”配合村社为老龄事业和居家养老服务体系建设做贡献。

【“敬老月”活动】 2015年，区民政局与《温州晚报》举办鹿城“十大最美老人”“十大最美孝星”颁奖大会暨慈孝大宴。10月，17家照料中心相继开业；11月2日，在松台广场举行鹿城赛区海选启动仪式；在藤桥镇上埠头村和七都前沙村组织开展“弘扬孝文化”送文化下乡活动；11月13日，组织50名老人参加市老龄办组织的永嘉一日游活动。

【居家养老工作】 2015年，开展居家养老服务照料中心老年人意外伤害保险不记名投保工作，投入保费15万元；扩大政府购买养老服务的覆盖面，在一类对象基础上确定了特困、失独、高龄等二类服务对象的老年人每人每年享受600元的政府购买服务。实行对符合条件的老年人开展“点对点”上门评估需求调查，政府购买养老服务人次达到3958人次；共建设26个村级居家养老服务照料中心，其中14个中心配备了老年食堂服务。对已建的居家养老服务照料中心进行提升晋级工作。完成七都街道村级居家养老服务中心全覆盖试点建设；医养结合工作取得成效，4月在松台街道庆年坊社区与温州市首家三甲医院中医院举行医养结合试点工作签约仪式，开设了归国侨眷黄大中医生中草药标本展厅；在村社居家照料中心运行情况星级评估工作中引进第三方评估，评估完成88个照料中心的运行情况，年底根据第三方的评估情况对已建照料中心进行星级划分和评定。

【法制宣教】 2015年，区民政局利用局职工开会时间组织职工有计划地学习依法治国有关内容及民政有关法律法规。结合民政工作，进行法治宣传。如：举行“科学减灾、依法应对”为主题第七个“防灾减灾日”宣传活动、“五水共治、法治助力”主题宣传等活动，为群众提供民政法律咨询，普及法律知识。全年开展了“祥和新春、唱响法治”专项法制宣传、“信访法治建设年”暨纪念《信访条例》施行十周年宣传活动、“浙江法治宣传月”活动，落实好禁毒工作考核细则，在“6·1”禁毒法实施日和“6·26”国际禁毒日，开展系列禁毒宣传活动。

【殡葬改革】 2015年，全区共进行281次“禁新”巡查，共改造私坟975座，截至年底，死亡4097人，其中骨灰安葬公墓2254例、安葬私坟1053例。起草《关于推进公益性墓地建设的实施意见》。鼓励和引导有关村委会建设公益生态墓地，开工建设仰义街道西郊森林公益性公墓，藤桥镇埭马村，岭下村以及仰义街道龙川村建设公墓已获审批同意。至12月底，批建村级公益性公墓3座。4月，成立鹿城区生态回归促进会，生态葬法已逐渐被群众接受。全年共有海葬10例，树葬5例，支出生态葬法奖励金5.25万元。在丧事严管区内，对1662丧户进行上门宣传管理，其中凌晨出动33次，对439户出殡现场进行监管。累计发出《限期整改书》19份，对2户进行约谈并责令做出书面检讨，1户登报检讨。

【地名整顿】 2015年，成立区民政局行政区划调整工作领导小组，确定全区新一轮街镇行政区划调整方案。8月15日，经市政府批复同意，调整鹿城区部分行政区划。调整后，全区辖五马、松台、滨江、南汇、双屿、仰义、七都、蒲鞋市、南郊、大南、广化、丰门12个街道和藤桥1个镇。完成24处新建小区、多条道路和建筑物申报命名，新编道路门牌号 50多条；投入27万元，完成出版《鹿城区社区地图册》，直观地反映全区自然地理特征、人文文化分布、社区界线、建筑物等地名名称；6月—8月，成立行政区域界线联合检查工作领导小组，对鹿城、永嘉、乐清、瓯海联合开展行政区域界线联合检查工作。

【婚姻、收养登记工作】 2015年，全区合计办理婚姻登记7278件，其中结婚登记4899件，离婚登记1425件，补发婚姻证件1134件，出具无婚姻登记记录证明25156件；办理收养登记57件。

【福彩公益事业】 2015年，“中福在线”营业厅筹集福利彩票公益金5276万元。10月9日—10月15日，区福利彩票有限公司与双屿街道共同举办“公益福彩与您同行”系列公益活动之“幸福温州”专题户外销售活动，宣传福利彩票“扶老、助残、救孤、济困”宗旨，发展福彩新彩民，扩大福利彩票社会影响，筹集了600万公益金。

移民安置

【概况】 2015年，鹿城区移民安置工作始终坚持“以人为本”的工作理念，以解决移民实际困难和信访维稳工作为重心，各项工作稳步推进。截至年底，全区有大中型水库移民后期扶持人口1550户，共6171人，涉及水库13座，主要分布在丰门街道新屿社区、双屿街道新泽社区、仰义街道仰新社区等3个移民安置点。共发放大中型水库移民后扶直补资金370.26万元。

【移民创业工作】 2015年，仰新移民创业园一期165家五金企业顺利入驻并开始营业，有效解决了仰新移民安置房原来一楼为鞋包加工、二楼以上为人员居住的三合一老大难问题，也解决了移民经济社会发展缺方法、缺技术、缺资金项目、缺条件、缺精神等全省移民在创业致富中普遍存在的共性问题。

【热点难题化解】 2015年，成功化解移民安置房产权证办理难题，仰义街道仰新社区已有50余户移民陆续进入安置房的产权补办程序，已有10余户移民拿到安置房产权证，解决了十余年来移民产权办理难的热点问题。新屿移民安置房产权办理已进入启动阶段。通过难点热点化解，有效防止了移民群体访越级访事件的发生。移民办全年接待移民上访31批次共40人，与历年同期的100批次对比有所下降。

【移民后扶项目、资金监管】 2015年，移民后扶项目从申报到报账，制定严格的内部监管程序。年度大中型水库后期扶持结余资金安排后扶项目7个投资160万元，已有1个项目完成建设并报结，2个项目已进行财政审价结算阶段，其余项目正在进行施工或招标过程中；2016年项目已申报完毕；完成大中型水库移民后扶直补资金共281.75万元的发放；完成移民资金的内部审计工作。

（王秋燕　王　玺）

人力资源

【概况】 2015年，鹿城区公务员（含参公）共3443名，其中区级机关（含街镇机关）2742人，参照公务员管理事业单位（包括群团机关）工作人员701人；男性公务员2546人，女性公务员897人，女性公务员占26%；大专以上学历3354人，占97.42%。全区事业单位管理人员1538人，专业技术人员5577人，工勤技能人员561人，共7676人。其中，专业技术人员具有高级职称454人，中级职称2278人；按学历分，研究生81人，大学本科5162人，大专1665人，中专258人，高中及以下510人。全区“省千人才”新增1名，累计3名；“580海外精英计划人才”新增1名，累计4名；有国家级博士后科研工作站2家，省级博士后科研工作站1家。

2015年，鹿城区开展探索加工制造业企业欠薪防范机制试点工作。率温州全市之先，实施随案发送调解建议书制度。全年城镇新增就业16568人；下岗人员再就业2938人，其中就业困难人员再就业1290人，保持城镇“零就业家庭”基数动态归零。全区劳动关系和谐指数连续第三年蝉联全市第一。

【人才队伍建设】 2015年，深入企业宣传市委《实施人才新政十条、推进改革型人才团队建设意见》和区委、区政府“白鹿引才计划”，发放《鹿城区创业创新人才相关奖励政策》等宣传资料300份。搭建海外引智平台，开展温州市高层次人才系统库建设工作。组织40家民营企业参加2015年中国温州民营企业高层次人才洽谈会，观看项目路演推介，与海外高层次人才进行面对面交流洽谈。拓宽企业引才渠道。通过扶持发展人力资源服务业，组织鹿城企业参加省内外各类人才交流活动，盘活国内各类企业实用型人才。全年共组织45家企业外出引才招聘活动4次，提供502个工作岗位，达成意向188人次；组织300家企业参加本地和高校的招聘6次，共提供3500多个工作岗位，达成就业意向1223人次；9月，举办高校毕业生服务月活动。全年新增人力资源服务企业4家，完成率133%；为企业引进硕士研究生、副高专技人员、企业高管23名，完成率153%；组织企业参加省内外各类人才招聘会和引才活动共10次，完成率200%。全年完成高技能人才培养780人，完成率104%；高技能人才发证527本，完成率105%；自主评价企业68家，完成率113%；劳动者技能提升培训4789人，完成率107%；电子商务培训195人，完成率130%；农村劳动力素质培训241人，完成率105%。获省首席技师1名，省大师工作室1家，市级首席技师6人，市级大师工作室4家，市瓯江技能大奖1人。

【公务员管理】 2015年，完成上年度全区政府序列机关（含参照管理单位）公务员的考核工作。全区政府序列机关公务员（不含区管干部）实际参加年度考核2294人，其中优秀428人，称职1787人，基本称职3人，未定等次76人。结合年度考核，开展优秀公务员奖励工作，其中，记三等功90人，嘉奖548人。开展公务员健康休养工作，安排90名区级优秀公务员健康休养。组织实施2015年鹿城区各级机关公开考录公务员工作，公开考录102名公务员，其中政府序列部门（含参公单位）54名。组织实施2015年鹿城区公开选调公务员工作，计划公开选调32名公务员，其中政府序列部门（含参公单位）公开选调15名，核减17名，实际选调15名，其中政府序列部门（含参公单位）公开选调8名。做好鹿城区机关事业单位特殊岗位雇员雇用计划申报汇总工作，共计7个单位申报，需求高级雇员9名。

【事业单位人事管理】 2015年，组织开展鹿城区事业单位公开招考13批次，计划招聘（选调）402人，实际招聘（选调）290人，其中招聘251人，选调39人。出台区机关事业单位特殊岗位雇员制度，完成聘任政府高级雇员1名，临时聘用专业技术人员1人。完成全区事业单位7439名工作人员（含机关工勤人员）年度考核。首次通过考核形式将优秀大学生村干部录用为事业编制工作人员，共有4名优秀大学生村官经面试、综合考核、体检、公示、择岗等环节，分别被滨江、南汇、五马、松台街道录用。

【工资福利和退休管理】 2015年，鹿城区完善机关事业单位工资制度，更新工资统发程序计算标准，增设发放项目“临时性补贴”，及时完成工资标准调整后的统发任务。完成机关单位统发35368人次，金额1.89亿元；完成教育系统事业人员统发42415人次，金额1.59亿元。全年办理退休152人，其中包括区管干部20人。办理机关单位工作人员工改3502人次，公积金调整3502人次，职务晋升879人次、转正定级89人次、工龄更改135人次、警衔晋升132人次；办理事业单位工作人员职务晋升153人次、转正定级32人次、工龄更改43人次。做好日常工资数据库的管理、维护、更新工作，保障工资统发软件系统正常运转，并及时向代发银行提供工资及相关数据。

【职称评审】 2015年，完成劳动者技能提升培训4789人、电子商务培训195人、农村劳动力素质培训241人、高技能人才发证527本，发放专项证书3953本、初级证书369本、中级证书332本、高级证书466本、技师证书61本。

【高校毕业生就业】 2015年，接收应届毕业生档案3612份，退回52份，转递679份，办理报到 614人。开展服务进校园活动，到温大、温职院等高校设立就业服务办公、政策咨询台，集中办理就业协议书签证、现场盖章服务401人。全年区籍高校毕业生初次就业率保持在87%以上。

【就业管理服务】 2015年，城镇新增就业16568人，失业人员实现再就业2938人，就业困难人员实现就业1290人，领取失业保险金11004人次，办理领取失业金1466人，享受医疗保险补助11004人次，失业保险新增参保人数2534人，保持就业形势稳定，保持城镇登记失业率低位运行，保持零就业家庭动态归零。发挥社区劳动保障平台作用，将企业退休人员社会化管理工作延伸至农村新社区，在七都、临江、上戍三个农村新社区开展企业退休人员社会化管理服务工作，上门为社区工作人员举办企业退休人员社会化管理服务工作流程、政策规定等业务知识及信息平台规范操作培训班，现场指导开通基层信息平台。全面开展各项退管工作，使农村退休人员可以直接到新社区社会化管理登记，享受政府提供的各项慰问、文娱活动、家门口办理资格认证手续服务。开展“春风行动”，举办3场专题招聘会，发放宣传资料530份、提供免费职介服务10461人。为外来劳动力达成职业介绍计76151人次。其中，符合劳动力市场职业介绍补贴为59571人次，外来劳动力免费职业指导及市民教育培训计43900人。与2014年同期相比，符合劳动力市场职业介绍补贴为56482人次，增加3089人次，同比增加5%；外来劳动力免费职业指导及市民教育培训人数为42702人，增加1198人，同比增加2%。分两次拨付2015年企业退休人员社会化管理服务经费1945.07万元。

【技能培训】 2015年，完成高技能人才培养780人，完成率104%；高技能人才发证527本，完成率105%；自主评价企业68家，完成率113%；劳动者技能提升培训4789人，完成率107%；电子商务培训195人，完成率130%；农村劳动力素质培训241人，完成率105%。组织开展温州市第三届技能大赛暨鹿城区第二届技能大赛母婴护理等3个比赛项目，与教育局联合举办幼儿园中级育婴师、保育员培训，发放中级育婴师资格证书129本、初级保育员资格证书92本。

【劳动监察】 2015年，建立建筑业企业欠薪防范机制，联合区住建局出台《关于加强建筑业企业欠薪防范体系建设的通知》，落实建设（开发）单位、总承包企业总负责制度，落实劳动合同管理制度，建立劳动合同工资册和考勤记录备案制度，“建筑工人维权告示牌”制度，进一步落实项目工程开工约谈制度等。在双屿街道探索开展加工制造业企业欠薪防范机制试点工作，建立“红黄蓝三色”管控机制，完善租赁企业保证金制度，探索工资支付节点适当前移制度。建立劳动保障违法行为曝光台，对37家用人单位进行违法曝光，其中以拒不支付劳动报酬被公安立案的用人单位为主。受理投诉举报案件1431件，涉及人数10844人，为劳动者追回劳动报酬等共计8088.51万元，结案率97.5%。其中，群体性欠薪案件169件，涉及人数8461人，涉及金额6966.11万元；欠薪逃匿案件8起，涉及人数237人，涉及金额124.47万元。拒不支付劳动报酬案件移送公安14起，公安部门立案14起。完成省长信箱、市长热线、区长热线及区信访局、市支队等交办的76件劳动监察信访件的调查处理及答复工作。完成处置区“110”社会应急联动平台交办的527件应急联动案件。检查用人单位3201家，出动工作人员5725人次，涉及人数92776人。发现存在违法违规行为307家，发放限期整改指令书267份，给予行政处罚7起。完成劳动保障书面审查15125家，网上申报率达到70.1%，超额完成20%。

【劳动仲裁】 2015年，受理案件577件，与上年同期相比案件总数增加15.75%，不予受理案件58件。在受理的案件中，法定时限内结案率达到88.91%，调解率为79.18%。率温州全市之先，实施随案发送调解建议书制度。继续推行审结案件仲裁建议书机制，不定期开展“仲裁巡回庭”制度。加强非公企业劳动争议调解委员会的建设，建立非公企业劳动争议调解委员会的非公企业114家。

【工伤认定】 2015年，受理工伤案件916件，认定791件。其中，以简易程序认定699件，普通程序认定92件；调解108件，不予受理14件，撤诉9件；接到行政诉讼9件；完成特殊工时行政许可8家，劳务派遣行政许可4家，劳务派遣年度备案17家。4月，开展年度劳动力市场工资指导价位调查。推行先行工伤康复告知制度，降低工伤职工的伤残程度，减少工伤保险基金支出。试行工伤认定短信提醒服务，借助信息手段提高服务水平。

（林孝真）

社会保险

【概况】 2015年，鹿城区征缴企业基本养老保险基金60575万元，支出94894万元；征缴事业养老保险基金17711万元，支出27600万元；征缴城乡居民社会养老保险420万元，支出6063万元；征缴被征地农民社会保障基金7571万元，支出7122万元；征缴基本医疗保险基金94014万元，支出37169万元；征缴城乡居民医疗保险基金27855万元，支出20543万元；征缴子女统筹基金569万元，支出512万元；征缴工伤保险基金4309万元，支出2287万元；征缴生育保险基金3483万元，支出2833万元。全区养老保险参保企业17323家，事业单位375家，养老保险参保人数327291人，新增25144人，完成率256.48%；参加职工基本医疗保险参保人数为186283人，新增5842人；生育保险参保人数为132754人，新增3369人；工伤保险参保人数为275303人，新增3667人。

【养老保险】 2015年，全区办理企业职工养老保险退休5708人，机关事业养老保险退休116人；核定城乡居民领取待遇1400人，核定城镇老年居民20人；终止和发放各种一次性支付待遇4500人次。企业退休人员实行连续11年调资。3月底前，完成企业退休人员待遇调增，共计35027人，每月养老保险基金支出增加915万元，平均每人每月增发261元。4月至7月退休人员，增发相应的调节金，共计542人，平均每人每月增加退休待遇413.66元。自2010年全面实施城乡居民基本养老保险制度以来，第4次调整提高基础养老金标准，调整城乡居民26507人，养老金从上年每人每月130元增加到150元，城乡居民基本养老基金每月增加支出53万元；调整城镇老年居民1615人，养老金从上年每人每月450元增加到470元。办理养老保险省内转入2271人次，转出3234人次，跨省转入570人次，转出1920人次。受理医疗保险关系转入申请1081人，办理医保关系转出2770人次。开通异地协助认证通道、用人单位认证通道和窗口直接办理通道。对未实现社区化管理和用人单位管理的参保人，实现社保中心窗口直接办理认证。通过“分别受理、先行办理、及时调整”，及时核定社保年度过渡期退休人员养老金。

【医疗保险】 2015年，全区特殊病、慢性病申请办理488笔，异地安置办理187笔，白名单进入办理5455笔，公务员及子女统筹新增办理373笔。全年医疗转移929笔，“两定单位”支付金额114778万元；医疗窗口零星报销2905笔，支付金额1343万元；生育保险报销2735笔，支付金额2412万元；工伤保险报销870笔，支付金额1577万元。格列卫、力比泰、易瑞沙、里葆多、爱必妥、晴唯可、ATG—Fresenius S、赫赛汀、诺其、美罗华、类克、福斯利诺、泰欣生、索马杜林、复泰奥共15种药品纳入大病保险支付范围。率全市之先，实施基本医疗零星报销“非现金支付”方式。开展年度大额发票审查41笔，情况核实41笔，涉及金额387万元。

【工伤保险】 2015年，依法核定待遇资格，维护工伤职工的合法权益。全年办理工伤保险待遇支付业务1050笔，支付金额1970.4万元。

【生育保险】 2015年，完善生育保险办事制度，加强待遇审核，严把支付关。全年办理生育保险待遇支付业务3110笔，支付金额2751.2万元。

【社会化管理服务】 2015年，全区141954名企业退休人员和城镇老年居民纳入社区管理，管理服务率达95%以上，拨付年度管理服务专项经费1945.07万元。“分门别类”对退休人员开展资格认证，开通社会化管理认证通道，对已纳入社会化管理的待遇领取人员，实现了到居住社区直接登记办理认证的“家门口认证”。

（林孝真）

新居民服务管理

【概况】 2015年，鹿城区新居民服务管理局转变管理理念、深化工作创新、完善体制机制，不断提升新居民管理服务工作能力和水平。全区建立完善了区、街道（镇）、社区（村居、企业）三级新居民服务管理体系，形成上下联动、组织完善的服务管理格局。截至年底，全区新居民登记在册70.16万人，比2014年增加14.16万人，其中双屿新居民登记在册29.90万人，较2014

年增加7.79万人。全年新居民工作重心由减员转向提质，文化程度提高，处于25—49岁青壮年期的新居民占68.66%，初中及以下学历的新居民占88.55%，其中研究生以上人员达到541人，增幅达83.39%，博士学历水平的有170人。

【积分制管理制度施行】 2015年，施行全员居住证积分管理，把实施积分制公共服务政策作为新居民管理服务的基本举措，新居民的子女入学、医疗保障、住房保障等公共服务资源通过积分管理实现。全区受理积分申报3517份，参与积分申报入学3461人，实际入学3196人，未满足就学条件返回原籍就读的265人。

【“鹿城新居民”微信公众平台开通】 5月，开通“鹿城新居民”微信公众平台，新居民可详细了解积分制管理的政策细则、计分标准、办理流程等内容，并可通过手机随时随地进行个人积分查询。

【综合信息共享】 2015年，依托市新居民综合信息平台，开展延伸工作，形成区（部门）、街镇、社区三级新居民综合信息服务管理平台，使新居民基础信息在全区各级部门特别是基层社区得到充分的共享和利用，实现新居民基础信息（由公安协警）统一采集、统一录入、统一维护和（部门、街镇、社区、村）实时共享。

【出租房居住意外险参保】 2015年，全区以提高规模以上企业参保率为突破口，重点在新居民集中的、安全隐患多的区域，开展出租房居住意外险推广工作。由企业主或房东购买10—20元一份的保险，新居民可享受最高10万元的人身意外赔偿和最高2000元的意外伤害医疗保障。此举降低用工企业管理、居住出租房安全风险和社会管理成本。截至年底，全区累计参保人数达到4.12万份，参与规模以上企业320家，其中双屿街道135家。

【志愿者服务】 2015年，鹿城区新居民志愿者服务大队及其下属八个中队累计招募新居民志愿者4000余名。在元宵节、“五四”青年节、端午节和学雷锋日，新居民志愿者通过送实物、送节目、帮扶困难新居民，发挥新居民群体“正能量”。累计开展志愿者活动58场，帮扶慰问困难新居民500余人。鼓励引导新居民投身志愿服务，并将志愿活动纳入新居民积分制管理。据区居住证积分管理系统统计，全区新居民累计参与志愿服务12050小时、参与社区巡逻等行动130人次、捐款23万元、献血35.5万毫升。

【新居民关爱活动】 加大“鹿城区新居民服务信息网”和“56573123”爱心服务热线的建设力度，不断丰富“海纳百川、大气大爱、多元和谐”的鹿城品牌内涵，搭建多种关爱新居民载体，动员社会各领域、各层次广泛参与以“春送服务、夏送清凉、秋送助学、冬送温暖”为载体的关爱新居民活动。3月，联合区总工会、人社局等单位在双屿鞋都文化广场和仰义沿江工业区开展“春风行动”就业服务招聘活动，发挥春风引路作用，为新居民集中的双屿、仰义辖区内的企业及新居民免费提供就业服务。6月，在新居民集中的双屿街道开展品牌主题宣传系列活动，扩大品牌影响力。由新居民志愿者组成的文艺队伍为广大新居民带来文艺演出，并在文艺演出中融入关于新居民政策的有关信息，受到广大新老居民的一致好评。7—8月，组织协调各新居民所开展“夏送清凉”活动66场，慰问户外高温一线新居民职工。全年联合仰义街道、滨江街道开设新居民学温州话课堂，从最基础的阿拉伯数字开始教起，结合生活用语、自我介绍、亲戚称谓等简单的言语入手来激发新居民学习温州话的热情，促进新老居民的融合。全年累计开展18场活动。

（唐时钊）

责任编辑　朱凌云

民族宗教事务

【概况】 2015年，鹿城区推进民族团结进步事业、宗教领域安全稳定和固本强基，开展“同心同行·共建和谐”宣传教育活动，民间信仰活动场所纳入管理登记编号等重点工作，年度考核位居全市第2名。承接了全省推广“同心同行·共建和谐”活动警世堂、太平寺现场观摩会，展示全区专项工作成效，赢得与会省、市领导的肯定。

【民族工作】 2015年，区民族宗教局落实中央民族工作会议精神，根据中心城区定位，扎实推进“城市民族”工作。巩固深化13个社区民族工作站、3个民族工作特色学校和5个“企业少数民族联谊会”，进一步增强鹿城民族凝聚力；创新民族政策法规宣传教育方式，联合康奈集团，通过民宗局机关网站，组织2000余人参与《民族政策法规知识》有奖问答活动。创新少数民族务工者职业培训平台，以专项资金补贴的形式委托温州市就业训练中心对全区68多名少数民族务工者进行培训；参与温州流动穆斯林临时活动点管理，在“开斋节”“古尔邦节”等重大节日，鹿城区在市民宗局指导下妥善制定安全预案，确保活动顺利开展。

【依法管理宗教事务】 2015年，全区共查处假僧人1名，处理非法宗教活动2起，处理财务违规案件1起，处理宗教场所违建2处。加强民间信仰场所纳入管理登记编号工作，对全区民间信仰活动场所数量、规模、管理情况等进行详细摸底调查，并依据“建筑的安全性、管理的健全性、禁燃大蜡烛”等标准条件进行了全面验收。年内，全区共62处民间信仰活动场所纳入甲类场所进行登记编号。加强宗教场所财务监督检查，民宗、审计、公安、法制办及属地街镇，共同研究推进工作，对全区18处宗教场所的财务资料进行的检查，并出具检查报告，对发现存在问题的5处场所，委托瓯江会计师事务所进行依法审计。

【“同心同行·共建和谐”专项活动】 2015年，区民族宗教局在宗教界深化开展“同心同行·共建和谐”活动，试点场所从24个拓展至42个，所有场所均赠送党报党刊，设立“同心同行”宣传栏、图书角、诚信伞架，开展巡回展览、有奖问答等。开展政策法规宣讲达70余场次，受教育信众达6370余人次。6月9日，成功承接全省“同心同行·共建和谐”试点活动现场会观摩，尤其是鹿城区基督教警世堂开展的“宗教中国化”行动，得到省委书记夏宝龙充分肯定。全省现场会后，鹿城区按照“典型引路、完善提升、形成机制、全面铺开”的思路，全面推进依法管理进场所、政策法规进场所、和谐创建进场所等工作，“同心同行·共建和谐”活动实现了在全区重点宗教场所的全覆盖，专项工作取得显著成效。

6月25日，省委书记夏宝龙调研温州，走访鹿城区警世堂、城西堂，对鹿城专项宣教活动给予充分肯定　　区民族宗教局提供

（李德省）

老龄工作

【概况】 2015年，鹿城区60周岁以上老年人口达14.46万人，占全区总人口的19.46%。80周岁以上的老年人2.37万人。区老龄办为90周岁以上的老年人和26名100周岁以上的老年人发放了高龄生活补贴；为3012名60周岁以上和3095名70周岁以上的老年人办理了老年人优待证。全年，共招收老年电大学员12880人次，并将老年电大教学工作列入社区（村）居家养老服务照料中心必备服务项目之一，率全市之先组织第三方对老年电大教学点教学情况进行了评估。

【培训工作】 9月2日，区老龄办率先在南汇街道举办了第一场培训会，认真学习市委书记陈一新的讲话精神，并对老龄工作和居家养老工作做了详细的介绍，阐述了老年人协会规范化管理运行的重要意义，要求老协要积极发挥自身优势作用，配合社区（村）为老龄事业和居家养老服务体系建设做贡献。

【居家养老】 2015年，区老龄办开展居家养老服务照料中心老年人意外伤害保险不记名投保工作，共投入保费15万元；扩大政府购买养老服务的覆盖面，确定特困、失独、高龄等服务对象的老年人，每人每年享受600元的政府购买服务。实行对符合条件的老年人开展“点对点”上门评估需求调查，对有服务需求的老年人发放服务券或服务卡，提供生活照料、家政料理、精神慰藉等多项上门服务。10月初，温州电视台还拍摄了专题片进行宣传报道。至11月，政府购买养老服务达3958人次。全年，共建设26个村级居家养老服务照料中心，其中有14个中心配备了老年食堂（助餐点）。

完成了七都镇村级居家养老服务中心的全覆盖试点建设工作。4月10日，在松台街道庆年坊社区与温州市首家三甲医院中医院举行医养结合试点工作签约，为居家养老的老年人就医开设绿色通道并定期进行医疗服务，并开设了归国侨眷黄大中医生中草药标本展厅。对已建的居家养老服务照料中心进行提升晋级工作；引进第三方评估机制，开展政府向社会组织转移职能试点。在社区（村）居家照料中心运行情况星级考核工作中引进第三方评估，区内88个照料中心的运行情况已评估完毕，并进行星级划分和评定，三星级达到30个，二星级30个。

【节庆活动】 重阳节期间，开展“最美老人”“最美孝星”评选活动；重阳节前，鹿城区民政局携手《温州晚报》举办鹿城“十大最美老人”“十大最美孝星”颁奖大会暨慈孝大宴。10月，17家照料中心相继开业。11月2日，来自鹿城区30支精英队伍参与了松台广场举行的鹿城赛区海选启动仪式。在藤桥镇上埠头村和七都前沙村组织开展“培育好家风，弘扬孝文化”送文化下乡活动。11月13日，市老龄办组织50名老年人参加了“永嘉一日游”活动。

鹿城区百岁老人

2015年鹿城区百岁老人名单

表15

姓名	性别	出生年月	年龄（截至2015年底）
林君延	男	1910年10月	105岁
李田芬	男	1910年12月	105岁
戴阿香	女	1911年2月	104岁
徐金花	女	1911年4月	104岁
诸韵笙	女	1911年6月	104岁
蔡秀风	女	1911年10月	104岁
程子岫	男	1911年11月	104岁
郑娟娥	女	1912年12月	103岁
诸阿香	女	1913年8月	102岁
叶凤娇	女	1913年8月	102岁
林花姆	女	1913年10月	102岁
梅文元	男	1913年10月	102岁
王阿元	男	1914年10月	101岁
黄阿珠	男	1914年11月	101岁
胡志程	男	1914年12月	101岁
鲍阿柳	女	1915年1月	100岁
孙秀英	女	1915年1月	100岁
汪秀钗	女	1915年1月	100岁
陈韵华	女	1915年2月	100岁
王国琴	女	1915年2月	100岁
李爱菊	女	1915年3月	100岁
陈爱香	女	1915年5月	100岁
张秀清	女	1915年6月	100岁
戴素华	女	1915年6月	100岁
陈英弟	女	1915年10月	100岁
黄灿云	女	1915年11月	100岁

（金丹辉）

区关心下一代工作

【概况】 2015年，区关心下一代工作委员会办公室（下称区关工委办）进一步加强关工委自身建设，发挥“五老”独特优势，开展“童梦守望”系列公益行动和以“老少共筑‘中国梦’”为主要内容的社会主义核心价值体系教育实践活动，推动社会管理，促进基层基础工作，为青少年办实事做好事，提高全区关心下一代工作水平。

【组织建设】 2015年，双莲桥、新田园、水心三个社区和藤桥小学被市关工委命名为市级“五好”关工委。9月，全区行政区划变动后，及时调整了14个街镇关工委组织；实施“一街镇一品牌”“一社区一品牌”的创建活动。新增河岙村和双莲桥、灰桥、庆年坊三个社区青少年思想道德教育实践基地。年内，全区青少年思想道德教育实践基地已达27个。走访河岙村235户居民，梳理、归纳、收集历史遗留问题3个，村级组织建设问题1个，民生问题3个；与区侨联共同创作廉政微视频剧本，并获得区“建设清廉鹿城，聚力赶超发展”廉政微视频剧本创作比赛二等奖。

【主题教育】 2015年，区关工委办组织以徐包龙、林荣、杨以付、张文龙等讲师团为主的“五老”人员，采取言传身教、实践体验、现场互动、多媒体等多样形式，深入青少年群体中开展以核心价值观、“三严三实”“四个全面”“三爱”“老少共筑‘中国梦’”“铭记历史，圆梦中华”“纪念抗战胜利70周年”等主题报告486场次，受教育青少年达5.3万人次。“铭记历史，圆梦中华”网上留言830条，网上主题征文比赛612篇，获省一等奖1名，二等奖2名，三等奖14名，辅导教师奖3名。

【绿网工程】 6月，区关工委办联合区文化局举办“五老”人员网吧业务知识培训。全年监督检查735场次，制止和劝说未成年人进网吧12例、公共场所吸烟200多人。

【宣传教育活动】 2015年，区关工委办开展普法宣传教育活动53场，受教育人数1.1万人次。其中“模拟法庭”12场、未成年人自我防范法制宣传14场、女童性侵保护8场、“法在我心中”主题讲座12场、禁毒知识2场、其他5场。“6·26”期间，共同组织仰义22名涉毒家属赴市禁毒基地参观展览、现身说教、知识讲座和现场咨询活动。在绣山小学举行了“守护春蕾 未成年人自我防范法制宣传”；在藤桥小学举行“关爱儿童成长守护儿童健康”预防性侵主题教育活动，参与人数达300多名青少年学生。

【关爱帮扶】 2015年，区关工委办结对特困、残障、单亲、无业家庭子女及孤儿7名，为他们排忧解难7件实事。全区参与关爱结对的“五老”人数达328人，关爱活动达152次，受关爱青少年达1320人。“福彩牵手·助圆大学梦”公益行动，共有10名准大学生得到5万元的援助；助学困难家庭中小学生3次38名学生，金额达6.3万元；为慧才小学拍摄81份毕业纪念相册并助学该校50名困难学生2万元；与温州慈慧公益志愿者协会举办“我是小卖家”义卖活动，筹集3272.6元，救助3名孤贫儿童。未成年人犯罪嫌疑人观护行动35次。“五老”人员林荣获鹿城区第二届“十佳道德模范”称号。

【创客教育】 5月19日，全市首个鹿城青少年创客实践教育基地在双莲桥社区温州众创创客空间揭牌成立。区关工委办首次以通过非政府购买服务形式开展10场开放夜活动与6场work shop亲子创客实践体验活动。温州市建设、城南、瓯越、绣山等小学4—6年级的学生及家长共500多名，先后参与青少年主题创客公益讲座活动8次，开创了全市乃至全省关工委系统工作的先河。

【童梦守望】 2015年，“童梦守望”是关工委办自创品牌，旨在帮助青少年实现他们的梦想，引导青少年树立和践行社会主义核心价值观，团结广大青少年听党话、跟党走。以“社会实践梦”“助残梦”“阅读梦”“健体提质梦”“助学梦”“乐器梦”“自我保护梦”“助困梦”等为主题的“童梦守望”公益行动8场，共募集圆梦资金16.15万元，为3146名青少年实现了他们的“中国梦·我的梦”。

【阅读行动】 5月开始，全年在月湖社区、安澜社区、市慈慧志愿者协会开展“国学”公益阅读进校园、进社区、进家庭活动42场；牵线搭桥组建藤桥小学“小蚂蚁爱心书屋”；在慧才小学、市特殊学校开展“阅读有爱”公益活动，捐赠分类书目650册；连续两年在温州实验中学开设特色急救类“险中求胜”校本课程活动，获市先进校本课程。

（金忠克）

地方志工作

【概况】 2015年，鹿城区地方志编纂委员会暨区人民政府地方志办公室承接并继续补充完善《温州市志》“鹿城区”部分及其人物传记。在完成《鹿城年鉴（2015）》的同时，协助区档案局开展地情文化编研与宣传展示工作，于12月编成《档案视角看鹿城》。指导协助区人大、区公安分局及有关街镇做好志鉴的编撰。逐步积累、梳理下一轮《鹿城区志》的基础资料。

【《鹿城年鉴（2015）》编纂】 区方志办《鹿城年鉴》编辑部整合各编辑工作责任分工并建章立制。3月27日，召开全区地方志工作暨《鹿城年鉴（2015）》编纂工作培训会议，表彰先进，总结经验；同时布置2015年年鉴编纂任务，开展业务培训。调整年鉴彩页采编小组，加大采编工作力度。实现年鉴稿件数字化，强化qq群等信息化沟通渠道，加速编纂进程。《鹿城年鉴》自2015年起不再沿用当年纪年方式，采取年鉴通行纪年。《鹿城年鉴（2015）》继续由方志出版社出版，印数1000册，全书999千字，主编张靖。

【《温州市志》（第二轮）建置“鹿城篇”撰写】 2015年，区方志办继续按照《温州市志》建置部分“鹿城篇”一节的分工，落实大事记、人物篇内容和配套的地图与图片等，多次分头召开志稿评审工作专题研讨会；开展地情调查和研究，搜集并整理乡愁文化资料，不断提升“鹿城篇”一节的稿件报送质量。

【《记忆鹿城》期刊改版】 2015年，《记忆鹿城》改版为半年刊，突出时效性和地方志（档案）工作职能视角，在保持突出全区年度工作亮点的基础上，适当增加地方志（档案）工作系列栏目。《记忆鹿城》2015年第一期、第二期分别于6月、12月出刊，各印刷500本，及时分发到区直部门和街镇、村居、社会团体等单位。

【资政育人】 2015年，区方志办重视志书与年鉴的交流与社会效用工作，及时将《鹿城年鉴》赠予兄弟单位、图书馆，计50多册；提供区四套班子领导、区直部门计300多册，赠送区人大代表、政协委员计400多册。区档案局局长、方志办主任张靖亲自到五马、滨江、南郊街道等单位宣传方志工作。全年通过送书进社区、进广场、进书屋等活动，结合地方志纪念宣传日、党团活动等，让全社会认识年鉴、使用年鉴，发挥资政育人作用。

（戴爱华）

责任编辑　胡亭亭

街道·镇

五马街道

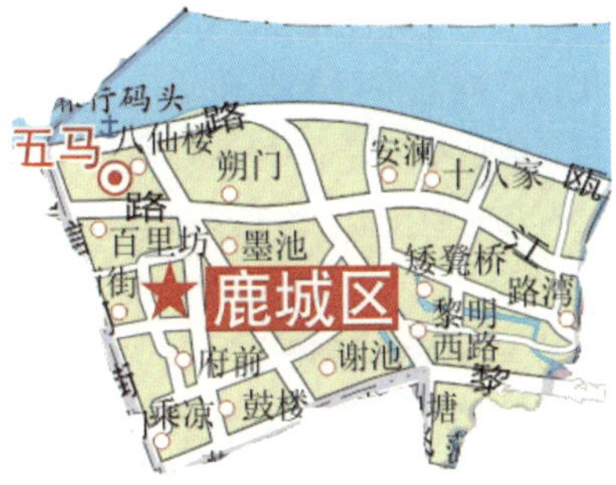

五马街道行政区划图　　区方志办提供

【概况】 五马街道是鹿城区的中心区域，2015年鹿城区行政区划调整前，街道东与滨江街道接邻，南接南汇街道，西邻松台街道，北濒瓯江，占地面积7.24平方公里。下辖八仙楼、百里坊、城西街、府前、朔门、墨池、谢池、鼓楼、安澜、十八家、矮凳桥、黎明西路、马鞍池、花柳塘、虞师里、双莲桥、白鹿洲17个社区；有户籍数80626户，户籍人口数236014人，常住人口270047人，暂住人口51079人。2015年9月区行政区划调整后，区域范围东至灰桥浦、蒲鞋市河，西至信河街，南至小南门河、大南路、人民东路、飞霞南路、学院西路，北至瓯江，街道区域总面积4.65平方公里。下辖八仙楼、百里坊、城西街、乘凉、路湾、府前、朔门、墨池、谢池、鼓楼、安澜、十八家、矮凳桥、黎明西路14个社区17个网格。办事处驻后垟巷89号。有户籍58418户，户籍人口173895人，常住人口209300人，暂住人口35405人。辖区出生人数1302人，生孕信息掌握率87.26%，违法生育71例，计划生育率94.40%。稳妥应对“单独二胎”接件量位居全区首位现状，完成批生手续389例；提供优质技术服务，目标人群医学检查率、国家免费孕前优生健康检测率和随访服务率达到三个100%。年内街道有工业企业90家，工业总产值完成2.38亿元，固定资产投资总额13.96亿元，完成任务126.87%。批零贸易、住宿餐饮业销售额435.19亿元；服务业增加值71.48亿元，总量全区第一；进出口总额1.61亿美元，招商引资7.30亿元。街道获“全国社区戒毒社区康复工作示范点”“省级社区服务中心示范点”“市创建国家卫生城市工作先进单位”“市级创建全国文明城市工作先进集体”“市百日维稳先进集体”“市第三次全国经济普查先进集体”“市消防工作先进消防安全管理工作站”等荣誉。

【城乡建设】 2015年，街道破难攻坚完成旧货市场搬迁。东门片区项目集中开工，永川路二期安置房等3个工程全面启动；完成诸永高速北进城口综合整治工程建设；完成停车泊位建设547个，完成率136%。开展辖区老楼危楼地毯式排查，建立1500幢丙类房屋的“一楼一档”台账工作。全面开展“五水共治”工作，推进“浙南美丽水乡示范片区”建设，成为全市首个“无黑臭河、无垃圾河、无违建河”街道。深入开展市级无违建街道创建工作，辖区17个社区全面创成无违建社区，实现拆违15560平方米，完成区级拆违率192%，通过了市级“无违建街道”预验收。6月17日，名城广场地块完成最后一户签约并腾空拆除旧房，实现拆迁率和签约率双100%，确保工程实施无障碍。

【综合治理】 2015年，调处各类

10月4日，省公安厅副厅长华远平视察五马街道禁毒工作　　五马街道提供

纠纷4086件，成功率98.2%，完成6个街道挂牌整治重点不稳定因素的调处工作；全年梳理民生问题接件6623件，办结率96.3%，街道便民服务中心创成省级社区服务中心示范点。完成人大和政协会议及“9·3”阅兵等重要时期维稳工作，强化积案化解，促成信访对象息访息诉2人。累计联合执法28次，检查出租房18975户，检查企业5500家。整治重点消防隐患326处，20人以上出租房整改率100%；推动老旧民房电气线路改造，累计完成5200户改造工作，拉好居民“生命防火线”。

10月4日，省禁毒办主任华远平、省禁毒办副主任钱吉伟和周联盟等有关领导对街道禁毒工作给予充分肯定。

【党建】 2015年，全面推行大网格运行机制，建立17个网格，组织51名街道干部“下沉”（人力、物力资源下放）入格，公安、工商、执法三个站所选派50名执法人员入格。网格实行“单双号上街入户”和“错时上班”机制，确保每天50%以上人员上街入户，每个人50%时间驻守一线发现和解决问题；承接区级89项审批便民事项，全力推动工作重心下移。扎实开展以“三比三看”为主要内容的基层组织建设百日攻坚行动；新建规范化街坊党支部阵地37个；八仙楼社区被评为市级红色细胞工程示范点，朔门和事佬党代表工作室被评为市级示范点；完善“红色成长指数”考评制度，实施入党对象签订不信教承诺书制度，《浙江日报》等媒体对此作了报道。开展全员竞岗工作，新遴选中层干部11名、调整4名、待岗1名。创新“百忙官”讲坛等廉政教育有效载体和方法，采取“四学四上”①方式组织186个党支部与4088名党员学习了新准则与条例。全年累计开展理论中心组学习会12次，日常纪律督查33次，站所效能督查19次。全区首推网格效能监督“片组联系、分组监督”机制，实行纪检干部片组联系制度，采取纪律监督临时分组方式，形成纪检人员优胜劣汰导向。

【社科文卫】 2015年，深化“政社分开，善治善政”模式，编制网格化管理工作手册，做好社会救助工作，共发放各类救助金2827万元，惠及9831人；做实“爱心传递”品牌，有效利用“慈善一日捐”等慈善平台募集基金69.90万元。

完成历史文化名城创建工作，深化“一站两堂”（综合文化站，文化礼堂和道德讲堂）文化惠民功能定位，举办民俗展览、文艺演出等文化活动713场，惠及17.90万群众；善用精神文明创建成果，做好幸福社区的晋星升级工作，街道17人获鹿城区“社区好人”称号。

【同心同行·共建和谐】 开展宗教界“同心同行·共建和谐”专项行动，承接全省宗教“同心同行·共建和谐”现场会。省委书记夏宝龙现场调研并充分肯定五马街道的“同心同行”工作。

【时尚商圈】 2015年，完成开太街区景观化改造；红日亭美丽街区、七枫巷、永宁巷环境改造提升；白鹿洲文化村、闻宅步行街提升等6个时尚项目。成功举办春季时尚周，全国首创“五马时尚指数”并正式发布。

【五马关爱幸福吧】 以“互助、共融、关爱、幸福”为理念，打造“五马关爱幸福吧”，汇集182义工

6月25日，省委书记夏宝龙考察温州城西堂宗教场所

① “四学四上”：个人自学、专家导学、党员互学、上门送学、挂在墙上、念在嘴上、写在纸上、记在心上。

13支全市知名的公益团队，共举办谈话教育类活动60余场，辐射面突破6000人次，成为区卫计服务的特色和亮点。

（王舒心）

七都街道

七都街道行政区划图　　区方志办提供

【概况】　七都街道（七都城市新区）位于鹿城区东北部、瓯江四大岛屿之一七都岛，与主城区仅一江之隔。辖区面积23平方公里，其中陆域面积12.7平方公里，四周江岸线17.8公里。随着连接主城区的七都大桥通车、百年一遇标准堤塘闭合、岛内“两横三纵”交通网络及地下市政配套管网初步运行，以及岛内自成系统的污水处理厂和垃圾转运站投入运营，新区商业开发初现成效。七都是浙南著名的侨乡，从20世纪30年代开始至今，有26500名人员移民，分布28个国家和地区，归侨侨眷5000多人。街道下辖上沙、樟里、板桥、老涂、吟州、前沙6个行政村，3个网格（吟川、老涂、汇侨）。办事处驻老涂南路2—3号。2015年，街道户籍人口13253人，常住人口5614人。人口自然增长率-2.23‰，年内出生57人，其中补报2014年的5例，死亡85人。计划生育率90.38%，社会抚养费征收9例，总征收金额60.50万元。全社会固定资产投资总额28.7亿元，全社会消费品总额完成2.1亿元。完成招商引资16.32亿元，其中温州中心完成7.2亿元，滨江九里完成5.9亿元。全年累计完成税收1610万元，为近年来新高。

【城市建设】　2015年，街道项目前期、入地开发与清理工作居全区第一。在建重点工程项目9个（含温州中心大厦），完成重点工程投资11.96亿元，占年度任务的110.4%，其中温州中心完成9.05亿元，占年度任务的113%；七都千亩征地及农房集聚工程提前半年完成主体工程，于7月底竣工验收，获“瓯江杯”优质工程奖。11月下旬，完成共计339套的摸文认购工作。辖区内全长2公里贯通南北的高品街一期（经四路）车行道通车。高压地埋作为温州市内径最大的地下管廊工程，完成电力管廊850米。有序推进沙洲路、飞虹街一期、七都大桥下体育公园、垃圾转运站等施工项目。

全年，街道“两无三化”、生态建设工作获全区第一，创成省级文明街道、市级无违建街道。开展渣土专项整治行动，联合七都执法中队、交警、派出所不定期进行值夜，在岗亭设卡，对乱倒渣土等行为采取“零容忍”态度。对樟里村庄进行整治提升，通过市级验收。全年拆违率达523.47%。率先在全区开展垃圾分类试点工作，目前板桥村内超90%的垃圾实现分类回收，减少村内一半的垃圾焚烧量。全面启动樟里村和4个封闭小区生活垃圾分类投放、收集、运输、处理工作。推进河道整治工程，完成多条河流治理、疏浚、净化和生态修复，其中疏浚淤泥总量达16万立方米，淤泥采取就地消纳，或用于旱改水，共节约资金1046万元。加快主干道污水管网建设，农历年底前实现与污水处理厂的循环运行外，全面推进截污纳管工程，全年实现樟里村、板桥村、老涂村截污纳管完工并通过预验收，剩余的上沙村、吟州村、前沙村也在加快推进。

【综合治理】　2015年，街道取缔违章出租房41家，整改出租房209家，更新一户一档206份。开展平安宣传和普法教育25场次，涉及人员1万人以上。对辖区11家农家乐、小学、药店等场所开展安全检查，加强隐患和矛盾纠纷排查化解。全街道排查解决矛盾纠纷75起，调解成功率达100%，涉及工程款薪金达2000多万元。组建村巡逻队伍定期开展巡逻，与社区110自动防控系统、七都大桥下治安岗亭共同将辖区内的安全网织密、织牢。

【社会管理】　2015年，街道建立横向到边，纵向到底的街道、网格、村三级网络服务体系，共解决了失地农民社保、征地款发放、三产指标处置等54个问题，化解率达到91%。制定和完善村干部坐班值班制度。全年拨付村级组织运转经费110余万元。严格实行“五议两公开”，确保村级重大决策结果公开公正。推进村民中心规范化建设，下拨近30万元，帮助各村建立村民中心并制定每月活动清单。持续开展“最美人物评选”活动，举行2015七都最美人物及家庭颁奖典礼暨家风家训分享会。街道累计发放各类低保金、救助金、慰问金115.6万元。完成前沙文化礼堂建设、樟里老教堂改建文化礼堂，开展各类讲座及各类文化活动608场；举办、协办体育赛事10余场，其中包括温州市第一届马拉松比赛、浙江省生态运动会健步走活动。在全市率先开展社区家庭医生签约式有偿服务，有效降低就医成本、提高就医效率，并逐渐覆盖全岛群众。

【千亩安置房获“瓯江杯”奖】 7月，七都千亩征地等项目安置房通过验收，获温州市建设工程“瓯江杯”优质工程奖，并被推荐为浙江省建设工程“钱江杯”优质工程奖评审的候选工程。这是鹿城区首个获评该奖项的安置房项目。七都街道千亩安置房于11月已全部交付。

【高压地埋项目取得突破】 七都220万伏高压地埋项目作为温州市内径最大的地下管廊工程，涉及220万伏“温州电厂——蒲州变”双回线路和“温州电厂——商务变”双回线路，共计3.1公里，总投资约4亿元。该两条线路统一将“由上改下”，纳入到新建的地下管道中去。经过多次外出考察和实地勘察，该工程确定了以深井降水法作业，攻克“江中岛”地质条件复杂等多个技术难点。至年底完成电力管廊850米。

【移风易俗工作受关注】 2015年，街道继续加强移风易俗工作，推进丧事简办，劝阻大办丧事活动32例，为全岛群众节约资金约1000多万元，并将其中节约的约100万元资金用于村内公益事业，相继受到《浙江日报》等媒体关注。

【居家养老服务中心建设】 辖区内已建成前沙、板桥、上沙、樟里4个村的居家养老照料服务中心。其中前沙村通过群众筹集、政府补助共投资200多万元建成的“三位一体”村民中心达到市级居家养老建设标准。

【年度最美人物及家庭评选】 10月8日晚上，七都街道举行2015七都最美人物及家庭颁奖典礼暨家风家训分享会。评选出敬业奉献、敬老爱亲、见义勇为、诚实守信四大类6名；2015七都最美人物及和谐家庭、平安家庭、低碳家庭、爱心家庭等七大类12户； 2015七都最美家庭共征集到好家风好家训50多条。区委宣传部、区文明办、区妇联部门负责人及街道班子成员、各村“两委”成员、村民共200余人参加了颁奖典礼。

（叶　旺）

地下电力管廊　　七都街道提供

滨江街道

【概况】 滨江街道位于鹿城区东部，北临瓯江与永嘉县三江街道隔江相望，东接龙湾区蒲州街道，南邻新城大道，西至黎明东路、府东路。2015年9月区划调整，由原滨江街道析分出蒲鞋市街道。辖区总面积约12.17平方公里。滨江商务区位于滨江街道辖区内，包括安澜、洪殿、杨府山CBD（商务中心）、蒲州、桃花岛五大片区。规划总用地面积11.5平方公里，规划总建筑面积1651万平方米，预计总投资2000亿元。下辖灰桥、洪殿、浦东、杨府山、丰汇、新田园、蒲源、陡门、宏源9个社区及黎一、黎二、蒲州、上蒲州、杨府山涂5个行政村。办事处驻聚源路1号。全年，街道户籍53526户，总人口146654人，常住人口数101431人，暂住人口数45223人。年内出生405人，死亡84人，人口自然增长率2.19‰。计划生育符合率93.6%，出生人口性别比106.9，生孕信息掌握率93%，再生育孕情信息掌握

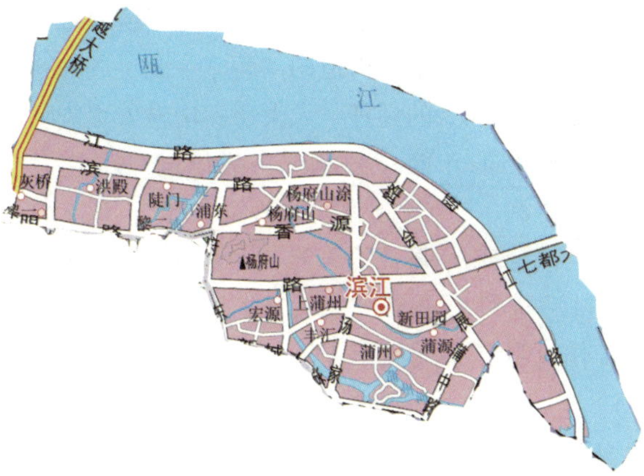

滨江街道行政区划图　　区方志办提供

及时率96.74%；参加“国免”对象105对，检查率101%；社会抚养费征收当年例数兑现率54.55%，当年金额兑现率67.51%，生殖健康检查率92.77%，流动人口育龄妇女信息登记管理率100%；2015年，创成省级“三优”指导中心。2015年，街道有工业企业304家，工业总产值16.55亿元，其中规模以上工业企业9家，总产值7.51亿元；全年固定资产投资累计完成47.53亿元。贸易企业1252家，实现销售额139.27亿元，同比增长8.4%，其中限额以上贸易企业64家，销售额51.68亿元，同比增长8.83%。全年实现社会消费品零售总额50.6亿元，同比增长4.9%。服务业企业1303家，服务业增加值20.34亿元，同比增长5.5%。街道曾获“省科普示范街道”“省级生态街道”“省级城市体育先进街道”“省第三次经济普查先进集体”“全国人口和计划生育依法行政示范街道”等称号。

【城乡建设】 2015年，街道完成土地报征70.33公顷，累计拆除旧房面积8.5万平方米，新增安置房面积11.9万平方米，累计完成投资额29.7亿元；承接全市亮点区块滨江商务区的城中村改造和项目拔钉攻坚任务，涉及杨府山涂村、黎一村、黎二村等。经过三年时间的建设，滨江商务区“宜商、宜居”功能逐步显现，截至年底，已竣工或交付使用7幢，主体结顶或装修施工23幢，建成148万平方米商务办公楼宇和633万平方米高档住宅。全年，完成征收协议签订502户、疑难户拔钉清障53户；启动依法征收17户；停滞两年多的艳棱集团剩余1.85万平方米厂房已拆除；黎二村63亩三产地已完成所有拆迁户的协议签订；历时9年的洪殿1号地块已拆迁“清零”；下陡门河整治工程历经8年实现项目“清零”；桃花岛体育休闲公园涉及4家单位已签订协议并全部拆除；涂田工业区、鲍州工业区共95户企业和3户民宅已全部拆除；省级交通治堵重点项目东游路拓宽工程，已完成全部40户住宅和7家企业的协议签订；重新启动了停滞4年、3次进场受阻的灰桥路工程。鲍州工业区、安置区、浦东区通过集体土地征收决议并完成组件报征；涂村安置区“两路两河”（黎明东路延伸段、加洲路，环商泄洪河道一、二）土地组件上报已批复并完成两公告一登记工作；完成政策处理桃花岛周边剩余未处理的1092亩滩涂；完成老港区、会展二期的土地权属调查。

街道以创建全国文明城市为龙头，在“六城联创”的基础上，推进“五水共治”工作，完成2个片区接管纳污工程和6个片区污水管网整治工程；整理上报8条无违建河道已全部通过验收；完成山下河2.15千米的整治；污染场所整治18处；排污口整治23处。完成率均为100%。全年，共拆除违章51879.27平方米，超额完成137.61%；完成上陡门浦西侧江滨大桥——黎明东路滨水绿地工程建设，新增绿化面积19700平方米；完成旧住宅区改造面积9.02万平方米，样板小区1个，专用停车位1658个。实现灰桥旧住宅区、东瓯智库、罗湾锦园以及松园小区4个住宅区交通综合整治。

街道加快文化产业集聚，黎明92园区约95%厂房完成有机更新，3月底作为分会场承办2015年温州国际时尚文化创意博览会。新邦文创园（面粉厂创意改造项目）于10月

滨江商务区　　滨江街道提供

18日顺利开园，已有30余家国内外知名品牌企业入驻。9月11日，杨府山涂村安置区2号地块进场拆迁，这是滨江商务区新一轮城中村改造工作首个进场拆迁的签约地块。

【综合治理】 2015年，街道录入省平安建设信息系统信息96881条，其中矛盾纠纷1810条，治安安全隐患3947条，民生服务788条，受市委政法委表扬16条；开展平安宣传活动728次，印发平安宣传资料、宣传品57254份，涉及参与人数59870人。10月，为巩固国家卫生城市建设、迎接省级暗访，滨江街道对辖区内的综合环境情况进行“地毯式”排查整治。全年街道共组织消防安全检查16次，受检企业288家，警告和责令限期整改131家企业，完成1家市级、5家街道级工矿商贸企业重大事故隐患挂牌整治单位整改到位。整治无证无照生产经营场所51家，居住出租房76户，拆除违章建筑6981平方米，实现重大事故“零”增长。灰桥社区创成温州市首个社区消防宣传教育馆。

全年街道共受理矛盾纠纷1715条，成功调处1712起，调解成功率达99%；妥善处置辖区群体性劳资纠纷案件12件，涉及人数689人，涉及金额1394万元；成功处理群体性事件、涉疆事件、历史遗留问题等重大矛盾纠纷27件。共接访群众105批228人次，办理上级转办件22件，其中初信初访12件，办理息访息诉案件3件。

【党建】 2015年，实行“党员发展积分”制，共发展26名预备党员，预备党员转正28名，处置不合格党员2名。街道积极规范村级组织建设，深入实施“五议两公开”[①]制度，推行“一单两制”（村干部权力清单、村级重大事项报告制、审核制），制定出台《村干部管理办法》。开展杨府山涂村后进村及上蒲州村问题村整顿工作，制定“一村一策”（针对辖区5个行政村各自的特点制定一个整转提升方案）。黎一村通过整顿提升由信访村、问题村转化为典型示范村，成为2015年鹿城区第一季度党建现场会的参观点，有力推动重大工程项目建设。开展基层带头人队伍建设，定期召开村（社）书记组织工作例会，截至年底，已定期开展4期书记讲坛，加强书记间鲜活经验的互通共享；开展每月与基层带头人的谈心谈话和重要节假日走访慰问活动，及时了解并帮助其解决困难。街道成立美生、和乐2家两新组织党支部，使党建工作与企业的经营管理有机结合。打造黎明92“和合共同体”。举办“成长学校”培训课以及成立“凝·心”党代表工作室，打造党员职工家园，使创意党建园文化与党员职工成长相融合。拍摄宣传片《凝聚2》，展示和宣传基层党组织的精神风貌和工作动态。

2015年，街道认真履行党风廉政建设党工委主体责任和纪工委监督责任，推进党风廉政建设，开展正风肃纪行动52次，累计检查168个单位。出台《小额项目招投标管理制度》，全年受监督金额达2435万元。加强党管武装工作，全年为部队输送优秀兵35名，民兵党组织建设得到省军区领导的肯定。街道的“两室一库”成为全市的标杆。人大切实增强依法监督职能；爱国统一战线进一步壮大，侨、台联的桥梁纽带作用持续加强；关心下一代、工青妇、侨务、民族、宗教等工作得到强化。全街道上下干事创业、创先争优的氛围更加浓厚。

【科教文卫】 2015年，文化礼堂共举办活动384次，其中礼仪活动18场，民俗活动2场，文艺演24场，体育活17场，宣讲活动71场，各类培训班52期，志愿服务109次。新建成的杨府山社区文化礼堂，被评为鹿城区三级文化礼堂；共开展5场送戏下乡活动。举办“最美”系列评选活动，共推荐社区好人30余人，其中吴春莲、陈美香、朱胜滔、肖春华、霍振中、张楚楚获鹿城区级社区好人。组织指导各社区开展“创新创业、科技惠民”科技周主题活动，共有1200余人参与，上报科普征文6篇，指导灰桥社区创成市级科普体验中心。举办2015年“全民终身学习活动周”活动，推进全民学习、终身学习的学习型社会建设。健全慈善义工队伍，共有慈善义工1104名。全年开展10场红十字急救培训讲座，共计850人接受普及培训。7月9日，台湾青工会一行15人，考察了滨江街道黎明92文化创意园区。

【艳棱集团剩余旧厂房拆除】 4月8日，拆除了两年、七次进场拆迁未果的艳棱1.85万平方米剩余旧厂房。拆迁的顺利推进，改善了诸永

① “五议两公开”：重大村级事项或涉及村民利益的事项实行党员群众建议、党组织提议、两委会商议、党员大会审议、村民（代表）会议决议。

高速北进城口的整体形象和周边市容市貌，有利于市区东游路、江滨路交通路网的优化提升。

（吴怡翔）

南汇街道

南汇街道行政区划图　　区方志办提供

【概况】 2015年9月，鹿城区行政区划调整后，街道下辖金鳞、清风、南塘、桥儿头、吕浦、春秋、龙源、开源、绣山、万源、大自然11个大网格含鱼鳞浃、南塘、灯塔、前网、上田、横渎、巨一、龙沈、划龙桥9个行政村；东起汤家桥路，南临瓯海区梧田街道，西至南塘河，北界锦绣路、新城大道。区域面积8.9平方公里。户籍人口85712人，常住人口138084人，暂住人口43278人。办事处驻双龙路199号。辖区商贸繁荣，金融特色街、时代广场、财富中心、恒隆商务楼等大型商业综合遍布。18幢商务楼宇，共入驻790家企业。国际、国内知名品牌索尼、资生堂、红牛、康宝莱等商铺云集，是未来温州城市发展的核心区。实现全国“两会”“9·3”大阅兵、五中全会等时期“零非访”。户籍出生人口数、计划生育率等10项计生重点指标排名全区前列。街道连续三年获鹿城区街镇工作优秀单位；获省级卫生街道、民兵整组先进单位、鹿城区有效投资工作先进集体；8项重要经济指标完成总量全区排名第一。南汇街道被评为2015年温州市示范基层党校。南塘文化礼堂被评为2015年度温州市精品文化礼堂。

【城市建设】 2015年，街道完成S1线南汇段“清零”任务，完成绿轴200米范围内政策处理及违章拆除工作，完成4个新城历史遗留地块的政策处理工作。两个市城中村改造专项考核项目均圆满完成任务指标，其中上田村协议签订率为95.7%，腾空率为94.3%；巨一旺增桥自然村协议签订率为97.3%，腾空率为90%。“三改一拆”城中村改造一类、二类目标、临转正、土地开发与清理工作全部超额完成，旧住宅区改造完成总量全区排名第一。

【经济发展】 2015年，街道完成省外招商引资额17.60亿元，完成率169.2%，位列全区第一。其中，新希望集团6个地块于7月成功拍卖，金额达53.01亿，全年有32.6亿元统计上报入库；融地项目10.36亿元；华鸿F20地块项目缴纳土地款1.6亿元统计入库；东海公司E—26a、E—23项目2.33亿元完成。民商银行、塞弗蓝法式餐厅、浙江锋尚网络科技有限公司和飞龙聚安脂研发中心均已落地。同时成功授权新希望鹿城项目部、深蓝医院、铭大置业温州大道地下商城3个项目为温州地区性总部。康奈E—26c地块项目占地面积为7095平方米，于12月出让给浙江和丰鞋业有限公司，缴纳土地出让金为2.37亿元。南汇街道有效投资完成总额60.4亿元，居全区总量第一。

【重点工程】 温州大道火车站北侧地下空间工程是市政府重点招商引资项目和“温商回归”项目，总投资7.8亿元，建设面积4万多平方米，设有8000平方米的地下车库。2015年，完成第一期投资2.653亿元，573个商铺已经完成招商90%以上。整个地下商城装修精致，以中高端时尚品牌引进为目标，于11月15日正式开业，并成功申报市级特色商业街。

5月30日，南汇街道商会考察团赴台经贸交流　　南汇街道提供

【劳动监察】 劳动监察中队日常巡查时发现，辖域内雍唐（南塘店及下吕浦店）因其公司经营不善，截至10月已拖欠69名员工工资，涉及金额70万元。经过街道劳动监察中队半个月的调解处理，拖欠资金已全部发放完毕。12月，申彤大大集团，因涉及非法集资，该单位法人在上海被鹿城经侦大队抓捕，公司共有500多名员工，拖欠工资金额约300多万元，案件由当地经侦大队处理。

【安全隐患整治】 1月7日上午，省食安办专职副主任、省食品药品监管局副局长卢永福一行在市食安办主任、市市场监管局局长鲍小瓯陪同下莅临春秋社区进行食品安全的审查指导。鹿城区食安办专职副主任林光明陪同督查。4月1日、4月30日，副区长胡明亮两次带队对上田东路5号加工厂进行暗访并通报情况，街道立即对存在的安全隐患进行整治。全年，在全区两次消防安全专项检查中，分别排名全区第一、第二。

【文明创建】 1月21日，省司法厅法治宣传教育工作检查调研组在春秋社区检查指导省级“法治文化建设示范点”创建工作。4月13日，省残联党组副书记陈玉国一行协同市、区领导莅临春秋社区参观交流社区残疾人文化体育发展工作。6月9日，省委办综合二处、省妇联儿童部、团省委办、省科协办等有关领导一行在区相关部门负责人陪同下，莅临春秋社区参观交流社区青少年工作委员工作、妇联组织工作和基础文化建设工作。9月15日下午，省人大常委会副主任姒健敏一行莅临春秋社区检查验收“六五”普法工作。市人大常委会副主任黄德康、市司法局局长颜华跃等陪同检查。

11月18日，省国家卫生城市创建办一行到春秋社区农贸市场，对农贸和周边环境的卫生状况进行督查。

【商会慈善基金成立】 3月26日，南汇街道商会出资100万元成立“南汇街道商会慈善基金”，主要用于助学、助困、助老、助医、会员企业员工救助、见义勇为，会员企业发生意外事故救助等慈善救助项目。南汇街道商会获得基层商会先进集体，温州市示范化基层商会等荣誉。

（范温特）

蒲鞋市街道

【概况】 2015年9月，鹿城区行政区划调整，增设蒲鞋市街道。街道地处鹿城新旧城区交接处，东至府东路，南至锦绣路，西至蒲鞋市河、龟湖，北至洪殿河、黎明东路，与滨江街道、五马街道、大南街道、南汇街道相毗邻，区域面积约3.9平方公里。街道下辖芳园、绿园、青园、锦园、蒋家桥、横河、蒲鞋市、金丝桥8个网格（社区）和巽山1个行政村及1个同心股份经济合作社。办事处驻学院中路191号。辖区总人口188686人，其中常住人口115968人，户籍人口64200人，暂住人口72718人，年内出生536人，死亡97人，人口自然增长率为2.33‰。其中，计划内人数499人，计划生育符合率93.69%，出生人口性别比101.1%，生孕信息掌握率82.1%；社会抚养费征收例数兑现率71.43%，金额兑现率65.85%；参加“国免”对象117对，优生检查率85%，流动人口计生服务管理率95%。工业企业57家，完成规模以上工业总产值9.47亿元，同比增长14.4%；社会固定资产投资累计完成9.32亿元，其中工业性投资完成0.3亿元。贸易企业453家，实现销售额91.43亿元，同比增长10.7%，其中限额以上企业23家，销售额27.7亿元，同比增长4.4%。全社会消费品零售总额35.36亿元，同比增长7%；其中限额以上社会消费品零售总额7.30亿元，增长6.8%。服务业企业828家，其中规上60家，服务业增加值20.52亿元，同比增长5.6%。街道创成鹿城区首个省级文化强镇，并获得温州市消防安全“双月”攻坚专项行动先进单位、“我们的舞台我们的风采”群众文化展演活动优秀组织奖等称号。

蒲鞋市街道行政区划图 区方志办提供

9月19日，蒲鞋市街道召开成立大会，区人大常委会副主任项旭光为蒲鞋市街道授印、授牌

蒲鞋市街道提供

【城乡建设】 2015年，街道完成区下达土地清理任务数52.26亩，完成率100%；完成旧住宅区综合整治8.5万平方米，完成各类专用停车位209个，新增小区停车位200多个；按期完成青园、锦园、绿园、金丝桥社区和上陡门二组团5个文明交通示范小区的建设，并全部通过验收；完成山根河截污纳管工程初步方案设计和相关部门的方案会审，将申请项目立项，待完善方案和完成施工图纸后，将进行施工单位招标与进场施工。街道以创建全国文明城市为龙头，加大“五水共治”“两无三化”“三改一拆”力度，进一步落实河长责任制，全年共拆除违章建筑7714平方米，完成全年拆违任务的105.7%；完成“水岸同治”吕浦河水岸亲水绿地改造提升工程；完成城区新增绿化建设面积0.746公顷，完成率为149.2%；完成前庄桥东北侧滨水绿道建设（一期、二期）。建设完成立体绿化0.05公顷，三化改造3个，创建横河社区中央公馆、蒋家桥社区置信原墅2个园林式小区；启动青园、绿园“无违建”社区创建工作；申报创建“无违章”河道7条、“无违建”道路复核8条，已全部通过验收。启动生活垃圾分类小区共计22个，其中横河南小区已纳入全区第一批实施生活垃圾四分类小区先行示范点。

2015年，蒲鞋市街道承接蒋家桥旧村改造任务。该工程历时近10年，共有拆迁户282户。街道积极跟进项目进程，及时推动历史遗留问题的化解，与7户疑难户进行对接谈判，已对2户违章建筑进行拆除化解，对剩余5户疑难户启动司法征收程序。吕浦河以西一期地块已进场开工，可建安置房计建筑面积87000平方米，共535套，商品房计建筑面积41119平方米，共278套。

【综合治理】 2015年，街道推进大网格运行制度，建立网格管理中心，依托现有的省平安建设信息系统，实施以网格、网格管理中心、业务科室、领导班子、区级部门的交办网格工作任务进行循环流转的运行模式。同时，为网格配备公务自行车，完善网格员上街入户制度，制定网格上街入户安排表，设立综合服务岗，实行“全科受理”，实现服务管理零距离；统一制作便民服务卡，并借助微信、QQ等现代网络信息平台，着手推行预约服务、上门服务。全年辖区内共发生矛盾纠纷1336起，成功调处1326起，调处率为99.25%；发现治安隐患2540起，已整治2520起，整治率99.2%；通过司法所处置非正常死亡、人身损害赔偿等重大纠纷2起；集中开展危爆物品寄递物流清理整顿专项行动，已排查快递单位14家，油漆店1家。1—11月，辖区刑事治安接警同比下降7.07%，两抢相比下降78.21%，盗窃相比下降18.01%，有效管理32名社区矫正对象和113名归正人员，社戒尿检帮教率为97.56%，社康尿检率93.43%，帮教率86.78%，整体帮教率92.17%。共受理初信初访案件3件，息访息诉3件。开展“崇尚法治、共创平安”平安宣传活动279次，印发平安宣传资料、宣传品29023份，涉及参与人数39180人，通过现场咨询、平安创建有奖问答、座谈会、文艺演出等宣传载体，提升平安四率。开展出租房综合整治专项行动，组织联合执法20次，整治隐患点48处，累计拆除木隔断200余平方米，拆除违建防盗门22户，扣留液化煤气罐5罐，完成4家出租房重大火灾隐患挂牌整治工作，并顺利摘牌。开展8期安全生产与消防安全教育培训讲座，参训人员达400余人，大型消防安全应急演练2次，社区组织消防安全应急演练20次，并建设社区消防安全防范体验馆，面向辖区居民开放，开展消防安全宣传普及工作。11月26日，通过近半年的消防安全“双月”攻坚专项行动，蒲鞋市街道以考核验收合格率93.6%的成绩，获温州市消防安全“双月”攻坚专项行动先进单位称号。

【党建】 2015年，街道严格基层组织生活，推行党员发展积分制，发展党员12名；全面实行党员管理“十条红线”，处置不合格党员2人；成立思珀整合传播、众成企业、海外旅游3家有限公司两新组织党支部，充分发挥党员在两新组织里的骨干作用；加强党员联系群众，印发1万余张党员联系群众“一卡通”；网格内做到所有重点户、在册户 “四必到、四必访”。开展“三严三实”专题学习研讨，开党课、做调研、督整改，班子成员开党课12次，撰写调研文章4篇（其中2篇被区委宣传部作为课题上报）。组织开展业务培训12次，切实增强基层队伍管理服务能力，以横河网格吴海燕“省级为民好支书”为例树起为民服务的标杆，引领基层书记队伍谋划基层新建设、助力蒲鞋市新发展。履行党风廉政建设党工委主体责任和纪工委监督责任。街道成立以来共开展正风肃纪专项行动3次，出动人员9人次，共检查单位16家，加大对不认真履职、执行不力等失职行为的问责力度，共发通报2起。围绕整治党建薄弱点巽山村支部，印发《蒲鞋市街道村干部管理考核办法》，规范落实村干部坐值班、请销假制度，深入实施“五议两公开”制度，有效约束村两委工作纪律。街道成立以来，巽山村已在村民中心召开3次村级重大事务会议，所有会议内容均递交党员大会审议。街道重点打造绿园、锦园、芳园网格红色阵地发展，以此为发热源，辐射其他网格观摩阵地、改造阵地、强化阵地。依托绿园家风家训教育基地及芳园五微园地等平台，积极开展党员慰问、红色基地观摩、党员帮扶、节日欢庆等党员活动，全面打造上陡门片区党建阵地“红色地毯”；拓展芳园市级残疾人阳光庇护中心，践行大阵地、微服务、溢幸福红色阵地理念。

【科教文卫】 2015年，街道创成全市主城区唯一一个省级文化强镇，深入推进“六城联创”，积极开展学院中路“美丽街区”创建工作。“美丽街区”区域面积18万平方米，涉及蒋家桥、青园、锦园、芳园、绿园五个社区常住人口近3万人。街道在绿园社区打造全市首个家风家训教育基地，成立全区首个街道道德风尚基金会。通过宣传载体，积极发动街区内各社区党员和群众志愿者队伍，成立“美丽街区志愿者”服务队，广泛组织开展 “幸福社区 · 邻里如亲”主题活动，举办 “蒲鞋市最美”系列民间道德评选活动。11月30日，邀请市民俗专家金文平为辖区学生开展民俗文化知识讲座；12月，在绿园社区家风分享会上，为辖区7位优秀道德风尚人物分别颁发和谐家庭奖、好婆婆奖、见义勇为奖、好媳妇奖、敬业奉献奖、助人为乐奖、孝老爱亲奖荣誉证书与奖金。街道通过形式多样的道德教育主题宣传活动，着力优化美化人居环境，营造辖区文明创建的氛围。

【创办残疾人小康 · 阳光庇护中心】 2015年，街道借助芳园社区平台，创办残疾人小康 · 阳光庇护中心。该中心使用面积1500平方米，是一家采用“托养+工疗”的助残模式，为社会智障及精残弱势群体提供服务的日托机构，设有生活照料、医疗康复、体育健身、文化娱乐、工厂作业五大功能，并配备相应的管理人员。中心旨在通过完善的设施，周到的服务，舒适的环境，鼓励更多的残疾人自强自立，走出家庭，融入社会。

【首创“道德风尚基金会”】 12月17日，“传家风立家训”主题分享会暨蒲鞋市街道道德风尚基金会成立新闻发布会在蒲鞋市街道绿园社区文化公园举行。蒲鞋市街道“道德风尚基金”由蒲鞋市街道牵头、社区发起，旨在唤起社会对道德问题的关注和重视，倡导社会道德风

绿园社区家风分享会　　蒲鞋市街道提供

尚，提高全民素质。该基金会初始资金5万元，均由民间爱心人士和单位筹集。

【青园网格消防安全体验馆落成】 12月24日，青园网格消防安全体验馆正式在天盛花园12幢1楼落成，并逐步向辖区居民开放。

（撰稿 楼缤嫔）

南郊街道

南郊街道行政区划图　　区方志办提供

【概况】 2015年9月，鹿城区行政区划调整，成立南郊街道。街道位于鹿城区南部，辖区范围东至南塘河，南至瓯海区梧田街道，西至瓯海区新桥街道，北至会昌河、温瑞塘河，总面积10平方公里。下辖龙方、东屿、里垟、葡萄、德政五大网格和西屿、三板桥、十里亭、丽庆、东龙5个社区及德政、里垟、葡萄、东屿、龙方5个行政村。有户籍5877户，户籍人口19769人，暂住人口41443人。年内出生159人，死亡65人，人口自然增长率4.8‰。男女性别比1：1。办事处驻洛河路10号。辖区工业总产值44.12亿元，其中规模以上企业45家，产值36.05亿元，同比增长9.8%；全年社会固定资产投资33.6亿元，超额完成任务数的140.32%。其中，工业性投资3.2亿元，完成任务数的114.5%。全社会销售额210.4亿元，其中限额以上企业112家，销售额145.03亿元，同比增长1.8%，排名全区第一。年内新增限上企业19家。街道服务业增加值28.94亿元，规上其他营利性服务业企业27家。限额以上社会消费品零售额66.49亿元，同比增长11.9%，完成人均可支配收入46123元，同比增长21.90%；完成温商回归资金12.84亿元，完成率为214.01%，排名全区前列，其中完成招商引资省外回归引进资金4.45亿元，完成率为171.08%，完成市外房地产投资额8.3928亿元，完成任务数的246.85%。年内，辖区完成退二进三企业9家。推进辖区低保、救助、殡葬改革、老龄、双拥以及“救急难”试点等各项工作，全年累计救助612人次发放救助65453元，全年计生生孕信息掌握率、计划生育率、免费孕前优生检测率分别达94.05%、95.15%、94.7%，征收社会抚养费117.5万元。

【城乡建设】 2015年，完成房屋征收项目启动、协议签订、疑难户化解等各项考核工作；启动德政牛桥底、S1线房屋征收项目2个；完成吴滨巷1家企业的疑难户化解；签订临转正正式协议440户，签订率88.89%，其中葡萄片区签订正式协议728户，转正率86.98%，东屿片区签订正式协议439户，转正率90.14%，牛山北路片区签订正式协议64户，转正率92.75%。11月13日，南郊街道完成了正式协议签订工作，全面完成“清零”任务，为市域铁路S1线一期（鹿城段）全线施工扫除了最后一块“绊脚石”。基础工程建设总计划投资额完成115794万元，完成率153.8%。新开工已完成1725套，完成93.7%。9月，东屿C—2—5地块安置房项目提前完成主体结顶，进入砌体、装饰装修工程的施工阶段，建筑面积36992.12平方米，共218户。11月，牛桥底一期附属工程完工，正式进入项目收尾阶段，总建筑面积约38055.5平方米，项目的完工将为牛桥底旧村改造提供211套现房。牛山北路进入竣工验收准备阶段，德政东路道路路面已通车；完成蛟凤北路桥梁工程桥面混凝土浇筑，道路工程进场施工。“三改一拆”城中村改造一类目标要求完成44户，街道已完成74户；二类目标要求完成23万元，街道已完成23.69万元。完成拆违面积44308平方米，完成率为105.5%；完成旧住宅区改造9.96万平方米、旧厂区改造10.43平方米。年内计划供地任务数159.01亩，完成四个项目共计147.11亩供地，完成率为92.52%。提前于2015年底启动德政牛桥底和龙方旧村的改造工作，召开德政牛桥底自然村改造动员大会，入户调查率100%，完成未经登记建筑的年限判读；龙方片区涉及双龙路拓宽和温州二十一中学扩建工程，入户丈量率达91%，

葡萄居住区9—1地块安置房外貌　　南郊街道提

完成图卡和建档工作；里垟村和德政村蛟尾堡旧村已进行前期宣传动员。完成温瑞塘河南郊段、葡萄棚河、蛟尾堡河等6条无违建河道创建任务，东屿片截污纳管项目完工验收。年度建绿、增绿任务均足额、超额完成。全年共新增绿地建设任务23200平方米、附属绿地23240平方米、立体绿化1100平方米；建成园林式小区1个，三化改造提升滨水公园1座，街道本级投入经费130余万元。完成龙方、葡萄、东屿3个村级居家养老照料中心建设，实现三板桥、西屿2个照料中心提升运行。葡萄居住区6—3、9—1、10—1、13—1地块安置房项目获“温州市文明城市创建工作先进建筑工地”一等奖。

【平安建设】 2015年，初信初访5件已全部报结，同时在全国“两会”期间成功劝返西屿1批1人次，实现全国“两会”期间“零非访”以及完成“9·3”大阅兵、桐乡第二届世界互联网大会安保任务。共整治出租房1393户，总整改率63.46%。其中，30人以上的49户，全部整改完毕。“双月”攻坚期间，共整改出租房273家，市里双月考核合格率达到94.8%。开展企业安全生产大检查行动，检查企业832家，共出动3360人次，涉及生产经营安全隐患的企业66家，已整改66家，整改率100%。完成12家街道本级重大事故隐患挂牌单位整治摘牌，2家区级重大事故隐患挂牌单位整治，完成28家小微企业安全生产标准化达标验收。辖区两抢案件下降77.8%，盗窃下降7.8%，命案发案数为0；矛盾纠纷排查数1909起，化解数1904起，涉及金额556.86万元，化解率99.74%。

【党建】 2015年，街道以党建工作责任制为要求，对照基层党建责任清单，一一梳理落实。强化基层组织“四项保障”①。完成村民中心建设任务。严把党员“入口关”，推行入党积极分子积分制，全年发展党员32人。抓好“三会一课”，推行固定活动日制度，狠抓支部生活会到会率。完成规上企业两新党组织拓展型支部创建。严格执行党工委中心组学习制度，通过“三严三实”“党章党规党纪”等专题学习，增强班子贯彻执行上级方针政策的自觉性和坚定性。大力培育后备干部，大胆提拔使用优秀、有潜力的年轻干部到基层网格、综治维稳、重点建设等急难险重岗位锻炼。

（厉绿茸）

大南街道

【概况】 2015年9月12日，鹿城区行政区划调整，原五马街道拆分，成立大南街道。大南街道东邻蒲鞋市街道与南汇街道，南临南郊街道，西接松台街道，北界五马街道。辖区面积2.59平方公里。下辖白鹿洲、山前街、花柳塘、廪师里、马鞍池、荷花、双莲桥7个网格（社区）和丰收、荷花2个经济股份合作社。户籍数23779户，户籍人口6.7万人，暂住人口17233人；常住人口8.98万人，人口密度超过3.4万人/平方公里，是全区平均人口密度的7.9倍。年内出生450人，死亡397人，人口自然增长率0.79‰。办事处驻荷花路292号。辖区企业1674家，其中商贸业761家；全社会商品零售额完成60.43亿元，全社会商品销售（营业）额完成120.66亿元；完成服务业增加值19.21亿元，同比增长5%；地区生产总值30.67亿元，同比增长12.1%；进出口12319万美元，同比增长14.99%；有效投资13.28亿元；建筑业43家，行政事业单位91家。花柳塘网格被评为2015

① “四项保障”：落实制度保障、舆论宣传保障、落实场所建设保障、落实经费保障。

大南行政区划图　　区方志办提供

年“温州市五星级幸福社区”“创建国家卫生城市市级先进集体”，顺利通过区级二星居家养老验收；双莲桥网格被评为2015年“温州市四星级幸福社区”“温州市五好关工委”；虞师里网格和荷花网格被评为“温州市三八红旗集体”“鹿城区精神文明建设工作先进集体”“鹿城区先进治保会”。街道获创建全国卫生城市先进集体、创建全国园林城市先进集体、创建全国生态模范城市先进集体、第三次全国经济普通先进集体等9个市级荣誉，有力推进新常态下“时尚大南、品质大南”经济社会赶超发展。

【城市管理】 2015年，街道实现10条河道8条道路无违建。全年拆违量达1.03万平方米，超额完成年度任务84%，通过“省级无违建街道”验收。完成龟湖截污纳管工程2.2千米；启动山前河、汇车桥、蝉河活水工程；完成4个滨水游园约8000平方米改造提升；丰收新村旧住宅区综合整治样板工程（涉及9.2万平方米980户2500余群众）顺利进场施工。街道通过了“温州市五水共治建设美丽浙南水乡示范片区”预验收。完成亦美大厦、景园大厦园林式小区工程，新增绿地0.18万公顷。开展环境卫生综合大整治26次，参与人员3600余人次，清理垃圾50余吨，获温州市“创建国家卫生城市先进集体”“创建全国文明城市先进集体”等称号。

【综合治理】 2015年，举办平安“四率”活动336次，禁毒活动168次，累计宣教6.2万余人次；开展矛盾纠纷“大排查大调处”活动，集中排查纠纷3793件，调处率达100%；全年录入省平安建设信息系统事件8947条，并通过信息排摸成功取缔辖区“心灵法门”邪教非法聚会点；依法依规、妥善处置旧货市场搬迁等8件突发性群体事件。全年累计劝返赴京、赴省上访等对象36批次44人次，刑事拘留1人，行政拘留4人次。完成十八届五中全会、第二届世界互联网大会等重点时期辖区重点信访对象的稳控工作，街道成立后未发生进京非访事件。各类消防及安全生产活动惠及15630人次，发放企业自查自报告知书109份，覆盖率100%；组织求生演练和知识培训37次，创成1家标准化三级达标单位、4家标准化小微企业，12人成功考取安全生产管理员证书；开展十大重点领域安全生产整治、周三消防夜巡等专项行动，排查生产经营单位1238家次，整改89处，改造老旧民房旧线路637户（包括公房），辖区因电气线路引发火灾数全面下降。街道被评为“全市安监系统先进单位”“市消防工作先进单位”。

【民生事业】 2015年，完成全民参保2994人，城乡、农村医疗保险参保918人。5人获鹿城区“社区好人”称号。新建的双莲桥社区文化礼堂通过区级二等文化礼堂复评。举办民俗展览、文艺演出、讲座等文化活动564场，获区优秀组织奖；全市首创“生育关爱幸福吧”；整合7个社区服务站点及13支队伍百余名志愿者，实现卫计服务全覆盖。全年社会抚养费征收当年、往年金额兑现率均达区定指标，累计征收金额达283.64万，再生育审批161件。

【党建】 2015年，设立街道微信图书馆，研读传阅《之江新语》等重要书籍，组织开展街道及社区各级党组织和党员干部各类专题学习，举办十八大精神传达、“三严三实”专题教育、法律知识学习等各类讲座培训140余次，《中国共产党廉洁自律准则》和《中国共产党纪律处分条例》两部党内法规累计学习达430余人次；出台《大南街道制度汇编》《大南街道党风廉政建设工作要点》，建立健全“8+2”网格运行管理体系；完善“红色成长指数”考评办法，建立入党对象基础信息库与重点对象库、入党积极分子登记表编码制、入党对象成长档案管理制。建立班子、网格、驻堂联络组对宗教界人士的三层联系机制，开展以“整改标志物、整治私聚点、户籍化管理”为重点的服务，妥善调处宗教问题和侨情调查，推进涉侨服务，加强侨联对外交流协作。打造“一域一群”党建品牌，构建6支“先锋联盟”党员公益服务团队，参与企业50多家，形成“党总支+联合党组织+企业党支部+拓展型支部”的组织架构。

2015年，街道站所累计下派人员61人，其中7位网格长平均年龄仅40岁，党员6人，九三学社1人。党工委、办事处深度介入网格事务调处，召开网格动员部署20余次，举办业务培训座谈11次，有效提升网格履职水准；搭建“2个综合窗口+N个条块岗位”的办件体系，落实“综合窗口统一接单、对口岗位各自领办；网格办件上门服务、异地居民预约办理”的流转模式；实施“网格工作人员上墙、上卡”双亮相制度，累计发放便民服务卡5000多份；落实网格周例会制度和网格、科室、站所联动工作机制，逐一挖掘推广网格24小时治安巡逻、网上“快速处置”微信群等做法，实现“两个90%”目标，即90%以上信息在第一时间采集，90%以上民生问题在网格内化解。

（巫一帆）

9月20日，新松台街道办事处挂牌　　松台街道提供

松台街道

松台街道行政区划图　　区方志办提供

【概况】　松台街道位于鹿城区中西部，2015年9月鹿城区行政区划调整前，街道北濒瓯江，南临塘河，东抵信河街，西至翠微大道，辖区面积10.11平方公里；下辖来福门、庆年坊、郭公山、月湖、翠微、广化、双桥、锦花、昌明、水心、桂柑、菱藕12个社区和松台、水心、双桥3个行政村及广化、九山2个股份经济合作社。辖区水域5条，分别为汇昌河1100米、西山河1000米、勤奋河1700米、九山外河1700米、水心河1200米，共计6.70公里；主要道路有勤奋路、雪山路、鹿城路、杏花路等。2015年9月鹿城区行政区划调整后，撤销松台休闲文化功能区，街道下辖来福门、庆年坊、蛟翔巷、郭公山、锦花、半腰桥、昌明、水心、桂柑、菱藕、茶花等11个大网格（社区）和松台、水心、2个行政村及九山股份经济合作社。辖境东至信河街、温瑞塘河，南至会昌河，西至勤奋河，北至瓯江北水道（含江心屿）。新街道于9月20日挂牌，办事处驻雪山路75弄33号。2015年，辖区有户籍21295户，户籍人口95762人，暂住人口44351人，年内出生597人，死亡449人，人口自然增长率为0.16‰。街道工业企业66家，完成固定资产投资29.73亿元，22.79%，完成率112.39%，其中工业性投资18.32亿元，同比增长20.38%，完成率118.1%；实现财政收入1.02亿元。商业、贸易企业853家，全社会消费品零售总额66.3亿元，同比增长8.3%，其中限上社会消费品零售总额5.3亿元，同比增长38.6%；外贸进口总额4322.17万美元，同比增长60.09%。全年，街道先后获得“市创建全国文明城市”“市创建国家卫生城市”“浙江省知联会示范单位”“市‘三改一拆’工作”“市消防安全”“双月攻坚”等多个市级先进集体称号；菱藕社区获“全国科普示范社区”“浙江省文明单位”“浙江省民主法治社区”“温州市五星级幸福社区”称号；桂柑社区获“创建国家卫生城市工作先进集体”“创建全国文明城市工作先进集体”称号；水心社区获“温州市民主法治社区”“温州市五好基层关工委”称号；庆年坊社区获“侨务文化基地”“温州市精品老年学习苑”“温州市精品文化礼堂”“温州市社会科学普及基地”荣誉。

【拆迁安置】　2015年，街道开展征地拆迁“清零”攻坚行动，九山1号地块改造工程2户疑难户实现了拔钉“清零”，临时协议签约率、旧房腾空率和拆除率均达100%，累计拆除旧房1.9万平方米，完成“临转正”57份。开展转而未供和闲置低效土地利用“百日攻坚”专项行动，完成转而未供土地9466.67平方米，完成率242%，启动低效土地41920平方米，完成率314.41%。布局开展河通桥保障性安居工程（二期）的改造前期工作，于1月29日召开改造动员大会。完成旧住宅区改造10.82万平方米，完成斋堂巷安置工程全部26户危房的异地现房安置工作；全部完成温州四中扩建工程10户危旧房拆迁户的临时协议签订工作，完成“临转正”9份，安置房交付使用9户；全年完成安置房认购35套，任务完成率269%。完成九山外河黑臭河治理工作并通过验收，超额创成5条无违建河道。共拆除各类违章1.11万平方米，完成率126.5%；新增城市绿地0.67公顷，完成立体绿化0.304公顷。

【民生与社会事业】 2015年，围绕社会保障、社会救助和社会帮扶三大体系，做好城镇居民最低保障工作，做到“应保尽保、足额发放”，实现低保户动态管理。基本实现城乡最低生活保障政策全覆盖，发放低收入家庭保障金60.3万元，医疗救助资金120.8万元；重视慈善款募集工作，松台慈善分会共募集捐款1316.78万元。辖区全年新增就业2337人，其中失业人员实现再就业424人。全面贯彻落实二胎审批政策，全年新出生597人，计划生育率94.03%；完成当年征收18例，往年征收50例。养老服务工作拓面提质，“爱心地铁”“时间银行”“银龄互助”等志愿者服务特色品牌彰显成效；“医养结合”居家养老模式开新篇，庆年坊社区联合温州市中医院创建社区医养结合试点。社会主义核心价值观深入践行，建成社区文化礼堂7个，创成市级精品文化礼堂1个。普及科学知识，强化科协工作，菱藕社区被评为全国科普示范社区，庆年坊社区创成市级社科普及示范基地。开展体育健身示范点、社区公共文化服务示范点等的创建工作，桂柑社区创成省级体育俱乐部，菱藕等三个社区申报市级社区公共文化服务试点单位。2015年超额完成征兵任务。

【综合治理】 2015年，围绕“百日维稳”攻坚工作目标，建立健全信访工作机制，实现初信初访回复率100%，3个村的历史遗留问题均建立了预案和解决方案。建立“第三方力量”参与信访案件化解帮扶工作机制，组建信访维权“帮帮团”，引导依法有序信访。深入开展矛盾纠纷“百千万”大排查大调处活动，依法调解温州鞋料市场摊位押金退还及丰泰小区产权办理纠纷案件。进一步规范协调辖区劳工关系，共受理并办结投诉案件136起，结案率100%，依法追发劳工欠薪234.57万元。全面构建社会治安防控体系，加大治安乱点整治力度，辖区刑事案件、“两抢”案件、入室盗窃案件同比下降9.4%、57.4%和81.5%。深入开展消防安全“双月”攻坚专项行动，整改555户，整改率96%；生产经营场所安全隐患整改53家，整改率98%。

【党建】 2015年，街道有党组织41个，其中1个机关党委、8个社区党委、2个村党组织（下设3个党支部）和30个两新组织党组织，共有在册党员2770名。构建现代基层治理大网格实体化运行模式，强化网格队伍建设，33名街道干部和43名部门派驻干部全部进岗到位；建立《松台街道大网格考核考绩办法》等7项工作制度；开展亮牌服务、上门服务、信息化服务等一系列便民服务工作，不断探索“代办服务”“预约服务”，收集代办预约民情事项1996件，办结1986件。深化“红色细胞工程”，狠抓党建品牌建设，推行基层“党建+”服务模式，借助邻里互助平台、微信群、微博等网络平台，“菱藕雨晴”党代表工作室被评为市联系服务群众特色品牌；严把党员“出入口”关，全面落实《党员星级管理办法》，新增党员10名，除名党员1名；取消预备党员资格1名。开展基层组织建设“百日攻坚”专项行动，严格村级党组织坐班值班、重大事项“五议两公开”制度，以水心村为试点，逐村指导开展规范化建设。扎实推进基层统战工作，获“浙江省知联会示范单位”称号，完成2015年度基层统战品牌示范点申报工作，庆年坊社区被授予温州市侨务文化基地；开展“三严三实”专题教育活动及党风廉政“一岗双责”，严格落实中央八项规定精神和省委“28条办法”“六个严禁”等有关要求，“三公”经费支出同比下降27%，全面清理机关超标办公用房15处230平方米。党的群众路线教育实践活动成果得到巩固。

【引进生命健康产业项目】 2015年，街道以生命健康产业集聚为重点，依托辖区区位和产业优势，引进温州老年病医院、台湾月子中心、八医产后康复中心等一批高端医疗、照护康复的生命健康产业项目，推进了松台生命健康产业集聚发展。

【城中村改造】 2015年，九山1号地块（电子元件城）城中村改造工程作为一期改造项目由松台街道办事处组织实施，于11月11日正式开工。工程东邻九山体育馆，南到鹿城路，西至广汇大厦，北接半腰桥路，占地面积14933.33平方米，旧房面积1.9万平方米。安置房工程总建筑面积63460 平方米，其中地上建筑面积44300平方米，地下建筑面积19160平方米。项目总投资39912万元。

【河通桥鞋料市场关停外迁】 河通桥鞋料市场建于上世纪80年代，是鹿城区较为典型的旧市场，市场布局、结构先天缺陷，存在极大的消防安全隐患。为贯彻执行市政府〔2014〕48号会议纪要精神，街道积极推进辖区旧市场征地拆迁工作，确保完成河通桥市场综合整治各项前期工作。6月2日，完成抵押金清退工作，河通桥鞋料市场全面关停外迁。

（项方毅）

广化街道

广化街道行政区划图　　区方志办提供

【概况】 2015年9月，鹿城区行政区划调整，增设广化街道。10月，广化街道正式成立。街道东临勤奋河，南至瓯海区景山街道、景山、翠微大道、过境路，西接翠微山、黄龙山、过境路、翠微大道，北抵瓯江，总面积4.1平方公里；辖区水域5条，共计7.78公里。下辖月湖、教场、翠微、双榕、集善、特陶、双乐、集新8个大网格（社区）、1个行政村及广化股份经济合作社。街道办事处驻新桥头美组团16幢。辖区有户籍11589户，户籍人口32421人，暂住人口6465人。年内出生277人，死亡数224人，人口自然增长率0.01%。2015年，辖区工业企业46家，完成固定资产投资13.72亿元，完成率89.69%，其中工业性投资6239万元，完成率124.8%；实现规上工业总产值6437万元，同比增长6.7%；商业、贸易企业687家，限上社会消费品零售总额2.41亿元，同比上升2.2%；服务业增加值18.57亿元，同比上升1.3%。

【征地拆迁攻坚】 2015年，街道开展项目征地拆迁“清零”攻坚，广化南路项目取得规划红线并提请选址意见书的申领，完成初步设计方案评审并调整设计方案启动施工图编制工作，向国土部门提出用地预审申请，进入申请立项临转正工作阶段；成功拆除温州商贸城改造提升北片一期工程范围内鞋料B区17000多平方米违章建筑，E—1地块建设完工，C—12主体结顶，进入附属设施的施工阶段，剩余未签订协议的2户已进入司法征收程序；双桥村下桥自然村保障性安居工程涉及拆迁户256户，旧房面积53272平方米，完成签订临时协议书374份，腾空374户，签约率95.7%，累计拆除旧房7.5万平方米；扎实推进“三改一拆”“四边三化”“五水共治”等系列重点工作，共拆除各类违章44029平方米，完成年度任务的112.1%；拆除违章棚（屋）1000多平方米。对辖区4万多平方米的绿化进行全面管养；完成旧住宅区改造6.2万平方米；打造精品样板小区1个（新桥头真组团）；新增停车位563个，惠及居民1460户。

【民生服务】 2015年，街道围绕社会保障、社会救助和社会帮扶三大体系，有序开展扶贫、养老、再就业工作。累计发放低保保障金245.6万元，为223人提供了医疗救助，发放救济金45.2万元，为173户居民进行了廉租住房保障申请及年审。新增就业人数1120人，228名失业人员就业上岗，123名就业困难人员实现再就业。提升居家养老服务，街道4个居家养老服务中心通过区民政局的星级复评验收，其中3星级1个，2星级3个。根据准入流程向区民政局提交审批，针对原广化、月湖、双桥及翠微4个社区的特定居民进行的脑卒中筛查项目申请，属区级首例。完成大网格审批便民事项梳理和下放，共涉及27项民政、19项残联、5项红十字和17项计生等审批事项；深化流动人口计划生育基本公共服务均等化工作，完善新居民计划生育服务中心建设，单独政策推行以来，单独再生育审批共32例。

【综合治理】 2015年，围绕“百日维稳”展开工作。健全信访积案、要案、大案、急案处置机制、应急机制和预防机制，成功化解区信访督查“百千万”专项行动信访件5件，接待广化路改建区“安置提速”联络小组500余人，并妥善稳定涉及4000余户的原广化村村民反映村干部侵吞、盗卖集体财产上访群体。1—11月，辖区刑事治安案件同比下降7.11%，“两抢”案件同比下降79%，盗窃案件同比下降21%，公共安全明显改善。整改居住出租房155户，整改率94%；整治合用场所1家、其他生产经营单位31家，整治率100%。完成企业、居住出租房安装“漏保”名单摸底工作，配齐辖区30人以上群租房的“四要件”，并继续推进辖区城中村消防安全综合整治，对双桥村等区域“低小散”“三合一”企业和居住群租房、违章建筑进行综合整治。劳资纠纷案件解决7件，追讨拖欠薪水32.5万元。

10月，广化街道办事处成立　　广化街道提供

【科教文卫】 2015年，街道围绕“以文创收”的工作思路，全面推进辖区休闲、旅游、宗教等方面工作的改革和建设。推进“同心同行·共建和谐”活动，创成太平寺为5星级宗教场所、西门天主教堂为2星级宗教场所；落实“五进场所”“十大举措”，其中太平寺的成效作为全省样本推广；承办“同心同行·共建和谐”全省现场会示范参观点太平寺布置；引进台资开展“温州龙汇美食广场”项目；积极谋划具有温州特色的“时尚外滩”，打造温州西片区域经济的新亮点“望江乐园”；改造提升翠微山西部山体及周边设施打造的追思革命先烈的“红色文化园”、宗教文化的“宗教文化园”、倡导健康文化的“武术文化园”、体验商业文化的“百叶文化园”；催化789时尚生活街多元业态的形成，培育“辐射能力强、带动效益好”的鹿城西部城市休闲中心。改造广化桥路老工业片区，通过注入文化商务、创意旅馆、动漫体验等新兴文化产业，打造温州广化老街文化旅游街区。完善辖区教育基础设施“增、改、扩”工作，重点完成双桥教育用地16633平方米。

【党建】 2015年，街道共有在册党员1236名（其中，社区党员915名、农村党员97名、两新党员157名、机关党员67名）。下辖1个机关党委，5个社区党委、2个社区党总支、1个社区党支部，1个村党总支，17个两新组织党组织。新建教场社区文化礼堂12月初通过市宣传部验收，双桥、集善（原广化社区）2个文化礼堂开展青少年活动、我们的节日、社区教育课程、理论宣讲、文化礼仪相关活动共83次，向省宣平台、鹿城新闻网等网上平台报送礼堂活动信息246条。深入挖掘“最美”人物典型，获评“社区好人”4名。探索建设党员发展和管理星级化模式，按照中组部《发展党员工作细则》，制定《党员星级管理办法》，建立党员（入党积极分子）成长星级档案，全年共有5名入党积极分子按照星级管理程序发展入党。单独设立青年党支部，在青年支部试点组织生活身份证刷卡签到制度。各支部书记带头组建红色走访团。“七一”期间，共慰问、走访党员318人。强化新闻媒体宣传，在《温州日报》《温州商报》等市级媒体刊登新闻16篇，在《今日鹿城》刊登新闻30篇，在温州新闻网、鹿城新闻网、浙江省宣传平台报送发布信息300余条。引导、规范市民监督团队伍，发动市民提供线索配合开展督查，上半年共提供线索13条。在“鹿鸣问政”平台解决投诉问政12条。制定并落实年度党风廉政建设责任制，为街道机关66台电脑安装廉政屏保，筑牢拒腐防变“防火墙”；建立街道“廉情档案”，对干部8小时外的生活圈进行监督，累计开展正风肃纪专项行动5次，检查16个网格、2个村、15家基层站所，有效强化街道机关办事效能。

（狄震宇）

双屿街道

【概况】 双屿街道位于鹿城区西

双屿街道行政区划图　　区方志办提供

部，2015年9月区行政区划调整后，东至翠微山、黄龙山、翠微大道，南至景山、瓯海区郭溪街道，西至下岭山、嵇师新街（山后路）、卧旗大河（西排河道），北至瓯江。辖区面积13.13平方公里。下辖营楼桥、瓯浦垟、康龙、黄龙、垟田、牛岭、新泽7个社区和营楼桥、瓯浦垟、箬笠岙、垟田、牛岭、双岙6个行政村。办事处驻温金路138号。街道总户数13609户，户籍人口3.04万人，常住人口数10.48万人，人口自然增长率8.28‰。全年共征收社会抚养费42例，征收金额310万元。上报信息74篇，其中，被《中国人口报》录用1篇，省级12篇、市级31篇。实施《新居民积分制管理实施细则》等4个新居民管理办法，受理申请解决子女就学等方面的850件。开展新居民志愿者服务3300余人次。建成4个社区文化礼堂和6个社区文化服务中心。辖区全年工业总产值84.05亿元。规模以上企业219家，产值36.04亿元，万元产值能耗降低率3.2%。全社会固定资产投资完成20.13亿元，工业性投资3.87亿元，技改投资2.96亿元。完成全社会销售额128亿元，其中限额以上企业16 家，销售额26.07亿元。批发零售住宿餐饮业全社会零售额61.26亿元。服务业营业额1.95亿元，同比增长63.3%。完成退二进三企业38家。温州昆仑鞋业退二进三的温州进口商品直销中心已全面启动招商工作，共有来自北京、杭州、上海、义乌、青田以及温州本地30多户侨商入驻。国际轻工淘宝城即将进入正式营业阶段。街道驻有温州首家在香港H股上市的康宁医院，先后发行2024万股，共募集资金7.8亿港币。

【城乡建设】 2015年，投入4.75亿元完成西中央涂A—2、牛岭16—1、双岙A—47、A—48、A—49号地块安置房和丰门河整治、黄龙片区北排、双屿客运站天桥；推进鹿城区公共卫生大楼、郑桥广场、园区路、马坑路、江滨B线2号箱涵、温化生活区危房改造一期等工程；完成城中村改造一类目标315户、二类目标12.52万平方米；完成临转正373户，化解疑难户32户。温化生活区危房改造一期工程共征收473户，旧房已全部拆除，温化生活区危房改造二期化解疑难户30户；宁波路二期5户及宁波路二期丰门河桥扩拆地块13户、宁波路二期工程安置房工程地块3户、市西片污水处理厂1户完成清零；中央涂改造项目当年签订临转正协议93户（累计临转正150户），完成疑难户化解2户；牛岭、垟田、瓯浦垟3个旧村改造项目整村入户丈量均达到97%以上，牛岭完成房屋年限核对402宗，垟田完成房屋年限核对269宗，瓯浦垟完成年限核对311宗。街道共拆除违章22.06余万平方米，完成3个山体公园建设，园林绿化总面积13660平方米；完成康兴路沿线小区出入口及公共花坛等13个节点绿化改造；完成白点覆绿整治11处；完成私坟生态改造44座。主干道占道经营、流动摊贩取缔率达100%；次干道、村（居）内整治率达80%以上；临时占道审批许可量减少50%。治理垃圾死角17519处，清理垃圾量30833方，面积达23932平方米。辖区五大片区截污纳管工程已全面完成并投入使用。完成丰门河卧旗大河至岩门旧村段河道治理工程，丰门河垟田段河道疏浚工程已进场施工。

【综合治理】 2015年，街道开展矛盾纠纷排查化解活动，共接待信访71批546人（次），批次同比下降37.8%，人次同比下降62.8%。受理各类信访案件26件，其中初信初访16件，重复访10起，累计办结22件，结案率85%，全年无发生“进京赴省”非访事件。

2015年，街道创新建设应急指挥中心，结合大网格化管理，推进平安建设、基层治理、消防安全隐患整治等工作。创新推行月末月初全民治安网格大巡防制度，形成以“公安警力防控、街道综治应急力量防控、网格村居群防群治队伍防控”为主，社会志愿者队伍、物业人员、保安人员、宗教场所负责人等为辅助的“3+X”巡逻防控体系。全年指挥中心合计处置各类事件1万余条。排查调处各类矛盾纠纷1142起，成功处置重大不稳定因素18起。辖区刑事治安接警数、“两抢”数、火灾报警同比分别下降19.6%、56.18、37 %。全面推进消防六大体系建设，共组织55次联合执法，拆除消防安全违章点365处，共计拆除违章面积20.64万平方米。查封125家隐患劳密企业，取缔无证照生产加工单位305家。其中，工商取缔166家。累计开展各类安全培训48745余人次。辖区100人以上出租房整治率100%，30人以上出租房整治率89%，通过省级消防安全挂牌督查。

【党建】 2015年，建立街道科室抽查、大网格每日督改、村里专人微信群汇报整改情况的工作方式，落实村级坐值班、联席会议、财务联审联签、重大事项“五议两公开”等制度，规范村干部管理考核办法，通过网格的盯紧看牢，加强基层组织规范化运行，提升村级组织的战斗力。全年开展各项教育讲座、舞蹈音乐、创意手工等各类培训活动50余次；依托党员志愿驿站，开展各类惠民志愿服务活动137次，征集微心愿280余个，处置民情诉求5364件。7月29日晚，由鹿城区委宣传部、区文广新局、双屿街道联合举办的“纪念抗日战争胜利70周年暨庆祝八一建军节庆祝活动”在双屿鞋都文化广场举行。

【联合主办“温馨杯”歌手复赛】 5月12日，由市文化宫、鹿城区区委宣传部、区文广新局、双屿街道办事处联合主办的“工友之声唱响温州”第八届“温馨杯”歌手大赛复赛在鞋都文化广场拉开帷幕。来自13个省的40名选手参加为期两天的复赛，近千名新居民观看了第一场复赛。从海选到初赛历时两个月。经过复赛，胜出的选手于8月又进行决赛。

5月12日，“工友之声 唱响温州”第八届“温馨杯”歌手大赛复赛在鞋都文化广场拉开帷幕　　双屿街道提供

【“体彩杯”获奖】 7月10日—12日，浙江省体育局等主办的“体彩杯”2015年第十届浙江国际传统武术比赛在浙江黄龙中心举办，双屿街道瓯浦垟健身队（温州市五星级健身示范点）获铜牌10枚，银牌19枚，金牌28枚和发展武术运动三等贡献奖和最佳运动队奖，全队获得4座金杯和1座银杯等成绩。

【“魅力广场·与梦同行”活动】 2015年，街道在鞋都文化广场以每月固定两场，特殊节日外加场的形式，分别开展以“魅力广场·与梦同行”“我们的节日—重阳节”“我的节日”“我们的舞台 我们的风采”为主题的文艺表演、志愿者义务等活动。在鞋都文化广场以及各个网格平台一并展演。

（虞长云）

丰门街道

【概况】 2015年8月15日，丰门街道正式批复成立。街道位于鹿城区总部经济园，区域面积12.37平方公里，东至瓯江，南至卧旗大河（西排河道）、嵇师新街（山后路）、下岭山，西临瓯海区郭溪街道，北至仰义街道。下辖前陈、金竹、鞋都、丁桥、新屿5个大网格和金竹、鞋都、丁桥、新屿4个社区及嵇师、

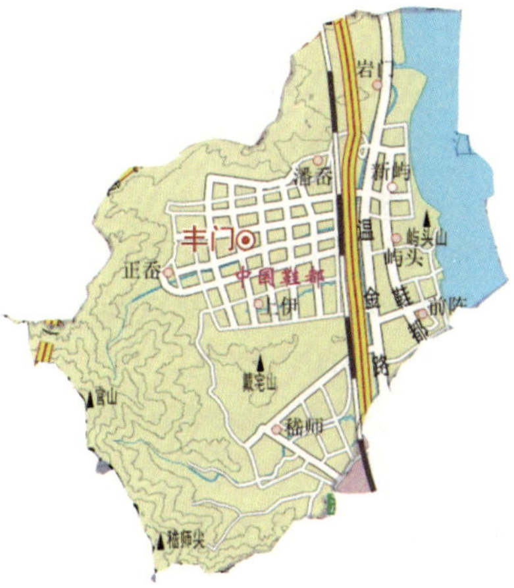

丰门街道行政区划图　　区方志办提供

前陈、屿头、岩门、正岙、潘岙、上伊7个行政村。街道办事处驻鹿城总部经济园A12幢。辖区总户籍3299户，户籍人口数12198人，常住人口173519人，年内出生率10.85‰，死亡率5.01‰，人口自然增长率5.83‰。有工业企业1525家，工业总产值170.58亿元，其中规模以上企业107家，产值110.38亿元。规上工业企业万元产值能耗降低率11.4%。规模以上商贸企业14家，批发零售住宿餐饮业全社会销售额（营业额）68.72亿元，其中零售额34.77亿元。2015年，街道全社会固定资产投资完成9680万元。其中工业性投资1737万元，技改投资1095万元。

【平安建设】 2015年，街道以消防安全为重点，全力推进十大重点领域安全生产专项整治行动。每周对各社区开展消防安全隐患督查工作，牵头开展综合执法30次，整治无证照生产经营场所276家、隐患企业655家、非法食品经营单位176家。以“大网格”管理为基础建立社区信息情报网络，及时了解掌握各类不稳定因素和动态，每季度开展一次不稳定因素情况联合排查行动，对辖区潜在不稳定因素进行摸排，建立健全重大不稳定因素风险

评估机制；建立领导接待日和包案制度，积极化解各类纠纷和信访案件。全年各类纠纷案件受理数138件，涉及人数781人、金额559.73万元，案件数同比下降49.3%；信访案件16批16人（次），批次和人次分别同比下降11%和80%。

针对区级的治安乱点嵇师村，街道召开乱点整治专项工作动员大会及推进会，与公安部门一起牵头，联合多方力量开展专项整治行动，推行厂厂联防、户户联防、亭亭联防机制，整治成效显著，得到了市政法委领导的肯定，并在《温州政法》上刊发。

【民生事业】 2015年，街道完成2家村级居家养老服务照料中心建设并通过验收；完成私坟生态改造12座；全年完成无偿献血1454人；无偿提供村级卫生服务用房，完成岩门村卫生室一体化建设；推进地名工作，在完成道路命名的基础上，做好门牌编制与安装。

【综合治理】 2015年，城市管理队伍及保洁队伍全部入驻大网格，出台两项考核方案，落实责任到位，深化“一把扫帚扫到底”运作模式；组织开展大型环境专项整治20余次，“两无三化”整改率、主干道占道经营和流动摊贩取缔率均达100%，绿化养护74500平方米。完成夜市摊点规范化管理，实行工业垃圾处置有序管理，每日平均消纳270吨以上各类垃圾，切实解决了辖区“垃圾围城”问题；以河长责任制为抓手，加大黑臭河整治力度，7条河道共投资3300万元以上，取得较好的整治效果。其中，上伊河段、正岙河段、潘岙河段、屿头河段、丰门河（丰门段）基本完成，其余河段完成量均在60%以上，截污纳管工程已基本完成；治理垃圾死角1661处，面积达21160平方米；对辖区垃圾坞进行统一编号改造提升，完成整改果壳箱1295个；实施公厕改造提升，规范公厕标识标志统一设置，完成提升5座；辖区顺利通过国家卫生城市、环保模范城市复检及省级河长制督察。拆除各类违章建筑16.66万平方米，在不到一季度的时间里将拆违进度从拆分时的57.8%提升到100.4%，超额完成任务；配合推进仰义至双屿段公路建设工程、岩门制革基地改建工程、双藤公路项目、绕城西南线工程等，开工建设岩门片市政配套一期工程，完成50%；开展交通环境整治，联合各职能部门对330国道周边占道经营摩托车店开展专项治理，改善铁路卡口交通现状。

【党风廉政建设】 2015年，街道以落实党风廉政建设责任制为重点，围绕服务经济社会发展大局，采取有效措施，营造政治严明、风清气正的工作氛围，树立勤政廉政的良好形象。认真落实“一岗双责”，街道党工委主要负责人，切实履行党风廉政建设第一责任人的职责，做到重要工作亲自部署、重大问题亲自过问、重点环节亲自协调、重要案件亲自督办；班子成员各司其职，各负其责，研究部署和落实分管范围内的党风廉政建设工作。进一步完善考绩办法，领导班子以身作则，进一步发挥导向激励作用。同时针对街道大网格运行新模式，制定下发《丰门街道大网格纪检员工作职责的通知（试行）》，明确规范大网格纪检员工作职责，并签订大网格廉政效能建设目标管理责任书。深入学习贯彻《中国共产党廉洁自律准则》和《中国共产党纪律处分条例》，领导班子参加为期2天的集中培训并撰写心得体会，每月组织党风廉政教育活动。深化农村党风廉政建设，严格落实村帐街道代理制度，开展农村财务账户滥设、村务零接待、工程项目招投标等自查自纠，建立党员管理“十条红线”，对党员轻微违规行为进行告诫，对不合格党员进行严格处理。

（毛飞龙）

仰义街道

仰义街道行政区划图　　区方志办提供

【概况】 街道位于鹿城区中部，东北濒瓯江，南连丰门街道，西靠藤桥镇。辖区总面积28.09平方公里。境内有104国道、330国道、金丽温高速公路、金温铁路、温州绕城高速以仰义为枢纽，与金丽温高速相接。2015年，街道以104国道为界将辖区12个行政村、1个居民社区联合组建成渔京、里河、澄龙、仰新、西山5大网格，其中渔京网格下辖渔渡、后京、前京3个行政村；里河网格下辖河岙、十里2个行政村；澄龙网格下辖澄沙桥、龙川、陈村3个行政村；仰新网格下辖仰新社区；西山网格下辖垟山、林里、钟山、馒头驻4个行政村。办事处驻沿兴路142号。街道户籍5893户，户籍人口19869人，暂住人口51907人。年内出生233人，死亡109人，人口自然增长率6.24‰。计划符合率86.7%，男女性别比为130：100。全年征收社会抚养费31例，征收金额249.22万元。街道农业总产值2901万元。农业以种植蔬菜、水稻、水果为主，耕种面积4732亩，建有蔬菜基地1582亩，大棚种植625亩；山区花卉基地249亩；林业用地面积1608公顷，森林覆盖率达49.2%。辖区有五金、服饰、印刷等工业企业4021家，其中工业1656家，批零、住宿业1632家，服务业535家。实现工业总产值 99.85亿元，其中规上工业总产值47.1亿元，同比增长19.7%，全年固定资产投资32.05亿元，其中，工业性投资6.67亿元。2015年，完成消费品零售总额31.01亿元，同比增长15.3%，其中限上社会消费品零售总额11.1亿元，同比增长56.9%；完成消费品销售总额62.4亿元，同比增长11.8%，其中限上社会消费品销售总额8.5亿元，同比增长4.7%；完成服务业增加值6.99万元，同比增长5.9%；市外房地产项目累计到位资金16.21亿元，省外回归到位资金累计6.16亿元，总到位资金22.36亿。全年，街道开展驻企服务、企业技术改造提升、“三转一市”（一个村居一种战略，根据不同村居存在的问题，制定不同的整改、提升措施）等工作，帮扶企业解决问题112件；协助做好企业技术创新，优化辖区产业结构，推进经济转型发展。同时，依托金牛工贸有限公司，打造一个纪念币文化交易中心，建立了一个电子商务平台，从淘宝、微商等方向入手，带动辖区居民的参与，在传承文化的同时，推进金牛工贸的零售额增长20%以上。街道曾获浙江省群众体育先进单位、浙江省“全民健身与奥运同行”片区“种文化”活动暨全省职工迎奥运健身活动二等奖、省级社会治安综合治理先进集体、浙江省体育强镇（乡）、省第二次全国R&D（科技研发投入）资源清查先进集体、全省“811”①环境污染整治工作先进集体、第二次全国农业普查先进集体、第三届全国食品安全知识竞赛“集体组织奖”、第六次全国人口普查先进集体、档案工作目标管理省一级认定单位等省级荣誉称号。

【城乡建设】 2015年，辖区重点工程主要包括林里片区低丘缓坡利用项目、洞桥制革基地旧片区改造工程、仰双公路改建工程、104国道西过境公路改造工程、双藤公路改造工程、绕城高速西南线鹿城段改建工程、瓯江西延线工程、乐清湾支线工程、农房集聚建设工程、甬台温天然气管道工程等18个大项36个子项，已拆除旧房约39.1万平方米，启动安置房建设50.1万平方米，其中结顶面积31万平方米，竣工面积11.5万平方米（768套），交付582套，临转正403户，并完成81.55亩的土地报征及825亩土地报征材料的组件上报。尤其是330国道改建工程，在历经多次政策、红线、路线不断变更等不利条件下，共拆除房屋268户，建筑面积5.36万平方米，真正实现无障碍施工。全年，拆除违章建筑20.64万平方米，新增绿化面积3.35公顷。

【民生服务】 2015年，街道以安民、利民、惠民为主旨，围绕民生抓服务，每月坚持开展“春风化雨润民生、一心一意办民事”等系列活动，惠及群众5.3万人次。持续推进社会养老服务体系建设，新增农村居家养老服务中心3个，其中后京村居家养老中心成功创成市级示范点。

2015年，辖区共有低保户46户，其中“五保三无”8户，持证残疾人410人，其中无固定收入残疾人84人。全年慈善资金认捐42.13万元；联合民政部门对辖区低保户、困难户、优抚对象、三老、支宁反温人员、残疾人特困户、重度精神残疾人及特困老人等共计215户进行走访慰问，为其送去500至1500元不等金额慰问金，共计17余万元。以“阅读有爱”公益助学活动为载体，开展2015“阅读有爱”大型公益助学活动，为辖区的63名学习优秀但家庭困难、单亲家庭、残疾人家庭的学生及贫困新温州人子女，每人送去1张价值200元的读书卡，共计助学金1.26万元。

【综合治理】 2015年，街道共调解

①“811”：全省八大水系及运河、平原河网，“11”既指11个设区市，也指11个省级环境保护重点监管区。11个省级环境保护重点监管区包括椒江外沙、岩头化工医药基地，黄岩化工医药基地，临海水洋化工医药基地，上虞精细化工园区，东阳南江流域化工企业，新昌江流域新昌嵊州段，衢州沈家工业园区化工企业，萧山东片印染、染化工业，平阳水头制革基地，温州市电镀工业，长兴蓄电池工业。

矛盾纠纷871件。调处率、成功率连续6年实现双百目标。同时，完成全国及省、市、区“两会”与百日维稳攻坚大会战期间的信访维稳工作，实现十八届五中全会、第二届世界互联网大会等重要时期“零上访”。强化维稳应急体系建设，挂牌成立政府110指挥中心，组建“仰义群众”维稳信息员队伍。8月5日，召开全市维稳体系建设试点现场会，完成市委维稳办全省维稳“一三五”②处置规范建设现场会任务。

【党建】 2015年，街道以“规范化”为落脚点，在现有村级组织活动场所的基础上，突出务实管用原则，坚持新建与改扩建并重，整合农村公共资源，推进12个村村民中心建设。同时以“菜单式”自选清单模式，开展特色组织生活、党群公益课、文体娱乐、红色志愿服务等各类活动，发挥党在农村生活中的核心引领作用。保障基层组织生活会“量”与“质”，以固定活动日等形式，全面落实各村居每月一次开展组织生活会。同时根据未参会党员的不同性质，分门别类，因人制宜，采取“送学上门”“集中补课”等形式，保障“量”与“质”同比增长。坚持“一村一策”（一个村居一种战略，根据不同村居存在的问题，制定不同的整改、提升措施）、分类指导、重点突破，逐村（居）研究制定整改计划，针对不同村居的个性问题和共性问题，多措并举，真正实现整改到位，全面整转。

【社科文卫】 2015年，辖区有中学1所，公办小学2所，民办小学1所，幼儿园7所。仰义二小已创成国家级特色足球学校和第一批全国学校体育工作示范学校。改建8人制足球场1座，总投资70万元，面积2000平方米。街道共有1个社区卫生服务中心、2个卫生服务站以及13个村级卫生室。全年查处非法行医及“两非”案件17例。开展“情系环卫工”公益活动，为辖区困难环卫工进行慰问共开展临时救助8例。

【打造时尚体育特色小镇】 仰义时尚体育特色小镇以西郊森林公园、东方仰义乡村俱乐部、仰义水库等资源为依托，结合鹿城西部旅游提升规划以及仰双片区林里单元的建设，三年建成集生态旅游、户外运动、休闲度假、健康养生、文化旅游、科普教育等功能为一体的高品质综合型时尚体育小镇，进一步提升省级旅游度假区品位。截至2015年底，该小镇已完成初步规划设计和实施方案，并大力制作招商宣传片和招商手册，力促招商引资项目落地。

【持续推进社会养老服务体系建设】 后京村居家养老服务照料中心于2014年8开始建设，2015年5月完工。总建筑面积1100平方米，总投资280万元，是一家集生活照料、医疗卫生保健、精神慰藉、文化教育和体育健身等于一体的村级老年人服务中心。

【推进林里低丘缓坡利用项目】 林里片区低丘缓坡利用项目是全省山坡地利用的试点项目，总规划面积约775.75公顷，定位为山水田园城镇，宜居生态大城。2015年，全面完成了规划范围内可利用土地415公顷的丈量，土地征用78.23公顷，其中22.68公顷成功挂牌出让。这标志温州西部山地生态新城的建设正式启动。

11月3日，区委副书记、政法委书记洪文滨调研政府110指挥中心　　仰义街道提供

② “一三五”：一个预案、三项机制、五类流程。一个预案，即制定各类突发事件处置的总体框架，规范突发事件处置的基本原则、事件分级、组织领导、工作要求。三项机制，从不稳定因素的信息掌控、研判到应急联动处置形成一套系统工作机制，发挥支撑作用，提升有效处置各类突发事件的能力。五类流程，针对辖区内劳资纠纷、非正常死亡、突发暴力、重点工程建设、大型活动等事件分别制定规范流程，提高应急处置能力。

【社会治理信息化】 2015年，仰义街道将维稳民情处置中心、社会服务管理中心与110指挥中心统一整合为政府110指挥中心。中心通过企业网络、派出所内网和外网全球眼实时掌控全区，借助信息系统指挥平台（政府110平台）对接警获取的各类预警信息进行分析，现场剥离，现场派单，真正打造出一条直通快速反应的处警绿色通道。

（谷聪聪）

藤桥镇

藤桥镇行政区划图　　区方志办提供

【概况】 藤桥镇位于温州市鹿城区西部，东接仰义、南濒瓯海、西临丽水青田、北接永嘉，距中心城区约15公里。主要交通线为330国道、渔藤公路和金温铁路。2015年9月，行政区划调整后镇域面积102.42平方公里。行政区划调整后的藤桥镇成立新藤、藤南、南雅、上戍、戍浦、岙底等6个大网格及樟村、垟岸、后垟、陈良、金马、底山根、北岸、埭马、底垟、油岙、下庄、石垟、南岸、石埠、上寺西、林山、新村、桥上、雅漾、上埠头、大潭、大塘、潮济、坑古、山岸、方隆、东村、支岙、坎上、营上、岭下、戴宅、下岸、潮埠、枫林岙、西湾、前林、竹桥、上桥、外垟、下巨、渡头、周徐、江心田、白脚坳、三新、上皮山、丁埠头、吊降、田塘头、底坦、江池、呈岸、林路、小岙55个行政村和1个藤桥居委会。藤桥镇政府驻藤桥南街183号。辖区有户籍15087户，户籍人口50719人，暂住人口3.47万余人，年内出生524人，死亡261人，人口自然增长率为5.52‰。耕地面积2.33万亩，林地面积10万亩，农业产值2亿元，农村居民人均纯收入12088元，增长8%。农作物播种面积3.7万亩，粮食生产播种2.4万亩；粮食总产量9989吨；肉类总产量7163.16吨。全镇粮食功能区4920亩和标准农田5140亩；新增土地流转面积145亩。全年实现工业总产值75.4亿元，增长8.2%；全镇累计完成固定资产投资额15.8亿元，增长59%；社会消费品零售额18.2亿元，增长17.6%；税收总收入3.68亿元，其中，公共财政预算收入5283万元，地方财政总收入8423万元。藤桥镇以泰新街、南街、戍浦南路等商贸街区为重点，建成商贸、金融、文化、餐饮、社区服务等功能相对齐全的服务网络。依托岩雅山风景区、红十三军旧址、田塘头爱国教育基地、西坑革命烈士纪念馆、驿头中加友谊馆、老鼠山文化遗址等自然风光和人文资源，编制藤桥旅游总体规划，促进都市休闲旅游和生态观光旅游。人口与计生工作，十项基本指标基本完成，社会抚养费征收149例达298万元。办理第一胎生殖健康服务证225人，暂住人口婚育证198人，独生子女父母光荣证162人，受理独生子女及两女户社会养老保险368人，奖励扶助85人次。

【城乡建设】 2015年，完成西都锦园、藤园景苑、青藤家园三个项目（不含山福）投资额3.346亿元，完成率474.6%，完成投资额9.34亿元，回笼房款4.5亿元。三个项目主体全部完工，其中，藤园景苑竣工验收，西都锦园已通过验收并交付使用，南岸青藤家园完成主体预验收，正在附属工程施工。基本完成藤桥镇（轻工园区）污水处理厂老镇区接管工程建设，完成藤桥镇污水提升泵站工程建设总工程量的85%和藤桥老镇区污水管网整治工程总工程量的60%。承接市区级示范小微园建设项目3个，鹿城科技大厦项目进场施工。瓯江治理一期工程在建中。完成征地政策处理，工程建设进展顺利，累计完成投资约2.9亿元。门前山中通物流小微园一期、二期地块成功挂牌出让。鹿城装备制造小微园启动招拍挂工作。完成石鼓山水厂、甬台温、金丽温天然气输气管道工程市级“清零”任务。完成500千伏温西变工程及附属220KV线路、35千伏线路工程征地及建设。乐清港铁路支线工程完成外垟村、下岸村征地协议书签订，工程安置地块正进行组件报征，落实宅基地异地安置18666.76平方米。全面提升农村联网公路建设共计17.1公里。通过联合执法整改造纸厂15家，拆除腌塘240只，完成年存栏50头以上养殖场整治16家。开展“三改一拆”拆违行动40次，累计拆除违章建筑

325件共14.5平方米，创成无违建道路3条，限期完成十大违建工作。完成四条黑臭河违章拆除面积1790平方米，创建戍浦江和玉林溪2条无违建河道；完成5个滨水公园和6个小游园建设。打造精品线1条、精品村3个，续建精品村2个，创成市级历史文化村落（点）2个和区级历史文化村落（点）4个。累计拆除559座私坟。推进公益性生态公墓建设，审批5个公益性生态公墓。全年5个新建村和8个扩面提升村，已完成招标12个，开工建设11个。

【综合治理】 2015年，藤桥镇累计排查调处各类矛盾纠纷462件，涉及人数987人，涉及协议金额647.5万元。办结各类投诉欠薪案件处理案件149起，追回被拖欠工资677余万元。结合消防百日攻坚专项行动及“双月”行动，开展“大排查、大整治”与网格化大排查工作。深入推进“双月攻坚”专项行动，安装“漏电保护装置”的数量达1694户。完善森林防火、动物防疫、防汛防台、农产品质量安全、农机安全五大农业公共安全防御体系，确保群众生命财产安全。4月，成立腌塘治理工作领导小组，联合公安、环保、执法等站所启动藤桥机械造纸业专项整治。涉及上埠头、大潭、大塘、坑古四村的20余家造纸厂，651座腌塘。截至年底，15家造纸厂、240只腌塘拆除、整改到位。

【党建】 2015年，藤桥镇坚持“五议两公开”“三务公开”与“三会一课”制度，落实党员“三亮一诺”和民主评议制度，全面推行村两委坐值班制度。全面完成村民中心标识安装，新建在建村民中心6处（营上村，雅漾村，渡头村，北岸村，戴宅村，小岙村）。举办“快乐星期天”系列公益活动，完成暑期春泥计划工作。申报区级社科普及示范基地2个。优化网格队伍管理。按照“条线为主，条块结合”为原则，打造网格员带队、劳保员、村干部共同参与服务行政村的块上服务队和分别对接七大科室的线上工作室。配合市农村基层作风巡查组，调查核实并完成各类交办件33件。监管小额工程招投标，累计完成招投标项目53个。

【社科文卫】 2015年，创办“童心学堂”3个，继续开展老年人电视大学教学工作。完成南岸村和油岙村文化礼堂策划方案，创成二类文化礼堂。对六大网格设立“一门受理、协同办理”社会救助窗口；为群众提供“足不出格”的救助便利。对全镇低保对象723户1119人实行动态管理，募集慈善资金41万元，累计发放低保救助金573余万元。完成2015年城乡居民医疗保险目标任务。申报建设三星级居家养老服务照料中心11个。

【刘景晨纪念馆】 刘景晨陈列馆，位于藤桥镇南雅网格潮济村刘氏宗祠二楼，于2015年申报区级爱国主义教育基地。刘景晨（1881—1960），字冠三，号潜庐，后改号贞晦，族谱记载为刘基后人，祖籍永嘉潮滚村（今属鹿城区藤桥镇）。他致力乡邦文化事业，承担了《敬乡楼丛书》第一、二、四辑的校印工作及方志的续修与补刻。担任过浙江省第一届人大代表、温州市政协副主席、温州市文物保管委员会主任、浙江省文史研究馆馆员等。

【浙农生态农庄开园】 10月1日，位于藤桥镇下庄村的浙农生态农庄开业。该农庄集农业风情、种植文化、科普教育、休闲娱乐等为一体。投资3000多万元，建设面积500亩，已接待游客15.18万人次。

【种子种苗科技园】 2015年，种子种苗科技园完成一期农业设施工程建设任务，二期科教综合区进入土建施工阶段；园区建成面积达56.2

藤桥镇的种子种苗科技园　　藤桥镇提供

公顷。已入驻国家级、省部级农业科研项目11个，开展现场实习教学、各类讲座、现场会，受益农民5000多人次。

【完成天然气输配管道工程、水厂征地程序】 省级重点项目——天然气输气管道工程，是全省重要的能源输送网。2015年，藤桥境内甬台温天然气输气管道工程、金丽温天然气输气管道工程基本完成全线管道借地政策处理。同时，完成温州市天然气输配工程西向门站和石鼓山水厂所有征地程序。

【农村污水治理工程】 2015年，农村生活污水治理工程总投资约5500万元。新藤桥共23个治理任务数。底坦、金马、前林、方隆4个村已经完工待预验收，三新、林路、吊降、丁埠头、上皮山、周徐、枫林岙、戍浦潮埠、樟村、陈良、戴宅、支岙、东村、坎上、大塘、上埠头、新村、白脚坳、石垟等19个村均处于施工阶段。

（金颖娅）

山福镇

【概况】 2015年9月，鹿城区行政区划调整成立了山福镇。山福镇地处鹿城西北部，东面紧挨藤桥镇上戍片，北面和永嘉隔江相望，西面和丽水青田相邻，南面与藤桥镇以及瓯海区泽雅镇接壤，区域面积60.42平方公里。区划调整后，藤桥镇的临江片、双潮片划入山福镇。镇下辖江南、驿头、临江、双潮、临溪五个大网格和江南、临江、驿头、双潮4个社区及驿头山根、和平、平山、驿头岙底、下湾、西洲、横山、仁地、金岙、前盈、后支、巽岙、庄岩、江南上、大垟、沙头、朱下、东坑、东岙、茅垟、下冯山、荫溪潮埠、西坑、利八坑、黄茅坪、下冯、双溪、小旦、渡船头、沈岙、下垟、夏家山32个行政。镇政府驻临江东街208号。辖区有户籍10991户，户籍人口34401人，暂住人口4180人，年内出生272人，死亡279人，人口自然增长率为-0.2‰。镇耕地面积0.84万亩，林地面积5.81万亩，农业产值1.03亿元，农作物播种面积2.14万亩，粮食生产播种1.12万亩；粮食总产量3913.5吨；肉类总产量2109.6吨。标准农田1100亩；新增土地流转面积675亩。全年累计实现工业总产值15.91亿元，其中规模以上工业总产值10.73亿元，同比增长10.4%，位列全区第三。投资4.62亿元，完成年任务的110.1%。进出口总额6658.9万美元，完成年任务的107.3%。全社会商品销售（营业）总额10.6亿元，同比增长16.6%，完成年任务的110%。培育实现小升规企业1家，股份制改造企业1家，科技型中小企业1家。财政总收入4720.73万元。深入实施“大网格”工作机制、“驻村”工作机制和完善干部管理工作制度以及落实村干部坐班制度。认真践行廉洁行政、严格工程招投标工作。全镇非公企业党建工作完成。

【城乡建设】 2015年，完成横山、驿头、荫溪潮埠三个农聚房主体工程，完成投资额5200万元。西都景秀居有序进行装饰工程和附属工程施工，进入分户验收。横山农房集聚点处于外墙腻子和涂料施工阶段。驿头农房集聚点已完成预验收，开始附属工程施工。渡船头至夏家山农村联网公路、潮埠至下冯山农村联网公路进入扫尾阶段；茅垟村至东坑村公路提升工程力争年初完成；下垟村至夏家山村3.4公里省级美丽公路建设力争年内完成。推进荫溪潮埠街、双潮溪南路步道改造和驿头临溪路建设工程进程。协助交通部门推进S218接线金岙隧道前期工作。超额完成拆除道路两侧违章建筑，已创无违建道路14条，市级卫生村3个。完成9个村483座私坟改造，禁新巡查处理249座。瓯江治理一期工程建设已完成征地政策处理，工程建设进展顺利，累计完成投资约2.9亿元。全年5个新建村和8个扩面提升村，已完成招标12个，开工建设11个。完成夏家山村排灌河道整治，加快推进小旦村河道整治驳

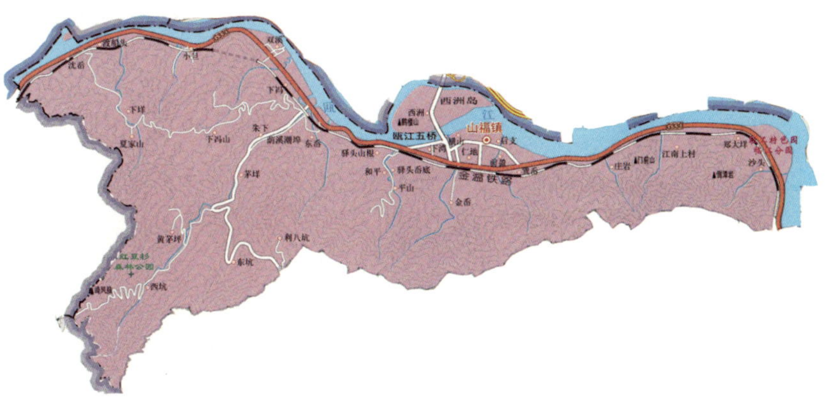

山福镇行政区划图　　区方志办提供

坎等4个项目建设和小农水及饮用水工程建设，区级水利工程项目5个，镇级小农水项目19个，已完成15个，在建8个。

【计划生育】 2015年，开展计生宣传活动8次，培训4次，参加人数达1554人次。组织开展1%人口抽样调查，1%育龄妇女生育意愿调查和全省出生人口清查等工作，清查上报出生83例（其中计划内20例）。全年共上报出生322人，计划生育率达到86.02%。多孩违法生育率1.24%。当年出生287人，生孕信息掌握率92.28%，统计误差率均控制在2%以内。社会抚养费征收当年例数兑现率48.98%，金额兑现率51.66%。目标人群国家免费孕前优生健康检测人数完成37对。孕环检率91.51%，婚育龄妇女登记管理率达到90%以上，再生育孕情信息掌握及时率达到91.67%。

【综合治理】 山福镇新组建2支社区巡逻队，增强片区巡防力量，全面打击两抢一盗。加强安全生产、出租房消防安全工作和食品药品安全管理。开展“十小”行业整治。抓好宗教场所规范化管理。做好防灾减灾救灾工作，及时修编突发事件应急预案，进一步完善森林防火、动物防疫、防汛抗台三大防御网络体系，确保群众生命财产安全。

【社科文卫】 2015年，全镇发放困难补助金17.7万元，发放低保救助金221.5万元，重点优抚对象10%门诊发放59人。开展90周岁以上老年人高龄补贴工作、“送温暖献爱心”春节困难老人慰问、居家养老服务照料中心老人意外保险投保工作。完成私坟生态化改造643座，开展殡葬丧事专项整治；发放慈善救助金5.65万元，慈善门诊卡365份。超额完成捐献造血干细胞指标任务。

【雅西试开园】 雅西休闲农庄是鹿城区委、区政府重点农业招商引资项目与市级农业主导产业综合开发项目之一，项目计划投资3000万元，建设面积210亩。截至2015年底，完成一期开发项目工程，年接待游客达5万余人次。第二期工程开发完工后，年接待游客次数可达10万余人次。

（金颖娅）

责任编辑 胡亭亭

雅西休闲农庄 藤桥镇提供

先进集体·个人

2015年度落实党风廉政建设责任制先进单位的通报

仰义街道、松台街道、区委办、区委组织部、区文明办、区公安分局、区审计局、区环保局、地税鹿城分局

2015年度街镇、区直单位目标管理工作先进个人名单

一、2015年度街镇工作优秀领导者（8名）

周基斌（南汇街道党工委）
王　炯（滨江街道党工委）
周　鹏（滨江街道办事处）
林仕德（南郊街道党工委）
陈胜军（五马街道党工委）
陈跃龙（五马街道办事处）
姜益祥（双屿街道党工委）
刘玉东（双屿街道办事处）

二、2015年度区直单位工作优秀领导者（22名）

夏理勇（区委办）
胡胜发（区委统战部）
金龙伟（区委宣传部）
林建华（区委组织部）
吴祝凡（区纪委〈区监察局〉）
徐一峰（区环保局）
周晓之（区公安分局）
全一凡（区教育局）
戴　巧（区法院）
张　胜（区红十字会）
滕美华（区发改局）
吴雷雨（区卫计局）
谢成龙（区委政法委）
林景龙（区检察院）
柯志成（区市场监管局）
周　园（区文广新局）
滕　淼（区文明办）
曾荷绿（区广电新闻中心）
周伟斌（区住建局）
胡向阳（区财政局）
季新扬（区委农办〈区农林水利局〉）
姜扬烽（区招商局）

2015年度“平安鹿城”建设先进集体和先进个人名单

一、平安街道（镇）（13个）

七都街道、滨江街道、南汇街道、蒲鞋市街道、南郊街道、大南街道、五马街道、松台街道、广化街道、双屿街道、仰义街道、藤桥镇、山福镇

二、先进单位（7个）

区委办、区信访局、区法院、区公安分局、区环保局、市交警支队一大队、区妇联

三、先进个人（34人）

卢怡畅（区委办）
潘云良（区纪委）
陈秀秀（区委宣传部）
陈建光（区直机关工委）
何　快（区信访局）
李良俊（区文明办）
蔡丽萍（区委平安办）
许　茵（区委维稳办）
陈广森（区法院）
谷建龙（区民宗局）
包小燕（区公安分局）
陈元元（区统计局）
冯小秋（区环保局）
林置翔（房管鹿城分局）
黄颖洁（区妇联）
张建霞（区残联）
向　东　徐雪龙（七都街道）
张青锋　杜　晞（滨江街道）
翁立军　陈晓燕（南汇街道）
胡雪丽（蒲鞋市街道）
贾　嘉（南郊街道）
陈志坚（大南街道）
陈国华（五马街道）
任　杰（松台街道）
狄登云（广化街道）
徐海文　孔上勇（双屿街道）
叶学理（丰门街道）
狄永忠（仰义街道）
苏志强（藤桥镇）

吴东洋（山福镇）

2015年度社会治安综合治理先进集体和先进个人名单

一、先进集体（10个）

滨江街道、大南街道、五马街道、仰义街道、区检察院、区教育局、区民政局、区安监局、区市场监管局、公安消防鹿城分局

二、先进个人（35人）

任超超（区委组织部）
马欢欢（区信访局）
朱家昶（区综治办）
谢　虎（区检察院）
徐立臻（区教育局）
施苏程（区民政局）
葛成峰（区公安分局）
严良明（区司法局）
刘玉和（区人力社保局）
周　骞（区城管与执法局）
邓晓星（区卫计局）
潘奇岚（区安监局）
曾　敏（区市场监管局）
郭乐平（区新居民服务管理局）
陈　众（鞋都产业园区管委会）
黄德怪（市交警支队二大队）
郑莹莹（团区委）
吴海浪（公安消防鹿城分局）
麻小荣（七都街道）
李开珍（滨江街道）
余　立（南汇街道）
王志章（蒲鞋市街道）
郑建永（南郊街道）
姜善义　郑颖颖（大南街道）
吴慧静（五马街道）
庄晓峰（松台街道）
黄清清（广化街道）
陈蕴茹（双屿街道）
夏春晖（丰门街道）
李一平　严献聪（仰义街道）
项滨滨（藤桥镇）
武连春　孙　华（山福镇）

2014—2015年度鹿城区劳动模范和模范集体名单

一、鹿城区劳动模范（30名）

朱金武　温州浙农生态农庄有限公司董事长
吴圣能　康奈集团有限公司副总经理
黄建泽　巨一集团有限公司财务经理
余建峰　浙江金牛工贸有限公司生产总监
蔡亦智　申瓯通信设备有限公司技术总工
蒋申申（女）温州丹顶鹤服装有限公司总经理
叶　萍　黎明液压有限公司总工程师
陈出新　浙江绿艺园林工程有限公司总经理
林德生　浙江双屿实业有限公司总工
严云川　温州市华春经贸有限公司副经理
倪秀华（女）温州中胤时尚鞋服设计有限公司董事长
张崇生　鹿城农村商业银行营业部总经理
项朝晖　温州市溢香厅大酒店有限公司厨师长
陈谦泉　温州百润投资有限公司总经理
施菲菲（女）温州国旅旅游有限公司总经理
叶挺荣　区公安分局仰义派出所副所长
林　毅　区检察院公诉科副科长
陈镇海　区审计局行事固投审计科科长
朱丽华（女）区互联网宣传管理办公室主任
冯炳永　市交警支队一大队五中队民警
周祥薇（女）七都街道侨联主席
杨成凤　温州市第十七中学校长兼书记
潘亦茜（女）温州市建设小学教师
董　葱（女）区卫生监督所副所长党支部书记
胡小雪（女）南汇街道龙源社区书记兼主任
张培营　区环境卫生管理处修理工
金　敏　区城管与执法局水心中队中队长
廖晓影（女）南汇街道办事处万源网格网格长
袁华义　区农林水利局水建办副主任
郑小光　南郊街道办事处城建中心主任

二、鹿城区模范集体（10家）

温州市博弘电器有限公司
浙江戈美其鞋业有限公司
温州市英特药业有限公司
温州康宁医院
区公安分局经侦大队
区市场监管局双屿所
区发改局价格认证中心

区卫计局疾病预防控制中心
温州市第十二幼儿园
松台街道桂柑大网格

2015年度鹿城区信访工作先进集体和先进个人名单

一、先进集体（20个）

1. 区直部门及街镇（11个）：区委政法委、区信访局、区民政局、区公安分局、区城管与执法局、区卫计局、南郊街道、双屿街道、丰门街道、仰义街道、藤桥镇

2. 基层站所、网格、社区（村）（9个）：绣山派出所、七都街道板桥村、滨江街道杨府山大网格、蒲鞋市街道蒲鞋市大网格、大南街道马鞍池大网格、五马街道城西街大网格、松台街道庆年大网格、广化街道翠微大网格、山福镇江南大网格

二、先进个人（35名）

罗　起（区委办）
王晓珏（区人大办）
何栩栩（区府办）
朱谧娜（区政协办）
陈乃鑫（区纪委）
陈芳芳（区委政法委）
马欢欢（区信访局）
黄朝晖（区法院）
尚光中（区检察院）
陈　梵（区教育局）
张　奇（区公安分局）
陈朔霄（区司法局）
何　军（区财政局）
邹海鹏（区人力社保局）
潘仁勇（区住建局）
卢　东（区城管与执法局）
余林霄（区审计局）
李守霞（区市场监管局）
麻晓慧（房管鹿城分局）
刘速勇（区残联）
林　童（江滨路鹿城段工程建设指挥部）
黄　慧（七都街道）
徐　健（滨江街道）
厉　洁（南汇街道）
林　放（蒲鞋市街道）
叶光山（南郊街道）
王楚楚（大南街道）
张跟东（五马街道）
魏建军（松台街道）
陈佩珍（广化街道）
韦龙成（双屿街道）
陈珊珊（丰门街道）
张光明（仰义街道）
尤珮瑶（藤桥镇）
孙　华（山福镇）

2015年度鹿城区精神文明建设工作先进集体和先进个人名单

一、先进集体（10个）

区教育局、区城管与执法局、区市场监管局、鹿城供电分局、鹿城农商银行、七都街道、五马街道、松台街道、仰义街道、藤桥镇

二、先进个人（58名）

陈　遗（区委办）
高　曦（区府办）
吴宏志（区纪委）
潘　俊（区委组织部）
陈瑞策（区委宣传部）
厉　震（区委政法委）
夏剑示（区委农办〈区农林水利局〉）
陈琳琪（区直机关工委）
陈　东　吴启翼（区文明办）
石笑茹（区关工委办）
洪佳慧（区广电新闻中心）
严永乐（区法院）
吴　牡（区检察院）
叶正茂（区发改局）
刘丽敏、戴园园（区教育局）
单海峰（区科技局）
卓超贤（区民政局）
刘　克　严英莹（区公安分局）
张大海（区财政局）
朱　若（区人力社保局）
刘彬鹏（区住建局）
池映霞　董　隽（区城管与执法局）
高　波（区商务局）
陈华夏（区文广新局）
秦　密（区卫计局）
李臣庚（区统计局）
陈勇弟（区环保局）
李冬冬（区安监局）
汤璟成（区市场监管局）
戴蓓玮（区体育局）
李珍珍（区机关事务管理局）
范月穹（区风景旅游管理局）
王丽月（区温瑞塘河保护管委会）
李　维（国土资源鹿城分局）
朱建成（规划鹿城分局）
滕荣凡（房管鹿城分局）
王　武（市交警支队一大队）
应晓峰（市交警支队二大队）
夏可仁（区总工会）
赵　洁（团区委）
邵晓晓（区妇联）
尹　磊（公安消防鹿城分局）
卢　坚（滨江街道）
李晓鹂（南汇街道）
林赛金（蒲鞋市街道）
陈先进（南郊街道）
潘爱香（大南街道）
邓雪娟（五马街道）
施晓东（松台街道）
陈菲菲（广化街道）
郑　玮（双屿街道）
黄晓寅（丰门街道）

范　盛（藤桥镇）
王必文（山福镇）

2015年度鹿城区有效投资工作先进单位和先进个人名单

一、先进单位（5个）
一等奖：南汇街道
二等奖：南郊街道、仰义街道
三等奖：松台街道、藤桥镇
二、先进个人（38名）
王伟烈（区委办）
陈　立（区府办）
张海周（区委宣传部）
陈冠廷（区发改局）
王金存（区经信局）
陈　屯（区教育局）
沈　斌（区监察局）
张　剑（区财政局）
杨丽娜（区住建局）
黄金武（区城管与执法局）
黄喜春（区交通运输局）
狄顺有（区农林水利局）
李江涛（区审计局）
黄浩宇（区统计局）
徐敬楚（区环保局）
金　龙（区审管办）
郭炳长（区温瑞塘河保护管委会）
徐长波（国土资源鹿城分局）
吴　洁（规划鹿城分局）
徐　强（七都街道）
徐晓愫（滨江街道）
张鹏程　徐　凯（南汇街道）
孙春华（蒲鞋市街道）
周　驰　覃春燕（南郊街道）
王美燕（大南街道）
谢　晖（五马街道）
林明武　杨丽霞（松台街道）
董晓来（广化街道）
全婷婷（双屿街道）
黄瑶瑶（丰门街道）
郑时雄　陈光敏（仰义街道）
朱宝元　吴雪丽（藤桥镇）
王必文（山福镇）

2015年度鹿城区城建城管工作先进单位和先进个人名单

一、“三改一拆”工作
（一）先进单位（8个）
区财政局、区城中村改造办、规划鹿城分局、滨江街道、南汇街道、丰门街道、仰义街道、藤桥镇
（二）先进个人（38名）
傅小波（区委办）
蒋秋纬（区府办）
杨　霁（区纪委〈区监察局〉）
叶树棠（区委组织部）
施宁宁（区委宣传部）
黄黎锋（区委农办〈区农林水利局〉）
陈　相（区信访局）
凌建飞（区文明办）
曹红昌（区发改局）
许　硕（区经信局）
谷建龙（区民宗局）
徐怡骅　赵子方（区公安分局）
陈幼彦（区财政局）
陈婷婷（区住建局）
戴瑞雷　谢作帮（区城管与执法局）
李德滔（区交通运输局）
金　生（轻工园区管委会）
朱　昕（区城中村改造办〈区工务局〉）
倪孟峰（区“三改一拆”办）
郑　达（国土资源局鹿城分局）
胡　军（规划鹿城分局）
林　凡（房管鹿城分局）
张　伟（七都街道）
陈丽珍（滨江街道）
刘　荣（南汇街道）
胡敏莉（蒲鞋市街道）
黄旋旋（南郊街道）
厉云弟（大南街道）
何　聪（五马街道）
戴　雷（松台街道）
占志清（广化街道）
麻永丰（双屿街道）
张维凯（丰门街道）
张光明（仰义街道）
王学顺（藤桥镇）
徐眉豹（山福镇）
二、城中村改造工作
（一）先进单位（5个）
区城中村改造办（区工务局）、滨江街道、南汇街道、南郊街道、双屿街道
（二）先进个人（20名）
肖忠格（区发改局〈区重点办〉）
陈辉（区财政局）
蒋默识（区住建局）
诸愿同（区城管与执法局）
魏雪飞（区审计局）
许　捷（区城中村改造办〈区工务局〉）
施云飞（七都街道）
陈　武　周朝华（滨江街道）
王　坚　陈德方（南汇街道）
吴灵雄（蒲鞋市街道）
王希希（南郊街道）
朱　川（大南街道）
陈　晨（五马街道）
陈　策（松台街道）
王　奔（广化街道）
韦龙成（双屿街道）
杨相杰（丰门街道）
单成银（仰义街道）
三、房屋征收工作
（一）先进单位（5个）
区发改局（区重点办）、区城

管与执法局、区法制办、国土资源鹿城分局、规划鹿城分局

（二）先进个人（34名）

王卞丽（区府办〈区法制办〉）
麻剑玲（区纪委〈区监察局〉）
南胜国（区委维稳办）
麻永和（区法院）
陈　慧（区检察院）
杨国胜（区发改局〈区重点办〉）
胡晓倩（区公安分局）
朱德志（区住建局）
袁　洋（区城管与执法局）
张　弘（区财政局）
张吴衍（区温瑞塘河保护管委会）
汤文才　毛天翔（区城中村改造办〈区工务局〉）
何荣强（国土资源鹿城分局）
陈　隽（规划鹿城分局）
陈步啸（房管鹿城分局）
陈燕舞（七都街道）
徐显颖　颜子禾、薛　一（滨江街道）
徐　凯　王一琳　沈伟亮（南汇街道）
叶兴华（蒲鞋市街道）
陈利珍　苏　武（南郊街道）
黄志光（松台街道）
廖俊杰（广化街道）
章生良　邵新城（双屿街道）
林文斌（丰门街道）
何圣敞（仰义街道）
杨强军（藤桥镇）
詹开韶（山福镇）

四、安置提速工作

（一）先进单位（5个）

七都街道、滨江街道、南汇街道、南郊街道、仰义街道

（二）先进个人（22名）

徐夫忠（区住建局）
林杨超（区交通运输局〈区交建办〉）
郑　霆（区温瑞塘河保护管委会）
翁茜茜（轻工园区管委会）
许振辉（江滨路鹿城段工程建设指挥部）
王蒙飞（区城中村改造办〈区工务局〉）
王一麟（鞋都园区管委会）
杨　澜（七都街道）
沈胜哲（滨江街道）
木　晨（南汇街道）
蒋剑锋（蒲鞋市街道）
梁连新（南郊街道）
孙　伟（大南街道）
郑浩凯（五马街道）
金灵立（松台街道）
李传活（广化街道）
王宜旺　徐海文（双屿街道）
黄仙芒（丰门街道）
高玉信（仰义街道）
吴惠惠（藤桥镇）
林文杰（山福镇）

2015年度鹿城区“五水共治”建设美丽浙南水乡先进集体和先进个人名单

一、先进集体（10个）

区住建局、区文广新局、区温瑞塘河保护管委会、区城中村改造办（区工务局）、七都街道、蒲鞋市街道、南郊街道、大南街道、五马街道、仰义街道

二、先进个人（32名）

谢　炬（区纪委〈区监察局〉）
鲁　伟（区委组织部）
李　好（区委宣传部）
施文明（区委统战部）
朱　克　王　锋（区委农办〈区农林水利局〉）
徐　勇（区广电新闻中心）
潘　亮（区发改局）
王博汉（区经信局）
黄凌云（区教育局）
林丐孟（区公安分局）
潘怡旻（区财政局）
陈　戬（区城管与执法局）
邵轶群（区审计局）
王加弟（区环保局）
万　俊（区温瑞塘河保护管委会）
赵　洁（团区委）
陈　洁（区工商联）
徐雪龙（七都街道）
陈丽珍（滨江街道）
丁传山（南汇街道）
吴海燕（蒲鞋市街道）
张开忠（南郊街道）
肖玉萍（大南街道）
黄蓓辉（五马街道）
徐尔谊（松台街道）
陈勇（广化街道）
钱长华（双屿街道）
陈　铣（丰门街道）
陈晓建（仰义街道）
胡存润（藤桥镇）
李　尤（山福镇）

2015年度鹿城生态区建设工作先进集体和先进个人名单

一、先进集体（23个）

（一）优秀考核单位：七都街道、滨江街道、五马街道、松台街道、广化街道、仰义街道

（二）良好考核单位：南汇街道、蒲鞋市街道、南郊街道、大南街道、双屿街道、丰门街道、藤桥镇、山福镇

（三）工作先进单位：区委宣传部、区委农办（区农林水利局）、区教育局、区财政局、区城管与执法局、区环保局、区温瑞塘河保护管委会、团区委、区妇联

二、先进个人（25名）

石　磊（区府办）
许　硕（区经信局）
陈方白（区教育局）
王建平（区民政局）
张　弘（区公安分局）
陈婷婷（区住建局）
薛澍寰（区卫计局）
胡瑛颖、戴虹（区环保局）
张　浩（区质监局）
叶定先（国土资源鹿城分局）
张　凡（七都街道）
陈兄良（滨江街道）
傅超凡（南汇街道）
林　放（蒲鞋市街道）
周晓晨（南郊街道）
黄　琼（大南街道）
朱艳鹰（五马街道）
蔡秀东（松台街道）
郑晓芳（广化街道）
黄俊虎（双屿街道）
程勤建（丰门街道）
陈胡胡（仰义街道）
朱　郭（藤桥镇）
严信克（山福镇）

2015年度鹿城区农业农村工作先进集体和先进个人名单

一、先进集体（29个）

（一）农业农村综合工作先进集体：区纪委（区监察局）、区委农办（区农林水利局）、区财政局、区供销合作社、丰门街道、仰义街道、山福镇、温州益康利果蔬专业合作社、温州市高田生态农场有限公司、温州市展宏畜牧有限公司、温州市雅西农业开发有限公司、鹿城区藤桥大协畜牧场

（二）扶贫工作先进集体：区委办、区府办、区委宣传部、区教育局、区住建局、区商务局、区慈善总会、区女企业家协会、国药控股温州有限公司、温州市润新机械制造有限公司、温州苏宁电器有限公司、浙江电器开关有限公司

（三）农村指导员工作先进集体：区委组织部、区文明办、区经信局、区风景旅游管理局、藤桥镇

二、先进个人（64名）

（一）农业农村综合工作先进个人：

朱思政（区委办）
郭文明（区府办）
刘林蔚（区纪委〈区监察局〉）
黄蒙福（区委组织部）
郑　克（区委宣传部）
季新扬　陈晓波　董怡隆（区委农办〈区农林水利局〉）
洪向新（区财政局）
陈贤微（区统计局）
夏拓坚（区供销合作社）
陈时义（七都街道）
金　冶（滨江街道）
李光萍（南汇街道）
王佼佼（蒲鞋市街道）
陈建武（南郊街道）
林建勇（大南街道）
丁婷婷（松台街道）
张佐辅（广化街道）
邵美娟（双屿街道）
谢红伦（丰门街道）
胡建挺　林王豪（仰义街道）
张宗友（藤桥镇）
诸建鹏　严信克（山福镇）
黄建云（温州市藤穗粮食专业合作社）
谷正义（温州浙农生态农庄有限公司）

（二）扶贫工作先进个人：

孙林红（区发改局）
单海峰（区科技局）
贾陈琼（区民政局）
翁琼莉（区卫计局）
蔡丽君（区环保局）
徐崇远（区风景旅游管理局）
叶佩玲（区供销合作社）
叶旭光（国土资源鹿城分局）
朱夏鸣（鹿城供电分局）
林龙永（鹿城农商银行）
夏一峰（滨江街道）
周　奇　金良福（藤桥镇）
黄　晟（山福镇）
孙宏建（温州崇高百货有限公司）
吴张明（黎明液压有限公司）
喻　华（浙江禾本科技有限公司）

（三）农村指导员工作先进个人：

施胜闯（区委农办〈区农林水利局〉）
陈贤菲（区科技局）
何培高（区司法局）
温浩川（区质监局）
葛　群（滨江街道）
曹仙克（南汇街道）
林晓斌（蒲鞋市街道）
李爱月（南郊街道）
王立中（大南街道）
孙朝青（五马街道）
王　奔（广化街道）
钱丽丹（双屿街道）
李春弟（丰门街道）
王芙蓉（仰义街道）
金　铭　徐歆羡　邵海琼（藤桥镇）
章永平　朱国新（山福镇）

2015年度鹿城区禁毒工作先进集体和先进个人名单

一、先进集体（10个）

区法院、区交通运输局、区卫计局、松台街道、藤桥镇、蒲鞋市派出所、仰义派出所、滨江街道杨府山社区、大南街道虞师里社区、五马街道八仙楼社区

二、先进个人（18名）

马珍珍（区委政法委）
杜天慧（区人民检察院）
王　强（区公安分局）
朱小若（区司法局）
周醒静（区禁毒办）
徐跃西（滨江街道）
郑洁凡（南汇街道）
戴新乐（五马街道）
庄晓峰（松台街道）
林鹏达（区公安分局禁毒大队）
郑正常（区公安分局南门派出所）
施亦昆（区公安分局莲池派出所）
陈　斌（区公安分局水心派出所）
郑约纳（南汇街道开源社区）
叶　萍（蒲鞋市横河社区）
陈琪琪（广化街道双榕社区）
周颖颖（双屿街道黄龙社区）
朱　易（丰门街道鞋都社区）

鹿城区先进基层党组织、优秀共产党员、优秀党务工作者和优秀基层干部名单

一、先进基层党组织（45个）

七都街道樟里村党支部
滨江街道黎二村党支部
温州市黄河清洁有限公司党支部
南汇街道春秋社区党委
南汇街道横渎村党支部
蒲鞋市街道芳园社区党委
蒲鞋市街道横河社区党委
南郊街道西屿社区党委
申瓯通信设备集团有限公司党总支
大南街道虞师里社区党委
五马街道八仙楼社区党委
五马街道墨池社区党委
五马街道八仙楼社区八仙楼党支部
松台街道菱藕社区党委
松台街道桂柑社区党委
松台街道郭公山社区党委
广化街道集善社区党委
广化街道月湖社区党委
双屿街道康龙社区党总支
双屿街道营楼桥党总支
丰门街道潘岙村党支部
浙江皇家鞋业有限公司党支部
仰义街道龙川村党支部
仰义街道陈村村党支部
藤桥镇雅漾村党支部
藤桥镇埭马村党支部
藤桥镇林路村党支部
藤桥镇南岸村党支部
藤桥镇方隆村党支部
山福镇金岙村党支部
山福镇庄岩村党支部
山福镇荫溪潮埠村党支部
温州南方游乐设备有限公司党支部
区委办党支部
区法院机关党委
区检察院机关党委
温州市第五幼儿园党支部
区公安分局刑事侦查大队党总支第三党支部
区社会医疗行业协会党支部
区人力社保局机关第二党支部
区文广新局机关党总支
区市场监管局注册分局党支部
区市场监管局五马市场监督管理所党支部
区城管与执法局松台中队党支部
区城管与执法局南汇中队党支部

二、优秀共产党员（137名）

包爱通　七都街道樟里村党支部书记
夏越秀　七都街道樟里村党支部委员、村委会委员
陈明洁　七都街道综合文化站副站长
王开来　滨江街道宏源社区党总支书记、居委会主任
张　帆　滨江街道灰桥社区第三党支部书记
王国光　滨江街道洪殿社区第一企业联合党支部书记
陈州月　滨江街道杨府山社区党总支委员
王丽霞　滨江街道蒲源社区党总支副书记
周忠泽　滨江街道党政办副主任蒲源网格副网格长
陈天杰　滨江街道监察室副主任浦东网格副网格长
林国平　滨江街道黎一村党委委员
王　坚　南汇街道大自然网格网格长
曹仙克　南汇街道龙源网格网格长
朱月华　南汇街道城管办负责人
朱小曼　南汇街道清风社区党委书记、居委会主任
徐佩兰　南汇街道南塘社区党委书记、居委会主任
胡小雪　南汇街道龙源社区党委书记、居委会主任
林　宓　南汇街道灯塔村党支部书记
徐柏龙　南汇街道横渎村现场办工作人员（区消保

分局下派破难攻坚人员）
陈俨浩 南汇街道划龙桥现场办工作人员（区发改局下派破难攻坚人员）
戴淑贞 温州市一洲装饰有限公司党支部党员
林晓斌 蒲鞋市街道党建办负责人
朱莉炜 蒲鞋市街道青园社区党委副书记
俞惠华 蒲鞋市街道蒋家桥社区党委副书记
郑　军 蒲鞋市街道芳园社区青春党支部书记
郑阿光 蒲鞋市街道锦园社区党员
王芳芳 蒲鞋市街道金丝桥社区党委书记
李秀林 南郊街道龙方村党支部书记
魏为东 南郊街道总工会副主席
邱光建 鹿城农商银行南汇支行党支部书记
娄晓敏 南郊街道龙方村党支部委员
李祖伟 南郊街道德政村党支部副书记
项国荣 南郊街道里垟村党支部书记
王炳玉 大南街道虞师里社区党委书记、居委会主任
徐小乐 大南街道花柳塘社区龙泉巷党支部书记
张荣昌 大南街道虞师里社区虞师里党支部书记
王巧贞 大南街道白鹿洲社区现代党支部书记
郭秀彦 大南街道荷花社区荷花路党支部书记
许　斌 大南街道党建办负责人
潘小敏 大南街道山前街社区党委副书记
张晓蓓 大南街道马鞍池社区党委副书记
陈胜军 五马街道党工委书记
叶　俏 五马街道安澜社区党委书记
瞿步成 五马街道十八家社区南亚花园党支部书记
林　伟 五马街道百里坊社区党委书记
王春晖 五马街道乘凉桥党支部书记
陈玉钿 五马街道街坊党员中心户
姜顺福 五马街道朔门街党支部书记
张松妹 五马街道街坊党员中心户
李黎明 五马街道街坊党员中心户
倪哲斐 五马街道十八家新村党支部书记
孙国进 五马街道黄洋渎党支部书记
刘铭松 鹿城区经济合作促进会党支部书记
余斯斯 五马街道党政办主任
蒋相特 五马街道党建办副主任
朱艳鹰 五马街道机关第三党支部委员
金　泉 五马街道机关第四党支部党员
余金坚 五马派出所协警
赖厚庄 温州市共好防雷科技有限公司党支部书记
金中选 松台街道水心网格网格长
项方毅 松台街道党政办主任
柯建华 松台街道桂柑社区党委书记、居委会主任
林文花 松台街道水心社区党委书记、居委会主任
林小珍 松台街道昌明社区党委书记、居委会主任
叶正冕 松台街道锦花社区党委书记、居委会主任
董淑云 松台街道来福门社区党委书记、居委会主任
乐素贞 松台街道庆年坊社区党委书记、居委会主任
徐　艇 松台街道水心村党总支书记
翁明芳 广化街道集新网格网格长
郑雪华 广化街道特陶社区党总支书记、居委会主任
张凤珍 广化街道双乐社区党总支书记、居委会主任
陆晓麒 广化街道集善社区党委书记、居委会主任
周爱琼 双屿街道康龙社区居委会主任、栖霞党支部书记
胡明玖 双屿街道营楼桥社区居委会主任
黄忠寅 双屿街道康龙网格网格长
徐林立 双屿街道牛岭社区旗山党支部委员
董忠猛 双屿街道箬笠岙村党支部党员
陈志华 双屿街道城建办主任机关第二党支部书记
蔡发荣 康奈集团有限公司党委书记
刘昌勇 康奈集团有限公司党委副书记、副总经理
伍松海 丰门街道屿头村党支部书记
伊忠勇 丰门街道上伊村党支部书记
史晓东 丰门街道嵇师村党支部书记

黄敏乐　丰门街道丁桥网格副网格长、丁桥便民服务中心主任、丁桥社区党员发展服务中心党支部书记
秦　好　温州市鞋都第三小学党支部委员
傅剑文　巨一集团有限公司党总支专职副书记
李　东　仰义街道党工委委员
吴淑梅　仰义街道后京村党支部委员、村委会委员
戴丽芬　仰义街道澄沙桥村党总支委员
金建胜　仰义街道前京村党支部委员
王先豪　温州泰马鞋业有限公司党支部书记
夏小乐　鹿城农商银行仰义支行党支部书记
朱宝元　藤桥镇经济发展办负责人
杨强军　藤桥镇城镇建设办负责人
杨少春　藤桥镇南岸村党支部书记
赵坚俊　藤桥镇营上村党支部书记
周月锋　藤桥镇戴宅村党支部党员
季国东　藤桥镇下巨村党支部委员
付晓亮　藤桥镇江池村党支部委员
吕　达　藤桥镇戴宅村党支部委员
夏国康　藤桥镇上埠头村党支部党员
徐国平　藤桥镇成人文技校党支部党员
杜国虎　山福镇机关党委副书记
陈尚兴　山福镇沈岙村党支部书记
白芳炳　山福镇江南上村党支部书记
诸晓平　山福镇前盈村党支部书记
程东剑　山福镇山根村党支部委员
戴伟芳　区人大机关党总支专职副书记
金丽雅　区政协信息中心主任
周　迪　区纪委第二纪检室副主任
张海周　区委宣传部办公室主任
李佩伟　区委统战部（区民宗局）宗教执法队副队长
陈云霜　区文明办宣教科负责人
吴福忠　区法院法警大队副教导员
金　琳　区检察院办公室副主任科员
江建光　区发改局办公室主任
刘　坚　温州市蒲鞋市小学党总支书记
吴瑞杰　温州市仰义第二小学党支部书记
林　荣　温州市第十六中学退休教师
周宇驰　区公安分局情报信息大队民警
卢建胜　区公安分局办公室秘书科科长
张文宇　区公安分局绣山派出所民警
何培高　区司法局丰门司法所所长
胡连云　区财政局国库科副科长
吴　伟　区住建局行政审批科科长
陈飞雷　区城管与执法局市政公用管理处道桥管理科科长
陈千书　区交通运输局渡口办主任
高武通　区卫计局藤桥社区卫计服务中心主任
王淑芬　区卫计局莲池社区卫计服务中心主任
滕卓仁　区安监局党支部副书记
何淑霞　区市场监管局大南市场监督管理所副所长
杜晓波　区国税局信息中心副主任
邱光荣　区总工会职工维权援助中心主任
王　剑　区妇女儿童活动中心主任
黄立杯　鹿城农商银行零售业务部总经理
王海英　温州金算盘财务管理有限公司董事长
吕丽瓦　鹿城区党群服务中心负责人

三、优秀党务工作者（46名）

林晓乐　七都街道前沙村党支部书记
瞿玉新　七都街道老涂村党支部书记
王　炯　滨江街道党工委书记
叶笑敏　滨江街道党工委委员、办事处副主任
谷巧秋　滨江街道新田园社区党总支书记、居委会主任
詹　强　南汇街道党工委副书记
陈丽丽　南汇街道党建办负责人
李玉莲　南汇街道吕浦社区党委书记、居委会主任
谢　璇　蒲鞋市街道党工委委员
梅芳芳　蒲鞋市街道绿园社区党委书记
陈先进　南郊街道党工委委员
林一凡　南郊街道党建办

工作人员
徐丹桂　南郊街道十里亭社区党委书记、居委会主任
陈飒爽　大南街道虞师里社区党委副书记、大南商圈党委副书记
潘爱香　大南街道花柳塘社区党委书记、居委会主任
凌志坚　广拓建设有限公司党支部书记
王赛娜　五马街道党工委副书记
王卓如　五马街道组织员
邵　宇　松台街道为老志愿者协会党支部书记
林　丹　松台街道党建办主任
李　珉　松台街道郭公山社区党委书记
陈茴茴　广化街道组织员
方晓敏　广化街道月湖社区党委书记、居委会主任
彭少燕　双屿街道组织员
陈增鑫　区两新党建指导师、原康奈集团有限公司党委书记、工会主席
严陈领　双屿街道牛岭村党支部书记
陈文叶　丰门街道正岙村党支部书记
周　哲　丰门街道党建办副主任
彭琦瑜　仰义街道党工委委员
李　琼　仰义街道党建办主任
范　盛　藤桥镇党建办科员
张晓飞　藤桥镇南雅社区党委副书记
卓园园　山福镇党建办科员
孙光辉　山福镇金岙村党支部书记
徐定仕　山福镇西坑村党支部书记
金曼曼　区府办党总支专职副书记
倪金莲　区委组织部组织科副科长、党联办主任
陈芳芳　区委政法委执法监督室副主任、党支部委员
叶剑锋　区委农办（区农林水利局）机关党总支专职副书记
陈琳琪　区直机关工委组宣科科长
徐玲珍　温州市水心小学（集团）党总支书记
陈贤菲　区科技局创业服务中心主任、党支部委员
曾献忠　区民政局社会组织联合党委副书记
吴燕怀　区公安分局机关党委办公室主任
张海鸿　区环保局机关党总支专职副书记
林学干　区招商局（区经合办）协作科科长、党支部委员

四、优秀基层干部（40名）

刘佩秋　七都街道老涂网格网格长
张长法　温州市环星计时器有限公司党支部书记
史铃巧　滨江街道团工委副书记兼陡门网格副网格长、黎二村现场办工作人员
陈进弦　黎二村2号地块工作人员（区卫计局下派破难攻坚人员）
叶寿珍　滨江街道蒲州村党支部书记
叶美榜　滨江街道杨府山涂村村委会主任
李丙光　南汇街道划龙桥村村委会主任
蒋思思　南汇街道桥儿头网格网格长
李　悦　南汇街道划龙桥现场办工作人员（区城管与执法局下派破难攻坚人员）
何腊丽　南汇街道开源社区党委书记、居委会主任
杨灵江　蒲鞋市街道芳园网格网格长
陈爱飞　蒲鞋市街道蒲鞋市社区党委书记、居委会主任
李成超　南郊街道德政网格网格长
项金宇　南郊街道龙方旧村改造现场办工作人员（区城管与执法局下派破难攻坚人员）
薛建国　南郊街道东屿村党支部书记
朱慧铭　大南街道荷花网格网格长
陈　蓓　大南街道双莲桥社区党委书记、居委会主任
胡淑焉　五马街道乘凉网格网格长
陈　珠　五马街道城西街社区党委书记、居委会主任
金月霞　五马街道安澜社区居委会主任
刘温涵　松台街道锦花网格网格长
李进明　松台街道半腰桥社区居委会主任
林云飞　广化街道双桥村攻坚项目成员（区下派破难攻坚领导干部）
王美凤　广化街道翠微社区党委书记、居委会主任
梅小东　双屿街道瓯浦垟村村委会主任
黄加南　双屿街道垟田村党支部书记
陈胜华　双屿街道瓯浦垟

网格网格长

徐向速　双屿街道牛岭村改造工作小组组长（规划鹿城分局下派破难攻坚人员）

黄朝武　丰门街道前陈网格网格长

李相富　丰门街道岩门村村委会委员

何国良　丰门街道前陈村党支部委员

狄永忠　仰义街道综治办主任、劳保所所长

姜　强　仰义街道渔京网格副网格长

林　丛　仰义街道十里村第一书记

叶长春　藤桥镇埭马村村委会主任

陈忠平　藤桥镇雅漾村党支部书记

徐军年　藤桥镇上戍网格网格长

王同快　山福镇临溪网格网格长

夏德胜　山福镇夏家山村党支部书记

程正路　山福镇平山村党支部书记

2015年度鹿城区机关（含参公单位）公务员奖励人员名单

一、记三等功人员（89名，2013—2015年年度考核优秀）

区委办：王晓静　叶祥建

区人大办：赵德胜

区府办：王雅慧

区政协办：褚　坚

区委组织部：李锡南

区委农办（区农林水利局）：季新扬　朱　克　陈秉杰　张炳光　叶晨晨

区信访局：曾奇凡

区文明办：黄暖节

区法院：陈奇奇

区检察院：吴金飞　叶程都

区发改局：王　烨　江建光　郑慧敏

区民政局：黄坚靖

区公安分局：

王　义　叶李淼　刘圣贤　何鸣毅　何春哲　吴立选　李光辉　李尚迎　李明豪　杨照雄　陈松荣　陈茂盛　陈　琛　陈道胜　周少辉　周光华　林文洋　林雪峰　赵均权　赵杨熳　徐　凯　郭扬帆　常旭光　黄相如　鲁　潜　管显锋　蔡显锋　戴加周

区司法局：张玲玲

区财政局：胡向阳　李　铁　施仲武　张　谷　胡连云　郑祥勇　严正海

区人力社保局：邱　梅　林　云　陈依义

区城管与执法局：

张海云　邱明达　郭华勇　唐建春　胡显平　端和龙　林光选　富朝灿　谷奇川　林元贺　陈飞义　胡浙州　黄和平

区卫计局：王璋弟

区市场监管局：

吴孔权　缪红艳　沈　海　何淑霞　叶　杨　陈海秋

区残联：张建霞

蒲鞋市街道：孙晨阳

大南街道：毛新奇

松台街道：蔡云云

广化街道：占志清

双屿街道：周巨标

丰门街道：张维凯　王永标

山福镇：谢仙石　潘国权

二、授予嘉奖人员（581名，2015年年度考核优秀）

区委办：傅小波　陈　遗　胡碎华

区人大办：谢　伟　潘小琴　钱爱香　陈腾超

区府办：金长康　吴旭东　叶琪琪　金明月　孙建华　胡　旭

区政协办：陈世尧　董春霖

区纪委：吴祝凡　金　靖　张　忠　夏　倩　徐伯权　吴建亚

区委组织部：马绍兴　柯　特　倪金莲　娄力行　叶显途　薛永坚

区委宣传部：

柯胡斌　张秀丽、郑静静

区委统战部（区委台办、区民宗局、区外侨办）：

叶晓清　袁志荣　黄甬瓯　李经宇　谢忠祥

区委政法委：

夏怀明　邱晓东　汪婷婷

区委农办（区农林水利局）：

叶剑锋　吴奕弦　王浦仁　张富谦　叶心宇　胡馥馥　周　亮　林建敏　施胜闯

区直机关工委：胡健艺

区委老干部局：陈丽蓉

区编委办：林巧荣　汤晶晶　林静敏

区文明办：凌建飞

区档案局：金传坚

区法院：

金献华　任　峰　方旭东　高　欢　王苗苗　黄宗扬　陈广森　黄永春　陈　文　杨要武　蒋　茜　伍林雄

翁欣宇　柳文思　林鸯鸯
孙晓琳　胡　斌　吕福权
韩若冰　郭靓斐　黄　莹
言国新　麻永和　叶　珺
夏益民　吴福忠　徐　鹏
宋才学　林　坚　马如君
陈　霄　叶　璋

区检察院：

周红雨　陈朝晖　王珊珊
林森木　胡晋诚　黄晓萍
章　毅　林　毅　王雨露
朱晓丹　葛林海　戴泽瑞
金　炜　张华锋　徐莎莎
张萌萌　王丽丽　姜　翔
王哲州　吴云龙　施明虹

区发改局：

滕美华　杨萌芝　陈芳芳
吴雨石　翁晓勇

区经信局：

王庆顺　陈宗兴　蔡明伟

区教育局：

白劲松　邵文立　蔡云霄
金佰亲

区科技局：黄凌萍　夏　勤

区民政局：陈　敏　李如冰

区公安分局：

丁向秋　丁建恩　方志坚
方群乐　木林森　王文科
王永晓　王良聪　王　勇
王品勇　王美宇　王晓武
邓伦元　韦　康　冯真杰
包长昕　包深敏、厉乘搏
叶挺荣　叶　洲　叶　荣
叶　盛　叶舒适　叶　毅
白荣村　白晓岭　任达理
任晓波　伊忠武　刘芳芳
刘国珍　刘　亮　吕文杰
孙福辉　庄文宇　庄　宇
朱　枫　朱　炎　朱　毅
池久甲　池仁汉　何云登
何　军　何迅达　余海潮
吴正赞　吴立成　吴建军
吴松洁　吴振宇　吴益华
吴萍萍　吴嫔嫔　吴燕怀
宋德宾　张小亚　张文宗
张方晨　张旭东　张定康
张前进　张　峰　张　翔
张　超　李日锋　李圣亮
李甘泉　李自然　李　坚
李妍妍　李忠强　李明广
李政章　李　峰　李望华
李盛凯　杜　明　杨　帆
杨国强　杨　枫　杨春盛
杨海港　杨捷凯　杨银林
沈　诺　沙　峰　苏尔豪
谷雪耕　邵应迪　邵　剑
邵晓艳　邵燕华　陈少龙
陈　尔　陈永旺　陈立华
陈亦产　陈丽慧　陈　坚
陈宏彰　陈张胜　陈　杨
陈连泛　陈国华　陈建龙
陈明赞　陈　威　陈祝松
陈凌志　陈　哲　陈恩义
陈晓丹　陈　艳　陈　骋
陈菲力　陈詹武　陈静烨
陈瑾华　卓瑞克　单志荣
周兆权　周建仁　林丐孟
林　旭　林贤引　林金建
林　俊　林封新　林　晓
林　彬　林理达　林盛达
林鹏达　林赛克　林　骥
郑小玲　郑　侠　郑　杰
郑剑刻　郑　峻　郑靖宇
金国忠　金诚业　金　洁
金峻峰　金恩义　金　敏
洪　波　姚　凯　姚　捷
姚　艇　姜　震　胡一辉
胡达夫　胡　牧　胡峥嵘
胡晓合　胡　越　赵一齐
钟结义　项文彬　项纪明
唐娅雯　唐　臻　夏　风
徐向东　徐如芳　徐杨林
徐振军　徐　捷　徐　铖
徐　琼　洪　波　贾卫靖
郭乐天　钱海清　高全港
屠玲萍　章　盛　章　楗
黄小忆　黄品春　黄福基
黄颖卓　黄　鹏　程国定
程　翔　蒋晓春　谢加丰
谢荣森　谢海燕　虞陈政
管佳宇　蔡月人　樊家荣
滕伟斌　潘　义　潘女琴
潘玉龙　潘宇渊　潘知育
潘剑叶　颜晓青　戴子豪
戴　伟　戴金林　瞿方辉
瞿　利

区司法局：

严良明　陈　丹、胡晓雅
林　燕　刘明远　刘　胜
郑冬冬　邹文康　周向勇
郑淑萍　李　丰　何培高

区财政局：

邵慧洁　孙　毅　谷　群
徐健男

区人力社保局：

陈　煦　沙海霞　徐伟鸣
徐海翔　俞梁丹　张晓雷
陈玉洁　张玮玮　朱芙蓉
李　哲　胡伊黎　徐丽丹
潘益鹏

区住建局：徐建斌　李建鹏
黄　彦　吴　伟

区城管与执法局：

戴雄飞　盛　芳　董蒙晰
陈洁梅　王欧艳　黄文武
杨绍概　章忠义　杨建兴
陈云标　王仁定　朱张广
叶　曌　胡成江　陈龙焕
林　喆　陈　刚　王进伟
周云昌　夏海涌、张晓飞
张湘尔　张　伟　林　奇
陈淑仙　王圣材　李文俊
余奔奔　陈　丹　张小丽
吴治国　陆紫山　叶冬瑶
金福星　陈加琴　夏霖沛
李荣金　赵　欣　李　悦

林　钢　王　亮　项金宇
韩　强　方旭泽　郑　淼
王大鹏　黄　兴　赵海鸥
余贯中　吴守加　林　彬
王　洋　周仁宇　彭　勇
施振宇　朱伟春　倪海友
张　翊　徐时朗　洪　伟
吴夏境　姚致远　林国强
叶　墉
区交通运输局：
卢更生　王颖颖
区商务局：郑小野　李晓丽
区文广新局：
侯捍文　李　靓　高仁秀
梅晓羲　林　彬　程　红
区卫计局：张晓海　肖正勇
区审计局：李江涛　王乃荣
区统计局：
李　俊　陈　建　叶建科
区环保局：池　滨　王加弟
区安监局：
叶映新　余迪帆　陈国民
区市场监管局：
柯志成　赵晓敏　陈晓飞
林晓明　潘烁剑　陈光廉
郑镠军　陈　克　李武俊
叶志坚　汤聚力　朱歆炜
董忠胜　夏仙亦　饶爱华
张月娥　林伟俊　毛协群
赵文俊　孙穑明　黄浩然
倪春强　周路路　戴光明
吴　荣　徐向东　邵慧颖
陈邹苗　王清云　汤璟成
徐　毅　刘　海　施晓文
孙　敏　刘　选　诸玮玮
孙　斌　吴淑君　蔡　挺
黄中元　林秋艳　章回灵
许海喜　金光南　陈志辉
周春量
区招商局（区经合办）：张　哲
区质监局：梁　红　胡剑珊
区体育局：戴蓓玮

区机关事务管理局：
吴恺娃　曹隆皓　虞海丹
黄乐年
区风景旅游管理局：
陈翔俊　王　华
区审管办：徐亚达
区供销合作社：戴向前
区金融办：
姜　辉　陈洁琼　周文泉
轻工园区管委会：蔡金榜
鞋都园区管委会：陈　众
区城中村改造办
（区工务局）：陈　峰
区妇联：汪筱萍　黄颖洁
市公用事业开发公司：陈维新
七都街道：
向　东　张崇波　张明杰
滨江街道：
王　炯　叶笑敏　周忠泽
陈绍丽　林倩倩
南汇街道：
陈宏余　张鹏程　傅云云
叶　林　张　静　沈伟亮
蒲鞋市街道：
陈旭忠　吴进洪　杨灵江
南郊街道：
林仕德　吴旭东　占鹏程
叶光山　谢一方　李爱月
大南街道：
陈　钷　陈小芬　陈显建
刘举贤
五马街道：
陈胜军　赵春安　王舒心
李　跨、陈国华　邵红珍
徐登贴
松台街道：
王　敏　陈　策　吴恩胜
林国强　章克洁
广化街道：
陈　辉　徐淑淑　戴立武
王　奔　林温娜
双屿街道：陈　龙　陈祥武

钱丽丹、王勤微
丰门街道：叶晓挺　谢红伦
胡伟星
仰义街道：金浙瓯　李一平
王芙蓉
藤桥镇：肖达统　胡存润
匡鲁杰　叶浩树
姜岳定　吴曙川
夏云波　周益钒
山福镇：徐眉豹　王必文

注：上述人员工作单位以2015年年度考核所在单位为准。

2015年度鹿城区企业欠薪处置工作先进单位和先进个人名单公务员奖励人员名单

一、先进单位（9个）

区公安分局、区财政局、区人力社保局、区住建局、滨江街道、南郊街道、双屿街道、丰门街道、仰义街道

二、先进个人（23名）

厉　震（区委政法委）
陈　凌（区法院）
侯晓娟（区检察院）
张　正　叶　盛（区公安分局）
朱建武　欧　波（区人力社保局）
吴舒展（区住建局）
池　溢（轻工园区管委会）
陈时义（七都街道）
叶绿林（滨江街道）
周腾飞（南汇街道）
吴进洪（蒲鞋市街道）
马晓玲（南郊街道）
林　帅（大南街道）
麻思思（五马街道）
张琳瑜（松台街道）
林海腾（广化街道）
徐海文（双屿街道）

黄云胜（丰门街道）
陈盈军（仰义街道）
夏孝永（藤桥镇）
林忠仁（山福镇）

2015年度鹿城区重点建设效率考核结果和先进个人名单

一、重点建设效率考核结果

第一档单位（8个）：区农林水利局、区保障房建设办公室、鞋都管委会、区温瑞塘河管委会、七都街道、南郊街道、五马街道、仰义街道

第二档单位（8个）：区人防办、区交通运输局、南汇街道、松台街道、双屿街道、丰门街道、藤桥镇、山福镇

第三档单位（4个）：区卫计局、滨江街道、大南街道、广化街道

服务重点建设先进单位（9个）：区委办公室、区发改局、区监察局、区财政局、区审计局、区审管办、区工务局、国土资源鹿城分局、规划鹿城分局

二、重点建设工作先进个人（14名）

诸陈东　区政府办公室
张文军　区纪委（区监察局）
黄伟增　区发改局（区重点办）
徐君远　区财政局
白植健　区审计局
叶　蔚　鹿城轻工产业园区管委会
金　立　鞋都管委会
杨立俊　区温瑞塘河管委会
卢力行　区工务局
张崇波　七都街道
夏阵雨　五马街道
王希希　南郊街道
王剑威　双屿街道
肖达统　藤桥镇

2015年鹿城区尊师重教功勋集体、先进集体和先进个人名单

一、功勋集体

鹿城农商银行
温州市特康弹力科技股份有限公司

二、先进集体（排名不分先后）

区纪委
区人武部
区委宣传部
区关工委
区发改局
区教育局
区公安分局
区司法局
区财政局
区人力社保局
区城管与执法局
区文广新局
区卫计局
区市场监管局
区质监局
区旅游局
区温瑞塘河管委会
规划鹿城分局
鹿城供电分局
团区委
区妇联
七都街道
滨江街道
南汇街道
五马街道
松台街道
仰义街道
藤桥镇
温州市名城建设投资集团有限公司
温州市城市建设投资集团有限公司
巨一集团有限公司
温州市飞虎鞋业有限公司
温州城市之窗国际贸易有限公司

三、先进个人

程胜伦　区委办
林秀春　区人大常委会科教文卫工委
吴万方　区政府办公室
陈晓丰　区政协文教卫体委
欧伟锋　区委农办（区农林水利局）
陈冰纯　区信访局
李　丽　区档案局
朱　彦　区人民法院
周朝阳　区人民检察院
董胜坤　区经信局
伊晓岳　区民政局
魏雪飞　区审计局
徐　洋　区安全监管局
戴蓓玮　区体育局
蒋爱芬　区金融办
周朝华　温州市滨江商务区改建办公室
金卫忠　国土资源鹿城分局
谢　璇　滨江街道
周笑眉　双屿街道
武连春　藤桥镇

2015年度消防安全目标管理责任制考核结果

一、2015年度消防安全目标管理责任制考核优秀单位（14家）

区教育局、区民政局、区财政局、区住建局、区城管与执法局、区卫计局、区安全监管局、房管鹿城分局、鹿城供电分局、滨江街道、五马街道、松台街道、双屿街

道、藤桥镇

二、2015年度消防安全目标管理责任制考核良好单位（22家）

区发改局、区民宗局、区人力社保局、区交通运输局、区商务局、区文广新局、区市场监管局、区质监局、区人防办、区旅游局、国土资源鹿城分局、规划鹿城分局、区物业管理总公司、七都街道、蒲鞋市街道、南汇街道、南郊街道、大南街道、广化街道、丰门街道、仰义街道、山福镇

2015年度消防工作先进单位和先进个人名单

一、2015年度消防工作先进单位（13家）

（一）街道办事处

松台街道、双屿街道

（二）区有关单位

区教育局、区城管与执法局、区卫计局

（三）消防安全管理工作站

滨江街道消防安全管理工作站、南郊街道消防安全管理工作站、松台街道消防安全管理工作站、双屿街道消防安全管理工作站

（四）公安派出所

区公安分局洪殿派出所、区公安分局南郊派出所、区公安分局鞋都派出所、区公安分局仰义派出所

二、2015年度消防工作先进个人（30名）

陈　东（区政府办公室）
潘舞戈（区教育局）
陈荣光（区民政局）
汤荣成（区公安分局）
孙丽娟（区财政局）
汪泽寰（区住建局）
冯耀寿（区城管与执法局）
陈禾禾（区卫计局）
郑　捷（区安全监管局）
黄　波（房管鹿城分局）
郭治平（鹿城供电分局）
徐晓珍（七都街道办事处）
徐　洁（滨江街道办事处）
郑诗思（滨江街道办事处）
袁海雪（蒲鞋市街道办事处）
王　磊（南汇街道办事处）
戴和胜（南郊街道办事处）
龚华俊（五马街道办事处）
黄莉闵（五马街道办事处）
练静勇（大南街道办事处）
黄　菲（松台街道办事处）
刘温涵（松台街道办事处）
黄清清（广化街道办事处）
戴云微（双屿街道办事处）
屠方毅（双屿街道办事处）
季贤深（丰门街道办事处）
何　托（仰义街道办事处）
项滨滨（藤桥镇人民政府）
薛瓯洋（藤桥镇人民政府）
张　新（山福镇人民政府）

鹿城区2015年教育工作先进个人名单

一、区优秀班主任（51名）

李　蓉　温州市第十七中学
黄丽双　鹿城实验中学
张　瑾　温州市双屿中学
金琪建　温州市藤桥中学
吴　若　温州市临江中学
毛雪琴　鹿城职业技术学校
杜晓红　温州市广场路小学
兰建美　温州市广场路小学
郑笑丽　温州市广场路小学
任若飞　温州市蒲鞋市小学
郑雯雯　温州市蒲鞋市小学
陈　佩　温州市蒲鞋市小学
周晓岚　温州市瓦市小学
李小洁　温州市瓦市小学
叶微丽　温州市城南小学
毛淑滨　温州市建设小学
陈爱芬　温州市建设小学
孙晓燕　温州市建设小学
雷美凤　温州市南浦小学
陈淑芬　温州市南浦小学
潘颖娜　温州市水心小学
王　晓　温州市水心小学
颜碧慧　温州市水心小学
潘晓红　温州市百里路小学
谢丽影　温州市百里路小学
金　虹　温州市新田园小学
陈鹏程　温州市蒲州育英学校
邓　虹　温州市绣山小学
黄晓蝉　温州市墨池小学
王雪影　温州市石坦巷小学
叶金花　温州市仰义第一小学
苏冬雪　温州市仰义第二小学
陈培华　温州市黄龙第一小学
郑玲珍　温州市黄龙第二小学
徐晓梅　温州市黄龙第三小学
吴丹丹　温州市双桥小学
黄欢乐　温州市藤桥小学
叶婵娟　温州市临江小学
王文静　温州市第一幼儿园
谷晓洁　温州市第三幼儿园
叶　飞　温州市第四幼儿园
高　瓯　温州市第五幼儿园
陈　如　温州市第六幼儿园
蔡海鹭　温州市第七幼儿园
罗文静　温州市第八幼儿园
张丹凤　温州市第九幼儿园
张纯纯　温州市第十幼儿园
朱章伟　温州市第十二幼儿园
金海嫚　藤桥镇南幼儿园
全　圆　鹿城区瓯江小学
杨允见　温州市白鹿外国语学校

二、区优秀教师（82名）

诸葛进宽　鹿城区教师培训和科研中心
朱赛娜　温州市第十七中学
郑丽燕　温州市第十七中学
邱金珠　鹿城实验中学

王伟东　温州市七都中学
张　蕾　温州市双屿中学
肖永梅　温州市仰义中学
吴安琪　温州市上戍中学
陈建荣　鹿城职业技术学校
林　群　温州市广场路小学
郭伟雪　温州市广场路小学
夏贤翔　温州市广场路小学
陈璟凡　温州市蒲鞋市小学
周　怡　温州市蒲鞋市小学
陈奕奕　温州市蒲鞋市小学
王芳芳　温州市蒲鞋市小学
谢建鹏　温州市瓦市小学
潘晓连　温州市瓦市小学
黄玮慧　温州市瓦市小学
周乐禾　温州市城南小学
王盈盈　温州市城南小学
孙忠洁　温州市城南小学
洪　蕾　温州市建设小学
王　静　温州市建设小学
周建武　温州市建设小学
陈　晓　温州市南浦小学
林　芒　温州市南浦小学
陈晓武　温州市南浦小学
王骁敏　温州市水心小学
石　棉　温州市水心小学
叶　臻　温州市水心小学
朱苗慧　温州市水心小学
陈佳佳　温州市百里路小学
姜　秀　温州市百里路小学
叶佳佳　温州市丁字桥巷小学
蒋春慧　温州市鹿城区实验小学
叶婷婷　温州市鹿城区实验小学
陈丽敏　温州市上陡门小学
连天雪　温州市上陡门小学
朱　丹　温州市岠江小学
陈伊丽　温州市蒲州育英学校
戴小月　温州市马鞍池小学
林丹慧　温州市绣山小学
陈醒洁　温州市南汇小学
金颖颖　温州市少年游泳学校
张　放　温州市石坦巷小学
王姝曼　温州市少年艺术学校
叶卓尔　温州市双屿小学
余藤藤　温州市双屿小学
孙胜安　温州市鞋都第一小学
夏祥德　温州市营楼小学
卢享亨　温州市仰义第二小学
许海鸥　温州市黄龙第一小学
王　蕾　温州市黄龙第二小学
黄作槐　温州市五星小学
夏查克　温州市藤桥小学
张晶晶　温州市上戍小学
梅春晓　温州市第一幼儿园
吕征征　温州市第二幼儿园
周祥微　温州市第三幼儿园
应相玲　温州市第四幼儿园
黄倩娴　温州市第四幼儿园
王秀微　温州市第五幼儿园
单　丹　温州市第六幼儿园
林晓来　温州市第七幼儿园
张冠琦　温州市第八幼儿园
陈　舒　温州市第九幼儿园
林　枫　温州市第十一幼儿园
叶晓玮　温州市第十二幼儿园
黄晴雪　温州市第十五幼儿园
曹丽娜　鹿城区实艺新府幼儿园
叶小丽　温州市广播电视总台幼儿园
潘洋羊　温州市妇联实验幼儿园
蔡梦琴　鹿城区摇篮幼儿园
黄翠娥　鹿城区水心第三幼儿园
林雪燕　温州市西城路幼儿园
刘　娜　藤桥学士幼儿园
徐碧慧　温州鹿城区早教指导服务中心
杨梦思　温州鹿城区早教指导服务中心
李苗苗　鹿城区瓯越小学
郑　洁　鹿城区瓯江小学
王晓静　鹿城区歆艺歌舞文化培训中心新城分中心

三、区优秀教育工作者（64名）

董王碧　鹿城区教育信息中心
王国布　温州市第十七中学
孙素微　鹿城实验中学
吕　波　温州市少年美术学校
吴晓东　温州市双屿中学
吴丽玉　温州市仰义中学
林湖旭　温州市藤桥中学
叶晓夏　温州市广场路小学
洪细苗　温州市蒲鞋市小学
鲍克楚　温州市蒲鞋市小学
江　萍　温州市瓦市小学
周　茜　温州市城南小学
胡海龙　温州市建设小学
周星秋　温州市南浦小学
叶苏朋　温州市水心小学
吴　芳　温州市百里路小学
李芙蓉　温州市新田园小学
郑正红　温州市丁字桥巷小学
杨立淑　温州市上陡门小学
季　丽　温州市光明小学
陈方白　温州市岠江小学
刘丽敏　温州市蒲州育英学校
潘晓锋　温州市七都小学
胡　奇　温州市马鞍池小学
郑丽娜　温州市南汇小学
叶　茹　温州市少年游泳学校
王　安　温州市少年艺术学校
夏晓丹　温州市双屿小学
吴海勇　温州市鞋都第一小学
吴加加　温州市鞋都第三小学
胡明东　温州市仰义第一小学
陈意林　温州市黄龙第一小学
周丽珍　温州市黄龙第三小学
林道合　温州市藤桥小学
林成恩　温州市岙底小学
林　素　温州市上戍小学
林涵慧　温州市临江小学
徐　翔　温州市双潮小学
姜　伟　温州市第一幼儿园
杨　旭　温州市第二幼儿园
林　晓　温州市第三幼儿园
刘绮雯　温州市第四幼儿园
毛芳芳　温州市第五幼儿园

叶　丹　温州市第六幼儿园
周珊珊　温州市第十幼儿园
刘海燕　温州市第十一幼儿园
易芸蓉　温州市第十五幼儿园
金　全　温州市第十六幼儿园
周　文　鹿城区得胜幼儿园
朱赛溶　鹿城区佳艺幼儿园
张洁慧　鹿城区心桥绿洲幼儿园
陈海园　鹿城区莲池爱心第二幼儿园
陈和丹　黎明早培幼儿园
戴海帆　温州市鹿城区三色竹幼儿园
林素云　温州实艺教育集团
姚秀珠　南郊第一幼儿园
徐建月　鹿城区双屿早培二幼
张新新　温州市少年宫幼儿园
郑向红　温州大学附属宏德实验幼儿园
刘日兰　鹿城区新自然幼儿园
胡学军　温州市白鹿外国语学校
黄来爱　环亚西文培训学校
廖苗苗　鹿城区环球雅思培训中心
冯乐声　鹿城区小名堂艺术培训学校

2015年度鹿城区城建工作先进单位和先进个人名单

一、区交通治堵工作

（一）先进单位（6个）

区财政局、区城管与执法局、市交警支队一大队、市交警支队二大队、双屿街道、丰门街道

（二）先进个人（25名）

杨淑和（区政府办公室）
蔡志坚（区委宣传部）
金　碧（区文明办）
林　梅（区广电新闻中心）
王　毅（区发改局）
徐　丹（区财政局）
胡成聪（区住建局）
叶光华（区城管与执法局）
胡玉飞（区交通运输局）
武燕丽（国土资源鹿城分局）
卓晨柳（规划鹿城分局）
姚海峰（市交警支队一大队）
胡　剑（市交警支队二大队）
潘益飞（七都街道）
陈忠勇（滨江街道）
蒋剑锋（蒲鞋市街道）
朱月华（南汇街道）
陈　峰（南郊街道）
陈相志（五马街道）
金灵立（松台街道）
王　奔（广化街道）
吴万方（双屿街道）
郑天麟（丰门街道）
苏飞克（仰义街道）
叶建华（藤桥镇）

二、土地清理工作

（一）先进单位（3个）

国土资源鹿城分局、滨江街道、南汇街道

（二）先进个人（10名）

郑　兴（区发改局）
吴　伟（区住建局）
胡鲁瑛（国土资源鹿城分局）
林拾蓬（国土资源鹿城分局）
狄荣华（规划鹿城分局）
叶　华（滨江街道）
徐洪进（南汇街道）
项方毅（松台街道）
陈　明（双屿街道）
吴小欧（仰义街道）

三、征地工作

（一）先进单位（3个）

七都街道、滨江街道、仰义街道

（二）先进个人（13名）

李自瑞（区发改局）
潘爱虎（区交通运输局）
南　骏（区农林水利局）
张　万（区农林水利局）
赵丹慧（国土资源鹿城分局）
虞杨杨（规划鹿城分局）
陈　淮（七都街道）
苏士永（滨江街道）
陈德方（南汇街道）
徐振宇（双屿街道）
叶中上（仰义街道）
叶国松（藤桥镇）
林　喆（山福镇）

四、城镇低效用地再开发工作

（一）先进单位（3个）

南汇街道、双屿街道、仰义街道

（二）先进个人（10名）

吴　昊（区经信局）
卢　辉（房管鹿城分局）
毛画画（区规划编研中心）
李　敏（区土地储备中心）
施云飞（七都街道）
陈　晨（五马街道）
潘阳琛（大南街道）
陈　铣（丰门街道）
周望颖（仰义街道）
刘　庆（藤桥镇）

鹿城区2015年度招商引资工作先进集体名单

一、街镇组（6个）

一等奖：南汇街道

二等奖：南郊街道、双屿街道

三等奖：滨江街道、蒲鞋市街道、五马街道

二、部门组（18个）

一等奖：区委统战部、区商务局、区招商局（区经合办）

二等奖：区发改局、区科技局、区卫计局、区统计局、区金融办、区温瑞塘河管委会

三等奖：区委办、区委老干部局、区法院、区经信局、区环保

局、区市场监管局、地税鹿城分局、区妇联、区红十字会

鹿城区2015年度招商引资工作先进个人名单

一、街镇组（16名）

赵　欢（轻工园区管委会）
李海辉（鞋都管委会）
林　琪（七都街道）
徐素清（滨江街道）
詹　强（南汇街道）
陆洁茹（蒲鞋市街道）
王文君（南郊街道）
周　密（大南街道）
金洁琼（五马街道）
杨海渊（松台街道）
杨一燕（广化街道）
徐英豪（双屿街道）
黄瑶瑶（丰门街道）
陈朋国（仰义街道）
洪擎宇（藤桥镇）
倪逸丰（山福镇）

二、部门组（19名）

雷立广（区委办）
秦　臻（区委统战部）
卢承承（区委统战部〔区委台办〕）
苏鎏安（区委老干部局）
陈淑琴（区法院）
杨国胜（区发改局）
薛永长（区经信局）
陈　瑛（区科技局）
章李津（区商务局）
方　正（区卫计局）
叶连敏（区统计局）
倪陆靖（区环保局）
杨文秀（区市场监管局）
陈仙姝（区招商局〔区经合办〕）
周柏通（区金融办）
余列清（区温瑞塘河管委会）
林程程（地税鹿城分局）
黄增增（区妇联）
夏海燕（区红十字会）

2015年度鹿城区行政审批制度改革与创新工作先进集体和先进个人名单

一、先进集体（6个）

区公安分局、区农林水利局、区商务局、区文广新局、区市场监管局、区质监局

二、先进个人（16名）

邵可可　区政府办公室（区人防办）
李国民　区发改局
赖承周　区公安分局
叶长春　区公安分局
李晓萍　区财政局
欧成龙　区人力社保局
陈岳赢　区城管与执法局
陆　律　区卫计局
杨凤燕　区环保局
滕卓仁　区安全监管局
郑文阁　区市场监管局
陈　燕　区审管办
陈俊圣　区审管办
陈　炽　国土资源鹿城分局
黄友琳　规划鹿城分局
吴　璇　消防鹿城分局

鹿城区创建国家园林城市工作先进集体和先进个人名单

一、创建国家园林城市工作先进集体（12个）

区公安分局
区城管与执法局
区农林水利局
区旅游局
区温瑞塘河管委会
市交警支队一大队
市交警支队二大队
区园林绿化管理处
滨江街道
蒲鞋市街道
双屿街道
藤桥镇

二、创建国家园林城市工作先进个人（29名）

朱如明　区委办公室
蒋秋纬　区政府办公室
滕　淼　区文明办
王　荣　区广电新闻中心
郑君郡　区发改局
陈贤菲　区科技局
滕荣敏　区财政局
毕　茹　区人力社保局
黄高亮　区住建局
吴先阳　区城管与执法局
胡显平　区城管与执法局
叶璐璐　区交通运输局
陆文峰　区统计局
林茂芬　区环保局
叶海伟　区城中村改造办公室（区工务局）
胡　泊　国土资源鹿城分局
朱淑慧　规划鹿城分局
周小遒　区园林绿化管理处
阎振强　区园林绿化管理处
胡军考　七都街道
朱月华　南汇街道
池恩章　南郊街道
周瑜丹　大南街道
冯　波　五马街道
赵微微　松台街道
李小雷　广化街道
程勤建　丰门街道
徐东波　仰义街道
严信克　山福镇

2015年度突出贡献企业经济（管理）组织与企业家、先进个人名录

2015年度鹿城区功勋企业名单

康奈集团有限公司
温州市太阳神鞋业有限公司
巨一集团有限公司
浙江金牛工贸有限公司
东艺鞋业有限公司
温州市飞丹鞋业有限公司
浙江旭达鞋业有限公司
泰马鞋业有限公司
温州意迈达鞋业有限公司
浙江电器开关有限公司
温州市东风通用机电厂
星际控股集团有限公司
温州市瑞星鞋业有限公司
珂卡芙鞋业有限公司
海特克液压有限公司
温州吉尔达鞋业有限公司
温州市润新机械制造有限公司
浙江禾本科技有限公司
浙江温州银泰百货有限公司
国药控股温州有限公司
红蜻蜓营销温州有限公司
温州崇高百货有限公司
温州市英特药业有限公司
温州开元集团有限公司
温州起步信息科技有限公司
温州时代广场购物中心有限公司
温州市亚泰进出口有限公司
温州苏宁云商销售有限公司
浙江绿森数码科技有限公司
温州开太百货有限公司
温州新宇钟表有限公司
温州美特斯邦威服饰有限公司
温州欣瑞电子有限公司
浙江金海贵金属有限公司
温州鹿城捷信小额贷款股份有限公司
香格里拉大酒店（温州）有限公司
温州康宁医院股份有限公司
温州王朝大酒店有限公司
浙江温州安邦护卫有限公司
温州鹿城禾本小额贷款股份有限公司
温州锦绣酒店投资有限公司
温州市鹿城华泰小额贷款股份有限公司
温州国际大酒店有限公司
温州云天楼实业有限公司
温州万和豪生大酒店有限公司
浙江大管家物业管理服务有限公司
浙江新邦建设股份有限公司
三箭建设工程集团有限公司
鲲鹏建设集团有限公司
新宇建设有限公司
万洋集团有限公司
中纬建设工程有限公司
温州恒富中梁置业有限公司
浙江万川房地产开发有限公司
温州市京都房地产开发有限公司
浙江中梁置业有限公司
浙江温州鹿城农村商业银行股份有限公司
温州市金兴名晨投资中心

2015年度鹿城区功勋企业家名单

郑秀康　康奈集团有限公司
潘建中　巨一集团有限公司
陈国荣　东艺鞋业有限公司
李建民　浙江电器开关有限公司
贺正红　浙江温州银泰百货有限公司
李艾黎　国药控股温州有限公司
孙宏建　温州崇高百货有限公司
李　哲　温州市英特药业有限公司
王真云　温州时代广场购物中心有限公司
林永森　温州市亚泰进出口有限公司
郑　重　温州开太百货有限公司
杨　剑　浙江中梁置业有限公司
陈宏强　浙江温州鹿城农村商业银行股份有限公司
李跃胜　温州鹿城捷信小额贷款股份有限公司
陈　锵　浙江新邦建设股份有限公司
李筱明　三箭建设工程集团有限公司
范小青　中纬建设工程有限公司
朱永光　新宇建设有限公司
朱志群　温州王朝大酒店有限公司
舒炳江　温州锦绣酒店投资有限公司
胡美珍　温州国际大酒店有限公司
叶建林　温州云天楼实业有限公司

2015年度鹿城区工业50强企业名单

浙江长城减速机有限公司
帝邦鞋业有限公司
黎明液压有限公司
温州南方游乐设备工程有限公司
泰力实业有限公司
申瓯通信设备有限公司
浙江双屿实业有限公司
浙江金得利电器有限公司
温州万丰混凝土有限公司
温州华邦混凝土有限公司
巨日鞋业有限公司
浙江皇家鞋业有限公司
扬业电器有限公司
浙江爱美高鞋业有限公司
温州伟明环保能源有限公司
浙江迪丰服饰有限公司
藤桥禽业股份有限公司
温州鼎丰鞋业有限公司
浙江金瑞五金索具有限公司
温州市博弘电器有限公司

浙江近正鞋材有限公司
温州市三箭混凝土有限公司
温州市长发祥鞋业有限公司
温州市万润鞋业有限公司
温州市利步达鞋业有限公司
浙江戈美其鞋业有限公司
巨康鞋业有限公司
温州市鹿城东瓯染料中间体厂
温州瑞基测控设备有限公司
浙江太极鞋业有限公司
浙江飞友康体设备有限公司
浙江意迈达鞋业有限公司
浙江鼎铃电器有限公司
温州市登达化工有限公司
浙江艾曼连鞋业有限公司
温州市鹿城富仕达鞋业有限公司
浙江九龙鞋业有限公司
温州市万家利商品混凝土有限公司
温州龙泰混凝土有限公司
浙江宏顺鞋业有限公司
浙江午马减速机有限公司
温州市黎东眼镜有限公司
浙江江南减速机有限公司
温州巨纳鞋业有限公司
浙江奇伟鞋业有限公司
意万达鞋业有限公司
温州市澳迈鞋材有限公司
温州市侨业塑胶有限公司
浙江日高智能机械股份有限公司
浙江欢鸟鞋业有限公司

2015年度鹿城区商贸业50强企业名单

温州之星汽车有限公司
温州天成控股有限公司
温州百润投资有限公司
温州迪信通电子通信技术有限公司
温州鹏润国美电器有限公司
温州市日清贸易有限公司
温州联奥汽车销售服务有限公司
温州锐力体育用品有限公司
温州捷骏汽车有限公司
温州好又多百货有限公司
温州市天罡贸易有限公司
温州新特医药有限公司
德嘉木业有限公司
温州市中原皮塑有限公司
温州市中燃华颢燃气有限公司
温州市百富食品有限公司
温州诚宏百货有限公司
温州美的制冷产品销售有限公司
温州财富购物中心有限责任公司
温州通诚经贸有限公司
温州市南亚粮油食品有限公司
温州华通丰田汽车服务有限公司
温州百润金属有限公司
温州久都商贸有限公司
温州融金经贸有限公司
温州卓越汽车销售服务有限公司
浙江瓯滨工贸有限公司
温州锦华国际贸易有限公司
温州一正药房连锁有限公司
温州尚羽贸易有限公司
温州市名辰贸易有限公司
温州之远汽车有限公司
温州亿烨贸易有限公司
温州市国信医药有限公司
浙江百诚集团温州电器有限公司
温州市诚贸皮革有限公司
温州五洲进出口有限公司
浙江中勋进出口有限公司
温州勤奋工贸有限公司
温州市森泰石化有限公司
温州市建业金属回收有限公司
温州市瑞博催化剂有限公司
温州市信尔贸易有限公司
温州市硕海进出口有限公司
浙江东日进出口有限公司
温州市朗顺进出口有限公司
温州博腾贸易有限公司
如新（中国）日用保健品有限公司温州分公司
温州市鹿城对外贸易有限公司
温州高科数码科技有限公司

2015年度鹿城区服务业50强企业名单

温州维多利亚大酒店有限公司
温州新南亚大酒店有限公司
温州奥林匹克假日大酒店有限公司
温州市万融商务大酒店有限公司
温州国贸大酒店有限公司
温州市金银岛大酒店有限公司
温州方圆检验认证有限公司
温州星河物业管理有限公司
温州启源房地产顾问有限公司
中通置业集团有限公司
温州市鹿城区物业管理总公司
温州雁荡电影院线有限公司
温州新中国影都
温州市文华娱乐城有限公司
温州恒隆影城有限公司
温州嘉乐迪餐饮娱乐连锁有限公司
温州市东华医院有限公司
温州建国医院有限公司
温州市六虹钢材市场有限公司
温州市鹿城区市场开发服务中心
温州市浙南农副产品市场有限公司
温州江心西园开发有限公司
浙江华卫智能建筑技术有限公司
浙江聚点科技有限公司
温州华明会计师事务所有限公司
温州数码创业投资有限公司
温州雷博人力资源开发有限公司
温州市黄河清洁有限公司
金泰集团有限公司
温州海外旅游有限公司
温州国旅旅游有限公司
温州中旅旅游有限责任公司
温州市建银服务有限公司
浙江兴信非融资性担保有限公司
浙江远洋温州国际货运有限公司
温州市广亮运输有限公司
温州市朝阳油品运输有限公司
浙江省温州新干线快速客运有限公司
温州捷达航空服务有限公司

温州市温鹿出租车有限公司
温州市益科环保科技有限公司
温州建苑施工图审查咨询有限公司
浙江同方建筑设计有限公司
温州市岩土工程有限公司
浙江求新建筑设计有限公司
浙江光正大律师事务所
浙江越人律师事务所
浙江人民联合律师事务所
浙江震瓯律师事务所
温州市鹿城保安公司

2015年度鹿城区税收50强企业名单

温州高联企业发展有限公司
温州之星汽车有限公司
温州南方游乐设备工程有限公司
帝邦鞋业有限公司
浙江双屿实业有限公司
泰力实业有限公司
黎明液压有限公司
浙江爱美高鞋业有限公司
温州伟明环保能源有限公司
温州文博能源有限公司
申瓯通信设备有限公司
温州鹏润国美电器有限公司
浙江金得利电器有限公司
金达建设有限公司
温州市日清贸易有限公司
温州华邦混凝土有限公司
温州好德宝汽车服务有限公司
温州锐力体育用品有限公司
温州图盛文化传媒有限公司
温州市航天信息计算机有限公司
温州迪信通电子通信技术有限公司
温州好又多百货有限公司
温州万丰混凝土有限公司
温州天盛企业有限公司
浙江奥乐智能系统工程有限公司
温州鼎丰鞋业有限公司
浙江金瑞五金索具有限公司
温州帝邦鞋业有限公司
温州市长发祥鞋业有限公司
温州市利步达鞋业有限公司
温州瑞基测控设备有限公司
温州矿山井巷工程有限公司
温州市三箭混凝土有限公司
温州市万润鞋业有限公司
浙江太极鞋业有限公司
温州浙南资源综合利用有限公司
浙江鼎铃电器有限公司
温州振华建设有限公司
温州诚宏百货有限公司
温州维多利亚大酒店有限公司
浙江皇家鞋业有限公司
浙江戈美其鞋业有限公司
温州捷骏汽车有限公司
温州浙南汽车设备回收有限公司
温州市市场开发管理有限公司
温州市百富食品有限公司
德嘉木业有限公司
温州裕通经贸有限公司
巨康鞋业有限公司
温州新特医药有限公司

2015年鹿城区招商引资功勋人物名单

范小冲　温州中心大厦建设发展有限公司
张　兵　温州中信昊园投资有限公司
管伟立　温州康宁医院股份有限公司
王益友　温州明大置业有限公司
陈建静　置信房地产开发有限公司
姜孟军　温州新希望置业有限公司
杨剑清　温州市中梁盛置业有限公司
方长生　温州市华鸿房地产开发有限公司
刘　杰　温州世和生态城开发有限公司
赵海峰　温州万昱置业有限公司

2015年度鹿城区首次获得商标、品牌质量荣誉企业名单

一、获得浙江省著名商标企业

温州华强汽配有限公司
温州市巨鸿鞋业有限公司
温州日报报业集团
嘉和控股集团有限公司
温州市原野花艺有限公司

二、获得浙江名牌产品企业

浙江金牛工贸有限公司
温州市润新机械制造有限公司
浙江绿森数码科技有限公司

三、获得2015年度温州市市长质量奖企业

浙江电器开关有限公司

四、获得2015年度鹿城区政府质量奖企业

浙江绿森数码科技有限公司

2015年度鹿城区建筑行业突出贡献单位名单

一、2015年度浙江省建筑安全文明施工标准化工地

中纬建设工程有限公司承建的温州市鹿城区七都千亩征地等项目安置房与七都农房集聚区（一期）工程

温州诚博建设工程有限公司承建的江滨路鹿城段18、19#地块B8、B9、B14拆迁安置房工程

二、2015年度温州市建设工程瓯江杯奖（优质工程）

中纬建设工程有限公司承建的温州市鹿城区七都千亩征地等项目安置房与七都农房集聚区（一期）工程

温州振华建设有限公司承建的双屿街道上伊村经济合作社（铁路沿线）二产标准厂房工程

三、资质晋升企业

金达建设有限公司审核通过为房屋建筑工程总承包一级

温州浙南建设集团有限公司审核通过为房屋建筑工程总承包一级

温州市华昌市政工程有限公司审核通过为市政公用工程总承包一级

四、鹿城区建筑业龙头骨干企业

浙江新邦建设股份有限公司

新宇建设有限公司

中纬建设工程有限公司

金达建设有限公司

三箭建设工程集团有限公司

鲲鹏建设集团有限公司

温州市华昌市政工程有限公司

浙江实强建设有限公司

浙江红欣园林艺术有限公司

浙江绿艺园林工程有限公司

浙江万邦建筑装饰工程有限公司

浙江一洲建筑装饰工程有限公司

2015年度鹿城区科技工作先进单位名单

一、新增国家高新技术企业

温州中环正源水务有限公司

浙江尔乐干燥设备有限公司

浙江华卫智能建筑技术有限公司

温州市黎东眼镜有限公司

温州市利普自控设备有限公司

温州瑞基测控设备有限公司

浙江金瑞五金索具有限公司

温州市南磁科技有限公司

温州飞龙聚氨酯设备工程有限公司

浙江海康生物制品有限责任公司

浙江怡联网络科技有限公司

二、新增省级以上研发机构

（一）新增省级企业研究院

浙江省康奈鞋类技术研究院 康奈集团有限公司

（二）新增省级高新技术企业研究开发中心

润新水处理省级高新技术企业研究开发中心 温州市润新机械制造有限公司

泰力实业智能家居电器控制省级高新技术企业研究开发中心 泰力实业有限公司

三、新增省级以上专利示范企业

（一）国家知识产权优势企业

浙江长城减速机有限公司

星际控股集团有限公司

（二）省级专利示范企业

浙江腾腾电气有限公司

浙江飞友康体设备有限公司

四、获国家科技进步奖二等奖项目

复杂稀贵金属物料多元素梯级回收关键技术 浙江双屿实业有限公司

五、2015年度市科技创新百强企业

浙江双屿实业有限公司

康奈集团有限公司

海特克液压有限公司

浙江电器开关有限公司

申瓯通信设备有限公司

浙江禾本科技有限公司

浙江金牛工贸有限公司

巨一集团有限公司

温州市登达化工有限公司

星际控股集团有限公司

六、市级众创空间

鹿城区科技与文化融合示范基地众创空间“梦创汇”

2015年度鹿城区开放型经济工作先进单位名单

一、2015年度鹿城区生产企业出口10强

巨一集团有限公司

温州市太阳神鞋业有限公司

浙江禾本科技有限公司

浙江旭达鞋业有限公司

东艺鞋业有限公司

温州意迈达鞋业有限公司

泰马鞋业有限公司

温州市瑞星鞋业有限公司

帝邦鞋业有限公司

康奈集团有限公司

二、2015年度鹿城区外贸流通企业出口10强

温州市天罡贸易有限公司

温州锦华国际贸易有限公司

温州市硕海进出口有限公司

温州五洲进出口有限公司

温州市鹿城对外贸易有限公司

温州市信尔贸易有限公司

中胤集团有限公司

温州市途胜进出口贸易有限公司

温州莱恩达集团有限公司

温州乐航进出口有限公司

三、2015年度鹿城区进口企业5强

德嘉木业有限公司

温州崇高百货有限公司

温州新彩贸易有限公司

浙江中勋进出口有限公司

温州英豪国际贸易有限公司

四、2015年度外经工作先进单位

温州欧联文化传媒有限公司

温州中纽投资股份有限公司

五、2015年度境外招商引资先进单位

温州康宁医院股份有限公司

温州海嘉建设有限公司

2015年度金融机构支持鹿城区经济发展业绩考评先进单位名单

一、银行业先进单位

（一）一等奖

华夏银行鹿城支行

（二）二等奖

中国银行鹿城支行

鹿城农商银行

招商银行鹿城支行

（三）三等奖

宁波银行温州分行

农业银行鹿城支行

兴业银行鹿城支行

交通银行信河支行

恒丰银行温州分行

二、小额贷款公司先进单位

温州鹿城禾本小额贷款股份有限公司

三、证券业先进单位 申万宏源证券有限公司温州分公司

（贾海丹）

责任编辑　王剑峰

统计公报与分析

统计公报

2015年鹿城区国民经济和社会发展统计公报

鹿城区统计局

2015年，是“十二五”的收官之年，面对错综复杂的宏观环境和艰巨繁重的改革升级任务，鹿城区认真贯彻落实市委、市政府和区委、区政府的重大决策部署，深入实施“五化战略”“十大举措”，突出转型升级主线，着力抓改革、促转型、治环境、惠民生，取得积极成效。全年经济运行在新常态下平稳运行，结构调整出现积极变化，发展质量不断提高，民生事业持续改善，为打造迈入全面小康社会示范城区奠定坚实基础。

一、综合经济

鹿城区积极应对严峻复杂的内外部经济环境，克服金融风波带来的不利影响，坚定发展信心，创新发展思路，努力赶超发展，国民经济逐步恢复平稳发展。2015年，全区实现生产总值（GDP）807.79亿元，按可比价计算，同比增长7.5%（“同比增长”“同比下降”以下简称“增长”“下降”），比上年回升2.5个百分点。“十二五”期间，全区累计创造GDP 3576亿元，年均增长5.7%。2015年人均生产总值为108416元，增长6.6%，按年平均汇率（1：6.2284）计算，合17408美元，五年年均增长4.7%。

国民经济结构不断优化。第一产业增加值1.76亿元，增长3.1%；第二产业增加值246.64亿元，增长9.9%，其中工业增加值168.91亿元，增长6.5%；第三产业增加值559.39亿元，增长6.3%。三次产业结构由上年的0.2：30.7：69.1调整为0.2：30.5：69.3。第二、第三产业对全区经济的贡献率分别为42.4%和57.5%，依次拉动经济增长3.2和4.3个百分点。“十二五”期间，第三产业增加值累计2482亿元，年均增长4.9%。

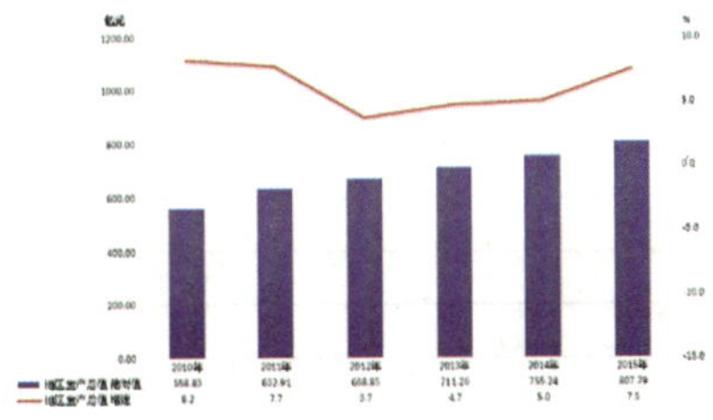

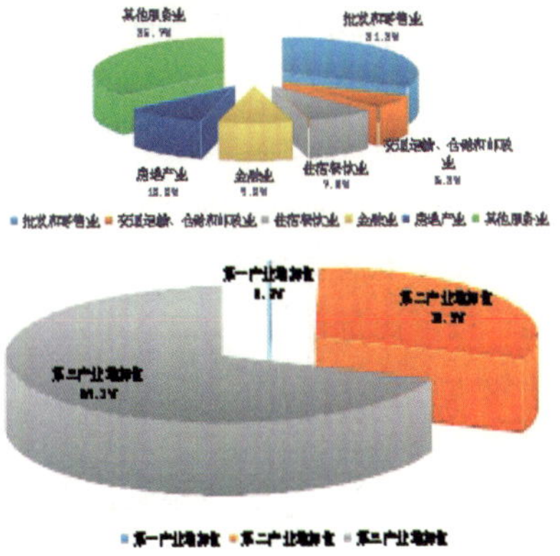

图1　2015年鹿城区生产总值及第三产业增加值构成

市场物价在调控中回落明显。2015年，居民消费价格指数（CPI）

指标	2015年
居民消费价格总指数	0.7
其中：食品	2.4
烟酒	3.1
衣着	2.8
家庭设备用品及维修服务类	1.5
医疗保健和个人用品类	1.5
交通和通信类	-4.9
娱乐教育文化用品类	2.2
居住类	-1.0
工业生产者出厂价格指数	-2.5
工业生产者购进价格指数	-3.7

比上年上涨0.7%，涨幅较上年回落1.1个百分点；工业生产者出厂价格指数（PPI）和购进价格指数（IPI）分别下降2.5%和3.7%。

二、农业经济和新农村建设

鹿城区以高效生态农业为主方向，以农业转型升级为主动力，大力推进现代都市农业发展，全区农林牧渔业生产保持平稳发展。2015年，全区实现农林牧渔业增加值1.77亿元，扣除价格因素，增长3.1%，与全市平均水平持平。“十二五”期间，农林牧渔业增加值年均增长0.5%，农、林、牧、渔及其服务业增加值结构由2010年的55.0：0.1：42.8：1.6：0.5调 整 为 2 0 1 5 年 的59.7：1.1：36.7：1.8：0.7。2015年，全区农林牧渔业总产值3.63亿元，按可比价计算，增长3.6%，增速较上年上升2.2个百分点。全区粮食作物播种面积46841亩，增长2.1%，亩产418公斤，增长6.9%，总产量19583.2吨，增长5.1%。

现代农业企业不断发展壮大。全区共有国家级农业龙头企业1家、省级4家、市级17家，全年产值15.09亿元，税收2405万元；10家区级以上农业龙头企业涉足电子商务，全年电子商务销售额2590.4万元；全区拥有国家级专业合作社3家、省级3家、市级13家。目前，全区农业标准化实施面积45000亩，农业标准化率达60.3%，“三品”产地面积13430.5亩，新申报无公害农产品3个，全区共有无公害农产品标志认证产品38个，中国绿色食品标志认证产品2个、浙江名牌农产品3个，浙江名牌商标产品1个。此外，全年耕、种、收农机化综合作业水平达70%，机耕作业面积3.67万亩，机耕率99%。

农村基础设施建设持续完善。全年完成山地造林面积33公顷，无林地和疏林地新封山育林面积67公顷，建设森林绿道0.67公里。完成省级公益林扩面区划界定工作，增划面积为26525亩，涉及藤桥镇10个村238个小班，扩面后全区重点公益林面积占林业用地的49.7%。

三、工业和建筑业

鹿城区制定出台一系列振兴实体经济的政策举措，工业经济在严峻的宏观环境下，总体平稳向好。“十二五”期间，全区累计实现工业总产值2757亿元，年均增长2.3%，其中五年累计实现规模以上工业总产值1509亿元，年均增长2.0%。2015年全区工业企业总产值533.81亿元，增长7.0%，比上年回升2.3个百分点，其中规模以上工业总产值309.13亿元，增长8.9%，增速比上年回升5.1个百分点。2015年末全区规模以上工业企业330家，实现工业增加值74.58亿元，增长6.6%。全区工业增加值由2010年的140.37亿元增加到168.91亿元，年均增长3.9%。

分行业看，全区规上工业24个行业大类中20个行业总产值实现正增长，主导行业中，制鞋业工业总产值增长5.7%，化学原料及化学制品制造业和装备制造业工业总产值分别增长18.2%和14.7%。分企业类型看，各类企业均平稳增长。全区规上大型企业实现工业总产值68.85亿元，增长8.6%，中型企业实现产值114.4亿元，增长16.7%，小型企业实现产值126.67亿元，增长8.3%。规模以上工业销售产值296.19亿元，增长6.0%，其中完成出口交货值102.48亿元，下降3.6%，占销售产值比重为34.6%。全年规模以上工业企业实现利润11.35亿元，增长3.6%。工业企业产品销售率95.8%，比上年下滑2.9个百分点。

产业转型升级稳步推进。三大产业保持较好发展，工业产业结构不断优化。2015年，全区规上工业战略性新兴产业、高新技术产业和装备制造业等三大产业分别实现增加值11.98、21.36和16.32亿元，分别增长12.5%、13.2%和11.2%，分别占规上工业增加值总量的16.1%、28.6%和21.9%。实现新产品产值91.44亿元，增长62.4%，比规上工业总产值增速高53.5个百分点，全区新产品产值率为29.6%。

节能降耗成效显著。2015年，

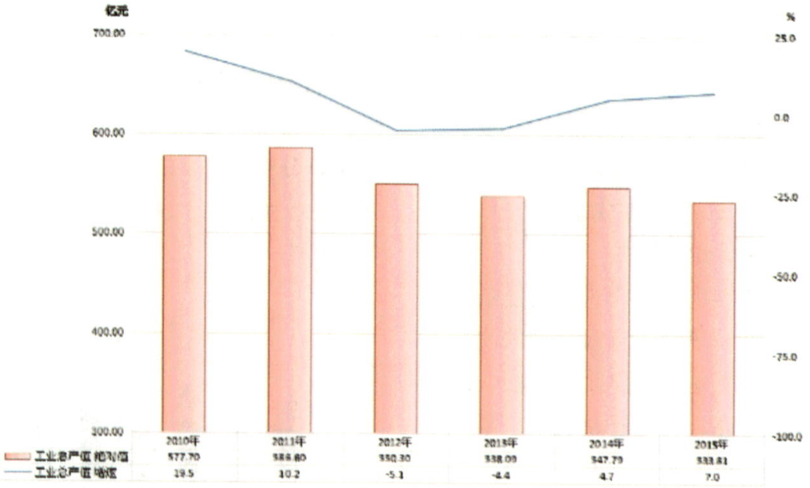

图2　工业总产值

我区继续大力调整优化产业结构，主动淘汰落后产能，严格限制高耗能、高污染行业发展，节能降耗成效明显。“十二五”期间全区节能降耗工作取得一定成效，单位GDP能耗累计下降18.1%，超额完成“十二五”节能目标任务。

建筑业平稳增长。全区拥有专业资质的建筑企业（不含劳务分包建筑业企业）149家，比上年减少5家，实现总产值338.37亿元，增长0.2%，其中在外省完成产值131.80亿元，增长12.9%，占总产值的38.9%。签订合同总额618.96亿元，同比增长0.1%，其中本年新签订合同总额293.70亿元，同比增长5.9%。房屋建筑施工面积2317.32万平方米，同比下降1.2%。

四、固定资产投资

鹿城区围绕“扩内需、保增长、惠民生”的总体目标，积极扩大有效投资，优化投资结构，投资规模不断扩大。“十二五”期间全区累计实现固定资产投资1346亿元，是“十一五”时期的3.2倍，年均增长20.5%。其中，2015年全区实现固定资产投资328.17亿元，增长7.0%。

投资结构进一步优化。2015年，全区完成工业性投资52.01亿元，增长18.3%，工业投资占投资总额比重为15.8%，较上年提高1.5个百分点。其中，工业技改投资完成44.47亿元，增长21.8%，占工业投资额的85.5%，较上年提高2.5个百分点。服务业投资266.15亿元，增长4.0%，占全部投资比重的81.1%。“十二五”时期完成工业投资173亿元，年均增长27.4%，占总投资额的比重从2010年的12%上升到2015年的15.8%。

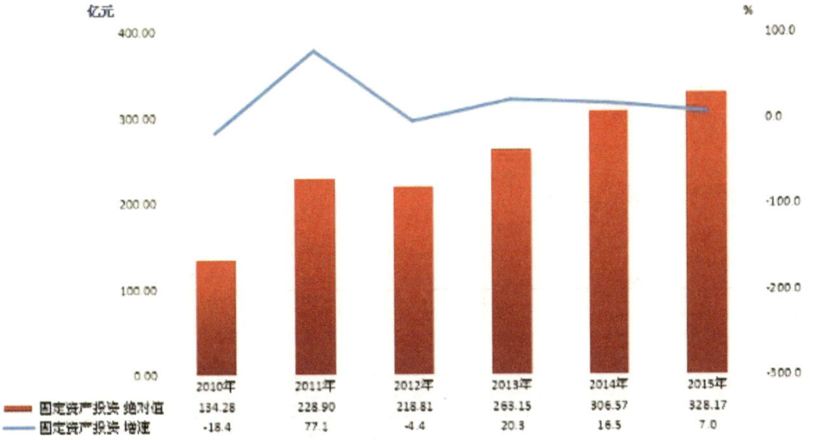

图3　固定资产投资

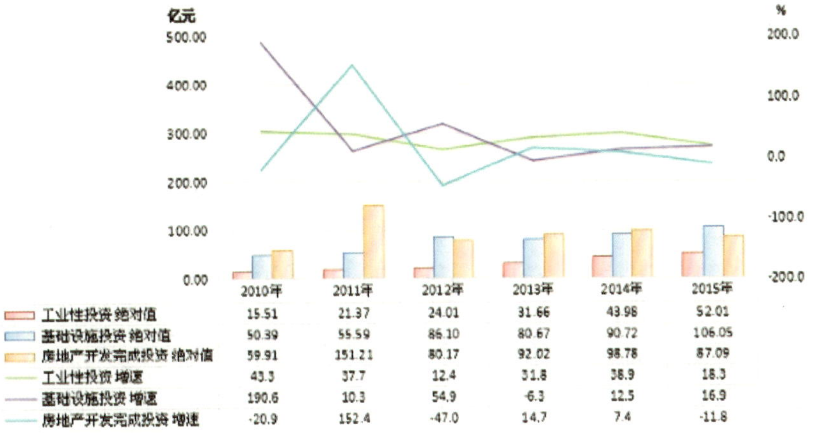

图4　三项投资情况

全区认真贯彻执行中央宏观调控政策，房地产投资渐趋理性。2015年，全区完成房地产投资87.09亿元，下降11.8%，占投资总额比重为26.5%，比重较上年下降5.7个百分点。“十二五”期间，全区完成房地产投资509亿元，年均增长7.8%。五年累计商品房销售面积135.7万平方米，年均增长6.8%，其中2015年商品房销售面积42.66万平方米，增长49.7%。

民间投资所占比重上升。近年来，区委、区政府积极采取各项政策措施，大力支持引导民间投资的发展。2015年全区完成民间投资109.85亿元，增长15.3%，占限上投资比重为33.5%，较上年增加2.4个百分点。

五、国内贸易、对外经济和旅游

鹿城区积极引导和扩大需求，大力发展时尚产业、月光经济，建设时尚之都，消费品市场呈现企稳回升的态势。2015年，全区社会消费品零售总额787.52亿元，增长10.1%，其中限额以上社会消费品零售总额208.72亿元，增长11.3%，较上年提高5.8个百分点。其中餐饮业回暖趋势较好。限上餐饮业实现营业额9.13亿元，增长8.2%，增速较去年同期上升15.7个百分点。“十二五”期间实现社会消费品零售额总量达3462亿元，年均增长10.6%。

消费结构逐步升级。随着城乡居民收入的不断提高，消费观念发生了转变，消费需求也逐步由生存型向享受型、发展型转变。一是金银珠宝类商品零售持续火爆，

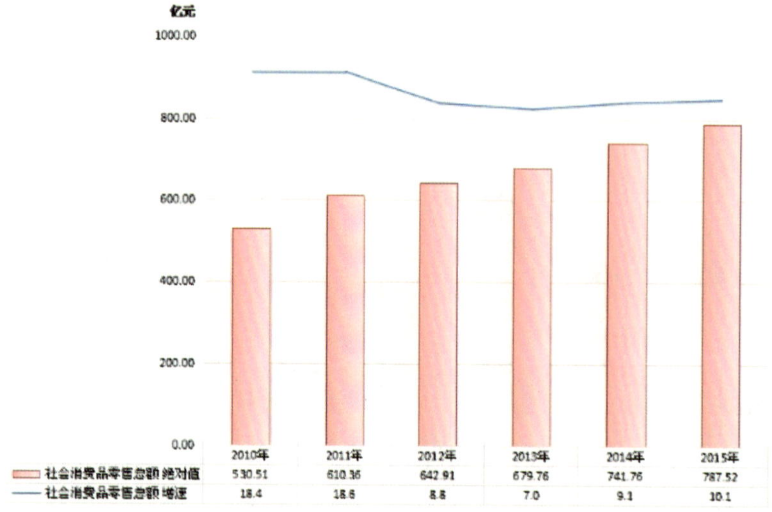

图5 社会消费品零售额

2015年实现零售额15.05亿元，增长42.5%；二是药品类消费增长平稳，中西药品类零售额23.69亿元，增长8.6%；三是生活饮食用品类保持较好增长，食品类、饮料类、烟酒类商品零售额分别增长5.1%、8.8%和84.5%；四是鞋服类增势良好，服装类、鞋帽类等商品零售额32.06亿元，增长14.7%；五是汽车消费保持平稳，汽车类零售额44亿元，增长5.2%；六是在智能手机火爆销售的带动下，通讯器材类零售额5.06亿元，增长93.3%。

鹿城区积极发展进出口贸易，克服当前较严峻的进出口压力，不断推进我区外贸转型发展。2015年，全区外贸进出口额36.71亿美元，下降2.7%，降幅较上年扩大1.4个百分点。其中，出口33.68亿美元，下降4.3%，降幅较上年扩大3.5个百分点，进口3.03亿美元，增长19.7%，比上年回升27.2个百分点。“十二五”时期，全区累计进出口总额约196亿美元，年均增长2.4%；五年累计出口总额180亿美元，年均增长2.6%。

出口产品结构由劳动密集型产品向高新技术产品优化。2015年，机电产品增长3.8%，高新技术产品增长1.7%，非机电高新技术商品出口增长9.2%；纺织品增长6.0%，箱包、服装、鞋类出口下降明显，分别下降22.5%、18.6%、7.8%。

全年新批外商投资企业9家，实际利用外资14633万美元，增长27%。全区累计共引进项目114个，招商引资到位资金178.22亿元，其中省外回归项目76个，引进到位资金69.24亿元。市外房地产项目38个，到位资金108.98亿元。

旅游业继续保持平稳发展。2015年，全区接待游客达1166.72万人次，增长14.1%；实现旅游总收入124.98亿元，增长15.2%。全区现有旅行社110家，比上年增加5家；星级饭店24家，比去年减少一家；饭店客房出租率56.7%，比上年下降9.0个百分点，其中星级饭店客房出租率55.6%，比上年下降9.7百分点。

六、财政和金融

财政收入平稳增长。全区财政收入结构不断好转，民生支出进一步提高，2015年全区财政总收入42.31亿元，增长5.0%，其中公共财政预算收入27.58亿元，增长8.2%。公共财政预算收入中，税收收入24.42亿元，增长8.0%，税收占比达到88.6%。“十二五”期间，累计实现财政总收入202亿元，年均增长4.7%；累计公共预算收入116亿元，年均增长6.3%。2015年，全区公共财政预算支出33.19亿元，增长7.7%，增速比上年加快2.9个百分点。其中民生支出25.89亿元，占全部支出比重达到78%，较“十一五”期末提高12个百分点。在民生支出中，住房保障支出增长149.2%、科学技术支出增长99.8%、农林水支出增长42.4%，教育支出增长8.6%。

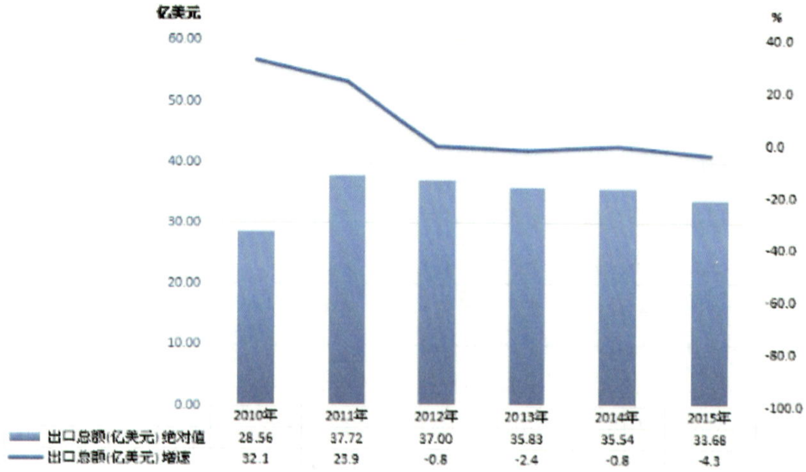

图6 出口总额

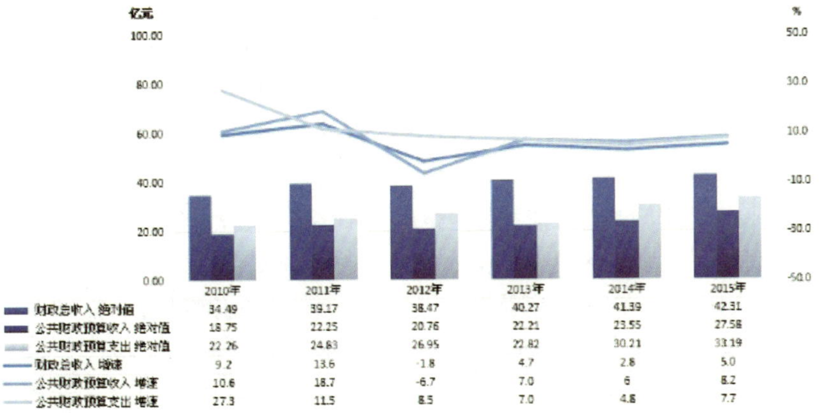

图7　财政收支

金融业发展稳定。今年以来，央行数次调整金融政策，调整存贷款利率和准备金率，为经济平稳增长与结构调整提供充足和适度的资金。2015年末，金融机构人民币各项存款余额3167.33亿元，较年初增加275.28亿元，增长10.1%。金融机构人民币各项贷款余额2346.85亿元，较年初增加61.29亿元，增长5.6%。存贷款余额增速分别较上年末回升7.8和6.1个百分点。中长期贷款增长有所加快，年末，中长期贷款余额722.81亿元，较年初增加36.56亿元。不良贷款余额113.4亿元，不良贷款率4.8%，实现连续两年下降。

深化金融改革发展。温州民间借贷服务中心运行平稳，2015年全年备案民间借贷6664笔，金额34.91亿元，开业至今累计备案9932笔，金额57.40亿元。全区共有小额贷款公司3家，合计贷款余额13.46亿元，民间资本管理公司1家，注册资本金1亿元，已累计投资达2.75亿元；农村资金互助会2家，累计发放互助金171笔，金额8586.9万元。

七、城市管理和环境保护

深入推进“三改一拆”行动。全年共处置违法建筑1873处、计93.89万平方米，制止并拆除新建违建319处、计3.34万平方米。累计创成3个“无违建街道”、17个“无违建社区（村）、51条“无违建河道”。

进一步提升城市绿化水平。全年新建绿地78.6公顷，提升5个街旁（滨水）游园、完成20组花境、3300平方米立体绿化及19公里绿道建设；新建滨水公园8个、改造提升7个；30个城市公园、游园“三化”改造共完成31个；完成28处典型城市受损弃置地或闲置地的绿化或覆绿工作，总覆绿面积约31万平方米。

持续推进市政公用管理。全年建成自行车道8公里，施划人行道临时停车泊位738个，泊位规模达2476个。建成公共自行车网点275个，投放车辆1.1万辆，总借车量达4393万辆次，日均借车量达5万人次。完成沉陷积水点整治31处，全部低洼片区整治5处。整改盲道约8公里，整治12条道路架空管线，疏浚排水管道743.5公里、污水管网51.6公里，完成桥梁结构定期检测23座、桥梁普查120座。

“五水共治”与污染减排深入推进。加强环境监管，重权打击违法排污，重点河段水质实现常态化监测，九山河（内河）、瓯江（郭公山至杨府山段）达到可游泳标准。全面推进大气污染防治，全年环境空气优良天数315天，优良率为86.8%。各项减排指标取得预期效果，据初步测算，2015年全区化学需氧量（COD）削减率0.57%、氨氮（NH3—N）削减率0.35%、二氧化硫（SO_2）削减率1.5%、氮氧化物（NOX）削减率2.4%，单位工业增加值能耗降低率8.2%，单位GDP能耗降低率4.2%。

八、教育和科学技术

全面加快教育现代化进程。全区现有初中8所，在校生0.43万人；小学44所（含83个校区），在校生6.59万人。义务段入学率、三残儿童入学率均达100%，初中毕业生升入高中比率为98.96%。学前教育再创佳绩，现有幼儿园104所，在园幼儿3.59万人，幼儿入园率100.0%，2015年新创成3所一级幼儿园，2个公办园区参加一级复评；新创成1所

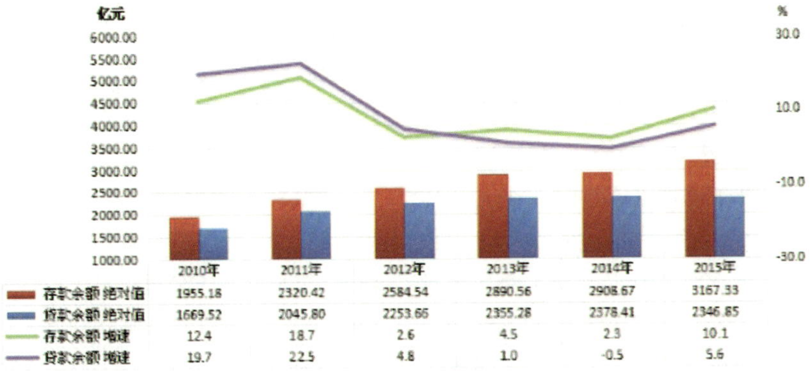

图8　金融机构年末人民币存贷款余额

二级幼儿园，1个公办园区参加二级复评；新创成1所三级幼儿园，等级园覆盖率88%。

科技创新能力持续增强。全区科技进步变化情况综合评价在全省90个县（市、区）中排名连续三年实现20位以上的提升幅度，位列全省县（市、区）第20名。科技“八倍增”年度目标全部顺利实现，全年实现工业新产品产值91.44亿元，增长62.4%，高新技术产值96.29亿元，增长20.7%，发明专利授权数220件，增长41.0%，网上技术市场交易额4.25亿元，增长200%以上，R&D经费7.41亿元，增长10.1%。科技企业新增数创历史新高，新增高新技术企业11家，省科技型中小企业98家，全区累计拥有高新技术企业52家、省科技型中小企业290家。社会创新热情和创新氛围进一步提升，新增省级企业研究院1家、各级企业技术研发中心12家，1项科技成果获国家科学技术进步二等奖，40项科技项目获国家火炬计划、省科技型中小企业创新基金、市激光光电专项等市级以上科技部门支持，建成全区首个市级“创客空间”——“梦创汇”。

九、文化、卫生和体育

文化事业繁荣发展。全年创成1个省级文化强镇、1个省级文化示范社区，2个文化驿站、4个城市书房，1个图书馆分馆，4个图书流通点，11个省级农村电影放映示范点。组织大型文艺演出322场，送戏下乡272场，送电影1925场，送展览讲座420场。文艺创作蓬勃发展，全年创作声乐、舞蹈等文艺作品47个，获省级以上奖项15个。文化遗产保护全面加强，举办非遗“五进”系列活动共计254场，美丽水乡文化提升工程完成各类投资616万元。文化市场健康平稳有序，2015年共检查文化经营场所2427家，出动1540人次，立案查处违规经营行为69起，销毁各类非法出版物13118册，查处各类侵权盗版案件12起。

基本医疗和公共卫生事业稳定持续发展。全区共有22所社区卫生服务中心、38所社区卫生服务站、75所村卫生室、34个医疗服务点。启动实施分级诊疗，区人民医院与市中心医院建立医联体，组建南浦（南郊）、藤桥（岙底）、上戍（临江、双潮）3个医疗集团，创成省级满意乡镇卫生院1家。全面开展全科医生签约服务，全年共签约129976人，签约率17.49%，其中重点人群签约74810人。着力推进社会资本办医，新设拜耳口腔医院、温州美生健康医院、温州深蓝医院、温州叶同仁中医院4家医疗机构，区属民办医院床位占比达53.6%。创成省级卫生应急示范区，积极防控H7N9禽流感、登革热等重点传染病，进行艾滋病检测436585人。创成100家公共场所卫生示范店、1家省级餐饮具集中消毒卫生示范单位。通过国家卫生城市省级评估，完成无偿献血8825人次176万毫升，1339对夫妇接受国免孕前优生检查，8154人接受免费婚前检查。

体育事业不断发展。全区在国内外大赛上获得世界冠军3个，世锦赛亚军1个，全国性比赛中获得金牌47枚，银牌35枚，铜牌23枚。创建省级体育俱乐部8个，省级体育幼儿示范园1个，省级体育先进社区1个，省级老年体育活动中心1个，省级职工体育俱乐部1个，省小康体育村2个，省级健身步道1条。学校体育场地对外开放44所，新建健身苑点10个，培训社会体育指导员153名，国民体质监测4069人。新建瓯江东、瓯江西和水心湾3段百姓健身塑胶跑道，全程5公里。投资打造七都大桥桥下体育休闲公园，空间面积约2.6万平方米。规划建设七都环岛自行车健身绿道。新注册运动员500余名，新增训练点4个，向省、市优秀运动队输送32名运动员，升优秀运动队转正运动员3名。

十、社会保障和社会福利

社会保障体系逐步完善。2015年末，全区参加职工基本养老保险33.16万人，比上年增加2.95万人；职工基本医疗保险16.62万人，比上年增加0.71万人；工伤保险参保人数27.79万人，比上年增加0.63万人；生育保险参保人数13.4万人，比上年增加0.47万人；失业保险参保人数13.91万人，比上年增加0.34万人；城乡居民基本医疗保障参保人数22.85万人，比上年增加0.16万人。2015年新增城镇新增就业人数2.05万人，城镇登记失业率1.36%，下岗失业人员再就业3571人。

社会救助体系建设日臻完善。农村“五保”和城镇“三无”对象全部实现集中供养。全年优待优抚对象2687户，低保对象3878户6127人，城镇低保对象月标准从每人705元提高到765元，农村低保对象月标准从每人515元提高到575元。全年共发放低保资金4101.8多万元；发放医疗救助资金1093.75万元，惠及5435人次。办理结婚登记5830对，离婚登记1592对，办理事实收养63件。全年全区慈善总会共募集资金1072.19万元。

十一、人口和人民生活

2015年，全区辖12个街道、2个镇，83个社区、141行政村。全区土地面积290.47平方公里，年末户籍人口74.7万人，比上年增加0.38万人。其中男性人口37万人，女性人口37.7万人；城镇人口65.08万人；全年出

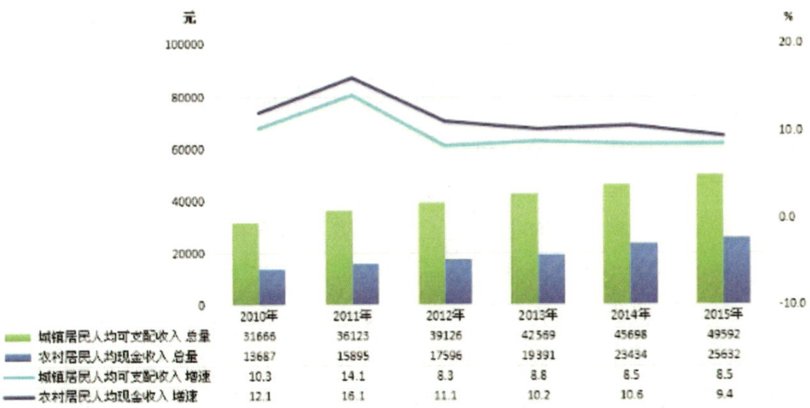

图9 城乡居民收入

生人口0.79万人，死亡人口0.42万人。年末暂住人口62.23万人。

全区当年含往年计划生育率91.95%，当年出生人口性别比104.11（女性为100），已婚育龄妇女综合节育率86.91%，累计有1159对单方独生父母领取二孩准生证。

城乡居民收入稳步增长，居民生活质量进一步提高。全区城镇常住居民人均可支配收入49592元，增长8.5%；农村常住居民人均可支配收入25632元，增长9.4%。城乡统筹建设稳步推进，城镇与农村居民收入比优化为1.93∶1。城镇居民人均消费支出36161元，增长3.7%，恩格尔系数为30.8%，比上年上升了1.6个百分点；农村居民人均生活消费支出19292元，增长11.6%，恩格尔系数为35.6%，比上年上升了0.1个百分点。食品价格的上涨是造成恩格尔系数上升的重要因素。

统计分析

2015年鹿城区农业生产形势分析

2015年，我区认真贯彻落实中央、省、市农业农村工作会议精神，紧紧围绕发展主导产业和农民增收的目标，优化农业生产结构，培育发展特色产业，农业生产呈现稳定增长的发展势头。2015年，全区实现农林牧渔业总产值36276万元，同比增长3.6%；实现农林牧渔业增加值17744万元，同比增长3.1%。

一、农业生产基本情况

（一）种植业生产平稳

2015年种植业实现总产值15042万元，同比增长1.5%；实现增加值10588万元，同比增长1.4%。种植业是我区农业的重要组成部分之一，总产值占比为41.5%，增加值占比为59.7%。在种植业中，我区的主导产业是粮食、蔬菜和水果三个品种。

1. 粮食生产提质增效。2015年粮食播种面积为3123公顷，同比增长2.2%；粮食平均亩产406公斤，同比增长4.6%；播种面积亩产双上升使全年粮食总产量达到19024吨，比上年增长6.9%。2015年粮食作物总产值3887万元，占种植业比重为25.8%。其中，谷物类产值3536万元，豆类产值95万元，薯类产值256万元。

2. 蔬菜生产有所上升。2015年全区蔬菜种植面积1392公顷，同比增长1.5%；受年底寒潮影响全年平均单产1186公斤/亩，比2014年下降0.4%；全年蔬菜总产量24767吨，比2014年增长1.2%。2015年蔬菜产值4953万元，占种植业比重为32.9%。

3. 水果产量上升产值下降。2015年，全年水果总产量8724吨，同比增长10.0%。其中柑橘产量3223吨，增长28.5%；杨梅产量1930吨，下降18.1%；果用瓜产量3310吨，增长10.5%；我区除这三类水果外，还种植少量的梨、桃、枇杷、柿子、葡萄等其他水果。虽然2015年水果总产量提升较快，但是全年水果产值4526万元，比2014年下降15.3%，主要原因是杨梅产量、价格大幅下降严重影响水果产值整体水平。

（二）林业快速增长

2015年林业产值268万元，同比增长21.1%。全年完成造林面积33公顷，森林抚育1405公顷，封山育林67公顷；全年油菜籽产量6吨，笋干21吨，木材产量580立方米，毛竹产量2.1万根。全年实现林业增加值191万元，同比增长18.9%。

（三）畜禽生产各有特点

1. 生猪存出栏、出肉量呈三下降。随着拆违环境整治有序推进，生猪养殖规模进一步收缩。2015年末全区生猪存栏25421头，比上年下降30.5%；出栏53271头，比上年下降13.1%；猪肉产量4041.6吨，比上年下降12.2%。

2. 家禽存、出栏受价格上涨激励生产稳定向好。2015年家禽年末存栏115.34万只，比上年增长19.3%；出栏468.45万只，比上年增

①本公报所列部分数据为年度初步统计数据。

②全区生产总值和各产业增加值绝对数按现行价格计算，增长速度按可比价格计算。

长5.4%；禽肉5274.3吨，比上年增长7.4%；鸡鸭鹅蛋产量1459.9吨，则比上年增长23.3%。

3. 食草畜生产规模小变动幅度大。2015年牛、羊总产值196万元，由于经济总量占比较小（占畜牧业1.0%），对全区畜牧业影响非常有限。2015年牛存栏385头，上升40.5%，出栏242头，下降59.6%；羊存栏941只，上升38.4%，出栏2326只，下降12.6%。

（四）渔业生产稳中有升

2015年渔业总产量705吨，增长4.1%，其中鱼类528吨，增长0.6%，虾蟹类151吨，下降0.7%。其他类增加26吨。全年渔业增加值788万元，按可比价格计算，同比增长15.5%；实现增加值316万元，同比增长13.3%。

二、存在的问题及建议

从我区农业产值的构成看，种植业和畜牧业产值占农林牧渔业总产值的比重高达96.2%，其中种植业占41.5%，畜牧业占54.7%。因此做大做强农业种植业和畜牧业是我区农业经济可持续发展的前提与保障。

（一）继续加大耕地保护力度，努力稳定粮食播种面积，推广新技术新品种，提高粮食单产产量，同时要认真落实国家粮食价格保护政策，加大扶持力度，进一步调动农民种粮积极性。

（二）加大对农户种植和养殖的帮扶力度。大部分种植业“靠天吃饭”，产量因气候的变化而变化，生产的不确定因素较大，一些自然灾害难以避免；养殖业发生疫情的可能性继续存在，加大帮扶力度，做好防疫减灾工作，未雨绸缪，防患于未然依然是农业生产的重要工作。另外农业生产人员年龄偏大，文化素质偏低，也需要更多的科学种养殖技术指导与帮扶。

（三）增加排污投入，完善污物处理设施，实现环境整治与养殖生产的和谐。养殖业满足了人们对肉、蛋、奶的需求，同时也影响了人们生存的环境。环境治理需以减量化、无害化、资源化为目标，加大投入污物处理设施建设，引进集约化养殖，改变原来污染重的传统养殖模式，与农业生产有机结合，实现污物就近消化和综合利用，规范治理污染，打造生态养殖模式。使确保生存环境不受污染的同时也满足人们的日常饮食需求。

2015年鹿城区春季粮食监测调查简析

近些年，我区切实把春耕生产作为全年农业生产的重要环节，加强组织领导，采取有力措施，狠抓工作落实，确保春季农业各项工作顺利进行。2015年鹿城区粮食生产统计监测调查涉及28个样本区，229个调查地块。样本区春季农作物种植分析如下：

一、样本区地块结构变化

2015年年初全区28个样本区调查地块面积合计为2849.32亩，比上年减少62.48亩，主要是由于上年建设需要耕地被征用。从调查地块类型看，轮歇地、闲置地面积比重有所上升。2015年春季监测调查地块中，轮歇地和闲置地面积1615.1亩，占整个监测地块面积的56.7%，比重比上年同期提高3.2个百分点；农作物种植面积1107.25亩，面积比重为38.9%，比上年同期下降3.1个百分点；改作地面积为126.97亩，面积比重为4.4%，比上年同期下降0.1个百分点。

二、样本区春季种植情况

2015年粮食监测样本区春季农作物播种面积为1107.25亩，比上年减少115.4亩。从种植品种看，粮食类播种面积呈不同程度增长，蔬菜类播种面积有所减少。具体农作物播种面积如下：小麦39.65亩，同比增长4.8%；春玉米17.9亩，同比增长7.2%；蚕豌豆31.2亩，同比增长7.0%；春番薯19.7亩，同比增长24.3%；春马铃薯29.35亩，同比增长9.6%；油菜籽93.91亩，同比增长98.2%；药材30.93亩，增长7.4倍；蔬菜类777.45亩，同比下降14.0%；花卉苗木盆栽3.1亩，与上年持平；其他农作物64.06亩，同比下降52.8%。

三、政策措施促进粮食生产稳步增长

开春以来，我区积极做好春耕备耕工作，采取有力措施促进农业生产顺利进行，确保全年粮食生产稳定增长。主要采取四方面措施：一是继续扩大粮食政策宣传，特别是把省、市粮食补助的扶持政策宣传到位，确保农户种粮积极性。二是落实粮食生产计划，确保早稻面积稳定。三是普及农业技术服务，确保春耕备耕顺利进行。四是积极完善农资农机，确保农资农机完备。

四、存在的不足

虽然2014年我区对农业建设投入力度很大，加快了粮食功能区建设和基本农田建设，着力改善农业生产条件，提高农田整体排灌能力和抵御自然灾害的能力，进一步夯实和提高农业生产能力。但我区粮食监测点的调查地块较为分散，有部分位于较高的山地，交通不畅，种植不方便，继续呈现抛荒状态。此外，我区耕地因建设用地被征用及轮歇地、闲置地面积的增多，是今后困扰粮食生产发展的主要因素。

2015年鹿城区农村常住居民收支情况分析

2015年，鹿城区以破难攻坚专项行动为举措，创造条件吸引温商回归，努力发展实体经济，优环境抓投入促经济平稳运行，以“三分三改”和农房集聚改造为抓手，加快推进城乡统筹发展，继续加快新农村建设步伐，加强农村基础设施和公共服务设施建设力度，全力提高和改善农村居民生活水平，全年全区农村常住居民可支配收入增速加快，呈现出快速增长的势头，收入增长也带动了农村常住居民生活消费支出稳步增长。全年全区农村常住居民人均可支配收入25632元，比上年增加2198元，同比增长9.4 %（“同比增长”以下简称“增长”），人均生活消费支出19292元，比上年增加2002元，增长11.6%，其中食品烟酒消费支出6868元，比上年增加727元，增长11.8 %。

一、收入增长的主要特点

（一）工资性收入较快下降。2015年，全区农村常住居民人均工资性收入14674元，同比减少1742元，下降10.6%，占可支配收入比重为57.2%。工资性收入的减少主要是由于今年原来靠工资收入的部分住户转变为经营户、从而引起人均工资性收入的下降。

（二）经营净收入快速增长。2015年，全区农村常住居民经营净收入为6067元，同比增加1418元，增长30.5%。经营净收入快速增长得益于创业环境的不断改善以及整体经济逐步企稳回升的推动。

（三）财产净收入呈现大幅增长。2015年，全区农村常住居民人均财产净收入3656元，同比增加455元，增长14.2%。

（四）转移净收入大幅增长。2015年，全区农村常住居民人均财产净收入同比增加2068元。

二、生活消费支出的主要特点

随着全区农村常住居民可支配收入持续增长，农村常住居民的消费水平也有较大提高。全年农村常住居民人均生活消费支出19292元，增长11.6%。受物价上涨等因素影响，八大类支出呈现五升三降的态势。

（一）食品烟酒支出比重最大，支出快速增加。八大类消费支出中，占比重最大的是食品烟酒消费，人均食品烟酒消费支出6868元，较上年增加727元，增长11.8%。食品价格的大幅上涨是推动购买食品支出增长的重要因素。

（二）衣着消费支出较快下降。全年农村常住居民用于衣着的现金支出人均1159元，减少160元，下降12.1%。网购的普及以及追求实惠是衣着消费支出下降的一大原因。

（三）居住消费支出大幅增长。全年农村常住居民用于居住的现金支出人均6188元，增加1595元，增长34.7%。随着生活水平的提高，人们更关注自己的居住质量、也更乐于这方面的消费。

（四）生活用品及服务小幅增长。生活用品及服务人均支出749元，较上年增加71元，增长10.5%。

（五）交通通讯消费稳步增长。交通和通讯消费支出2503元，较上年增加329元，增长15.1%。随着居民生活水平的提高，交通通讯消费稳步增长。

（六）教育文化娱乐消费大幅下降。教育文化娱乐服务费支出1400元，较上年减少330元，下降19.1%。

（七）医疗保健消费支出小幅增长。农村常住居民医疗保健人均支出268元，较上年增加7元，同比增长2.7%。

（八）其他商品和服务支出快速减少。全年农村常住居民用于其他商品和服务人均支出157元，较上年减少235元，下降60%。

三、当前农民增收中需关注的问题

全年全区农村常住居民增收形势总体较好，但也存在着一些需要引起关注的问题：

（一）工资性收入增收存在一定风险。工资性收入是全区农民收入的主要来源，然而原材料涨价、资金不足、用工成本上升等问题一直困扰着全区中小企业。发展企业的生产经营成本增加，利润空间将进一步被压缩，最终会影响农民工资收入的稳定增长。

（二）家庭经营增收基础不稳固。家庭经营收入是全区农村常住居民收入的另一主要来源，但全区农户非农家庭经营结构单一、层次低，并以第三产业为主，受宏观经济影响较大。而偏紧的货币政策使中小企业普遍出现了“钱荒”，贷款难直接制约了农村家庭经营非农产业的发展，因此增收基础不稳固。

（三）趋高的消费价格增加了农村常住居民的生活成本。从全年的数据看，农村常住居民的消费支出呈现出一定的增幅，虽然这一方面反映了农村常住居民生活条件的有所改善，但另一方面也反映物价上涨而推高支出增长，较高的物价增加了农村常住居民的生活成本。食品支出、日用消费品支出等构成农村常住居民生活成本，具有生活刚需的支出项目出现明显的增幅，加大了农村常住居民的生活负担，影响了农村常住居民生活质量的提高。

2015年鹿城区秋季粮食监测调查情况分析

根据秋季粮食监测调查显示，2015年鹿城区秋季样本区调查地块总体面积继续下降。受征地建设影响，全区28个普查小区合计226个调查地块，调查地块比上年减少了5个，同比下降2.2%；现有调查地块面积2849.32亩，比上年减少了62.48亩，同比下降2.1%。现将我区秋季粮食监测情况作一下具体分析。

一、样本区调查地块土地使用结构变化

2015年我区秋季调查地块总体面积2849.32亩，比上年下降2.1%，其中秋季种植农作物2462.21亩，种植面积反而比上年增长0.1%。主要原因在于我区粮食监测点耕地轮歇闲置减少明显，种植情况继续好转。今年秋季轮歇地、闲置地面积260.14亩，同比下降18.9%；改作地面积125.05亩，同比下降4.5%。此外，水田、水浇地及旱地面积依次比上年下降2.1%、2.2%，降幅与调查地块相当，详见下表。

年份	调查地块（亩）						水田（亩）	水浇地及旱地（亩）
	合计	种植农作物	轮歇地闲置地	改作地	年内建设用地	其他占地		
2015	2849.32	2462.21	260.14	125.05	1.16	0.76	2581.26	141.09
2014	2911.8	2459.08	321.05	130.91	0.76		2635.82	144.31
增减幅度（%）	−2.1	0.1	−18.9	−4.5	52.6		−2.1	−2.2

二、样本区秋季农作物种植情况

（一）粮食作物种植面积略有上升

根据样本区秋季农作物种植面积统计，今年秋粮种植面积2028.48亩，同比增长0.9%。分品种看，单季晚稻种植面积1996.68亩，比上年增长0.4%；秋大豆11.7亩，比上年增长23.9%；秋番薯18亩，比上年增长38.7%。此外今年种植品种多了秋马铃薯，少了秋杂豆，见下表。

年份品种（亩）	单季晚稻	秋大豆	秋杂豆	秋番薯	秋马铃薯	粮食作物合计
2015	1996.68	11.7		18.0	2.1	2028.48
2014	1988.06	9.44	0.1	12.98		2010.58
增减幅度（%）	0.4	23.9		38.7		0.9

（二）经济作物播种面积下降

据粮食监测调查统计，秋季经济作物播种面积为429.55亩，比上年同期下降4.2%。分品种看，均呈下降趋势。其中蔬菜播种面积389.19亩，同比下降1.9%；果用瓜播种面积0.5亩，同比下降80.8%；花卉苗木播种面积3.1亩，同比下降41.6%；其他农作物播种面积32.26亩，同比下降10.6%。据了解，秋季经济作物下降的主要原因在于样本区耕地被建设征用。

年份品种（亩）	蔬菜	果用瓜	花卉苗木	其他农作物	小计
2015	389.19	0.5	7.6	32.26	429.55
2014	396.79	2.6	13.01	36.1	448.5
增减幅度（%）	−1.9	−80.8	−41.6	−10.6	−4.2

三、粮食生产存在的问题

（一）耕地面积持续减少，是粮食生产潜在的最关键问题。近些年，随着经济发展和我区城市化建设的需要，部分耕地被征用为建设用地，耕地面积总体呈现有减无增，对粮食生产的稳定性影响深远。虽然今年秋季粮食作物种植面积略有上升，但潜在的影响因素仍不可忽视。

（二）粮食生产成本高、效益低影响农业生产的积极性。在劳动力充沛、满足自给的情况下，农民更愿意种植经济作物，主要原因在于经济效益高，农民增收情况比较好。目前种植大户播种粮食，依赖财政补贴；农民散户种植粮食是为了吃的新鲜、吃的健康，获得粮食用于自给或赠送亲朋好友。由于辖区内耕地相对固定，农民若为提高经济收益，必然选择种植经济作物，粮食播种面积必定减少，从而影响粮食生产。可见，种植粮食成本高、效益低在很大程度上影响着粮食生产的积极性。

（三）新开垦耕地粮食产量不高。近几年，我区针对耕地不足的情况，开垦出一部分土地用于农业生产种植，但这些土地地势偏高，肥力不够，导致所种植的粮食产量相对偏低。

四、稳定粮食生产的几点建议

（一）良田耕地是农业生产最基本的前提条件，政府部门要严格控制耕地的征用及其他占用，确保粮食生产安全。

（二）政府要认真落实各级粮食扶持政策，努力采取措施制止耕地抛荒，加大粮食生产扶持力度，提高农民粮食生产积极性，促使粮食稳定生产，实现社会和谐稳定发展。

（三）政府部门积极做好优良品种推荐工作，加大农业技术的推广普及力度，重点抓好施肥、病虫害综合防治指导等，提高粮食产品质量和亩产产量。

2015年鹿城区经济趋稳向好

2015年是“十二五”的收官之年，区委区政府围绕发展目标，积极应对各种经济下行的不利因素，推出一系列强有力的举措，转型升级初见成效，全年鹿城经济呈现“稳中有进、稳中向好”的良好局面。展望2016年，调结构、保增长压力依然较大，全区仍需高度重视，采取切实有效措施，为“十三五”开局奠定基础，确保全区经济持续平稳发展。

一、经济运行状况

（一）总体经济运行情况

1.经济增长创四年新高。2012年至2015年全区GDP增速分别为3.7%、4.7%、5%和7.5%，全区经济逐步回升，走出低谷期。2015年，全区实现地区生产总值807.79亿元，按可比价计算，比上年同期增长7.5%。其中，第一产业实现增加值1.76亿元，同比增长3.1%；第二产业实现增加值246.64亿元，同比增长9.9%；第三产业实现增加值559.39亿元，同比增长6.3%。

2.与全市差距不断缩小。2015年，全区经济增长速度虽仍处于全市末位，但与市平均水平的差距不断缩小，由2012年与全市相差2.8个百分点缩小至0.8个百分点。

（二）结构状况

2015年，全区一、二、三产业结构由上年的0.2：30.7：69.1调整为0.2：30.6：69.2。一、二、三产业对经济增长的贡献率分别为0.1%、42.4%和57.5%，服务业占全区经济的比重最大，对经济增长的贡献也最高。

（三）主要行业运行情况

主要经济指标稳中有进。全区28项主要经济指标中，22项指标增速保持正增长，17项指标增速好于去年同期，15项指标增速高于全市平均水平，多项指标（如第二产业增加值、规上工业总产值、新产品产值、进口总额）增速处于全市上游。

1. 工业生产转型升级。1—12月，全区实现规上工业总产值309.13亿元，同比增长8.9%，增速较去年同期上升5.1个百分点。全区规上工业增加值累计增速保持“稳中有进”的增长态势，2月份以4.0%开局，6月份升至5.5%，7—11月份平稳增长，12月份达到全年最高点6.6%。与全市平均的差距从低3.6个百分点拉至与全市平均水平持平。化工、装备等行业支撑了全区工业经济的增长。其中规模以上装备制造业产值77.02亿元，增长14.7%；化学原料和化学制品制造业产值12.29亿元，增长18.2%。12月份工业用电量1.27亿千瓦时，同比下降1.3%；从累计情况看，1—12月，全区工业用电量12.89亿千瓦时，同比下降0.1%。

2. 投资结构不断优化。1—12月，全区实现固定资产投资额328.17亿元，同比增长7.0%，任务完成率为100.3%。其中项目投资完成额241.08亿元，同比增长16.0%，工业性投资额52.01亿元，同比增长18.3%，工业技改投资额44.47亿元，同比增长21.8%。房地产投资额87.09亿元，同比下降11.8%，商品房销售面积42.66万平方米，同比增长49.7%。

3. 消费市场平稳向好。1—12月，全区实现社会消费品零售总额787.52亿元，同比增长10.1%，增速较去年同期提高1个百分点。其中，限上消费品零售额208.72亿元，同比增长11.3%，较去年回升5.3个百分点。其中餐饮业回暖趋势趋缓。限上餐饮业实现营业额9.13亿元，同比增长8.2%，增速较去年同期大幅上升15.7个百分点，但较今年上半年回落3.9个百分点。限上批零住餐销售额呈不断下滑趋势，全年实现995.48亿元，同比下降1.7%，较去年同期和今年上半年分别下滑3.6和2.1个百分点。

4. 财政金融运行稳健。1—12月全区财政总收入和公共预算财政收入分别为42.31亿元和27.58亿元，同比分别增长5.0%和8.2%，较去年同期分别回升2.2个和2.2个百分点。存贷款余额增速稳定。2015年末，金融机构人民币各项存款余额3167.33亿元，同比增长10.1%。金融机构人民币各项贷款余额2346.85亿元，同比增长5.6%。

5. 对外贸易逐步回暖。2015年全区外贸形势有所好转，全区进出口总额36.71亿美元，同比下降2.7%，降幅比1—11月（-3.8%）收窄1.1个百分点，高于全市平均水平2.3个百分点。其中，全区进口总额3.03亿美元，增长19.7%，高于全市平均13.7个百分点，位列全市第二位；出口总额33.68亿美元，下降4.3%，呈逐步收窄趋势，由1—7月的—6.6%收窄至-4.3%，增速高于全市2个百分点。

6. 人民生活水平持续改善。2015年鹿城区城镇常住居民人均可支配收入49592元，同比增长8.5%，总量居全市第一；农村常住居民可支配收入25632元，同比增长9.4%。

二、经济发展中的亮点

（一）第二产业有力支撑。2015年，第二产业实现增加值246.64亿元，同比增长9.9%，增速比上年同期提高了0.9个百分点。工业平稳增长。全区工业实现增加值168.91亿元，同比增长6.5%，增速比上年同期下降0.2个百分点，其中规上工业实现增加值74.58亿元，同比增长6.6%，增速比上年同期上升3.8个百分点。

（二）建筑业逆转回正。全年，全区建筑业实现总产值338.37亿元，同比增长0.2%，增速比今年一季度、上半年和前三季度分别提高了14.1、13.3和4.5个百分点。

（三）金融业发展稳定。2015年末，金融机构人民币各项存款余额3167.33亿元，较上月增加120.65亿元，较年初增加275.28亿元，同比增长10.1%。金融机构人民币各项贷款余额2346.85亿元，较上月增加8.86亿元，较年初增加61.29亿元，同比增长5.6%。存贷款余额增速分别较2014年末回升7.8和6.1个百分点。

三、需要关注的问题

今年，全区付出了比往年更多的努力，克服了诸多难以想象的困难，取得了经济增长7.5%的成绩。新常态下，经济增长方式和产业结构到了需要调整的时期。当前我区已从低速增长期顺利过渡到了中速增长期，应更加理性地看待经济增长速度和经济增长的结构调整，看重经济发展的质量，合理解决转型升级期遇到的困难和问题，为将来的经济发展打下良好的基础。当前仍存在一系列问题，需要大家理性思考。

（一）关注三次产业结构优化调整

从我区三次产业结构看，2015年我区第三产业增速低于第二产业3.6个百分点，增速为全市最低，全市其他10个县市区中，第三产业增速均达到了两位的增长水平，且远高于第二产业增速。我区第三产业发展较缓有迹可循，在全市第三产业占比中达到了23.4%，超过1/5的比重，远高于大龙湾和瓯海第三产业总量的总和，基数庞大导致增速上升缓慢，此为原因之一；其次，原入驻我区的服务业大企业（单位）因扩容等各种原因驱动下，陆续搬迁到周边县（市、区），2008年至今，迁出的规上服务业单位就达36家，损失增加值近25亿元，其中仅浙江金温铁道开发有限公司、温州医科大学附属第一医院、中共温州市委党校3家就达15亿元。在造成我区第三产业增速偏低的情况下也造就了周边县市区的快速发展。

“十二五”期间，我区第三产业占全区经济总量比重分别为71%、71.1%、71.4%、69.1%和69.2%，有萎缩的趋势。当前经济新常态下，推进由工业主导向服务业主导的转变，既是未来经济转型升级的大趋势，也是决定增长、转型与改革的关键所在，鹿城作为温州的核心城区，第三产业占全市第三产业23.4%，肩负更长远的发展重任。如何更好地调结构、促增长，应成为今后我区经济发展中最重要的课题。

（二）关注批零住餐销售发展

批发和零售业、住宿餐饮业增加值总额占全区GDP总量近30%，比重较大，但增速却低于第三产业增速，对经济贡献较低。全区批发和零售业增加值同比增长2.9%，其中批发业同比增长了3.6%，零售业增长1.8%，仅拉动GDP增长0.7个百分点。住宿餐饮业增加值同比增长5.5%，拉动GDP增长0.3个百分点，两项仅拉动GDP增长1个百分点。从限上批零住餐销售增速看，全年下降1.7%，远低于限上消费品零售额10.1%的增长速度，差距过大，对我区服务业发展极为不利。当前我区批发、零售业经营商品结构单一，主要集中在服饰类、药品、石油制品和汽车行业，目前我区面临着经济转型、节约能源、保护环境等压力，同时受宏观经济下行的影响，国内市场需求下跌，下阶段，应着重关注批零住餐销售转型发展，为经济发展拓展新的增长点。

（三）关注部分企业生产经营困难

今年，全区工业、消费品零售业增长较好，工业增加值占全区GDP比重为20.9%，批零业增加值占21.7%，但仍有部分企业生产经营持续困难，效益下降亏损增加。1—12月份，全区330家规模以上工业中亏损企业36家，亏损家数较去年增加17家，亏损企业亏损额2.45亿元，增长3.6%。605家限上贸易业企业中，亏损企业有149家，利润总额负增长的有351家。一是停减产企业依然较多。12月末，全区停、减产工业企业分别为30家、130家，合计占规上工业企业的48.5%，处于较高水平；贸易业企业销售额少于上年的有355家，零售额下降118家，其中影响较大的是中石油和中石化，因国际油价不断下调影响，今年中石化销售额同比下降18.8%，中石油销售额同比下降20.5%。二是新增企业少，退出企业多。2015年底全区新增入统工业企业36家，其中，新增新投产企业只有2家，小升规企业34家，而2015年底不够2000万元退出企业则达30余家；限上贸易业企业年度新增136家法人单位，退出74家。

四、2016年经济发展趋势

展望2016年，世界经济仍处于阶段性筑底、蓄势上升的整固阶段，世界经济复苏加快的可能性将增大。国内经济保持稳定运行，“三期”叠加特征明显，受产能过剩、高杠杆率和新增长点尚在孕育等因素的影响，中国经济增长将继续放缓，进入一个增长动力切换和发展方式转变的新常态。全省经济发展动力不断增强，缓中趋稳走势延续。

从全区角度看，我区仍有部分指标低于全市平均水平，意味着提升的空间还很大，这样会激发投资和消费的潜力，服务业发展有望提速。但也应该看到，我区经济运行也面临一些困难：工业经济基数效应放大，工业企业仍以中小企业为主，生产经营面临不少问题；农业生产仍以传统方式为主，现代农业发展仍需提速；服务业短板难以在短期内缓解；受要素制约部分项目投资进展慢，且大项目的强劲拉动形成投资缺口；房地产市场调整加深，关联领域发展将受限等困难仍然存在。预计2016年我区经济增长继续趋稳向好。

鹿城私营单位就业形势向好

鹿城政府加强部门和企业在推进“大众创业万众创新”方面的信息沟通和相互协作，加大对私营经济的扶持力度，推动私营经济单位从业人数和工资持续健康发展。

一、就业形势向好，第三产业单位成为吸纳就业主体

2014年末，鹿城共有1258家私营法人单位纳入劳动工资统计，涉及16个行业门类，年末从业人员为18.57万人，与“十二五”开局之年的12.96万人相比，增加了5.61万人，增长了43.3%（如下图）。

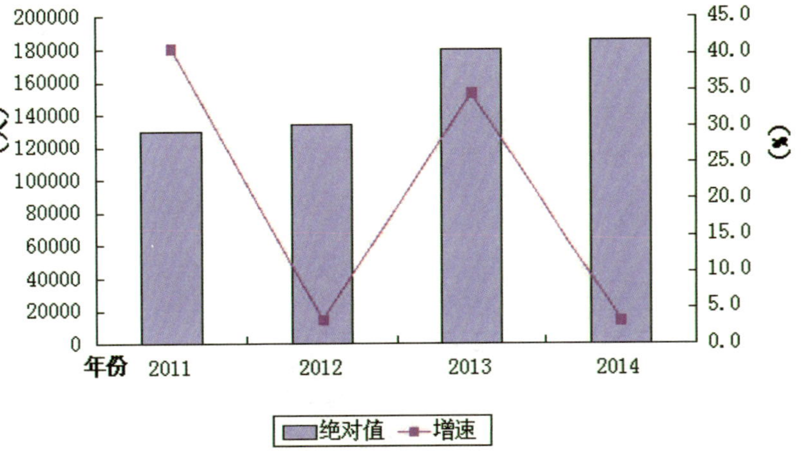

图10 2011—2014年鹿城私营单位年末从业人数和增速

（一）从注册类型看，私营有限责任公司发展迅猛。“十二五”期间，鹿城以便企、惠企、创业、创新驱动经济的方式，着力推进腾

年份	从业人数（万人）	增加（万人）	增速（%）	占全部从业人数的比重（%）
2011	12.66	3.68	41.0	42.6
2012	13.0	0.34	2.7	42.0
2013	17.68	4.68	36.0	53.7
2014	18.28	0.59	3.4	56.6

笼换鸟、机器换人等一系列转型升级政策措施的落实，加速鹿城私营单位快速发展。从注册类型来看，鹿城私营有限责任公司类单位发展最为强劲，年末从业人数由2011年的12.66万人一路升至2014年的18.28万人，增加了5.61万人，增长44.3%，2014年私营有限公司类单位从业人员占全部从业人数的56.6%（见下表）。

（二）从三次产业看，第二产业就业人员占主体。“十二五”前四年，鹿城私营单位第二产业从业人员从10.25万人增加到14.66万人，增加4.41万人，增长43.1%，占全部从业人员的比重由79.1%下降到78.9%；第三产业从业人员从2.71万人增加到3.91人，增加1.20万人，增长44.2%，占全部从业人员的比重由20.9%增加至21.1%。

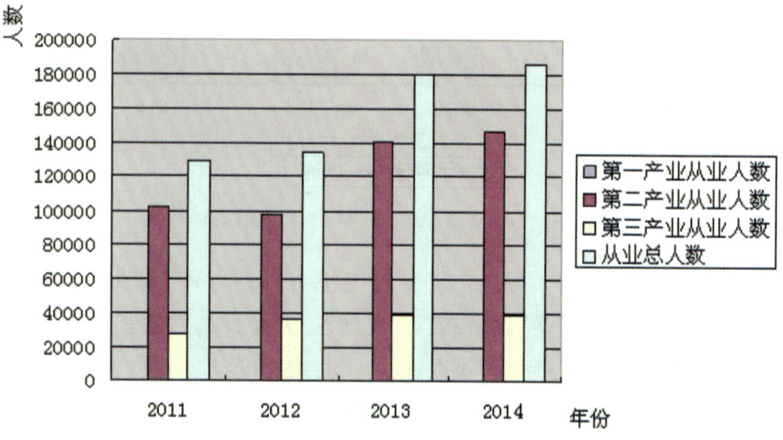

图11　2011—2014年鹿城私营经济单位三次产业从业人数

鹿城紧紧围绕“创首善之区、建幸福鹿城”总目标，以“兴实体、促转型，筑平台、拓空间，攻改革、重创新，惠民生、促和谐”为基本思路，加快经济转型发展、城市品质提升、民生持续改善、社会和谐稳定，努力打造服务群众生产生活的商贸休闲之城和服务温州产业升级的辐射示范之城。这些发展理念让鹿城的实体经济产业得到了长足的发展，其中建筑业从业人数由2011年末的3.86万人翻了2.2倍，增至2014年末的8.34万人。同时区政府繁荣城市商圈、挖掘“月光经济”的理念也带动了批发零售业、住宿餐饮业等相关行业的发展。2014年末鹿城批发零售业和住宿餐饮业从业人数达到1.47万人和0.70万人，比2011年分别增加了0.15万人和0.18万人，增长了11.7%和33.4%。

二、报酬总额增长，工资水平不断提高。

从总体情况来看，2011年至2014年，鹿城私营单位从业人员的劳动报酬总额从34.72亿元增长至67.71亿元，增加了32.99亿元，增长了95.0%。就业人员年人均工资也从2011年的2.76万元增加到2014年的3.87万元，增长40.0%，年均增长11.9%。这充分说明了鹿城在产业转型提升、提高职工最低工资标准、加大社会保障等工作做出很大的努力。

（一）第三产业劳动报酬总额增速快于第二产业。随着经济转型的深入，退二进三进程的不断推进，三产的用工需求不断增加，企业为了留住人才提高工资标准、增加福利待遇，这一系列因素使企业用工成本随之水涨船高。2014年末，鹿城第三产业中私营单位从业人员劳动报酬为16.0亿元，比2011年末的8.09亿元增加了7.92亿元，增长了97.8%，高于第二产业中私营单位工资总额增速3.6个百分点。随着近二年城市生态建设、特色旅游板块发展带动等一系列因素的推动，住宿和餐饮业2014年末人均工资上涨至3.33万元，比2011年末增长89.5%。

（二）用工量最多的二大行业单位人均工资快速增长。2014年末，位列鹿城私营单位用工量冠、亚军位置的建筑业和制造业单位，在人均工资的增速上同样有较好表现，分别实现人均工资32.8%、43.9%的快速增长。

（三）6个行业人均薪酬低于全区平均水平。据统计，2014年末，鹿城私营单位中仍有住宿和餐饮业、文化体育和娱乐业、制造业、交通运输仓储和邮政业、房地产业、教育6个行业的人均薪酬低于全区平均水平，以上行业吸纳的从业人数达7.84万人，占全区私营单位年末总人数的42.2%，人均薪酬分别低于全区平均水平13.8、13.3、7.6、1.2、1.2和0.9个百分点。

三、存在的问题

（一）用工成本考验中小企业发展。近年来鹿城私营单位就业人员和劳动报酬均处于持续增长状态，不断上升的用工成本渐成小微企业发展的内在压力，考验企业产品、技术的核心竞争力，尤其在宏观经济低速增长，全市力推众创空间等新政的情况下，小微企业需要面临不够活跃的市场和更为激烈的行业竞争考验。

（二）就业难和“用工荒”。随着经济转型的持续深入，行业间从业人员将出现供需变化，但由于一些行业存在知识水平、职业技能、工作经验等准入标准，导致一些学历较低、技术水平不高的从业者择业环境窘迫，另外，大中专毕业生、退役人员等未就业人员的薪酬期望普遍高于招工单位标准，导致了供求条件无法衔接。

四、建议

（一）加大人力资源投入，发挥政府导向作用。多渠道开发就业岗位，加强职业技能培训，尤其是用工需要较大、技术水平要求较高的职业的培训，引导剩余的社会劳动力有效转移。加快公共就业服务平台建设，适当发布各类工种的职业技能要求和相应的建议性薪酬，使择业人员有更接地气的薪酬参考标准，不致因未就业人员的薪酬理想化与用工岗位待遇落差导致招工难，尽可以达到“供需平衡”，使就业者能够在岗位上最大程度的贡献自身的价值，提升广大人民生活水平的同时为社会创造更多的财富。

（二）利用创业带动就业，扶持小微企业发展。

激励全民创业，激发民间创业热情，将涵养税源作为扶持初创小微企业的长效政策，为社会减轻就业压力，促进企业和谐发展，并由政府组织对小微企业的管理者进行免费企业管理水平的提升培训，从管理理念、政策解读、市场营销、人力资源管理和国际市场动态等方面进一步提高管理素质。建立健全小微企业创业辅导体系和政策扶持体系，为小微企业的创立和发展营造良好环境

鹿城区科技进步统计监测报告

党的十八大明确提出：“科技创新是提高社会生产力和综合国力的战略支撑，必须摆在国家发展全局的核心位置”。鹿城区委、区政府坚持创新驱动发展理念，大力实施大众创业、万众创新战略，着力打造经济增长新引擎，全区科技投入不断加大，创新能力逐步增强，为“赶超发展、再创辉煌”提供了强有力的科技支撑。

一、科技进步总体情况

（一）科技变化情况综合评价排名全省二十、全市第三

根据浙江省各市县党政领导科技进步与人才工作目标责任制和当前公布的2014年度市、县科技进步统计监测评价报告结果，2014年鹿城区科技变化情况综合评价居全省90个县（市、区）第20位，比2013年上升24个位次；在全市排名第3位，比2013年上升5个位次（2015年考核采用2014年评价结果）。

注：正数为上升，负数为下降

（二）科技人才机构双增加

2014年末，全区共有R&D活动人员（折合全时当量）4542人年，列全省第18位；比上年增长13.9%，全省排名第33位。万人拥有R&D活动人员61.5人年，列全省第30位；同比增长12.6%，全省排名第34位。R&D活动人员变化情况综合评价居全省27位。

企业R&D活动人员3956人，列全省第36位，比上年增长0.5%，全省排名第64位；企业R&D活动人员占企业从业人员比重4.78%，列全省第44位；同比增长10.1%，全省排名第39位。企业R&D活动人员变化情况综合评价居全省第53位。

设置研发机构企业数91家，同

鹿城区科技进步2013年、2014年对比

表16

年度	科技投入综合评价位次		技术创新综合评价位次		科技产出综合评价位次		转型升级综合评价位次		创新环境综合评价位次		变化情况综合评价位次	
	省位次	市位次	省位次	市位次	省位次	市位次	省位次	市位次	省位次	市位次	省位次	市位次
2013年	41	7	9	6	32	4	90	11	30	6	44	8
2014年	40	3	16	3	39	5	40	3	13	2	20	3
变化	1	4	7	3	−7	1	50	8	17	4	24	5

注：正数为上升，负数为下降

比增长13.8%；企业研发机构设置率达26.22%，同比增长12.1%；企业研发机构拥有科技活动人员数3257人，同比增长22.1%。

（三）科技投入经费持续增长

2014年鹿城区研究与试验发展（R&D）经费支出7.41亿元，同比增长8.9%，R&D经费支出占地区生产总值的比例为0.97%，比上年上升了0.03个百分点。其中，企业R&D经费支出5.91亿元，比上年增长14.5%；企业R&D经费支出占主营业务收入的比例为1.97%，比上年提高0.1个百分点。

财政对科技的支持力度有所加大。2014年我区本级财政科技拨款为0.73亿元，比上年度增长73.8%；财政科普活动经费拨款为345万元，比上年增长5.4%。

（四）科技创新成果继续提质

到2014年末，全区高新技术企业总数已达到33家，比上年增加5家，同比增长17.9%，从新产品产出看，2014年，全区规上工业企业实现新产品产值59.22亿元，同比增长9.6%；新产品产值率为19.9%，同比提高4.7个百分点。全区专利授权指数5178，比上年下降28.1%；每万人口中专利授权指数70.10，比上年下降28.9%；发明专利授权量156项，同比增长40.5%，万人发明专利授权量2.11项，同比增长38.9%。

二、科技进步薄弱环节

（一）资金投入不足，基础设施优势在弱化。一是本级财政资金投入力度不足，截至2014年末鹿城区本级财政科技拨款占本级财政经常性支持比重仅为4.02%，居全省第71位；财政性教育经费支出7.33亿元，居全省第51位，较上年度增长3.97%，增幅居全省第70位；人均财政性教育经费支出992.28元，居全省倒数第3位。二是研究与试验发展经费支出占GDP的比重仅为0.97%，居全省第71位。三是信息化应用水平在降低，截止2014年末鹿城区信息化应用水平的统计值为173.19，仅为2013年的89.25%，增幅居全省倒数第6位。

（二）创新绩效不明显，科技成果转化能力有待加强。一是高新技术企业占工业企业的比重为9.51%，居全省第54位。二是工业新产品产值59.22亿元，居全省第62位；工业新产品产值率19.9%，居全省第69位。三是万人专利授权指数的统计值为70.10，仅为2013年的73.1%，增幅居全省第79位。

（三）转型升级步伐缓慢，产业结构有待优化。截止2014年末，鹿城区战略性新兴产业增加值占GDP为1.89%，居全省倒数第8位；高技术服务业营业收入占限上服务业比重仅为2013年的95.85%；高新技术产业增加值占工业增加值比重为21.2%，居全省第68位。

三、建议与对策

（一）加快实施“人才强区”战略，为科技创新提供强有力的智力支撑。人才资源是第一资源，充分发挥人才在科技创新中的关键作用。采用柔性策略和优厚条件吸引有专长、高层次科技创新和科技管理人才到鹿创业和工作。引导企业制定人力资本入股策略，采用股权、期权等激励措施留住人才。鼓励有条件的大型企业建立和完善国家级、省级技术中心和工程研究中心。推动企业与高校、科研院所及其他社会科技资源有效合作。以行业领军人物为核心，整合现有的人才资源，创造产学研连结的人才流动新模式。

（二）建立多渠道的科技经费投入机制，完善投融资体系。一是建立稳定的财政科技投入增长机制，确保科技经费增长幅度高于财政经常性收入的增长幅度。优化财政科技资金投向，建立追踪问效机制，明确支持重点，优先投向共性、关键性、前沿性技术研发和公共实验室、大型科学仪器、文献、数据等基础共享平台建设，切实提高财政科技资金的使用效益。二是发挥企业的主体作用，鼓励其针对研发规划按销售收入提取一定比例资金设立自主创新专项基金，着重用于引进技术的消化吸收再创新。三是建立健全信用担保体系，为企业自主创新项目贷款提供金融风险支持。

（三）提高科技成果转化能力，加快新兴产业培育。深入实施“五一O产业培育提升工程”，大力发展信息技术、高端装备、智能制造等产业。加大技改投入，实施“机器换人”项目，实现劳动生产率和增加植双提升。一是重点扶持产业集聚创新平台建设。通过政策、资金引导和市场化运作，在重点产业带、重点产业园区建设一批面向行业的共性技术研发与测试平台、公共设计平台、科研成果转化服务平台等产业集群创新平台。二是企业主导产学参与共建创新基地。在重点产业园区，由龙头企业主导，围绕主业，吸引相关大学、院所在园区建立研发机构，形成园区内集聚与对接。三是支持园区企业链动创新。引导中小企业按照产业链和技术链分工加强与大型企业合作，“以大带小”，促进重点产业集群共同创新和发展。

（林雪静）

责任编辑　王剑峰

鹿城报道

媒体选辑

【“白鹿引才”打造人才政策洼地】 《温州日报》2015年1月1日（记者 杨世朋 报道组 佳慧）报道：上月正式落户鹿城的中津先进科技研究院，近日迎来了一大利好——得益于鹿城区“白鹿引才”计划的“一事一议”重点扶持，该研究院将获得4000多平方米的科研场地，以及1000万元的专项扶持资金。今后，符合鹿城“白鹿引才”计划的高层次人才或领军团队，携创新创业项目落户鹿城，均可获得相应级别的政策扶持。

据介绍，中津先进科技研究院是鹿城区首家民营科技研究院，该院科研团队中不乏来自英国牛津大学、剑桥大学、美国麻省理工的专家学者。该院在2014年筹备成立期间，已与温州6家本土企业签署技术合作协议，并申报18项发明专利，牵头引进19个高新技术项目。类似于中津先进科技研究院的创新创业团队，正是鹿城区“白鹿引才”计划的重点扶持对象。

根据鹿城区新出台的“白鹿引才”计划，该区计划用5年时间，在电子商务、微电子、先进制造业、金融、都市休闲农业、城市建设、软件与文化创意、现代服务产业、社会工作等领域，引进培养50名左右的创新创业领军人才，重点遴选支持20支左右的创新领军团队，重点扶持资助15个左右创业项目。其中，至少吸引5名国家“千人计划”、省“千人计划”、市“580海外精英引进计划”等高层次人才。

在政策扶持方面，列为“白鹿引才”创新创业领军人才的，鹿城区将授予“特聘专家”称号，一次性给予10万元奖励。列为创新领军团队的，根据其项目可行性最高可获60万元奖励，分3年发放。同时，入驻鹿城的中国科学院院士、中国工程院院士，每人可获最高180万元的专项奖励，分5年发放。入驻鹿城的国家“千人计划”、省“千人计划”、市“580海外精英引进计划”等人才，每人分别可获最高150万元、70万元和40万元的专项奖励。

对于新落户鹿城区并由高层次人才领衔的创新创业项目，将由该区人才工作领导小组组织专家进行评审。这些项目以技术水平、投资规模、市场潜力等情况划分为A、B、C三类，可获得200万元至800万元的启动资金，相关部门还将助其协调相应金额的担保融资贷款。对于特别突出的重大项目，该区将采取“一事一议”方式给予扶持。

此外，鹿城区还将根据产业布局，对领军人才（团队）提供最多2000平方米的科研场地或最高每年30万元的租金补贴。引进的领军人才和团队核心成员的适龄子女，可享入园入学优先统筹，其本人可享个性化医疗保障。

【赴一场婚宴延续一份“爱”】 《今日鹿城》2015年1月9日（佳慧 海敏）报道：1月6日，福建福清，温暖如春，26岁的女孩陈鑫迎来大喜之日。沉浸在幸福喜悦之余，她心中有一个小小的期待，那便是，今天就能见到“张阿姨”。

1月6日，温州鹿城，空气中夹杂着丝丝寒意，可鹿城区住建局副局长张品珠的心中却是暖洋洋的，因为这一天，她要去赴一场“甜蜜的约会”。

坐上温州前往福清的动车组列车，张品珠思绪万千，三年前与陈鑫相处的点点滴滴，如蒙太奇般在脑海中浮现，珍藏心中已久的记忆渐渐清晰。

一场事故　将两颗心紧紧相连

2011年7月23日，陈鑫辞掉在无锡的工作，乘坐D301次动车组列车，前往离家更近的福州面试。就在这途中，一场事故突如其来，造成她多处受伤、颅骨骨折、头发脱落，让这个20岁刚出头的女孩不知所措。

"7·23"甬温线特别重大铁路交通事故发生后，张品珠授命担任鹿城区派驻温州附一医联络组组长，而陈鑫就是张品珠所负责照顾的众多伤者之一。

"第一次见到陈鑫的时候，她头发被剃光了，全身上下都是伤，还打着绷带，分不出是男是女，让人很心疼。"张品珠说，事故发生第二天，陈鑫的父亲就从福建赶到了温州，然而，却未能抚平陈鑫内心的伤痛，她变得沉默寡言，茫然无助。

那时，张品珠在照顾好其他伤员之余，总是愿意花更多的时间在这个小姑娘身上：给陈鑫买喜欢吃的水果，和陈鑫聊兴趣爱好，帮助陈鑫解决实际问题……渐渐地，张品珠走进了陈鑫的心中。

陈鑫的父亲陈孝辉说："在病床上的时候，陈鑫最开心的时刻就是看到张组长来陪她的时候，每次只要张组长一来，女儿便咧开嘴笑。渐渐地，女儿对张组长的称呼也有所改变，从最初的张组长，到后来的张组长阿姨，再到最后的张阿姨。"

一份心意　让福清女孩念念不忘

很快地，陈鑫顺利完成了第一次手术。然而，由于陈鑫需要做两次头部手术，中间需要回家护理半年，这期间的护理费成了陈家父女的"心头难"。

陈鑫家境一般，父亲是一名司机，母亲自营一家小理发店，家里还有一个正在念初中的弟弟。事故发生后，父亲辞掉了工作，一心只为照顾陈鑫，而母亲那微薄的收入成了家中唯一的经济来源。遇到护理费难题，又恰逢中秋节，陈鑫父女被困在温州，回不了家，抱头痛哭。

张品珠看在眼里，痛在心里。为此，张品珠为陈家父女四处奔走，最终从社会爱心人士手中筹得1万元善款，让她好安心回家养伤。同时，医院规定，由于伤者暂离医院，需要每个月来医院办一次"请假手续"。这对陈鑫家人来说无疑是一件烦心事，张品珠就特地帮陈鑫解决了烦恼，免去了她家人来回奔波的辛苦。

2012年春节之后，陈鑫要回到温州做第二次手术，她第一个电话就打给了张品珠。一接到电话，张品珠就为陈鑫及其家人定床位、订旅馆、安排医生，预约手术日程。

"有两次，我回到家，就突然'飞过来'一个包裹，上面写着是从福建寄出的，我打开一看，是一些笋干。随后，陈鑫就会打来电话说，'收到了没有，收到了没有'，她父亲还教我怎么烧，真的感觉像亲人一样。"张品珠说，2014年10月26日的早晨，并不是节假日，她却接到了陈鑫的来电。电话中，她得知陈鑫结婚的喜讯，心里一阵欢喜。

婚礼中，面对"恩人"张品珠，回想过去的一点一滴，陈鑫感动的几度哽咽

一次重逢　回想往事几度哽咽

动车到站，陈鑫早早就偕同父亲和爱人在出口处等待，一见到她心心念念的张阿姨，便乐开了花。一路上，两个人有说有笑，细数两年多来变化。原来，陈鑫在第二次手术之后回到福清，便很快就找到了工作，父亲也做起了小生意，家中经济状况有所好转。正如张品珠心中所想，陈鑫恢复得很好，拥有了一头长发，也走出了事故阴影，找到了另一半，笑靥如花。

来到陈鑫家中，陈鑫的妈妈和三位姑姑一眼认出了当时的"张组长"，热情相迎，场面犹如故友相见，甚是温馨。张品珠还品尝了一碗热腾腾的喜蛋，据说，这是当地婚礼习俗，只有亲人才有的"待遇"。

傍晚时分，婚礼开始，宾朋满座，花环簇拥，陈鑫挽起长发，穿上嫁衣。张品珠为陈鑫带来两件贺礼：一件是竹丝镶嵌工艺品，上面雕着白鹿，是特意代表鹿城区政府赠送的；一件是她精心挑选的胸针，花团锦簇，祝福陈鑫生活如花绽放。

婚礼中，面对"恩人"，回想过去的一点一滴，陈鑫几度哽咽："在我2011年动车事故的时候……是张阿姨时常来看我，给我关心、给我鼓励，那段时间真的是我人生中最困难的时候……今天你能来，我真的很高兴，谢谢你，张阿姨，也谢谢鹿城区人民政府和鹿城区人民，给我们'雪中送炭'，给我们温暖……"

"看得出来，陈鑫伤势已经完全好了，也没有留下后遗症，从当时的阴影中走出来了，不再是那个胆小、害怕的小女孩了，而是美丽、坚强的新娘子，并且洋溢着幸福的感觉。"张品珠说，看到这样的陈鑫，自己悬挂已久的心终于安定下来了。

第二天清晨，陈鑫与张品珠在福清动车站挥手道别，心中尽是难舍之情。诚如张品珠所说，救治工作虽已结束，但鹿城与他们的联系却未割断，"鹿城大爱"仍在延续。在众多动车事故伤员中，陈鑫是一个缩影，向善之花、文明之花必结硕果，被爱心温暖过的人们定会“心中有爱”。

【鹿城提前两年创成网络经济产值百亿区】 2015年1月20日《温州日报》（报道组 陈晨 记者 杨世朋）报道：从帮企业做营销起家，到开展搜索引擎营销，再到与阿里巴巴电商平台合作，位于站前电子商务小微园的联欣科技公司，几年内快速成长为省电子商务服务10强企业……“联欣”的成长，也展现出鹿城区网络经济从小到大的发展轨迹。据悉，2014年度，鹿城区实现限上规上电子商务交易额136.8亿元，提前两年创成浙南首个网络经济产值百亿区。

2013年初，鹿城区明确提出以企业电子商务应用、电子商务人才培育为抓手，实现网络经济产值两年倍增目标，争取三年创成浙南首个网络经济产值百亿区。随后，该区制定出台《鹿城区促进网络经济发展扶持办法（试行）》，在租金补助、纳税奖励、电商园区集聚、网络平台建设、电商技能培训等方面给予政策扶持。当年12月，鹿城在全市率先挂牌成立网络经济局，打造网络经济规划与发展的“管家”，加速推进电子商务集聚、基础设施完善、人才引进培育。

经过一年多的发展培育，至2015年初鹿城区从事电子商务的市场主体已达1000多家，有1万余人从事网店相关经营活动，直接或间接带动就业约2万人。同时，温州国际鞋城、中国鞋都鞋革城相继推出线上线下一体化销售模式，国际轻工淘宝城已吸引1450家企业入驻，温州电子商务创业园、温州聚商盟电子商务产业园、温州网络经济创业园营业良好。去年，该区不少鞋服、眼镜等传统生产企业已借助阿里巴巴、京东等平台，逐步建立起网络零售、分销、团购等多渠道的电商销售体系。

据介绍，鹿城区今年还将依托“三改一拆”“四边三化”及旧厂区有机更新，为网络经济腾出发展空间，争取3至5年内实现电子商务类市场主体数量翻一番，互联网电商类企业数量占总企业数量提升至30%以上。该区还将进一步实施跨境电商工程，力争培育出亿元级年产值的外贸电商企业，孵化一批电商产业链服务型企业。

【2015年首批鹿城“社区好人”接力传爱】 《温州晚报》2015年1月27日（慧慧 学萍）报道：2015年鹿城首批“社区好人”如期和大家相见，郑传满等8名“草根英雄”接过好人爱心接力棒，成为又一批传递正能量的“使者”。2014年，鹿城“社区好人”用细小的行动，感动着大家。2015年，鹿城“社区好人”将爱继续“接力”。

为使凡人善举大量涌现，使平民英雄常推常新，在鹿城区形成“人人做好事、好人做好事、好事就上榜、好人有好报”的社会氛围，从2014年9月开始，每月评选出的鹿城“社区好人”都会与大家“如期相见”，这些从普通百姓中涌现的善行义举，承载着爱、责任与担当。据了解，本月从56位候选人中，产生了8位鹿城“社区好人”。他们或助人为乐、见义勇为；或诚实守信、爱岗敬业；或敬老爱幼、文明礼让……然而正是这些普普通通的“好人”，构筑起了白鹿城里一道道最美丽的风景。

在此次公布的鹿城“社区好人”榜单中，有二十年烧制伏茶从未间断、多次助人为乐的“活雷锋”郑传满；有常怀助人之心，成为社区群众贴心人的劳模项金花；有提供法律援助、帮扶弱势群体的年轻律师朱林岐；有身患重症、却依旧心系社区的“爱心使者”黄蓓蓓；有扎根于教坛，言传身教的“青春之花”鲍美丽；有创办养老中心，全心为老年人服务的“老好人”周银福；有10多年无偿献血23次、长期从事公益慈善事业的“热心人”江曙晓；有乡村社区的“女村官”，“幸福课堂”的知心姐姐吴安其……他们用实际行动诠释了“好人”的深刻内涵。

“最美个体”和“最美群体”在该区竞相涌现，“美在瞬间”和“美在平凡”相生相长，呈现出“最美风尚”的生动局面。

鹿城社区好人2015年第一期致敬词

郑传满 滨江街道蒲鞋市社区 他是一位草药店店主，本本分分做生意；他是一位社区志愿者，开开心心做好事。二十年烧制伏茶从未间断，无数次助人为乐声名远扬。传递爱心，情满社区，他是“活雷锋”。

周银福 藤桥镇上戍社区 创办养老中心，让老年人感受温暖。开办扫盲班，让老年人享受乐趣。设立伏茶点，让老年人老有所为。老骥伏枥，志在千里。因为有他，上戍

社区的老龄事业蒸蒸日上。

项金花 南汇街道大自然社区 半个世纪前，她是纺纱厂的劳模；现如今，她是社区里的一名义工。街坊邻居的一声召唤，她真心相助。社区内外的大事小事，她热心帮忙。关爱弱者，热心公益，夕阳正红。

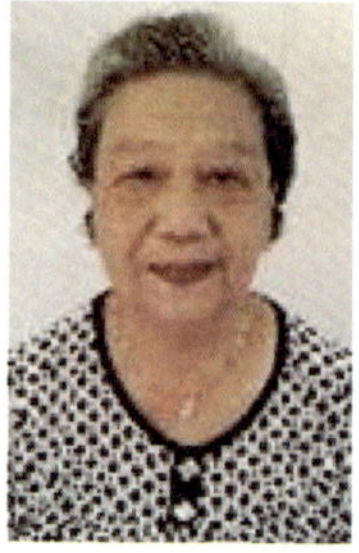

黄蓓蓓 双屿街道垟田社区 年轻时，她是职工医院的美丽护师；退休后，她是社区里的爱心使者。身患重症，她乐观豁达。心系社区，她无私奉献。她是党员群众的模范，展现最美的自己。

朱林岐 南汇街道西屿社区 提供法律援助，他尽职尽责；帮扶弱势群体，他不遗余力。每一堂普法课，让青少年身心受益。每一次拉家常，让老年人深感温暖。他用一腔热血，照亮人生。

吴安其 仰义街道沿江社区 她是乡村社区的“女村官”，解民忧办好事；她是“幸福课堂”的知心姐姐，让新居民感受异乡真情。崇尚节俭之风，倡导拼搏精神。花一样的年龄，树一般的坚强。在远离喧嚣的郊外，她默默地奉献。

江曙晓 仰义街道仰新社区 她是全国无偿献血奉献奖的获得者，十多年无偿献血23次；她是“江姐工作室”的负责人，长期从事公益慈善事业。雨夜献血救人的壮举，谱写了人生的博爱之歌。自愿捐献眼角膜的勇气，传达了闪光的正能量。她是最美温州女性的代表，光明的使者。

鲍美丽 藤桥镇临江社区 她是三十位孩子的妈妈，言传身教，携爱同行；她是勇于创新的教坛新秀，率先垂范，感化学生。在从师的道路上，她撒播知识；在教学的生涯中，她树立新风。青春之花，美丽绽放。

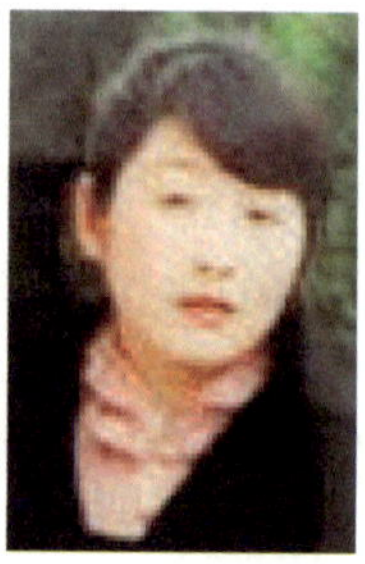

【手指动动轻松问政 鹿城探索网络治理绿色疏导模式】 《温州晚报》 2015年2月6日 （范晨 陈慧慧）报道：鹿城作为温州中心城区，正在积极通过加强社会管理促进经济社会发展，以管理要效率，开展了一系列探索和创新，取得了显著成效，其中以网络问政尤为值得关注。

据统计，鹿城区有网民约107万人，网站数量达到1309个。面对网民舆论的活跃，鹿城顺势而为，变被动为主动，打造“鹿鸣问政”网络平台、“鹿城微发布厅”民生微博集聚平台和“温州鹿城发布”微信公众服务平台等“三微”全媒体服务平台，并于2014年上线“隔壁邻舍”网上微信社区、企业微营销平台、网上法律援助中心三大服务子平台，形成“政府+媒体”合作服务模式，探索网络治理绿色疏导模式，为政府与网民之间搭建了高效的沟通以及解决问题的桥梁。

近一年来鹿城建立全国首个社区微信互助群公约及联盟，及全国首个网络小作家协会，均是为全国虚拟社会科学化管理做出了有益探索。

打通网络问政“秒通道”全年度网络舆情抄告同比下降68%

从2013年开始，鹿城区积极探索疏导方式，推出“三微”全媒体网络问政平台，通过流程再造，使得网络舆情还未发酵便能及时解决，疏导了网上不良情绪，鹿城2013年度全年较大网络舆情抄告同比下降68%。

“三微”平台将“SNS社区”概念移植于“网络政务”上，市民无论是在微博、微信、论坛上，还是手机客户端均可参与问政，而所有问政信息只需几秒便可通过后台筛选上传到“鹿鸣问政”网络平台，提醒部门回应，办复后结果再由平台主动发布，进而打通网络问政“秒通道”，网民与政府直接对话，“零距离”沟通服务。

目前，鹿鸣问政有41个区直部门、8个街镇、80个社区入驻，共收到问政件1578件，受理率高达99%。

而上线的“鹿城微发布厅”民生微博集聚平台，则将全区62家单位官方微博、58个社区微博进行整合，形成“微博联盟”，从统一进行实名认证到动漫形象设计，抱团打响网上政府品牌。

市民王兰茵便是三微平台的

“粉丝”，她告诉记者：“只要拇指一动即可问政，加强了市民的参与度，而答复及时也提高了市民的满意度。”正因为如此，“三微”平台获全国网络履职绩效十佳、全省宣传思想文化工作“三贴近”优秀案例、第一届“温州市宣传思想文化工作创新奖”等荣誉。

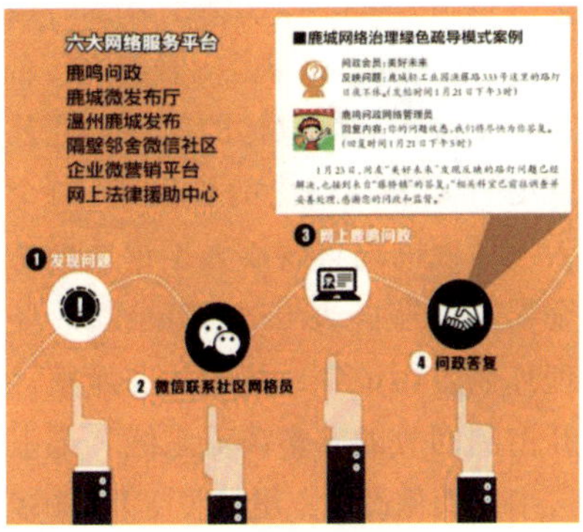

构建网民“立体式”服务　专家点赞鹿城网络微治理全国领先

2014年6月，鹿城区“隔壁邻舍”网上社区正式上线，并成立了微信群服务联盟。

许多住在水心桂柑社区的居民手机里有一个“群”，有的是“桂柑美女舞蹈群”，有的是“桂柑社区居家养老家属联谊群”，还有“楼栋小组长群”，这些“隔壁邻舍”社区微信互助群，增进了社区居民间的沟通了解，也让社区主任柯建华在协调邻里矛盾时，省了不少力气。

据介绍，“隔壁邻舍”社区微信互助群是在社区网格化管理的基础上，建立起的一个“网上虚拟社区”，成立了“隔壁邻舍”微信互助群联盟执行委员会，并在全国率先出台了社区微信互助群公约，为每个微信群配备一名网格管理员、志愿者，推进微信互助健康运转。

在“三微”平台之上，鹿城再一次推出的三大服务子平台——网上法律援助中心、企业微营销平台、“隔壁邻舍”网上微信社区，与社区居民、企业、直接面对面互动，接地气、优服务、提高“三微”平台的网络服务功能。

对此，清华大学公共关系与战略传播研究所高级研究员侯锷也为鹿城“点赞”，称鹿城区网络微治理全国领先，值得进一步拓展延伸。

市民监督有了“双响炮”　网络意见领袖为单位年度考核打分

为提高网络问政和网络服务的效率和质量，“三微”平台通过“线上+线下”的多维度监督改进政府服务。

出台《网络问政效能监督实施办法》，线上邀请了网络大V，知名媒体人、网络达人，政协委员、民智之星等22位活跃于不同领域的网络意见领袖担任网络问政监督员，每月定期给问政评分、评价，更作为单位年度考核的依据。

此外，不再停留在早前的被动等待媒体前来宣传的阶段，转变为主动服务的媒体意识，通过所有平台由媒体搭建，并由媒体监督的形式，与《温州日报》《今日鹿城》进行报网互动，开设专栏每周定期刊登代表性问政，扩大了网络问政的监督面，增强了执行力。如此一来，“扯皮”“容易反弹”的“高难度”问政件，如环境整治问题等，通过定期联合媒体和市民监督团进行实地回访等，最终推动问题的根治，提升问政的满意度。

鹿城还开展评选“网民最喜爱的官方微博”“鹿城区十佳网络发言人”等形式，提高部门问政质量与水平。开展“民生微博服务日”、“一把手网访”、法律服务进社区等多种形式，让市民互动有热度，有回声。

【赌徒金店抢夺金镯子　众路人见义勇为共擒拿】　《今日鹿城》2015年3月11日报道：3月8日晚上的市区人民路，车水马龙热闹非凡。突然，“抓抢劫贼”“抢劫了”的高喊声响起，盖过了街面上的喧嚣，人们纷纷循声看去，只见一名黑衣男子在前逃窜，几名男子在后猛追，在西湖锦园建设银行门口，追在最前面的男子追上黑衣男子，将他扑倒在地，后边人一拥而上，将黑衣男团团围住。

昨天，五马派出所通报，这是一起抢夺金店金饰案件，店员追出来后，沿途群众纷纷加入追捕行列，并控制住嫌疑人，直到民警赶到。

被抢夺金饰的金店位于大高桥79号，店员胡小姐告诉记者，当天晚上是“三八”节，生意不错。晚上7点15分左右，这名穿黑衣的男子进店，当时刚好只有她在一楼，老板和另一名营业员在二楼，她就上前介绍，男子用温州话让她把柜台里的一只金镯子拿出来看看，看了一下，又让她再拿出一只，两只放在手里比较了一下，再让她拿出第三只，突然，他拿着3只金手镯转身就跑。胡小姐下意识大喊“你别跑”，就追了出去。

在门口，胡小姐看见黑衣男跑得飞快，她追不上，就边追边喊“抢劫”“抓贼“，这时，一名咪表抄表员潘先生闻声追了上去，并一起高喊“抓住他”。

第一个将黑衣男按倒在地的是市民郑先生，他告诉记者，当时朋友章先生来找他，两人一个在车内，一个在车外正闲聊，闻声想也没想就追了上去。在西湖锦园建设银行门口，可能是台阶湿滑，黑衣男摔了一跤，再起身想跑时，郑先生已经追了上来，把他按倒在地，这时章先生也已经赶到，两人将黑衣男压在地上。很快潘先生和闻声赶来的五六名群众将歹徒围了起来，郑先生他们从黑衣男手里夺回3只金手镯，交还给赶到的胡小姐。章先生说，在等待民警到来时，大家喝令黑衣男蹲下不要动，他还不时抬头探望，想寻机再逃，但人群将他围得水泄不通，两分钟不到，警车就过来将黑衣男带走。

胡小姐回忆说，从金店追出到热心群众抓住抢首饰的男子，只过了两分钟，但她感觉时间过得很长，幸亏大家热心帮忙，否则她肯定追不上这个男子。

五马派出所通报说，当时接到报警后，值班领导立即下达指令，一边让民警快速赶赴现场，另一边让视频巡查组打开大高桥周边全部监控探头，寻找作案嫌疑人。在监控里发现嫌疑人逃跑轨迹后，路面巡逻队分组立刻进行拦截。嫌疑人被抓获后，经审讯，这名男子姓王，42岁，鹿城区人，王某交代，他原本家境殷实，但因染上赌博恶习将存款挥霍一空，还将多处房产变卖，案发当天，他路过大高桥79号金店时，看到店内只有一名营业员，于是心生歹念。目前王某已被拘留。

【苏格兰小伙把风笛“吹”上江心屿】 《今日鹿城》2015年3月12日 报道：昨天上午，知名网络作家和投资人安普若在微博上发了一组“25岁的苏格兰青年罗斯·奥康奈尔詹宁斯在全世界吹风笛”的照片，其中有一张是罗斯在温州江心寺前吹风笛，引来温州网友关注。

昨天，记者找到了罗斯在社交媒体Facebook（脸书）上的账号。罗斯曾在Facebook上发过一篇文章，里面提到，他喜欢独自旅行，每到一个地方都会表演风笛，从18岁开始，至今已到过34个国家和地区。去年，他来到上海一国际学校学习，钟爱中国传统文化的他学会了一口流利的普通话。其间他听闻温州的江心屿有“中国诗之岛”的美誉，就带着他心爱的风笛，穿着苏格兰方格短裙，来到江心屿。当他站在江心码头时，被对面江心屿的美景深深吸引。登上江心屿后，他就在江心寺前吹奏了一段风笛，赢得了游客的热烈掌声。

罗斯在Facebook上写道，苏格兰风笛是全世界的遗产，他的目标是成为第一个在全世界每个国家表演风笛的苏格兰人，和世界各地人民分享美妙的苏格兰音乐。起初，他的朋友们认为他的想法很可笑，但是他父亲鼓励他用旅行的方式，把苏格兰风笛吹遍全世界。现在，罗斯的行动得到了很多人的支持和赞美。

罗斯在文章中提到，他在旅程中感受到很多乐趣。在日本旅行时，他累了就坐在街边睡觉，边上放着风笛，结果睡醒后看到许多人把硬币放到他身边，还和他合影。旅途中，很多人对他的苏格兰方格短裙感到好奇。在非洲乞力马扎罗山脚下，一群女士看到他穿短裙非常惊奇。其中一名女士还打电话告诉亲人说：“一个男人穿着短裙，真奇怪。”

喜欢独自旅行的罗斯遇到各种各样的人和事，这迫使他善于交际。而运输风笛是旅行途中最让他头疼的。风笛作为手提行李过机场安检时，常被怀疑是水烟管或武器。在突尼斯时，一个警察盘问罗斯，要检查他的风笛箱子。罗斯打开行李后，拿起风笛吹奏了一段音乐。警察听了之后很高兴，就没再为难他。“这就是音乐的魅力，它是无国界的。”罗斯写道，他的下一个目的地是埃塞俄比亚。

【双屿引入自动化设备劳动生产率提高近两成】 《温州日报》2015年3月17日（记者 杨世朋 通讯员 陈显英）报道：一个500多平方米的塑料粒子配比车间，8台机器需要几名工人？位于鹿城双屿的温州市鹿艺鞋材有限公司给出的答案是，1个人。“以前配料要靠人工铲，现在全部走管道自动传送。”公司总经理孙艺告诉记者，从配比、压塑、开楦到回收的一整条流水线，都引入了自动化设备，虽然员工从200多人减至60人，但年产值还是维持在2000万元左右的水平。这一转变，正是双屿以产业转型发展推进“减员增效”的一个缩影。

作为温州民营经济重镇，双屿坐拥“中国鞋都”的金字招牌，2013年生产总值占据鹿城全区的半壁江山，却也留下了产业“低小散”、城市“脏乱差”的后遗症。2013年底，双屿启动综合整治“七大行动”，打响了减员增效、转型发展的翻身仗。随后，该街道一方面淘汰落后产能，一方面推广机器换人，以两轮驱动倒逼产业转型升级。

在去年初率先开展的无证照“清零”百日攻坚中，双屿辖区内3411家无证照场所被依法取缔，累计完成整治3138家，整治完成率92%。在机器换人方面，双屿在完成康奈、巨一示范项目后，正在鞋都三期着手打造“机器换人”示范街。与鹿艺鞋业相似，星创鞋业为针车改造示范点，戈美琪鞋业为单机改造示范点，吉尔达鞋业为小微园示范点，旭达鞋业为大型流水线改造示范点，迪索鞋业为精品生产线改造示范点。由此带动，该街道去年完成限上工业投资13.97亿元、同比增长62.67%，工业技改投资11亿元、同比增长66.67%，完成33家企业机器换人或设备更新。

目前，双屿还启动实施了“一都两园三城”产业转型规划，在“一都”中国鞋都核心区，即将搭建“机器换人”第三方公共服务平台，无论是设备展示、个性化定制推广，还是人员培训、二次研发、政策引导，企业可享“一站式”服务。

种种举措下，双屿街道去年流动人口从34.8万人减少到22.1万人，累计减员超三分之一，其中外来人口中初中及以下的从28.7万人减少到19.6万人。同时，该街道规上企业劳动生产率从每人每年6.1万元增至7.2万元，提高了近20%。而万元产值能耗从0.0239吨标煤降至0.0199吨标煤，下降了16.7%。

【政事分离　政社分离　探索政府职能转移】　《浙江日报》（头版头条）2015年3月19日（胡丹 陈晨）报道：“现在只要打个电话，就会有人上门服务。”家住温州鹿城区南汇街道桥儿头社区的包福来阿姨，儿女都在外地，过去最担心的是照顾不好生活无法自理的老伴。而今，她打个电话就解决了这个难题，并拿着民政部门免费发放的代金券跟护理工结算。

政府发代金券给老人，老人凭券兑换企业服务。鹿城区通过购买企业服务推行的居家养老新模式，是温州全面推进政府职能向社会组织转移的缩影。这也是温州继续深化“四张清单一张网”基础上的又一改革举措。统计显示，2014年，温州通过“四张清单一张网”改革，市级部门行政权力从12723项减少到4168项，逾三分之二的精减幅度位居全省前列。

凡是政府不该管的，但是企业和社会需要，又有人管的事，政府可以转移出去；凡是政府需要管的，但是政府管理效率低、管不好的，可以由具备条件的社会力量来承接，但政府要向其购买服务。基于这一思路，温州将转移主体和购买主体确定为所有政府部门、参公管理和行政类事业单位、经费由财政负担的群团组织，并于去年10月出台了《温州市政府职能向社会组织转移目录（第一批）》，确定了首批34家市级部门167项拟转移给社会组织的政府职能。

针对一些职能部门存在着等着看、舍不得、不敢放等思想，温州日前成立了专门的工作推进领导小组。同时按照“养事不养人”的思路，明确规定政府职能转移后要相应调整原承担该职能项目安排的人员和工作经费，凡是适宜政府购买公共服务的事项，原则上不再增加机构、编制、人员。

在“向谁转移，向谁购买”的问题上，温州将原来狭义的社会组织扩大到广义的社会力量。但为了确保“职能转得出，社会接得了，服务买得好”，温州目前已对市本级依法登记成立的社会组织进行了一次全面评估梳理，筛选出110家具备承接条件的社会组织，将资质条件划分为必要条件、优先条件两个档次。

“如何转移，如何购买”格外关键。为了避免将政府公共服务过分市场化，同时防止承接政府职能的社会组织成为“二政府”，或者承接政府职能的社会组织被少数人垄断，温州提出“一年初步破题、两年逐步推广、三年形成机制”总体安排，同时通过制定一揽子相关政策，确保政府在转移、购买社会服务的具体操作层面有据可依，做到职能转移、购买服务透明化。

温州今年将建立健全由购买主体、服务对象及第三方组成的综合性评审机制，对购买服务项目数量、质量和资金使用绩效等进行考评，考评结果向社会公布，并作为以后年度编制政府向社会力量购买服务预算、选择政府向社会力量购买服务承接主体的重要参考依据。

加快推进政策处理和项目实施，让滨江商务区建设进入快车道，整个商务区内旧房在拆、新房在建、环境在变美。图为瓯江路上的一幢幢高楼正拔地而起　杨冰杰/摄

【鹿城破难攻坚　再啃一块硬骨头】　《温州日报》2015年4月25日（叶玮倩 姜巽林）报道：4月24日上午，停滞了13年的拆迁硬骨头——鹿城区滨江街道黎二村63亩地块，终于正式开拆。鹿城在破难攻坚“作战图”上再次“拿下一城”。

黎二村63亩地块位于江滨路4号地块以北，占地面积63亩，2003年土地上报征用，同年丈量建档。但因76户拆迁户中有13户不愿签订拆迁协议，拆征工作屡被搁置，无法顺利推进。2015年，鹿城区将该项工程列入“破难攻坚专项行动”后，滨江街道联合多部门反复与村民沟通、协商，促成其中12户村民签订了拆迁协议。

滨江商务区改建办公室副主任

林国华介绍，截至目前，已签订协议的75户拆迁户里，71户腾空了房屋，其余4户来不及腾空的，街道将在近期组织人员开展最后的拆除收尾工作。同时，街道也在全力以赴对最后一户未签协议的拆迁户进行沟通、做思想工作，确保地块中安置房能够如期建设。

【鹿城慈孝文化节　22位老人“庆生”】“光明网”2015年4月24日（王建旸　余晓叶）报道：近日，以“慈孝同乐·邻里风尚”为主题的温州市鹿城区慈孝文化节，在鹿城区松台街道桂柑社区水心广场温暖启动。当天，桂柑社区22位80岁以上的高龄老人齐聚鹿城区慈孝文化节，在志愿者和家人的陪同下一起“庆生”。

桂柑社区共有2787位老年人，有60%—70%的老人处于独居或空巢状态。为了老人能够“幸福养老”，社区联合多家单位，共同推出大型“孝文化”老年服务项目“慈孝生日会”，定在每月的第二个周日，为社区内当月过生日的80岁以上老人举办集体生日会。

在公益摄影的摊位前，88岁的彭志章和86岁的老伴林素韵依偎在一起，镜头记录下了他们幸福的笑脸。“志愿者为我们拍照，做蛋糕，表演节目，一起陪我们过生日，太感动了。”彭志章说，今天也是我88岁的农历生日，很有意义。

“慈孝生日会”从去年5月份在桂柑社区试点，至今已举办12期。从最初的集体庆生宴，到逐步增加老年夫妻婚纱照、青少年志愿者文艺展示、老年人手工制作等项目，参与活动的志愿者达500多人次。

据了解，鹿城区慈孝文化节是在桂柑社区“慈孝生日会”的基础上发展而来，接下来，鹿城区文明办将会把该模式在鹿城区各个街道和社区推广。

【双屿51亩旧厂房再造一“城”　中国鞋都退二进三造就商贸集群】《温州日报》2015年4月28日（记者 杨世朋　通讯员　陈显英）报道：继中国鞋都鞋革城、温州国际鞋城之后，鹿城区双屿街道“退二进三”再结硕果——温州飞禽鞋业原51亩旧厂房转型改造的“真好度假酒店”，于4月27日正式开业。据悉，该酒店作为双屿“一都两园三城”产业转型的高端服务配套，将打造集时尚发布、品牌展示、中高端餐饮、住宿度假于一体的商务平台，成为中国鞋都商贸服务业集群的核心之一。

坐拥中国鞋都的金字招牌，双屿生产总值占鹿城全区的半壁江山，但辖区内始建于上世纪90年代的鹿城工业区、鞋都工业区，规划基本“只对机器，不对员工”，园区内几乎没有相应的商贸服务配套。如园区企业举办大型订货会，不得不把场地选在距离10多公里远的香格里拉、万和豪生等高端酒店，即使最近的酒店，也在4公里外的将军大酒店。对此，在2013年7月启动的综合整治中，双屿规划启动“一都两园三城”产业转型规划，加速推进有条件、有意愿的企业“退二进三”，以打造全省“减员增效、有机更新”的示范区。

真好度假酒店的前身，就是双屿鞋都工业区内的温州飞禽鞋业。“整个旧厂区建筑面积3.1万平方米，改造投入了近一个亿资金，就是要在双屿建一座拿得出手的酒店。”飞禽鞋业董事长蒋国权介绍，酒店除住宿度假设施外，还拥有两个分别可容纳800人和500人的大型展示中心，可供鞋都企业新品发布并举办大型订货会。同时，酒店内拥有101套酒店式公寓，可供周边企业高新人才拎包入住。无独有偶，位于鹿城工业区内的大富林鞋业，已于去年6月完成5727平方米厂房“退二进三”，投资2000万元打造量贩KTV、商务宾馆。而温州迪索鞋业也启动“退二进三”改造，意在打造个性化的“网咖”、电影院等服务配套。

据悉，在“一都两园三城”的总体规划中，双屿辖区已启动25家企业“退二进三”项目，总面积达36.69万平方米。双屿街道办事处主任章胤告诉记者，诸如此类的“退二进三”项目，将在城区西部打造一个现代商贸集群，为双屿产城融合填补高端配套和功能支撑的空白。其中，在“三足鼎立”的商贸格局内，国际鞋城及中国鞋都鞋革城已于去年9月相继开业，现入驻商户780余家，国际轻工淘宝城已有1560家企业签约或登记入驻，预计几个月后开业。“两园”之一的鹿城工业区时尚产业园已启动“A378”有机更新，并与北京温州商会签约，计划高起点打造一个集时尚、电商、研发、文化、休闲、购物、贸易于一体的西部时尚新地标。鹿城总部经济园二期已调整76亩用地功能，并进入挂牌阶段，计划建设集吃、住、乐、购于一体的西部小型综合体。

【滨江商务区年内为95个项目清障】

《温州日报》（头版）2015年5月6日 （杨世朋 叶玮倩）报道：昨天上午，在瓯越大桥灰桥入口处一侧的艳棱地块，施工队正进行地质勘察，为下一步施工设计“铺路”。就在1个月前，该地块还立着1.85万平方米旧厂房，属停滞两年多、7次拆迁未果的“硬骨头”。如今的无障碍施工，得益于滨江商务区今年启动的“破难攻坚年”系列举措。据悉，滨江商务区今年将力争政策处理大突破，全力保障95个实施项目加速推进。

“近10年来，滨江商务区建设相对滞后，一些项目一直处于‘磨洋工’状态。”鹿城区滨江街道党工委副书记、滨江商务区改建办常务副指挥周鹏介绍，整个商务区已相继启动了3批建设项目，但整体面貌变化不大，究其原因，在于政策处理难推进。以滨江街道黎二村为例，占地63亩的拆迁地块自2003年土地上报征用并丈量建档后，因政策处理问题屡被搁置，直到今年初也未能启动拆迁。

针对一块块“硬骨头”背后的多头指挥、责任不清等问题，滨江商务区今年启动“大部制”改革，重新整合资源。今年初，原滨江街道建工委、杨府山塗村工作组、诸永高速公路鹿城延伸段工程办公室和滨江商务区征收管理处合并，组建成“滨江商务区改建办”，合力共推商务区建设。同时，鹿城区抽调纪委、法院、检察院、公安等8个部门的副科级干部，成立破难攻坚工作组，实现协同作战。

自今年3月全面启动拔钉清障以来，滨江商务区上下联动、合力破难攻坚，政策处理工作捷报频传。艳棱地块在今年4月8日的第八次依法拆迁中，1.85万平方米旧厂房夷为平地。搁浅12年之久的黎二村63亩地块，在工作组日夜加班攻坚下，于4月28日全面启动拆迁。“等了这么长时间，安置房总算有了眉目。”黎二村村委会主任许锡林介绍，这63亩改造地块最快将于下个月进场施工，争取让76户拆迁村民在4年内住上新房。

与此同时，停滞8年之久的下陡门河整治工程，也在上个月全面完成违章拆除、协议签订及旧房腾空，下一步将启动旧房拆除，确保工程本月进场施工。此外，鲍州工业区、涂田工业区内的9家企业共计1.6万平方米厂房，以及塗村安置区2号地块1万平方米旧房等一批疑难项目，均在上月实现了攻坚突破。

按照破难攻坚部署，滨江商务区今年内要全力保障95个实施项目的顺利推进。整个商务区今年将完成报征集体土地384.18亩，报转国有未利用土地196.35亩，收回国有土地818亩，拆除农房800户、旧房面积24万平方米，拆除企业30家、旧厂房面积8万平方米。

政策处理大突破，也将与滨江商务区“一带一园”建设计划相呼应，在年内形成“点、线、面”突破之势。其中，在瓯江“小外滩”规划内，商务区今年要完成沿线16个区块的政策处理，整理出2000多亩项目用地，保障52个建设项目无障碍施工。据悉，整个商务区今年计划开工、续建面积40万平方米，结顶或交付10万平方米，切实让市民看到旧房在拆、新房在建、环境在变美。

【鹿城“触网”升级打造一号产业】

《温州日报》2015年5月25日（报道组 王荣 记者 杨世朋）在位于鹿城双屿的中国鞋都鞋革城五楼，开辟出了2.1万平方米的电商专区，初步形成了一条集成品鞋、鞋材、原料于一体的电商产业链。这种“线下一小层、线上一大层”的专业市场O2O运营模式，正成为当地制鞋产业“触网”升级的新探索。记者从鹿城区商务局获悉，到2018年末，中国鞋都电子商务产业集聚区基本建成，鞋都电商零售额预计达到90亿元，超过该区域工业总产值的20%。

2013年以来，鹿城区把网络经济作为赶超发展的“一号新产业”来抓，培育草根电商，大手笔打造专业市场电商航母，谋划跨境电子商务园。去年全年，该区实现限上规上电子商务交易额136.8亿元，并创成浙南首个网络经济产值百亿区。同时，该区从事电子商务的市场主体已达1000多家，有1万余人从事网店相关经营活动，直接或间接带动就业约两万人。

“去年，鹿城8个电子商务产业园实现新增网络经济企业169家，新增办公面积3.9万平方米。”鹿城区商务局有关负责人表示，经过两年多来的培育，该区电商产业的量与质均有所提升。据其介绍，在900多家鞋企集聚的双屿中国鞋都，温州国际鞋城、中国鞋都鞋革城等O2O一体化平台已开业运营，总面积25万平方米的交运国际淘宝城主体已结顶，已有全市1500多家商户签约入驻，预计今年8月投入运营。按照《中国鞋都电子商务产业集聚区五年发展规划》，该区域计划在2018年末，实现从制鞋之都向鞋电商之都、鞋创意之都、鞋时尚之都转型。

除中国鞋都电商集聚区外，鹿城区正加快打造跨境电子商务产业园，并计划在今年培育出一批亿元级产值的外贸电商企业，诞生自主外贸电商品牌，并孵化出一批电商产业链服务型企业。该区现已筹建德国、英国等地的海外仓库，其中，位于德国汉堡的“好运”海外仓占地2.5万平方米，仓库总容量为1.2万个欧洲标准托盘。

【鹿城打造“互联网+”医疗服务体系】《温州日报》2015年5月31日（世朋　珊超　陈晨）报道：前不久，家住鹿城区藤桥镇上戍外垟村的邹云华老人，第一次体验了“互联网+”医疗给自己带来的便利——社区全科医生金季带着“移动随访包”上门随访体检，在完成血压、血糖、血脂等指标快速检测后，数据直接通过包内的IPAD上传到健康档案管理系统，在鹿城区域内实现互联共享。邹云华的妻子说，老邹脑部受伤后行动不便，社区医生不仅随访上门服务，还能把体检情况录入健康档案系统，既方便又周到。

邹云华所享受的便利，得益于鹿城区今年致力打造的“互联网+智慧医疗、互联网+分级诊疗、互联网+移动随访”等三大医疗服务平台，即依托互联网载体和技术手段，形成集医疗信息查询、电子健康档案、电子处方、疾病风险评估及健康服务等多种形式于一体的医疗服务体系。

“今后随访对象需上门体检服务，只要带个移动随访包，不再需要纸质手工记录。”上戍社区卫生服务中心的全科医生金季告诉记者，自己只需扫描患者的二代身份证，就能新增信息、建立健康档案，利用无线网卡可直接将数据导入到健康体检系统中。而上门体检的血压、血糖、血脂、尿酸等数据，在录入系统后，社区医生在诊断时可随时调阅患者健康档案信息，及时了解随访对象的健康状况，为患者提供个体化的健康教育、饮食、用药指导。预计到今年底，社区医生还可携带门诊“刷卡机”直接在患者家中诊断、开药，患者或者家属可就近到社区卫生服务中心结算、取药。

在区域信息化建设方面，鹿城区自去年底以来已投入约800万元建立起区级“智慧医疗”数据集中处理中心，辖区内2家区属医院、22家社区卫生服务中心、38家村（站）卫生室联网组建了全区卫生信息专网，并实现区卫生数据中心与市卫计委、市社保数据中心的互联互通。相关人员只需登录系统，就可查阅体检管理系统、检验管理系统、注射室管理、健康档案系统、药品监督管理系统、全区卫生系统办公自动化系统等内容。

此外，该区目前正启动数据上传及省、市医院信息平台的调阅工作，为全面实施分级诊疗打好基础。据鹿城区卫生和计生局信息中心相关人员介绍，该区今年将启动辖区各医疗卫生单位接入市级双向转诊的平台工程建设，并推广上级医院门诊、住院预约进社区服务。截至5月中旬，南浦社区卫生服务中心已与市中医院、市中西医结合医院及市人民医院开展网外互联互通，顺利完成37人次的双向转诊。今年1至5月份，藤桥片区的基层首诊人数达3万余人次，首诊率比去年同期提高30%。

据悉，该区还将启动“智慧微门户”建设，推出“鹿城智慧健康”APP客户端，以辖区常见病慢性病患者及预防接种儿童为主要服务对象，开展手机APP端在线挂号、在线医疗咨询、在线体检等业务。

【13岁孩子44个月写了64本日记】《今日鹿城》2015年6月3日报道：近日电视剧《虎妈猫爸》的热播，让很多家长在茶余饭后都在闲谈子女教育。记者了解到，鹿城区实验小学一名叫郑元璞的5年级学生，3年多来已读书上千册，而每天写日记也成为他雷打不动的习惯，44个月来从不间断，日记本堆起来已有小山般高……“猫爸”郑建峰很自豪地分享了和儿子一起成长的故事。

44个月写了64本日记

从幼儿园起，郑元璞便经常听“猫爸”郑建峰讲些中国的历史人物故事。上小学后，他长期听着爸爸讲《曾国藩家书》中的一些情节故事，有了触动，于是在2年级开学不久，主动提出自己也要坚持写日记。

“主要是写学校里的故事，同学、老师、课堂上的，都会写，只要仔细观察，就会有内容。”小郑说，为了养成记日记的习惯，每天都要把日记放在老师布置的作业之前完成，因为后者是一定要完成的，再晚都得做。

一年左右的时间，写日记便成为小郑的一种习惯。哪怕一天，小郑都不愿意“遗漏”。有一次，他把日记本落在学校，为了日记的延续，他在完成当天的作业后，晚上8点多还去学校把本子拿回来，继续写当天的日记。

3年多时间坚持下来，小郑已经写满了整整64本日记本。

郑建峰帮儿子小心地把每一本日记本收藏起来，他说，这是小郑的心血：“他每篇日记写完，都要检查修改两遍，感觉写不好还会重写一篇，很不容易。”

藏书三千册已阅一千

随着日记本数量的叠高，小郑写得越来越好，加上大量阅读课外书，让他有了更广阔的视野，所写的故事也从校园走向社会，逐渐有了“深度”，还拿了不少青少年作文现场大赛的一等奖。

家里的“书房”，也是小郑写作业的地方。两个书柜整整齐齐地摆放着3千余册的各类书籍，其中历史类、文学类书籍较多，而年仅13岁的小郑已经阅读了全部藏书的1/3。

“他最近在看《中国美学史》和《水浒传》。”郑建峰说，小郑刚开始看书主要是看故事，浏览比较快，后来他就建议儿子看慢书，以理解为主，“现在他自己看到不懂的，除了问我外，还会把不认识的字抄出来，查字典，加深理解。”

“老师给学生布置的课外书，他现在都不看了，说那是小孩子看的。”郑建峰笑着说，小郑读了这么多书，让他感受最明显的，就是儿子比同龄人要懂事很多，会照顾人，有担当。

要陪伴孩子一起成长

跟别的父母会把孩子的奖状高高挂起不一样，郑建峰把小郑的各类荣誉和全部日记本都放在书柜中后，用一张报纸当“门”遮起来。

“这么做当然是有原因的，我希望他不以当前的成绩而骄傲，要学会谦虚。”郑建峰告诉小郑说，罗马不是一天建成的，只要坚持和努力，是金子迟早会发光。

对于当下热播的电视剧《虎妈猫爸》，郑建峰认为有不少是夸大的。“学校固然重要，但家庭教育更重要。”郑建峰说，虽然夫妻俩经营着一些生意，但晚上很少出去应酬，都是在家陪孩子。

“当然，家长主要是起引导作用，不能强迫孩子，以免带来反效果。”郑建峰说，家长要有耐心，陪着孩子一起成长，在教育孩子的过程中，孩子同样会教会家长很多东西。

【鹿城民间借贷备案突破10亿大关完成年度任务75.5%】 “温州网”2015年6月4日 报道：鹿城金融办近日透露，截至今年5月31日，鹿城区民间借贷登记备案量1788笔，金额已达到12.08亿元，突破10亿大关，完成年度任务的75.5%。

去年3月1日，全国首部地方性金融法规和首部专门规范民间金融的法规——《温州市民间融资管理条例》正式实施。《条例》规定，单笔借款金额300万元以上，或者累计借款余额1000万元以上，或者向30人以上特定对象借款的，都要办理民间借贷备案。

鹿城区深入贯彻落实《温州市民间融资管理条例》，积极引导民间借贷健康发展，完善温州民间借贷服务中心民间借贷备案服务体系，开展网络远程备案，设立8个街道民间借贷备案便民服务点，并将民间借贷便民服务延伸到社区和企业，目前该区民间借贷备案达12.08亿元。

据悉，该区自《条例》实施以来备案3564笔，金额27.72亿元，备案金额居全市首位，其中300万元以上符合《条例》强制备案标准的共217笔，金额19.72亿元，占备案金额的71.11%；单笔金额300万元以下的属自愿备案的有2549笔，占总金额的14.83%，从备案方式看，现场备案的达到734笔，金额6.15亿元，网络远程备案2335笔，金额10.15亿元，平均年化利率为17.77%。

【浙江好人——唐朋刚：“路见不平，拔刀相助”】 （由吴启翼撰稿 贾海丹 改编）2015年6月8日晚，鹿城区双屿双岙工业区发生一起恶性伤害案件，一鞋帮厂员工范某因琐事纠纷持刀砍杀老板周某一家人，造成两死两伤。惨案发生时，贵州籍务工者唐朋刚不顾个人安危，勇敢地上前夺下歹徒手中的刀，并将歹徒按倒在地上，保住了孕妇杨女士的性命，而他自己也因此受伤。随后，唐朋刚夺刀救人事迹经各大媒体纷纷刊登报道，引发强烈反响，“钢铁英雄”在市民中广为流传。6月10日，鹿城区委宣传部、区文明办授予唐朋刚同志为“鹿城好人”称号，同时获得“道

德公益基金”奖励。鹿城公安分局经区政法委报批后，为唐朋刚颁发见义勇为确认证书及鹿城区治安荣誉奖章，并给予现金奖励，以弘扬社会正能量。

【鹿城“创模”绘出亮丽风景图】《浙江日报》 2015年6月18日（佳慧 明茜）报道：漫步在温州市鹿城区藤桥镇南岸村临水而建的滨水小游园内，宛如置身于没有围墙的风景画中。铺满小石子的人行道辅以成排站立的小树苗，以香樟、金桂、紫薇、千层金等为主的乔木品种，辅以茶梅球、栀子花球、红叶石楠为主的灌木品种，营造出独特的立体层次感，放眼望去，占地26余亩的小游园，绿意尽收眼底。

作为温州创建全国环保模范城市的主阵地、主战场，鹿城区用艰辛和汗水，绘就了一幅属于老百姓的“风景图”。

河水清了，河岸绿了，环境美了，百姓乐了。自鹿城区开展“创模”工作以来，该区已新增城市绿地146.6公顷，建成滨水公园10个、滨水小游园61个、亲水绿道24.2公里，创成省级生态街道1个、市级生态村7个。当这些看似简单的数字组合在一起时，展现给市民的是一张妙趣横生的绿色生活网。

风景，看在眼里；环境，感受在心里。如今，空气质量已成为市民最为关注的话题之一，鹿城区更是在这方面向市民提交了一张满意的答卷。通过全力推进大气污染防治，切实推进能源结构调整、机动车污染防治等六大行动，2014年全面实施黄标车限行，累计淘汰黄标车及老旧车5200多辆。数据显示，2014年鹿城区空气质量优良率从2013年的68.0%提升至84.1%，空气优良天数达到307天。

在靓丽的风景图背后，是鹿城人民一次次的“创模”行动，是职能部门一场场的重拳出击。就在刚刚过去的这个春天里，在鹿城的土地上，上演了一场关于创模的“全民约会”。该区启动创模“十进”活动，包括进社区、进学校、进企业、进机关、进商场、进宾馆、进工地、进窗口、进景区、进家庭，切实发挥志愿者、民间环保组织参与创模的积极性。

通过政府引导、民间参与，目前该区已成立超过100支护河志愿者队伍和生态创模宣讲团，他们均由志愿者和民间组织组成。同时，去年以来鹿城区创模办依托“世界地球日”“世界环境日”“爱鸟周”“无车日”等重大纪念日，全区共计开展各类生态创模宣传活动185次。

在整治污染企业方面，去年鹿城区将152家电镀企业整合重组为92家，全部入园，实行集中生产、集中治污、集中监管，园区污水处理厂平均日处理电镀废水1.1万吨，并稳定达标运行。淘汰关停化工、印染、造纸等重污染企业27家、整治提升11家，开展重金属污染防治，重金属排放量大幅削减。

以市区“印象南塘”一带为中环，西线至会昌湖，南线至南白象，东线至市区新城一带——这是温州“一环三线”核心区的轮廓，而这个核心区，鹿城占了一大半。今年，该区将重点围绕温瑞主塘河“一环三线”沿河城中村、旧厂房、旧市场等重点片区，以“印象南塘”为核心，将一河十景，即印象南塘、会昌竞渡、南门会市、龟湖水乡、吕浦人家、陡门寻忆、中央绿轴、蒲州新韵、九山情怀、鞋都足迹串珠成线；并新建滨水公园10座，确保年底完成“中环南线”、“东线”、“西线”滨水公园、亲水绿道的建设与“五化”提升。

旺增桥自然村城中村改造工程鸟瞰示意图（此效果图为意向方案，以最终方案为准）

【治水“江湖大会”昨日举行，参与水环境治理】《温州日报》2015年7月5日（记者 郭云豪 报道组 佳慧）报道：“江湖大会”是一个水环境保护民间环保组织和政府对话的公众参与平台，由温州市绿色水网公益中心等多家单位联合举办，市环保局、市治水办提供支持。昨天，第三届大会吸引了来自全国各地的多个水环境治理志愿者团队，及相关专家参会。会上，主办单位公布了一款名为“水立方”的综合治水APP。

据温州市绿色水网公益中心负责人白洪鲍介绍，今年，鹿城区塘河管理委员会、鹿城区治水办在去年工作的基础上，和温州市绿色水网环保公益中心一起，启动鹿城区“水立方”综合治水APP试点项目。该项目旨在通过APP平台的建设，构建公众、民间组织、企业、媒体、政府多部门立体式治水载体。

目前，这款名为“水立方”的APP，已由温州市文达清源水环境公益中心的志愿者们牵头进行为期3个月的内测，预计平台于9月份正式上线。作为创模环保公益创投获奖项目，该项目也获得了市环保局提供的资金支持。据悉，该款APP可实现水生态导游、各类治水活动信息发布与互动、水污染监督举报、水环境信息公开、水安全指数预警等功能的综合性治水平台。只要打开它，每个人都可以迅速了解身边的水环境状况，获取水质信息，第一时间为相关部门提供线索。

昨日，“水立方”APP发布后，各参会志愿者团队乘船从桩头公园码头出发，会昌湖、南塘一线参观塘河治理成果。

本届“江湖大会”还设立了主题论坛，各民间团队代表各抒己见，表达对参与水环境治理的心得和经验。

【浙江好人——王汉华：英勇追捕持刀犯】（由吴启翼　撰稿　贾海丹　改编）7月16日，鹿城绣山派出所协警王汉华和同事巡逻时发现三人神情紧张。出于职业的敏感性，要求三名男子出示身份证。经检查，这三名男子仅一人有身份证，而且非其本人身份证。他与同事立刻向所里报告。三名男子见状分头逃跑，他与同事马上分头追捕。当追至划龙桥菜场附近时，他一把逮住一个男子。不料，该男子掏出匕首，刺向他的心脏部位，但他忍住剧痛死死抓住该男子不放，终因血流如注体力不支而被对方挣脱逃走。因伤势严重，随后送往附二医进行抢救，经急救已脱离生命危险。得知王汉华的英勇事迹后，全市各大媒体均对王汉华的事迹进行了详细报道，引起了社会的广泛关注。市委常委、公安局长黄宝坤，鹿城区委常委、宣传部长徐强、鹿城公安分局局长金国平等领导到医院看望慰问王汉华。黄宝坤高度赞扬了王汉华在危难时刻挺身而出的勇敢、大无畏，称赞王汉华“硬气”精神，并特别叮嘱要做好全力救治工作。鹿城区委宣传部、区文明办授予王汉华为“鹿城好人”称号。

【本土动漫画家　推防台系列漫画】《温州商报》　2015年7月12日　（张晨　梦园）报道：“台风来了！我们要提前做好准备！”、“快把外面的花盆收进来！”……这几天，一组风趣幽默的“菜菜头”防台系列漫画在市民的朋友圈和微博中广为流传。据悉，这是我市本土知名动漫画家刘春的作品，从7月8日推出以来，已经出了三期。

漫画里，头顶一簇绿菜叶的“菜菜头”和他的妹妹“菜菜花”，用最“接地气”的话语，通俗易懂地讲述了各类防台小知识。

“我想借助菜菜头、菜菜花两兄妹对台风的各种认识的探索，用一些轻快、接地气的对话，去为孩子们普及台风知识。”菜菜头动漫品牌创始人刘春说，一个新闻事件发生时，主流媒体总是会在最短的时间内将许多信息摆在观众面前，但对孩子来说，许多内容确实晦涩难懂，而他们就是希望用一种动漫的概念去软化孩子们对新闻事件的感受，用简单有趣的漫画形式，让孩子们能够迅速从不同的事件中学习到各种知识。

刘春介绍，每到一些重大新闻热点出现时，他们都会通过这样有趣的漫画行为，让新闻热点更加“接地气”，让新闻事件更加“生动”，而接下去他们还将关注不同的新闻事件，自发性地用自己的方式去表达一些他们的观点，让孩子们能够通过他们的漫画，学习到更多常识。

【鹿城荒地变身滨水公园】　《浙江日报》　2015年7月23日　（赵成功　黄宇慧　黄寅玮）报道：“以前我们锻炼身体都在自家院子里或者村里老人亭、村委会这些地方，今年终于有个公园可以去了。”鹿城区七都街道板桥村的村民陈秀妹高兴地说。

从原本一片渺无人烟的荒地，到如今成为绿树掩映、碧波荡漾，居民休闲锻炼的滨水公园……这座位于七都板桥路口的七都大道滨河公园一期，经过近半年加班加点施工建设，今年终于开园了。这也是七都岛上目前唯一的一座滨水公园。

日前，记者来到该公园，入口广场区的特色景观石“华侨之乡”和三个“船型”景观平台一下子便吸引了人们的眼球，周围还点缀有香樟、榕树、水杉等绿色植物。西面为草坪林荫带，东面建有木质景观亭。顺着台阶往里走，沿着河道有一片下沉式亲水平台，遥望远处，不时有白鹭从水面掠过，水景与驳岸自然融为了一体。

据介绍，公园总面积约8700平方米，绿化面积为5034平方米。由于过往岁月里大量的七都岛上居民选择了出海，远赴他国，由此设计师结合该岛独特的自然地理条件和特有的“侨乡文化”，以“始航”

为理念，以码头为原型进行设计，同时配以“船形”景观平台，寓意为“千里之行，始于此滨”。

然而建设之初，这里却是一片荒地，而且场地范围内存在纬一路施工时挖出的淤泥，堆积为厚度达1米到3米的泥浆池。建设施工时，为了避免不均匀沉降引起铺装开裂，七都街道多次召集设计、监理、施工等单位，并邀请温州市进城办、区住建局等相关专家到现场勘查，召开设计论证会研究解决方案。

如今，作为岛上的第一座公园，这里深受村民们的欢迎。吟州村、老涂村等6个村的村民们经常结伴而来，观赏、休闲、健身、跳广场舞，生活悠闲而丰富。

记者从鹿城区城管与执法局了解到，今年该区十大美丽水乡滨水公园建设中，除七都大道滨河公园、戍浦江水闸水文化公园已建成外，另外8个滨水公园建设也已进入繁忙的施工阶段，预计下半年将陆续与市民见面。

【温州BRT站台首度亮相兼顾美观安全方便】 《温州日报》 8月18日（记者 夏晶莹 通讯员 张余）报道：快速公交BRT建设又有新进展。记者昨日获悉，位于鹿城工业园区泰力路的BRT样板站台即将完工，这是我市首个亮相的BRT站台。

记者在现场看到，即将完工的BRT站台长60米、宽3米，站台高度与车辆挡板高度差不多。根据我市BRT中间站采用路中侧式、右侧开门的模式，站台右侧共设有6对屏蔽门。站台内建有管理用房、设备用房，为改善站务人员的工作环境，还建设了卫生间，为国内首创。每个站台设置4台闸机，两进两出，据介绍，我市BRT售检票方式为车下站台售检票，乘客通过投币买票、IC卡刷卡的方式进站。

位于市区鞋都大道和泰力路交叉口的温州BRT候车站台靓容初现　　陈　翔/摄

另外，根据设计，每个BRT站台上都将安装电子显示屏（电子站牌）、车站乘客信息查询计算机及车站广播设备、IC卡充值机等。其中，电子站牌会显示线路中各车所在位置、即将到达的车次和等待时间等信息。而查询计算机则可供查询城市电子地图、公交线路换乘等公众信息。

我市BRT一号线由双屿客运中心经江湾路、迪索路、富士达路、百里路、江滨路、车站大道至温州老火车站，线路全长约13.07公里，在道路中央两侧各设置一条4米宽的BRT专用道，沿线设置33个中间站。

记者了解到，为兼顾美观、安全、方便、环保，人性等特点，市BRT办公室先后23次深化、细化站台设计方案，如设置周际安全防范系统及监控点，确保闸机不回弹、安全门不夹人；站台采用无反光玻璃，增加通透性等。

【鹿城区第二批百亿重大工程集体开工】 《温州日报》 2015年8月21日（丹容 玮倩 林孟）报道：随着省委常委、市委书记陈一新宣布开工令，鹿城区今年第二批百亿重大工程昨拉开建设序幕。时隔50天，鹿城区迎来两批百亿重大工程的开工，助力实施“温州赶超发展三年超万亿投资计划”。

市委副书记、代市长徐立毅在开工仪式上讲话。市领导仇杨均、陈浩、黄德康、黄兆鸽等参加开工仪式。

此次集中开工的项目共4个，分别是新希望城、吴滨巷地块安置房、七都纬二路二期、宁波路二期拆迁安置房，项目总投资109亿元。其中，吴滨巷地块安置房位于会昌湖水上公园地区城市设计B—04地块，西侧为吴桥路，北侧为会昌湖和锦绣路，项目总投资5.4亿元，计划工期39个月。宁波路二期拆迁安置房，位于双屿街道箬笠岙村，项目总投资1.5亿元，计划工期两年。这两大安置房建设项目，将带动片区开发建设、改善区域人居环境。

4个项目中，位于城市中央绿轴区域的“新希望城”格外引人关注。今年7月8日，备受关注的中央绿轴区域6宗地块打包出让，新希望置业有限公司以53.01亿元竞得该6宗地块。一个多月后，“新希望城”昨开工建设。该项目规划总建筑面积40.9万平方米，其中住宅33万平方米，商务金融4.1万平方米，可兼容商业3.8万平方米。项目总投资100亿元，分三期实施。“三年来，我已经成为一名新温商。”新希望集团董事长刘永好说，三年前他考察了鹿城、永嘉三江片区以及瓯江口区域，如今新希望集团已在温州投资建设三江立体城、“新希望城”两个项目，投资超过300亿元。他希望能和广大温商一起为温州出力，共同把温州这个“中国民营经济之乡”建设得更好，实现共赢发展。

徐立毅在讲话中指出，扩大有

效投资，是新常态下稳增长最直接、最有效的抓手，也是加快温州转型发展、赶超发展的有力支撑。希望鹿城区抓住此次集中开工的契机，坚决打好项目建设、城市建设这一主战场，主动谋划、积极作为，扎实推进重点项目征地拆迁“清零”百日攻坚行动，形成重大项目滚动开发、梯次推进的良好格局。

【鹿城推广廉政亲情】 《温州日报》2015年9月6日（陈晨 建亚 巽林）报道：“怜以待亲，情寄于家；廉以对人，清存于政”……走进鹿城区各街镇、行政机关单位，每个领导干部办公桌上最醒目的位置都摆着桌牌，上面写着一句句这样的亲情寄语。

这些就是“廉政亲情寄语”，鹿城区纪委深化廉政文化建设的一种新形式，通过把家庭作为廉政教育的阵地，把亲情作为维护廉洁的力量，让党员干部随时随地“照镜子、正衣冠”。

“连心青年，践行务实奉献；清心律己，不渝俭约之志。”在鹿城团区委副书记陈滢冰的办公室桌上，丈夫的廉政寄语已经伴随她多日。当陈滢冰把书写廉政亲情寄语的“任务”领回家时，丈夫苦思冥想了多日，才写下这句寄语。陈滢冰表示，在今后工作中，她将用具体行动证明自己无愧于亲情的期盼，用务实的作为证明自己没有辜负组织的嘱托和群众的期望。

“廉政亲情寄语”活动开展以来，受到鹿城区领导干部家属的积极响应，短短时间里就征集到526条亲情寄语。该区纪委将这些寄语制作成桌牌，放在每位领导干部桌上。

鹿城区纪委相关负责人说，家庭是预防和遏制腐败的重要阵地，父母的叮咛、爱人的劝勉、子女的提醒，胜过单纯的说教。“廉政亲情寄语”让广大党员干部从亲人们的字里行间感受到廉洁的可贵，也是廉政教育抓早抓小、注重人文关怀的体现。

【新一轮城中村改造打响“第一枪”】 《温州日报》（头版头条） 2015年9月7日 （杨世朋 佳慧）报道：在鹿城区新城片，南汇街道巨一村旺增自然村“脏乱差”的旧村面貌，与周边高楼林立的新城格格不入，如今，这里迎来了改头换面的新机遇。昨天上午，旺增自然村城中村改造动迁大会召开，计划下个月启动签约，这意味着市区今年启动的新一轮70个城中村改造项目打响了“第一枪”。

上月，我市公布了新一轮城中村改造重点实施范围与计划，名列其中的70个行政村涉及鹿城24个村、龙湾21个村、瓯海25个村，鹿城南汇街道就有14个行政村在列。据悉，南汇巨一村旺增自然村位于市府路和新城大道交汇处，征地面积约80亩，涉及征迁户数353户、458宗，改造面积近7.7万平方米。目前，该项目已完成了土地报征、入户丈量、房屋评估、未经登记建筑认定等前期工作。

“我们将在10月9日正式启动签约工作，力争今年年底前完成整个改造范围的签约。”南汇街道征收科科长林泉澄告诉记者，为鼓励改造范围内征迁户尽早签约并按期搬迁，鹿城区制定了相应的优惠政策，若在规定时间内签约、腾空、拆除的，还可视情况享受连片奖和腾空奖。为全力推进新一轮城中村改造，鹿城还抽调了100名部门精干力量派驻有关街道开展攻坚，其中有45名进驻南汇街道。接下来，这45名下派人员将与街道、村“两委”的骨干力量一同进村入户，开展动员、宣传、签约等工作。

昨天与会的400多名旺增自然村村民，每人都拿到了一本补偿政策宣传手册。巨一村村委会主任吴智勇表示，现在的旺增自然村消防隐患大、环境脏乱差，启动改造是众望所归。“从2002年开始，村民就一直盼着改造，今天终于迈出了实际的一步。”吴智勇说，大家都期待未来的旺增自然村能建成一个高端大气的现代化住宅区。据悉，继巨一村旺增自然村后，南汇街道还将召开中央绿轴片区上田村张宅自然村及上田自然村的改造动员会议，开展前期政策宣传。

据了解，自2011年来，鹿城区按照市委、市政府要求，全面启动城中村改造，目前已累计完成旧房拆除面积239.33万平方米，改造总户数8087户。其中，该区于2012年率先启动的南汇街道东屿村、葡萄村在建安置项目，预计于今年9月底结顶，明年交付使用。

【鹿城完成30条黑臭河整治目标】 《温州日报》 2015年10月11日 （报道组 佳慧 记者 杨世朋）报道：河面上垃圾不见了，河底淤泥少了，河水持续流动，虽谈不上清澈见底，但相较过去黑臭如墨、垃圾遍布的景象已大为改善。这是鹿城区双屿街道营楼桥河呈现出的改变。据悉，作为鹿城仅剩的“最后一条”黑臭河，营楼桥河日前通过整

治验收，这也意味着该区所有30条黑臭河，均已完成达标整治。

在去年完成21条黑臭河整治的基础上，鹿城区今年将剩余的山下河、营楼桥河、嵇师河等9条黑臭河列入整治名单。今年以来，该区启动了“水岸同治”“河边三化”等行动，综合整治涉污场所100多处，组织查清40多条河道排污口位置、性质，完成排污口整治440多个、清淤5万多立方米。截至目前，鹿城城区范围内已基本实现截污纳管全覆盖。

“经过一年多时间的疏浚、保洁和调水，营楼桥河水质明显改善。”鹿城农林水利局河道管理站主任谢海峰介绍，近期水质监测结果显示，营楼桥河河水透明度达到42厘米，高出黑臭河验收标准一半以上，高锰酸盐指数为每升7.8毫克，大大低于验收标准，顺利通过了验收。接下来，该区将启动营楼桥河综合整治工程，包括河道的疏浚以及应急截污纳管的建设，河道水质有望进一步提升。

据介绍，包括营楼桥河在内，鹿城30条黑臭河均已通过该区治水办验收，各项水质指标符合《浙江省黑臭河垃圾河清理验收标准》，且前期通过验收的河道在复核评估中未出现反弹。同时，根据全省“清三河”达标县（市、区）验收标准，该区“清三河”整治已通过市里验收，目前已报省治水办开展复评。

在逐步实现水清岸绿的基础上，鹿城区还将以“印象南塘”为核心，围绕温瑞塘河主河道“一环三线”游览路线，把印象南塘、会昌竞渡、南门会市、龟湖水乡、吕浦人家、陡门寻忆、中央绿轴、蒲州新韵、九山情怀、鞋都足迹等景点串珠成线，展现塘河风韵。该区计划以景观开发为载体，以夜游、夜市为平台，打响“荷塘月色·印象南塘”等塘河两岸时尚休闲文化游品牌。

【郑振铎纪念馆开馆】 《温州日报》2015年10月19日（记者 李艺）报道：先生之风，历久弥新。经过近两年的修缮、布展，昨天上午，位于市区沧河巷的郑振铎纪念馆隆重开馆。当天，郑振铎先生的亲属们与来自全国各地文化界的名人一道，参加了纪念馆开馆仪式。文物界大腕、故宫博物院院长单霁翔出席仪式，并受聘纪念馆名誉馆长。

生于温州、在瓯江畔长大的郑振铎，是中国现代史上著名的考古学家、文学家、史学家、翻译家和社会活动家。他博雅多识，著作广阔，为祖国文物保护和文脉保存作出了重大贡献，让温州人倍感骄傲和自豪。

10月8日上午，郑振铎纪念馆开馆
刘 伟/摄

“郑振铎纪念馆的筹建，表明温州乡亲们至今依然怀念着我的爷爷！”昨天的开馆仪式上，亲属代表、郑振铎嫡孙郑源感慨万千。走进新建的郑振铎纪念馆，不仅能通过近400平方米的布展了解一个全面、真实的郑振铎，更能时时刻刻感受到浓浓的情感在流淌——家国情、亲子情、故友情、文化情……

早在20年前，温州文物部门就有了郑振铎纪念馆的建馆计划，可惜因故搁浅。6年前，建馆之事再次提上日程。郑振铎先生的亲属、温州各界市民则积极为纪念馆捐赠了上百件相关文物，大大充实了纪念馆内容。从此，在沧河巷和仓桥街这两条相连的老街上，相距不到百米的郑振铎纪念馆和夏鼐纪念馆，为温州再添新的人文景观。

“温州郑振铎纪念馆的建成，是各界期待已久的盛事！”昨天，单霁翔仔细参观了纪念馆内的每个布展房间，他肯定了温州的建馆努力，同时也回顾了郑振铎留给世人的宝贵遗产和与故宫博物院的渊源：1953年和1957年，郑振铎将其收藏的657件古代珍贵雕塑艺术作品捐献给国家，收藏于故宫博物院。

昨天的开馆仪式结束后，单霁翔还与来自国家文物局、国家图书馆、上海博物馆、浙江省文化厅等单位的相关专家一起，同我市文化界人士座谈，详细了解郑振铎与温州千丝万缕的联系。

市委常委、宣传部长胡剑谨，副市长郑朝阳出席昨天的开馆仪式。

【鹿城内外联动力促回归项目落地开花】 《温州日报》（头版）2015年11月5日 （梦园 世朋）报道：本月上旬，总投资近8亿元的火车站商圈地下商业街将正式揭开面纱。届时，透着时尚潮流气息的新店铺，有望成为市民逛街休闲的好去处，并借地下空间开发带动老火车站商圈的转型升级。包括这一项目在内，今年前三季度，鹿城区引进及在建的招商引资项目共有64个，实际到位内资107.32亿元，不仅提前超额完成市定105亿元的年度任务，还为城区拓展了转型升级的新空间。

作为主城区的鹿城，以往招商引资常受制于土地资源有限、人才引进难等问题。“这种‘螺蛳壳里做道场’的招商模式，更要求鹿城精准招商、选商，以‘高大上’

项目发挥主城区的引领和示范效应。”该区招商局局长姜扬烽表示，鹿城招商引资所发展的产业，必然要服务于“时尚之都”核心区的转型升级，力争在全市经济转型、社会转型方面做龙头。

正是基于这样的理念，包括滨江商务区安邦金融广场、温州中心大厦、七都岛极地海洋公园、中央绿轴新希望地产等一批“高大上”项目，今年以来已相继在鹿城“落地开花”。其中，由回归温商投资的米房cei项目已进入试运营，一批知名艺术机构、设计师创意品牌、中西餐特色餐厅已经入驻。这个原先生产“果腹之粮”的面粉厂，正逐步成为瓯江畔文商交融的文化创意新地标。此外，安邦金融广场、吴桥生命健康产业集聚区等项目的加快推进，为鹿城构建了传统产业转型的平台支撑。而A378时尚产业园、温州中心大厦、极地海洋公园等一批区域性地标式建筑，在满足市民多样化消费需求的同时，还将进一步提升鹿城时尚之都核心区的城市品位。

“我们不仅要让项目落地，更要实现温商的可持续发展。”姜扬烽介绍，鹿城正通过多项安商、亲商政策，让项目“开花结果”以实现内外共赢，在温州打造出30年、50年的品牌。为此，该区在推行“保姆式”审批服务的基础上，还为区四套班子每一位领导列出了一张“1+2+10”的责任清单，要求每人联系1家在外温州商会、盯引2个重点项目、跟踪10个招商项目，及时解决商会、项目、企业建设发展中的问题。据鹿城区招商部门负责人介绍，最近三年来，鹿城每年几十个温商回归项目落地，但没有一位温商投诉反映区级部门故意刁难企业主，或者故意拖延工程进度。

【着力提升中心城区首位度】《温州日报》2015年11月18日（记者吴勇）报道：11月7日，市委副书记、代市长徐立毅调研市公用集团时强调，市政公用事业是政府公共服务的重要组成部分，与老百姓的日常生活密切相关，是关乎城市国计民生的大事。我们要站在市区一体化发展的高度，以大融合的胸襟和气魄，以啃硬骨头的决心和勇气，破除体制机制的篱笆和围墙，加快推进公共服务一体化，着力提升中心城区首位度，引领全市经济社会更好更快发展。

徐立毅指出，推进公共服务一体化是提升中心城区首位度的必然要求。要以解决群众最关心、最直接、最现实的利益问题为突破口，在供水、供气、户籍、社保、教育、卫生、文化、体育、公共交通等基本公共服务领域，加快实现“同城同待遇”，加快市区一体化发展，促进要素自由流动，有效降低商务成本，切实增强城市综合竞争力。

徐立毅强调，要推进基础设施网络化。着眼解决鹿城、龙湾、瓯海、洞头四区公共产品发展不均衡问题，加快打破区与区之间、城与乡之间的障碍，一手抓新建、一手抓整合，构建市区公共服务产品“一城一网”格局，努力实现城乡“同网同价”。

【施水寮成立男装专业委员会】《温州商报》 2015年12月3日 （庆荣）报道：近日，市区施水寮、康宁路、仓后街一带商户联合，成立五马街道商会施水寮男装专业委员会，温州邦王裤业公司董事长张文当选为委员会会长。

据悉，五马街道施水寮商圈经营男装已有近40年历史，是温州市区传统老牌的男装批发市场，现有400多商户，从业人员近2000人，年纳税2000多万元，带动周边行业解决就业近万人，创造产值超亿元。其中，有30%以上的商户，均是在温州以前店后厂的形式经营，温州地区包括平阳、苍南等地的服装厂，均以此为根据地，开拓全国市场。多年来，施水寮街区在全国各地，特别是浙南闽北拥有大批稳定的客户群。张文表示，这里集中着来自瑞安、苍南、平阳等温州地区男装企业，在周边已形成较大影响力，此次通过联合成立男装专业委员会，在打造“五马”时尚商圈的同时，也希望能够抱团发展，提升整体商圈形象。

【女企业家爱心助学十三载】 2015年12月13日 报道：近日，68位鹿城区女企业家又给75名温州医科大学和温州职业技术学院结对助学的贫困女大学生每人送上了两千元助学金。至此，由鹿城区妇联、区女企业家协会联合举办的“金瓯工程”捐资助学结对已坚持了13个年头。

鹿城区女企业家给结对的贫困女大学生送上助学金 金秋露/摄

【《鹿城之恋》首映】 《温州晚报》2015年12月16日（青衣）报道：由鹿城区文广新局2015年重磅打造的惠民重要举措——“文化驿站”昨启动，同时举行微电影《鹿城之恋》的首映仪式。

“文化驿站”旨在为市民提供一个时尚、高品质、文艺范的休闲、娱乐场所，2015年年底至2016年元月鹿城区文广新局将推出十个文化驿站，将优质的文化产品以更好的形式向市民开放并推广。昨天启动的“文化驿站”位于鹿城文化中心，将打造成特色演艺场所，推出“电影鉴赏”“音乐视听”“话剧沙龙”。而昨天“电影鉴赏”第一批引进的就是鹿城区文化馆最新出品的微电影《鹿城之恋》和温籍导演陆建光的新作故事片《嗨，东白湖》。

《鹿城之恋》是温籍导演陆建光执导的本土制作微电影，编剧、演员、摄影、剪辑和制片均是地道的温州人，全片展现温州风情风貌的同时，也表达了一对年轻人对故土深深的眷恋。影片首映后，主创代表陆建光、温州大学人文学院院长蔡贻象、温州市微电影协会会长李涛、市文广新局文艺处处长郑云等专家和影迷进行了一场别开生面的“微电影论坛”，为温州微电影产业的发展各抒己见。

【精简街镇机构，公职人员“下沉”111个大网格】《温州日报》2015年12月24日（记者 杨世朋 报道组 叶玮倩）报道：在仰义街道，库区移民反映多年的房产证办理问题，实现了“零突破”；在藤桥镇，“15分钟便民圈”让经办人员上门为村民“跑腿”；在南郊，临近年末的“两抢”、入室盗窃发生率大幅下降……最近两个多月来，这样的新鲜事在鹿城区111个大网格里持续发生。得益于700多名街镇及部门站所得力干将的入驻，大网格作为鹿城创新基层治理体系的基础单元，正持续发挥“管理无缝隙、服务零距离”的功效。

今年，鹿城区伴随街镇区划调整，创新推出了大网格现代治理模式，在全区范围内划分了111个大网格，并将各街道工作人员及区公安分局、区城管与执法局、区市场监管局等单位的站所（队）人员派驻至大网格，把大网格打造成为基层治理的最基础单元、公共服务的最直接平台。

推行大网格工作机制后，原街镇内设机构及下属事业单位大幅“瘦身”，由原先的平均26个左右，精简到6至7个，每个机构人员精简至不超过5人，精减人员全部下沉至111个大网格。截至目前，鹿城区街镇层面有365人派到大网格，占到总数的47%，公安、城管执法、市场监管等部门有382人派驻大网格，占总数的34%。包括社区村居等体制内外人员在内，平均每个大网格配备人员20名左右。与过去社区内部网格的“兼职”不同，鹿城大网格人员均为专职，所有人员实行编制在原单位、办公在网格、考核在网格，解决“少数在干、多数在看”的问题。

大网格力量补强后，原先在街镇层面的11个大类、125项工作职责，以及89项部门审批事项均随之下放到大网格，其中33项可以直接在网格内办结。大网格还推行上街入户工作方式，包括证明材料开具、办理低保户申请等事项，实行网格员上门收件、送件上门的代办服务。同时，3家执法力量进驻大网格后，包括矛盾纠纷调解、消防综合整治等事项，可以第一时间发现、第一时间处置，解决过去“看得见、管不着”的尴尬。

据介绍，自大网格运行以来，鹿城区安全生产事故数、死亡人数分别下降了28%和17%，刑事治安、“两抢”、入室盗窃发案数均不同程度下降，“非访”批次、人数均有不同程度下降，安全感满意率创历史新高，进一步激活“红色细胞”，激发基层党员活力。

【劳动模范：卓东健的先进事迹】（区总工委　郑雪撰）　现任蒲鞋市小学校长兼书记的卓东健从教30余年，有着良好的教师职业道德，时刻以做一位优秀党员的标准严格要求自己。做事光明磊落、淡泊名利、钟爱教育事业，曾经3次放弃改行的机会，默默坚守教育这块阵地，到过8个不同单位或学校，在国家级贫困山区工作20年；担任过班主任、学校的领导和教研员，但始终没有离开过三尺讲台，一直坚持担任（兼）数学课；工作做到以身作则，率先垂范，始终把事业放在第一位，凡是要求人家做到的自己先做到，坚持全年无休，爱校如家。2008年秋和2010年冬，爱人和母亲生病住院没有请假一天；孩子在温州中学读书居然忘记高考提前招的报名缴费，使孩子失去了浙大提前招生的机会……。为了把工作做得尽善尽美，几乎放弃家庭的一切，他常常对同事和朋友说：“我不是一位称职的儿子，也不是一位称职的丈夫，更不是一位称职的父亲。”

做一名科研型、智慧型、专家型的名师（名校长）是他的追求。作为教育部全国第四届小学优秀校长高级研究班学员，浙江省特级教师、浙江省首批2211工程名师（名校长）培养对象的他，非常注重自身建设和辐射引领。现兼任团中央《辅导员》杂志特邀编委，温州大学兼职硕导、教授；中国人生科学学会中小学教育专业委员会副会长并入选中国20大教育家智库成员、中国教育学会、中国创新人才教育研究会理事、温州市实验学校专业委员会理事长；近年来，先后10余次在国际、国家、省级学术研讨会上作论坛或主题演讲，在北京5次接受新华网专访；主编出版《走进数学思维王国》《瓯剧童承》《学校是汇聚智慧的地方》等专著；承担国家、省级4个研究课题；70余篇论文在《中小学管理》《小学数学教师》等杂志上发表；担任8届毕业班数学，任教的学生在省级以上比赛有50余人次获一、二等奖，在区级以上上观摩课、研讨课、专题讲座80余节（场），指导过的学员达1200余人次，其中有26位学员评上省、市教坛新秀或担任学校领导职务，还定期为大学生和社区居民上课或作专题报告。

任温州市蒲鞋市小学校长期间，始终以哲学的视野审视学校教育，一是构建自己的办学理念，确立“继承、发展、创新”的办学方针，以追求“智慧教育”为学校的办学理念，构建了实施“智慧教育”的“三种模式”（智慧教师、智慧学生和智慧家长的评估模式）；二是构建“三课”培育模式（课程、课堂、课外）；三是构建“五·三”制的集团化办学管理模式。集团化办学成为全国、省、市的领头羊，为教育均衡化做出表率。《中央电视台》《中国教育报》等媒体曾70余次对创新举措进行报道，学校获全国基础教育特色学校、全国学陶优秀学校、浙江省文明单位、浙江省教科研先进学校等100余项荣誉称号，成为瓯越教育版图中的现代化名校。

（注：有关报道选入后，略有删改）

（贾海丹）

责任编辑　王剑峰

附 录

2015年区委重要文件选载

中共温州市鹿城区委关于全面深化法治鹿城建设的意见

（2015年1月16日中国共产党温州市鹿城区第八届委员会第八次全体会议通过）

鹿委发〔2015〕1号

中国共产党温州市鹿城区第八届委员会第八次全体会议认真学习贯彻落实党的十八届四中全会、省委十三届六次全会、市委十一届八次全会精神，按照中央和省委《决定》以及市委《意见》的部署，紧密结合鹿城实际，研究了全面深化法治鹿城建设问题，提出如下意见。

一、全面深化法治鹿城建设的重大意义、指导思想和工作目标

（一）重大意义

党的十八届四中全会审议通过的《中共中央关于全面推进依法治国若干重大问题的决定》，是指导新形势下全面推进依法治国的纲领性文件，开启了迈向法治中国新里程。省委十三届六次全会认真贯彻落实十八届四中全会精神，作出关于全面深化法治浙江建设的决定。市委十一届八次全会全面贯彻中央和省委《决定》的部署要求，提出了关于全面深化法治温州建设的意见。这些均为深化法治鹿城建设提供了目标方向和根本遵循。省委部署法治浙江建设以来，鹿城按照中央和省、市委的部署要求，全面推进法治建设，取得了丰富的成果。当前，鹿城的改革发展进入不进则退的关键时期，各类深层次矛盾和问题更加凸显，改革发展稳定任务繁重，迫切需要我们用法治思维和法治方式来深化改革、推进发展、化解矛盾、维护稳定。各级党组织和广大党员干部要深入贯彻中央和省、市委全会精神，充分认识全面深化法治鹿城建设的重大意义，不断开创法治鹿城建设新局面。

（二）指导思想

以中国特色社会主义理论体系为指导，深入学习贯彻习近平总书记系列重要讲话精神，贯彻落实党的十八届四中全会、省委十三届六次全会和市委十一届八次全会精神，坚持党的领导、人民当家做主、依法治国有机统一，坚定不移走中国特色社会主义法治道路，坚持依法治区、依法执政、依法行政共同推进，坚持法治城区、法治政府、法治社会一体建设，全面推进严格执法、公正司法、全民守法、法治队伍建设，促进基层治理体系和治理能力现代化，为“创首善之区、建幸福鹿城”提供有力法治保障。

（三）工作目标

到2020年，经济建设、政治建设、文化建设、社会建设、生态文明建设以及党的建设法治化水平全面提升，在省、市乃至全国社会主义法治建设进程中走在前列。

——依法执政能力显著提升。党委总揽全局、协调各方的作用进一步巩固和提升，依宪执政、依法执政的要求全面落实，党内法规制度执行体系和规范性文件体系更加完善，各级党组织和党员干部带头遵守宪法法律意识和依法办事能力明显提高。

——法治政府建设走在前列。政府职能依法全面履行，行政执法管理体制机制更加完善，严格规范公正文明执法得到社会公认，行政权力制约和监督制度落实到位，率先建成职能科学、职权法定、执法严明、公正公开、廉洁高效、守法诚信的法治政府。

——公正司法水平全面提高。全面落实司法体制改革任务，司法机关依法独立公正行使职权，立案难、审理难、执行难等问题得到有效解决，司法公信力显著提升。

——全民守法氛围不断增强。法治宣传教育进一步加强，社会主义法治精神深入人心，全民法治意识和法治素养显著提升，全社会尊崇宪法、遵守法律、信仰法治的氛围基本形成。

——法治队伍建设切实加强。建立完备的公共法律服务体系，法治专门队伍、法律服务队伍和法学专家队伍等得到加强，法治人才交流机制进一步完善，法治工作队伍的思想政治素质、业务工作能力、职业道德水准全面提升。

二、把握法治工作基本格局，加强法治建设各环节工作

（一）加快推进法治政府建设

1. 依法全面履行政府职能。推进政府机构、职能、权限、程序、责任法定化，坚持法定职责必须为、法无授权不可为。研究制定法治政府建设工作重点，将法治政府建设纳入政府目标责任考核范围。大力推进政府自身改革，加大简政放权力度，全面实施权力清单、责任清单、财政专项资金管理清单、企业投资负面清单制度。深化行政审批制度改革，深化开展行政审批前置环节和非行政许可审批事项清理，加强行政许可事项动态管理，探索推广“负面清单”外投资项目不再审批模式。完善集阳光政务、行政审批、便民服务于一体的网上政务服务体系，推动政府权力事项集中进驻、网上服务集中提供、数据资源集中共享。健全公开透明规范的预算和政府债务风险管控机制。加大政府法律服务采购力度。

2. 健全行政决策程序和机制。把公众参与、专家论证、风险评估、合法性审查、集体讨论决定确定为重大行政决策的法定程序，确保决策制度科学、程序正当、过程公开、责任明确。完善重大行政决策人大报告制度，探索出台提交人大及其常委会讨论的重大事项清单。建立行政机关内部重大决策合法性审查机制。健全和完善重大行政决策风险评估机制和公开听证机制。建立决策监测、评估和纠错制度。完善规范性文件备案审查工作。加强行政机关合同管理工作，防范法律风险。建立重大决策终身责任追究制及责任倒查机制。完善政府法律顾问制度建设，促进政府法律顾问工作规范化、长效化。

3. 改革和完善行政执法体制。合理配置执法力量，优化执法编制结构，相对集中执法权，推进综合执法和执法重心下移，切实解决多头执法、多层执法和不执法、乱执法问题。加强各领域执法主体整合，减少政府执法队伍种类。加强综合执法队伍建设。完善执法协作配合机制，探索多种形式的部门联合执法。理顺行政强制执行体制。实行行政执法案件主办人制度和案件审核制度，建立案件质量跟踪评判机制。严格执行罚缴分离和收支两条线管理制度。严格落实行政执法与刑事司法衔接机制，建立信息共享、案情通报、案件移送制度。

4. 严格规范公正文明执法。依法惩处各类违法行为，加大关系群众切身利益的重点领域的执法力度。完善行政执法程序和具体操作流程，建立执法全过程记录制度，进一步规范行政执法行为。健全行政裁量权基准制度，细化量化固化行政裁量标准，规范裁量权范围、种类和幅度。全面落实行政执法责任制，加强执法监督，坚决排除对执法活动的干扰，严惩执法腐败现象。严格执行重大执法决定法制审核制度。加强行政执法信息化建设和信息共享。加强行政复议能力建设。

5. 强化对行政权力的制约和监督。建立健全全方位科学有效的权力运行制约和监督体系，增强监督合力和实效。健全部门内控机制，对权力集中的部门和岗位，实行分事行权、分岗设权、分级授权，定期调岗轮岗，强化流程防控。加强政府内部层级监督，改进上级机关对下级机关的监督，强化行政监察、审计监督和政府法制监督。建立健全纠错问责机制。加强财政监督，强化对政府各部门预算编制、执行情况的监督，严肃财经纪律。发挥政协组织、民主党派、无党派人士的民主监督作用。完善舆论监督制度，支持媒体依法履行舆论监督职能。坚持以公开为常态、不公开为例外原则，推进决策公开、执行公开、管理公开、服务公开、结果公开。

（二）全面提升司法公信力

1. 保证司法机关依法独立行使职权。建立健全领导干部干预司法活动、插手具体案件处理的记录、通报和责任追究制度。落实行政机关负责人依法出庭应诉、支持法院受理行政案件、尊重并执行法院生效裁判的制度。惩戒妨碍司法机关依法行使职权、拒不执行裁判和决定、藐视法庭权威等违法犯罪行为。完善审判委员会、检察委员会制度。健全司法人员履行法定职责保护机制。

2. 优化司法职权配置。健全公安机关、检察机关、审判机关、司法行政机关各司其职，侦查权、检察权、审判权、执行权相互配合、相互制约的体制机制。健全社区矫正工作机制。积极落实法院案件受理制度改革。加大对虚假诉讼、恶意诉讼、无理缠讼行为的惩治力度。落实刑事诉讼中认罪认罚从宽制度。完善主审法官、合议庭、主任检察官、主办侦查员办案责任制。加强职务犯罪线索管理，健全受理、分流、查办、信息反馈机制，明确纪检监察和刑事司法办案标准和程序衔接。

3. 推进司法规范化建设。积极推进以审判为中心的诉讼制度改革。全面落实量刑规范化改革，规范司法机关自由裁量权行使。明确各类司法人员工作职责、流程和标准，落实办案质量终身责任制和错案倒查问责制度。严格案件办理期限，推广“轻刑快审”等做法，推行繁简分流和速裁机制。完善案件流程监控、质量评查、考核评价体系。加快政法系统信息化共享平台建设。

4. 加强对司法活动的监督。积极推进人大对司法工作监督的常态化，人大及其常委会有计划听取和审议法检两院工作报告，适时组织开展对法官、检察官的巡视检查和履职评议，加强对司法热点问题的监督。加强政协对司法工作的民主监督。有效落实检察机关法律监督职能，加强对刑事诉讼、民事诉讼、行政诉讼的法律监督。完善人民监督员制度。全面推进网络司法拍卖工作。推进涉诉信访、人民陪审员等制度创新，在司法调解、司法听证等司法活动中保障人民参与。推进审判公开、检务公开、警务公开。完善办案信息查询系统。规范媒体对案件的报道。

5. 加强人权司法保障。完善对限制人身自由强制措施和侦查手段的司法监督，加强对刑讯逼供和非法取证的源头预防，健全冤假错案有效防范、及时纠正机制。完善刑事被害人救助制度。落实涉法涉诉信访执法错误纠正和瑕疵纠正机制。建立失信被执行人信用监督、威慑和惩戒机制，依法保障胜诉当事人及时实现权益。实行诉访分离。对不服司法机关生效裁判、决定的申诉，逐步实行由律师代理申诉制度，对聘不起律师的申诉人，纳入法律援助范围。

（三）努力增强全社会法治观念

1. 加强普法宣传教育。大力弘扬社会主义法治理念和精神，形成守法光荣、违法可耻的浓厚氛围。落实“谁执法谁普法”的普法责任制，建立法官、检察官、行政执法人员、律师等以案释法制度，加强普法讲师团、普法志愿者队伍建设。深入推进“法律六进”工作，重点抓好国家工作人员、企业经营管理人员、青少年以及新居民的法治宣传教育。把法治教育纳入国民教育体系，设立法治知识课程。把法治教育纳入精神文明创建内容，创新群众性法治文化活动和载体。深入推进法治宣传阵地建设，加强新媒体新技术在普法中的运用，健全媒体公益普法制度。

2. 推进法治与德治相结合。大力弘扬社会主义核心价值观，弘扬中华民族传统美德，倡导公序良俗，培育社会公德、职业道德、家庭美德、个人品德。发展和提升新时期鹿城人精神，挖掘提升“红日亭”崇善向上文化，引导群众崇尚“最美”、争做“最美”。在全社会培育法治信仰、倡导契约精神、树立规则意识，引导人们自觉履行法定义务、社会责任、家庭责任，着力解决“重人情轻规则”的问题。

（四）建设高素质法治工作队伍

1. 加强法治专门队伍建设。加强理想信念教育和执法素养教育，大力推进行政执法队伍、司法队伍建设。完善法律职业人员统一职前培训制度，推进法治专门队伍正规化、专业化、职业化。加强基层法治工作机构和队伍建设，推动执法、司法力量向基层倾斜。加大对法治工作者的关心关爱。

2. 发展壮大社会法律服务队伍。加强律师队伍思想政治建设，完善律师执业权利保障机制和违法违规执业惩戒制度，加强律师执业操守和道德建设。发展基层法律服务工作者、人民调解员队伍，推动法律服务志愿者队伍发展壮大。

3. 创新法治人才培养机制。培养造就熟悉和坚持中国特色社会主义法治体系的法治人才及后备力量。完善法治人才库和专家咨询队伍建设，充分发挥法学会、律师协会作用，促进法学理论与法治实践结合。

三、围绕“五位一体”总体布局，推进各领域法治建设

（一）加快经济领域法治建设

1. 依法推进金融风险化解。强化政银企法联动，运用行政、司法、市场等手段，推进融资支持、应急转贷、整合重组等分类处置，全力破解企业资金链、担保链难题。落实《温州民间融资管理条例》，规范各类地方金融组织发展和业务创新，引导和规范民间融资健康发展。积极发挥破产案件简易审功能，提高企业破产案件审结效率。完善公检法打击企业恶意逃废债协作机制，深入开展“治赖”追逃等专项行动，加大网上逃犯追捕力度，严厉惩处参与逃废债的违规中介机构和人员。

2. 依法推进城市建设发展。认真落实规划、投资、土地等方面法律法规，进一步完善“四策合一”政策，保障土地房屋征收中群众的合法利益。依法推进征收程序简化，推行房屋“阳光征收”。健全未经登记产权建筑认定机制，依法解决历史遗留问题。完善依法打击恶意阻碍重点工程建设联动机制，在法治的轨道上破解阻碍城市建设的突出问题。

3. 依法推进市场秩序规范。落实工商登记制度改革，推进工商注册制度便利化。依法加强和改善市场监管，依法规范市场主体和交易行为，严厉打击制售假冒伪劣商品、虚假宣传、价格欺诈、商业贿赂、违法有奖销售等违法犯罪行为。依法加强对各类知识产权、创新创意成果的保护。规范各类中介机构和服务市场，促进社会中介组织依法运行。

4. 依法推进社会诚信体系建设。以政务诚信、商务诚信、社会诚信和司法公信为重点，构建完善的社会信用体系。切实发挥政务诚信的导向作用。以企业信用信息平台资料库为依托，建立信用评价体系和信用基础数据统一平台，推动行业和部门建设公共信用信息管理系统。建立“失信名单”制度，加大对失信主体的限制与约束。创新诚信教育模式和载体，建立健全诚信奖惩机制，营造诚信光荣、失信可耻的社会氛围。

（二）加快民主政治领域法治建设

1. 支持和推动人民代表大会制度与时俱进。健全党委领导人大工作制度，支持和保障人大及其常委会依法行使职权。健全人大讨论、决定重大事项制度。完善人大对重点工作和民生热点问题有效监督机制，加强人大及其常委会对政府全口径预决算、部门预决算、政府性债务、国有资产监管等审查监督。推进人大“两联系、一发挥”工作，深化代表联络站和代表履职平台建设。完善议案提出、处理程序和建议办理工作。加强人大及其常委会自身建设，优化代表、常委会组成人员和工作委员会组成人员结构。完善听证等制度，扩大公民有序政治参与。

2. 支持和推动协商民主广泛多层制度化发展。加强政党协商，深入推进政府协商，认真做好人民团体协商，扎实开展基层组织协商和社会组织协商，丰富拓展协商途径渠道和方式方法。发挥人民政协作为协商民主的重要渠道作用，把政治协商纳入党委重大决策全过程，有序开展专题协商、对口协商、界别协商、提案办理协商。健全协商议题提出、活动组织、成果采纳落实和反馈机制。充分发挥统一战线在协商民主中的重要作用，完善民主党派直接向党委提出建议制度。

3. 完善和发展基层民主制度。完善党组织领导的充满活力的基层群众自治机制，健全基层选举、议事、公开、述职、问责等机制，推进村居事务有序参与、信息公开、议事协商和权力监督。建立健全街镇参政议事会、社区协商议事会、网络议事论政等平台，不断创新基层协商民主新途径。落实企业职工代表大会、工资集体协商、企务公开等民主管理制度，保障职工各项民主权利。

（三）加快文化领域法治建设

完善文化监管服务体系、文化市场联合执法机制和案件查办机制，维护文化市场秩序和文化安全。依法加强文化类社会组织的管理，完善社会组织参与文化建设的制度保障。加大网吧、娱乐、演出市场等管理力度，深入整治非法出版物、音像制品和非法卫星接收设施，打击侵权盗版行为。完善网络突发事件处置机制，健全基础管理、内容管理、行业管理及违法犯罪防范和打击相联动的互联网管理体制，形成正面引导和依法管理相结合的网络舆论工作格局。切实发挥“三微”舆情引导系统功能，完善网络监控体系、网络安全技术保障体系，配强网络管理队伍，提高对网络安全事件的应对和防范能力。依法严厉打击网络色情、赌博、诈骗、造谣等违法犯罪行为，推进网络依法有序运行，维护公民合法权益和国家安全。引导和督促各类网络经营主体和网民自觉遵守国家法律法规，推进行业自律建设，履行社会责任。

（四）加快社会领域法治建设

1. 推进现代社会治理体系建设。深化基层网格化管理，推进智慧民情处置中心、社会应急指挥中心和信访综合处置中心建设。完善社区自治管理体制，建立社区公共服务事项清单制度。巩固和提升社区（村）“三多”专项整治、无依据审批前置条件清理成果，严格社区准入机制。健全社会矛盾预警机制、利益表达机制、协商沟通机制和救济救助机制。完善“大调解”工作体系，创新基层矛盾纠纷化解。深化基层组织、部门、行业依法治理，发挥市民公约、村规民约、行业规章、团体章程等社会规范在社会治理中的积极作用。完善新居民积分制管理，推广“两化一式”出租房管理模式。

2. 完善社会组织参与社会管理机制。发挥社会组织在社会治理中的积极作用，大力培育和发展社会组织，建立健全直接登记和备案登记相结合的新型登记模式，强化社会组织活动监管。建立健全社会组织参与社会事务、维护公共利益、救助困难群众、帮教特殊人群、预防违法犯罪的机制和制度。完善政府购买社会组织服务制度，切实加强服务转移或委托后的监管。

3. 依法维护社会和谐稳定。完善社会稳定“三色预警”和应急联动机制，健全落实社会稳定风险评估制度，建立集整治、管理、建设、服务于一体的综合治理长效机制。强化社会治安综合防控体系建设，依法开展除恶治乱、黄赌毒黑、治安乱点等专项整治，依法严厉打击暴力恐怖活动。依法打击非正常上访，引导群众依法理性表达利益诉求，维护正常的信访秩序。依法加强食品药品安全、消防安全、安全生产、公共秩序等重点问题治理。依法加强宗教事务管理，深入开展“同心同行·共建和谐”活动，严厉打击非法宗教活动，促进宗教关系和谐。

4. 完善公共法律服务体系。建立政府主导、司法行政统筹、社会广泛参与、覆盖城乡居民的公共法律服务体系。推进司法行政法律服务中心、街镇法律服务工作站、村（社区）法律服务点（窗口）建设，构建三级公共法律服务网络。完善法律顾问制度，健全“一村一顾问”制度。完善法律援助制度，扩大援助范围，健全司法救助体系。加强律师事务所管理，推进律师行业党的建设，发挥律师协会自律作用，扶持一批规模大、实力强的法律服务机构。规范公共法律服务，健全公共服务质量评价和监督机制。

（五）加快生态文明领域法治建设

建立生态空间管理制度，科学划定生态功能保障基线、环境质量安全底线和自然资源利用上线等三条红线，严格实行空间、总量、项目“三位一体”的环境准入制度，实行差别化的区域开发管理政策。严格实行排污总量控制制度。完善资源有偿使用和生态补偿制度。提高生态环境执法司法能力，依法及时有效查处破坏生态、污染环境的违法犯罪行为。

四、加强对全面深化法治鹿城建设的领导和保障

（一）完善党委领导法治建设的体制机制。完善党委对法治建设的统一领导、统一部署、统筹协调，人大、政府、政协分别负责，各部门分工实施，社会各界和人民群众广泛参与的法治建设领导体制和推进机制。党政主要负责人切实履行法治建设第一责任人职责。完善区委法治建设工作领导小组例会制度，定期听取工作汇报，研究部署重要工作，协调解决重大问题。健全领导小组办公室工作制度，落实成员单位工作责任。完善政法机关党组织重大事项向同级党委报告制度。加强政法机关党的建设，区委政法委要把工作着力点放在把握政治方向、协调各方职能、统筹政法工作、建设政法队伍、督促依法履职、创造公正司法环境上，保障宪法法律正确统一实施。领导和支持工会、共青团、妇联等人民团体和社会组织在法治建设中发挥积极作用。

（二）加强党内法规制度执行和规范性文件体系建设。严格执行以党章为根本的党内法规制度，全面落实党内法规制度建设各项工作和党内规范性文件要求，加强对党内法规制度和规范性文件执行情况的监督检查。加强党内规范性文件的科学制定，加大党内规范性文件备案审查和解释力度，提高党内规范性文件制定的法治化水平。开展党内法规执行情况和实施效果评估。建立健全党内规范性文件定期集中清理和即时清理制度。严格落实党风廉政建设党委主体责任和纪委监督责任，依法严肃查处党员干部违纪违法行为。

（三）提高党员干部法治思维和依法办事能力。广大党员干部要对宪法法律怀有敬畏之心，牢记法律红线不可逾越、法律底线不可触碰，带头遵守法律，带头依法办事，自觉做全社会尊法信法守法用法护法的表率。把法治建设成效作为衡量领导班子和领导干部工作实绩的重要内容，把能不能遵守法律、依法办事作为选拔任用领导干部的重要依据，优先提拔使用法治素养好、依法办事能力强的干部。对特权思想严重、法治观念淡薄的干部要批评教育直至调离领导岗位。

（四）狠抓各项任务的落实。各街镇、各部门要按照法治建设决策部署，结合实际全面抓好贯彻落实。要坚持抓具体、具体抓，细化任务分解，确保各项部署落到实处。要抓住重大问题、重点工作、关键环节，精准发力，以重点突破带动整体提升。深入开展系列法治创建活动，努力创建一批省、市乃至国家的先进示范单位。健全督查考核机制，加强对法治工作进展情况的督促检查和绩效考核。加大法治鹿城建设宣传力度，及时总结推广先进典型和成功经验，切实营造良好的舆论氛围和社会氛围。

中共温州市鹿城区委员会

2015年1月20日

中共温州市鹿城区委关于全面加强基层党组织和基层政权建设的实施意见

（2015年7月31日中国共产党温州市鹿城区第八届委员会第九次全体会议通过）

鹿委发〔2015〕23号

基层党组织和基层政权建设，

是执政党的永恒命题，是国家治理体系和治理能力现代化的重要环节，事关党的长期执政和国家长治久安，事关“四个全面”战略布局在鹿城的落实。中共温州市鹿城区委八届九次全会深入学习贯彻全国农村基层党建工作座谈会精神，根据《中共浙江省委关于全面加强基层党组织和基层政权建设的决定》《中共温州市委关于全面加强基层党组织和基层政权建设的实施意见》部署要求，紧密结合鹿城实际，就全面加强基层党组织和基层政权建设提出如下实施意见。

一、总体要求和主要目标

1. *总体要求*。认真贯彻落实党的十八大和十八届三中、四中全会及习近平总书记系列重要讲话精神，始终围绕加强党的领导核心要求，着力强化党的政治引领、思想引领、制度引领和作风引领，全面增强基层党组织战斗力，全面提升基层政权建设水平，推进基层治理体系和治理能力现代化建设，进一步巩固党的执政基础，切实肩负起“干在实处永无止境，走在前列要谋新篇”的新使命。

2. *主要目标*。——强化一个领导核心。充分发挥基层党组织的领导核心作用，加强对基层各类组织的统一领导和对群众的教育引导。

——巩固两个阵地。巩固思想主阵地，强化基层意识形态工作的领导权和主动权。强化基层活动场所等各类阵地建设，打造党在基层的政治中心、精神文化中心、公共服务中心。

——健全三项机制。落实全面从严治党要求，加大基层组织建设基本制度、基本规范的执行力度，健全党组织自身建设提升机制。完善村（社区）民主选举，全面规范村级组织运行，完善法治德治自治相结合的基层治理机制。领导推进村级事务民主监督工作，引导群众合理有序参与，健全基层民主监督机制。

——提升四大能力。进一步提升基层党组织和基层党员干部群众工作能力，夯实赶超发展的群众基础。进一步提升基层党组织和基层党员干部破难攻坚能力，全面推动经济社会发展。进一步提升基层党组织和基层党员干部学习创新能力，创造性解决新形势下的深层次问题。进一步提升基层党组织和基层党员干部拒腐防变能力，营造风清气正的基层政治生态。

二、加强以街镇党（工）委为龙头的基层政权建设

3. *配强建好街镇领导班子和干部队伍*。深化目标管理考核，按照“五好”街镇建设要求，突出“重基层、重实绩、重公论”的用人导向。优化干部队伍结构，积极选拔政治过硬、敢于担当、驾驭力执行力强的“狮子型”街镇干部，优先选拔“狮子型”干部担任街镇党（工）委书记，注重选拔群众工作经验丰富、敬业有为的“老黄牛型”干部进入街镇领导班子，注重培养选拔经济建设、城建规划、生态环保、农业技术等急需的专业人才和本土干部，注重发挥“老乡镇”作用。保持干部队伍相对稳定，严格执行街镇干部任期调整、最低服务年限、工作借调等规定，区级机关不得占用或变相占用街镇编制。认真落实区以下机关公务员职务与职级并行、街镇干部经济待遇一般高于区级机关同职级干部25%、街镇公务员和事业单位工作人员年度考核优秀等次比例提高到20%和落实街镇住夜值班补助、交通补助等政策。充实基层党建工作力量，明确街镇党（工）委专职副书记分管党建工作，合力抓好基层党建工作。街镇除纪（工）委书记外，应设专职纪（工）委副书记，并按照有关规定配备专职纪检监察干部。街镇要配齐组织委员、组织员、组织干事，确保每个街镇至少有3名以上同志主要精力抓基层组织建设；配好宣传委员、宣传干事；统战工作任务重的街镇党（工）委应当明确专人负责统战工作。

4. *深化街镇体制机制改革*。根据资源禀赋、生态容量、产业特色和区域特点，明确不同街镇的功能定位，实行分类管理，优化配置行政资源。优化调整街镇体制规模，提高街镇管控能力。优化街镇和社区规模设置，合理确定管理幅度，提高工作效能。提升街镇统筹协调能力，探索建设街镇综治工作、市场监管、综合执法、便民服务等四个平台。推进服务型街镇建设，强化社会管理、公共服务、环境保护等职能，严格依法行政、依法办事，全面推进政务公开。按照责权利相统一、人财事相配套的要求，推动“四张清单一张网”向基层延伸，实现街镇权力清单和责任清单全面覆盖。对直接面向基层、量大面广、由街镇管理更方便有效的各类事项，依法下放到街镇，做到权随责走、费随事转、人随职走。加强街镇对部门站所的刚性调控，站所工作人员纳入街镇日常管理和考核，动议调整站所负责人，须事先书面征得街镇党（工）委同意后，报区委组织部预审。全面推行镇党代会年会制和街道党员代表会议制度，推行街镇党代表任期制。加强党对群团组织的领导，重视街镇、村（社区）群团组织建设。

5. 加强和改进镇级人大工作。合理安排镇人代会会期，改进审议和表决方式，提高会议质量和议决水平。深化镇人代会预算审查监督。完善镇人大代表候选人提名和审查机制，严肃查处选举中的违法违纪行为。健全镇人大代表向选民述职、联系基层群众制度，推进代表联络站规范化建设和代表履职服务平台建设。

6. 加强街镇领导班子思想政治建设。坚持民主集中制，完善议事决策规则，健全民主生活会、中心组学习等制度。落实街镇党（工）委书记季度工作交流会制度。注重以夜学为重要形式，以考学为重要手段，完善街镇干部理论学习制度。加强基层党员干部的教育培训，街镇干部每年参加各类学习培训累计一般不少于12天，街镇领导班子成员5年内到各级党校等培训机构轮训一遍。街镇干部教育培训经费列入年度财政预算。

三、加强以村（社区）党组织为重点的基层组织建设

7. 强化村党组织在农村的领导核心地位。加强村党组织对村级组织机构和村级事务的领导。村级各类组织在党组织的领导下，按照法律和各自章程开展工作，定期向党组织汇报工作。村级各类组织负责人人选及村聘工作人员，须由村党组织提议。严格执行村党组织负责人主持两委联席会议制度。村级重大事务须由村党组织提出，并经党员大会审议通过后，方可提交村民（代表）会议表决。

8. 突出抓好城中村党建工作。高度重视城中村党建，着力发挥好村级班子在解决城中村重点工程落地难、历史遗留问题久拖不决、信访矛盾突出等问题中的主力军作用。认真落实区领导包村制度，整合部门力量，逐个破解基层党建短板。强化街镇主体责任落实，建立健全重点村党建周研判制度，切实解决抓组织和抓建设"两张皮"现象。实行村班子成员包片、党员包户制度，充分发挥干部带头、党员示范作用。严肃查处"村霸""地霸"等阻挠妨碍重点工程、亮点区块建设的行为。逐步引导有条件的城中村实行撤村改居。城中村党建工作长期滞后的，列为后进村，不转化不脱帽。

9. 深化"五星争创"活动。完善"堡垒指数"星级管理，健全评星定级和评价体系，推进基层党组织争星晋级。坚持统筹布局、辐射带动，重点推进一批党建示范村（社区）建设。每年按照不低于5%的比例倒排一批后进村，采取区领导干部挂钩助建、机关部门联系帮建和先进党组织结对共建等措施，常态化开展集中整治。落实机关事业单位优秀干部到村任第一书记制度。

10. 深入推进社区服务型党组织建设。继续加大整合驻社区单位、两新组织等各类资源，深化社区"大党委制"。优化社区党组织设置，立足便于教育管理党员、便于就近服务群众，合理划分、科学设置街坊支部。积极运用社会化模式，加大购买服务力度，探索基层党建社会化的新方式，提高基层党组织、党员的服务实效。积极推进上门服务、预约服务，强化"互联网+"理念，大力推广"隔壁邻舍"微服务。深化邻里守望点、邻里互助组、无职党员服务岗等载体，每个社区至少要打造一个服务居民的长效品牌。

11. 强化两新党建品牌示范引领作用。坚持属地管理为主，加强街镇党（工）委对两新党组织的领导，构建党建领头、群团共建的"大党建"格局。深化青春党建，全力推进"一企（社）一品，一域一群"等两新党建品牌建设，引领小微企业党建工作，实现有形、有效覆盖。健全完善"红色直通"、两新党组织覆盖检修等长效机制，深化党建公积金、"两单一评"等试点工作。

四、着力提升基层社会治理水平

12. 切实落实基层组织基本制度。全面推行村干部小微权力清单和村级重大事项"报告制""审核制"，制订修订和实施村规民约、社区公约，完善村（社区）自治组织体系。贯彻落实《关于深入推进农村社区建设试点工作的指导意见》（中办发〔2015〕30号），积极推进农村社区改革。严格执行《浙江省村级组织工作规则（试行）》（浙委办〔2011〕112号），突出抓好村级重大事项"五议两公开"，列入村级组织换届"三项承诺"。全面从严落实好"三务"公开。建立基层组织建设评价体系，捆绑考核街镇领导、驻村干部和村干部的绩效完成情况。对违反村级组织工作相关规则造成严重后果的，所在村原则上列为次年后进村，所在村主职干部年度考核取消评优资格直至追究相关法律责任。联系该村街镇领导与驻村干部当年不得评优，并予以诫勉谈话。

13. 推进民情处置平台建设。区民情处置中心与区长专线合署办公，整合纪检、综治、安全、信访等职能部门民情收集受理方面的职能，协调处置基层上报问题。街镇民情处置平台，发挥民情处置协调的骨干作用，确保大部分民情在街镇得到有效处置。村（社区）层面在完善便民服务点的基础上，指定专人负责，强化民情收集处置职能。积极推行民情E通，拓宽民情收集渠道。建立健全民情处置考核督办机制。

14. 切实改进基层综合治理工作。全面落实基层社会公共安全、社会治安、生态保护责任，深化社会稳定风险评估，试行“一三五”维稳应急体系建设工作，规范社会风险隐患排查化解管控上报机制，提高基层应对处置突发事件能力。加强街镇综治组织建设，建立健全区、街镇两级综合指挥平台，规范街镇、村（社区）社会服务管理中心（站）建设。深化“平安建设信息系统”运用，推进基层社会治理“一张网”建设，推进职能部门数据整合共享。建立健全多元化矛盾纠纷排查化解体系。加快立体化社会治安防控体系建设，加强市、区级挂牌治安乱点整治工作。深化“民主法治村（社区）”创建，创新流动人口、特殊人群服务管理。切实加强街镇、村（社区）反邪教工作组织网络建设。

五、深入实施“红色细胞工程”建设

15. 严格落实联系服务群众制度。区领导班子成员带头联系服务群众，对辖区内所有村（社区）走访一遍。街镇党（工）委书记要走遍所有自然村（社区）和困难户。建立“走村不漏户、户户见干部”长效机制，街镇干部每年对所驻村、社区（网格）内农户（居民）至少走访一遍。实行农村党员干部普遍联系农户制度，做到有不满情绪必到、有突发事件必到、有矛盾纠纷必到、有喜事丧事必到；困难家庭必访、危重病人家庭必访、空巢老人及留守儿童家庭必访、信访户必访。推动机关重心下移服务群众，深入实施结对帮扶制度，机关事业单位至少结对帮扶一个村（社区）。建立健全政协委员联络制度，探索政协工作向基层延伸的新途径、新方法。深化驻企服务员制度。开展“联村、包村、蹲村、强村”活动。推行领导干部“微服私访、随机调研”制度。深化在职党员进社区报到服务制度，深入开展“点亮微心愿·共筑中国梦”活动。

16. 健全党员“进出口”机制。严格执行《中国共产党发展党员工作细则》，按照保证质量、慎重发展、均衡发展的要求，确保全区年度发展数量，重视发展35周岁以下农民、工人党员，不断优化党员结构。全面推行落实入党积极分子成长积分制，实行发展过程纪实管理制度，探索建立党员发展责任追究制。实施党员底线管理，建立健全不合格党员退出机制，妥善做好参教信教党员处置工作。

17. 严格党员管理教育。强化区党群服务中心基层党建红色引擎作用，打造鹿城党建枢纽总站。推行特色组织生活，提高组织生活到会率，切实解决组织生活针对性、实效性不强问题。突出强化政治属性，健全“三会一课”制度，深化党员“政治生日”，因村制宜开展党小组活动。深化农村党员远程教育工作。深入开展党章党规教育，街镇党（工）委负责抓好农村（社区）党员每年轮训工作。实行党员义工注册，建立完善党员志愿服务积分制度，推动打造专业化红色志愿服务队伍，引领和孵化社会公益组织，持续推进志愿服务“红动鹿城”。

18. 有效提高“红色基金”使用效益。建立健全以“党内关爱基金”为主体的“红色基金”体系，推进区、街镇、村（社区）三级联动。完善筹集、使用、审批、监管等运行和管理机制，充分发挥在党员困难帮扶、特殊救助、创业扶持、阵地建设、组织活动等方面的作用。健全应急拨付机制，有效提升基金关爱的效用力度。

六、切实加强基层带头人队伍建设

19. 选好配强基层带头人。完善村（社区）干部后备人才管理库，落实经常性谈话制度，注重挖掘党性强、讲规矩、有思路、能力好的人才。鼓励村（社区）“两委”班子成员交叉兼职，提高村（社区）委会主任、村民代表中党员的比例，特别要提高村（社区）党组织书记、村民（社区）委员会主任“一肩挑”比例。重视把非中共党员的优秀村（社区）委会成员培养成党员。明确村级组织换届选举候选人“五不能、六不宜”资格条件，严格把好“进口关”。

20. 管好用好基层带头人。抓好村干部目标考核管理系统，建立责任清单，探索村（社区）干部分层分级备案管理制度。全面推行村两委主职干部坐班制、村两委干部轮班制，人口在2000人以上、村级事务较多的村，实行村两委干部坐班制。切实落实村（社区）干部“双述双评”制度，强化结果运用。加大从优秀村（社区）党组织书记中选拔街镇领导干部、从优秀村（社区）主职干部中定向考录街镇公务员和事业编制人员力度，镇一级换届时要面向全区选拔一名以上优秀村（社区）党组织书记进街镇领导班子。

21. 精心培优基层带头人。突

出强化基层带头人管党意识，重点提升带领队伍、推进中心工作、服务群众能力。基层带头人每年至少集训一次，区委书记带头授课。着力打造"书记学院"，建立健全基层带头人常态化教育机构和机制。探索实行村（社区）书记培训积分制，每人每年不少于12个学分。继续推进街镇"村（社区）书记论坛"，加强村（社区）干部全员培训，街镇党（工）委书记每年至少授课4次。重视压担培养，推行重点村书记到街镇挂职锻炼制度。

七、全力打造党在农村基层的红色阵地

22. 大力推进村民中心（党群服务中心）建设。落实《村民中心建设实施意见》，确保到2016年底，在全区建成10个左右村民中心（党群服务中心）示范点，全面完成村民中心形象标识安装。制定实施村民中心、文化礼堂建设"十三五"规划。完善区、街镇、村（社区）三级文化场馆设施建管用机制，突出农村文化礼堂建设，推进农村公共服务标准化、均等化。全面推行"快乐星期天"活动，落实"村民中心服务清单"，整合引导机关、高校、两新组织、志愿者等多方力量，常态化开展为民服务。

23. 巩固基层思想文化阵地。强化基层党组织对基层意识形态的领导权，打好基层意识形态斗争主动仗。深入推进中国特色社会主义和中国梦的宣传教育，大力弘扬中华民族优秀传统文化，广泛开展"晒家训、说村训、传礼仪"活动，努力提升群众的道德修养，倡导形成文明新风。大力弘扬温州人精神，精心策划优秀党员、道德典型、劳动模范等各类先进人物评选与宣传，推动社会主义核心价值观走进基层、走进群众。加强基层党组织在互联网管理中的作用，引导基层党员干部与网上错误言论作斗争。深入开展"同心同行·共建和谐"活动，支持基层依法管理宗教事务，促进宗教与社会主义社会相适应。坚决防止利用宗教宗族宗派势力干扰基层事务、影响基层稳定。

八、深入推进基层党风廉政建设

24. 落实基层党风廉政建设主体责任。街镇党（工）委要全面履行党风廉政建设的主体责任，全面落实主要负责人"第一责任人"职责和班子成员"一岗双责"，全面实行主体责任报告和评议制度。加强农村集体经济审计监督，规范基层组织权力运行。加强政治纪律、政治规矩的宣传教育，实施村（社区）干部底线管理，增强村（社区）干部讲纪律守规矩意识。

25. 完善村务监督工作制度。准确把握村务监督委员会的工作定位，村务监督委员会要自觉接受村党组织领导，向村民会议和村民代表会议负责，村民委员会要自觉接受村务监督委员会的监督。村务监督委员会主任参加或列席村"两委"会，必要时可以直接向区纪委反映本村存在的突出问题，区纪委应当及时指导反馈、帮助协调解决。区、街镇两级纪检监察组织要加强对村务监督委员会的工作指导，强化教育培训和检查考核，落实村务监督委员会每年向村党组织和村民代表会议报告工作制度。

26. 深化农村基层作风巡查工作。常态化开展农村基层作风巡查，掀起"红色旋风"，重点对村级组织、村干部、村级建设项目开展巡查，必要时逐步延伸到街镇党政领导班子及其成员、基层站所负责人，及时发现、查纠发生在基层和群众身边的腐败问题和不正之风，切实解决农村基层信访问题、历史遗留问题和群众反映强烈的其他问题，促进农村基层党员干部转变作风、廉洁履职。深化"双评议"活动，开展"破两难、纠四不"作风效能整治专项活动，持续推进作风建设。加大农村基层腐败案件的查处力度和打黑除恶力度，严肃查处农村基层党员干部独断专行、以权谋私、虚报冒领、贪污侵占等损害群众利益问题。

27. 建立健全基层党建责任及督考机制。强化抓好党建是最大政绩理念，把各级党（工）委抓基层党建和基层政权建设的政治责任落到实处。落实街镇党（工）委书记第一责任人职责，全面推行基层党建报表、书记抓基层党建责任清单、书记领办项目、书记联系点等制度。完善季度现场会制度、街镇党（工）委书记抓基层党建工作年度述职评议考核，落实党（工）委班子成员向本级党组织报告履行党建工作责任制度，建立健全考核末位约谈和基层党建专项考察制度。把党建作为选拔任用干部的重要依据，基层党建排名靠后的，当年度不得评为优秀。区直部门要履行好加强基层党建的责任，认真落实区委关于人、财、物向基层倾斜选派的相关要求，不得将应尽职责转嫁给街镇。

28. 全面落实基层基础保障。全面落实基层组织运转经费、活动阵地、基层干部报酬和社区党组织服务群众专项经费等"四项保障"要求，推动人财物资源向基层倾斜。建立基层党建经费正常增长机制，从2015年起，人口规模1500人以上村的村级组织运转经费每年不少于10万元，其他村不少于5万元；确保村党组织书记、村委会主任基本报酬不低于上年度所在街镇农民人均纯收入两倍。逐步解决其他村干部报酬问题，完善现职村干部养老保障和离任村干部生活补助工作。全面落实社区党组织服务群众专项经费，从2015年起，各社区落实每年10万元的最低保障标准。逐步提高社区专职工作人员的待遇，积极探索拓宽解决优秀社区干部后顾之忧的途径与方式。全面建立社区独立账户，切实杜绝小金库问题。纪委、组织、农办、财政等职能部门要加强“四项保障”的监督落实力度，确保资金落实到位、效益到位。

29. 发展壮大村级集体经济。强化挂钩帮扶机制，实行村级集体经济发展三年计划，增强村级组织造血功能，确保三年内，人口2000人以上的村，集体经济年收入达到10万元以上且经营性收入不低于5万元。引导村集体盘活“三资”，建立健全以村级集体资产保值增值为主要内容的经济责任制，推动加强村级集体股份规范化管理。对转化成效差、“三资”管理混乱的街镇，实行主要负责人和分管负责人双问责。

30. 切实为基层减负减压。严格规范和控制各类针对基层的检查考核活动。全区统筹每年一次对街镇综合考核，“一票否决”事项严格控制在廉政建设、计划生育、平安建设、环境保护、耕地保护等五项。全面实行村（社区）事务准入制度，厘清村（社区）组织依法依规履行和协助党委、政府工作事项，凡未列入准入事项的，一律不得交村（社区）办理。巩固“三多”问题清理成果，每年对村（社区）机构牌子、考核评比、创建达标等事项清理情况进行复查。精简村（社区）各类台账和材料报表，切实减轻基层负担，保证基层干部有足够的精力为群众服务。

中共温州市鹿城区委员会

2015年8月14日

中共温州市鹿城区委 温州市鹿城区人民政府关于实施生态化战略的决定

鹿委发〔2015〕30号

各街道党工委、办事处，藤桥镇党委、人民政府，区直各单位：

为深入贯彻落实省委、省政府和市委、市政府关于加快生态文明建设的重要部署和区委八届九次全会精神，现就我区实施生态化战略作出如下决定。

一、总体要求

贯彻落实中央“四个全面”的战略布局，按照“绿水青山就是金山银山”的发展理念，全面实施生态环境优先战略，坚持把保护优先、节约优先、自然恢复作为基本方针，把绿色化发展作为基本途径，把“三改一拆”“四边三化”“五水共治”“六城联创”作为主要抓手，以建设生产、生活、生态相融合的生态鹿城为目标，以维护人民群众环境权益、保障改善民生为核心，大力发展生态经济，不断优化生态环境，积极培育生态文化，创新完善体制机制，不断提高人民群众生活品质，努力建设宜居、宜业、宜游的美丽鹿城。

二、主要目标

到2020年，全区符合主体功能定位的开发格局全面形成，产业结构更趋合理，资源利用效率大幅提升，区域主要污染物排放总量实现下降，人居环境明显改善，环境基础设施不断完善，城市空气质量（AQI）达到二级标准以上的天数比例不低于75%；主要江河水系、近岸流域水质有效改善，地表水劣五类水质基本消除；土壤环境趋于好转；森林覆盖率达到39%以上；城镇人均公园绿地面积不低于15平方米/人；城镇污水集中处理率达95%以上，垃圾无害化处理率保持100%，生态文明理念进一步树立，生态文明制度体系进一步健全，生态文明建设水平进一步提升。

三、主要任务

（一）构建自然和谐的生态格局

1. 加强空间规划统筹。以生态环境承载能力为基础，以生态红线为指导，统筹规划国土空间，实施空间分级分类管控，严格执行自然生态红线区、农产品安全保障区、人居环境保障区、环境优化准入区、环境重点准入区要求，切实做到开发活动与功能区定位相一致，已有布局不符合要求的，逐步调整到位。探索建立经济与社会发展规划、城乡规划、土地利用规划、环境保护规划、环境功能区划等多规融合对接机制，形成定位清晰、功能互补、统一衔接、管控严格的国土空间规划体系。

2. 构筑城乡生态格局。按照环境资源承载力的要求，合理规划中心城区规模和人口规模，统筹推进公共服务资源自给能力建设，适度保持城郊原野风光和城际之间过渡空地，形成疏密有致的城乡空间布局。着力打造中央绿轴、滨江商务区等亮点区块，加快推进滨水公园、滨水绿道建设和沿河滨水绿地改造提升，不断拓展城市绿色休闲空间。

3. 优化产业规划布局。实施空间、总量、项目“三位一体”的环境准入机制，严格执行总量替代、规划环评、区域限批等环境保护制度，探索政策环评制度建设。加强“中国鞋都产业园区”和“鹿城轻工产业园区”产业集聚区建设，严格环境准入、提高产业入驻标准，积极发挥绿色发展示范作用。着力加强污染点源控制，因地制宜建设小微园，进一步推进产业集聚化生产，减少布局性、源头性环境风险。

4. 完善环保基础设施布局。加大生活污水处理设施建设投入，不断提高城镇污水收集率、处理率、负荷率和达标率，做到全区生活污水处理厂街镇全覆盖，村（社区）全收集、全处理。提高出水排放标准，加快城镇污水处理厂工艺改造，2017年前城镇污水处理厂全面执行一级A标准，积极推进污水处理厂中水回用系统建设。深化农村生活污水治理，充分发挥城镇污水处理厂的辐射效应，区位条件允许的村庄坚持进污水处理厂处理，区位条件不允许的因地制宜选择经济实用、维护简便的生活污水治理工艺，注重污水处理设施的运行维护，进一步提高农村生活污水处理率。抓好管网建设，确保排污管网的畅通和各类排污（水）泵站的正常运行。建立城乡一体化的垃圾分类收运处置体系，城乡生活垃圾无害化处置率达到100%，加快推进城市生活垃圾分类处理和餐厨废弃物资源化利用、无害化处理工作。加大固体废物、危险废物处置设施建设力度，建成综合性和专业性有机结合的固体废弃物处置网络。加快推进污水处理厂、电镀等污泥无害化处置体系建设，禁止处理不达标的污泥进入耕地，坚决取缔污泥违规堆放，加快污泥资源化处置技术的研发及推广应用，城市污泥无害化处置率达90%以上。

5. 加强自然生态区域的保护。加强仰义水库、山根备用水源保护区、西洲岛等生态功能区域的环境管理，确保饮用水水源地水质稳定达标，农村生活饮用水水质抽检合格率逐年提升。加强林业建设，优化生态公益林建设布局，加强中幼林抚育和林相优化改造，发展珍贵树木和经济林。积极推进以生态清洁型小流域建设为主要载体的水土流失治理，构建科学完善的水土流失防治体系。加强生物多样性保护，开展生物物种资源调查和生物多样性评价。

（二）建设绿色循环的产业发展体系

6. 推进产业绿色化发展。加大区域性、结构性工业污染整治力度，继续实施重污染行业关停淘汰、整治提升、搬迁入园，打造一批标杆式企业，提高产业污染治理能力。加快实施“腾笼换鸟”和主城区“退二进三”，坚决淘汰落后产能和技术。以低消耗、低污染、低废物为目标，改造提升传统产业，积极培育发展环保产业，大力发展战略性新兴产业、现代服务业、生态旅游业等。加强生态农业建设，积极发挥农业综合效益。

7. 持续推进节能减排。实施能耗强度和能耗总量“双控”责任制，推进单位GDP能耗持续下降。加强工业锅炉节能改造和更新、余热余压回收利用、热电联产、系统能源优化等节能技术改造，推进工业、建筑、交通和公共机构等重点领域节能。推进分布式电源系统建设，大力推广应用新型墙体材料等节能产品。大力推进污染物总量减排，通过工程减排、结构减排、监管减排等措施，进一步降低全区主要污染物排放总量和强度。

8. 大力发展循环经济。推进鹿城轻工产业园区循环化改造，加快建设循环经济试点基地，培育一批再生资源回收体系试点示范工程和再生资源龙头企业，加强污泥、废弃电器电子产品、废旧汽车、废旧木材、农业废弃物等废弃物的综合利用。鼓励和支持企业、园区开展ISO 14000环境管理体系认证，积极引导绿色创新和绿色发展。

9. 节约集约利用资源。全面加强水资源节约利用，实行最严格的水资源管理制度，严格水资源开发利用总量控制管理和用水效率控制管理，积极开展节水工程建设，开展节水型社会建设试点，提高水资源重复利用率。全面推进土地节约集约利用，加大低效建设用地再开发，推行企业“零增地”技改，有效整合闲散用地，积极开发利用地下空间。大力发展可再生能源，提高可再生能源消费总量的比重。推进各领域节材工作，加强原材料消耗管理，加大替代性材料、可再生材料的推广力度。

（三）打造优美舒适的人居生活环境

10. 深化水环境污染综合防治。以推进水生态文明城市建设为抓手，继续实施温瑞塘河鹿城段、丰门河、戍浦江流域治理工程，基本消除劣五类水质。加强对平原河网的综合治理，重点围绕温瑞主塘河“一环三线”，开展“水岸同治”，全面消除垃圾河、黑臭河，改善河网水质。注重河道淤泥处置，着力推进河道淤泥无害化、资源化利用，防止河道淤泥对环境的二次污染。实施温瑞水系活水畅流工程，促进水体流动，提高水体自然修复能力。加强水功能区动态监测，推进全区重点水功能区水量、水质监测全覆盖，严格水功能区限制纳污控制管理。加强地下水污染防治，严控地下水超采。

11. 深化大气环境污染综合防治。加快能源结构调整，严格控制煤炭消费总量，扩大"高污染燃料禁燃区"，建成区除用于集中供热的设施外全面禁止使用高污染燃料；推动工业园区集中供热和煤改气（电）；全面淘汰热网覆盖区域内分散燃煤锅炉；加快实现城区供气管网全覆盖，大幅提升清洁能源使用比例。深化工业废气治理，着力治理工业烟粉尘，完成化工等行业的VOCs整治；加强机动车排气污染防治与监管，全面淘汰黄标车；优先发展绿色交通，加强步行道、自行车交通系统建设。强化建筑工地和道路扬尘管理，开展城区餐饮油烟治理，加强秸秆、垃圾露天焚烧长效管理。

12. 持续开展土壤环境污染综合防治。深入开展农产品种植区、饮用水源保护区土壤质量状况调查，逐步建立土壤环境质量数据库。开展测土配方施肥，减少化肥投入，推广商品有机肥和农作物秸秆还田，开展清洁耕地示范试点，完善农产品安全数据库。建立建设用地流转强制土质调查评估机制，严格实施土壤环境质量评估和修复，加快建设不同污染类型土壤治理与修复试点示范工程。

13. 强化城乡环境综合整治。深化城镇区域环境噪声防控，加强固定源噪声治理和监管，推进"宁静鹿城"建设。按照全域化、长效化、精品化要求，全力推进"四边三化"，全面整治四边区域脏、乱、差问题，进一步提高洁化绿化美化水平。加快城中村、旧村改造，加大街区保洁基础设施建设，建设沿街亮丽线，进一步净化人居环境。加强农村污染整治，全面关停或搬迁禁养区内畜禽养殖场，着力做好农村面源污染防治。推进城乡生态示范创建，新增建成一批生态文明建设示范点和生态街镇，深化开展美丽乡村建设，加快打造一批美丽乡村精品线、精品村。

（四）加强丰富多元的生态文化主流价值观建设

14. 开展生态文化基础研究。树立生态理念引领地位，弘扬生态文明主流价值观。推进生态文化系统建设，深入开展鹿城传统地域文化中生态保护思想的现代应用研究，逐步形成既有历史传承，又有现代活力的生态文化体系。发展生态文化产业，丰富生态文化艺术创作，满足公众对生态文化的新需求。

15. 开展生态文化宣传普及。建立完善生态文化宣教体系，将生态文明列入各级党委（党组）中心组的学习内容，加大对党员干部的生态文明教育；把生态文明教育作为素质教育的重要内容，纳入国民教育体系，提高全民生态文明素养。培育生态文化载体，深入开展生态环境教育示范基地、生态旅游示范区、绿色家庭等绿色细胞创建，为广大公众提供一批生动直观、特色鲜明、功能多样的生态文化宣教平台。加大主流媒体对生态文明的宣传引导力度，广泛宣传先进示范典型，结合世界环境日、世界水日、地球日、低碳日等主题纪念日，认真做好宣传推广，逐步提高公众生态价值意识、生态道德意识、生态责任意识，加快推动生活方式和消费模式向勤俭节约、绿色低碳、文明健康的方向转变。

16. 推进生态环保公众参与。加强政府和企事业单位的环境信息公开，优化公众表达及诉求渠道，健全政府、企业、公众三方对话机制。深化公众参与，动员支持公众多形式参与环境决策、管理、执法、督查等环境事务。加强对环保社会组织的扶持引导，通过项目资助、购买服务等方式支持社会组织参与生态环保活动，支持社会组织依法开展环境公益诉讼，加强对各类环保社会组织的培训，不断提高生态环保的参与水平。

（五）建立健全科学有效的生态文明制度

17. 建立健全环境保护决策机制。进一步健全各街镇生态化战略实施的议事、督查推进机制，开展领导干部离任环境审计试点，探索生态环境损害责任终身追究制。建立环境保护重大决策听证、重要决议公示和重点工作通报制度。完善生态环保投入机制，进一步强化区、街镇两级环保财政投入与事权的合理匹配。

18. 建立健全环境要素市场化配置机制。深化资源要素市场化配置改革，完善排污权有偿使用和交易制度，积极开展用能量（权）、碳排放权及水权交易。探索建立环境损害赔偿制度，鼓励推行环境污染损害责任保险。推进环境污染第三方治理机构培育，建立统一规范、竞争有序、监管有力的第三方治理市场。积极开展生态建设和环境保护项目市场化运作，鼓励和支持社会资金以不同形式参与生态环境保护工作。完善生态补偿机制，丰富补偿模式，发挥财政投入的引导作用，进一步完善"工业飞地”、区域协作、市场化补偿等多渠道补偿方式。

19. 建立健全环境执法监管机制。加强生态保护司法建设，打造环境最严监管城区，探索环境行政执法与刑事司法有效衔接模式，确保新《环保法》及相关法律法规得到有力实施。完善突发性环境事件应急系统，完善环境污染事故应急预案体系，加强对风险信息的收集、分析和研判，提升对突发环境污染事故的应急处置能力。强化基层环境监管执法队伍建设，有序整合不同领域、不同部门、不同层次的监管力量，建立健全环境执法协作联动机制，提高环境执法效率。

20. 建立健全生态环保科技支撑机制。强化科技攻关，加强生态科技人才培育和引进，深入实施产学研合作，大力推进生态环保技术创新基地、技术中心、重点实验室等生态环保公共科技创新服务平台建设，大力开展节能减排、循环利用、污染防治、生态修复、资源节约、环境监测预警等关键技术、共性技术的科技攻关。强化科技监控，推进“智慧环保”建设，建立环保管理信息化系统，提高生态资源监测、评估、预警、管理的信息化、科技化水平。

四、强化生态化战略保障

（一）强化组织领导。区委、区政府成立生态化战略工作领导小组，加强组织领导，跟踪监督建设工作，统筹协调解决重大问题。区直相关部门要认真履行工作职责，加强协调配合，形成推进合力。各街镇要切实履行属地责任，狠抓工作落实。人大、政协要加强法律监督和民主监督，形成全社会协同推进的工作格局。

（二）强化措施保障。加强基础研究，建立健全生态化战略基础课题选题调研和成果转化机制，不断提高生态化战略的科学化水平。加强财政保障，不断加大对生态化战略实施的财政投入，政府财政环保投入与经济社会发展水平相适应。加强宣传引导，广泛深入开展实施生态化战略的宣传，充分发挥导向和监督作用，在全社会形成助推共建的浓厚氛围。

（三）强化督查考核。完善干部政绩考核体系，进一步突出生态文明建设综合绩效考评，着力强化环境质量目标考核和重点环保工作实施效益考核。按照“工作项目化、项目目标化、目标责任化”的要求，逐年制定年度实施方案，细化任务、分解责任、加强督查、抓好落实、严格考核。建立生态化战略实施评估机制，推行第三方调查评估，分阶段对我区生态化战略的发展水平进行测评和研判，促进针对性提升，有序推进鹿城区生态化战略目标的实现。

附件：鹿城区生态化战略2015年度重点任务及责任分工（略）

中共温州市鹿城区委员会
温州市鹿城区人民政府
2015年11月11日

中共温州市鹿城区委 温州市鹿城区人民政府 关于实施都市化战略的决定

鹿委发〔2015〕31号

各街道党工委、办事处，藤桥镇党委、人民政府，区直各单位：

根据市委十一届八次全会精神和市委关于加快推进“五化战略”的工作部署，按照《中共浙江省委 浙江省人民政府关于深入推进新型城市化的实施意见》（浙委发〔2014〕16号）、《中共温州市委 温州市人民政府关于实施都市化战略的决定》（温委发〔2015〕28号）等文件要求，为构筑鹿城都市化发展格局，提高都市化发展水平，全面推进都市化战略实施，现就实施都市化战略作出如下决定。

一、总体要求

坚持以“八八战略”为总纲，认真贯彻省、市委一系列重大决策，深入贯彻实施市委、市政府“五化战略”重大部署，衔接主体功能区划调整，着力优化城乡互融发展格局，积极完善城乡基础设施网络，努力提升城市宜居功能品位，促进城乡统筹发展，构筑“宜商宜居、活力时尚”的城区。

二、发展目标

“十三五”期间，围绕“一带”引领、“六区”融合的空间格局，着力推进城乡互融发展；中心城区功能更加完善，城中村改造基本完成，城市化水平达到90%；西部农村加快发展，资源要素在城乡之间均衡配置，公共服务“城高乡低”的状况明显改善，统筹城乡发展的政策体系和制度框架不断健全，城乡一体化水平明显提高；都市型现代农业加快发展，战略性新兴产业形成规模，服务业优势更加突出，社会消费品零售总额在“十三五”末突破1300亿元。

三、工作重点

（一）继续完善城乡规划体系

1. 继续强化城乡规划的综合引导作用。充分发挥规划在城市发展中的龙头作用，强化城乡规划的综合引导作用，促进城乡空间合理布局、公共设施集约建设、资源要素优化配置，统筹协调我区发展中的规划布局、设施建设、资源调配、生态补偿等重大问题。

2. 不断探索多规融合的规划协调管理机制。按照人口资源环境相均衡、经济社会生态效益相统一的原则，加强国民经济和社会发展规划、城市总体规划和土地利用总体规划的衔接，完成“多规合一”，完善功能区划和各类规划调整机制，推动发展目标，高效统筹城乡空间资源。

3. 切实加强城市设计。切实加强区域内自然山体、滨水界面、水网水系、历史城区、标志建筑及城市出入口等重要地段和节点的城市设计，加强城市建设、更新和土地开发的前期控制，保证城市重点区域高水平高质量建设，构建城市形象展示点。

（二）不断优化城乡互融格局

通过“一带”引领、“六区”融合，不断增强区域中心城市核心区的集聚和辐射能力，打造符合城市空间发展规律的现代化宜居城市。

1. 加快打造瓯江城市休闲旅游带。以八百里瓯江为背景，依托西洲岛、江心屿、七都岛等三大岛屿的点上开发，交通干线、特色街区和道路景观工程等线上延伸，加快推进沿江基础设施、滨水公园、沿江慢行系统以及滨江商务区、沿江制革基地、西进城口等沿线的块上改造和建设，打造一个能够传承瓯越文化、焕发现代气息、体现温州时代精神的瓯江城市休闲旅游带。着力依托该休闲旅游带建设，有效串联现代滨江商务区、中央绿轴区、都市功能提升区、都市功能拓展区、山地生态新城区、生态休闲度假区等城市六大功能区的建设，拉开城市框架，促进城市功能延伸，推进城乡统筹发展。

2. 加快建设现代滨江商务区。顺应温州城市东扩趋势，以行政文化中心区、滨江商务区、七都生态居住区等为重点，建成温州最具现代化、最有商业气息、最适宜人居的城市功能区。全力推进滨江商务区建设，突显现代金融、商务功能，充实生活居住服务功能，建设成全市辐射和带动能力最强的现代服务业集聚区。衔接滨江商务区发展，跨江建设以高端居住为主、特色商务服务为辅的七都生态居住区。依托行政文化中心区的公共文化资源，优化城市公共产品供给和服务，完善温州市现代公共文化服务中心保障措施。

3. 加快建设中央绿轴区。以中央绿轴公园为中心，沿中轴线两侧布局高档商务、市民休闲、文化体验设施，与市行政中心相配套，与三垟湿地相辉映，努力打造文化、生态、行政相融合的城市新地标。重点实施中央绿轴公园，加快推进旧村改造、路网建设、基础设施配套、景观绿化、河网整治等工作。

4. 加快建设都市功能提升区。围绕温州城市功能提升和国家历史文化名城创建，突出现代商贸和居住服务功能，强化传统文化继承创新和山水城市形态塑造，全力建设精品城区。结合历史文化名城创建，启动建设“斗城特色风貌街”，以鹿城中心保留完好的“斗城”为载体，通过功能置换和连片更新，保留和重现温州古城“北斗七星”规划布局，打造城市创业创新和休闲经济高地，注重五马街—墨池坊、城西街、朔门街、庆年坊、江心屿等五大历史文化街区的保护性整治，延续传统文化脉络，提升城市历史文化品位。优化以各级各类商业中心、城市综合体、特色商业街区为重点的商业网点布局和业态结构调整，改造提升一批商务办公楼宇，全力提升商业商务功能。加快旧城旧村旧片区改造和“退二进三”工作步伐，提高城市社区建设水平，完善生活居住服务功能，充分焕发片区发展活力。

5. 加快建设都市功能拓展区。树立“产城融合”理念，延伸老城区城市功能，积极推动仰义（部分）、双屿、丰门等街道改造提升，建设都市经济支撑有力、居住环境优美的现代城市功能区。着力发展与都市功能相配套的都市经济，严格控制城区工业用地规模，引导现有工业企业转型和转移，推进鞋都总部经济园生产性服务业集聚，加快鹿城工业区梯度改造，建设双屿物流中心。以基础设施布局同城化为目标，着力完善交通基础设施网络，强力推进垃圾、污水等市政环保设施建设，优化学校、医院等社会事业设施布局。以城市化推进城乡一体化发展，推进制革基地都市化改造，完善双屿街道的城市功能。

6. 加快打造山地生态新城区。以林里片区开发建设为契机，带动藤桥片区整合开发，着力打造温州山地生态新城区。全面启动林里片区开发，以吸引高端消费群体居住、培育金融等高端产业为重点，打造全市居住品位最高、理念最先进的山坡地开发示范区。着力打造经济繁荣、环境优美、功能齐全的现代化小城市，强化对鹿城西部的辐射和带动。

7. 加快建设生态休闲度假区。以山福片区为重点，强化生态环境保护和利用，积极构筑温州中心城市休闲功能的生态屏障。推进山福片区建设，引导生态脆弱及偏远地区的人口向沿江迁移集聚，着力建设西部美丽乡村。依托西部生态旅游资源优势，加快推进旅游景区开发，联合西部生态农业发展，着力发展西部生态经济。谋划新建至藤桥的快速干道，争取打造中心城区至藤桥片、山福片的半小时交通圈，加快城市基础设施向该片区延伸，加快实现城乡发展一体化。

（三）加快构建设施有效集成

围绕城市功能集聚发展，着力推进交通、防灾减灾、能源、环保、信息等公建设施空间有效集成，加快构建布局合理、功能完善、城乡共享的设施集成网。

1. 不断完善综合立体交通网络。配合全市融入全省1.5小时铁路交通圈，加快完成金温铁路扩能改造工程建设。围绕全市都市交通圈建设，重点推进以104国道西过境、江滨路A线延伸、缙云至苍南公路鹿城临江至藤桥段工程（规划218省道鹿城段）的“三纵”和鹿城双屿至藤桥公路（宝昌岭隧道及接线工程）的“一横”为重点的西部交通基础设施建设。继续推进以打卡口、拓瓶颈为重点的老城区道路网改造，完善滨江商务区、行政中心区道路网，提升中心城区交通通行能力。

2. 深入实施交通拥堵治理工程。协助全市全面推进城市轨道交通建设，建立以轨道及BRT系统为骨干，常规公交为基础，网络布局合理、换乘衔接方便的优质公交客运体系，着力解决城市交通出行难问题。完善道路“微循环”交通，构建城市慢行系统，统筹推进自行车道、步行道、绿道建设。加快停车设施建设，停车难问题进一步得到缓解。继续加大对停车设施的投入，大力开发利用地下停车场，完善城区的公共停车网点建设，规范停车收费标准，增强停车信息化管理。

3. 着力构建防灾减灾防护网络。以保障全区经济社会发展需要为出发点，按照构筑“蓄、泄、排、御”相结合的防洪工程要求，全面完成全区水库标准化建设，深入实施“强塘固房”工程，提升城市排洪能力，努力实现市区防洪能力百年一遇、中心城镇基本达到50年一遇的标准。强化水资源供给的安全保障，加快石鼓山水厂建设，落实城市应急备用水源。全面改善农村水利基础设施，推进农村饮用水安全工程。加大地质灾害治理力度，完善山区突发性地质灾害群测群防网络，有效治理和避让现有地质灾害（隐患）。

4. 逐步形成电力燃气能源供应网络。着力增强电网供电能力，积极提高电网的可靠性、安全性，大力发展新能源。加快输变电线路和城市中低压配电网改造，全面实施新一轮农村电网改造工程。对接全省燃气规划，协助推进甬台温天然气输气干线工程、温州城市天然气输配工程、城市加气站工程等工程建设，扩大城市管道燃气供应范围，整合规范与提升现有存量燃气企业，逐步形成安全可靠、稳定高效的燃气供应体系。

5. 加快推进清洁市政环保网络建设。继续加快污水处理厂、污水主干管建设，推进老城区截污纳管工程，努力推进市区西片污水厂一期提标改造和二期扩建工程、中心片污水处理厂迁建工程，实现全区生活污水处理厂街镇全覆盖。加快垃圾临时应急周转点建设，市区生活垃圾无害化处置率达到100%。

6. 努力构建现代高速信息网络。对接我市“信息惠民”“智慧城市”两大国家级试点，协助推进“光网城市”、“无线城市”、“宽带温州”等重大信息化基础设施建设工程，推动互联网、云计算、大数据等新一代信息技术在城市开发建设管理中的创新应用。围绕智慧城市目标，加快云、网、端三级信息基础设施项目建设，推进云计算中心统筹布局、骨干网络扩容和信息资源整合共享。实施宽带接入网和IP骨干网扩容工程，加快骨干传输网建设，完善信息基础设施体系。加速推进广播影视数字化进程，实现城乡有线数字电视整体转换和双向化改造，逐步向下一代综合业务网络过渡。推进社区信息化建设，促进电子政务、社保信息系统、文化信息资源共享工程向社区延伸和拓展。大力发展面向中小企业的第三方电子商务，推进企业生产管理、产品研发、商务营销等环节的信息化改造。

（四）努力提升宜居城市功能

巩固和提升“六城联创”成果，推动城市功能优化、城市居住环境改造、城市建管水平提升，努力建设生活舒适、环境优美、功能完善、特色鲜明的宜居鹿城。

1. 持续加大城市建设力度。围绕城市基础设施、现代产业体系、生态环境保护和重点民生事业，坚持政府投资和民间投资“双管齐下”，建成一批涉及产业发展项目、基础设施项目、市政配套项目、社会发展项目，不断完善城市设施和功能。强化重大区块带动，重点推进行政文化中心区、滨江商务区、七都岛、林宋组团林里片区、西洲岛等重点功能区块（城市综合体）建设，强化历史街区保护性整治，提升城市功能和形象。

2. 继续推进城市有机更新。以

分布在旧城的城中村、旧片区、旧工业园区改造为重点，实施城市有机更新，建设精品城区，提高居民生活质量。坚持“统一规划、合理布局、综合开发、配套建设”的原则，高起点、高标准、高品位编制城中村改造规划，力争五年内基本完成中心城区24个以及双屿街道3个城中村改造。按照“提升功能、完善设施、规范管理、整治出新”的要求，以环境综合整治、房屋维修养护、配套设施完善、建筑节能、文化氛围等为重点内容，着力抓好示范样板小区创建，深入开展老旧小区整治改造。以完善公共配套设施为重点，着力改善城区居民居住生活条件，有序推进全区旧片区改造，鼓励城市旧片区发展以居住、商业为主导的大型城市综合体，实现旧片区环境再造、功能再塑、品质再优。深入实施中心城区“退二进三”，按照“城市得提升、企业得实惠、群众得环境”的思路，全面推进中心城区工业小区“退二进三”，鼓励老工业基地引入总部型、知识型、资金密集型与创意型的生产性服务业，限制低水平传统劳动密集型的新建或改、扩建项目进入，通过发展都市经济实现都市功能提升。

3．努力提升城市宜居品质。强化城市宜居保障，围绕构筑“低端有保障、中端有支持、高端有市场”多层次的住房供应和保障体系，推进林里片区、七都片区的高档景观房产建设，推进滨江商务区等区块商品房开发，实施廉租房、经济适用房、公共租赁房、限价房（拆迁安置房）、危改房、人才房六房并举，适应不同人群住房需求。高品位规划城市公共休憩空间，加快推进沿瓯江“休憩长廊”建设，深入实施“漫步塘河”计划，完成“金角银边”绿化。科学布局建设沿江、沿山、沿路、沿河的地标建筑，精心雕塑城市窗口区域的特色建筑，着力塑造城市特色风貌，提升城市品位。

4．不断提高城市建管水平。加强对基础设施建设的统筹规划，做好重大区块、重点项目的提前谋划，围绕项目规划、设施配套、拆迁安置等各方面深入调查研究，做深做透项目前期论证，为项目科学实施打下坚实基础。强化城市精细化管理，科学合理促进各类基础设施建设有效集成，重点推进污水、垃圾收集及处理设施、变电所等市政设施空间集聚，最大限度发挥设施功效和减少对居住环境的影响。同时，加大对住宅小区和农村住房实施连片改造规模化安置，促进各类居住配套设施空间优化布局，促进居民居住生活便利和舒适。推进城市建管体制改革与创新，优化城市管理网络，提升城市建管水平。

（五）有效促进城乡统筹发展

以“五水共治”“美丽乡村”建设为载体，促进城乡统筹发展，努力构建经济繁荣、社会和谐、人民安康、生态文明的城乡 一体化新格局。

1．统筹城乡产业经济发展。以轻工产业园、藤桥服饰园等园区为平台，因地制宜承接从城市转移的产业、企业，带动农村经济发展。培育壮大商贸零售、现代物流、总部经济等现代服务业，辐射带动西部乡村发展。充分利用西部乡村生态资源优势，大力发展蔬菜、花卉、苗木、特色养殖等现代都市农业，扶持培育农业龙头企业，健全农业各类服务体系建设，提高都市型生态农业发展水平。深入挖掘西部旅游资源，科学整合青山绿水、人文古迹、民俗风情等旅游资源，因地制宜发展乡村休闲旅游，带动农民增收和农村经济发展。

2．统筹城乡基本公共服务。着力推进优质资源向农村拓展，以基本公共服务均等化为目标，推进教育、医疗、文化、体育、科技等公共服务资源向农村拓展，更好解决农村上学难、看病难、休闲娱乐难等突出问题，逐步缩小城乡公共服务差距。着力推进社会保障向农村覆盖，以新型农村合作医疗、失地农民生活保障、最低生活保障等为重点，加快完善农村社会保障体系，积极推进居家养老服务，探索建立“普惠型”救助机制，帮扶农村困难群体，不断改善生活质量。完善大网格运行模式，构建社会治理无缝隙、群众服务零距离的工作格局。

3．统筹城乡基础设施建设。着力推进基础设施向农村延伸，以重大项目建设为龙头，统筹推进城乡交通道路、供水供电、排水排污等基础设施建设，真正做到同步规划、同步建设；依托“五水共治”、“美丽乡村”等载体建设，扎实推进西部农村生态环境改造和提升。以引导我区空间整合为突破点，通过相对均衡地优化基础设施空间布局，加强公共服务设施层级化配置体系建设，建立城乡基础设施建设的联动机制。在供水供电、通信邮电、垃圾处理、污染治理、环境保护、消防等各类基础设施建设方面做好城乡衔接，实现共建共有、共管共享。

4．统筹城乡环境保护。加强排水排污许可管理工作，加大对无证排水和超标排水行为的执法监管力度，建立健全排水管理的长效机制；加强泥浆入河管理，开展区域建筑泥浆专项整治行动，建立河道联合巡查制度，完善泥浆管理机制。调整能源结构，控制燃煤消费总量，扩大“高污染燃料禁燃区”，推动工业项目向园区集中，实施重点行业环境准入标准，推行清洁生产；整治城市扬尘，减少农村秸秆焚烧，控制农业污染。通过整理城镇水系、绿地系统和山水环境，还绿于民，逐步恢复水乡格局；以海绵城市为目标，通过绿地、道路、水系等吸纳、蓄渗和利用雨污水，缓解城市内涝，节约水资源，改善城市生态。健全环境保护政策扶持体系，加大对生态产业、循环经济、清洁生产、节能减排等领域的政策支持，落实有关改善生态环境、加强资源节约各项优惠政策，引导社会资金参与生态、环保设施建设和运营。

（六）不断优化区域产业格局

1. 全面提升农业发展水平，做精第一产业。依托大都市的市场和区位优势，不断提高农业增效和农民增收能力。加大农业功能区建设力度，推进现代农业园区建设，发展新型都市农业，全面提升农业可持续发展水平。围绕生态、休闲、安全目标，突出花卉、精品蔬菜、特种养殖和观光农业四大重点，优化农业生产结构，培育发展特色产业。加快农产品加工基地改造提升，加大对农业龙头企业的扶持力度，大力培育农民新型合作组织发展，推进农业产业化经营。重视农业新技术的开发和应用，加强农业信息化建设，推进科技兴农。

2. 努力引导产业转型升级，做强第二产业。以空间资源优化配置引导产业转型提升，在中心城区增加重点产业和重点企业的用地比重，将土地资源优先用于高新技术产业、技术密集型产业、创意设计型产业等重点产业和大型关键企业、高技术中小企业等重点企业的发展。加速淘汰中心城区内污染严重、技术落后、效益低下的工业企业和园区，引导低附加值工业逐步外迁至远郊，为第三产业、重点工业产业、重点工业企业发展置换出空间。加强工业园区整合提升，将大量低等级、分散、小规模的工业空间整合为具有一定规模、准入门槛较高、管理服务水平较高的现代工业园区，增强对重点产业和企业的支撑能力和吸引力。鼓励小微企业发展，在保留的工业园区或者新建工业园区中，配建专为小微企业使用的标准化厂房或者小微企业街区。

3. 加快培育壮大服务业，做大第三产业。以“筑巢引凤”为导向，以鹿城时尚信息软件产业园为核心，搭建专业软件和信息类产业的发展平台，形成产业集聚和辐射效应。搭建与制造业相关的共性和关键性技术研发公共服务平台，积极发展服务于行业信息化改造的信息技术，鼓励发展系统集成、信息工程监理、系统外包等信息技术产业。紧紧围绕全市的制造业转型升级和产业链延伸，构筑完善中介服务体系，重点发展会计、法律等中介组织。积极发挥全区在商务和商贸的集聚优势，发展与传统特色产业相关的工业、工艺设计产业，文化创意、休闲旅游娱乐相结合的文化休闲产业，服务于商务、商贸活动的创意产业。建立和完善现代物流框架体系，培育和引进一批物流骨干企业，逐步构建物流节点、物流信息、物流资金等三大网络，加快双屿综合枢纽型物流基地建设，提升鹿城仓储基地商贸物流配送功能，适时启动以轻工产业园区为主的商贸连锁物流集聚区建设，加快推进保税物流仓库扩建，着力提升现代物流的发展水平。培育和壮大服务业企业，积极筛选一批拥有较强竞争力的龙头企业，加强政策扶持和宣传推广力度，促进龙头企业做大做强。

四、重大项目

（一）实施城中村改造工程。以加快城市有机更新为导向，结合“水岸同治”工作，坚持谋划在先、依法拆迁，以整村改造、滚动推进方式，谋划推进城中村改造，有效改变城中村“脏乱差”局面，推动城镇低效用地的价值升级。

（二）实施交通治堵工程。坚持“公交优先”战略，协助市交运集团做好“大公交”体系构建，尽快建成BRT快速公交一号线，提高公交分担率。继续完善公共自行车布局，加快构建慢行系统。加强市区停车设施建设力度，鼓励社会资本建设停车设施，推进社区“微循环”改造。

（三）实施环境优化工程。继续打好“三改一拆、四边三化、五水共治、六城联创”，加强对温瑞塘河水网和瓯江水质的治理，全面消除河道“黑臭”现象；开展PM2.5专项整治，城市空气质量达到二级以上天数不低于75%。组合拳，切实改善人居环境。

（四）实施文化传承工程。深化国家历史文化名城创建，强化对鹿城历史文化遗产精品的研究、挖掘、传承、发扬工作，加强对历史文化街区、近现代建筑、工商业遗产、历史文化名镇名村、老字号等的保护、修缮、适度开发和文化传承。

（五）实施信息惠民工程。落实“信息惠民”国家示范城市创建任务，积极开展养老、医疗、公共安全、社会保障（市民卡）等领域的信息惠民试点，构建方便快捷、公平普惠、优质高效的公共服务信息体系。

五、保障措施

（一）强化组织保障。加强组织领导，建立权责明晰、分级负责的领导机制。区委、区政府成立实施都市化战略工作领导小组，加强组织领导，建立区域统筹协调机制，进一步加强对全区相关工作的协调、督促和指导，及时研究新情况，解决新问题；区直相关单位要强化全局意识和服务意识，各司其责，加强协调配合，形成推进合力；各街镇党委、政府要高度重视推进都市化战略，明确责任，分解任务，抓好落实。

（二）强化机制保障。建立专门工作机构和分级负责的工作运行机制，建立高质高效的项目运作机制。加强督促检查，建立主动作为、高效推进的落实机制。实行区领导分片包干制度，切实落实好重点工作推进例会制度，定期召开工作例会，及时发现问题、研究问题、解决问题。

（三）强化绩效督查。建立权责一致、奖惩分明的绩效考核机制，把都市化战略重点工作纳入效能监察、督查考核体系，尽快出台奖惩考核办法，严格兑现奖惩。

（四）强化舆论保障。充分发挥新闻媒体的舆论引导作用，建立新闻发布会制度，大力宣传全区推进都市化的工作举措、工作成效和先进典型，争取社会各界的理解和支持，形成支持鹿城都市化战略实施的强大合力。

附件：鹿城区都市化战略实施责任分工表（略）

中共温州市鹿城区委员会
温州市鹿城区人民政府
2015年11月23日

2015年区委办重要文件选载

区委办公室　区政府办公室关于深化“三位一体”农村合作体系建设的实施意见

鹿委办发〔2015〕15号

各街道党工委、办事处，藤桥镇党委、人民政府，区直各单位：

为切实加强农村工作，加快推动我区城乡一体化发展，根据《市委办公室 市政府办公室关于深化“三位一体”农村合作体系建设的意见》（温委办发〔2014〕23号）要求，结合鹿城实际，现就深化我区“三位一体”农村合作体系建设提出如下实施意见。

一、充分认识“三位一体”农村合作体系建设的重要意义

构建“三位一体”新型农村合作体系是习近平总书记在浙江主政时的一项重要工作部署。其主要内涵是以农民合作组织为基础，广泛开展生产、供销和信用等合作，全面提升农业的专业化、组织化和规模化程度。加快推进“三位一体”农村合作体系建设，是贯彻党的十八届三中全会精神的实际行动，是完善农村生产关系的一项重要举措，对提高农民组织化程度、拓展为农服务领域和加快农业经营机制创新具有十分重要的意义。要充分认识“三位一体”农村合作体系建设的重大意义，抓住有利时机，大力推进专业合作发展，有效搭建农产品对接平台、为农服务小额融资平台、为农服务综合经营平台，积极探索“三位一体”合作的新经验、新路子，努力取得新进展。

二、准确把握“三位一体”农村合作体系建设的指导思想、基本原则和目标任务

（一）指导思想。认真贯彻落实党的十八届三中全会精神，以普通农户、专业大户、家庭农场、农业企业为主体，以农民合作组织为基础，以提升农民组织化程度和农业经营水平为目的，以强化农业服务体系为支撑，打造全要素供给、全产业链服务的农民合作组织，构建融生产、供销、信用三大合作于一体的农村合作体系，为加快城乡一体化发展提供坚实基础。

（二）基本原则。一是坚持“民办、民管、民受益”原则，尊重农民首创精神，鼓励农民大胆实践，按照农民的意愿独立自主地开展合作，让社员充分享受合作利益。二是坚持“市场主导、政策引导、部门指导”原则，遵循市场经济规律，创造宽松发展环境，积极稳妥推进农村合作体系建设。三是坚持“多类型发展、多功能融合、多层次联动”原则，因地制宜，鼓励专业性合作组织、行业性联合组织、区域性农民组织等三种类型共建，突出生产、供销、信用三重功能融合，推进区、街镇联动。

（三）目标任务。培育集生产合作、供销合作、信用合作于一体的农民专业性合作组织、行业性联合组织、区域性合作组织，开展“三位一体”示范工作，培育示范性“三位一体”合作组织。到2015年底，全区基本建成合作功能齐全、联结机制完善、管理运行高效的“三位一体”农村合作体系。

三、培育经营主体，提升生产合作

（一）鼓励发展家庭农场。立足提升传统农民，引入新型农民，着力培育一批骨干农民，推动农业经营主体职业化。引导专业技能少、资金实力弱的农户，通过劳力、土地、资金以及生产工具的合作，发展灵活多样的联户经营。引导扶持农业大户兴办家庭农场，鼓励青年农民、大学生创办家庭农场。鼓励家庭农场或合作农场按股份合作形式组建生产性、经营性公司，引导其成为带领农民进入市场的重要经济组织。推进土地承包经营权确权登记，规范土地流转机制，引导承包土地向专业大户、家庭农场流转，鼓励土地、技术、资本等生产要素向家庭农场集中。引导家庭农场开展专业合作，鼓励合作组织、龙头企业和社会化服务组织为家庭农场提供生产和经营管理专业化服务，开展示范家庭农场创建。

（二）大力发展合作组织。根据农民的意愿和市场需求，立足城区优势和农村资源，依托畜禽、蔬果、粮油、花卉、食用菌等主导产业、优势资源和特色产品，采取农民自办、专家领办、企业创办多措并举，按照“积极发展、逐步规范、强化扶持、提升质量”的要求，因地制宜发展多元化、多类型的农民专业合作组织。支持农民专业合作社与龙头企业紧密对接，鼓励龙头企业领办农民专业合作社，推行“公司+合作社+农户（家庭农场）”经营模式，采取保底收购、股份分红、利润返还等方式，完善利益联结机制。引导同区域、同行业、同类型农民专业合作社以产品和产业为纽带，在劳动、技术、产品、资本、品牌等方面开展联合与合作，组建农民专业合作社联合社。围绕农村区域经济发展特点，在街镇、社区（村）等区域范围内建立区域性的农民合作组织，吸纳各类农业经营主体、基层供销社和金融组织参股入会，强化区域内农民的联合发展。

（三）规范提升运行机制。深入开展以“运行规范化、生产标准化、经营品牌化、社员技能化、产品安全化”为主要内容的农民专业合作社“五化”创建活动，提高农民专业合作社运行质量。开展农民专业合作社示范创建行动，完善示范性农民专业合作组织评定机制。推进农民专业合作社的规范化建设，完善民主管理和盈余分配制度，建立内部积累机制，通过加强农村合作“三位一体”建设，增强综合服务功能，提升合作社运行质量，实现在供销、信用、信息、技术等方面的合作。

（四）加强专业生产合作。引导农民专业合作社以产业为基础，实现生产过程的合作。鼓励合作社产品申请无公害农产品、绿色食品、有机农产品和地理标志农产品“三品一标”认证，通过统一质量安全标准和生产技术规程，统一产品和基地认证认定，统一农产品质量认证和注册商标申请，实行行业自律，提高生产过程的组织化程度。支持农民专业合作社发展农产品加工、流通，鼓励农产品就地粗加工。加强农业专业化服务，立足当地优势资源和特色产业，以农业“两区”建设为平台，健全合作组织内部专业合作制度，全面开展技术、品种、育种、播种、植保、机收等方面的专业合作。

四、加强产销对接，深化供销合作

（一）推进乡村采摘旅游。发挥紧邻市区、交通便利的区位优势和资源独特、果蔬丰富的产品特色，引领农业经营主体发展采摘农业。通过组织广大市民参与农村采摘旅游，让市民休闲观光享用绿色农产品的同时，促进农产品销售，增加农民收入。延长农业产业链条，提供增值服务，形成参观、采摘、购物、旅游一条龙服务。

（二）搭建供销对接平台。开展多渠道、多形式的产销对接。搭建农产品营销、品牌创建平台，打造农产品特色展销馆，与农民合作组织建立稳定的产销关系。积极带领各类农业经营主体参加各地农博会、农展会、农洽会。积极开展与批发市场、超市、院校、机关、企事业单位农产品产销的联合合作，推广合同交易、拍卖、经纪人代理、代储代销等交易方式，发展多渠道、多形式和现代化的农产品流通。

（三）构建市场销售网络。大力发展农资、农产品等电子商务，以农民合作组织为主体打造农产品网上销售平台，发展农产品线上线下融合的网销新模式。建立配送系统、检测系统、信息系统、产品追溯系统、终端系统，采用现代交易手段，实现农产品销售。

（四）发展现代物流体系。要依托设施农用地相关优惠政策，适度建设一批区域性特色农产品产地检测、集散仓储等配套设施。依托网络平台发展适合农产品特点的农村现代物流配送体系。要加快发展新型流通业态，引导农产品批发市场、流通企业和农民专业合作社组建配送公司、物流中心，发展农产品配送业务。强化信息化管理，提高仓储运输、冷链物流能力，降低流通损耗率。

（五）构筑综合服务平台。充分发挥各类行业协会的作用，大力培养农产品营销人才，建立一支熟悉农产品产销、具有现代营销理念的农产品经纪人队伍。鼓励基层供销社领办或参与农民专业合作社联合社，完善内部联结机制，构建农资连锁经营服务体系，加强对农民合作组织、专业购销大户、农产品经纪人的供销服务。要继续发挥农资供给、储备和市场调控的主渠道作用，积极开展支农惠农系列活动，强化农资技术服务，推行“庄稼医生”“田保姆”“全优保”等个性化、综合化服务，实现农资供应与农业生产的无缝对接。以服务农业“两区”建设为重点，搭建育种、播种、植保、机收、销售一体化的服务平台。

五、探索金融服务，创新信用合作

（一）完善信用合作体系。加强农民合作组织信用体系建设，在合作组织内部开展育信、征信、评信、用信等工作，建立健全信用信息的记录、征集、评价、应用机制，积极开展各种支付、结算等便利活动，为构建安全有效的资金互助体系创造条件。

（二）发展资金互助组织。全力支持农民专业性合作组织、行业性联合组织、区域性合作组织开展内部信用合作，放宽工商登记业务范围，引导和支持各类农民合作组织开展信用合作，有条件的创办资金互助会，开展灵活多样的小额资金互助活动。引导建立农民合作组织共同发展基金。支持符合条件的资金互助会实施增资扩股，创新融资服务方式，完善内部管理和运行机制，进一步提升为社员服务的能力。

（三）提高融资服务能力。积极探索承包土地经营权、宅基地使用权和农房抵押贷款业务，加快推进林权抵押贷款。推行农民合作组织授信贷款制度，提高授信等级和额度，努力满足农民合作组织开展生产经营的贷款需求。加强与鹿城农商银行等金融机构的合作，扩大温州鹿城三农融资担保有限公司担保力度。

（四）开展互助保险试点。开展多种形式的联保互保，探索农民合作组织开展互助保险试点，充分发挥互助分险功能，为合作组织成员提供产品生产、加工、经营等环节的保险服务。加强农业保险基层服务体系建设，加快建立农业保险大灾风险分散机制，增强对重大自然灾害风险的抵御能力，不断提高农业保险服务水平。

六、加强对“三位一体”农村合作体系建设的领导

（一）强化组织领导。各街镇、区直有关部门单位要把发展“三位一体”农村合作体系建设作为一项重要任务来抓。区建立由区委副书记为组长、分管副区长为副组长，区委农办（区农林水利局）、区供销合作社（区农合联）主要负责人、分管负责人，区发改局（区物价局）、区科技局、区民政局、区财政局、区商务局、区市场监管局、区金融办、国土资源鹿城分局、鹿城农商银行等单位负责人为成员的领导小组。领导小组下设办公室，设在区委农办（区农林水利局），区委农办（区农林水利局）主要负责人兼办公室主任，区供销合作社（区农合联）主要负责人兼办公室副主任。各街镇也要成立相应的领导小组，落实责任主体，明确工作责任，完善沟通协调机制。

（二）强化责任落实。加强对“三位一体”农村合作体系建设的督导和检查，进一步分解落实部门工作责任，加大工作力度，认真组织实施承担的各项任务，切实抓出成效。区委农办（区农林水利局）、区供销合作社（区农合联）、区金融办要分别在培育经营主体、促进供销合作、探索金融服务上发挥指导作用，区财政局要做好“三位一体”农村合作体系建设扶持资金和领导小组办公室运行经费保障，其他部门单位按各自职能做好相应服务工作。宣传部门和新闻媒体要采取有力措施，运用多种形式，大力宣传“三位一体”农村合作体系建设的政策、专业知识和典型经验，努力营造深化“三位一体”农村合作体系建设的良好氛围，促进“三位一体”农村合作体系健康发展。

（三）强化政策引领。积极主动为“三位一体”农村合作体系建设提供多方面的政策扶持。区财政要设立农民合作组织发展相关的专项资金，每年安排一定的经费用于扶持深化“三位一体”农村合作体系建设。把各类农民合作组织作为农业建设项目的实施主体独立申报，各种涉农项目要向各类农民合作组织倾斜。简化农民合作组织的注册、登记、审批手续。积极探索政府购买公共服务机制，将部分支农项目委托农村合作组织承办，发挥其综合服务和社会中介作用。落实农业经营主体相关税收优惠政策。农民合作组织所需的非农建设用地，在符合土地利用、城市建设和现代农业发展等相关规划的前提下，国土资源部门应重点支持。

（四）强化服务支撑。把农民生产合作、供销合作、信用合作三类组织融合在一起，增强为生产服务的流通、金融、科技三重功能。加强农业科技服务支撑，深化“院（校）地合作”，引导农民合作组织发展农业科研机构。健全农村合作经济组织联合会发展。完善基层农业公共服务中心与街镇农合联合署办公机制，拓展农信指导功能。大力培育多元化、多形式、多层次的农业经营性服务组织。鼓励各类组织、企业和个人，利用自身资本技术优势，成立农业专业服务公司，为农业生产经营提供全程服务。支持农业企业发展农业服务业，完善与农户的利益联结机制，发挥为农民提供服务的基础性作用。加快创新农业社会化服务方式。大力发展“公共服务机构+专业服务公司+农户”“农民专业合作社＋社会化服务组织＋农户”“龙头企业＋农户＋基地”“农户+农民专业合作社+电商平台”等服务模式。在有条件的涉农街镇建立农业服务超市，积极搭建区域性农业社会化服务综合平台。积极培育新型农村金融组织，重点发展村镇银行、小额贷款公司、农村资金互助组织等新型农村金融服务机构。加快农村产权交易市场体系建设。

中共温州市鹿城区委办公室
温州市鹿城区人民政府办公室
2015年4月8日

区委办公室　区政府办公室
关于进一步加强街镇纪检监察组织建设的实施意见

鹿委办发〔2015〕23号

各街道党工委、办事处，藤桥镇党委、人民政府，区直各单位：

为进一步推动我区街镇纪（工）委转职能、转方式、转作风，根据省纪委《关于进一步加强乡镇（街道）纪检组织履职的指导意见》和《市委办公室 市政府办公室关于进一步加强乡镇（街道）纪检监察组织建设的实施意见》，结合我区实际，提出以下实施意见。

一、指导思想

全面贯彻落实中央、省、市纪委“三转”工作有关要求，通过配强力量、突出主业、完善制度，进一步发挥街镇纪检监察组织在化解社会矛盾、维护农村基层和谐稳定方面的重要作用，深入推进农村党风廉政建设，促进农村基层干部廉洁履行职责，保障党的路线方针政策在农村基层贯彻落实提供坚强有力的组织保障。

二、任务目标

（一）健全街镇纪（工）委组织机构和人员配备

1. 尚未设立监察室的街镇应按照有关规定设立监察室，与同级纪（工）委实行合署办公，切实履行纪律检查和行政监察两项职能。对于村居数量大、党员数多、经济比较发达的街镇，纪（工）委监察室可根据“查审分离”的要求，做好工作职责分工，并充实中层干部力量。

2. 街镇除纪（工）委书记外，应按照有关规定设专职纪（工）委副书记，兼任监察室主任，并结合各街镇实际，配备专职纪检监察干部。

（二）明确街镇纪（工）委工作主责

1. 加强对同级党（工）委、办事处（人民政府）领导班子及其成员的监督。重点监督领导班子及其成员遵守党章以及其他党内法规，执行党的路线方针政策、决议决定，落实上级党委政府重大决策部署等情况，确保政令畅通。

2. 积极推动农村基层党风廉政建设。加强农村基层党员干部廉洁从政教育，督促农村基层党组织和党员干部遵守党章和其他党内法规，加强对各项强农惠农政策，便民利民措施落实情况和党务公开、政务公开情况的监督检查，切实纠正损害群众利益的突出问题。加强村务监督委员会规范化建设，不断提高监督水平，切实加强对农村集体资金、资产和资源管理等情况的有效监督。

3. 突出抓好信访处理和案件查办工作。街镇纪检监察组织要认真配合落实农村基层作风巡查制度，切实加大信访处理和案件查办工作力度，严格落实查办腐败案件以上级纪委领导为主，线索处置和案件查办在向同级党（工）委报告的同时必须向上级纪委报告的制度。

（三）加强街镇纪检监察干部任职管理

1. 要注重选拔政治过硬、公正廉洁、熟悉基层社情民意、在群众中威信较高的优秀干部担任街镇纪检监察干部，一般应具备相关专业知识背景，具有大学专科以上学历。

2. 街镇纪检监察干部配备和调整应征得区纪委同意，确保街镇纪检监察干部队伍的稳定。加大街镇纪（工）委书记、副书记的选拔任用和交流力度。街镇纪（工）委书记、副书记和其他专职纪检监察干部不得分管或从事纪检监察工作以外的其他工作。

（四）切实推动街镇纪（工）委履职尽责

1. 区纪委要加强对街镇纪（工）委的业务指导和监督检查，

制定符合我区实际的工作业务操作流程，规范街镇纪（工）委工作。

2. 建立约谈汇报工作制度，区纪委要定期约谈街镇纪（工）委书记，有针对性听取工作汇报，掌握有关情况，加强工作指导；建立健全街镇纪（工）委向区纪委报告工作制度，明确报告事项形式和时限要求。

3. 建立区纪委领导班子和纪检监察室分片联系街镇纪（工）委工作制度，加大对街镇纪（工）委信访、办案、督查工作的指导和组织协调力度。对情况复杂、阻力大、影响大的信访件或案件，要指派专人指导街镇纪（工）委开展工作。

4. 健全街镇纪检监察干部教育培训制度和实践锻炼机制，注重对新进街镇纪检监察干部的锻炼培养。新任街镇纪（工）委书记和专职副书记，1年内必须进行培训，其他纪检监察干部每3年要轮训一遍。

5. 建立工作绩效考核办法，加强街镇纪（工）委书记述职述德述廉和年度考核工作。强化落实街镇纪（工）委监督责任，突出对办信、办案工作的监督管理。凡发现并查实街镇纪（工）委办信、办案工作不力或对管辖范围内的信访件或案件线索压案不查、隐瞒不报的，要追究直接责任人和街镇纪（工）委主要负责人责任。

三、组织领导

加强街镇纪检监察组织建设是我区贯彻中央、省、市纪委“三转”精神、推进农村党风廉政建设的重要举措。各街镇党（工）委要切实增强政治意识和责任意识，把加强街镇纪检监察组织建设摆上重要议事日程，纳入农村党风廉政建设的总体规划，作为责任制考核的重要内容，全面抓好各项任务的落实。区纪委要担负起加强街镇纪检监察组织建设的直接领导责任，加强与组织人事、财政等有关部门的协调，制定出台相关配套制度，全力抓好各项具体工作的开展，确保各项任务目标落实并取得成效。

中共温州市鹿城区委办公室
温州市鹿城区人民政府办公室
2015年5月19日

区委办公室　区政府办公室印发《关于加强村干部管理考核落实基本报酬的实施办法》的通知

鹿委办发〔2015〕28号

各街道党工委、办事处，藤桥镇党委、人民政府，区直各单位：

《关于加强村干部管理考核落实基本报酬的实施办法》已经区委常委会同意，现印发给你们，望认真组织实施。

中共温州市鹿城区委办公室
温州市鹿城区人民政府办公室
2015年6月23日

关于加强村干部管理考核落实基本报酬的实施办法

第一条　为建立健全村干部管理考核机制，加强基层组织建设保障，根据上级有关规定，结合本区实际，制订本办法。

第二条　本办法适用于全区行政村两委班子成员及其他村干部。

第三条　各街镇党（工）委是村干部管理的责任主体，要根据动态管理与年终考核相结合原则，简便可行的要求，制定村干部管理考核细则，并经区委组织部审核后，组织实施。

第四条　对村干部的管理考核，应围绕加强基层组织建设、推动重点工作落实、重点项目克难攻坚、发展壮大村集体经济等重点来设置具体考核内容。不得照搬照抄区对街镇的目标考核指标，不得面面俱到。

要立足于加强村党组织的领导核心地位，根据不同岗位职责，合理设置村党组织书记和村委会主任的考核指标。

第五条　健全完善与村干部管理考核相挂钩的基本报酬制度。村两委主职干部的基本报酬，一般由基本补贴、绩效报酬、年度评议奖金三部分组成，基本补贴与村干部日常履职情况挂钩，绩效报酬与工作推进情况挂钩，年度评议奖金与年终述职评议和综合考核等次挂钩。

基本报酬每部分具体标准和发放形式，由街镇根据实际情况合理确定，量力而行。严禁村集体举债虚高发放村干部报酬，或巧立名目变相发放各种奖金、津贴。

第六条　年度考核实行“分类分档”原则分成三档，各档比例由街镇自行设置。其中优秀档原则上不超过30%，末档原则上不少于20%。

因村两委主职干部不认真履行职责造成下述情况的，应列为末档，不得发放年度评议奖金：（1）基层组织建设在区级以上督查或考核中排名靠后的；（2）没有完成中心工作任务拖了全区后腿的；（3）出现“一票否决”情况的。

第七条　区财政按全区上年度农村劳动力平均收入水平，根据在职人数全额核拨村两委主职干部基本报酬。其他村干部报酬，由各街镇按照有关规定，根据村集体经济收入情况统筹落实。区财政下拨用于村两委主职干部基本报酬的经费，经街镇考核兑现后结余的，由街镇根据“一事一议”原则，报区委组织部审核后，用于奖励工作特别突出的村干部。

第八条　全面落实村级组织运行经费保障，村集体经济年收入不足5万元的，由区财政每年补助5万元，其中人口规模1500人以上的，区财政每年补助10万元。

第九条　加强经费使用监管。各街镇截留、挪用区财政核拨的各项基层组织建设保障经费，或对落实到村的经费监管不力造成违规使用的，一经查实，区财政等额核减次年下拨经费，相关部门对相关责任人予以追责。区纪委、区委组织部、区财政局、区民政局要结合农村基层作风巡查工作，不定期检查经费使用情况，切实加大违规违纪使用经费的查处力度。区委农办（区农林水利局）要加强对街镇村账代理中心的业务指导，切实发挥街镇村账代理中心对经费使用的审核把关职能。

第十条　各街镇对村干部的管理考核实施细则执行情况，及基层组织建设各项保障经费落实情况，列入当年度街镇党（工）委书记述职评议考核的重要内容，纳入街镇党（工）委书记基层党建工作责任制考核。

第十一条　本办法自公布之日起施行。与本办法规定不一致的，按本办法执行。本办法由区委组织部商区纪委、区委农办（区农林水利局）、区财政局、区民政局解释。

区委办公室　区政府办公室关于加强和改进新形势下档案工作的实施意见

鹿委办发〔2015〕31号

各街道党工委、办事处，藤桥镇党委、人民政府，区直各单位：

根据《市委办公室 市政府办公室关于认真贯彻落实〈中共浙江省委办公厅 浙江省人民政府办公厅关于加强和改进新形势下档案工作的实施意见〉的通知》（温委办发〔2014〕101号）精神，结合我区实际，提出如下实施意见：

一、充分认识加强和改进新形势下档案工作的重要性

档案工作是党和政府工作中不可缺少的一项基础性工作，做好档案工作，可以使经验得以总结、规律得以认识、历史得以延续，从而促进经济社会科学发展。随着经济社会快速发展，档案工作涉及的领域更加广阔、内容更加丰富、需求更加多样。做好新形势下档案工作，对于推动我区经济社会科学发展，维护人民群众合法权益，提高党的执政能力和政府管理水平，具有重要意义。在新的发展形势下，我区档案工作还存在一些问题和困难，一些单位对档案工作重要性认识不足，档案事业发展不平衡，依法治档意识和能力不强，档案基础建设整体水平偏低，档案信息化建设步伐缓慢，档案收集模式、管理手段、服务机制需要进一步创新，档案安全保障需要进一步强化，档案干部队伍素质需要进一步提高。各单位务必要充分认识档案工作的重要性，增强做好档案工作的责任感和使命感，以改革创新为动力，以建设法治档案、智慧档案、民生档案、平安档案、活力档案为主抓手，加快建设与鹿城经济社会发展相适应的档案工作，努力推动我区档案工作走在前列，为实现鹿城“赶超发展、再创辉煌”发挥积极作用。

二、全面推进新形势下档案工作新发展

（一）强化依法行政，全面推进法治档案建设

1. 全面依法建档。各单位要加强档案法治意识，强化档案工作基础建设，完善档案工作制度，健全档案工作网络，提高规范化水平，凡是应归档的档案（包括应归档的纸质文件、电子文件及照片、录音、录像、奖牌、证书等特种载体），要向本单位设立的综合档案室移交，任何单位和个人不得据为己有或拒绝归档，切实做到依法归档。列入区档案馆进馆范围的单位，必须按规定做好档案移交工作。社区（村）及其区域内的非公有制经济组织、社会组织要指定专人负责档案工作，确保建档无盲区、存档有场所、管档有专人。

2. 严格执法监督。区档案局要建立并实施权力清单制度，理顺档案行政执法权限，严格依法履行行政职权。要加大执法力度，重点对教育、就业、社保、医疗、住房等民生领域和社会管理领域档案工作进行监督检查。区纪委、区人力社保局协同配合区档案局严格执行《档案管理违法违纪行为处分规定》，对损毁、丢失、泄密档案等进行联合查处。各街镇要依法加强对社区（村）档案工作的指导监督。

（二）深化馆室共建，加快推进智慧档案建设

1. 加强电子文件管理。区档案局要制定电子文件归档、电子档案移交和长久保存的相关制度，协同区电子政务中心，实现办公自动化系统平台的电子文件即时归档，推进全区各立档单位电子档案的规范化管理和移交，使电子文件归档、电子档案移交和接收走向常态化。

2. 加快推进数字档案室建设。全面开展省级示范化数字档案室和市级规范数字档案室创建活动，力争3年内在各街镇、各部门全部建成数字档案室。

3. 进一步推进数字档案馆建设。加强数字档案馆的科学建设、安全运维和绩效管理，推动档案事业可持续发展，力争5年内通过“国家级数字档案馆”测试，创成“全国示范数字档案馆”。

4. 开展“馆室一体化”建设。加强档案案卷级文件级目录数据库、档案信息专题数据库、档案全文数据库，以及多媒体互动展示与管理平台建设。利用政务网在线整合档案资源，构建区档案馆与各街镇、各部门综合档案室之间互联互通、信息共享的网络结构，实现“馆室一体化”，进一步提升档案工作服务智慧鹿城建设的能力。

（三）夯实资源基础，扎实推进民生档案建设

1. 做好“三重一特”档案收集。切实做好重点建设、重大活动、重要人物、地方特色等“三重一特”优质档案资源的接收，做到档案资源量和质并重。党委、政府成立重大活动专项工作机构或协调机构时，根据需要将区档案局列为成员单位，明确重大活动档案管理的责任部门和责任人，制定并落实相应的收集、整理、移交、保管等措施。

2. 强化民生档案收集。进一步加强出生医学证明、学籍、婚姻登记、山林、土地承包等民生档案的接收管理，增加民生档案馆藏比重，着力构建覆盖广大人民群众的档案资源体系。

（四）强化安全监管，稳步推进平安档案建设

1. 加强档案馆库建设。加快谋划区档案馆新馆建设，争取在“十三五”期间完成立项，按照“五位一体”的档案馆建设标准，努力将区档案馆新馆建成为管理先进、设施完善、功能齐全、节能环保，具备档案安全保障能力和公共服务能力的国家级综合档案馆。

2. 确保档案实体和信息安全。各街镇、各部门要建立健全人防、物防、技防三位一体的档案安全防范体系，把档案室列入重点保护范围，确保档案安全受到危害时能及时得到优先抢救和妥善处置。区档案局要建立档案安全相关工作机制，严格执行档案安全保密制度，对重要档案实行异地异质备份，确保档案安全。

（五）优化发展环境，深入推进活力档案建设

1. 强化队伍建设。配齐配强区档案局领导班子，重视档案专业人才培养，充实干部队伍，进一步优化年龄和知识结构。要把档案法律法规列入领导干部理论学习、培训的内容，从事档案工作的人员应参加上岗前培训，取得证书后方可上岗，档案专业技术人员每年脱产接受继续教育的时间累计不少于12天。

2. 加强宣传教育。积极开展档案宣传活动，推动档案文化进机关、进校园、进企业、进社区、进农村、进家庭，增强社会档案意识，形成全社会关心、支持档案工作的良好氛围，为档案事业发展营造良好的外部环境。

3. 提升服务意识。切实提高档案服务工作水平，与时俱进，及时提供群众需要的档案信息，尽可能为群众提供多种渠道的档案查阅利用服务。

三、切实加大对档案工作的支持保障力度

（一）加强对档案工作的领导。要将档案工作列入重要议事日程，纳入国民经济和社会发展规划及工作计划，列入工作考核检查内容。分管档案工作区领导要定期听取工作汇报，及时研究解决档案工作中遇到的实际问题。

（二）加大对档案事业的投入。要根据档案事业发展实际需求，进一步加大公共财政对档案工作发展的投入力度，按照部门预算编制和管理有关规定，科学合理核定档案工作经费，将档案资料征集、抢救保护、安全保密、信息化、现代化管理、服务利用、档案文化建设、档案科研、教育培训、陈列展览、设备购置和维护等方面的经费列入同级财政预算，并随经济发展和财力增长而增加投入。

中共温州市鹿城区委办公室
温州市鹿城区人民政府办公室
2015年7月1日

区委办公室　区政府办公室
关于印发《鹿城区时尚化战略2015年实施方案》的通知

鹿委办发〔2015〕42号

各街道党工委、办事处，藤桥镇党委、人民政府，区直各单位：

现将《鹿城区时尚化战略2015年实施方案》印发给你们，请各单位结合实际，认真组织实施。

中共温州市鹿城区委办公室
温州市鹿城区人民政府办公室
2015年11月2日

鹿城区时尚化战略2015年实施方案根据市委加快推进“五化战略”的工作部署和区委《关于发展时尚产业建设时尚城区的决定》（鹿委发〔2014〕37号）精神，为

明确工作目标、落实工作任务、完善工作措施，全面推进时尚化战略实施，特制定本实施方案。

一、总体要求

深入贯彻实施市委“五化战略”的重大部署，发挥轻工产业、温商网络、民间资本、空间要素四大优势，坚持智造和消费双轮驱动，做好文化创意和科技创新两篇文章，加快建设一批规模大实力强的时尚平台，发展一批有核心竞争力的时尚企业，形成一批有自主知识产权的时尚产品，引进和打造一批具有国际影响力的时尚品牌，举办一批对接当今时尚潮流的时尚展会，培育一批对经济有带动力的时尚消费热点，着力建设“宜商宜居、时尚活力”城区。

二、工作目标

一是时尚智造水平稳步提升。集聚时尚产业创意设计优势，推进轻工产业向时尚产业转型，实现时尚制造产业增加值同比增长7%以上。

二是时尚消费规模快速增长。打造时尚消费空间，拓宽时尚消费方式，创新时尚消费业态，实现时尚消费领域全社会消费品零售总额同比增长12%以上。

三是时尚项目驱动不断增强。实施一批具有示范引领作用的时尚化重大项目，加大“温商回归”和招商引资力度，全年完成时尚化项目投资约28.6亿元。

三、工作重点

（一）提升时尚制造

培育时尚制造产业。以制鞋、服装两大产业为核心，促进时尚元素与传统轻工产业融合，加快轻工产业向时尚产业转型，实现时尚制造产业增加值同比增长7%以上。打造时尚制造平台。整合提升中国鞋都转型升级示范区、鹿城轻工产业园区等各类时尚制造平台，鼓励中心城区利用旧工业园区、旧厂房积极打造时尚产业众创平台，培育温州时尚制造新名片。提升时尚制造能力。支持本土企业做强做大，培育3家工业总产值10亿元以上时尚龙头企业，争取打造1家工业总产值超20亿元时尚龙头企业。鼓励企业推广柔性定制生产、“快速时尚”发展模式，引导中小企业往“专精特新”方向发展。引导企业加快技术升级，力争时尚制造技改投资占工业技改投资的比重达到25%以上。加强产业合作交流。突出开放带动，加强台湾时尚产业对接，参与国际时尚产业合作。加快推进名城广场、台湾特色尚品名品街等一批对台重点项目。（牵头单位：区经信局；配合单位：区发改局、区商务局、区招商局、各街镇）

（二）推进时尚设计

培育时尚设计优势。突出以时尚为核心的工业设计，重视发展有助于提升制造水平的专业设计，促进广告设计、会展设计、营销设计等发展。搭建时尚设计平台。建设鹿城特色工业设计基地，打造温州国家广告产业试点园区，探索建设时尚设计街区，支持设计师品牌工作室发展壮大。培育时尚设计人才。加强时尚设计人才跨区域交流合作，吸引温籍专业时尚设计人才回归，探索建设网上设计师交流平台。提升企业时尚设计。加强企业技术中心、产业技术联盟、工业设计中心等研发平台建设，支持有条件时尚企业设立设计研发中心，探索建设网上设计交易服务平台。推进时尚企业工业化和信息化融合示范试点。加强时尚设计知识产权保护和成果应用。（牵头单位：区经信局；配合单位：区编委办、区科技局、区人力社保局、区文广新局、区市场监管局、各街镇）

（三）打造时尚小镇

围绕时尚产业链培育，统筹区位条件、资源禀赋、产业基础等因素，在全区范围内规划实施若干个时尚小镇培育计划，突出旅游休闲、时尚智造、研发设计、总部经济等主题定位，并优先支持时尚小镇申报省、市级特色小镇。规划建设一批以时尚小镇建设为载体，推进一批街廊馆店时尚化改造，建设一批时尚主题广场、时尚街区，打造一批标志性时尚建筑；突出时尚小镇建筑风格塑造，以商业设施、公共建筑、住宅小区等为重点，融入现代、流行、文化等元素，加强建筑设计、景观设计和装修设计，形成各具区域特色的时尚建筑风格。（牵头单位：区发改局；配合单位：区经信局、区住建局、区商务局、各街镇）

（四）发展时尚消费

培育时尚商圈。打造千亿级五马时尚商圈，加快实施五马商圈亮丽工程等一批环境改造项目，推进商圈形态和时尚业态有机更新，凸显五马时尚标杆作用；加快建设滨江商务区时尚商圈，积极稳妥推进城市综合体和特色街区建设，打造世贸中心时尚高地。搭建名品消费市场。加快传统专业市场“迁改并转”，推进实体市场与现代流通技术嫁接，培育进口名品市场，打造国际时尚消费品进口贸易高地。推进月光经济发展。实施月光经济发展三年行动计划，推动文化演艺、旅游观光、餐饮购物、休闲娱乐等多业态、多功能联动发展，在中心城区建成3条特色鲜明的品质夜市街区。大力发展网络经济。加快发展以电子商务为重点的网络经济，加快建设坚士锁业跨境电商产业园，带动时尚制造、时尚消费发展。（牵头单位：区商务局；配合单位：区经信局、区市场监管局、各街镇）

（五）推动时尚休闲

发展时尚旅游。着力打造时尚旅游精品城市，重点抓好绿色（生态）旅游、红色（革命）旅游、蓝色（瓯江）旅游、月色（夜温州）旅游、彩色（时尚）旅游等“五彩旅游”建设，加快推进低空旅游基地和特色旅游客栈等时尚旅游新业态发展，实现旅游接待人数达到1100万人次，旅游总收入突破120亿元。发展时尚运动。结合鹿城山水自然资源，构建沿江、沿河、山地、都市四大运动休闲区，重点建设1个市级以上运动休闲旅游基地或1条精品运动休闲旅游线路。发展时尚农业。围绕稻田、茶园、果园、花卉、梯田等特色农业，推进传统农业与现代时尚元素相结合，打造时尚农业休闲旅游精品线路1条，培育“时尚农业园”“时尚农家”5个。〔牵头单位：区风景旅游局；配合单位：区委农办（区农林水利局）、区发改局、区交通运输局、区文广新局、区体育局、各街镇〕

（六）培育时尚品牌

借助全球温商网络，引进国内外知名时尚产品、时尚品牌、时尚企业，鼓励有条件的温州企业投资、收购、兼并国内外知名品牌，引导在外温州人“品牌代理回归”。大力实施品牌战略，以温州名牌企业为重点，建立自主时尚品牌梯队，培育10家以上温州时尚品牌企业，3个以上温州时尚品牌。参与“浙江制造”品牌建设，提升本地时尚产品质量和标准。开展30家时尚品牌培育企业的质量管理轮训，全面提高质量管理水平。（牵头单位：区质监局；配合单位：区经信局、区科技局、区商务局、区市场监管局、各街镇）

（七）发展时尚会展

整合提升温州时尚会展。深化金秋购物节、金秋文化节等系列时尚购物节活动，办好五马时尚周，全年举办较大规模专业展和时尚消费展共2个以上。鼓励开展各类时尚活动。鼓励在各类时尚园区、城市综合体及特色街区，因地制宜、形式多样举办春夏和秋冬新品时尚发布会、世界品牌代理商大会、国际著名品牌发布会等主题展会，以及设计赛、时装周、时尚创意节等时尚节事活动；整合温州历史文化资源，探索打造以江心屿、朔门街和瓯江路为核心的“时尚外滩”。做大做强时尚会展企业。引导和鼓励各类经济实体组建专业会议展览公司，培育一批实力雄厚、诚信度高、竞争力强的本土会展企业，吸引国内外著名会展公司和社团组织到我区设立展览机构和开展会展业务。（牵头单位：区商务局；配合单位：区委宣传部、区经信局、区文广新局、区质监局、区风景旅游局、各街镇）

（八）培育时尚文化

培育时尚文化产业。加快新闻出版、广播影视、数字文化等文化产业发展，培育一批文化品牌基地。打造文化产业平台。加强对全区文化产业园区建设的布局规划，提升现有文化产业园区创意设计能力，新建若干个文化创意产业园，鼓励老旧厂房改造发展文化创意产业，培育艺术品交易平台。推进文化传承创新。继承和发扬温州民俗文化，提升“百工之乡”发展水平，挖掘瓯瓷、瓯绣、瓯塑、瓯菜、瓯剧等瓯越文化内涵，做好温州本土戏剧新创复排。提升城市文化品位。整体提升江心屿等一批历史文化区，打造15分钟中心城区都市文化圈，建设休闲时尚的“文化驿站”、24小时图书馆各3个。（牵头单位：区委宣传部；配合单位：区经信局、区科技局、区文广新局、各街镇）

四、工作保障

（一）加强组织领导。成立时尚城区建设领导小组，建立时尚化战略联席会议制度，实行区领导挂钩联系负责制，统筹推进全区时尚化发展。建立时尚产业统计和评价检测体系。（牵头单位：时尚城区建设领导小组；配合单位：时尚城区建设领导小组各成员单位）

（二）强化政策保障。争取并用足用活上级政策，从财政金融支持、土地保障、配套建设等方面入手，突出对时尚设计、时尚科研、时尚文化、创意元素、时尚品牌、时尚会展等领域的引导和投入。（牵头单位：区发改局；配合单位：区委政研室、区经信局、区科技局、区财政局、区商务局、区文广新局、区质监局、地税鹿城分局、国土资源鹿城分局）

（三）强化人才支撑。加强招才引智工作，着力引进一批学术造诣高、创新创业能力强的时尚领军型人才和团队，加强对高层次人才医疗保健、子女就学、家属就业等方面服务。（牵头单位：区委组织部；配合单位：区教育局、区人力社保局、区卫计局）

（四）强化时尚宣传。发挥主流媒体作用，加强对市民时尚意识和时尚能力的宣传教育，广泛传播现代时尚生活理念，营造浓厚的时尚之都建设氛围。拓宽时尚宣传、时尚发布渠道，组织开展本土时尚企业、时尚品牌宣传活动，举办时尚沙龙、时尚人物评选，引导和支持创立一批时尚专业网站、杂志和电视栏目，培育扩大温州时尚媒体的影响力和辐射力。（牵头单位：区委宣传部；配合单位：区广电新闻中心、区文广新局）

附件：

1. 鹿城区时尚城区建设领导小组成员名单（略）

2. 2015年鹿城区时尚化战略工作分工表（略）

3. 2015年鹿城区时尚化战略实施类项目表（略）

4. 2015年鹿城区时尚化战略前期类项目表（略）

区委办公室　区政府办公室关于印发《鹿城区信息化战略2015年实施方案》的通知

鹿委办发〔2015〕45号

各街道党工委、办事处，藤桥镇党委、人民政府，区直各单位：

《鹿城区信息化战略2015年实施方案》已经区委、区政府同意，现印发给你们，请认真组织实施。

中共温州市鹿城区委办公室
温州市鹿城区人民政府办公室
2015年11月9日

鹿城区信息化战略2015年实施方案为深入贯彻落实市委十一届八次全会和《中共温州市委 温州市人民政府关于实施信息化战略的决定》（温委发〔2015〕25号）精神，全面推进2015年信息化战略实施，结合我区工作实际，特制定本实施方案。

一、工作目标

（一）信息化发展指数达到0.94以上，“两化”融合指数达到70以上。

（二）网络零售额达到170亿元，同比增长25%以上，居民网上消费额达到110亿元，同比增长25%以上。

（三）规上电子信息产业产值达到10亿元以上，同比增长5%以上。

（四）国家智慧旅游试点城区、温州鹿城跨境电子商务产业园、鹿城时尚信息产业园建设取得阶段性成果。

二、主要任务

（一）推进网络经济“一号新产业”发展

1. 抓电子商务普及应用。修订出台《鹿城区促进网络经济发展扶持办法（试行）》，组织开展电子商务示范平台、示范企业、知名网站评选，引导鞋革、服装、化工等企业开展电子商务，力争工业和商贸服务业电子商务普及率达50%以上。启动温州鹿城跨境电子商务产业园，培育发展一批跨境电商服务企业。〔牵头单位：区商务局〈区网络经济局〉；配合单位：区发改局、区经信局〕

2. 抓网络经济产业集聚。推进电商园区（楼宇）提升发展，进一步完善重点网络经济产业基地（园区）配套服务，打造综合性电商楼宇、虚拟产业园等特色网络集聚区，培育网络经济重点基地（园区）2家以上，培育消费品垂直电子商务平台1个以上。〔牵头单位：区商务局（区网络经济局）；配合单位：区发改局、区经信局〕

3. 抓互联网金融创新。支持鹿城农商银行富民融通互联网金融服务平台建设，进一步完善鹿城金融网“两库一网”和鹿城金融业综合统计信息平台的功能，鼓励发展第三方支付、金融外包、股权众筹融资等新型互联网金融服务企业，规范整治P2P网络借贷等。（牵头单位：区金融办；配合单位：鹿城农商银行）

4. 抓智慧物流建设。加快推进门前山物流园区等重点物流项目建设，完善配套基础设施。支持辖区内物流企业申报A级以上重点物流企业，扶持物流企业做大做强。进一步完善快递“最后一公里”，推进电商智能投递终端建设和应用。〔牵头单位：区发改局；配合单位：区交通运输局、区商务局（区网络经济局）〕

（二）推进电子信息产业提升发展

5. 抓电子信息产业园区建设。借鉴先进经验，在科技与文化融合示范基地、炬光园等地统筹布局信息产业园区，明确发展主导信息产业，高起点规划建设功能性强、配套完善、产城联动的产业园区，增强招商吸引力。推进鹿城时尚信息产业园、鹿城科技创新小微园、鹿城创业服务中心建设运营工作，加大我区软件和信息类产业培育力度，强化产业集聚发展效应，优化产业发展环境。〔牵头单位：区经信局；配合单位：区发改局、区商务局（区网络经济局）、轻工产业园区、南汇街道、南郊街道、双屿街道、丰门街道、藤桥镇（藤桥片）、藤桥镇（山福片）〕

6. 抓重点项目招商和重点企业培育。按照“三招一优”机制，组建专业化招商队伍，建立重点项目库，重点引进物联网、软件研发等行业龙头企业，力争引进投资额超亿元电子信息企业1家以上。对电子信息企业加强分类指导，根据产业规模、产业链协同、产品特点等分别制定培育方案并实施重点推进，力争新培育超亿元电子信息企业1家以上。〔牵头单位：区经信局、区招商局（区经合办）；配合单位：区金融办、各街镇〕

7. 抓软件与信息服务业培育。加快发展系统集成、工业软件、集成电路等电子信息企业，加大企业资质认证力度。落实市对企业资质认证补助有关政策。培育发展信息系统集成、互联网增值服务等信息服务业。实现软件与信息服务业营业收入达到9亿元。〔牵头单位：区经信局；配合单位：区商务局（区网络经济局）〕

（三）推进两化深度融合

8. 抓智能制造。围绕“五一〇”产业组织实施“机器换人”行动，今年新增“机器换人”示范项目40项以上，力争全区零土地技术改造投资达到20亿元以上。切实加大智能化产品开发力度，力争开发智能新产品8种以上、省级优秀新产品2项以上。（牵头单位：区经信局；配合单位：区科技局）

9. 抓精细化管理。支持企业开展ERP（企业资源管理计划）、PLM（产品生命周期管理）、SCM（供应链管理）等“两化”融合技术改造，利用云服务支持“两化”融合，在重点企业中提升推广ERP应用率。组织实施工业企业“两化”深度融合“登高计划”，在已经取得示范企业6家，试点企业11家的基础上，培育认定“两化”融合示范试点企业2家以上。推进企业首席信息官（CIO）制度建设，力争培育市级优秀企业首席信息官1名以上。（牵头单位：区经信局；配合单位：区科技局、各街镇）

10. 抓云服务示范小微园建设。推进企业管理、电子商务等云服务平台入驻示范小微园，举办小微园云服务现场会2场以上。实现已建成示范小微园4G和WIFI全覆盖、光纤“千兆到园”。（牵头单位：区经信局；配合单位：移动鹿城分公司、联通鹿城分公司、电信鹿城分公司）

（四）推进智慧城市建设

11. 抓城市治理智慧化。加快推进城市管理、市场监管、环境监测、应急保障等领域管理智慧化，推进智慧交通、智慧城管等项目建设。全力承接市级智慧交通一期项目建设工作，完成市智慧交通视频平台区级接入点数达10个以上。建设完成鹿城区智慧城管路面执法系统，简化案件流程，提升执法效率。（牵头单位：区经信局；配合单位：区发改局、区城管与执法局、区交通运输局、区环保局、市交警支队一大队、市交警支队二大队）

12. 抓信息慧民。以国家信息惠民试点城市中期评估为契机，加快推进江心屿景区客流监控分析、景区综合管控平台、公共卫生数据管理与交换系统等项目建设，力争实现AAAA级景区WiFi覆盖率达到100%以上，全区诊疗数据上传率达到80%。着重做好我区智慧旅游、智慧社区、智慧教育等民生服务智慧化项目建设规划，切实提高我区民生领域信息技术集成应用水平。（牵头单位：区经信局；配合单位：区发改局、区教育局、区民政局、区公安分局、区城管与执法局、区交通运输局、区卫计局、区风景旅游局、区应急办）

13. 抓智慧政务建设。建成集行政审批、便民服务、在线互动等功能为一体的统一政务大厅，推进政务服务“一站式”网上办理。协助完善四级联网审批系统建设工作，实现与省市各业务系统互联互通。加强国家综合数字档案馆建设，建成数字环境下历史档案数字记录遗产永久保管基地、鹿城电子档案信息资源的管理与共享中心。（牵头单位：区府办、区档案局；配合单位：区经信局、区审管办）

（五）推进智慧“三农”建设

14. 抓信息化与农业现代化融合。农业龙头企业网店开设率达50%以上，培育农产品电商企业2家以上，新增农产品电商企业旗舰店2个，培育农产品电子商务示范村1个。推进农业物联网示范点、智慧农业示范园区建设工作，积极开展农业物联网示范基地培育工作。〔牵头单位：区农林水利局；配合单位：区商务局（区网络经济局）、各街镇〕

（六）推进创业创新平台建设

15. 抓众创空间建设。加快推进鹿城时尚信息产业园、鹿城科技创新小微园项目竣工验收进度，做好相关扶持政策处理、园区规划、项目招商等工作。鼓励高等院校、社会中介建设信息经济“众创空间”等新型创业服务平台。启动“特色小微园”“特色小镇”等创业平台建设工作，力争启动创业平台2家以上。（牵头单位：区经信局；配合单位：区发改局、区科技局、各街镇）

16. 抓企业研发平台建设。围绕“五一〇”产业提升，依托行业龙头骨干企业，建设一批企业研究院、技术（研发）中心、工程中心。力争全年培育认定市级企业技术（研发）中心4家以上，培育省级企业技术（研

发）中心1家以上。（牵头单位：区经信局、区科技局；配合单位：区教育局、中津科技大数据研究中心）

（七）推进信息基础设施建设

17. 抓"宽带鹿城"建设。推进无线城市建设工程，全年新建、改造4G通信基站1000个以上，实现城区、镇和98%以上行政村4G通信网络覆盖。推进"光网城市"建设，全区光纤用户达到40万户，满足实现家庭用户100M网络覆盖要求。（牵头单位：区经信局；配合单位：移动鹿城分公司、联通鹿城分公司、电信鹿城分公司、各街镇）

18. 抓企业信息化云平台推广。以鹿城云计算中心为载体，打造规模化、高可扩展性、分布式、高效节能的企业信息化云计算中心，为全区"两化"融合和智慧城市应用项目提供云平台支撑；鼓励发展"按需分配、弹性管理"的云服务模式，不断提升服务能级，积极带动我区云计算产业发展。（牵头单位：区经信局；配合单位：移动鹿城分公司、联通鹿城分公司、电信鹿城分公司、各街镇）

19. 抓信息资源整合应用。以整合政务大数据资源为契机，优化布局，完善我区人口、法人、空间地理、宏观经济四大基础数据库；依托市级政务信息交换平台，大力支持信息普遍共享和业务协同机制的建立工作。大力配合市级大数据管理中心整合建设工程，推进本辖区公共信息资源的整合、共享、应用工作。（牵头单位：区经信局；配合单位：区发改局、区公安分局、区住建局、区质监局、各街镇）

（八）强化保障措施

20. 加强政策保障。以《温州市信息经济"十三五"规划》《温州智慧城市建设总体规划》为总纲，编制《鹿城区"十三五"信息化发展计划》，科学谋划产业和发展布局，进一步明确发展目标任务和战略举措。引导科创资本、民间资本投向信息经济。建立信息经济发展专项资金，重点支持机器换人、智能化产品开发、"两化"融合、信息经济创新创业平台等建设。（牵头单位：区经信局；配合单位：区财政局、地税鹿城分局）

21. 加强氛围营造。开展信息化战略评价体系研究，建立健全全区信息经济统计调查和科学评估制度。制作信息化战略专题片，借助电视报刊、微博微信等渠道加强信息化战略宣传，营造良好氛围。〔牵头单位：区委宣传部、区经信局；配合单位：区广电新闻中心、区文广新局、区商务局（区网络经济局）〕

附件：

1. 2015年信息化战略创业创新重点平台培育名单（略）

2. 2015年信息化战略重点企业培育名单（略）

3. 2015年信息化战略重点项目一览表（略）

区委办公室　区政府办公室关于印发《鹿城区国际化战略2015年实施方案》的通知

鹿委办发〔2015〕46号

各街道党工委、办事处，藤桥镇党委、人民政府，区直各单位：

现将《鹿城区国际化战略2015年实施方案》印发给你们，请各单位结合实际，认真组织实施。

中共温州市鹿城区委办公室
温州市鹿城区人民政府办公室
2015年11月9日

鹿城区国际化战略2015年实施方案为深入贯彻落实市委十一届八次全会和《中共温州市委 温州市人民政府关于实施国际化战略的决定》（温委发〔2015〕27号）精神，全面推进我区2015年国际化战略实施，特制定本实施方案。

一、总体目标

紧紧围绕"赶超发展、再创辉煌"战略部署，牢牢把握"一带一路"国家战略的重大机遇，以国际化带动新一轮对外开放，充分发挥自身比较优势和鲜明地方特色，推进国际国内要素资源高效配置，进一步增强综合承载能力和服务功能，初步构建国际化发展的基础功能架构。至2015年底，力争外贸出口增长5%以上，实际利用外资超3500万美元，实现"贸易回归"进出口总额10亿元。推动进口商品展示交易中心建设，完成坚士锁业跨境电子商务产业园建设，积极谋划海外仓布局。国际教育、科技、文化、人才、旅游等国际交流合作更加广泛，新增友好城市或友好交流关系城市1个以上；公共服务、社会管理以及法制环境不断优化，贸易投资更趋便利化，城市营商和人居环境得到改善。

二、重点任务

（一）转变外贸发展方式

加大展会拓市场力度，积极开展面向发达国家、"一带一路"沿线国家的贸易促进活动，安排企业参加10个以上重点国际性展会，牵头组织企业参加德国杜塞尔多夫春秋两季国际鞋类展览会。实施出口品牌战略，引导企业开展国际品牌合作并购，提升自主品牌占比。出台进口扶持政策，确保外贸进口稳定增长，培育进口超亿元龙头企业。加大对进口市场的培育力度，启动建设鹿城区进口商品展示交易中心，加快建设外运集团进口商品仓储基地。积极推进鹿城区跨境电子商务产业园区建设，培育跨境电子商务平台，推动海外仓建设。加快发展服务贸易，积极培育服务外包示范企业。大力培育外贸龙头企业，推进综合服务企业试点。（牵头单位：区商务局；配合单位：区国税局、区文广新局、区外侨办、各街镇）

（二）扩大双向投资合作

积极开展国际招商推介活动，重点引进对产业转型升级具有重要作用的大项目。加快外资项目落地，争取总投资额3000万美元以上的重大项目落地建设1个以上。协助申报争取成为“一带一路”试点城市，加强与“一带一路”沿线国家的经济合作，支持扩容提升俄罗斯乌苏里斯克工业园，大力发展国际营销网络，积极引导企业布局境外供应链。发展总部经济，加快建设总部经济园区。〔牵头单位：区商务局；配合单位：区发改局、区经信局、区外侨办、区招商局（区经合办）、各街镇〕

（三）加快产业国际化进程

支持企业嫁接国际先进技术、先进标准和创新资源，鼓励龙头企业打造跨国经营企业，引导民营企业通过并购等方式与境外企业嫁接提升。建立国际品牌引进培育机制，努力培育具有较强国际竞争力的出口品牌。深化国家级出口鞋类质量安全示范区建设，全面提升示范区出口质量安全水平。积极开展质检项目国际互认，提升质检、计量等公共服务平台作用。（牵头单位：区商务局；配合单位：区质监局、区经信局、区科技局、区工商联、各街镇）

（四）加强国际人文交流

深化同现有国际友好城市及友好交流关系城市的交流合作，谋划新建友好交流关系，加强公共外交领域交流合作。开展高层次的两岸经济文化交流活动。在学校、社区（村）、地方特色文化场所设立温州国际交流示范窗口。实施文化“走出去”工程，落实省、市对外文化工作对口合作计划，积极组织和参与国际文化艺术交流活动。办好国际象棋、中国式摔跤、两岸青年围棋赛等国际性赛事。〔牵头单位：区外侨办、区文广新局；配合单位：区委宣传部、区委统战部（区委台办）、区商务局、区风景旅游局、区体育局、各街镇〕

（五）做大旅游会展品牌

加强与重点国家和地区的旅游交流合作，深化与台湾旅游业的合作。加强鹿城旅游资源境外宣传，开展与主要客源市场媒体和重要全媒体机构的战略合作，启动打造鹿城旅游产品国际化推介平台。研究制定会展业发展扶持政策，加大对会展企业的培育力度。加快新国际会展中心建设，协助办好国际时尚消费博览会、国际时尚文博会、进口展、鞋革展、眼镜展等重点国际性展会，积极引进举办国际性时尚主题展会或活动。（牵头单位：区风景旅游局、区商务局；配合单位：区委宣传部、区外侨办、区委台办、区文广新局、区江心屿景区管理处、各街镇）

（六）加快创新资源引进

加强国际科技交流与合作，争取举办重大国际性学术会议和科技交流活动，努力引进若干国际高新技术项目。提升中津先进科技研究院科研水平，加快大数据分析平台建设，争取若干落地项目。加快研究引进Apple Store官方零售店。出台“人才新政”，实施“精英引进计划”，举办温州民营企业高层次人才洽谈会。打造境外师训基地，落实名师名校长境外培训计划。〔牵头单位：区科技局、区教育局、区委组织部；配合单位：区外侨办、区商务局、区人力社保局、区招商局（区经合办）、区委台办、区科协、各街镇〕

（七）推动海外温商回归

扎实开展海外温商贸易回归活动，发挥海外温州商务服务联络机构作用，与海外温籍侨团签订贸易回归战略框架合作协议，力争实现“贸易回归”进出口总额10亿元。开展“海外乡贤故乡行”、“海外媒体看温州”等品牌活动，引回一批海外温商“领头雁”，深化与海外温籍侨团的贸易合作，举办贸易回归签约仪式1场以上，力争引进回归项目1个以上。打造“世界之窗”温州人创意酒店，筹建温商总部家园。实施“文化留根”计划，建立新生代温商教育基地。协办世界温州人欧洲论坛、世界温商百名风云人物评选活动。〔牵头单位：区商务局、区外侨办；配合单位：区委统战部、区发改局、区招商局（区经合办）、各街镇〕

（八）打造合作交流高地

加强对台交流合作，开展高层次的两岸经济文化交流活动，办好“浙江·台湾合作周”主体活动，开展百名台商会长看鹿城活动。扩大对台贸易，努力引进有示范作用的台资项目，实现新增台资项目1个，实际利用涉台资金500万美元以上，对接对台小额贸易试点。启动创建台湾中小企业园区、台湾青年创业就业服务中心。深化对美合作交流，争取建立双方互动交流和经贸合作的工作机制。〔牵头单位：区委台办、区发改局、区商务局、区外侨办；配合单位：区招商局（区经合办）、区文广新局、区风景旅游局、区经信局、区科技局、区住建局、国土资源鹿城分局、规划鹿城分局、各街镇〕

（九）优化国际化发展环境

优化贸易投资环境，创新外向型企业融资担保方式，优化重点贸易企业授信服务，推进跨境贸易人民币结算业务试点，建立成长型出口企业政府联保平台。健全完善高质量的外经贸服务工作机制。健全“三位一体”贸易摩擦应对机制，引导建设对外贸易预警点。加快智慧城市试点工作，扩大无线城市覆盖面，加快城市立体交通网络建设，打造城市国际化宜居环境。启动城市公共双语标识系统建设，在涉外参观场所、市级公共文化场馆、重点景区等开展英语、韩语标识改造，在重点区域和重要景点筹划设立国际旅游咨询中心，完善旅游目的地标识系统国际化建设，推广重要公共文化场馆、主要景区多语种电子语音解说服务，筹建多语种“温州鹿城网”政府服务网站，组建长效性外语志愿服务队伍。加大城区形象国际宣传力度，积极利用境外主流媒体、国际友城媒体和国内涉外媒体宣传鹿城形象，着手拍摄一部高水准的城区形象宣传片，制作对外宣传作品。扶持做大做强《欧华联合时报》。（牵头单位：区商务局、区外侨办、区委宣传部；配合单位：区经信局、区住建局、区发改局、区交通运输局、区风景旅游局、区府办、区教育局、区文广新局、区金融办、区市场监管局、区城管与执法局、区卫计局、区环保局、规划鹿城分局、区民政局、区国税局、各街镇）

三、工作要求

（一）加强协调配合。成立国际化城区建设领导小组，强化对国际化战略实施工作的领导，建立国际化战略联席会议制度，统筹推进全区国际化发展。加强协作，齐抓共管，上下联动，条块结合，努力构建政府主导、部门协同、社会参与的全方位工作格局，形成强大的推进合力。

（二）完善政策机制。研究制订实施国际化战略的配套政策性文件，健全完善进口市场、跨境电商、总部经济、国际品牌、温商回归、国际会展、入境旅游、人才引进、保税物流等相关扶持政策，加大对重大创建载体、重大项目、重大活动的经费支持，保障国际化战略的高效推进。

（三）强化督查考核。将国际化工作列入全区目标任务绩效考核，由区商务局牵头，建立定期督查通报制度，及时做好重点项目的跟踪督查，通报问题，抓好整改。

（四）注重氛围营造。充分利用各种新闻媒体的社会影响力，加大对实施国际化战略的宣传力度，营造广大企业和群众积极支持和参与全区国际化发展的良好氛围。

附件：2015年度实施国际化战略重点工作任务分解表（略）

2015年区人大常委会重要文件选载

关于印发《温州市鹿城区人大常委会2015年工作要点》的通知

温鹿人大常〔2015〕5号

《温州市鹿城区人大常委会2015年工作要点》已经区八届人大常委会第二十一次会议审议通过，现予以印发。

温州市鹿城区人大常委会

2015年3月26日

温州市鹿城区人大常委会2015年工作要点

（2015年3月26日温州市鹿城区第八届人大常委会第二十一次会议通过）

2015年是全面深化改革的关键之年，是全面深化法治鹿城建设的开局之年，也是全面完成“十二五”规划的收官之年。今年，区人大常委会工作的总体要求是：全面贯彻落实党的十八大、十八届三中、四中全会和省、市、区委全会精神，在中共温州市鹿城区委的领导下，主动适应新常态新要求，依法履行各项法定职权，切实加强和改进人大工作，为实施“五化战略”，深化“十大举措”，构建鹿城赶超发展新优势做出新的更大贡献！

一、注重探索创新，进一步推动人大工作与时俱进

1. 完善重大事项决定机制。加强与“一府两院”的协调，推动建立提交人大及其常委会讨论、决定的重大事项清单，健全重大事项提请机制。进一步规范讨论决定重大事项的规则和程序，提高科学民主决策水平。

2. 加强依法任免和任后监督工作。坚持党的领导和依法任免的有机统一，依法行使选举任免权，建立宪法宣誓制度，进一步增强被任命干部的宪法意识和法治观念。加强对人大任命的地方国家工作人员履职情况的监督，开展法官履职评议工作。

3. *改进监督方式方法*。推进专题询问和代表约见常态化，适时运用质询、特定问题调查等手段深化监督。强化跟踪监督，多开展“回头看”，确保常委会审议意见落到实处。将人大监督和舆论、社会监督等有机结合起来，提升人大监督的影响力。

二、增强监督实效，进一步促进经济社会健康发展

4. *加大法律和司法监督力度*。积极适应全面深化法治鹿城建设的需要，进一步加强法律监督和司法监督工作，切实推进依法治区进程。顺应立法体制改革，围绕城市管理和社会管理中的热点难点，加强立法课题收集和调研。跟踪监督出入境管理法执法检查审议意见落实情况。完善规范性文件备案审查机制，提高备案审查能力。听取和审议区法院关于执行工作情况的报告和公检法司机关工作人员依法履职公正司（执）法情况的报告，提升司法公信力。

5. *加强对政府专项工作的监督*。适应经济发展新常态，推动区委决策部署贯彻落实。督促区政府提前谋划编制“十三五”规划，调查和审议“十三五”规划编制情况。听取和审议区政府关于教育均衡发展、宗教事务管理等工作情况和2015年1—8月份计划执行情况的报告。听取和审议区政府关于鹿城建设时尚之都示范区、征收安置提速提效的议案办理情况的报告。听取半年度经济运行、旅游业发展、农村“三资”管理、农村产权制度改革基础工作进展情况和卫生计生机构改革工作情况的报告。与上级人大联动开展大气污染防治工作专项监督。

6. *深化预决算审查监督*。以全面实施新预算法为契机，切实加强对预算、决算的审查监督。听取和审议2014年区级财政决算，2014年预算执行和其他财政收支情况的审计工作报告。听取和审议2015年区级、区级部门预算执行和2016年预算编制情况的报告，听取、审议和表决重点审查的2016年部门预算（草案）。深化国有资本经营和国有资产管理情况的审查监督，加强对政府性债务及运行的监督。逐步扩大代表与公众对预算审查的参与面，建立和完善部门预决算审查的听证、表决机制。

7. *跟踪监督审议意见落实情况*。听取和审议区政府关于“五水共治”暨丰门河治理、“三改一拆”、食品安全、征收安置等工作审议意见落实情况的报告。听取和审议区检察院关于查处和预防职务犯罪工作审议意见落实情况的报告。

三、优化服务保障，进一步增强人大代表履职活力

8. *加强代表履职服务*。坚持邀请人大代表列席常委会会议，参加执法检查、专项视察和重点工作督查，促进代表参与常态化。督促“一府两院”建立健全闭会期间听取代表意见、保障代表知情知政的制度。拓宽代表学习渠道，提升代表素质和能力。规范代表联络站运行机制，促进代表联系选民，服务选民，履职为民。落实好代表“双联”制度，重视发挥职务代表的表率作用。

9. *丰富代表活动载体*。组织代表视察调研重点工作、重大项目和民生热点问题，深化代表进驻审批中心工作。分批组织代表视察“两院”工作、旁听法庭庭审。深入开展“查找不适应全面深化改革要求的法律法规条文”主题活动。组织代表参与上级人大立法征求活动。

10. *提高代表建议实际解决率*。组织对本届人大以来的重点建议办理和不满意建议办理情况进行“回头看”，综合运用重点督办、全程督查和集中评议等方式，加大对建议办理工作的监督力度，促进建议所涉问题得到真正解决。

四、加强自身建设，进一步提升新常态下履职能力

11. *加强思想政治学习*。完善政治学习制度，深入学习贯彻习近平总书记系列重要讲话精神，学习省、市、区委重要会议精神，增强大局意识，当好党委决策部署的贯彻者、推动者，及时将党委的决策部署通过法定程序转化为全区人民的自觉行动。牢固树立人大“处在社会主义民主法治建设第一线”的意识，切实增强政治责任感和历史使命感。

12. *加强组织队伍和作风建设*。根据新时期人大工作的需要，进一步加强常委会机构建设，提高专业化、规范化水平。加强人大干部队伍建设，改进学习培训方式，提升人大队伍整体素质。深化教育实践活动整改落实，大力弘扬求真务实之风，进一步提高人大调研工作能力和水平。深化机关作风建设，严格落实中央“八项规定”和省、市、区委有关规定及人大各项规章制度。

13. *夯实基层人大工作基础*。加强对街道人大的领导和镇人大工作的指导，支持街镇人大加强机构、队伍、机制等各方面建设，促进街镇人大更广泛更有效开展监督。指导镇人大完善预决算审查、代表活动等制度，促进镇人大更规范运作。

14. 加强宣传和理论研究。善于运用一切可用资源，增强人大宣传报道工作的频率和深度，提高全社会的人大意识，增强人大工作的社会基础。重视与上级人大、外地人大的交流，加强人大制度探索、研究和完善，不断提升理论研究水平和工作创新能力。

温州市鹿城区人民代表大会常务委员会关于批准温州市鹿城区2015年区本级财政预算调整方案的决　议

温鹿人大常〔2015〕35号

（2015年11月25日温州市鹿城区第八届人民代表大会常务委员会第二十六次会议通过）

温州市鹿城区第八届人民代表大会常务委员会第二十六次会议听取了区财政局局长胡向阳受区人民政府委托所作的《关于温州市鹿城区2015年区本级财政预算调整方案的报告》，经过审查，决定批准温州市鹿城区2015年区本级财政预算调整方案。

温州市鹿城区人大常委会

2015年11月25日

2015年区政府重要文件选载

温州市鹿城区人民政府关于印发规范物业服务行业管理实施意见（试行）的通知

温鹿政发〔2015〕6号

各街道办事处、藤桥镇人民政府，区政府直属各单位：

《规范物业服务行业管理实施意见（试行）》已经八届区政府第30次常务会议审议通过，现印发给你们，请认真贯彻落实。

温州市鹿城区人民政府

2015年1月28日

（此件公开发布）

规范物业服务行业管理实施意见（试行）

为深入贯彻落实《浙江省人民政府办公室关于加快发展现代物业服务业的若干意见》（浙政办发〔2012〕19号）、《温州市鹿城区人民政府关于进一步加强物业管理工作意见（试行）的通知》（温鹿政发〔2012〕89号）等精神，扎实推进鹿城区物业管理工作，进一步规范物业服务行业管理，提升物业服务水平，提高居民生活质量，根据国务院《物业管理条例》《浙江省物业管理条例》《温州市物业管理办法》，结合我区物业管理工作实际，制定本实施意见（试行）。

一、严格物业服务企业准入制度

加强物业服务企业资质检查，坚决查处不具备资质或不具备相应资质的企业从事物业服务活动以及在资质申报中提供虚假证明、采取欺骗手段的行为，清理一批管理水平低、服务质量差、收费不规范、社会信誉度不高的企业，以进一步提高物业服务行业的整体素质和形象。房管鹿城分局在物业服务企业申请核定资质等级初审时，应就该物业服务企业有无违反建设部《物业服务企业资质管理办法》等规定征求属地街镇意见，切实把住入口关；对新申报的物业服务企业，要从专业技术人员的配置、聘用人员劳动合同的签订、公司机构的设立、公司各项管理制度的建立等方面严格审查把关。

二、加强物业项目招投标管理

房管鹿城分局、属地街镇要指导招标人做好对物业服务项目投标申请人的资格预审工作，发现招标备案材料有违反法律、法规规定的，应当及时责令招标人改正。

属地街镇应积极参与和指导辖区物业服务项目的选聘活动，业主大会选聘物业服务企业，业主委员会应在选聘之前将选聘方案报属地街镇。选聘过程应全程公开，选聘结果、物业服务合同等相关资料应及时在小区醒目地点向全体业主公示，并报属地街镇，接受属地街镇、社区的监督。

三、规范物业项目服务退出程序

建立物业项目服务退出备案制度，即物业服务企业在退出项目三个月前，将退出原因、时间，以书面形式告知业主委员会，并向房管鹿城分局和属地街镇申请备案；同时，在物业管理区域内向业主公告。业主大会解聘物业服务企业的，应当严格按照有关规定和约定进行。房管鹿城分局与各街镇要对物业服务企业退出服务项目进行严格监督，未经合法程序擅自退出物业服务项目的，其不良行为，由房管鹿城分局列入黑名单，记入企业信用档案，并报请上级物业主管部门取消其2年内参与物业服务项目投标资格，给予降低企业资质等级或取消企业资质。

四、建立物业服务企业信用等级评定制度

房管鹿城分局要组织对物业服务企业的信用等级进行评定。信用信息采集渠道以日常监管为主，结合新闻媒体报道、投诉纠纷处理、不定期检查、相关职能部门情况通报（处罚）等方式。物业服务企业应当做好企业信用信息和在管物业服务项目基本信息填报，配合相关部门做好对信用信息的核实等工作。

五、做强做优物业服务企业

鼓励骨干物业服务企业通过加盟、兼并、重组等方式加大市场资源整合力度，解决鹿城区物业服务行业“低、小、散”问题，积极采用现代信息技术和现代化管理手段，推动物业服务规模化、集约化发展。鼓励物业服务专业化发展，扶持设备管理、保洁家政、园林养护、秩序维护等专业物业服务企业的发展。鼓励物业服务企业注册和使用自主商标，提高物业服务品牌的知名度、美誉度。充分发挥物业服务示范项目的推动作用，对物业服务项目获得国家、省、市物业管理示范小区的，区政府要对物业服务企业进行表彰。

六、完善物业服务质量考核

完善物业服务企业考评办法，推行分类考核和综合评价相结合，要通过规范物业服务合同来约束物业服务行为。各街镇要加强对辖区物业服务企业的日常监督检查，对业主反映强烈、不履行物业服务合同以及被相关职能部门情况通报（处罚）的物业服务企业，属地街镇要下发整改通知书，约谈企业负责人，督促整改落实；未在规定期限完成整改的，列入企业不良行为记录；对于物业服务不到位、社会反映恶劣的企业，要及时告知业主委员会组织解聘；发现违规操作的，抄告相关职能部门查处；情节严重的，由房管鹿城分局上报上级物业主管部门不予核定其资质等级审批。

七、建立“阳光财务”公示制度

物业服务企业每年3月底前要在物业管理区域内的醒目位置上公布上一年度相关物业服务经费收支情况。公布的具体内容为：实行物业服务酬金制收费方式的，应当公布物业服务各项资金的收支情况；实行物业服务包干制收费方式的，应当公布利用共用部位、共用设施设备出租，广告收入，物业经营用房出租，停车费收入，政府补贴资金，专项维修资金支出等情况。业主对公布的内容有质疑的，物业服务企业要及时做好解释答复工作。

八、提高物业服务从业人员素质

引导物业服务企业改进、改善对员工的管理，加强对企业关键岗位和一线员工的技能培训和职业道德建设，规范物业服务从业人员的服务行为。充分发挥各类职业技能培训机构、物业管理行业协会等组织的作用，积极开展订单式培训、定向培训和在岗培训，培养满足现代物业服务业发展需要的专业人才。

九、完善物业服务价格管理机制

推广“菜单式服务、等级化收费”的物业服务费分级定价机制，积极推进酬金制收费方式，引导业主树立“质价相符”的物业服务消费理念。物业服务收费应当遵循按质论价、补偿成本，以及收费与物业服务质量相适应的原则，普通住宅小区前期物业服务收费实行政府指导价，需报价格主管部门核准；非住宅和别墅等高标准住宅以及业主委员会成立后的普通小区的物业服务收费实行市场调节价，由业主和物业服务企业协商确定。房地产开发企业制定的普通住宅小区前期物业服务方案超出一级服务标准，按一级收费标准上浮后仍未能补偿成本并取得合理报酬的，房地产开发企业可按优质优价原则提出前期物业服务最高收费标准，报上级价格主管部门确认后实施招标。物业服务企业有违反政府定价或不按规定明码标价等价格违法行为的，由价格主管部门予以立案查处。

十、深化“老、旧”住宅区管理

老旧住宅小区范围是指建筑层数为多层并且在2000年前交付使用的住宅小区。老旧住宅小区要以社区为单位，根据物业区域的房屋规模、环境、配套设施和产权状况，居民的承受能力，服务需求以及消费意愿等实际情况，充分整合“三改一拆”、文明创建、旧村改造、电气线路改造、消防设施改造等政府投资建设性项目，对老旧住宅区相对集中资源进行改造。改造完成后，规模较大、条件成熟的住宅区可以推行专业化、差别化的物业服务模式：

模式一：组织召开业主大会选聘物业服务企业，受聘物业服务企业根据法律规定和物业服务合同约定，提供专业化物业服务。

模式二：规模较小、条件暂不适宜推行专业化物业服务的可以实行“菜单式”的准物业服务模式，由社区开展以保洁、保安、公共设施维护为主要内容的基础性管理。

模式三：采取居民自治服务，由物业所在地的居民委员会在属地街镇的指导和监督下成立小区自治委员会，为住宅区提供基本的保洁服务和公共设施维护。

十一、制定考评奖励措施

以街镇为单位，对拆迁安置、保障性住房小区以及经改造后实施物业服务的老旧住宅小区，经属地街镇与房管鹿城分局考核，对年度考核前列的小区，区政府予以财政补助奖励。

具体奖励办法另行制定。

十二、加强物业服务业正面宣传和负面曝光力度

切实加强舆论引导，进一步营造全区关心支持物业服务业发展的浓厚氛围。新闻宣传主管部门要指导各类新闻媒体坚持正面宣传引导，大力宣传发展物业服务业的重大意义，宣传促进物业服务业发展的扶持政策，客观公正地报道物业服务纠纷事件，引导广大业主依法理性维权；同时，对管理水平低、服务质量差、收费不规范、社会信誉度不高的企业要予以媒体曝光，督促其整改，引导物业服务企业规范管理、提高服务水平。

本意见自2015年3月1日起施行，凡在鹿城区范围内从事物业服务的单位都要依照本意见规定执行。

温州市鹿城区人民政府
关于公布2014年度鹿城名牌
产品的通知

温鹿政发〔2015〕10号

各街道办事处、藤桥镇人民政府，区政府直属各单位：

根据《温州市鹿城名牌产品认定和管理办法》（温鹿政发〔2011〕110号）的规定，经鹿城区名牌战略推进委员会认定，区政府批准 牌日用工艺刀具、民用剪刀等21个产品为2014年度鹿城名牌产品，现予以公布。

附件：2014年度鹿城名牌产品名单

温州市鹿城区人民政府
2015年3月4日

（此件公开发布）

2014年度鹿城名牌产品名单

表17

序号	产品名称	商标	企业名称
1	日用工艺刀具、民用剪刀	Jin	温州市中轻五金刀具有限公司
2	组合滑梯	FEIYOU	浙江飞友康体设备有限公司
3	无极灯	科视	浙江科视电子技术有限公司
4	工业控制阀	LIPU	温州市利普自控设备有限公司
5	警灯、警报器	AOLE	温州奥乐安全器材有限公司
6	干燥设备	ERLE 尔乐	浙江尔乐干燥设备有限公司
7	按摩器材	RIFENG 日峰	浙江日峰电器有限公司
8	电线		温州市电线二厂
9	真空包装机		浙江东风包装机械有限公司
10	车载移动照明	CCNI 星际	星际控股集团有限公司
11	减速机		浙江江南减速机有限公司
12	漆包圆绕组线		温州市华泰电磁线有限公司
13	小微企业金融服务		浙江温州鹿城农村商业银行股份有限公司
14	软件与信息技术服务	DGM	浙江帝杰曼信息科技股份有限公司
15	百货零售	開太百貨	温州开太百货有限公司
16	美容服务		温州市蓝天健康美容发展有限公司
17	机床销售服务		温州市通用机电设备有限公司
18	旅游服务	我行由我	温州国旅旅游有限公司
19	旅游服务	精诚	温州市精诚国际旅行社有限公司
20	汽车维修服务	君浩汽车 JONH	温州市君浩汽车服务有限公司
21	洗涤服务	莫好克	温州市莫好克洗涤服务有限公司

温州市鹿城区人民政府关于推行公共资源交易清单制度的实施意见

温鹿政发〔2015〕37号

各街道办事处、藤桥镇人民政府，区政府直属各部门：

为进一步推进我区公共资源配置市场化改革，加强和规范我区公共资源交易活动的监督管理，提高公共资源交易的质量和效率，根据《招标投标法》、《政府采购法》及其实施条例、《行政许可法》等法律法规和省、市有关规定，制定本实施意见。

一、工作目的与意义

深入贯彻党的十八届三中、四中全会精神，坚持“政府引导市场、市场公开交易、交易规范运作、运作统一监管”的原则，根据《温州市人民政府关于进一步规范公共资源市场化配置的实施意见》（温政发〔2015〕41号）的文件规定，在总结我区公共资源交易实践经验的基础上，建立鹿城区公共资源交易清单制度，进一步明确区属公共资源进场的交易范围、规模标准和各类交易的监管部门，审慎稳健地拓展公共资源进场交易范围，充分发挥市场在公共资源配置中的决定性作用，推动我区公共资源交易和监管体制机制的规范与创新再上新台阶。

二、建立健全公共资源交易清单制度

推行公共资源交易清单制度，就是按照市场化配置要求和“应进尽进”的原则，将有限自然资源开发利用、公共资源配置以及直接关系公共利益的特定行业的市场准入等事项，逐项罗列目录清单并由政府公布。

（一）《鹿城区公共资源交易清单》由鹿城区行政审批管理办公室（区公共资源交易管理委员会办公室）（以下统称区资管办）负责，原则上每两年编制（修订）一次，报区人民政府批准后公布实施。清单明确应当进场交易的公共资源范围和需进一步拓展的公共资源项目范围，同时明确各类交易的监管主体。

（二）在《鹿城区公共资源交易清单》编制（修订）和施行前，关系重大社会公共利益、公众安全的，应当公开征求意见或以组织专家等方式进行论证。

（三）区资管办负责将需拓展的公共资源交易市场化配置项目进行归类，编制《鹿城区公共资源交易拓展清单》，作为拓展公共资源进场交易范围的依据。

（四）有关行政部门（以下统称行政监督部门）根据《鹿城区公共资源交易拓展清单》要求，负责对本部门涉及监管的交易项目逐一排查和梳理，对符合市场化配置要求的，按照“成熟一项、推动一项、落实一项”的工作要求，制定专项实施方案，逐步纳入公共资源交易平台进行公开交易。

（五）按照“应进尽进”的原则，凡列入《鹿城区公共资源交易清单》的交易项目，应当统一进入公共资源交易平台进行交易。

（六）凡列入《鹿城区公共资源交易清单》而未进入公共资源交易平台交易的项目，区审计局应将该项目视为违规予以处理；区监察局应对该项目责任单位及责任人进行责任追究。

三、健全公共资源交易监督管理体系

（一）鹿城区公共资源交易管理委员会负责指导、管理、协调、规范全区公共资源交易。健全综合监管协调职能，完善管理委员会成员单位联动管理机制，推进全区公共资源交易重大问题的决策、重大事项的协调和指导，督促落实全区公共资源市场化配置工作举措。管理委员会原则上每年召开一次专题会议，听取各成员单位对全区公共资源市场化配置工作的意见和建议，交流各行业市场情况、对市场主体的监管举措、存在的问题以及解决办法等。

（二）住建、交通、农林水利、电力等行政监督部门依照法律法规的授权和各自分工规定，对职责范围内的公共资源交易活动实施监督、受理投诉，依法查处违法违规行为。

（三）区财政局依法对政府采购项目的预算执行情况和政府采购政策执行情况实施监督。加强政府采购文件备案管理，逐步开展合同履约检查和绩效考核。

（四）区监察局依法对与公共资源交易活动有关的监察对象实施监察，负责对行政监督部门履行监督执法职责情况的行政监察，对行政不作为及乱作为等行为进行问责，对非法干预和插手公共资源交易活动的国家行政机关和国有企、事业单位的工作人员进行查处。

（五）区资管办负责对本行政区域内公共资源交易活动进行指导、综合协调和综合监管。

四、工作要求

（一）加强领导。建立公共资源交易清单制度是全面推进我区公共资源配置市场化改革的一项重要的基础性工作，各部门要充分认识此项工作的重要性，切实加强领导，明确责任分工，精心组织实施，协同配合落实。

（二）完善制度。各部门要齐抓共管，积极探索公共资源交易的新方法、新举措，积极借鉴国内外成功经验和先进做法，不断完善公共资源交易的各项制度和操作规则，提高各类交易活动管理的质量和效率。

（三）强化监管。各行政监督部门应加强协调配合，依法监督和规范公共资源交易行为，切实维护法律和政策的严肃性。监察、财政、审计等部门要加大监督和检查力度，对违反招标、采购等规定的，要予以严肃查处，并追究相关单位和人员责任。

附件：1. 温州市鹿城区公共资源交易清单

2. 温州市鹿城区公共资源交易拓展清单

温州市鹿城区人民政府
2015年9月7日

（此件公开发布）

温州市鹿城区公共资源交易清单

表18

编号	项目名称	法定监管部门名称	备注
A	工程		
A01	房屋建筑工程		
具体项目	工业建筑（构筑物）工程	区住建局	
	民用建筑（构筑物）工程	区住建局	
	公共建筑（构筑物）工程	区住建局	
	地基与基础工程	区住建局	
	土石方工程	区住建局	
	建筑装修装饰工程	区住建局	
	钢结构工程	区住建局	
	消防设施工程	区住建局	
	电梯安装工程	区住建局	
	建筑智能化工程	区住建局	
具体项目	园林古建筑（含古建筑修缮）工程	区住建局	
	环保工程	区住建局	
	建筑幕墙工程	区住建局	
	构筑物工程	区住建局	
	电子工程	区住建局	
	与工程建设相关的重要设备、材料	区住建局	
A02	市政公用工程		
具体项目	城区道路工程	区住建局	
	桥梁工程	区住建局	
	隧道工程	区住建局	
	公共广场工程	区住建局	
	给水工程	区住建局	
	污水处理工程	区住建局	
	泵站工程	区住建局	
	各类给排水管道工程	区住建局	

续表18

编号	项目名称	法定监管部门名称	备注
具体项目	燃气工程	区住建局	
具体项目	热力工程	区住建局	
	生活垃圾处理工程	区住建局	
	道路照明工程	区住建局	
	体育场地设施工程	区住建局	
	与工程建设相关的重要设备、材料	区住建局	
A03	园林绿化工程		
具体项目	园林工程	区住建局	
	绿化工程	区住建局	
	公共绿地（道路、公园、广场）养护	区城管与执法局	
A04	公路工程		
具体项目	公路工程	区交通运输局	
	公路桥梁工程	区交通运输局	
	公路隧道工程	区交通运输局	
	公路养护工程	区交通运输局	
	与公路工程相关的安全、防护、监控、通信、收费、管理设施等公路附属设施	区交通运输局	
	与工程建设相关的重要设备、材料	区交通运输局	
A05	水利水电工程		
具体项目	水库工程（蓄水枢纽工程）	区农林水利局	
	防洪工程	区农林水利局	
	治涝工程	区农林水利局	
	引水枢纽工程	区农林水利局	
	农村饮用水工程	区农林水利局	
	水闸工程	区农林水利局	
	堤防工程	区农林水利局	
	泵站工程	区农林水利局	
	河道整治工程	区农林水利局	
	灌溉工程	区农林水利局	
	与工程建设相关的重要设备、材料	区农林水利局	
	其他水利工程	区农林水利局	
A06	地质矿产工程		
具体项目	废弃矿山生态环境治理工程	国土资源鹿城分局	
A07	土地开发治理项目		
具体项目	土地平整工程	国土资源鹿城分局	
	地质灾害整治工程	国土资源鹿城分局	
	其他各类土地开发整理工程	国土资源鹿城分局	

续表18

编号	项目名称	法定监管部门名称	备注
B	政府采购	区财政局	按照当年政府采购目录及标准执行
C	产（股）权		
具体项目	机关、团体、事业单位的物权、债权、知识产权和股权的转让	区财政局	指委托温州市行政审批与公共资源交易服务管理中心鹿城分中心进行交易的项目
具体项目	国有（集体）企业的物权、债权、知识产权和股权的转让	区财政局	指委托温州市行政审批与公共资源交易服务管理中心鹿城分中心进行交易的项目
具体项目	国有存量城建资产处置项目	区财政局	
D	特许经营类		
具体项目	烟花爆竹销售点零售经营权出让	区安全监管局	

说明：上述类别中各交易项目按照有关法律、法规规定的限额标准统一进场交易

温州市鹿城区公共资源交易拓展清单

表19

项目名称		主管部门
一、资产类项目		
1. 机关、团体、事业单位产权、物权交易项目	1）公房等闲置资产出租出售	区机关事务管理局
1. 机关、团体、事业单位产权、物权交易项目	2）公车等闲置资产出租出售	区财政局
2. 行政执法部门罚没物品市场化处置项目	行政执法部门罚没物品市场化处置	各行政执法部门
二、资源类项目		
1. 水流、森林、山岭、荒地、海域、滩涂等有限自然资源的使用权、养护权承包项目	1）国有林地使用权	区农林水利局
	2）国有公益林地养护承包	
	3）小型水利项目开发经营权	
2. 公共空间户外广告资源经营权出让项目	1）城市路桥、公共场地、公园绿地、码头等公共场所、公共（公用）设施和各类国有产权性质的建（构）筑物等公共空间资源设置的经营性户外广告载体经营权	区城管与执法局
	2）依附在市政设施、环卫设施、绿化设施、公共交通设施上的各种形式户外广告位经营权	
	3）其他各类公共场所、市政设施户外广告位经营权	
3. 市政园林设施使用权、承包经营权交易项目	1）公共绿地内设置经营摊点的经营权	区城管与执法局
	2）园林附属配套管理用房的经营权	
三、服务类项目		
1. 市政设施维护、养护承包权社会化外包项目	1）道路、桥梁等市政设施及园林绿化、河道、公共场所日常维（养）护权外包采购	

续表19

项目名称		主管部门
1. 市政设施维护、养护承包权社会化外包项目	2）道路、桥梁等市政设施、公共场所、公厕日常保洁作业及设施设备的日常维护外包采购 3）其他市政设施维护、养护承包权社会化外包采购	区城管与执法局
2. 景区开发及经营权承包项目		区旅游局
3. 政府组织的重大科研项目		区科技局
4. 政府特许经营（专营）出让项目	垃圾等固体污染物、工业、生活污水等液体污染物、气体污染物等处理权	区环保局

说明：单项合同估算价格在50万元（含）以上的项目统一进场交易

温州市鹿城区人民政府
关于公布第九届鹿城区名牌
商标的通知

温鹿政发〔2015〕44号

各街道办事处、镇人民政府，区政府直属各单位：

根据《鹿城区名牌商标认定和保护暂行办法》，经鹿城区名牌商标认定委员会评审认定，区人民政府同意，确认迪仑迪斯DILUNDISI等33枚商标为第九届鹿城区名牌商标，H&Q等9枚商标延续确认为第九届鹿城区名牌商标。

希望被认定为第九届鹿城区名牌商标的企业珍惜荣誉，再接再厉，严把产品质量关，维护企业荣誉，不断提升商标品牌知名度和市场竞争力。

附件：1. 第九届鹿城区名牌商标名单

2. 第九届鹿城区名牌商标延续确认名单

温州市鹿城区人民政府

2015年10月27日

（此件公开发布）

第九届鹿城区名牌商标名单

表20

序号	企业名称	商标标识	注册证号	商标核定类别／使用商品
1	浙江迪仑迪斯鞋业有限公司	迪仑迪斯 DILUNDISI	5322933	25类／鞋
2	温州市蓝天电子设备有限公司		3014147	9类／电脑计量加油机
3	浙江思珀整合传播有限公司	思珀	7813309	35类／广告、广告宣传
4	浙江震瓯律师事务所		9576360	45类／调解仲裁、知识产权咨询
5	温州市东兴拉链厂	VSB	1660605	26类/鞋扣、拉链
6	温州市教育旅游有限公司	WZ ETC	9362211	39类／旅行社、导游
7	温州市亚美信企业顾问有限公司	亚美信	6543307	41类／学校、教育、培训
8	温州华侨饭店有限公司		3639651	43类／住所、备办宴席
9	浙江怡联网络科技有限公司	YILIAN怡联	5776181	42类／计算机编程、计算机软件设计
10	温州旭升装饰有限公司	XS	9287455	37类/建筑信息、室内装潢
11	温州海外旅游有限公司		8846867	39类/旅行社、导游、旅游安排
12	浙江圣夏装饰设计工程有限公司	SDP	3462067	37类／室内外装潢
13	温州飞龙聚氨酯设备工程有限公司		5095932	7类/模压加工机器、过热机
14	温州百嘉乐餐饮娱乐投资管理有限公司	V-SHOW	9486818	41类/娱乐、夜总会

续表20

序号	企业名称	商标标识	注册证号	商标核定类别／使用商品
15	浙江平宇律师事务所		3710396	42类／法律服务
16	浙江宏顺鞋业有限公司		3372299	25类／鞋；服装
17	浙江午马减速机有限公司		3877328	7类／无级变速机；蜗轮减速机
18	浙江宏运物资有限公司		4290516	6类／金属建筑材料
19	温州市南云金属制品有限公司		1609663	6类／金属锁（非电）、金属门把手
20	浙江东来装潢有限公司		4717269	37类/建筑施工监督
21	浙江双屿实业有限公司		593038	17类/金属网衬里
22	温州市成尚装饰五金有限公司		1555325	6类/家具金属附件、金属门把手
23	温州印象风鞋业有限公司	印象风 YINXIANGFENG	3761721	25类/鞋、服装、帽子
24	温州银行股份有限公司	温州银行	6486660	36类／银行、保险信息
25	温州市南星环保有限公司		4419960	37类／锅炉清垢与维修；空调清洗
26	温州鹿城王晓峰口腔门诊部		3031547	42类／医疗诊所、牙科
27	温州皇室百佳文化艺术有限公司		7557441	40类/图样印刷、照相底片冲洗
28	温州红妹鞋业有限公司	Zhuangya	2015581	25类/鞋
29	温州市南特鞋楦有限公司		6145225	25类/鞋、服装、帽子
30	温州名豪珠宝有限公司		10104998	14类/项链（宝石）、戒指
31	温州市大士生物科技有限公司		10514191	5类/人参、中药成药、
32	温州市星榜汽车零部件有限公司	能奈特 NENGNAITE	9811114	9类/蓄电池、太阳能电池、车辆用电池
33	温州市得尔乐大酒店有限公司		1418835	42/餐厅、饭店

第九届鹿城区名牌商标延续确认名单

表21

序号	企业名称	商标标识	注册证号	商标核定类别／使用商品
1	温州华强汽配有限公司	H&Q	4104493	7类/汽车水泵
2	浙江日峰电器有限公司	日峰	6581996	10类/按摩器械、振动按摩器
3	温州市中芝贸易有限公司	Eternity	5717346	8类/剃须刀、烫发钳
4	温州市鹿城区南浦福海堂保健食品店	金福来 JINFULAI	5428208	30类/石斛、石斛枫斗
5	温州市黄渔国水产食品有限公司	黄渔国	9890950	29类/鱼（非活的）；鱼制食品
6	温州市德胜汽车服务有限公司	DESIN	3000582	37类/车辆保养和修理
7	温州市原野花艺有限公司	原野	1018827	31类/自然花
8	温州三环橡塑制品有限公司		1365027	17类/橡皮圈
9	温州市百衣达针车有限公司	百衣达	1747414	7类/缝纫机

温州市鹿城区人民政府
关于公布2015年度鹿城区专利示范企业认定和复审结果的通知

温鹿政发〔2015〕48号

各街道办事处、镇人民政府，区政府直属各单位：

为进一步推进国家知识产权强县工程示范区创建工作，全面实施创新驱动发展战略，加快建设创新型城区，促进企业科技创新和知识产权制度建设，不断提升区域知识产权创造、应用、保护和管理能力。根据《温州市鹿城区人民政府关于贯彻实施国家知识产权战略的若干意见》（温鹿政发〔2008〕110号）、《关于做好2015年度鹿城区专利示范企业申报和复审的通知》（温鹿科〔2015〕6号）等，经评审，认定浙江尔乐干燥设备有限公司等8家企业为2015年度鹿城区专利示范企业并予以授牌，浙江科视电子技术有限公司等4家企业通过鹿城区专利示范企业复审并予以授牌，现予公布。

附件：1. 2015年度鹿城区专利示范企业名单

2. 2015年度鹿城区专利示范企业复审通过名单

温州市鹿城区人民政府

2015年11月20日

（此件公开发布）

附件1

2015年度鹿城区专利示范企业名单

浙江尔乐干燥设备有限公司
浙江华卫智能建筑技术有限公司
浙江欢鸟鞋业有限公司
温州鼎丰鞋业有限公司
温州长城基础工程有限公司
浙江旭达鞋业有限公司
温州市鹿城大宗光学眼镜有限公司
鲲鹏建设集团有限公司

附件2

2015年度鹿城区专利示范企业复审通过名单

浙江科视电子技术有限公司
温州市航标实业有限公司
温州宏达箱包有限公司
康奈集团有限公司

2015年区政府办公室重要文件选载

温州市鹿城区人民政府办公室
关于印发鹿城区关于促进开放型经济发展的若干意见的通知

温鹿政办〔2015〕75号

各街道办事处、藤桥镇人民政府，区政府直属各单位：

《鹿城区关于促进开放型经济发展的若干意见》已经2015年第9次区长办公会议审议通过，现印发给你们，请结合实际，认真执行。

温州市鹿城区人民政府办公室

2015年9月21日

（此件公开发布）

鹿城区关于促进开放型经济发展的若干意见

为进一步促进我区开放型经济发展，积极实施国际化战略，优化我区对外贸易结构，加快打造我区进口商品贸易展示交易中心，根据国家、省市相关法规，结合我区实际，特制定本意见。

一、鼓励企业做优做强

对当年度进口额不低于2000万美元，或国际贸易额不低于5000万美元，且同比增幅不低于8%的外贸企业，按进口总额、国际贸易额分列全区前5位的，分别予以奖励：1至2位各奖励人民币20万元和10万元，3至5位各奖励人民币5万元。

二、鼓励企业加快国际贸易增速

对当年度进口额达100万美元（含）以上、500万美元以下，且同比增长10%以上的外贸企业分100万美元、200万美元、300万美元三档，分别奖励1万元、2万元、3万元。对当年度国际贸易额达300万美元（含）以上、500万美元以下，且同比增长8%以上的外贸企业奖励1万元，500万美元（含）以上且同比增长5%以上的，按《温州市促进外贸稳增长十条举措》文件给予奖励。

三、支持进口商品展示交易中心及国际贸易总部大楼发展

（一）对入驻进口商品展示交易中心及国际贸易总部大楼的鹿城区外贸流通企业，当年度进口额达100万美元或国际贸易额达300万美元（含）以上的按每平方米20元/月的租金补助标准给予办公用房100平方米租金补助，每增加贸易额100万美元的增加50平方米租金补助，每企业补助面积不超过300平方米。对特殊引进企业（经由评审领导小组一事一议审议通过），每企业最高补助面积不超过500平方米。进口超市面积不纳入补助范围。实际办公用房面积小于可享受补助面积的按实际办公用房面积给予补助。（享受租金补助的企业不再重复享受

国际贸易增速奖励）

（二）入驻进口商品展示交易中心及国际贸易总部大楼的区内新增外贸流通企业家数占入驻外贸流通企业总数80%且国际贸易额达1亿美元以上的（经由评审领导小组认定），给予运营方一次性奖励20万元。

（三）对入驻仰义五金市场的鹿城区新增外贸企业（经由评审领导小组认定），当年度国际贸易额达到100万美元（含）以上的，分100万美元、200万美元、300万美元三档分别奖励1万元、2万元、3万元。

四、支持发展服务外包

对经商务部注册认定的我区服务外包企业，年度离岸服务外包合同执行额列全区前5位的，每家奖励1万元。

五、其他事项

（一）申报享受上述扶持政策的企业要具备自营进出口权且当年具有自营进出口实绩。本意见中外贸企业包括外贸流通企业、自营生产企业和三资企业。

（二）申报享受上述扶持政策的企业工商及财政隶属关系应在本区（不包括市本级企业）。

（三）本意见由区商务局负责解释。

（四）本意见自印发之日起试行。进口商品展示交易中心及总部大楼相关条款自其开业之日起试行三年。

温州市鹿城区人民政府办公室关于政府向社会力量购买服务的实施意见

温鹿政办〔2015〕103号

各街道办事处、镇人民政府，区政府直属各单位：

为规范和推进政府向社会力量购买服务，进一步加快政府职能转变，积极构建公平、优质、高效的公共服务体系，提高公共服务供给水平和效率，根据《国务院办公厅关于政府向社会力量购买服务的指导意见》（国办发〔2013〕96号）、《浙江省人民政府办公厅关于政府向社会力量购买服务的实施意见》（浙政办发〔2014〕72号）和《温州市人民政府办公室关于政府向社会力量购买服务的实施意见》（温政办〔2014〕118号）精神，结合本地实际，经区政府同意，现就政府向社会力量购买服务工作提出如下实施意见。

一、充分认识政府向社会力量购买服务的重要性

政府向社会力量购买服务（以下简称政府购买服务），就是通过发挥市场机制作用，把政府直接向社会公众提供的一部分公共服务事项，按照一定的方式和程序，交由具备条件的社会力量承担，并由政府根据服务数量和质量向其支付费用。政府购买服务将部分公共服务从“直接举办、直接提供”转为“购买服务、监督质量”，有利于降低行政成本，推动政府职能转变，提高公共服务水平和效率。推进政府购买服务，创新公共服务供给模式，是健全完善公共服务体系的重要途径，能有效解决一些领域公共服务缺位、规模不足、质量不高、发展不平衡、专业性不强的问题。推进政府购买服务，释放有效需求，放开公共服务市场准入，充分调动社会力量积极性，有利于促进社会力量健康发展。

二、总体要求、目标任务和基本原则

（一）总体要求。深入贯彻落实党的十八大、十八届三中全会和省市有关会议精神，牢牢把握加快转变政府职能、推进政事分开和政社分开、在改善民生和创新管理中加强社会建设的要求，进一步放开公共服务市场准入，改革创新公共服务提供机制和方式，构建多层次、多方式的公共服务供给体系，努力为人民群众提供优质高效的公共服务。

（二）目标任务。2015年，在全区各公共服务领域开展政府购买服务试点，制定并出台政府购买服务指导目录、政府向社会组织转移职能指导目录、政府购买服务采购管理办法和政府购买服务财政资金管理办法。要选择群众关注度高、示范作用好的基本公共服务项目（如教育、社会保障、社会服务、医疗卫生等）和支出较大的事务性管理服务项目（如道路保洁、软件研发、咨询评估、会计审计等）开展试点工作，并将已列入购买服务计划的项目纳入政府采购规范管理。

2016年，政府购买服务工作在全区进一步推开和规范，在完成制定制度、搭建平台和开展试点工作的基础上，初步形成统一有效的机制和平台。

2017年，在全区基本建立比较完善的政府购买服务制度，形成与经济社会发展相适应、高效合理的公共服务资源配置体系和供给体系，公共服务水平和质量显著提高。

（三）基本原则。

1. 明确重点，注重实效。进一步明确政府公共服务职能，准确把握社会公共服务需求，把政府购买服务的重点放在公共服务缺位、水平不高、效率不高的领域，把有限的资金用在刀刃上，用到人民群众最需要的地方。

2. 积极稳妥，有序实施。从实际出发，准确把握社会公共服务需求，充分发挥政府主导作用，有序引导社会力量参与服务供给，形成改善公共服务的合力。

3. 公开择优，以事定费。按照公开、公平、公正原则，坚持费随事转，通过竞争择优的方式选择承接政府购买服务的社会力量，确保具备条件的社会力量平等参与竞争。

4. 改革创新，完善机制。坚持与事业单位改革相衔接，推进政事分开、政社分开，凡是适宜政府向社会力量购买公共服务的事项，政府原则上不再增加机构、编制、人员；放开市场准入，坚持优胜劣汰，加快形成公共服务提供新机制。

三、政府购买服务的购买主体和承接主体

（一）购买主体。政府购买服务的主体是经费由财政承担的各级行政机关和参照公务员法管理、具有行政管理职能的事业单位。经费由财政负担的群团组织，也可以根据实际需要，通过购买服务方式提供公共服务。

（二）承接主体。承接政府购买服务的主体包括：依法在民政部门登记成立或经国务院批准免予登记的社会组织，以及依法在市场监管或行业主管部门登记成立的企业、其他经济组织、机构等社会力量。承接主体应具有独立承担民事责任的能力，具备提供服务所必需的设施、人员和专业技术的能力，具有健全的内部治理结构、财务会计和资产管理制度，具有良好的社会和商业信誉，具有依法缴纳税收和社会保险的良好记录，并符合登记管理部门依法认定的其他条件。承接主体的具体条件由购买主体会同财政部门根据服务项目的性质和质量要求确定。鼓励提供特定公共服务的事业单位作为政府购买服务的承接主体，与具备条件的社会力量公开、公平参与政府购买服务的竞争。

四、政府购买服务的内容和目录

（一）购买内容。政府购买服务的内容为适合采取市场化方式提供、社会力量能够承担的公共服务及政府履职中所需的辅助性服务，突出公共性、公益性和辅助性。教育、就业、农业、社会保障、社会服务、医疗卫生、住房保障、计划生育、文化、体育、残疾人服务、公益性岗位等基本公共服务领域，要逐步加大政府购买服务的力度。非基本公共服务领域，要更多更好地发挥社会力量的作用，凡适合社会力量承担的，逐步通过政府采购的方式交给社会力量承担。应当由政府直接提供、不适合社会力量承担的公共服务，以及不属于政府职责范围的服务项目，政府不得向社会力量购买。

（二）购买目录。按照有利于转变政府职能、有利于降低服务成本、有利于提升服务质量水平和资金效益的原则，根据省、市购买目录，结合我区实际，在充分听取社会各界意见的基础上，由区财政局牵头研究制订全区政府购买服务的指导目录，经区政府批准后实施，并及时动态调整。

五、政府购买服务的流程和方式

（一）购买流程。建立健全以程序规范、合同约束、全程监管、信息公开为主要内容，相互衔接、有机统一的政府购买服务机制，规范项目申报、项目评审、组织采购、资质审查、合同签订、项目监管、绩效评估、经费兑付一体化的工作流程。

（二）购买方式。政府购买服务应纳入政府采购管理，按照公开择优、以事定费的原则，采用公开招标、邀请招标、竞争性谈判、单一来源、询价、竞争性磋商等政府采购的程序、方式确定承接主体，严禁转包行为。针对不同特点的服务项目，要探索与之相适应的采购方式、评审机制和合同类型，按照相关法律法规的规定和方式灵活、程序简便的原则开展政府购买服务工作。购买主体要按照合同管理要求，与承接主体签订购买服务合同、支付资金，监督项目实施；承接主体要严格履行合同义务，按时完成服务项目任务，保证服务数量、质量和效果。

六、政府购买服务的预算管理和信息公开

（一）项目申报。各购买主体根据政府购买服务的指导目录，结合实际需求，提出拟购买的服务项目计划，涉及新增政府职能转变必须购买服务的项目应报区政府审批，对新增且规模较大的政府职能转变必须购买服务的项目要求提交政府常务会议研究审定；没有涉及政府职能转变的服务项目按原有经费申拨渠道审批。

各购买主体提出拟购买重大项目、重大民生事项或党委、政府因工作需要临时确定的特定服务项目，按照“一事一议”的原则，报请区政府审定。

（二）资金安排。政府购买服务所需资金，从购买主体部门预算安排的公用经费、项目经费或经批准使用的专项经费（包括财政专项资金、政府投资项目资金及其他财政性资金等）既有预算中统筹安排。随着政府提供公共服务的发展所需增加的资金，按照预算管理要求列入财政预算。

财政部门要按照“费随事转”的原则，审定和安排政府购买服务项目的预算经费：

1. 对于常规服务项目，可由年初部门预算安排的经费或者经批准使用的财政性资金中解决，原则上不予另行追加。

2. 经区政府批准的新增并涉及政府职能转变必须购买服务的项目和特定服务项目，可以根据具体情况在年度内追加经费，或者在上级财政性资金中安排。

3. 相应核减或调整相关工作部门原已为转移的职能所安排的人员和工作经费。

（三）资金支付。政府购买服务资金实行国库集中支付。各部门依据购买服务合同或协议，按现行的部门预算政府采购资金支付流程支付，或根据政府购买服务的不同形式，经财政部门审核同意后，通过其他国库集中支付流程支付。

（四）资金监管。财政部门和政府相关工作部门对项目资金实行跟踪管理，定期或不定期地对资金使用和项目进展情况进行监督检查，督促资金使用单位加强资金和项目管理。

（五）绩效管理。财政部门应将政府购买服务资金纳入财政资金绩效管理体系，确保资金使用安全有效。要建立健全由购买主体、服务对象及第三方组成的综合性评审机制，对购买服务项目数量、质量和资金使用绩效等进行考评。考评结果向社会公布，并作为以后年度编制政府购买服务预算和选择政府购买服务承接主体的重要参考依据。

（六）信息公开。充分利用和整合现有政府网络平台资源，建立集政策咨询、申报审批、日常监管、信息服务于一体，内容全面、方便快捷的政府购买服务平台。及时发布政府购买服务有关政策制度、购买目录、承接主体条件、采购结果、绩效评价结果等信息，广泛接受社会监督。

七、组织保障

（一）加强组织领导。按照政府主导、部门负责、社会参与、共同监督的要求，认真制定并逐步完善政府购买服务的政策措施和实施办法，拟定购买服务目录，指导监督购买服务工作，推动各项工作有序开展；要广泛宣传政府购买服务工作的目的、意义、目标任务和相关要求，做好政策解读，加强舆论引导，主动回应群众关切，充分调动社会参与的积极性。

（二）健全工作机制。各部门要加强统筹协调，建立“政府统一领导，财政部门牵头，机构编制、民政、市场监管、审计、行政审批管理以及行业主管部门协同，职能部门履职，监督部门保障”的工作机制，做到各负其责又互相衔接，共同推进政府购买服务工作。

1. 财政部门负责建立健全政府购买服务采购管理办法和政府购买服务财政资金管理办法等政府购买服务制度，会同相关部门研究制订政府购买服务目录，监督、指导各类购买主体依法开展购买服务工作，牵头做好政府购买服务的资金管理、采购管理、监督检查和绩效评价等工作；牵头建立政府购买服务统一信息发布平台及购买服务项目管理系统。

2. 机构编制部门负责推进政府职能梳理，推动公办事业单位与主管部门理顺关系和去行政化，按照事业单位改革的要求推进有条件的事业单位转为企业或社会组织，制订出台政府向社会组织转移职能目录，会同相关部门探索研究提出通过购买服务方式促进事业单位分类改革的意见和措施，逐步实现事业单位由“养人”向“办事”的转变。

3. 民政、市场监管以及行业主管部门要按照职责分工，培养和壮大社会力量，支持社会组织、企业、其他经济组织等社会力量参与政府购买服务工作；要深化社会组织管理制度改革，清理和废除妨碍公平竞争的各项规定和做法。

4. 购买主体负责购买服务的具体组织实施，并会同有关部门对承接主体进行资质审查，对承接主体提供的服务进行全过程跟踪和监督，项目完成后组织考核评估和验收。承接主体应认真履行购买服务合同，采取有效措施增强服务能力，提高服务水平，确保提供服务的数量和质量达到预期目标。

（三）强化政策衔接。按照“财政供养人员只减不增”的要求，在有效增加公共服务供给的同时，研究探索通过政府购买服务方式支持改革的政策措施，搞好政府购买服务与事业单位分类改革、行业协会脱钩等相关改革的衔接，实现“费随事转”。要通过政府购买服务，推进政府职能转移和事业单位改革，防止“一边购买服务、一边养人办事”现象发生。

（四）严格监督管理。各部门要严格遵守财政财务管理规定，确保政府购买服务资金规范管理和使用，不得截留、挪用和滞留资金。

1. 购买主体应建立健全内部监督管理制度，按规定公开购买服务相关信息，自觉接受社会监督。

2. 承接主体应规范购买服务项目资金的财务管理和会计核算，接受并配合相关部门的监督检查和绩效评价。

3. 财政部门要加强对政府购买服务的预算资金管理、采购活动监管和绩效管理、监督检查。

4. 相关管理部门要各司其职，严格监督管理。要及时通过公共媒体披露政府购买服务相关信息，强化社会公众监督。

5. 监察部门要加强行政监察，审计部门要加强对政府购买服务中财政资金的真实性、合法性及效益的监督。

温州市鹿城区人民政府办公室

2015年12月4日

（此件公开发布）

温州市鹿城区人民政府办公室关于印发鹿城区政府职能向社会组织转移目录（第一批）和区本级具备承接政府职能转移　条件的社会组织目录（第一批）的通知

温鹿政办〔2015〕111号

各街道办事处、镇人民政府，区政府直属各单位：

现将《鹿城区政府职能向社会组织转移目录（第一批）》（以下简称《职能转移目录》）和《鹿城区区本级具备承接政府职能转移条件的社会组织目录（第一批）》（以下简称《社会组织目录》）印发给你们，请遵照执行，并就有关事项通知如下：

一、列入职能转移的单位应当根据《鹿城区推进政府向社会组织转移职能工作方案》要求，对照《职能转移目录》，制定职能转移具体方案，于2016年1月底前报区政府向社会组织转移职能工作领导小组办公室（以下简称领导小组办公室，设在区编委办，联系电话：55599322）审核。

二、《职能转移目录》实行动态调整机制，各单位要在每年8月底前向领导小组办公室报送拟向社会组织转移的职能事项，经领导小组办公室审核同意后列入《职能转移目录》，并经领导小组批准后统一向社会公布。

三、《社会组织目录》实行动态调整机制，区民政部门每年定期接受区本级社会组织申请（联系电话：88354935），经审核符合条件要求的，列入《社会组织目录》，并经领导小组批准后统一向社会公布。

温州市鹿城区人民政府办公室

2015年12月17日

（此件公开发布）

鹿城区政府职能向社会组织转移目录（第一批）

表22

部门名称	序号	职能事项名称	转移方式
农林水利系统（17项）	1	全区农业技术、林业工程、水利工程系列初级专业技术职务初定的上报和中级职务的推荐工作	委托
	（17项）	防汛业务知识培训	委托
	3	上道路拖拉机安全技术检验	授权
	4	农业技术人员的继续教育工作	购买服务
	5	野生动物救治、疫源疫病监测	购买服务
	6	古树名木调查、养护	购买服务
	7	森林病虫害防治	购买服务
	8	水利工程运行维护	购买服务
	9	初级水产品质量检测	购买服务
	10	渔业污染事故损失评估	购买服务
	11	水利发展和改革重大专题研究	购买服务
	12	标化工地创建督查	购买服务
	13	动物重大疫情辅助性防控工作	购买服务
	14	无公害农产品和地理标志产品认证的辅助性工作	购买服务

续表22

部门名称	序号	职能事项名称	转移方式
农林水利系统	15	农业综合检验检测	购买服务
	16	涉海企业调查	购买服务
	17	全区农民素质提升工程	购买服务
信访系统（1项）	18	重点信访事项介入调处化解	委托
档案系统（1项）	19	档案专业技术考试和评审资格审核	委托
发改系统（2项）	20	重大调研课题	购买服务
	21	中长期规划编制	购买服务
经信系统（4）	22	高级工业设计师职业资格初审	购买服务
	23	行业经济运行分析及预测	购买服务
经信系统（4）	24	工艺美术工作者评定推荐	购买服务
	25	能管员培训	购买服务
教育系统（1项）	26	调解处理区属非学历教育培训机构的投诉与纠纷事件	委托
科技系统（5项）	27	专利权资产评估、质押融资申报推荐	购买服务
	28	国家标准《企业知识产权管理规范》GB/T 29490—2013组织推广和服务体系建设申报推荐	购买服务
	29	网上技术市场管理	购买服务
	30	科技计划项目立项、验收、科技进步奖、研发中心评审	购买服务
民政系统（14项）	31	公交车科普公益宣传	购买服务
	32	社会工作者注册登记管理	委托
	33	社会组织公益创投	购买服务
民政系统（14项）	34	社会组织服务中心的运行和维护	购买服务
	35	社会组织培训	购买服务
	36	居家养老服务	购买服务
	37	社会工作项目评估	购买服务
	38	门牌、路牌勘查维护	购买服务
	39	困难对象核查	购买服务
	40	社会组织等级评估的初评	购买服务
	41	社会工作者继续教育培训项目	购买服务
	42	社会工作者考务工作	购买服务
	43	居家养老服务照料中心运营情况考核评估	购买服务
	44	养老服务补贴对象满意度调查	购买服务
	45	婚姻辅导室建设	购买服务
公安系统（2项）	46	开展对保安从业人员的培训	委托
	47	民爆物品从业人员的培训	委托
财政系统（1项）	48	会计人员年度继续教育面授工作	委托
人社系统（2项）	49	国家职业资格鉴定	委托
	50	企业技术工人职业技能鉴定	委托

续表22

部门名称	序号	职能事项名称	转移方式
住建系统（1项）	51	建造师执业资格注册初审	委托
城管与执法系统（3项）	52	公厕维养作业市场化运作试点工作	购买服务
	53	劳务派遣（城市管理协助事务）	购买服务
	54	城市道路清扫保洁服务（市场化）	购买服务
交通运输系（2项）	55	行业重大调研课题	购买服务
	56	行业中长期规划编制	购买服务
商务系统（4项）	57	开展外贸运行监测和信息服务	委托
	58	流通业发展战略规划课题研究	购买服务
	59	消费市场运行分析调查	购买服务
商务系统（4项）	60	“十三五”商贸流通业发展规划	购买服务
文广新系统（3项）	61	基层公共文化设施管理	购买服务
	62	农家书屋管理员培训工作	购买服务
	63	农村公益性数字电影放映	购买服务
统计系统（2项）	64	统计专业资格考试和从业资格认定咨询服务	委托
	65	统计人员培训咨询服务	委托
环保系统（9项）	66	除监督监测、验收监测、环境质量监测以外的其他监测项目	授权
	67	环境政策调研课题	购买服务
	68	环保专项规划、方案编制（修编）	购买服务
	69	环保专项评估报告编制	购买服务
环保系统（9项）	70	流域、区域及行业整治方案编制	购买服务
	71	环保专项课题研究	购买服务
	72	重大建设项目环评评估	购买服务
环保系统（9项）	73	规划环评咨询	购买服务
	74	环境质量公众满意度调查	购买服务
市场监管系统（9项）	75	餐饮服务食品安全状况调查评价和风险监测	委托
	76	食品安全管理人员培训考核	委托
	77	保健品、化妆品经营企业示范创建推荐	委托
	78	温州市知名商标的认定和延续确认的初审	委托
	79	广告审查员培训	授权
	80	餐饮环节食品安全管理员培训考核	委托
	81	药品生产质量管理规范、药品技术转移咨询服务	委托
	82	食药行业从业人员培训服务及上岗资格考试条件审查	委托
	83	药品、保健食品、医疗器械质量检验	委托
质监系统（6项）	84	编制区级专项监督抽查计划并组织实施	购买服务
	85	工业产品、食品相关产品风险监测	购买服务
	86	国外技术性贸易措施评议和预警	购买服务
	87	评估分析我区产品质量状况及质量竞争力水平	购买服务

续表22

部门名称	序号	职能事项名称	转移方式
质监系统（6项）	88	推进中小学质量教育基地建设	购买服务
	89	推进质量管理孵化基本建设	购买服务
体育系统（3项）	90	国民体质监测	购买服务
	91	健身器材维修更新	购买服务
	92	对体育经营管理人员的培训和业务指导	委托
机关事务管理系统（1项）	93	存量房产物业管理	购买服务
风景旅游系统（4项）	94	旅游区（点）质量等级评定工作	授权
	95	旅游饭店、星级饭店的管理工作	授权
	96	旅游产品的设计和开发工作	委托
风景旅游系统（4项）	97	管理和指导全区旅游教育培训和岗位资格考试认证	委托
金融办系统（5项）	98	民间借贷合同备案	委托
	99	地方金融组织专项检查	购买服务
	100	股改、上市企业辅导服务	购买服务
	101	风险企业处置的法律、财务、咨询等服务	购买服务
	102	金融广场的招商	委托
台办系统（3项）	103	台资企业有关服务	购买服务
	104	对台交流活动	购买服务
	105	对台宣传、调研	购买服务
侨务系统（4项）	106	侨资企业有关服务	购买服务
	107	涉侨文化交流活动	购买服务
	108	侨务对外宣传	购买服务
	109	涉侨网络舆表收集	购买服务

鹿城区区本级具备承接政府职能转移条件的社会组织目录（第一批）

表23

序号	社会组织（按登记证号排列）	登记证号
社会团体（61家）		
1	温州市鹿城区企业联合会	温鹿社证字第0001号
2	温州市鹿城区印刷行业协会	温鹿社证字第0002号
3	温州市鹿城区民营经济发展联合会	温鹿社证字第0012号
4	温州市鹿城区教育学会	温鹿社证字第0027号
5	温州市鹿城区鞋业协会	温鹿社证字第0031号
6	温州市鹿城区交通运输业协会	温鹿社证字第0033号
7	温州市鹿城区法学会	温鹿社证字第0034号
8	温州市鹿城区女企业家协会	温鹿社证字第0036号
9	温州市鹿城区社会医疗行业协会	温鹿社证字第0038号

续表23

序号	社会组织（按登记证号排列）	登记证号
10	温州市鹿城区体育总会	温鹿社证字第0045号
11	温州市鹿城区金属商会	温鹿社证字第0047号
12	温州市鹿城区书法家协会	温鹿社证字第0052号
13	温州市鹿城区物业管理行业协会	温鹿社证字第0053号
14	温州市鹿城区慈善总会	温鹿社证字第0063号
15	温州市鹿城区电镀行业协会	温鹿社证字第0064号
16	温州市鹿城区服装行业协会	温鹿社证字第0072号
17	温州市鹿城区药业协会	温鹿社证字第0074号
18	温州市鹿城区娱乐业协会	温鹿社证字第0075号
19	温州市鹿城区化工行业协会	温鹿社证字第0076号
20	温州市鹿城区饭店旅馆业协会	温鹿社证字第0084号
21	温州市鹿城区舞蹈家协会	温鹿社证字第0085号
22	温州市鹿城区戏剧家协会	温鹿社证字第0087号
23	温州市鹿城区音乐家协会	温鹿社证字第0088号
24	温州市鹿城区机械联合会	温鹿社证字第0091号
25	温州市鹿城区社会治安综合治理协会	温鹿社证字第0095号
26	温州市鹿城区网吧行业协会	温鹿社证字第0096号
27	温州市鹿城区摄影家协会	温鹿社证字第0097号
28	温州市鹿城区民办教育行业协会	温鹿社证字第0099号
29	温州市鹿城区美术家协会	温鹿社证字第0108号
30	温州市鹿城区电子信息行业协会	温鹿社证字第0109号
31	温州市鹿城区八卦掌（拳）协会	温鹿社证字第0118号
32	温州市鹿城区武术协会	温鹿社证字第0120号
33	温州市鹿城区易制毒化学品协会	温鹿社证字第0122号
34	温州市鹿城区安全生产协会	温鹿社证字第0124号
35	温州市鹿城区五金行业商会	温鹿社证字第0126号
36	温州市鹿城区乒乓球协会	温鹿社证字第0128号
37	温州市鹿城区网球协会	温鹿社证字第0129号
38	温州市鹿城区影视家协会	温鹿社证字第0130号
39	温州市鹿城区游泳协会	温鹿社证字第0132号
40	温州市鹿城区曲艺家协会	温鹿社证字第0135号
41	温州市鹿城区足球协会	温鹿社证字第0139号
42	温州市鹿城区反邪教协会	温鹿社证字第0141号
43	温州市鹿城区跆拳道运动协会	温鹿社证字第0143号
44	温州市鹿城区围棋协会	温鹿社证字第0144号
45	温州市鹿城区业主委员会联合会	温鹿社证字第0145号

续表23

序号	社会组织（按登记证号排列）	登记证号
46	温州市鹿城区路跑协会	温鹿社证字第0147号
47	温州市鹿城区药学会	温鹿社证字第0155号
48	温州市鹿城区五金行业协会	温鹿社证字第0194号
49	温州市鹿城区体育舞蹈协会	温鹿社证字第0198号
50	温州市鹿城区文化演出协会	温鹿社证字第0224号
51	温州市鹿城区农业企业协会	温鹿社证字第0225号
52	温州市鹿城区鞋料商会	温鹿社证字第0226号
53	温州市鹿城区总商会	温鹿社证字第0365号
54	温州市鹿城区自行车运动协会	温鹿社证字第0383号
55	温州市鹿城区风景旅游协会	温鹿社证字第0385号
56	温州市鹿城区七都双源公益协会	温鹿社证字第0388号
57	温州市鹿城区柒零叁公益联合会	温鹿社证字第0391号
58	温州市鹿城区电动车行业协会	温鹿社证字第0398号
59	温州市鹿城区之星义工协会	温鹿社证字第0399号
60	温州市鹿城区开心行动公益促进会	温鹿社证字第0407号
61	温州市鹿城区生态回归促进会	温鹿社证字第0409号
民办事业单位（9家）		
1	温州市鹿城区实艺新府幼儿园	温鹿民证字第011077号
2	温州市鹿城区心桥幼儿园	温鹿民证字第011089号
3	温州市鹿城区白鹿外国语学校	温鹿民证字第013162号
4	温州市鹿城区水心第三幼儿园	温鹿民证字第013181号
5	温州市鹿城区瓯越小学	温鹿民证字第011189号
6	温州市鹿城区金太阳幼儿园	温鹿民证字第011199号
7	温州市鹿城区瓯江小学	温鹿民证字第011212号
8	温州市鹿城区沁园小学	温鹿民证字第011214号
9	温州市东瓯小学	温鹿民证字第011255号
民办非企业单位（2家）		
1	温州市鹿城区和乐社会工作服务中心	温鹿民证字第071240号
2	温州市鹿城区中津先进科技研究院	温鹿民证字第041248号

2015年区政协重要文件选载

关于印发《政协温州市鹿城区委员会2015年工作要点》和《政协温州市鹿城区委员会2015年重点工作任务分解方案》的通知

温鹿政协发〔2015〕4号

区政协各专委会、委员小组，派出各街镇联络组：

《政协温州市鹿城区委员会2015年工作要点》和《政协温州市鹿城区委员会2015年重点工作任务分解方案》已经区政协八届十八次主席会议通过，现印发给你们，请认真抓好落实。

政协温州市鹿城区委员会

2015年3月18日

政协温州市鹿城区委员会 2015年工作要点

（2015年3月18日政协第八届温州市鹿城区委员会第十八次主席会议通过）

2015年是全面深化改革的关键之年，是全面推进依法治国的开局之年，也是全面完成“十二五”规划的收官之年。2015年区政协工作的总体要求是：高举中国特色社会主义伟大旗帜，深入贯彻中共十八大和十八届三中、四中全会精神，坚持以习近平总书记系列重要讲话精神为指导，认真落实中共鹿城区委关于实施“五化战略”、深化“十大举措”的重大决策部署，团结动员广大政协委员，认真履行政治协商、民主监督、参政议政职能，充分发挥协调关系、汇聚力量、建言献策、服务大局作用，为努力构建新常态下鹿城赶超发展新优势贡献智慧和力量。重点做好以下工作：

一、切实巩固共同思想政治基础

（一）把握学习重点。积极组织政协委员学习贯彻中共十八大和十八届三中、四中全会精神，深入学习贯彻习近平总书记系列重要讲话精神、在庆祝人民政协成立65周年大会上的重要讲话精神，深入学习贯彻中央和省、市、区委重要会议精神，深学细悟，真信真用。

（二）丰富学习形式。坚持把学习贯穿于政协各种会议和活动之中，利用党组会议、主席会议、常委会议、机关学习会、支部学习会、委员培训会、专题报告会和专委会会议、委员小组活动等形式，第一时间传达学习中共中央和省、市、区委新精神新要求新部署，进一步拓展理论学习的广度和深度。

（三）增强学习实效。坚持理论联系实际、学以致用。自觉用习近平总书记系列重要讲话精神武装头脑、分析问题、指导工作，牢牢把握政协工作的正确政治方向，不断提升委员综合素质和能力水平。积极引导政协委员和社会各界人士始终不渝坚持中国共产党的领导，始终不渝坚定中国特色社会主义道路自信、理论自信、制度自信。

二、大力推进协商民主深入发展

（一）扎实推进政协协商民主制度建设。认真学习贯彻《中共中央关于加强社会主义协商民主建设的意见》和全国政协即将制定的配套文件。认真贯彻落实省、市、区政协工作会议精神和《关于进一步加强人民政协民主监督工作的实施意见》，总结经验做法，分析存在问题，提出对策建议。健全协商议题提出、活动组织、成果采纳落实和反馈机制。

（二）认真制定和实施年度协商计划。充分发挥好人民政协作为专门协商机构的重要作用，精心组织好各种层次、各种形式的民主协商活动。围绕2015年中共鹿城区委全会重大决策开展专题政治协商；围绕“一府两院”工作报告开展全体会议政治协商；围绕制定鹿城区“十三五”发展规划纲要、深化法治鹿城建设、推进时尚城区建设等议题开展专题政治协商；围绕农村生活污水治理、网络金融经济发展等议题开展对口协商和界别协商；继续深化提案办理协商。

三、积极献策适应经济发展新常态

（一）深入调研视察，积极建言献策。围绕新常态下我区实施“五化战略”、深化“十大举措”重大部署，选择“两美”建设、“时尚城区”建设、创新驱动发展、服务经济强区建设等事关鹿城发展全局的课题，深入开展调研和视察，提出高质量、有价值的意见建议。

（二）强化民主监督，促进工作落实。紧盯“五水共治”“六城九市”“四张清单一张网”“三改一拆”“四边三化”“破难攻坚大行动”等区委、区政府的重大部署和重点工作，经常性、持续性地开展民主监督，提出具有针对性和可行性的意见建议，为区委、区政府及有关部门改进工作、完成任务发挥积极作用。

（三）深化驻企服务，助推经济发展。继续深化“驻企扶企”活动，经常深入企业走访调研，了解企业生产经营情况，引导企业准确把握新常态，主动适应新常态，力所能及地帮助企业解决一些实际问题。

四、着力助推全面深化法治鹿城建设

（一）善于运用法治思维开展工作。严格遵守宪法法律和政协章程，准确把握人民政协性质定位，切实做到尽职不越位、工作不错位。

（二）积极助推法治鹿城建设。把助推全面深化法治鹿城建设作为履职重要着力点，围绕法治政府建设和有关法律法规落实情况开展政治协商，组织委员参与行政执法监督和公正司法监督。积极开展“送法下乡”活动，积极鼓励委员通过设立“法律工作室”等方式为基层群众提供法律服务。积极引导委员做学法懂法、信法守法、用法护法的模范。

五、继续做好关注民生服务群众工作

（一）健全联系群众服务群众机制。继续深化党的群众路线教育实践活动，不断健全和完善委员联系群众、服务群众工作机制。继续深入开展“走亲连心解忧”活动，进一步密切与基层党员、群众的联系，切实为基层群众解决实际困难，不断增进党群、干群关系。

（二）积极关注民生致力改善民生。紧紧围绕老百姓最关心、最直接、最现实的住房、就业、教育、医疗等民生问题，开展协商议政、调研视察、撰写提案、反映社情民意，及时将群众的愿望和要求传达给党委、政府，推动群众关注的问题得到有效解决，积极促进有效改善民生。

（三）持续开展“六送下乡”活动。不断深化“政协委员为民服务”活动，经常组织“送文化、送卫生、送体育、送科技、送法律、送温暖”活动，多做暖民心、惠民生的工作。继续动员和组织委员开展“鹿城情温暖年”爱心接力活动，积极鼓励和支持委员参与社会公益活动。

六、全力做好增进团结促进和谐工作

（一）加强各党派团体和各界人士合作共事。充分发挥各民主党派、人民团体、无党派人士在政协组织中的作用，积极为他们知情问政搭建平台、创造机会。重视以党派、界别集体名义提出的提案、社情民意信息的办理和反馈，注重在履职工作中加强联合联动，积极为各民主党派和无党派人士在政协履职中发挥骨干作用创造良好条件。切实加强与少数民族、宗教界和新社会组织代表人士的走访联系，努力把各族各界人士的思想和行动统一到党委政府的决策部署上来。

（二）加强与港澳台侨胞及在外鹿城人的联系交流。进一步加强与港澳同胞、台湾同胞、海外侨胞的联谊，促进交流，增进团结，扩大合作。加强与在外鹿城人的沟通联系，引导和鼓励他们回乡投资创业、发展慈善事业，促进在外温州人资本回归、项目回归、人才回归，积极为家乡的发展建设尽心尽力。

（三）积极促进社会和谐稳定。建立健全委员联系群众、服务群众的制度机制，开展委员“进社区、进企业、进乡村、进网格”活动，创新“委员接待日”“委员联络室”委员工作室”等载体和活动，引导委员走进基层、走进群众、走进矛盾，积极协助党委政府作好沟通思想、化解矛盾、维护稳定的工作。

七、认真做好提案、社情民意信息、文史和新闻宣传等经常性工作

（一）认真做好提案工作。坚持“围绕中心、服务大局、提高质量、讲究实效”的提案工作方针，引导委员结合自身工作特点，选择有话语权和熟悉的领域提出高质量的提案。把好提案审查立案关，及时通过区“两办”向党委、政府有关部门交办政协提案。进一步加大提案督办力度，组织开展提案“回头看”和集中评议活动，努力提高提案办理实效。

（二）积极反映社情民意信息。广泛动员，加强协作，积极发挥委员的主体作用和特邀信息员的骨干作用，注重在视察、调研、座谈、走访等工作中发现、挖掘和反映信息，不断提升反映社情民意信息工作水平。

（三）大力做好文化传承工作。坚持文史资料“三亲”特色和存真求实原则，完善“委员写、写委员”工作机制，做好《鹿城文史资料》第二十七辑的征集和编辑出版工作。大力支持区政协书画院开展书画创作、展览、联谊、下乡等活动。认真做好浙江省“兰亭奖”中小学生书法大赛鹿城分赛区工作。

（四）全面加强新闻宣传工作。及时编发鹿城政协信息，认真办好《鹿城政协》杂志和鹿城政协网站，大力宣传鹿城政协工作实践、履职成果和委员风采，传播政协好声音，汇聚社会正能量。加强政协信息化建设，方便委员通过互联网（如QQ群、微信群等）知情明政、网上提案、反映社情民意等。

八、努力提升履职能力现代化水平

（一）持续改进履职作风。进一步巩固和拓展群众路线教育实践活动成果，严格执行中央和省、市、区委作风建设各项规定，严守政治纪律和政治规矩，强化“一线”意识。扎实开展“破两难、纠四不”专项整治活动，切实增强亲民协政、为民履职的责任感、使命感。

（二）狠抓党风廉政建设。严格贯彻落实中央“八项规定”、省委“28条办法”和“六项禁令”，认真执行《廉政准则》和廉洁从政各项规定，把廉洁意识深植于心，从思想上筑起拒腐防变的坚固防线。

（三）加强履职主体建设。坚持主席会议成员和专委会走访联系委员制度，每位主席每年走访委员不少于20名。积极为委员知情知政、履行职能搭建平台，充分发挥委员的主体作用。加强委员履职管理，健全委员履职评估和正常退出机制，鼓励和引导委员在履行职能和服务人民的实践中增才干、做贡献。

（四）发挥专委会和界别委员

小组的基础作用。进一步调整优化专委会组成人员结构，健全专委会与区委、区政府职能部门之间的对口联系制度，加强专委会对所联系界别委员小组的指导，充分发挥专委会在政协工作中的基础作用。加强界别委员小组建设，支持界别委员小组不断创新履职方式和载体，切实增强履职的实效性。

（五）提高政协机关服务保障能力。进一步加强政协机关的思想、组织、作风和反腐倡廉建设，不断提高机关干部的政治素质、服务能力和工作水平。进一步完善政协机关各项工作制度，不断提高机关办文、办会、办事水平和服务保障能力。

鹿城区政协2015年重点工作任务分解方案（略）

关于印发《政协温州市鹿城区委员会2015年度协商计划》的通知

温鹿政协发〔2015〕5号

区政协各专委会、委员小组，派出各街镇联络组：

《政协温州市鹿城区委员会2015年度协商计划》已经区政协八届十八次主席会议审议通过，现印发给你们，请认真贯彻落实。

政协温州市鹿城区委员会

2015年3月18日

政协温州市鹿城区委员会2015年度协商计划

（2015年3月18日政协第八届温州市鹿城区委员会第十八次主席会议通过）

为充分发挥人民政协作为协商民主重要渠道和专门协商机构的作用，根据中共鹿城区委八届八次全会精神，制定2015年度协商工作计划。

一、专题协商

（一）区委八届八次、九次全会重大决策部署

协商形式：区政协常委会议或专题协商会议

时间安排：区委全会召开前10天左右

参加人员：区委领导，区政协领导，区政协常委，区直有关单位负责同志，区各民主党派、人民团体和界别委员代表。

（二）“一府两院”工作报告

协商形式：区政协全体会议、常委会议

时间安排：第一季度

参加人员：区委、区政府领导，区人民法院、区人民检察院负责同志，区直有关单位负责同志，区政协全体委员或常务委员会组成人员。

（三）“四张清单一张网”改革落实情况

协商形式：区政协常委会议

时间安排：第二季度

参加人员：区政府领导，区直有关单位负责同志，区政协常务委员会组成人员，界别委员代表。

（四）国家园林城市创建工作

协商形式：区政协常委会议

时间安排：第二季度

参加人员：区政府领导，区直有关单位负责同志，区政协常务委员会组成人员，界别委员代表。

（五）党风廉政建设情况

协商形式：区政协常委会议

时间安排：第三季度

参加人员：区政府领导，区直有关单位负责同志，区政协常务委员会组成人员，界别委员代表。

（六）提案办理工作

协商形式：区政协常委会议

时间安排：第三季度

参加人员：区政府领导，区直有关单位负责同志，区政协常务委员会组成人员，界别委员代表。

（七）“十三五”规划纲要

协商形式：区政协常委会议

时间安排：第四季度

参加人员：区政府领导，区直有关单位负责同志，区政协常务委员会组成人员，界别委员代表。

二、对口协商

（一）农村生活污水治理

牵头单位：区政协人资环委

参加单位：区委农办（区农林水利局）等

协商形式：视察、座谈

时间安排：3月。

（二）企业节约用水

牵头单位：区政协人资环委

参加单位：区发改局、区经信局等

协商形式：视察、座谈

时间安排：9月。

（三）小微园建设

牵头单位：区政协经济科技委

参加单位：区经信局、区发改局等

协商形式：视察、座谈

时间安排：4月。

（四）网络金融经济发展

牵头单位：区政协经济科技委

参加单位：区经信局、区商务局、区金融办等

协商形式：视察、座谈

时间安排：9月。

（五）法治鹿城建设

牵头单位：区政协社会法制委

参加单位：区法制办等

协商形式：视察、座谈

时间安排：3月。

（六）居家养老服务建设

牵头单位：区政协社会法制委

参加单位：区民政局等

协商形式：视察、座谈

时间安排：8月。

（七）时尚文创产业发展

牵头单位：区政协文教卫体委

参加单位：区委宣传部、区文广新局等

协商形式：视察、座谈

时间安排：4月。

（八）省级卫生应急示范区创建

牵头单位：区政协文教卫体委

参加单位：区卫生局等

协商形式：视察、座谈

时间安排：4月。

（九）非物质文化遗产进校园

牵头单位：区政协文教卫体委

参加单位：区教育局、区文广新局等

协商形式：视察、座谈

时间安排：5月。

（十）印象南塘对台文化交流基地建设

牵头单位：区政协港澳台侨委

参加单位：区台办等。

时间安排：5月。

三、界别协商

（一）大气污染治理

牵头单位：区政协农林人资环委员小组

参加单位：区环保局、区住建局等

协商形式：视察、座谈

时间安排：7月。

（二）农业企业发展

牵头单位：区政协农林人资环委员小组

参加单位：区委农办（区农林水利局）等

协商形式：视察、座谈

时间安排：4月。

（三）建筑业发展

牵头单位：区政协农林人资环委员小组

参加单位：区住建局、区财政局等

协商形式：视察、座谈

时间安排：9月。

（四）校园安全事件第三方调解机构建设

牵头单位：区政协教育委员小组

参加单位：区教育局、区司法局等

协商形式：视察、座谈

时间安排：8月。

（五）中小学体卫工作队伍建设

牵头单位：区政协教育委员小组

参加单位：区教育局、区体育局、区卫生局等

协商形式：视察、座谈

时间安排：8月。

（六）都市旅游产业发展

牵头单位：区政协企业经济委员小组

参加单位：区旅游局、区商务局等

协商形式：视察、座谈

时间安排：8月。

（七）产业行业协会发展

牵头单位：区政协工商联委员小组

参加单位：区经信局等

协商形式：视察、座谈

时间安排：12月。

（八）涉罪未成年人社会关护体系建设

牵头单位：区政协社会群团委员小组

参加单位：区司法局、团区委等

协商形式：视察、座谈

时间安排：4月。

（九）华侨侨眷社区养老工作

牵头单位：区政协侨台联委员小组

参加单位：区侨办、区侨联等

协商形式：视察、座谈

时间安排：7月。

四、提案办理协商

提案办理协商计划由区政协提案委另行制订。

重点区人大议案选载

关于鹿城加快建设时尚之都示范区的议案

议案领衔人：陈金敏

时尚之都，是指在时尚领域具有相当影响力，引领国际时尚潮流的城市，是时尚在空间的集聚结果和表现形式。鹿城区作为温州民营经济的先发之地，有打造时尚城区的轻工产业基础，有较强创建时尚能力的全球温商网络，有紧跟时尚潮流的庞大消费群体，有成熟的现代商贸配套，人气集聚，商气集聚。发展时尚产业，建设时尚城区是鹿城转变经济发展方式的必然要求，是优化产业结构的重要抓手，是彰显城区特色的重要举措，是塑造城市文明的重要依托。2014年7月，鹿城区委深入贯彻市委十一届七次全会精神，作出了《中共温州市鹿城区委关于发展时尚产业建设时尚城区的决定》。发展时尚产业，建设时尚城区是鹿城今后一段时期经济社会发展的一项重要任务，区政府应当立足鹿城自身优势，积极作为，加快建设时尚之都示范区。为此，提出如下建议：

一、制定时尚城区发展规划，保障战略定位持之以恒、循序推进。建设时尚城区的战略定位必须

具有权威性、稳定性、延续性。一方面，时尚鹿城建设是一项系统工程，应当高瞻远瞩、脚踏实地，以全局性的眼光，制定远、中、近期的发展计划，并将其列入“十三五”规划等重要发展目标。基于鹿城转型发展的总体布局，建议要明确一份产业导向目录、确定一批重点区域、扶持一批重点企业，着重将鹿城打造成时尚流行的策源地、时尚文化的交汇点、时尚品牌的集聚区和时尚活动的荟萃地，确保发展计划的制定科学合理，定位准确、稳定、切实。另一方面，应尽快建立与时尚城区建设相配套的政策扶持体系，搭建时尚产业公共服务平台，加强相关行业组织规范化建设，有效发挥行业协会和企业的主体作用。同时，规划实施要坚决、到位、持续，不因地方主政人事变动而轻易改变。

二、建立产业发展基金，拓宽时尚产业融资渠道。时尚企业非经营性成本较高，区政府应加以支持，营造有利于时尚产业发展的投融资环境。一是要考虑设立时尚产业专项引导基金。基金采用市场化运作机制，对重点设计成果的产业化、重点科技新产品的研发、重点企业购买涉及服务和营销策划服务、产学研合作项目等进行针对性的投资，基金由政府和企业共同承担风险。同时，加快建设时尚产业集聚区，鼓励时尚企业落户，实现时尚品牌和产业的区域聚集，形成有效的集聚优势和竞争优势。二是立足“温商回归”大势，鼓励、吸引一批相关资本进入鹿城时尚产业，推动时尚产业发展，加大对相关企业资金、税收和投融资政策支持力度，鼓励社会资本对时尚产业进行投资经营，实现投资主体的多元化、社会化。

三、大力实施品牌战略，培养一批标志性的自主时尚品牌。一是引导企业创新自主时尚品牌，大力实施时尚品牌发展战略，按层次、分梯队培养一批标志性的自主时尚品牌，形成有特色、有竞争力的本地品牌创新体系。二是加强国内外温商在时尚领域的良性互动，借助全球温商资源和网络，建立国际化营销渠道，推动本土时尚产品和品牌更好地走向世界，提高温州时尚产业在国内外的知名度。三是加强对大型时尚活动的支持，优化提升会展中心功能，支持举办各种具有较大影响的时尚产品展览、信息交流等活动，鼓励协会和企业举办设计赛、文化节、艺术节、动漫节、时装周等与时尚相关的活动，包装提升“江心屿金秋文化节”等文化节庆活动，使之更多地融入时尚元素，加快培育行业品牌、区域品牌，从而扩大地方影响力。

四、积极扩大时尚消费，增强城区发展活力。一是努力打造时尚消费区块。加快闲置楼宇的综合利用和在建楼宇的建设招商，挖掘城市商业综合体消费潜力，增强商业经营的比较优势和时尚消费辐射能力。二是积极发展新的消费热点。谋划出台相关政策规定，规范进口商品市场管理，扩大时尚产品的进口和消费。引导金融机构加强消费金融服务，鼓励银行和商家整合资源，进一步发挥信用支付在促进消费上的作用。三是加快更新商业发展模式。在发展城市综合体、特色商业街的基础上，努力打造与时尚城区相配套的电子商务服务体系，引导、鼓励商家推进体验、消费、服务的线上线下联动，构建具有较强市场竞争力的经营模式。

五、注重高端设计人才的培养和引进，提升时尚创意能力。支持行业协会、龙头企业利用行业、企业资源，以校企合作、产学研协同的方式，加强与国内外著名设计专业院校交流合作，积极搭建人才交流、教育培训的平台，传递“欢迎时尚、支持时尚、创造时尚”的友好信息，吸引时尚专业人才聚集；完善多层次的人才奖励体系，制定人才奖励政策，支持鼓励时尚人才创新创业、学习深造、开展交流，提升时尚创意动力，发展时尚产业，创立时尚品牌。

六、落实保障措施，完善公共服务体系。一是从财政扶持、金融支持、土地保障、公共服务建设等方面研究完善时尚城区建设的政策扶持体系。二是完善路、港交通设施，构建便捷高效的交通网络运转体系，为时尚产品、时尚要素流通提供支撑，为旅客和消费者观光购物提供便利，同时，优化夜间公共服务，促进重点消费区块夜市经济繁荣发展。三是加强行业组织规范化建设，促进协会间的联动合作，支持行业协会提供专业服务，强化质量监管和知识产权保护，维持市场的正常秩序。四是建立符合国际惯例的时尚产业发展机制，提高时尚信息发布、时尚产品推广的专业性和商业性，建立时尚产业公共服务平台、设计服务平台，支持相关资讯评估机构、教育培训机构的发展，建立和完善时尚产业的人才管理体系。五是继续深化审批制度改革，深化“三单一网”制度建设和“效能问责”制度落实，不断提升政府服务水平，着力优化创业环境，为时尚城区建设营造良好的发展氛围。

关于推进鹿城区征收安置工作提速提效的议案

议案领衔人：吴智勇

随着城市建设步伐的加快，房屋征收安置量随之越来越大。做好征收安置工作，关乎百姓切身利益、区域经济发展及社会和谐稳定的全局性工作，也是政府的一项民生工程。然而，征收安置难的问题却长期困扰市区两级政府，城建体制改革后，市属的部分建设项目事权下放，城中村改造又“遍地开花”，让基础薄弱、人才匮乏、财力拮据、处在改革磨合期的鹿城倍感压力。区委区政府带领全区，破难攻坚，砥砺前行，通过强化领导、明确责任、规范流程、完善政策、加强督查、改进服务，大力推进征收安置提速并取得了初效。

一、鹿城区征收安置工作基本情况

2012年以来，我区开展安置提速专项行动，确保在2014年前完成三年安置的总任务。目前，全区共完成安置方案编排31例，认购1161户1758套，交钥匙615户995套，但征收安置工作总体形势仍然严峻，主要体现在：

1. 征收安置工作量大面广。截至2014年底，全区共75个项目已拆未安置。以2012年城建体制调整时间为节点，其中随事权下放的项目18个，本区新增项目57个；按工程类别划分，其中交通建设安置项目29个，重点投资建设安置项目21个，旧村改造安置项目20个，水利建设安置项目5个；按建设模式划分，其中自建项目35个，BT项目22个。共涉及被征收人11440户，拆征面积268万平方米，其中住宅181万平方米，营业房4万平方米，办公1.5万平方米，工业72万平方米，其他9.64万平方米；协议约定安置面积274万平方米，其中住宅226万平方米，营业房8.44万平方米，办公2.66万平方米，工业30万平方米，其他7.36万平方米，总投资约230亿元。

2. 建设项目超期超概严重。三年内完成安置的项目很少，平均年限超6年。75个项目已超协议安置时间的29个，占38.7%，其中超过5年的18个、10年的8个、13年的6个，有4个项目已超5年以上而未落实安置地块。逾期项目普遍存在超概现象，过渡费超支惊人。据估算，2014年全区需支出过渡费3.34亿元，其中因逾期需支付6143万元，占18.4%。半拉子项目最多的双屿街道，按超过3年过渡费翻番和超过5年在翻一番基础上再增加30%测算，2014年需支付过渡费7849万元，其中逾期超支2121万元占27.03%。一些拆迁户累计获得的过渡费甚至超过了原安置价值，翻倍后的过渡费都要高于市场租金，财政支出很大。

3. 安置提速行动严重滞后。截至2014年底，据市政府安置提速行动主要指标完成情况，市级两大建设集团未完成的目标任务为：市城投集团安置房竣工面积14.6万平方米，安置房住宅认购4060套，安置房交钥匙1030套；市名城集团安置房竣工面积2.88万平方米，安置房住宅认购78套，营业房安置626.5间，安置房交钥匙308套。而以上市属安置项目99%在我区的五马、松台、南汇等街道，相应政策处理、社会面管控皆以我区为主。换言之，安置提速三年以来，仍有大量陈年旧账未消。而我区从2012年以后安置建设项目43个，拆迁面积192.7万平方米，涉及7564户，安置面积346.86万平方米，近3年我区的建设安置任务十分繁重。

4. 安置难影响社会稳定。一些拆迁户长期无法安置，频繁赴省进京上访，给政府“施压”。十几年的漫长等待，新媳妇都熬成了婆，一些年长的老人未住进新房就过世了，死不瞑目；一些贫困的拆迁户，其子女因没有新房找不到对象，抱憾终生。同时，涉拆迁信访被一些别有用心的人煽动利用，使党群、干群关系紧张，既有损政府公信和威望，也使很多工作失去群众基础，举步维艰。在一些旧村改造中，拆迁问题与二、三产返回地、资产量化等问题交织在一起，个别村级组织或村民阻碍建设项目进程，要求先解决历史遗留问题，甚至搭车一些不合理的条件和要求，肆意挑战公权力。

二、当前安置工作存在问题

从开展安置提速专项行动完成情况看，我区整体安置提速效率偏低。在征收安置工作中，仍存在部分地块启动征收紧迫性不强、破解难题的手段贫乏、刚性推进的力度不够、敢于担当的勇气不足，这些问题已在一定程度上影响了我区的经济发展和社会稳定。

1. 征收安置政策尚不完善。“四策合一”虽对我市拆征政策进行了规范，有利于维护政策的统一性和严肃性。但在实际执行中，也遇到不少阻力和问题。一是政策调整缺乏连续性。一方面，“违章不计”使涉违拆迁户极难接受骤然从紧政策，像这类“钉子户”只能走烦琐的强制征收途径；另一方面，人均补偿政策和户均增购政策大大提高了政府拆征成本。这一紧一松，削减了一部分人的利益，又给予另一群体更大利益，而政府既增加征收难度，又增加了负担。政策更迭还出现同村不同时点不同补偿标准的情况，村民强烈要求参照有利于他们的政策执行。而一些群众对建安成本费和过渡费的标准和执行反映强烈。二是政策配套细则跟不上。如结合《征收条例》等新的法律背景及我区实际，针对征收安置中遇到的住改非、四份表认定、人口认定、安置房地下室确权使用、多余房源销售等问题的政策尚不明确，使得一些工作无从着手，影响安置工作提速提效。三是政策突破从未停止。过去，市级有关指挥部为完成拆征任务，对违建放宽补偿、对住改非的安置政策执行过宽过乱，对钉子户、疑难户暗补，助长了“能闹多得、大闹大得”的歪风，造成区域失衡和不公，使得拆征工作越来越难。但迫于繁重任务和考核压力，政策突破、变通执行的情况一直都有发生，基层工作人员做政策宣传时的口径也不尽相同。

2. *建设资金存在较大缺口。*城区几经改造，容易开发、“效益”高的“富矿”已被开采完了，剩下是不易拆、资地无法平衡的“鸡肋”地块。原零星开发导致公配历史欠账严重，新改项目都必须统筹解决。实际上区财力根本无力承担，表现在：一是建设资金拨付不及时到位。政府自建项目尤为突出，造成承建方消极怠工，拖延进度。如双屿宁波路二期、园区路（鹿城段）、鞋都三期都曾因资金问题影响工期；牛岭安置房地块，鞋都二期东侧56B、58号地块，双岙安置点地块等截至已拖欠施工单位工程款4600万元。二是旧村改造后续资金难以为继。原预估资地能平衡旧村改造项目，目前资地普遍难以平衡。且能否按时回笼资金、能回笼多少，皆为未知数，存在诸多不确定风险。旧村改造项目已难消化，新一轮的拆建行动在“号角声”下强势推进，长此以往不仅将耗尽鹿城积累的“老本”，甚至很可能拖垮区级财政。三是BT项目面临巨大回购压力。BT项目资金由承建单位先行垫付，建设进度快，可以按期甚至提前交付，但对政府来说不知是喜是忧。因为竣工意味着政府该给钱了，2015、2016、2017年回购资金分别为8.61、40.92、24.88亿元，如此巨大资金支出，我区根本无力自我消化。

3. *历史遗留问题旧账突出。*拆迁征地历史遗留问题错综复杂，时间跨度长、处理难度大、见效慢，搞不好还要担责，可谓“剪不断理还乱”。因此，谁都不愿花太多精力去处理这些陈年谷子烂芝麻的事，更愿意将精力花在易出成绩的新项目以及拆除率、开工率等考核硬指标上，以致历史疑难问题久拖不决。如西向排洪安置项目，涉及分户买卖、原始图卡涂改、违法违规操作、历史纠偏等诸多问题，可以说“百病缠身”，但到目前也没个具体工作方案，房子在建设，但百姓离安置梦似乎还很遥远。又如西延线涉及历史纠偏问题，牛岭安置房1、3、11、13号楼自2012年就竣工还没分掉。虽然说这些都是原市属指挥部遗留的问题，但却值得我们深刻思考和反省。从2012至今，大量村房改造项目仓促上马，拆建阶段还是一个矛盾掩盖期，如今很多项目陆续竣工、面临安置，那才是矛盾集中爆发期。因此，在如火如荼的旧城拆迁中，更需要多一些冷思考，做到未雨绸缪、防微杜渐，避免造成更大范围的历史遗留问题。

4. *协议“临转正”工作滞后。*我区75个项目应签协议征收对象11440户（份），其中正式协议3850户（份），仅占33.65%，共有49个项目不同程度存在临时协议，以城郊接合部街道最典型。“蜗速度”的转正进度和“加速度”建设的BT项目，对政府来说简直是噩梦。像仰义等偏远街镇的拆迁户，细算价值与成本，纠结于还要不要一翻三，而拖延是转嫁风险的上策。在一些村，“临转正”一定程度上成为村组织及村民与政府谈判的条件。如仰义洞桥制革基地项目，拆迁户对过渡费按乡下标准发、建安成本费按城市标准收感到不公，连接安置房项目一、二期之间通道的制革中路拆征由此受阻，最终还将影响10余幢将近结顶安置房的验收和认购。

5. *建设队伍不稳定人才匮乏。*城建体制改革后，城区建设任务基本下放给鹿城，理论上大部分的拆征建设人才也应同步下放。但原旧城、安居、中心区各大指挥部撤并后组建大集团，原从事拆征建设的专业人才并不愿意“降级降待遇”到鹿城来。不仅人才没下来，连人员编制也未匹配。我区政府除了要承担下放的建设任务外，还要花费大量精力协调解决原市属历史遗留问题和目前市属在建项目的政策处理。人事匹配矛盾突出表现在：一是正式人员少。每个街镇配一个主任，副主任由街（镇）一名副职兼任，下设城建、征收科室，仅配4—5名正式人员。区征收办人员队伍与其职能和繁重任务也不相适应，疲于应付日常工作，无法有效发挥政策把关、方案编排指导和牵头会审等职能。二是临时人员队伍不稳定。大多街道（镇）建工委聘用一定数量的临时人员。而临时工待遇低、转正无望，普遍缺乏责任心，有些积累经验后就跳槽到建筑企业，更有甚者带走原始资料一走了之。在一些历史遗留项目中，临时工参与拆征利益环节，“松尺子、睁眼瞎、乱盖章”等现象也暴露出临时队伍的弊端。三是领导调岗相对频繁。一些领导干部转岗到建工委，一年熟悉、两年上手、三年转岗，个别甚至呆不满三年，新官不理旧账、难理旧账的问题突出。

三、推进安置工作几点建议

1. *要以公平和谐征收为导向，完善法规政策体系*。一是优化政策顶层设计。建议落实牵头部门开展专题调研，全面梳理和弥补征地、拆迁、安置一系列政策中存在的缺陷。进一步完善“四策合一”政策，及时出台住改非、四份表认定、人口认定、多余房源销售、安置房地下室确权及转让等实施办法。就长远看，应取消人均补偿政策和户均增购政策，代替以其他更科学可持续的普惠型的住房保障政策。二是确保政策严格执行。落实好“四策合一”政策和《市区征收农民集体所有土地管理办法》，坚持统一的政策标准，杜绝擅自提高补偿标准或暗补行为，杜绝向漫天要价、无理缠闹者妥协，将“拔钉清障”行动进行到底。统一拆迁丈量和未经登记建筑调查认定办法，统一证载面积和实量面积不同引发争议的解决办法，统一补偿安置标准。三是加大政策宣传力度。统一政策宣传口径，充分利用各种渠道和方式，向群众宣传征收安置政策，认真做好答疑解惑，努力做到晓之以理、动之以情、导之以行，把群众工作做细做实做深入，充分取得群众对征收工作的支持和理解。

2. *要以理顺体制机制为着力点，强化要素资金保障*。一是强化体制机制保障。争取市委市政府的支持，考虑到原市属建设任务绝大多数下放鹿城的实际，应增加我区城建人员编制。建立市级建设人才支援基层的机制，通过下放、下派等方式支持我区建设和政策处理工作。重视区未经登记建筑调查认定办公室的定位问题，合理定编定人，使其成为合法的法定主体资格。要按照财随事转原则，进一步下放各类经费，使之与我区实际建设任务相匹配。并考虑到中心城区建设历史欠账严重和历史遗留问题多的现实，给予中心城区工作经费倾斜。区财政等部门加强调查梳理和资金测算，对财政、城建体制改革后的建设资金盘算，有理有据地向市政府争取资金支持。理顺市区两级职能，分清事权、明确职责，建立联席会议制度，及时协调解决征收安置中遇到的难点和问题。建立市区两级工作联动机制，提高工作反应能力和综合执法能力。二是强化人才队伍保障。加大内部调节力度，街道（镇）人员队伍应随工作重心的转移作适应性调整，充实建设口力量，不能一味倚赖增编。区级层面可实行计划干预，提出各街镇建设口正式人员人数的指导意见，由街镇实施内调。统筹整合优化配置建设人才资源，加强区征收办人员力量，适当增加其人员编制。开展一次建设专业人才结构和需求的调查，制定外部引才计划，通过公招、选拔等方式，引进一批专业人才。研究出台相应的政策和奖励机制，确保人才引得进、留得住、干得好。通过与高等院校合作以定向委培方式加强建设人才后备力量培养。促进队伍稳定和加强培训，在干部调整上，适度考虑建设队伍的相对稳定性。加强对建设口干部的关怀。定期开展拆征、建设人员的业务知识、政策法律、责任意识、职业道德培训。三是强化建设资金保障。提高项目资金预算的精细化程度，优化资金配置。加强资金使用绩效考核，强化资金审计监督，确保专款专用，提高建设资金保障能力。加快安置认购进度，减少过渡费支出，严控安置项目超期超概。实行建设安置无缝对接，及时明确资金拼盘并编制资金回笼计划，成熟一批认购一批，努力实现项目自身现金流的最大回笼。加快存量资产整理、闲置房源及地下空间流转，缓解资金压力。对BT模式进行评估，尽快出台《融资建设项目管理实施细则》。今后着重将已拆的项目建设好、安置好，进行严格的资地平衡测算。提前筹集回购资金，采取有效措施应对BT回购资金流动性风险。

3. *要以强化统筹管理为抓手，形成破难攻坚合力*。一是提升监督考核科学性。进一步完善考核奖惩机制，细化优化考核指标，强化“指挥棒”作用。建立职能单位与主体单位责任共担、工作共推、荣辱与共的考核体系，防止推诿扯皮，充分调动各方主观能动性。加强对“临转正”工作、建设资金使用情况、闲置房源处理和利用、建设档案管理、历史遗难化解等突出问题、共性问题、关键环节、重点领域的专项监督力度。坚持依法拆征、阳光拆征，落实“六大公开”。适时组织“两代表一委员”和拆征户代表参观建设现场，参与拆征安置每个环节，保障拆征户的知情权、参与权、建议权和监督权。二是提升部门服务保障力。建立职能单位挂钩联系项目制度，重点职能单位要落实专人联系重点项目，靠前指导、跟踪服务。通过常态化沟通协调机制，实时掌握项目进度和具体情况，及时指出问题，指导帮助整改。提高审批审验服务保障能力，涉前置审批单位要进一步简化程序，严格落实即办制、并联审批和模拟审批制度，探索建立专家咨询员制度。涉验收单位要坚持质检工作提前介入，推行综合预审制度，帮助主体单位将整改问题化解在正式验收之前。区征收办要把握整体进度和节奏，根据动迁先后时间和安置条件成熟情况，科学安排安置方案实施时间表，提高会审效率。强化司法保障能力，针对一些项目由于个别钉子户影响整体安置进度的，建议准许先执行后补手续，以加快拆迁安置进度。公检法机关应协调作战，加大对拆迁工作中极端激进犯罪分子的打击力度。三是提升基层工作扎实度。开展“临转正”专项行动，推进正式协议签订的标准化、规范化。对“临转正”实行单列考核，明确工作目标、倒排工作计划，加大督考力度。对征收安置户不配合转正的，要采取停发过渡费等倒逼措施；对于主体单位无法解决的牵涉到政策边缘的疑难问题或个案，要及时提交区政府相关会议以“一事一议”方式解决；对于涉及“两证”不齐、买卖、分户、继承、赠予等农村特有问题，要积极开展调研，采取有效措施，明确处理办法。

4. *要以创新方式方法为途径，加大破难助推力度。*一是疏堵结合，破解疑难问题。市政府将继续加大市区安置提速工作力度，我们要充分利用这一契机，协同推进市区历史遗留问题的化解。要针对每个历史遗留项目，加强问题梳理分析，制定计划表和工作方案，倒排时间、落实责任、有序推进。要主动争取市政府及有关部门、市级建设集团的支持，将部分下放我区的历史遗留问题纳入市区提速范围。在今后的拆征安置工作中，要认真吸取历史教训，切忌急躁冒进，牢固树立“基础不扎实，欲速则不达”的意识。同时举一反三，对在建项目进行全面“体检”，查找漏洞和潜在风险，对原来未到位的程序和工作，要抓紧“补课”。从完善机制、规范流程、强化约束等入手，努力防患未然，杜绝产生新的历史遗留问题，努力将好事办好办实。二是创新方法，破解安置问题。要尊重历史、立足现实，跳出旧框框，破除惯性思维，探索解决历史遗留和现实问题的新方法新途径。对于安置房源不够、无安置地块等问题，要尽快通过统筹调剂和货币安置方式予以解决。要尽快出台住改非实施办法、货币化安置办法，采取实物安置、货币安置、功能置换安置以及营业用房商场摊位式安置结合政府包租等多种方式，根据同一时点等价有偿原则，以满足被征收人的不同需求，加快化解安置矛盾。建立健全安置房源信息库，助推安置提速。积极创新安置模式，逐步实现“从人等房过渡到房等人”。

重点区政协提案选载

关于解决鹿城区新居民子女入学问题的建议

提案人：吴 敏、叶剑秋 陈勇、杨秀清、范庆香、朱琦琦

（鹿城区政协教育监督组）

新居民子女入学问题，既是事关广大在温新居民能否在我区安心工作的大事，也是政府部门需要着力解决的社会民生问题之一。目前，鹿城区新居民达70多万人，为了解新居民子女入学情况，鹿城区政协教育监督组成员相继走访我区仰义街道、南汇街道，并调查了巨日鞋业、康奈鞋业等企业。对辖区往年的入学情况和今年推行的新政策，以及存在的现状问题作了调研交流。据了解，截至今年6月16日，我区新居民参加居住证积分管理已申请子女入读小学积分人数2044人，其中双屿街道705人，滨江街道548人，南汇街道247人，五马街道96人，仰义街道132人，松台街道128人，藤桥街道89人，七都街道0人。

由于我区现有教学资源等客观条件有限，每年分配到各街道的入学名额十分有限，难以确保新居民随迁子女在我区平等接受义务教育，为此，我区于今年6月1日实施《鹿城区新居民随迁子女积分制入学办法（试行）》。根据该办法的规定，从今年起，凡新居民适龄子女（非鹿城、龙湾、瓯海户籍）申请入读我区小学起始年级（一年级），其父母一方必须参加鹿城区新居民积分制管理，不参加积分制

管理不予入学。积分制管理，就是把新居民在鹿城区的居住年限、技能水平等方面量化为积分，根据积分高低享受子女入学、卫计保障等优惠政策待遇。申请积分并达到一定条件后可以入读鹿城区指定公办学校或者民办学校。具体而言，申请子女入读公办指定学校的新居民在纳入积分管理时，还需符合"省定入学条件"（《浙江省人民政府关于进一步加强和改进进城务工人员子女教育工作的意见》第二条规定的七项条件）。申请子女入读民办学校的新居民则要求积分达到入读民办学校基本分数线（7月新生报名前划定）。入学积分分数线由区教育局、区新居民服务管理局根据学校学额总数与新居民积分情况（积分截至每年6月20日）共同划定，原则上不低于30分。据介绍，符合指定公办学校报名条件的，原则上经调剂，采取"统一管理、统筹兼顾、集中受理"的模式，都会被录取，而民办学校按照计划数实施招生，额满为止。

综合来看，目前，我区新居民随迁子女入学的主要现状问题如下：

1. 我区新居民子女入学需求数量大，但教育局每年可供分配的入学名额有限。比如今年教育局计划仰义街道的入学名额是仰义一小、仰义二小、慧才小学共500名，远远难以满足现有新生入学需求。去年，鹿城区在街镇试点新居民积分制管理制度，共有20名新居民子女通过父母的积分，获得建设小学、广场路小学、石坦巷小学等优质公办学校的入学名额，这就意味着仍有部分符合条件的新居民子女可能将面临无法就近读书或失学的困境。据调查，巨日鞋业和飞鹏五金公司等企业，就因子女入学困难而导致管理人才和技术工人流失的现象，更不用说普通工人的子女。因此这必将导致新居民人才尤其是高端人才流失问题较突出。

2. 根据省定标准和积分制入学办法，我区公办学校和民办学校都有招生计划数，这个计划数的核定一般都是学校在保障辖区居民就近入学的基础上，再将富余的名额进行统筹安排，作为新居民子女入学计划数。但如何保障这些计划数名额全部纳入省定条件和积分制管理，进行阳光入学和公平竞争，避免暗箱操作和"人情篮子"，这是新居民们最为关心的问题。

3. 群众对新居民子女入学政策不甚了解，尤其作为适龄入学儿童的家长，未能及时获取掌握入学政策，造成招生工作和入学需求之间信息不对称，不能更好地进行良性匹配。

针对以上存在的问题，鹿城区教育监督组经充分讨论研究，提出一些解决对策，供职能部门决策参考，具体建议如下：

一、增加教育投入，均衡教育资源，保障符合条件的新居民子女入学"一个不能少"。鹿城区中小企业多，员工流动性大，入学积分制对这些员工子女入学影响大。只有子女妥善解决入学问题，员工才能安心就业。1. 建议教育局等政府职能部门充分挖掘、利用、均衡公办学校的教育资源，加大教育硬件投入和师资配备，增加统筹分配计划数名额，让符合条件的新居民子女都能到我区小学接受义务教育。同时为贯彻"减员增效"的政策，应保障企业的管理人员和技术人员的子女入学"一个不能少"。2. 相关职能部门制定出台优惠政策，鼓励有实力的规模民企等社会力量创办民营学校，更好的补充公办学校的资源不足。这样既能解决周边新居民入学难问题，同时又能解决自己员工子女入学问题。3. 鼓励各工业园区管委会在园区范围筹建民办小学，教育部门给予政策与管理、师资配备上的支持和帮助，进一步解决新居民子女入学难问题。

二、建立科学合理的录取机制，保证入学招生工作公开公正公平。省定条件和积分制均是报名入学的门槛，在计划数名额有限，而报名人数众多的情况下，势必出现相同条件和相同积分难以取舍的情况，所谓择优录取还需要建立更多完善的审核录取机制。对于同等条件的报名者，建议采取电脑摇号等公开招录方式落实名额，避免出现暗箱操作，违背公平竞争原则。

三、修改完善积分管理规则，举优弃劣，留住人才。现有具体积分规则分为基础分、附加分和扣减分。在分值分配上，尚可以进行更为科学人性化的改进。比如，附加分投资纳税一项，个人投资和个人纳税的基础递增分值为5分和2分；奖励荣誉一项，区级荣誉可获得20分；扣减分一项，近三年内受过行政处罚和近五年内受过刑事处罚或参与非法宗教组织的个人实行一票否决制，一律不予安排其子女在温入学，劝其回到户籍地接受义务教育。

四、根据个人以及企业的纳税情况，以年纳税额为基数给予一定的入学名额：根据个人的年纳税额，达到一定额度可以享有一个入学名额，以鼓励优秀人才在我区创造价值和贡献。根据企业的纳税额，相应提供入学名额。可采取的方式有诸多种，既可以采用纳税满固定税额X万提供一个入学名额；也可采用累进制度，X—2X提供一个名额，2X—3X提供两个名额……以此类推。如此一来，一方面从侧面鞭策、鼓励企业据实纳税，为员工和人才谋福利，保障生产力；另一方面也间接激励员工监督企业如实纳税。

五、加强新居民子女入学政策宣传。目前新居民子女入学政策宣传，往往由街道向企业主做宣传，而新居民直接掌握的信息有限。针对这种情况，建议教育部门、新居民局和辖区街道应该将入学的有关信息及时告知家长，并组织召开新居民子女入学政策说明会，对相关政策规定进行分析解读，并现场接受家长们的咨询。保障政策办法的有效规定，更好的服务新居民。

六、鹿城区西片区设立民办寄宿制小学。鹿城区西片区的学校如藤桥小学，硬件设施齐全，但因为地域原因偶有生源不足的现象存在。建议鹿城区教育部门合理规划，给予政策支持、提供管理和配备师资，引进民间资本，将其建设成为民办寄宿制高品质的小学，一是更好地缓解新居民子女入学难的问题，二是可以填补鹿城区高品质寄宿制小学的空白。

打造塘河亲水文化
展现优美水乡画卷

提案人：曾荷绿（文体界）

温州古城原本很美，如果能保留下来，现可成为“东方的威尼斯”了，但随着社会的演变，河流逐渐被填埋，古城“小桥流水”已经无法再现，现在完整留存的就算塘河了。八十里塘河蜿蜒曲折、舒缓安详，千年流淌，润泽一方生灵，滋养了两岸百姓，也孕育了璀璨的地域文化。河水绵长，岁月沧桑，塘河沉淀了无数动人的故事，也积淀了深厚的文化内涵，我们不能再让她沉睡了，要努力激活塘河的每一个元素，着力打造塘河的亲水文化，再现古迹民俗，充分展示出其迷人的风姿，让这条河流名扬海内外，显赫温州这座城市。

一、塘河的现状和主要问题

塘河历史悠久，自东晋，历唐宋，集防洪、排涝、供水、运输、灌溉、景观功能于一身。她就像母亲的乳汁，哺育着这座城市的子子孙孙。温瑞塘河历来是‘宜谷之地’，商贸文化、农耕文化、河居文化等都很发达，是民间故事、谚语、歌谣等民俗矿藏极为丰富的地方，这些以口耳相传的民间艺术，最能展示当地的历史、社会现象；塘河两岸村落星罗棋布，鸡犬相闻，与海咫尺相望，它既是一条水系，也是一部厚重的历史，塘河处处留有先人的足迹。但现如今：一是拆的拆；二是破坏的破坏；三是改建的改建；四是一些历史名称的随意改动；五是许多传统民俗面临消亡；六是即便有幸存留的，大都如同风烛残年的老人。总之，塘河偏离历史的原貌越来越远。再不抢救就来不及了，我们总得为子孙们留些东西，别让这么有内涵有韵味的母亲河变得庸俗不堪，别让我们的子孙后代无处追寻这座城市的历史痕迹。

二、打造塘河亲水文化的举措

（一）建造塘河民俗展示馆（或是民俗博物馆）。传扬一个地方的文化，展览馆不可或缺。用实物与图文相结合，将与塘河有关的历史地理、人文艺术、乡土风情、市井生活展现出来，名称一律用温州话、普通话同时标注，让大众重新认识、理解塘河文化，唤起更多的人传承、创新和发展塘河文化。

1. 展出塘河民间民俗。自古以来，塘河是浙南最繁忙的水路，船只千姿百态，有蚱蜢舟、河满溜、花船、盘汤船、戏班船、卖水舟、梭船、龙舟等等，要展出船只模型。展出塘河沿岸百姓的婚姻习俗、生育习俗、寿诞习俗、丧葬习俗等塘河人生礼仪。展出塘河沿岸百姓的过年习俗、拦街福习俗、清明节、端午节以及其他节庆习俗。展出塘河沿岸民间信仰、贸易习俗以及民间游戏娱乐习俗。展出非遗作品等。

2. 展出历代的诗歌名著文学艺术。塘河如诗，有多少文人墨客惊叹于塘河之美，留下脍炙人口的诗词名句；洋溢着鲜活的文化个性的和浓厚的乡土气息，形成了独具地域色彩的温瑞塘河文化，具有无可代替的历史和艺术价值。如《塘河历代诗选》《塘河古迹遗韵》《塘河民间文学》《塘河民俗文化》等。

3. 以温州方言做互动内容。开设一场馆，让我们的孩子和游客用温州话学温州童谣，学温州民歌。尤其是温州童谣郎朗上口、通俗易懂，让孩子们在好玩、有趣的氛围中受到教育与启发，让来温的游客记忆深刻，让温州传扬四方。

4. 制作塘河的宣传片以及宣传画册。制作便于携带的光盘、精美画册，通过观看翻阅，让来塘河的市民、游客能更直观地了解塘河了解温州。

（二）要恢复塘河的古迹遗韵。在温州这片土地上，早在距今四千多年前就生活着土著的东瓯先民，他们过着原始的渔猎生活，建立起了部落性的地区性文化区，塘河要有历史的痕迹。

1. 修整塘河上的古桥。塘河沿线，村中有岛，岛中有村，岛岛相连，除了数量庞大的舟船交通，就是在河道狭窄处架设桥梁，每村均可见桥的身影，成为塘河的一道亮丽风景线。如凤凰桥、鲤鱼桥、登云桥、榜眼桥、金锁桥等等，每一座桥都有一个生动的民间故事，但现如今，有些桥已经破旧不堪，有些桥的名称随意改，破坏了历史的原貌，应尽快予以修复。

2. 保留修复塔寺庙观。东瓯文化内涵里，先佛后儒是其重要的核心，东瓯的芸芸众生从未放弃对信仰的渴望追求，东瓯一度成为佛教重镇，无所不在的塔，几近演绎成为一种精神标志，一种超凡脱俗的象征。如保留下来的白象塔、观音阁、白云道观，整合周边场地联接形成宗教文化建筑组群，构成塘河一大标识性景观。还有那些宗祠、宗庙、墓园等，都是将温州人精神世界 物质化的载体。

3. 修复古民居，重现小桥流水人家。塘河沿岸，曾经是温州一条流动不息的商业文化长廊，人群云集，商品集聚，依河而建的房子，有埠头，也有商铺；有行脚者暂住的客旅，更有被寻常百姓家起居的永久家园。如今，有得留下来，有的如影消失，尽管寂寞沧桑，却潜动着文脉鲜活的根。沿河两岸古民居别有韵味，贴切的说是“屋宇同位，（天理、地理、生理）三理合一”，中轴对称，纵深发展，内省气敛，气息相贯，跟山走，跟水走，跟地形走，因水成村，因水成街，使得很多城镇、村落的房子表现出与周围环境腾挪自如，生生不息的特点，非常美，非常和谐。另外，还有数量不菲的大宅别院、特色建筑、名人故居，别具风格。

4. 重整塘河的陡门、明碑简录、摩崖题刻题记。永嘉自东晋始建郡城，历任官员均重视温瑞塘河的治理。除进行浚凿、修堤、筑坝，还建设了通往瓯江沿线水利河道及陡门，使塘河之水排泄入江，利抗洪涝。有上陡门浦、黎明水闸、石岗陡门等。此外还有那些名碑题刻题记，都是刻在石头上的思想，非常珍贵。如《东嘉开河记》《温州重修南塘记》《疏浚河道示禁勒记》等等；还有存留数量庞大的题刻杂记，涉及政治、经济、文化、军事、宗教及日常的记游小记。这些碑刻载体内容真实，确定性强，是当时当地社会发展源流的绝好见证。

（三）盘整非物质文化资源。温瑞塘河水系四通八达，纵横连贯，维系着人们的生产和生活，形成了许多独特的与水密切相关的风俗活动，需要得到传承和发扬。

1. 发扬传承民俗民风。从某种意义上说，温瑞塘河的民俗就是鹿城区乃至温州市的民俗，也是关于水的民俗。“楼台府舟楫，水巷小桥多”的水乡特色形成了独特的区域水民俗，主要表现形式有划龙舟、划台阁、放河灯、划船娶亲等，丰富多彩。现如今每年的划龙舟活动，就深受广大民众欢迎。

2. 要打造水上“撑船人”。让船娘用温州话唱温州民歌。塘河民间文化有浓郁的水乡风味，如有一歌词是这样的：“阿妹容貌实在好，一朵芙蓉花开早。阿哥只管划船儿，莫管阿妹洗衣裳。”非常生动形象。过去船是塘河的主要交通工具，老百姓都爱在船上唱歌。这一来一往的对答，写出了男女间寻找真情的场景，充满水乡生活情趣。我们可以打造一批特色小船，培训一批船娘，用温州话唱温州的民歌，让客人领略温州的水乡风味，流连忘返，永远记住这个场景。

3. 打造塘河流域的名俗“活化石”。塘河流域的一项习俗、一个人物或是一座桥梁、一条街巷都有一个情节生动的故事，它记录了特定历史时期的痕迹，记录了人民群众美好的理想和善良的愿望，表现出他们的历史观、审美观和艺术情趣。应在塘河两岸修复一些古民居，找寻一批当地能说会道的老人，让老百姓讲他们自己的故事，口述历史，做传统文化的“活化石”，让游客感受温州地地道道的民俗文化。

我虽不是出生在这座城市，但随着生活时间的延续，对这座城市也有了很深的感情，非常爱这座城市，相信出生在温州鹿城的每一位对塘河都有割舍不断的情结。我们要根据水乡文化的现状特点以及社会发展趋势，打造河居文化、斗城文化、水运文化、民俗文化，创建亲水建筑、亲水设施等。以南塘白鹿洲文化村为龙头，打造沿岸精品旅游线路，水路经过瓯海，往瑞安方向发展，恢复两岸亲水景点，提升两岸旅游文化，打造塘河文化旅游经济带，着力打造“时尚之都”， 再现塘河风采，展现优美的水乡画卷，传扬“美丽温州”。

责任编辑　王剑峰

索 引

一、本索引采用主题索引、数字索引和图表索引。

二、主题索引标目首字按汉语拼音字母依次归类，然后以汉字笔划排列，笔画少的在前。首字相同，按第二个汉字笔画排列，笔画少的在前。第二个字相同的，依第三字笔画少多排列，依次类推。

三、数字索引按阿拉伯数字的大小顺序排列，相同数字以后的汉字，按汉字笔画排列，笔画少的在前，依次类推。图表索引按表号顺序排列。

四、标目后的阿拉伯数字表示内容所在页码，数字后的a、b、c分别表示页码的左栏、中栏和右栏。

五、“特载”“专辑”“大事纪要”“机构及其负责人”与“附录”及“综述”和“概况”均不作索引。

主题索引

T

数字索引

图表索引